Carsten Labinski

Zur strafrechtlichen Verantwortlichkeit des directors einer englischen Limited

Studien zum Wirtschaftsstrafrecht

herausgegeben von
Klaus Tiedemann / Bernd Schünemann

Band 33

Carsten Labinski

Zur strafrechtlichen Verantwortlichkeit des directors einer englischen Limited

Centaurus Verlag & Media UG 2010

Zum Autor:

Carsten Labinski absolvierte nach dem Studium der Rechtswissenschaften in den Jahren 1998 bis 2000 in Bayreuth, 2000/2001 in Birmingham sowie 2001 bis 2004 in Passau von 2004 bis 2006 sein Referendariat am Landgericht Regensburg. Im Jahr 2007 war er als wissenschaftlicher Mitarbeiter bei Clifford Chance in Frankfurt am Main. Seit Januar 2008 arbeitet er dort als Rechtsanwalt im Bereich Litigation (White Collar).

Bibliografische Informationen der Deutschen Nationalbibliothek

Die Deutsche Nationalbibliothek verzeichnet diese Publikation in der Deutschen Nationalbibliografie; detaillierte bibliografische Daten sind im Internet über http://dnb.d-nb.de abrufbar.

ISBN 978-3-86226-025-6   ISBN 978-3-86226-507-7 (eBook)
DOI 10.1007/978-3-86226-507-7

ISSN 0938-9512

Alle Rechte, insbesondere das Recht der Vervielfältigung und Verbreitung sowie der Übersetzung, vorbehalten. Kein Teil des Werkes darf in irgendeiner Form (durch Fotokopie, Mikrofilm oder ein anderes Verfahren) ohne schriftliche Genehmigung des Verlages reproduziert oder unter Verwendung elektronischer Systeme verarbeitet, vervielfältigt oder verbreitet werden.

© *CENTAURUS Verlag & Media KG 2010*

Umschlaggestaltung: Antje Walter, Titisee-Neustadt

Satz: Vorlage des Autors

b. Ansichten in Literatur und Rechtsprechung 53

　　　c. Stellungnahme 56

　　4. Rechtfertigung von Beschränkungen der Niederlassungsfreiheit 58

　　　a. Rechtfertigung nach Art. 52 Abs. 1 AEUV 58

　　　b. Rechtfertigung aufgrund zwingender Gründe des Allgemein-
　　　　interesses 59

　　　　aa. Zwingende Gründe des Allgemeininteresses 60

　　　　bb. Erforderlichkeit 61

　　　　aaa. Schutzmaßnahmen durch das Gründungsrecht 62

　　　　bbb. Informationsmodell des EuGH 65

　　　　ccc. Angemessenheitsprüfung 66

　　　c. Rechtfertigung im Falle des Missbrauchs und Betrugs 67

4. Kapitel　Fremdrechtsanwendung im deutschen Strafrecht 70

　A. Bestimmtheitsgebot 71

　　I. Parlamentsvorbehalt 72

　　　1. Abgrenzung von Blankettstraftatbeständen und normativen
　　　　Tatbestandsmerkmalen 73

　　　2. Verfassungsrechtliche Anforderungen an Blankettstraftatbestände 74

　　　3. Verfassungsrechtliche Anforderungen an normative
　　　　Tatbestandsmerkmale 80

　　II. Vorhersehbarkeit von Strafbarkeit und Strafe 83

　　　1. Besonderheiten bei Blankettstrafgesetzen 84

　　　2. Besonderheiten bei normativen Tatbestandsmerkmalen 85

　　　3. Englisches Gesellschaftsrecht als Expertenstrafrecht 87

　B. Rechtsstaatsprinzip 88

　C. Geltungs- und Anwendungsbereich ausländischen Rechts 92

　D. Fortbildung englischen Gesellschaftsrechts durch deutsche Gerichte 94

　　I. Zulässigkeit nach deutschem Recht 96

　　II. Zulässigkeit nach englischem Recht 97

  III. Vereinbarkeit mit der Niederlassungsfreiheit 99

5. Kapitel Englische Gesellschaftsformen und Grundzüge der Limited 100

 A. Englische Gesellschaftsformen 101
 B. Englische Limited 102
  I. Ursprung und rechtliche Grundlagen 102
  II. Grundzüge der Limited und ihre Bedeutung für die Strafbarkeit des
   directors 105
   1. Gründung 105
    a. Strafrechtliche Bedeutung der wirksamen Gründung 105
    b. Der Gründungsvorgang als solcher 108
   2. Gesellschaftsvertrag 109
    a. Strafrechtliche Bedeutung des Gesellschaftsvertrages 109
    b. Bestandteile des Gesellschaftsvertrages 110
   3. Organisationsstruktur 111
    a. Strafrechtliche Bedeutung der Organisationsstruktur 111
    b. Organe und Organstruktur 112
     aa. Gesellschafterversammlung 112
     bb. Directors 113
      aaa. Geschäftsführung und Vertretungsmacht 113
      bbb. Directors' general duties 114
   4. Finanzverfassung 117
    a. Strafrechtliche Bedeutung der Finanzverfassung 117
    b. Zentrale Elemente der Finanzverfassung 118
     aa. Kapitalaufbringung 118
     bb. Kapitalerhaltung 120

**6. Kapitel Die (außer-)strafrechtliche Verantwortlichkeit des directors nach
     englischem Recht am Beispiel des Vermögensschutzrechts 123**

 A. Strafrechtlicher Vermögensschutz 125

Vorwort

Die vorliegende Arbeit wurde im Sommersemester 2010 von der Rechts- und Wirtschaftswissenschaftlichen Fakultät der Universität Bayreuth als Dissertation angenommen. Gesetzgebung, Rechtsprechung und Literatur befinden sich grundsätzlich auf dem Stand vom Juli 2009, konnten jedoch auch vereinzelt bis zur Drucklegung berücksichtigt werden.

Mein Dank gilt meinem Doktorvater, Herrn Prof. Dr. Nikolaus Bosch, der die Anregung zu diesem Thema gab und die Fertigstellung der Arbeit gefördert hat. Bedanken möchte ich mich auch bei Herrn Prof. Dr. Stefan Leible für die zügige Erstellung des Zweitgutachtens sowie Herrn Prof. Dr. Christian Jäger für die Bemühungen bei der Vorbereitung und Durchführung der mündlichen Prüfung.

Besonders herzlicher Dank gebührt meinen Eltern, denen ich diese Arbeit widme. Ihre uneingeschränkte Förderung meiner Ausbildung und liebevolle Unterstützung hat die Anfertigung der vorliegenden Arbeit erst ermöglicht.

Offenbach am Main, im August 2010   Carsten Labinski

Gliederung

Gliederung VII

Abkürzungsverzeichnis XIX

1. Kapitel Einleitung 1
  A. Vorbemerkung 1
  B. Ziel der Arbeit und Gegenstand der Untersuchung 4
  C. Gang der Untersuchung 6

2. Kapitel Anwendbarkeit englischen Gesellschaftsrechts auf die Limited ... 9
  A. Die Sitzverlegung aus Sicht des englischen Rechts 10
    I. Registered office 10
    II. Domicile 11
    III. Residence 12
    IV. Anwendbares Gesellschaftsstatut auf die Limited 12
  B. Die Sitzverlegung aus Sicht des deutschen Rechts 13
    I. Satzungssitz 13
    II. Tatsächlicher Verwaltungssitz 14
    III. Anwendbares Gesellschaftsstatut auf die Limited 15

3. Kapitel Bedeutung der Niederlassungsfreiheit für die Strafbarkeit des directors 18
  A. Die Grundfreiheiten als begrenzender Faktor der Strafbarkeit 18
    I. Anwendungsvorrang des Unionsrechts 20
    II. Pflicht zur unionsrechtskonformen Auslegung 22
      1. Unionstreuepflicht als Ausgangspunkt 22
      2. Unionsrechtskonforme Auslegung des nationalen Strafrechts ... 23
      3. Grenzen unionsrechtskonformer Auslegung 24
  B. Die Reichweite der Niederlassungsfreiheit ins Strafrecht 29
    I. Anwendbarkeit und Inhalt der Niederlassungsfreiheit 29

1. Systematische Einordnung der Niederlassungsfreiheit 29
2. Personeller Anwendungsbereich 30
3. Sachlicher Anwendungsbereich 31
4. Inhalt der Niederlassungsfreiheit 32
    a. Inländergleichbehandlung 32
    b. Allgemeines Beschränkungsverbot 33

II. Nichtanwendung des Gründungsstatuts und Nichtbeachtung der Rechtslage im Gründungsstaat als Beeinträchtigung der Niederlassungsfreiheit 34
1. Traditionelle Behandlung ausländischer Gesellschaften in Deutschland 34
2. Rechtsprechungsentwicklung des EuGH 34
    a. Das Urteil Daily Mail vom 27. September 1988 35
    b. Das Urteil Centros vom 9. März 1999 36
    c. Das Urteil Überseering vom 5. November 2002 38
    d. Das Urteil Inspire Art vom 30. September 2003 40
3. Bedeutung der EuGH-Rechtsprechung und deren Rezeption durch den BGH für das Strafrecht 42
    a. Zwingende Anwendung des Gründungsstatuts 42
    b. Zwingende Beachtung der Rechtslage im Gründungsstaat 45

III. Begrenzung der Niederlassungsfreiheit und Rechtfertigung von Beschränkungen 46
1. Die kollisionsrechtliche Qualifikation einer Norm 46
    a. Hintergrund 46
    b. Maßstab der Qualifikation 47
    c. Bewertung 48
    d. Rechtsfolgen einer nicht gesellschaftsrechtlichen Qualifikation 49
2. Die Bedeutung der Eintragung der Limited in das Handelsregister 50
3. Entsprechende Anwendbarkeit der Keck-Rechtsprechung oder Geltung der rule of remoteness? 52
    a. Inhalt und Bedeutung der Keck-Rechtsprechung 52

I. Theft als Kernelement englischen Vermögensstrafrechts 126
   1. Objektiver Tatbestand des theft 127
      a. Aneignung (appropriation) 127
      b. Taugliches Tatobjekt (property) 129
      c. Rechtliche Beschaffenheit des Tatobjekts (belonging to another)...130
   2. Subjektiver Tatbestand des theft 132
      a. Unredlichkeit (dishonesty) 132
      b. Enteignungsabsicht (intention permanently to deprive) 134
      c. Keine Bereicherungs- oder Zueignungsabsicht erforderlich 135
II. Theft als Äquivalent zu deutschen Eigentums- und Vermögens-
    delikten 135
   1. Diebstahl, § 242 StGB 136
   2. Unterschlagung, § 246 StGB 137
   3. Untreue, § 266 StGB 138
III. Fraud als zentrales Täuschungsdelikt im englischen Strafrecht 139
B. Weitere Schutzmechanismen des englischen Rechts 143
  I. Fraudulent trading, sec. 213 IA 1986 144
  II. Wrongful trading, sec. 214 IA 1986 145
  III. Disqualification of directors 146
  IV. Anwendbarkeit der Regelungen auf directors von Scheinauslands-
     limiteds 147
   1. Fraudulent und wrongful trading 147
   2. Disqualification of directors 149

7. Kapitel Strafbarkeit des directors nach deutschem Recht –
          Fragestellungen im Bereich des Strafrechts Allgemeiner Teil ..152

A. Das Strafanwendungsrecht gemäß §§ 3 ff. StGB 153
  I. Ausgangslage 153
  II. Unproblematische Fallkonstellationen 153
  III. Sonstige Fallkonstellationen 154

      1. Erfolgsort bei Eigentums- und Vermögensdelikten..................155
      2. Erfolgsort bei Schädigung einer (Zweig-)Niederlassung 156
      3. Besonderheiten bei Schädigungen ausländischer Tochter-
         gesellschaften..158
   IV. Ergebnis 160
B. Der Schutzbereich deutscher Straftatbestände 160
   I. Problemstellung 160
   II. Rechtsgüterschutz zugunsten der Limited und sonstiger Dritter............162
   III. Kollektivrechtsgüterschutz..163
C. Kein Verstoß gegen höherrangiges Recht 164
   I. Strafbarkeit bei unechten Unterlassungsdelikten, § 13 StGB 165
      1. Bestehen einer Garantenpflicht des directors nach deutschem Recht .166
         a. Der director als Beschützergarant..167
         b. Der director als Überwachungsgarant..168
      2. Keine Beeinträchtigung der Niederlassungsfreiheit 170
   II. „Handeln für einen anderen" 175
      1. Die Regelung im deutschen Recht gemäß § 14 StGB 175
      2. Die Anwendbarkeit von § 14 StGB auf den director......................176
         a. § 14 Abs. 1 Nr. 1 StGB...176
         b. § 14 Abs. 2 Satz 1 Nr. 2, Satz 2 StGB..178
      3. Keine Beeinträchtigung der Niederlassungsfreiheit 179
         a. Rechtslage in England...180
            aa. Vicarious liability...181
            bb. Corporate Liability..184
            cc. Accessorial liability of officers 185
         b. Ergebnis und Folgerungen..185
   III. Mittelbare Täterschaft kraft Organisationsherrschaft, § 25 Abs. 1 Alt. 2
      StGB 186
      1. Rechtslage nach deutschem Recht..186
      2. Rechtslage nach englischem Recht...188

8. Kapitel Die Strafbarkeit des directors nach deutschem Recht am Beispiel einzelner Straftatbestände 190

A. Europa- und verfassungsrechtliche Grenzen der Strafbarkeit des directors am Beispiel der strafbewehrten Insolvenzantragspflichtverletzung 190
  I. Verbleibende Relevanz der Problematik nach Inkrafttreten des MoMiG 190
  II. Insolvenzantragspflicht nach altem und neuem Recht 192
    1. Kollisionsrechtliche Qualifikation der Insolvenzantragspflicht 194
    2. Auf die Limited anwendbares Insolvenzrecht 197
    3. Die Insolvenzantragspflicht als Regelung im Sinne des Art. 4 EuInsVO 198
    4. Zwischenergebnis 199
    5. Die Insolvenzantragspflicht als Verstoß gegen die Niederlassungsfreiheit 200
      a. Ansichten in Rechtsprechung und Literatur 200
      b. Stellungnahme 201
        aa. Keine vergleichbare Rechtslage in Deutschland und England ... 201
        bb. Kein Anwendungsfall der Keck-Rechtsprechung 202
        cc. Rechtfertigung der Beeinträchtigung der Niederlassungsfreiheit 203
    6. Ergebnis 206
  III. Verfassungsrechtliche Grenzen der strafrechtlichen Verantwortlichkeit in Altfällen 206
  IV. Ergebnis 209

B. Konkretisierung deutscher Straftatbestände durch englisches Gesellschaftsrecht am Beispiel der Untreue und der Insolvenzstraftaten im engeren Sinne 209
  I. Untreue 210
    1. Der director als Normadressat des § 266 StGB 211
      a. Tatbestandliche Vorgaben und gesellschaftsrechtlicher Bezug 211

b. Die Vermögensbetreuungspflicht des directors 213
    aa. Gegenüber der Limited..213
    bb. Gegenüber Dritten..214
    cc. Ergebnis..220
2. Vereinbarkeit von Untreuetatbestand und Bestimmtheitsgebot 220
    a. Erkennbarkeit der Maßgeblichkeit des Gründungsrechts 221
    b. Erkennbarkeit des Inhalts der Treue- und Sorgfaltspflichten 222
    c. Ergebnis 224
3. Gesellschaftsrechtliche Bezüge des objektiven Tatbestands 224
    a. Missbrauchstatbestand 225
        aa. Verfügungs- und Verpflichtungsbefugnis für fremdes
            Vermögen...225
        bb. Missbrauch der Verfügungs- oder Verpflichtungsbefugnis.......226
            aaa. Wirksames Verfügungs- oder Verpflichtungsgeschäft......226
            bbb. Missbrauch der Befugnis..................................229
    b. Treubruchstatbestand 231
        aa. Vermögensbetreuungspflicht 231
        bb. Verletzung der Vermögensbetreuungspflicht 232
4. Ausgewählte Fallkonstellationen im Rahmen des § 266 StGB 232
    a. Verdeckte Gewinnausschüttung......................................232
    b. Existenzgefährdender Eingriff......................................237
        aa. Fehlendes Mindestkapital der Limited............................237
        bb. Kollisionsrechtliche Qualifikation der Existenzvernichtungs-
            haftung..238
        cc. Kein Verstoß gegen die Niederlassungsfreiheit 243
        dd. Ergebnis 245
    c. Eigenkapitalersetzende Darlehen....................................245
    d. Gewährung von Anerkennungsprämien 248
        aa. Rechtsprechung des BGH 248
        bb. Englisches Recht...250

e. Risikogeschäfte 253
f. Geschäftschancenlehre 258
II. Insolvenzstraftaten im engeren Sinne 262
1. Schutzbereich der §§ 283 ff. StGB 263
2. Der director als Normadressat der §§ 283 ff. StGB 264
  a. Die Insolvenzstraftaten als Sonderdelikte 264
  b. Zurechnung besonderer persönlicher Merkmale gemäß § 14 Abs. 2 Satz 1 Nr. 2, Satz 2 StGB 265
  c. Die Kaufmannseigenschaft der Limited 265
    aa. Keine Kaufmannseigenschaft der Limited gemäß § 6 Abs. 2 HGB 266
    bb. Die Limited als Kaufmann gemäß § 6 Abs. 1 HGB 267
3. Zentrale Begriffe der §§ 283 ff. StGB – Berücksichtigung englischen Rechts 268
  a. Bankrotthandlungen 268
    aa. Nicht-Buchführungsdelikte 269
    bb. Buchführungsdelikte 271
      aaa. Keine Buchführungs- und Bilanzierungspflichten der Limited gemäß HGB 272
      bbb. Keine gesonderte Buchführungs- und Bilanzierungspflicht der Zweigniederlassung 276
      ccc. Keine sonstigen Buchführungs- und Bilanzierungspflichten nach deutschem Recht 277
      ddd. Buchführungs- und Bilanzierungspflichten nach englischem Recht 277
  b. Wirtschaftliche Krise 282
    aa. Eingetretene oder drohende Zahlungsunfähigkeit 282
    bb. Überschuldung 283
  c. Unternehmenszusammenbruch 285
    aa. Insolvenzverfahren nach deutschem Recht 285

XV

bb. Insolvenzverfahren nach englischem Recht 286
C. Rechtfertigung der Anwendung deutschen Strafrechts auf den director am Beispiel des Vorenthaltens von Arbeitsentgelt 287
  I. Anwendbarkeit deutschen Sozialversicherungsrechts 288
  II. Der director als tauglicher Täter 289
  III. Sozialversicherungspflichtige Beschäftigungsverhältnisse innerhalb der Limited..289
    1. Sozialversicherungspflichtigkeit der Arbeitnehmer der Limited........290
    2. Sozialversicherungspflichtigkeit des directors 291
  IV. Vereinbarkeit der Strafbewehrung mit der Niederlassungsfreiheit........293
    1. Unanwendbarkeit der rule of remoteness 294
    2. Keine vergleichbaren Rechtslagen im Gründungs- und Zuzugsstaat ..294
    3. Keine Rechtfertigung aufgrund Missbrauchs und Betrugs 296
    4. Rechtfertigung aus zwingenden Gründen des Allgemeininteresses 297
      a. Nicht diskriminierende Anwendung 298
      b. Zwingende Gründe des Allgemeininteresses........................298
      c. Geeignetheit 299
      d. Erforderlichkeit 299

9. Kapitel Anwendbarkeit englischen Strafrechts und Gefahr der doppelten Strafverfolgung 301

A. Keine Anwendung englischen Strafrechts durch deutsche Gerichte 301
B. Anwendung englischen Strafrechts durch englische Gerichte 302
  I. Parallelität der Anwendbarkeit englischen und deutschen Strafrechts 302
  II. Das Territorialitätsprinzip als Kern englischen Strafanwendungsrechts 303
  III. Behandlung grenzüberschreitender Straftaten................................304
  IV. Erfolgsort bei Straftaten zu Lasten von Scheinauslandsgesellschaften 305
C. Gefahr der doppelten Strafverfolgung 306
  I. Regelungen in Deutschland 306
  II. Regelungen in England..307

III. Nicht ratifizierte Verträge auf europäischer Ebene 307

IV. Art. 54 SDÜ als zwischenstaatliches Doppelverfolgungsverbot 308

10. Kapitel Zusammenfassung 310

Literaturverzeichnis 316

Abkürzungsverzeichnis

a. A.	andere Ansicht
a. E.	am Ende
a. F.	alte Fassung
ABl.	Amtsblatt
ABl. EG	Amtsblatt der Europäischen Gemeinschaften
ABl. EU	Amtsblatt der Europäischen Union
AC	Appeal Cases
ADHGB	Allgemeines Deutsches Handelsgesetzbuch
AEUV	Vertrag über die Arbeitsweise der Europäischen Union
AFG	Arbeitsförderungsgesetz
AG	Amtsgericht/Aktiengesellschaft/Die Aktiengesellschaft
AGB	Allgemeine Geschäftsbedingungen
AktG	Aktiengesetz
All ER	All England Law Reports
Alt.	Alternative
AnfG	Anfechtungsgesetz
AO	Abgabenordnung
Art.	Artikel
AT	Allgemeiner Teil
AWG	Außenwirtschaftsgesetz
Az.	Aktenzeichen
BAG	Bundesarbeitsgericht
BayObLG	Bayerisches Oberstes Landesgericht
BayObLGZ	Entscheidungen des Bayerischen Obersten Landesgerichts in Zivilsachen
BB	Betriebs-Berater
BC	Bilanzbuchhalter und Controller
BCC	British Company Law Cases
BCLC	Butterworths Company Law Cases
BeckBilanzKomm	Beck'scher Bilanzkommentar
BeckRS	Beck-Rechtsprechung
BeckVerw	Beck-Verwaltungsanweisungen

BFH	Bundesfinanzhof
BFHE	Entscheidungen des Bundesfinanzhofs
BGB	Bürgerliches Gesetzbuch
BGBl.	Bundesgesetzblatt
BGH	Bundesgerichtshof
BGHSt	Entscheidungen des Bundesgerichtshofs in Strafsachen
BGHZ	Entscheidungen des Bundesgerichtshofs in Zivilsachen
BNatSchG	Bundesnaturschutzgesetz
BSG	Bundessozialgericht
BSGE	Entscheidungen des Bundessozialgerichts
BStBl.	Bundessteuerblatt
BT	Besonderer Teil
BT-Drs.	Drucksache des Deutschen Bundestags
BV	Besloten Vennootschap
BVerfG	Bundesverfassungsgericht
BVerfGE	Entscheidungen des Bundesverfassungsgerichts
BVerwG	Bundesverwaltungsgericht
CA	Companies Act
CDDA	Company Directors Disqualification Act
ch.	chapter
Ch	Chancery
Ch D	Chancery Division
CJA	Criminal Justice Act
cls.	clauses
Cox CC	Cox's Criminal Cases
CP	Court of Common Pleas
Cr App Rep	Criminal Appeal Reports
Crim LR	The Criminal Law Review
DB	Der Betrieb
DJT	Deutscher Juristentag
DNotZ	Deutsche Notar-Zeitschrift
DRiZ	Deutsche Richterzeitung
DStR	Deutsches Steuerrecht
DTI	Department of Trade and Industry

DZWIR	Deutsche Zeitschrift für Wirtschafts- und Insolvenzrecht
ECFR	European Company and Financial Law Review
EGBGB	Einführungsgesetz zum Bürgerlichen Gesetzbuche
EGMR	Europäischer Gerichtshof für Menschenrechte
EGStGB	Einführungsgesetz zum Strafgesetzbuch
EGV	Vertrag zur Gründung der Europäischen Gemeinschaft
ELRev	European Law Review
EMRK	Konvention zum Schutz der Menschenrechte und Grundfreiheiten
EnBW	Energie Baden-Württemberg AG
ETS	European Treaty Series
EuBestG	EU-Bestechungsgesetz
EuGH	Europäischer Gerichtshof
EuGH Slg.	Entscheidungssammlung des Europäischen Gerichtshofs
EuGVVO	Verordnung (EG) Nr. 44/2001 des Rates vom 22.12.2000 über die gerichtliche Zuständigkeit und die Anerkennung und Vollstreckung von Entscheidungen in Zivil- und Handelssachen
EuInsVO	Europäische Insolvenzverordnung
EurVerf	Vertrag über eine Verfassung für Europa
EUV	Vertrag über die Europäische Union
EuZW	Europäische Zeitschrift für Wirtschaftsrecht
EWCA (Crim)	England and Wales Court of Appeal (Criminal Division)
EWHC	England and Wales High Court
EWG	Europäische Wirtschaftsgemeinschaft
EWS	Europäisches Wirtschafts- und Steuerrecht
FamRZ	Zeitschrift für das gesamte Familienrecht
FGG	Gesetz über die Angelegenheiten der freiwilligen Gerichtsbarkeit
FS	Festschrift
GA	Goltdammer's Archiv für Strafrecht
GbR	Gesellschaft bürgerlichen Rechts
GenG	Gesetz betreffend die Erwerbs- und Wirtschaftsgenossenschaften

GG	Grundgesetz
GmbH	Gesellschaft mit beschränkter Haftung
GmbHG	Gesetz betreffend die Gesellschaften mit beschränkter Haftung
GmbHR	GmbH-Rundschau
GPR	Zeitschrift für Gemeinschaftsprivatrecht
grds.	grundsätzlich
HGB	Handelsgesetzbuch
h. L.	herrschende Lehre
HM	Her Majesty's
h. M.	herrschende Meinung
HRR	Höchstrichterliche Rechtsprechung
HRRS	Höchstrichterliche Rechtsprechung zum Strafrecht
Hs.	Halbsatz
IA	Insolvency Act
i. E.	im Ergebnis
IGH	Internationaler Gerichtshof
IHK	Industrie- und Handelskammer
IHR	Internationales Handelsrecht
InsO	Insolvenzordnung
InsR	Insolvenzrecht
InsVV	Insolvenzrechtliche Vergütungsverordnung
int./intern.	international
IntBestG	Gesetz zu dem Übereinkommen vom 17. Dezember 1997 über die Bekämpfung der Bestechung ausländischer Amtsträger im internationalen Geschäftsverkehr
IntGesR	Internationales Gesellschaftsrecht
IPBPR	Internationaler Pakt über bürgerliche und politische Rechte vom 19. Dezember 1966
IPR	Internationales Privatrecht
IPRax	Praxis des Internationalen Privat- und Verfahrensrechts
i. R. v.	im Rahmen von
IRG	Gesetz über die internationale Rechtshilfe in Strafsachen
IStR	Internationales Steuerrecht

i. S. v.	im Sinne von
i. V. m.	in Verbindung mit
J.	Judge
JA	Juristische Arbeitsblätter
JBL	Journal of Business Law
Jura	Juristische Ausbildung
jurisPR-InsR	juris PraxisReport Insolvenzrecht
JuS	Juristische Schulung
JZ	Juristenzeitung
KB	Law Reports: King's Bench
KG	Kammergericht/ Kommanditgesellschaft
Komm	Kommentar
KStG	Körperschaftsteuergesetz
KWG	Gesetz über das Kreditwesen
KWKG	Gesetz für die Erhaltung, die Modernisierung und den Ausbau der Kraft-Wärme-Kopplung (Kraft-Wärme-Kopplungsgesetz)
LG	Landgericht
LIEI	Legal Issues of Economic Integration
lit.	litera
LJ	Lord/Lady Justice
LK	Leipziger Kommentar
LLP	Limited Liability Partnership
Ltd.	Limited
MaBV	Makler- und Bauträgerverordnung
MDR	Monatsschrift für Deutsches Recht
MittBayNot	Mitteilungen des Bayerischen Notarvereins, der Notarkasse und der Landesnotarkammer Bayern
MLR	Modern Law Review
MoMiG	Gesetz zur Modernisierung des GmbH-Rechts und zur Bekämpfung von Missbräuchen
MR	Master of the Rolls
MünchKomm	Münchener Kommentar
MuSchG	Gesetz zum Schutze der erwerbstätigen Mutter

m. w. N.	mit weiteren Nachweisen
n. F.	neue Fassung
NJW	Neue Juristische Wochenschrift
NK	NomosKommentar
NStZ	Neue Zeitschrift für Strafrecht
NYS	(West's) New York Supplement
NZG	Neue Zeitschrift für Gesellschaftsrecht
NZI	Neue Zeitschrift für das Recht der Insolvenz und Sanierung
NZLR	New Zealand Law Reports
OECD	Organisation for Economic Co-operation and Development
OFD	Oberfinanzdirektion
OHG	Offene Handelsgesellschaft
OJLS	Oxford Journal of Legal Studies
OLG	Oberlandesgericht
OrgKG	Gesetz zur Bekämpfung des illegalen Rauschgifthandels und anderer Erscheinungsformen der Organisierten Kriminalität vom 15. Juli 1992
OWiG	Gesetz über Ordnungswidrigkeiten
QB	Law Reports: Queen's Bench
QBD	Queen's Bench Division
PCIJ	Permanent Court of International Justice
p.	pagina
para.	paragraph
pp.	paginae
PwC	PricewaterhouseCoopers
R	Rex/Regina
RabelsZ	Rabels Zeitschrift für ausländisches und internationales Privatrecht
RdA	Recht der Arbeit
Rec	Recueil
RegE	Regierungsentwurf
RIW	Recht der Internationalen Wirtschaft

RL	Richtlinie
Rn.	Randnummer(n)
Rom I-VO	Verordnung (EG) Nr. 593/2008 des Europäischen Parlaments und des Rates über das auf vertragliche Schuldverhältnisse anzuwendende Recht
Rom II-VO	Verordnung (EG) Nr. 864/2007 des Europäischen Parlaments und des Rates über das auf außervertragliche Schuldverhältnisse anzuwendende Recht
RPC	Reports of Patent Cases
RR	Rechtsprechungs-Report
Rs.	Rechtssache
SC	Cases decided in The Court of Session
sch.	schedule
schweiz	schweizerisches
SchwZStrR	Schweizerische Zeitschrift für Strafrecht
SDÜ	Schengener Durchführungsübereinkommen
sec.	section
secs.	sections
Sel cas Ch	Select cases Chancery
SGB	Sozialgesetzbuch
SK	Systematischer Kommentar
Slg.	Sammlung
StA	Staatsanwaltschaft
StGB	Strafgesetzbuch
STIGH	Ständiger Internationaler Gerichtshof
STIGHE	Entscheidungen des Ständigen Internationalen Gerichtshofes
StPO	Strafprozessordnung
StraFo	Strafverteidiger Forum
StrafR	Strafrecht
StrRG	Gesetz zur Reform des Strafrechts
StV	Strafverteidiger
StVG	Straßenverkehrsgesetz
TLR	Times Law Report

UAbs.	Unterabsatz
Übk	Übereinkommen
UMAG	Gesetz zur Unternehmensintegrität und Modernisierung des Anfechtungsrechts
UmwG	Umwandlungsgesetz
Urt.	Urteil
v.	von/vom/versus
VAG	Gesetz über die Beaufsichtigung der Versicherungsunternehmen
VersR	Versicherungsrecht
VG	Verwaltungsgericht
VO	Verordnung
Vorb/Vorbem	Vorbemerkung
VR	Victorian Reports
WeinG	Weingesetz
WeinVO	Verordnung zur vorläufigen Aufrechterhaltung weinrechtlicher Vorschriften
WFBV	Wet op de formeel buitenlandse vennootschappen
WiB	Wirtschaftsrechtliche Beratung
wistra	Zeitschrift für Wirtschafts- und Steuerstrafrecht
WLR	Weekly Law Reports
WM	Wertpapiermitteilungen: Zeitschrift für Wirtschafts- und Bankrecht
WN	Weekly Notes
WpHG	Wertpapierhandelsgesetz
WPR	Wertpapierrecht
WStG	Wehrstrafgesetz
WuR	Wirtschaft und Recht
ZEuP	Zeitschrift für Europäisches Privatrecht
ZGR	Zeitschrift für Unternehmens- und Gesellschaftsrecht
ZHR	Zeitschrift für das gesamte Handelsrecht und Wirtschaftsrecht
ZinsO	Zeitschrift für das gesamte Insolvenzrecht
ZIP	Zeitschrift für Wirtschaftsrecht

ZIS	Zeitschrift für Internationale Strafrechtsdogmatik
ZPO	Zivilprozessordnung
ZRP	Zeitschrift für Rechtspolitik
ZStW	Zeitschrift für die gesamte Strafrechtswissenschaft
ZVglRWiss	Zeitschrift für Vergleichende Rechtswissenschaft
ZZP	Zeitschrift für Zivilprozess

1. Kapitel   Einleitung

A. Vorbemerkung

Das Thema der strafrechtlichen Verantwortlichkeit von Führungspersonen in Unternehmen hat in den letzten Jahren große Aufmerksamkeit bei Fachleuten und weiten Teilen der Öffentlichkeit gefunden. Es fallen einem in diesem Zusammenhang sowohl die millionenschweren Anerkennungsprämien an Vorstands- und Aufsichtsratsmitglieder im Rahmen der Übernahmeschlacht zwischen Mannesmann und Vodafone ein, als auch die so genannten Lustreisen hoher Gewerkschaftsfunktionäre bei VW, die dazu dienten, Arbeitnehmervertreter „bei Laune zu halten". Nicht weniger spektakulär ist jüngst die Korruptionsaffäre von Siemens, bei der Schmiergelder in Milliardenhöhe geflossen sein sollen. Vergleichsweise bescheiden hinsichtlich wirtschaftlicher Bedeutung und medialer Berichterstattung nimmt sich dagegen der Fall Utz Claassen aus, bei dem der ehemalige Vorstandsvorsitzende der EnBW wegen Vorteilsgewährung angeklagt war, da er mit der Weihnachtspost Gutscheine für Eintrittskarten zu Spielen der Fußballweltmeisterschaft 2006 an hochrangige Landes- und Bundespolitiker verschickt hatte.

Weit weniger von der breiten Öffentlichkeit beachtet, dafür umso mehr von der Fachwelt diskutiert, wird das Thema der grenzüberschreitenden Sitzverlegung von Kapitalgesellschaften innerhalb der EU. Befeuert durch die Rechtsprechung des EuGH in den Rechtssachen Centros[1], Überseering[2] und Inspire Art[3] zu Fragen der Niederlassungsfreiheit ist eine Debatte darüber entbrannt, unter welchen Voraussetzungen und mit welchen Konsequenzen unternehmerisches Handeln in der Rechtsform ausländischer Gesellschaften in Deutschland stattfinden kann. Im Vordergrund steht dabei die Erörterung der zivilrechtlichen Haftung der Führungspersonen für schädigendes Verhalten und der Vorfragen, welche Pflichten diese überhaupt treffen, wem gegenüber sie geschuldet sind und unter welchen Umständen sie verletzt werden. Erörtert wird dies häufig unter der Fragestellung, ob die englische *private company limited by shares*, nachfolgend Limited[4], einen

---

[1] *EuGH* Slg. 1999, I-1459 (*Centros*).
[2] *EuGH* Slg. 2002, I-9919 (*Überseering*).
[3] *EuGH* Slg. 2003, I-10155 (*Inspire Art*).
[4] Der umgangssprachliche Begriff „englische Limited" bezeichnet in England oder Wales gegründete *private companies limited by shares*. In Großbritannien – erst recht im Vereinigten Königreich – herrscht nämlich keine Rechtseinheit. Nur England und Wales bilden eine Jurisdiktion (wobei durch den Government of Wales Act 1998 mittlerweile auch die Versammlung von

gegenüber der deutschen GmbH effektiveren rechtlichen Rahmen für unternehmerisches Handeln bietet. In diesem Zusammenhang werden vor allem gesellschaftsrechtliche, insolvenzrechtliche, deliktsrechtliche sowie steuerrechtliche Aspekte erörtert und die dazu bislang erschienenen Publikationen in Form von Handbüchern und Abhandlungen kommen insoweit einem dringenden Bedürfnis nach Beratung in der Praxis nach[5].

An der Schnittstelle der beiden vorgenannten Themen fand dagegen bislang verhältnismäßig wenig Beachtung die Frage, welche Strafbarkeitsrisiken für den *director* einer in Deutschland tätigen Limited bestehen. Es wurde im Gegenteil lange Zeit ohne besonderes Problembewusstsein davon ausgegangen, dass deutsches Strafrecht als Teil des allgemeinen Verkehrsrechts ohne Weiteres auf Geschäftsleiter ausländischer Gesellschaften anwendbar sei[6], und zwar ausdrücklich auch dann, wenn die in Rede stehenden Sachverhalte einen gesellschaftsrechtlichen Einschlag hatten[7]. Diese Sichtweise muss allerdings mit Blick auf die bereits erwähnte Rechtsprechung des EuGH zur Niederlassungsfreiheit als überholt angesehen werden. Der EuGH hat nämlich die uneingeschränkte Anwendung des Rechts am tatsächlichen Verwaltungssitz einer ausländischen Gesellschaft aus einem Mitgliedsstaat der EU als Verstoß gegen die Niederlassungsfreiheit aus Art. 49 und 54 AEUV angesehen. Vielmehr geht das Gericht davon aus, dass solche Gesellschaften auch

---

Wales auf verschiedenen Gebieten partiell autonome Kompetenzen besitzt, *Och* Der strafrechtliche Schutz, S. 30 (Fußnote 44)). Daher entspricht schon das Kapitalgesellschaftsrecht in Schottland nicht vollständig dem englisch-walisischen Recht. Aber vor allem außerhalb Großbritanniens (Nordirland, die Kanalinseln und die Isle of Man sowie Gebiete der verbliebenen Kolonien wie Gibraltar) gegründete Limiteds besitzen nur dieselbe Grundstruktur, leben aber unter dem Einfluss besonderer Gesetze, *Triebel/v. Hase/Melerski* Die Limited, S. 12. Und auch durch den CA 2006 wurde dies nicht umfassend geändert. Obwohl der CA 2006 zumindest grundsätzlich einheitlich auf das Vereinigte Königreich anwendbar ist, finden sich nach wie vor Sonderregelungen sowohl für Schottland als auch für Nordirland, *Davies/Rickford* ECFR 2008, 48, 49 (Fußnote 3); *Meyer* RIW 2007, 645, 645.

[5] Ausgangspunkt zahlreicher juristischer Beiträge ist häufig die Frage, inwieweit bei einem Handeln in Form der Limited der Gläubiger- und Gesellschafterschutz sowie der Schutz des Marktes sichergestellt werden kann. Siehe beispielsweise *Gross/Schork* NZI 2006, 10, 10; *Horn* NJW 2004, 893, 898.

[6] *Goette* DStR 2005, 197, 199: „Dass im Inland agierende „EU-GmbHs" die allgemeinen Verhaltensregeln achten müssen, ihre Organe also u. a. nicht gegen Strafvorschriften verstoßen dürfen, ist eine nicht näher zu belegende juristische Binsenweisheit."; ferner *Ulmer* NJW 2004, 1201, 1205; Vgl. auch *Schumann* DB 2004, 743, 745 f., der persönlich aber auf gesellschaftsrechtliche Vorfragen englisches Gesellschaftsrecht anwenden will; vgl. ferner *Otto* in *Hopt/Wiedemann* AktG, Vor § 399 Rn. 8 ff.

[7] *Horn* NJW 2004, 893, 899.

im Zuzugsstaat grundsätzlich nach dem Gesellschaftsrecht ihres jeweiligen Gründungsstaates leben. Das wirft die Frage auf, inwieweit eine strafrechtliche Inpflichtnahme des *directors* einer in Deutschland tätigen Limited unter Berücksichtigung des englischen Gründungsrechts möglich ist. Schon jetzt zeigen erste Urteile von deutschen Instanzgerichten, dass die Rechtsprechung des EuGH zur Niederlassungsfreiheit nicht gänzlich ohne Folgen auch für die Strafbarkeit des *directors* einer in Deutschland tätigen Limited geblieben ist, knüpfen doch zahlreiche deutsche Straftatbestände an gesellschaftsrechtliche Regelungen an.

Die begrenzte Auseinandersetzung mit dem Aspekt der strafrechtlichen Verantwortlichkeit des *directors* verwundert. Infolge der Urteile des EuGH zur Niederlassungsfreiheit ist das Interesse an ausländischen Gesellschaften im Allgemeinen und an der englischen Limited im Besonderen stark gestiegen[8], wobei als Hauptargumente für die Gründung einer Limited als Alternative zu klassischen deutschen Kapitalgesellschaften insbesondere die geringen Gründungskosten[9], die kurze Gründungsdauer[10], die fehlende Verpflichtung zur Aufbringung eines bestimmten Mindestkapitals[11] und die Art der Kapitalaufbringung[12] angeführt werden. Auch wenn diese Entwicklung mittlerweile ihren Höhepunkt überschritten haben sollte[13], sind Schätzungen zufolge gegenwärtig mindestens 30.000 bis 40.000 Limiteds mit tatsächlichem Verwaltungssitz in Deutschland tätig[14]. Es ist

---

[8] *Happ/Holler* DStR 2004, 730, 730.
[9] *Eidenmüller* ZGR 2007, 168, 173 f.; Die Gründungskosten für eine Limited liegen bei Einschaltung eines gewerblichen Anbieters mit ungefähr EUR 400 deutlich unter denen der GmbH, welche mit ungefähr EUR 1.300 zu veranschlagen sind, *Römermann* NJW 2006, 2065, 2067; Für die durch das MoMiG, BGBl. 2008 I, S. 2026, eingeführte Unternehmergesellschaft veranschlagt der Gesetzgeber Gründungskosten von mindestens EUR 300, *Kindler* NJW 2008, 3249, 3250.
[10] Beim *Companies House* in Cardiff per E-Mail eingereichte Gründungsdokumente werden regelmäßig innerhalb von fünf Tagen bearbeitet, können bei Zahlung einer zusätzlichen Gebühr aber auch innerhalb eines Tages erledigt werden, *Schmidt* WM 2007, 2093, 2094; *Zerres* DZWIR 2006, 356, 356; Zu beachten wird sein, wie sich die durch das MoMiG eingeführten Verfahrensbeschleunigungen bei der Gründung einer GmbH auswirken werden, *Kindler* NJW 2008, 3249, 3251; Siehe beispielsweise zum Musterprotokoll gemäß § 2 Abs. 1a GmbHG *Westermann* DZWIR 2008, 485, 486.
[11] Siehe dazu 5. Kapitel B. II. 4. b. aa.
[12] Siehe dazu 5. Kapitel B. II. 4. b. aa.
[13] So *Schmidt* WM 2007, 2093, 2093; ebenso *Müller* BB 2006, 837, 837; Abzuwarten bleiben insbesondere die Auswirkungen des MoMiG, mit dem der Gesetzgeber eine Steigerung der Attraktivität der GmbH im Vergleich zu ausländischen Gesellschaftsformen anstrebt. Erste Untersuchungen zeigen jedoch, dass insbesondere die Unternehmergesellschaft als Rechtsformvariante der GmbH auf erhebliches Interesse stößt, *Bayer/Hoffmann/Lieder* GmbHR 2010, 9, 9 f.
[14] *Radtke* GmbHR 2008, 729, 729; *Zimmer/Naendrup* ZGR 2007, 789, 790; *v. Hase* BB 2006, 2141, 2142 (Fußnote 20); Handelsblatt v. 5. März 2007, S. 4; Aufgrund von Erfassungsproble-

kaum vorstellbar, dass es im Rahmen ihrer allgemeinen Geschäftstätigkeit nicht zur Begehung von Straftaten kommt. Darüber hinaus sind in den vergangenen Jahren bereits tausende Limiteds wieder vom Markt verschwunden[15]. Die meisten von ihnen vermutlich aufgrund finanzieller Schwierigkeiten. Führt man sich ferner vor Augen, dass im Zusammenhang mit Unternehmensinsolvenzen deutscher Gesellschaften in schätzungsweise 80 bis 90 Prozent aller Fälle Straftaten wie Untreue, § 266 StGB, Insolvenzdelikte im engeren Sinne, §§ 283 ff. StGB, oder das Nichtabführen von Sozialversicherungsbeiträgen, § 266a StGB, begangen werden[16], ist es nur eine Frage der Zeit, wann nicht nur sehr vereinzelt *directors* englischer Limiteds in ähnlichen Sachverhaltskonstellationen vor deutschen Gerichten stehen werden. Denn es ist kein Grund ersichtlich, warum die mit deutschen Unternehmen gemachten Erfahrungen insoweit nicht auf Kapitalgesellschaften ausländischen Rechts übertragen werden können[17].

B. Ziel der Arbeit und Gegenstand der Untersuchung

Ziel dieser Arbeit ist es, die Grundlagen der strafrechtlichen Verantwortlichkeit des *directors* einer Limited nach deutschem Recht darzustellen, sie gleichsam „vor die Klammer" zu ziehen. Denn auch wenn in Zukunft vermehrt mit Urteilen zur strafrechtlichen Verantwortlichkeit von *directors* zu rechnen ist, so wird eine strukturierte Zusammenstellung der der Rechtsprechung zugrundeliegenden strafrechtlichen, europarechtlichen und verfassungsrechtlichen Probleme dabei kaum stattfinden. Rechtsprechung ist naturgemäß einzelfallorientiert und mit konkreten Rechtsfragen befasst. Lohnenswert ist die Darstellung der grundlegenden Fragestellungen gleichwohl, da jede gerichtliche Befassung letztlich mit gleichgelagerten Problemen zu tun haben wird.

Einer systematischen Darstellung steht dabei nicht entgegen, dass die internen Verhältnisse einer Limited bis zu einem gewissen Grad der privatautonomen Disposition der Gesellschafter unterliegen. So ist es zum Beispiel allein Sache der Gesellschafter, zu entscheiden, ob die Limited durch einen *director* oder mehrere *directors* geleitet wird. Aus der jeweiligen Ausgestaltung ergeben sich natürlich für das Strafrecht zahlreiche

---

men, dazu *Westhoff* GmbHR 2007, 474, 475 ff., und der häufigen Unterlassung der Eintragung als Zweigniederlassung im Handelsregister kommt es allerdings bisweilen zu erheblichen Divergenzen hinsichtlich der Zahlenangaben.

[15] *Westhoff* GmbHR 2007, 474, 480, gibt diese Zahl aufgrund einer Untersuchung mit ca. 5400 an.
[16] *Weyand/Diversy* Insolvenzdelikte, S. 5; *Bauer* Die GmbH in der Krise, S. 135; *Radtke* GmbHR 2008, 729, 730; *Richter* in FS für Tiedemann, S. 1023, 1031.
[17] Vgl. *Richter* in FS für Tiedemann, S. 1023, 1025 f.

Fragestellungen, die zum Teil in den Regelungskomplex Täterschaft/Teilnahme gehören[18], teilweise unmittelbar der Frage zuzuordnen sind, in welcher Beziehung eine Führungsperson zur Körperschaft steht[19]. Es würde den Umfang dieser Arbeit jedoch sprengen, alle gesellschaftsrechtlich zulässigen Gestaltungsmöglichkeiten in Bezug auf das Leitungsgremium der Limited und der internen Kompetenzverteilung unter mehreren *directors* im Hinblick auf die strafrechtlichen Konsequenzen darzustellen. Das ist aber auch gar nicht erforderlich, denn sind die grundlegenden Fragestellungen einmal geklärt, können von diesem gesicherten Grund aus einzelfallorientierte Lösungen gesucht und gefunden werden. Nachfolgend wird daher grundsätzlich von einer Limited ausgegangen, die nur durch einen *director* geleitet wird.

Ferner beschränkt sich die vorliegende Arbeit auf die in der Praxis sehr relevante Konstellation, dass in England eine Limited gegründet wird, diese aber von vornherein ihren tatsächlichen Verwaltungssitz in Deutschland begründet oder aber nach Deutschland verlegt und in England (fast) keinerlei Geschäftstätigkeit entfaltet. Tätig wird die Limited über eine Zweigniederlassung vielmehr (fast) ausschließlich in Deutschland. Satzungs- und tatsächlicher Verwaltungssitz fallen

---

[18] Im Zusammenhang mit einer mehrköpfigen Geschäftsleitung wird u. a. das Prinzip der Generalverantwortung und dessen Folgen für die strafrechtliche Verantwortlichkeit jedes einzelnen Geschäftsleitungsmitglieds diskutiert, denn aus diesem Prinzip folgt keineswegs ein uneingeschränktes strafrechtliches Einstehenmüssen jedes einzelnen Geschäftsleitungsmitglieds für pflichtwidrige Handlungen oder Unterlassungen eines Kollegen. Vielmehr knüpft das Strafrecht an die individuelle Schuld eines Beteiligten an, so dass es für die strafrechtliche Haftung eines Geschäftsleitungsmitglieds allein auf diejenigen individuellen Pflichtverletzungen ankommt, die ihm persönlich zur Last fallen. Es kommt daher maßgebend darauf an, wie im konkreten Einzelfall die Pflichten- und Verantwortungsbereiche der einzelnen Leitungspersonen definiert sind. Wer innerhalb eines Leitungsgremiums für den Bereich Finanzen zuständig ist, hat andere Aufgaben als derjenige, der für Technik oder Vertrieb zuständig ist. Im Grundsatz lässt sich sagen, dass jedes Geschäftsleitungsmitglied die volle Verantwortung für diejenigen Aufgabenbereiche trägt, die ihm zugewiesen sind. Dabei hat er insbesondere dafür zu sorgen, dass das Unternehmen und alle Mitarbeiter rechtmäßig handeln (Ressortverantwortlichkeit). Die übrigen Geschäftsleitungsmitglieder sind insoweit „nur" verpflichtet, das zuständige Vorstandsmitglied in gewissem Umfang zu überwachen und gegebenenfalls einzugreifen. Durch die Ressortverteilung wird die Generalverantwortung der anderen also nicht aufgehoben, sondern nur inhaltlich verändert, siehe zum Ganzen ausführlich *Lütke* wistra 2008, 409 ff.; *Ransiek* in Ulmer/Habersack/Winter GmbHG, Vor § 82 Rn. 64 ff.; *Schneider* in FS 100 Jahre GmbH-Gesetz, S. 473 ff.

[19] Die konkrete Ausgestaltung dieser Beziehung ist z. B. entscheidend dafür, ob im Rahmen des § 14 StGB davon gesprochen werden kann, dass eine bestimmte Person stellvertretend für eine Gesellschaft handelt. Nur wenn das bejaht werden kann, kommt eine Strafausdehnung bei Pflicht- und Sonderdelikten, die sich nur an bestimmte Normadressaten richten, in Betracht. Vgl. dazu 7. Kapitel C. II.

also auseinander. In der Literatur werden derartige Gesellschaften bisweilen als „doppeltansässige Gesellschaften" bezeichnet[20]. Überwiegend wird aber von Scheinauslandsgesellschaften gesprochen[21].

C. Gang der Untersuchung

Hintergrund zahlreicher Probleme bei der Einbindung von Scheinauslandslimiteds in die deutsche Rechtsordnung ist das Aufeinandertreffen verschiedener Rechtsordnungen. Das gilt auch hinsichtlich der strafrechtlichen Verantwortlichkeit des *directors*. Insbesondere aufgrund der gesellschaftsrechtsakzessorischen Ausgestaltung einiger Straftatbestände des deutschen Rechts hängt die Verantwortlichkeit des *directors* nämlich in vielen Fällen maßgeblich davon ab, ob deutsches oder englisches Gesellschaftsrecht auf die Limited anwendbar ist. Entscheidend für die Beantwortung dieser Frage sind die Bestimmungen des internationalen Gesellschaftsrechts Deutschlands und Englands sowie die Vorgaben des Europarechts in ihrer Auslegung durch den EuGH. Ihnen wird im 2. Kapitel nachgegangen.

Die grundsätzliche Anwendbarkeit englischen Gesellschaftsrechts auf eine Limited bedeutet allerdings nicht automatisch, dass dies auch zwingend für deutsche Straftatbestände gelten müsste. Vielmehr wurde lange Zeit vehement vertreten, dass das Strafrecht eines der letzten Reservate des nationalen Rechts sei. Im 3. Kapitel wird daher untersucht, welche Konsequenzen die Rechtsprechung des EuGH zur Niederlassungsfreiheit für das deutsche Strafrecht hat, insbesondere inwieweit es zur Anwendung englischen Gesellschaftsrechts im Rahmen deutscher Straftatbestände kommen muss und unter welchen Umständen es zu einer Anwendung deutschen Gesellschaftsrechts auch hinsichtlich der strafrechtlichen Verantwortlichkeit des *directors* kommen kann.

---

[20] *Schmidt/Sedemund* DStR 1999, 2057, 2057.
[21] *Weller* IPRax 2003, 207, 207 (Fußnote 4): „Unter einer „Scheinauslandsgesellschaft, auch Pseudo-foreign-corporation" genannt, versteht man eine Gesellschaft, die außer ihrer Rechtsform und ihrer Inkorporation keine Beziehung zum ausländischen Gründungsstaat hat."; eingehend zu den Begriffen *pseudo-foreign corporation*, *quasi-foreign corporation*, Scheinauslandsgesellschaft und Briefkastengesellschaft *Neumann* Das *genuine link*-Kriterium, S. 61 ff. Vor diesem Hintergrund wird im Rahmen der vorliegenden Arbeit der Begriff Scheinauslandslimited verwendet, auch wenn ihm ein negativer Beigeschmack anhaftet und, da von der unionsrechtlich gewährten Möglichkeit Gebrauch gemacht wird, eine Gesellschaft mit unterschiedlichem Gründungs- und tatsächlichem Verwaltungssitz zu errichten, in der Literatur bisweilen gefordert wird, diesen Begriff zu vermeiden.

Die Anwendung englischen Rechts im Rahmen deutscher Straftatbestände kann europarechtlich zwingend sein. Die durch diese Fremdrechtsanwendung erreichte Europarechtskonformität wirft jedoch gleichzeitig erhebliche verfassungsrechtliche Probleme auf. Sie steht nämlich vor allem in einem Spannungsverhältnis zum Bestimmtheitsgebot und zum Rechtsstaatsprinzip. Damit und mit weiteren Fragen der Fremdrechtsanwendung wie der Bedeutung des Geltungs- und Anwendungsbereichs englischen Rechts sowie der Zulässigkeit der Fortbildung englischen Gesellschaftsrechts durch deutsche Gerichte setzt sich das 4. Kapitel auseinander.

Nach der Feststellung der Maßgeblichkeit und der grundsätzlichen verfassungsrechtlichen Unbedenklichkeit der Anwendung englischen Gesellschaftsrechts für die Behandlung von Scheinauslandslimiteds und die Beurteilung der strafrechtlichen Verantwortlichkeit des *directors* werden im 5. Kapitel die gesellschaftsrechtlichen Grundzüge der Limited dargestellt. Erst aus ihnen ergeben sich nämlich konkret diejenigen Verhaltensanforderungen an den *director*, deren Verletzung Anknüpfungspunkt deutscher Straftatbestände ist, die im Zusammenhang mit der Leitung einer Gesellschaft erfahrungsgemäß einen hohen Stellenwert einnehmen – beispielsweise Untreue und Insolvenzdelikte im engeren Sinne. Die englischen gesellschaftsrechtlichen Vorgaben sind mithin als Bezugsobjekt für all jene deutschen Straftatbestände wichtig, die im Stil einer Blankettnorm auf außerstrafrechtliches Gesellschaftsrecht verweisen oder dieses durch Verwendung normativer Tatbestandsmerkmale oder so genannte Maßfiguren inkorporieren.

Bevor das durch englisches Gesellschaftsrecht bestimmte Verhalten des *directors* an Straftatbeständen des deutsches Rechts gemessen wird, wird zuvor im 6. Kapitel dargelegt, wie sich bei entsprechenden Sachverhaltskonstellationen die (außer-)strafrechtliche Verantwortlichkeit von *directors* nach englischem Recht darstellt. Denn die Rechtslage im Gründungsstaat der Limited ist zum einen bedeutsam für die Beurteilung, ob in der strafrechtlichen Verantwortlichkeit des *directors* nach deutschem Recht eine Beeinträchtigung der Niederlassungsfreiheit gesehen werden kann. Eine solche könnte ausscheiden oder jedenfalls gerechtfertigt sein, wenn das englische Recht für ein bestimmtes Verhalten des *directors* eine mindestens gleichschwere Strafe vorsieht wie das deutsche Strafrecht. Zum anderen ist sie Vorfrage für die ebenfalls in einem späteren Kapitel zu erörternde Frage nach der Gefahr der Doppelverfolgung.

Im 7. Kapitel werden sodann Fragestellungen aus dem Allgemeinen Teil des deutschen Strafrechts erörtert. Sie sind den eigentlichen Straftatbeständen vorgelagert oder gehen zumindest mit ihnen einher, besitzen aber eigene Besonderheiten, die nach Limited- beziehungsweise *director*-spezifischen Antworten verlangen. Denn auch im Rahmen des allgemeinen Teils des Strafrechts ist englisches Gesellschaftsrecht zu berücksichtigen und kann eine unreflektierte Anwendung auf *directors* eine unzulässige Beeinträchtigung der Niederlassungsfreiheit bedeuten. Konkret stellt sich diese Gefahr beim deutschen Strafanwendungsrecht und dem jeweiligen Schutzbereich deutscher Straftatbestände. Erörterungsbedürftig ist aber auch, ob sich *directors* wegen unechten Unterlassens, aufgrund Handelns für einen anderen oder als mittelbare Täter kraft Organisationsherrschaft strafbar machen können.

Schließlich werden im 8. Kapitel die bislang gefundenen Ergebnisse auf ausgewählte deutsche Straftatbestände angewandt. Dabei werden die europa- und verfassungsrechtlichen Grenzen der Strafbarkeit des *directors* am Beispiel der umstrittenen Strafbarkeit wegen Verletzung der Insolvenzantragspflicht dargestellt. Die Konkretisierung deutscher Straftatbestände durch englisches Gesellschaftsrecht erfolgt anhand des Untreuetatbestandes und der Insolvenzstraftaten im engeren Sinne. Das Vorenthalten von Arbeitsentgelt wird als Beispiel für den Fall der Rechtfertigung der Anwendung deutschen Strafrechts herangezogen.

Neben der strafrechtlichen Verantwortlichkeit gemäß deutschem Recht droht dem *director* aufgrund der grenzüberschreitenden Dimension seines Tätigwerdens auch stets die strafrechtliche Inpflichtnahme durch englische Behörden und Gerichte. Im 9. Kapitel wird der Vollständigkeit halber daher auf die Gefahr der doppelten strafrechtlichen Inanspruchnahme des *directors* eingegangen.

Mit einer Zusammenfassung der wesentlichen Ergebnisse im 10. Kapitel schließt diese Arbeit.

2. Kapitel   Anwendbarkeit englischen Gesellschaftsrechts auf die Limited

Im Laufe dieser Arbeit wird an verschiedenen Stellen deutlich werden, dass die strafrechtliche Verantwortlichkeit des *directors* einer Scheinauslandslimited maßgeblich von der Frage abhängt, ob englisches oder deutsches Gesellschaftsrecht auf die Limited anwendbar ist. Hintergrund ist der Umstand, dass zahlreiche Straftatbestände des deutschen Rechts unmittelbar oder mittelbar gesellschaftsrechtsakzessorisch ausgestaltet sind, das heißt an Regelungen des Gesellschaftsrechts anknüpfen, die dem Strafrecht vorgelagert sind. Das ist beispielsweise im Rahmen des Untreuetatbestandes gemäß § 266 StGB der Fall: Das anwendbare Gesellschaftsrecht gibt Auskunft darüber, welche Treue- und Sorgfaltspflichten den *director* treffen, wem er diese Pflichten schuldet und unter welchen Umständen eine Pflichtverletzung vorliegt. Ferner bestimmt es, wem das durch eine Tat geschädigte Vermögen zuzuordnen ist – der Gesellschaft selbst oder den Gesellschaftern – und welche Verpflichtungs- und Verfügungskompetenzen der *director* diesbezüglich hat.

Grundlegende Bedeutung hinsichtlich des auf eine Scheinauslandslimited anwendbaren Gesellschaftsrechts haben zunächst einmal die Bestimmungen des Gründungsstaates[22]. Es kommt darauf an, welche Folgen die Verlegung des tatsächlichen Verwaltungssitzes nach englischem Recht hat. Nur wenn das englische Recht überhaupt eine solche Verlegung zulässt und die Anwendbarkeit des Gründungsrechts auf eine Scheinauslandsgesellschaft vorsieht (dazu unter A.), stellt sich nachfolgend die Frage, welches Gesellschaftsrecht nach den Regelungen Deutschlands als Zuzugsstaat auf eine Scheinauslandsgesellschaft anzuwenden ist und ob diese zuzugsstaatlichen Regelungen unter dem Einfluss der Niederlassungsfreiheit möglicherweise zu modifizieren sind (dazu unter B.)[23].

---

[22] *EuGH* DStR 2009, 121, 126 f. (*Cartesio*).
[23] Bei der Verlegung des tatsächlichen Verwaltungssitzes einer Limited von England nach Deutschland treffen unterschiedliche Rechtskreise und -vorstellungen aufeinander. Dies drückt sich auch in der Verwendung unterschiedlicher Begriffe aus, die inhaltsgleich nicht immer genau in die jeweils andere (Rechts-)Sprache übersetzt werden können, *Triebel/v. Hase/Melerski* Die Limited, S. 6.

A. Die Sitzverlegung aus Sicht des englischen Rechts
Im Rahmen des englischen internationalen Gesellschaftsrechts ist zwischen den Begriffen *registered office, domicile* und *residence* zu differenzieren. Nach ihnen bestimmt sich, welches Landes Gesellschaftsrecht auf eine Gesellschaft anwendbar ist.

I. Registered office
Im Antrag auf Registrierung einer Limited muss der Teil des Vereinigten Königreichs (England, Wales, Schottland oder Nordirland) angegeben sein, in welchem sich das *registered office* befindet, sec. 9 (2) (b) CA 2006. Beim *registered office* handelt es sich um den „eingetragenen"[24] oder „satzungsmäßigen" Sitz der Gesellschaft[25]. Das *registered office* ist dabei weder identisch mit dem deutschen Begriff des tatsächlichen Verwaltungssitzes, noch mit dem Begriff des Satzungssitzes[26]. Es handelt sich vielmehr schlicht um den in der Gründungsurkunde festgelegten Standort der Gesellschaft, an dem diese registriert ist[27]. Das *registered office* kann innerhalb des Landes beliebig gewechselt werden[28], jedoch nach englischem Recht nicht in einen anderen Staat verlegt werden[29]. Eine Geschäftstätig-

---

[24] *Bungert* ZVglRWiss 93 (1994), 117, 173.
[25] *Lawlor* NZI 2005, 432, 433.
[26] *Triebel/v. Hase/Melerski* Die Limited, S. 99; *Bungert* ZVglRWiss 93 (1994), 117, 173; a. A. vgl. *Brinkmeier/Mielke* Die Limited (Ltd.), S. 26, 128.
[27] *Bank* Die britische LLP, S. 338.
[28] Sec. 87 (1) CA 2006 verlangt insoweit nur eine Mitteilung an das *Companies House*.
[29] *Brinkmeier/Mielke* Die Limited (Ltd.), S. 26; Ein Beschluss über die Verlegung des *registered office* ins Ausland ist nichtig und entfaltet keinerlei Rechtswirkung, *Hirsch/Britain* NZG 2003, 1100, 1101 (Fußnote 13). Zu den historischen Gründen vgl. Fußnote 44; Auf europäischer Ebene wurde die 14. Richtlinie auf dem Gebiet des Gesellschaftsrechts über die grenzüberschreitende Verlegung des Satzungssitzes von Kapitalgesellschaften (Sitzverlegungsrichtlinie) vorbereitet, nach der es möglich sein sollte, den Satzungssitz einer Kapitalgesellschaft ohne vorherige Liquidation in ihrem Herkunftsstaat in einen anderen Staat der EU zu verlegen und die Gesellschaft vollständig dem dortigen Recht zu unterwerfen. Diese Arbeiten wurden jedoch eingestellt. Es besteht nach Ansicht der Kommission kein Bedarf für ein Tätigwerden der EU in diesem Bereich. Siehe dazu im Internet: 'http://europa.eu.int/comm/internal_market/company/seattransfer/index_de.htm'. Mittlerweile hat der EuGH entschieden, dass Mitgliedsstaaten es einer nach nationalem Recht gegründeten Gesellschaft verwehren können, ihren Sitz in einen anderen Mitgliedsstaat zu verlegen und dabei ihre Eigenschaft als Gesellschaft des nationalen Rechts des Mitgliedsstaates, nach dessen Recht sie gegründet wurde, beizubehalten, *EuGH* DStR 2009, 121, 126 f. (*Cartesio*); vgl. *Leuering* NJW-Spezial 2008, 111, 112; Auch das *OLG München* (Beschluss vom 4.10.2007 – 31 Wx 36/07) hat in einem solchen Fall entschieden, dass die Niederlassungsfreiheit nicht verletzt sei; dazu *Frenzel* EWS 2008, 130, 130 f.

keit kann, muss am *registered office* aber nicht ausgeübt werden[30]. Im Falle einer Scheinauslandsgesellschaft dient das *registered office* häufig einzig als Zustelladresse und Verwahrungsort für gerichtliche und außergerichtliche Dokumente[31]. Tatsächlich weist in England bisweilen allein eine entsprechende Akte beim *Companies House* und ein der Limited zugeordneter Briefkasten auf die Existenz der Scheinauslandsgesellschaft hin. Zweckmäßigerweise aber ist das *registered office* häufig bei einem Rechtsanwalt oder einer Service-Gesellschaft angesiedelt[32].

II. Domicile

Der englische Begriff *domicile* lässt sich am ehesten mit Gründungsjurisdiktion übersetzen. Es handelt sich dabei um ein formelles Anknüpfungskriterium, dem insbesondere im Bereich des englischen Steuerrechts Bedeutung zukommt[33], das aber auch festlegt, welches der unterschiedlichen Rechts- und Gerichtssysteme des Vereinigten Königreichs die gesellschaftsrechtlichen Regelungen hinsichtlich einer Gesellschaft bestimmt[34]. Das *domicile* einer Limited liegt innerhalb der Jurisdiktion, in welcher die Gesellschaft gegründet wurde. Das Gründungsland wiederum muss in der Satzung benannt werden[35]. Einmal begründet, kann das *domicile* später nicht mehr verändert werden, und zwar auch dann nicht, wenn eine Gesellschaft ihren tatsächlichen Verwaltungssitz aus ihrer Gründungsjurisdiktion verlegt[36].

---

[30] *Just* Die englische Limited in der Praxis, Rn. 87.
[31] Siehe dazu sec. 1139 (1) CA 2006.
[32] *Römermann* NJW 2006, 2065, 2067; Hat eine Scheinauslandslimited einen *company secretary*, wird diese Funktion regelmäßig durch den Rechtsanwalt oder einen Mitarbeiter der Service-Gesellschaft ausgeübt, *Brinkmeier/Mielke* Die Limited (Ltd.), S. 26.
[33] *OLG Hamburg* GmbHR 2007, 763, 768.
[34] *Mayson/French/Ryan* Company Law, S. 63.
[35] Siehe dazu die Ausführungen zum *registered office* im 2. Kapitel A. I.
[36] The Tayside Floorcloth Co Ltd (1923) SC 590; *Triebel/v. Hase/Melerski* Die Limited, S. 101; Durch die Sitzverlegungsrichtlinie (siehe Fußnote 29) wäre als Folge der dann erlaubten Verlegung des *registered office* auch die Änderung des *domicile* zulässig gewesen; Ausnahmsweise ist eine Änderung des *domicile* schon heute möglich, wenn man die Möglichkeit der grenzüberschreitenden Verschmelzung als einen solchen Fall ansehen will. Für diese gilt die Richtlinie 2005/56/EG des Europäischen Parlaments und des Rates vom 26. Oktober 2005 über die Verschmelzung von Kapitalgesellschaften aus verschiedenen Mitgliedsstaaten, ABl. 2005 L 310, S. 1; Zu den Ausnahmeregelungen in sec. 88 (2) und (3) CA 2006 sowie der Möglichkeit, einen Wechsel der Jurisdiktion durch einen *Act of Parliament* zu erwirken, siehe *Mayson/French/Ryan* Company Law, S. 63 f.

III. Residence

Unter *residence* versteht man denjenigen Ort, *where the real business is carried on, where the central management and control actually resides*[37]. Damit deckt sich der englische Begriff *residence* in etwa mit dem deutschen Begriff des tatsächlichen Verwaltungssitzes[38]. Die *residence* kann unabhängig von *domicile* und *registered office* genommen und beliebig verlegt werden, und zwar auch außerhalb des *domicile*. Der Limited ist es somit nach englischem Recht möglich, ihre *residence* nach Deutschland zu verlegen. Sie muss diese Verlegung lediglich gemäß sec. 130 Finance Act 1988 der britischen Finanzverwaltung (*Inland Revenue*) anzeigen[39].

IV. Anwendbares Gesellschaftsstatut auf die Limited

Nach englischem internationalen Gesellschaftsrecht ist allein das *domicile* Anknüpfungspunkt für die Beantwortung der Frage, welches Gesellschaftsstatut – verstanden als die Summe aller gesellschaftsrechtlichen Regelungen, die für das Leben einer Gesellschaft maßgebend sind[40] – auf eine Gesellschaft Anwendung findet[41]. Die *residence* hingegen ist insoweit bedeutungslos[42]. Da das englische Recht darüber hinaus allein die Verlegung der *residence* gestattet, bleibt bei einer Verlegung des – nach deutscher Terminologie – tatsächlichen Verwaltungssitzes der Limited nach Deutschland auch weiterhin englisches Gesellschaftsrecht anwendbar[43]. Das englische Recht folgt[44] damit der so genannten Gründungstheorie[45], welche eine identitätswahrende Verwaltungssitzverlegung einer ausländi-

---

[37] *De Beers Consolidated Mines Limited v. Howe* (1906) AC 455, 458; *Triebel/v. Hase/Melerski* Die Limited, S. 22.
[38] *Triebel/v. Hase/Melerski* Die Limited, S. 102.
[39] Insoweit hat sich die Rechtslage geändert. Im Zeitpunkt der Entscheidung Daily Mail (3. Kapitel B. II. 2. a.) war der Wegzug noch abhängig von der Zustimmung des Finanzministeriums (*HM Treasury*).
[40] *Wiedemann* Gesellschaftsrecht, S. 777; *Graf v. Bernstorff* RIW 2004, 498 (insb. Fußnote 1).
[41] *Bank of Ethiopia v National Bank of Egypt* (1937) 1 Ch 513; *Rajak* EWS 2005, 539, 544.
[42] Vgl. *Triebel/v. Hase/Melerski* Die Limited, S. 7 f.
[43] Vgl. *Ringe* Die Sitzverlegung der Europäischen Aktiengesellschaft, S. 21 f.
[44] Tatsächlich ist die Gründungstheorie auch in England entwickelt worden. Als im 18. Jahrhundert die nach heimischem Recht gegründeten englischen Handelsgesellschaften teilweise ihre tatsächlichen Verwaltungssitze nach Übersee verlegten, wollte der englische Staat sie gleichwohl unter heimischer Rechtsherrschaft belassen, *Neumann* Das *genuine link*-Kriterium, S. 45.
[45] OLG Hamburg GmbHR 2007, 763, 766; *Triebel/v. Hase/Melerski* Die Limited, S. 7 f.; Auch andere Mitgliedsstaaten der EU folgen der Gründungstheorie, beispielsweise die Niederlande und Dänemark, *Horn* NJW 2004, 893, 894.

schen Gesellschaft in einen anderen Mitgliedsstaat der EU erlaubt[46]. Neben der Wahl einer konkreten Gesellschaftsform der englischen Rechtsordnung bestimmt also nur die Gründungsjurisdiktion über das Gesellschaftsstatut. Alle gesellschaftsrechtlichen Fragen sind somit unabhängig vom jeweiligen tatsächlichen Verwaltungssitz einer in England gegründeten Limited nach englischem Recht zu beantworten.

B. Die Sitzverlegung aus Sicht des deutschen Rechts

Im deutschen Recht knüpfen zahlreiche Normen an den Sitz einer Gesellschaft an. Das gilt beispielsweise für die Bestimmung des allgemeinen Gerichtsstandes[47], die unbeschränkte Steuerpflicht[48] und die Möglichkeit zur Umwandlung[49]. Nur teilweise aber enthalten die gesetzlichen Bestimmungen eine Definition dessen, was genau unter der Bezeichnung Sitz im Sinne der jeweiligen Norm gemeint ist.

I. Satzungssitz

Der Satzungssitz einer Gesellschaft ist definiert als derjenige Ort im Inland, den der Gesellschaftsvertrag beziehungsweise die Satzung als solchen bestimmt[50]. Der Gesetzgeber beabsichtigte mit dieser Regelung, die postalische Erreichbarkeit der Gesellschaft sicherzustellen und den Gläubigerschutz zu stärken, indem willkürliche Sitzverlegungen bekämpft werden[51]. Der Satzungssitz der Gesellschaft ist nach deutschem Recht maßgeblich unter anderem für die Zuständigkeit des Registergerichts (siehe zum Beispiel § 7 Abs. 1 GmbHG), des Prozessgerichts (§ 17 Abs. 1 ZPO)[52] und des Insolvenzgerichts (§§ 3 und 4 InsO)[53]. Hingegen ist er tra-

---

[46] *Gross/Schork* NZI 2006, 10, 11.
[47] § 17 Abs. 1 ZPO.
[48] § 1 Abs. 1 KStG.
[49] § 1 Abs. 1 UmwG.
[50] Vgl. §§ 4a i. V. m. 3 Abs. 1 Nr. 1 GmbHG und nahezu wortgleich §§ 5 i. V. m. 23 Abs. 3 Nr. 1 AktG; Auch schon vor Inkrafttreten des MoMiG musste sich der statuarische Sitz – obwohl dies nicht wörtlich in § 4a Abs. 2 GmbHG a. F. oder § 5 Abs. 2 AktG a. F. enthalten war – im Bundesgebiet befinden, *Frenzel* EWS 2008, 130, 131 f.
[51] *Emmerich* in *Scholz* GmbHG, § 4a Rn. 3.
[52] *Vollkommer* in *Zöller* ZPO, § 17 Rn. 9 f.; Bei Sachverhalten mit europäischem Bezug, sind Art. 2 ff., 59 f. EuGVVO, Verordnung (EG) Nr. 44/2001 des Rates vom 22.12.2000 über die gerichtliche Zuständigkeit und die Anerkennung und Vollstreckung von Entscheidungen in Zivil- und Handelssachen (ABl. Nr. L 12 vom 16.1.2001, S. 1 ff.), zu berücksichtigen. Nach Art. 60 Abs. 1 EuGVVO haben juristische Personen ihren Wohnsitz i. S. v. Art. 2 und 59 EuGVVO an dem

ditionell nicht entscheidend für die Bestimmung des Gesellschaftsstatuts. Dieses richtet sich gemäß der so genannten Sitztheorie vielmehr grundsätzlich nach dem tatsächlichen Verwaltungssitz.

II. Tatsächlicher Verwaltungssitz

Unter dem tatsächlichen Verwaltungssitz ist entsprechend der so genannten Sandrock'schen Formel[54] derjenige Ort zu verstehen, an welchem die Geschäftsführung und die berufenen Vertretungsorgane tätig werden, mithin jener Ort, an dem die grundlegenden Entscheidungen der Unternehmensleitung getroffen und effektiv in laufende Geschäftsführungsakte umgesetzt werden[55, 56]. Am tatsächlichen Verwaltungssitz befindet sich der Schwerpunkt des körperschaftlichen Lebens. Maßgeblich für die Bestimmung sind die konkreten Umstände des Einzelfalles. Zu berücksichtigen sind beispielsweise der Tagungsort von Vorstand und Aufsichtsrat, der Ort der Geschäftsleitung oder der Sitz der Generaldirektion. Entscheidend ist aber nicht der Ort, an dem die „großen Richtlinien-Entscheidungen" getroffen werden, sondern derjenige, an dem diese laufend in tägliches Verwaltungshandeln umgesetzt werden[57]. Bloß sekundäre Verwaltungstätigkeiten wie Buchführung oder Betreuung von Steuerangelegenheiten genügen allerdings nicht[58].

Mit der Verlegung ihrer *residence* nach Deutschland begründet die Limited aus deutscher Sicht einen inländischen tatsächlichen Verwaltungssitz[59]. Ohne den im Zuge der EuGH-Rechtsprechung zur Niederlassungsfreiheit vollzogenen Wandel

---

Ort, an dem sich a) ihr satzungsmäßiger Sitz, b) ihre Hauptverwaltung oder c) ihre Hauptniederlassung befindet. Gemäß Art. 2 Abs. 1 EuGVVO befindet sich der allgemeine Gerichtsstand jeweils in dem Mitgliedstaat, in dem sich ihr Wohnsitz befindet; zur Maßgeblichkeit der EuGVVO für die Bestimmung des allgemeinen Gerichtsstandes bei Scheinauslandslimiteds siehe *BGH* GmbHR 2007, 1048, 1049.

[53] *Emmerich* in *Scholz* GmbHG, § 4a Rn. 6.
[54] BGHZ 97, 269, 272; *Sandrock* in FS für Beitzke, S. 669, 683.
[55] *OLG Hamm* RIW 1995, 152, 155; *Triebel/v. Hase/Melerski* Die Limited, S. 101 f.
[56] Vor Inkrafttreten des MoMiG musste bei GmbHs und AGs – abgeleitet aus § 4a Abs. 2 GmbHG a. F. und § 5 Abs. 2 AktG a. F. – auch nach der Verlegung des tatsächlichen Verwaltungssitzes stets ein Betrieb im Inland vorliegen, da es ansonsten zur Zwangsauflösung der Gesellschaft kam. Mit der Streichung dieser Vorschriften ermöglicht es der Gesetzgeber GmbHs und AGs, ihren tatsächlichen Verwaltungssitz ins Ausland zu verlegen, *Weng* EWS 2008, 264, 267; *Westermann* DZWIR 2008, 485, 491; zu kollisionsrechtlichen Auswirkungen Fußnote 65.
[57] *OLG Hamburg* GmbHR 2007, 763, 765.
[58] *LG Essen* NJW 1995, 1500, 1500; *Thorn* in *Palandt* BGB, Anhang zu Art. 12 EGBGB Rn. 3.
[59] *Triebel/v. Hase/Melerski* Die Limited, S. 106.

im deutschen internationalen Gesellschaftsrecht (dazu sogleich unter III.) wäre damit eine Entscheidung zugunsten der Anwendbarkeit deutschen Gesellschaftsrechts gefallen.

III. Anwendbares Gesellschaftsstatut auf die Limited

Weist ein Sachverhalt einen Auslandsbezug auf, richtet sich der Blick auf Art. 3 ff. EGBGB, da dort weite Teile des deutschen internationalen Privatrechts geregelt sind. Das internationale Privatrecht gibt Antwort auf die Frage, welcher Rechtsordnung das für eine Entscheidung erforderliche Sachrecht (lex causae) zu entnehmen ist[60]. Welches Recht auf einen gesellschaftsrechtlichen Sachverhalt mit Auslandsbezug zur Anwendung gelangt, wird dort allerdings nicht behandelt. Und auch sonst findet sich keine gesetzliche Regelung[61]. Sieht man von vereinzelten staatsvertraglichen Vereinbarungen auf völkerrechtlicher Ebene ab[62], sind in Deutschland daher nach wie vor die durch die Rechtsprechung herausgearbeiteten Grundsätze maßgebend[63].

Als nahezu gewohnheitsrechtlich verankerter Grundsatz gilt weiterhin die so genannte Sitztheorie[64, 65]. Nach ihr ist der tatsächliche Verwaltungssitz einer Ge-

---

[60] *v. Hoffmann/Thorn* IPR, § 1 Rn 39-41.
[61] Vgl. bereits Art. 37 Nr. 2 EGBGB a. F., aber auch Art. 1 Abs. 2 lit. f) Rom I-VO sowie Art. 1 Abs. 2 lit. d) Rom II-VO; *Bungert* ZVglRWiss 93 (1994), 117, 119; *Lüderitz* in *Soergel* BGB Band 10, Art. 10 Anh Rn. 7; Das int. Gesellschaftsrecht wurde unter Hinweis auf das gescheiterte EG-Übereinkommen über die gegenseitige Anerkennung von Gesellschaften und juristischen Personen v. 29.2.1968 in der Reformdiskussion zum EGBGB bewusst ausgeklammert; siehe auch *Leuering* NJW-Spezial 2008, 111, 111.
[62] Vgl. Art. 3 Nr. 2 EGBGB; So gilt aufgrund Art. XXV Abs. 5 Satz 2 des deutsch-amerikanischen Freundschafts-, Handels-, und Schiffahrtsvertrages v. 29.10.1954, BGBl. II, 1956, S. 487, 500, für das Gesellschaftsstatut einer in den USA gegründeten Gesellschaft ihr jeweiliges Gründungsrecht, *BGH* NJW-RR 2002, 1359, 1360; *BGH* IHR 2003, 194, 194 f.; Ferner Art. XV Abs. 2 des deutsch-spanischen Niederlassungsvertrages v. 23.4.1970, wonach „der rechtliche Status der Gesellschaft der einen Vertragspartei [...] im Hoheitsgebiet der anderen Vertragspartei anerkannt" wird, siehe dazu das Zustimmungsgesetz v. 7.9.1972 zum Niederlassungsvertrag zwischen der Bundesrepublik Deutschland und dem Spanischen Staat v. 23.4.1970, BGBl II 1972, S. 1041 (insb. S. 1042 ff. und 1049, auf denen der Niederlassungsvertrag als solcher wiedergegeben ist). Die Bedeutung dieser Regelung ist allerdings umstritten, vgl. *Steiger* RIW 1999, 169, 170 ff.; ferner *Krupski* ZVglRWiss 96 (1997), 406, 406 ff.; überwiegend wird die Statuierung der Gründungstheorie angenommen, *Bungert* ZVglRWiss 93 (1994), 117, 136.
[63] *v. Hoffmann/Thorn* IPR, § 1 Rn. 44 ff.; Siehe nun aber den Referentenentwurf für ein Gesetz zum Internationalen Privatrecht der Gesellschaften, Vereine und juristischen Personen, im Internet abrufbar auf der Homepage des Bundesministeriums der Justiz unter 'http://www.bmj.de'.
[64] *BGH* NJW 2003, 1607, 1608; *OLG Hamburg* GmbHR 2007, 763, 763; *OFD Hannover* 28.2.2007 S 2700 - 2 - StO 242, BeckVerw 103896; *Thorn* in *Palandt* BGB, Anh zu Art. 12 EGBGB Rn. 2; *Kindler* in MünchKomm zum BGB – IntWirtschaftsR, IntGesR Rn. 400 ff.; vgl.

sellschaft Anknüpfungspunkt für das Gesellschaftsstatut juristischer Personen und Gesellschaften ohne eigene Rechtspersönlichkeit. Es ist mithin grundsätzlich allein das Recht desjenigen Staates anzuwenden, in welchem die Gesellschaft ihren tatsächlichen Verwaltungssitz hat[66]. Eine Ausnahme ist mittlerweile allerdings für Gesellschaften im Anwendungsbereich der Niederlassungsfreiheit gemäß Art. 49 und 54 AEUV anerkannt[67]. Für solche Gesellschaften gilt die Gründungstheorie, nach der Anknüpfungspunkt für das Gesellschaftsstatut das Recht des jeweiligen Gründungsstaates der Gesellschaft ist. Hintergrund dieser Ausnahme ist die im 3. Kapitel B. II. 2. näher dargestellte Rechtsprechungsentwicklung des EuGH zur Niederlassungsfreiheit bei juristischen Personen. Mit ihr war die traditionelle

---

Richter in FS für Tiedemann, S. 1023, 1027 ff.; Die Sitztheorie gilt auch in anderen Ländern der EU wie Frankreich, Spanien und Österreich, *Horn* NJW 2004, 893, 894; Teile der Literatur plädieren aber dafür, einheitlich zur Gründungstheorie überzugehen, *Zimmer* ZHR 168 (2004), 355, 365; wohl auch *Kieninger* ZEuP 2004, 685, 703.

[65] Daran ändert auch das MoMiG nichts, welches es GmbHs und AGs gestattet, ihren tatsächlichen Verwaltungssitz im Ausland zu nehmen. Bislang scheiterte ein Auseinanderfallen von tatsächlichem Verwaltungssitz und inländischem Satzungssitz regelmäßig an § 4a Abs. 2 GmbHG a. F. und § 5 Abs. 2 AktG a. F., nach denen eine Gesellschaft ihren Satzungssitz regelmäßig dort hatte, wo die Gesellschaft einen Betrieb hat oder sich die Geschäftsleitung oder Verwaltung befindet und dies nach ganz herrschender Meinung allein ein Ort im Inland sein konnte. Mit diesen Normen war das Risiko eines Amtslöschungsverfahrens nach § 144a FGG verbunden, das zur Auflösung der betroffenen Gesellschaft führt. Durch das MoMiG wurden § 4a Abs. 2 GmbHG a. F. und § 5 Abs. 2 AktG a. F. gestrichen. Darin ist aber kein Bekenntnis zur Gründungstheorie zu sehen, denn zunächst folgt aus der Neuregelung nicht für alle Gesellschaftsformen die Zulässigkeit eines ausländischen Verwaltungssitzes, *Kindler* NJW 2008, 3249, 3251. Entscheidend aber ist, dass für die Frage der Verlegung des tatsächlichen Verwaltungssitzes ins Ausland und die damit verbundene Problematik des anwendbaren Rechts der kollisionsrechtliche Streit Sitztheorie versus Gründungstheorie irrelevant ist. Denn während die Sitztheorie zwar am Recht des Zuzugsstaates anknüpft, verweist dieses wegen der durch die EuGH-Rechtsprechung in Zuzugsfällen gebotenen Anknüpfung an das Recht des Gründungsstaates zurück auf deutsches Recht. Diese Rückverweisung nimmt das deutsche Kollisionsrecht gemäß Art. 4 Abs. 1 Satz 2 EGBGB an und erklärt abschließend die deutsche Rechtsordnung für anwendbar. Die Gründungstheorie hingegen würde unabhängig von einer Rückverweisung unmittelbar auf das Recht, unter dem die Gesellschaften gegründet wurden, und somit ebenfalls auf die deutsche Rechtsordnung verweisen. Erst das geplante Gesetz zum internationalen Gesellschaftsrecht wird eine kollisionsrechtliche Regelung zu der Frage enthalten, welches Recht auf die Gesellschaft nach Verlegung ihres tatsächlichen Verwaltungssitzes Anwendung findet. Der geplante Art. 10 Abs. 1 EGBGB n. F. knüpft primär an das Recht des Staates an, in dem die Gesellschaft in ein öffentliches Register eingetragen ist, *Leuering* NJW-Spezial 2008, 111, 111; *Weng* EWS 2008, 264, 266 f.; a. A. *Leible* in *Michalski* GmbHG, Systematische Darstellung 2, B. I. 2. Rn. 8, der § 4a GmbHG n. F. nicht (mehr) nur als reine materiellrechtliche Norm einordnet, sondern zugleich als versteckte einseitge Kollisionsnorm versteht, die für die deutsche GmbH eine Gründungsanknüpfung vorschreibt; ferner *Seibert* Status: Recht 01/2007, S. 23.

[66] *OLG Hamburg* GmbHR 2007, 763, 763; *BayObLG* DB 2003, 819, 820; *Rönnau* ZGR 2005, 832, 833; *Lüderitz* in *Soergel* BGB Band 10, Art. 10 Anh Rn. 4.

[67] BGHZ 154, 185, 188 ff.; *Thorn* in *Palandt* BGB, Anh zu Art. 12 EGBGB Rn. 1 und 6.

deutsche Kollisionsregelung nicht mehr zu vereinbaren. Im Ergebnis wird daher auch in Deutschland grundsätzlich englisches Gesellschaftsrecht auf die Limited angewendet.

3. Kapitel Bedeutung der Niederlassungsfreiheit für die Strafbarkeit des directors

Die strafrechtlichen Folgerungen aus der Anwendung englischen Gesellschaftsrechts auf Scheinauslandslimiteds in Deutschland sind bislang nicht abschließend geklärt. Offensichtlich ist zunächst nur, dass diejenigen Zeiten vorüber sind, in denen unter Berufung auf die Sitztheorie auf zuziehende Scheinauslandsgesellschaften stets deutsches Recht angewendet wurde und somit auch für die Anwendbarkeit strafrechtlicher Normen auf die Entscheidungsträger dieser Gesellschaften keinerlei Besonderheiten galten[68]. Insbesondere konnten nämlich diejenigen Normen des Wirtschaftsstrafrechts, die direkt oder indirekt an gesellschaftsrechtliche Regelungen anknüpfen, problemlos mit deutschen gesellschaftsrechtlichen Regelungen ausgefüllt werden.

Für die Beantwortung der Frage nach der strafrechtlichen Verantwortlichkeit des *directors* unter Beachtung der Maßgeblichkeit englischen Gesellschaftsrechts für Scheinauslandslimiteds werden zunächst (unter A.) die Wirkungen des europäischen Unionsrechts in Gestalt der Niederlassungsfreiheit gemäß Art. 49 und 54 AEUV als begrenzender Faktor hinsichtlich der Anwendung des materiellen deutschen Strafrechts dargestellt. Sodann wird (unter B.) auf die Reichweite der Niederlassungsfreiheit eingegangen, mithin die Frage erörtert, inwieweit das Gründungsstatut in das Strafrecht hineinreicht und welche Grenzen insoweit bestehen.

A. Die Grundfreiheiten als begrenzender Faktor der Strafbarkeit

Bis Anfang der 1990er Jahre war das Verhältnis des deutschen Strafrechts zum europäischen Recht wenig beachtet[69]. Als Grund hierfür kann angenommen werden, dass bei Abschluss der Gründungsverträge über die Europäischen Gemeinschaften ein Verzicht nationaler Souveränität auf dem Gebiet des Strafrechts nicht

---

[68] *Rönnau* ZGR 2005, 832, 832 ff.
[69] In Lehrbüchern fand das Thema praktisch keine Beachtung, vgl. etwa aus dem Jahre 1992 *Maurach/Zipf* StrafR AT – Teilband 1, S. 96, in welchem dem Thema „Deutsches Strafrecht und das Recht der Europäischen Gemeinschaften" ganze 14 Zeilen gewidmet sind. Ferner aus dem Jahre 1984 *Schmidhäuser* StrafR AT – Studienbuch, S. 23 ff., der im Kapitel „Das Strafgesetz" u. a. die Strafrechtsquellen und die Auslegung der Strafgesetze bespricht, den europarechtlichen Einfluss aber nicht erwähnt.

vorgenommen wurde[70], den Gemeinschaften demnach keine eigene Strafgewalt zugebilligt wurde[71]. Heute jedoch besteht kein Zweifel mehr daran, dass nationales Strafrecht ohne Berücksichtigung europarechtlicher Einflüsse nicht betrieben werden kann[72] und es sich beim Strafrecht eben nicht um ein „Reservat des nationalen Rechts" handelt[73].

Die europarechtlichen Einflüsse auf das nationale Strafrecht sind vielfältig. Sie umfassen die Aktivitäten der EU, die Maßnahmen des Europarates und die Rechtsprechung des EGMR[74]. Diese Arbeit konzentriert sich indessen auf die das materielle deutsche Strafrecht beeinflussende mittelbare Wirkung des Unionsrechts, insbesondere der Niederlassungsfreiheit[75]. Sie entfaltet sich vor allem durch die

---

[70] Zu Beginn der 1950er Jahre hatten die Mitgliedsstaaten die Gründung einer Europäischen Verteidigungsgemeinschaft mit einer ausdrücklichen Übertragung von nationaler Strafgewalt geplant. Aus dem „Schweigen" der Römischen Verträge wurde daher im Umkehrschluss gefolgert, dass die Mitgliedsstaaten keinen Willen zur Kompetenzübertragung im Strafrecht hatten, *Böse* GA 2006, 211, 213.

[71] *Tiedemann* NJW 1993, 23, 23; das LG Bonn bemerkte in einem später durch *BGH*St 37, 168 ff.. wegen Verstoßes gegen das Gemeinschaftsrecht aufgehoben Urteil, dass es dem Angeklagten nicht glaube, „dass er bei seinen steuerlichen Fachkenntnissen auch nur im entferntesten davon ausging, dass die deutsche Steuergesetzgebung durch europäische Richtlinien außer Kraft gesetzt wird", zitiert nach *Thomas* NJW 1991, 2233, 2233, der selbst „eine Kombination aus mangelnder Kenntnis und einer fast provinziell anmutenden Haltung" für die Missachtung des Europarechts verantwortlich macht.

[72] Vgl. *Streinz* in FS für *Otto*, S. 1029, 1032 ff.; Das Desinteresse am Einfluss des europäischen Rechts auf das deutsche Strafrecht wich mit dem EuGH-Urteil Griechischer Mais aus dem Jahre 1989, *EuGH* Slg. 1989, 2965 ff. Aus dem Grundsatz der Gemeinschaftstreue leitete das Gericht die Verpflichtung der Mitgliedsstaaten ab, die Gemeinschaftsinteressen strafrechtlich ebenso zu schützen wie nationale Interessen und die Strafverfolgung zugunsten der Gemeinschaftsinteressen ebenso sorgfältig und nachdrücklich zu betreiben wie zugunsten nationaler Interessen, *Tiedemann* NJW 1993, 23, 23.

[73] Zur Diskussion, ob und inwieweit durch den Vertrag von Lissabon zur Änderung des Vertrags über die Europäische Union und des Vertrags zur Gründung der Europäischen Gemeinschaft v. 3.12.2007, ABl. Nr. C 306, S. 1 ff., eine strafrechtliche Rechtssetzungskompetenz geschaffen wurde, *Fromm* StraFo 2008, 358 ff.; *Mansdörfer* HRRS, 2010, 11, 14 ff.; Zu den strafrechtlichen Auswirkungen des Vertrages von Lissabon aus Sicht des Vereinigten Königreichs *Bateman* Journal of European Criminal Law, Volume 2•2008, 27, 28 ff.

[74] *Hecker* Europäisches Strafrecht, § 1 Rn. 6; *Jens* Der nationale Strafrechtsanwender unter dem Einfluss des Europäischen Gemeinschaftsrechts, S. 1 ff.; *Satzger* Internationales und Europäisches Strafrecht, §§ 7 ff.; *Dannecker* Jura 2006, 95 ff.; *Dannecker* Jura 2006, 173 ff. *Jung* JuS 2000, 417, 418 ff.; Mit dem Inkrafttreten des Vertrages von Lissabon wurde aus dem Recht der Europäischen Gemeinschaft aufgrund der Verschmelzung von EG und EU das Recht der Europäischen Union, siehe dazu Art. 1 2) b) Vertrag von Lissabon, ferner *Ehlers/Eggert* JZ 2008, 585, 585.

[75] Eine weitere Form der Beeinflussung des nationalen Strafrechts durch das Recht der EU ist die Gleichstellung von Unionsinteressen mit nationalen Interessen im Wege der Schaffung von primär- und sekundärrechtlichen Verweisungen auf nationales Strafrecht („Assimilierung"), dazu *Dannecker* Jura 2006, 95, 99, der als Beispiel einer primärrechtlichen Verweisung Art. 30

Geltung des Grundsatzes vom Anwendungsvorrang des Unionsrechts gegenüber nationalem Recht (dazu unter I.) und durch die aus der Zielbestimmung des Art. 4 Abs. 3 EUV n. F. (Art. 10 EGV a. F.) hergeleiteten Pflicht zur unionsrechtskonformen Auslegung des nationalen Rechts (dazu unter II.).

I. Anwendungsvorrang des Unionsrechts

Der EuGH vertritt in ständiger Rechtsprechung, dass es sich bei dem Recht der EU (vormals der EG) um eine eigenständige Rechtsordnung handelt, der ein absoluter Anwendungsvorrang[76] vor nationalem Recht[77], und zwar auch nationalem Verfassungsrecht[78] zukommt. Dem Unionsrecht entgegenstehende nationale Normen werden verdrängt[79].

EuGH-Satzung anführt; Umgekehrt existieren (Blankett-)Verweisungen deutscher Strafgesetze auf das Unionsrecht, z. B. §§ 66 Abs. 1, 65 Abs. 3 Nr. 1 BNatSchG, *Ambos* Internationales Strafrecht, § 11 Rn. 24 ff.; Ferner hat die EU die Möglichkeit, im Wege des Richtlinienerlasses die Angleichung nationaler Strafgesetze zu betreiben, vgl. bereits *EuGH* Slg. 2005, I-7879, Rn. 48 (*Umweltstrafrecht*); *EuGH* Urteil v. 23.10.2007, Rs. C-440/05, Rn. 66 (*Meeresverschmutzung*); *Inglis* Journal of European Criminal Law Volume 2•2006, 9, 9 ff.; *Zimmermann* NStZ 2008, 662, 663; Als Rechtsgrundlage wurde teilweise eine Annexkompetenz zu den jeweiligen Spezialermächtigungen angenommen, teilweise die allgemeine Harmonisierungskompetenz der EG nach Art. 94 f. EGV herangezogen, *Eser* in *Schönke/Schröder* StGB, Vorbem § 1 Rn. 26; Mittlerweile findet sich in Art. 83 Abs. 2 AEUV eine Annexzuständigkeit zur Angleichung des Strafrechts in bereits harmonisierten Politikbereichen. Dass sich ferner aus einer Richtlinie eine Pflicht zum Erlass einer Strafvorschrift ergeben kann, wurde bereits in *EuGH* Slg. 1999 I-431, 480 Rn. 36 (*Unilever/Smithkline Beecham*) festgestellt; Unterdessen wurde die Richtlinie 2008/99/EG des Europäischen Parlaments und des Rates vom 19. November 2008 über den strafrechtlichen Schutz der Umwelt verabschiedet, ABl. EU Nr. L 328 v. 6.12.2008, S. 28 ff.; dazu *Zimmermann* ZRP 2009, 74 ff.; Nach h. M. besaß die EG bis zum Inkrafttreten des Vertrages von Lissabon jedoch keine Kompetenz zur Schaffung supranationaler Strafnormen. Als Begründung wurde insbesondere das Prinzip der begrenzten Einzelermächtigung ins Feld geführt, *Ambos* Internationales Strafrecht, § 11 Rn. 1 und 4; ferner *Jung* JuS 2000, 417, 419 f.; a. A. *Böse* Strafe und Sanktionen, S. 72, 78 und 94; z. T. wurde auf das Demokratiedefizit abgestellt, vgl. *Braum* GA 2005, 681, 689; zum Ganzen *Dannecker* Jura 2006, 95, 96 ff.; ferner *Kubiciel* NStZ 2007, 136, 136 ff. Das hat sich durch das Inkrafttreten des Vertrages von Lissabon geändert, *Mansdörfer* HRRS 2010, 11, 14 ff.

[76] Zum Streit, ob es sich beim Vorrang des Unionsrechts um einen Geltungsvorrang handelt, der zur Unwirksamkeit des nationalen Rechts führen würde, oder nur um einen Anwendungsvorrang, siehe *Herdegen* Europarecht, S. 210.

[77] *EuHG* Slg. 1963, 1, 25 (*Van Gend & Loos*); *EuGH* Slg. 1964. 1251, 1269 f. (*Costa/ENEL*); *EuGH* Slg. 1978, 629, 643 f. Rn. 14 ff. (*Simmenthal*); *EuGH* Slg. 1990, I-2433, 2473 f. Rn. 20 ff. (*Factortame*).

[78] *EuGH* Slg. 1970, 1125, 1125 (*Internationale Handelsgesellschaft*).

[79] *EuGH* Slg. 1963, 1, 25 ff. (*Van Gend & Loos*); Gestützt auf die in Art. 23 Abs. 1 GG (Art. 24 Abs. 1 GG a. F.) niedergelegte Integrationsermächtigung kommt das dt. Recht diesem Anspruch durch die im Zustimmungsgesetz zum EGV enthaltene Verweisung auf den Vertragsinhalt in seiner Interpretation durch den EuGH im Grundsatz nach, *Geiger* Grundgesetz und Völkerrecht,

Die strafrechtliche Verantwortlichkeit eines *directors* nach deutschem Strafrecht kann daher nur im Einklang mit der Rechtsprechung des EuGH zur Niederlassungsfreiheit bestimmt werden. Eindeutig folgt dies aus mehreren Entscheidungen, in denen der EuGH den Grundsatz vom Anwendungsvorrang des Unionsrechts explizit mit Blick auf nationales Strafrecht konkretisiert hat[80]. Danach sind nationale Sanktionsnormen infolge des Grundsatzes vom Anwendungsvorrang des Unionsrechts insbesondere dann nicht anwendbar, wenn sie mit einer primärrechtlich[81] gewährleisteten Grundfreiheit kollidieren. Da der EuGH in allen Grundfreiheiten nicht nur Diskriminierungs- sondern allgemeine Beschränkungsverbote sieht[82], ist eine Beschränkung der durch die Grundfreiheiten gewährleisteten Marktfreiheiten durch nationale Strafnormen auch nur im Rahmen dieser durch das Primärrecht gezogenen Grenzen zulässig[83]. So schied in der Rechtssache Sa-

---

S. 220; vgl. ferner *Hillgruber* in *Umbach/Clemens*, GG, Art. 2 Rn. 194; Das BVerfG anerkennt den Anwendungsvorrang des Unionsrechts ggü. einfachem Gesetzesrecht, *BVerfGE* 31, 145, 173 f.; *BVerfGE* 75, 223, 240 ff.; Grenzen hat es aufgezeigt, wenn das Verhältnis von Unionsrecht zu Verfassungsrecht in Rede steht. So soll der Anwendungsvorrang nicht greifen, wenn eine unionsrechtliche Vorschrift „die Identität der geltenden Verfassung der Bundesrepublik Deutschland durch Einbruch in die sie konstituierenden Strukturen aufheben würde". Insoweit sei die nationale Rechtsordnung nicht durch Art. 23 Abs. 1 GG (Art. 24 Abs. 1 GG a. F.) geöffnet, um der Anwendbarkeit des Unionsrechts Platz zu lassen, *BVerfGE* 37, 271, 279 (*Solange I*), *BVerfGE* 73, 339, 374 ff. (*Solange II*); vgl. *BVerfG* NJW 2004, 3407, 3408; *Geiger* Grundgesetz und Völkerrecht, S. 226 f. Das BVerfG will insoweit seine Befugnisse „in Kooperation" mit dem EuGH ausüben. Danach verzichtet es solange auf eine Kontrolle von EU-Recht am Maßstab des Grundgesetzes, wie das EU-Recht nach Inhalt und Wirksamkeit eine Grundrechtsgeltung gewährleistet, die dem Grundrechtsschutz des Grundgesetzes im Wesentlichen gleichkomme. Während der EuGH den Grundrechtsschutz in jedem Einzelfall für das gesamte Gebiet der EU sicherstelle, beschränke sich das BVerfG auf eine generelle Gewährleistung des unabdingbaren Grundrechtsschutzes, *BVerfGE* 89, 155, 174 f.; Auch nach der h. L. ist der Grundsatz vom Anwendungsvorrang begrenzt, *Classen* in v. Mangoldt/Klein/Starck Art. 23 Rn. 54 ff.; *Jarass/Pieroth* GG, Art. 23 Rn. 34 f.; *Hillgruber* in *Kluth* Europäische Integration und nationales Verfassungsrecht, S. 107 ff.

[80] Vgl. *EuGH* EuZW 1997, 574 ff. (*Tommaso Morellato*) zur Unanwendbarkeit einer italienischen Bußgeldvorschrift; *EuGH* EuZW 1999, 476 ff. (*Antoine Kortas*) zum schwedischen Lebensmittelstrafrecht; vgl. *EuGH* Slg. 1996 I-929 ff. (*Chryssanthakopoulos*) zum deutschen Tatbestand des Fahrens ohne Fahrerlaubnis, § 21 StVG: Nach Ansicht des EuGH verstieß die strafbewehrte Pflicht zum Umtausch eines Führerscheins des Herkunftsmitgliedsstaates gegen EG-Recht; ferner *EuGH* Slg. 1974, 837 ff. (*Dassonville*) anlässlich eines Strafverfahrens in Belgien; *EuGH* Slg. 1976, 1921 ff. (*Donckerwolcke*) anlässlich eines Strafverfahrens in Frankreich; ferner *Hecker* Europäisches Strafrecht, § 9 Rn. 10; *Satzger* StV 1999, 132, 132 f.

[81] Auch hinsichtlich sekundären Unionsrechts kann der Grundsatz vom Anwendungsvorrang des Unionsrechts zur Nichtanwendung nationaler Straftatbestände führen. Beispielhaft kann auf den Fall *EuGH* Slg. 1983, 2727 ff. (*Auer*), dazu *Dannecker* Jura 1998, 79, 84, und den Fall *EuGH* EuZW 1999, 476 ff. (*Antoine Kortas*) verwiesen werden.

[82] Näher dazu 3. Kapitel B. I. 4.

[83] *Hecker* Europäisches Strafrecht, § 7 Rn. 49.

gulo[84] eine Verhängung strafrechtlicher Sanktionen wegen Verstoßes gegen ausländerrechtliche Bestimmungen aus, da von einem Angehörigen eines Mitgliedsstaates der EG der Besitz einer allgemeinen Aufenthaltserlaubnis, deren Fehlen Anknüpfungspunkt der Sanktion war, nicht verlangt werden dürfe. Dies, so der EuGH, verstoße gegen die gemeinschaftsrechtlich gewährleistete Arbeitnehmerfreizügigkeit. Ferner kam es in der Rechtssache Prantl[85] zum Freispruch des wegen der Einführung und Vermarktung italienischen Rotweins unter missbräuchlicher Verwendung charakteristischer Bocksbeutelflaschen Angeklagten, da die deutsche Weinverordnung mit dem in Art. 34 AEUV (damals Art. 30 EWG) enthaltenen Verbot mengenmäßiger Einfuhrbeschränkungen und Maßnahmen gleicher Wirkung nicht vereinbar war.

Eine Verurteilung für Verhaltensweisen, die aufgrund des Unionsrechts erlaubt und damit rechtmäßig sind, kommt aufgrund des Anwendungsvorrangs des Unionsrechts somit nicht in Frage[86]. Dahingehende Straftatbestände werden insoweit neutralisiert[87]. In dem Maße also, in dem die Niederlassungsfreiheit für die Limited und ihren *director* Individualrechte begründet, kann an eine sich im Rahmen dieser Gewährung abspielende Verhaltensweise keine Strafsanktion anknüpfen[88].

II. Pflicht zur unionsrechtskonformen Auslegung

1. Unionstreuepflicht als Ausgangspunkt
Art. 4 Abs. 3 EUV n. F. (vormals Art. 10 EGV) enthält den Grundsatz der allgemeinen Unionstreuepflicht der Mitgliedsstaaten zum Schutz der Rechtsgüter der Union[89] und verpflichtet sie, alle geeigneten Maßnahmen zu treffen, um die Geltung und Wirksamkeit des Unionsrechts (*effet utile*) zu gewährleisten[90]. Dies schließt die Anwendung des nationalen Strafrechts ein[91]. Die Mitgliedsstaaten müssen ihr Strafrecht in den Dienst der effektiven Durchsetzung unionsrechtlicher

---

[84] *EuGH* Slg. 1977, 1495 ff. (*Sagulo*).
[85] *EuGH* Slg. 1984, 1299, 1326 ff. Rn. 18 ff. (*Prantl*); Konkret ging es um §§ 17 und 23 Abs. 2 WeinVO a. F. in Verbindung mit § 67 Abs. 5 Nr. 2 WeinG a. F.; *Hecker* JA 2002, 723, 725.
[86] Vgl. *Dannecker* Jura 2006, 173, 173; vgl. *Thomas* NJW 1991, 2233, 2234 f.
[87] *Streinz* in FS für *Otto*, S. 1029, 1033.
[88] Vgl. *Streinz* in FS für *Otto*, S. 1029, 1033.
[89] Vgl. *Bieber/Epiney/Haag* Die EU, S. 76.
[90] *EuGH* Slg. 1989, 2965, 2984 (*Griechischer Mais*); *Kahl* in *Calliess/Ruffert* EUV/EGV, Art. 10 EGV Rn. 24; *Hecker* Europäisches Strafrecht, § 7 Rn. 27 ff.
[91] Vgl. *Satzger* Die Europäisierung des Strafrechts, S. 329 ff.

Interessen und des Schutzes aller Rechtsgüter der Union, die für die Existenz und Funktionsfähigkeit der Union und die Durchsetzung ihrer Politiken von Bedeutung sind, stellen[92]. Zu diesen Schutzgütern zählen insbesondere die Grundfreiheiten[93], denn zentrale Aufgabe der EU ist die Realisierung eines gemeinsamen Binnenmarktes, dessen konstituierende Elemente gerade die Grundfreiheiten sind. Konkret dürfen die Mitgliedsstaaten daher einerseits kein Strafrecht erlassen, welches den Grundfreiheiten widerspricht[94]. Umgekehrt können sie verpflichtet sein, nationale Sanktionsnormen zu schaffen, um Verstößen gegen Verhaltensnormen des Unionsrechts zu begegnen[95]. Der für die strafrechtliche Verantwortlichkeit des *directors* bedeutsamste Aspekt der Unionstreuepflicht[96] ist allerdings die Pflicht zur unionsrechtskonformen Auslegung.

2. Unionsrechtskonforme Auslegung des nationalen Strafrechts

Auch in Fällen, in denen keine echte Kollision zwischen Unionsrecht und nationalem Recht vorliegt, besteht eine Verpflichtung der Mitgliedsstaaten, das gesamte nationale Recht unionsrechtskonform auszulegen[97]. Diese Pflicht gilt insbeson-

---

[92] Vgl. *Hecker* Europäisches Strafrecht, § 7 Rn. 27; ferner *Ambos* Internationales Strafrecht, § 11 Rn. 34; vgl. *Hugger* Strafrechtliche Anweisungen, S. 33; vgl. *Bleckmann* WuR 1991, 285.
[93] *Hecker* Europäisches Strafrecht, § 7 Rn. 34.
[94] Vgl. *EuGH* Slg. 1977, 1495, 1504 Rn. 6 (*Sagulo*); Ob ein Widerspruch zum Unionsrecht besteht, ist anhand des gesamten für den Mitgliedsstaat verbindlichen EU-Rechts zu prüfen, vgl. *Satzger* Internationales und Europäisches Strafrecht, § 8 Rn. 12.
[95] Nach *EuGH* Slg. 1989, 2965, 2984 (*Griechischer Mais*) ergibt sich aus Art. 10 EGV für einen Mitgliedsstaat die Pflicht, „alle geeigneten Maßnahmen zu treffen, um die Geltung und Wirksamkeit des Gemeinschaftsrechts zu gewährleisten", wenn für bestimmte Vorschriften des Gemeinschaftsrechts keine Sanktionsnormen bestehen; auch kann eine Pflicht zur Strafverfolgung von Privatpersonen bestehen, die andere an der Ausübung ihrer Grundfreiheiten hindern, *EuGH* Slg. 1997 I-6959 ff. (*Kommission v. Frankreich*).
[96] *EuGH* Slg. 1986, 1651, 1690; *EuGH* Slg. 1992, I-131, 148 (*Ermittlungsverfahren gegen X*); *Tiedemann* ZStW 116 (2004), 945, 950; *Hecker* § 10 Rn. 6 ff.; Andere sehen die Grundlage im Grundsatz vom Anwendungsvorrang des Unionsrechts, *Ambos* Internationales Strafrecht, § 11 Rn. 42, oder allein im nationalen Recht, *Ehricke* RabelsZ 59 (1995), 598, 614 f., oder sowohl im nationalen wie auch im Unionsrecht, *Gellermann* in Rengeling/Middeke/Gellermann Handbuch des Rechtsschutzes in der EU, § 33 Rn. 45 f.
[97] *Eisele* JA 2000, 991, 998; *Hecker* JA 2002, 723, 727; zur richtlinienkonformen Auslegung *EuGH* Slg. 1984, 1891, 1909 (*von Colson und Kamann*); zur Berücksichtigung an sich unverbindlicher Empfehlungen gemäß Art. 249 EG *EuGH* Slg. 1989, 4407, 4421 (*Grimaldi*); Der EuGH hatte gar eine unionsrechtliche Pflicht zur rahmenbeschlusskonformen Auslegung des nationalen Rechts bejaht, *EuGH* Slg. 2005 I-5285, 5328 Rn. 43 (*Pupino*), so dass die gemäß Art. 34 Abs. 2 lit b) EUV a. F. ausgeschlossene unmittelbare Wirkung für den Bereich der polizeilichen und justiziellen Zusammenarbeit in Strafsachen unterlaufen wurde, *Dannecker* in *Wab-*

re für die jeweiligen nationalen (Straf-)Gerichte[98], denn die Unionstreuepflicht aus Art. 4 Abs. 3 EUV n. F. trifft nicht nur die einzelnen Mitgliedsstaaten als solche, sondern alle Träger öffentlicher Gewalt[99]. Konkret ist unter unionsrechtskonformer Auslegung des nationalen Rechts das an Sinn, Zweck und Ziel des gesamten Unionsrechts ausgerichtete Verständnis nationaler Normtexte zu verstehen. Folglich sind alle nationalen Straftatbestände (auch) anhand der Grundfreiheiten des AEUV unter Berücksichtigung der Rechtsprechung des EuGH auszulegen und fortzubilden[100]. Diese Pflicht wird in Rechtsprechung und Literatur anerkannt und umgesetzt[101].

3. Grenzen unionsrechtskonformer Auslegung

Probleme bereitet das Verhältnis von unionsrechtskonformer Auslegung zu den nationalen Auslegungsmethoden. Die Verpflichtung deutscher Gerichte, bei der Auslegung nationaler Strafvorschriften europarechtliche Vorgaben zu beachten, kann zu einem Widerspruch zu den klassischen Auslegungsmethoden[102] des deutschen Rechts führen. Dieses Spannungsverhältnis findet sich zumeist bei Straftatbeständen, die unmittelbar auf europarechtlichen Vorgaben beruhen oder Lebenssachverhalte regeln, die Gegenstand europäischen Rechts, insbesondere von

---

nitz/Janovsky Handbuch des Wirtschafts- und Steuerstrafrechts, 2. Kap. Rn. 120; *Gärditz/Gusy* GA 2006, 225, 235 f.

[98] *BAG* NJW 1990, 65, 66; *BVerwGE* 49, 60, 60 f.; *BGHZ* 63, 261, 263 f.; vgl. *BFHE* 156, 273, 277 f.; *Dannecker* JZ 1996, 869, 872 f.

[99] *EuGH* Slg. 1984, 1891, 1909 (*von Colson und Kamann*); *EuGH* Slg. 1984, 1921, 1942 (*Harz*); vgl. *Heise* Europäisches Gemeinschaftsrecht und nationales Strafrecht, S. 93.

[100] Das BVerfG hat entschieden, dass „ein Strafgericht (...) gehalten [ist], in jedem Stadium des Strafverfahrens mit besonderer Sorgfalt zu prüfen, ob bei der Auslegung einer entscheidungserheblichen Frage des Gemeinschaftsrechts Zweifel bestehen und ob die Vorlage an den EuGH (...) veranlasst ist", *BVerfG* NJW 1989, 2464; vgl. *Hecker* Europäisches Strafrecht, § 10 Rn. 23; vgl. *Dannecker* JZ 1996, 869, 873.

[101] Vgl. *BGHSt* 37, 333, 336 (*Pyrolyse*): In diesem Urteil hat der BGH zur unionsrechtskonformen Auslegung des dt. Strafrechts Stellung genommen und den Begriff des gewillkürten Abfalls i. S. v. § 326 Abs. 1 StGB auch anhand zweier EG-Richtlinien ausgelegt; Im Jahr 2004 hob der BGH eine Verurteilung wegen *Scalpings* nach dem WpHG auf, da es sich nach Maßgabe richtlinienkonformer Auslegung bei „selbst geschaffenen 'Tatsachen'" nicht um Insidertatsachen handle, *BGHSt* NStZ 2004, 285, 285; ferner *BGHSt* 50, 347, 355; *Ambos* Internationales Strafrecht, § 11 Rn. 45; *Tiedemann* ZStW 116 (2004), 945, 950; *Kühne* GA 2005, 195, 197.

[102] Dies meint die grammatikalische, systematische, teleologische und historische Interpretation, *Dannecker* Jura 2006, 173, 175; zur Rechtsvergleichung als „fünfte Auslegungsmethode" *Häberle* Europäische Rechtskultur, S. 52 f., 65, 75 ff., 184 und 259.

Richtlinien, sind[103]. Dies liegt bei richtlinienbasierten Straftatbeständen schon daran, dass die deutschen Umsetzungsnormen sprachlich weder mit den Richtlinien selbst, noch mit den Umsetzungsnormen der anderen Mitgliedsstaaten der EU identisch sind, der EuGH aber unionsweit auf eine einheitliche Auslegung zu achten hat.

Nach einer Ansicht kommt der unionsrechtskonformen Auslegung absoluter Vorrang vor den nationalen Auslegungsmethoden zu. Ein auf diese Weise erlangtes Ergebnis sei selbst dann zu akzeptieren, wenn es unter Zugrundelegung der nationalen Auslegungsregeln unvertretbar wäre[104]. Das solle sogar eine Rechtsfortbildung contra legem einschließen[105]. Auch Dannecker schließt aus dem Gundsatz des Anwendungsvorrangs des Unionsrechts, dass der Grundsatz nullum crimen, nulla poena sine lege im Rahmen der unionsrechtlichen Auslegung nationalen Strafrechts allein in dem durch den EuGH verstandenen Umfang angewendet werden könne und es somit letztlich zu einer Einschränkung des Art. 103 Abs. 2 GG komme[106]. Uneingeschränkt anwendbar bleiben die verfassungsrechtlichen Vorgaben nach dieser Ansicht nur in dem Umfang, wie sie sich als Schnittmenge der allgemeinen Rechtsgrundsätze im Sinne der EuGH-Rechtsprechung darstellen.

Zu konstatieren ist, dass, wenn der EuGH ausführt, dass die unionsrechtskonforme Auslegung „ihre Grenzen in den allgemeinen Rechtsgrundsätzen, die Teil des Gemeinschaftsrechts sind, und insbesondere in dem Grundsatz der Rechtssicherheit und im Rückwirkungsverbot" findet[107], zu beachten ist, dass die vom EuGH angesprochenen allgemeinen Rechtsgrundsätze in ihrer konkreten Art der Anwendung durch den EuGH tatsächlich hinter dem Standard des Art. 103 Abs. 2 GG zurückbleiben und keineswegs mit den deutschen verfassungsrechtlich garan-

---

[103] Beispielhaft findet sich dies bei § 38 WpHG, der der Umsetzung der Richtlinie 2003/6/EG des Europäischen Parlaments und des Rates vom 28. Januar 2003 über Insider-Geschäfte und Marktmanipulation (Marktmissbrauch), ABl. Nr. L 096 vom 12.04.2003, S. 16 ff., dient; Ferner bei dem durch Art. 1 Nr. 19 OrgKG vom 15. Juli 1992, BGBl. I 1992, S. 1302, in das StGB zur Umsetzung der Richtlinie 91/308/EWG des Rates vom 10. Juni 1991 zur Verhinderung der Nutzung des Finanzsystems zum Zwecke der Geldwäsche, ABl. L 166 vom 28.6.1991, S. 77 ff., eingefügten § 261 StGB.
[104] *Lutter* JZ 1992, 593, 604 f.
[105] *Lutter* JZ 1992, 593, 607.
[106] *Dannecker* in LK zum StGB, § 1 Rn. 37 und 49.
[107] *EuGH* Slg. 1987, 3969, 3986 (*Kolpinghuis Nijmegen BV*); *EuGH* Slg. 2005, I-5285, 5328 Rn. 44 (*Pupino*); Der Grundsatz der Rechtssicherheit betrifft u. a. die Verlässlichkeit bestehender Normen und die Vorhersehbarkeit künftiger Unionsmaßnahmen, vgl. *EuGH* Slg. 1976, 455, 480 (*Defrenne*).

tierten Strafrechtsprinzipien identisch sind. So verlangt das Gericht zwar beispielsweise die strikte Beachtung des Bestimmtheitsgrundsatzes und stellte in der Entscheidung Strafverfahren gegen X auf das sich aus den Verfassungstraditionen der Mitgliedsstaaten ergebende und in Art. 7 Abs. 1 EMRK normierte Gesetzlichkeitsprinzip (nullum crimen sine lege) ab, um zu begründen, dass die Einleitung eines Strafverfahrens wegen eines Verhaltens dann nicht in Betracht komme, wenn die Strafbarkeit sich nicht eindeutig aus dem Gesetz ergebe[108]. Der Verweis des EuGH auf das im Sinne von Art. 7 Abs. 1 EMRK verstandene Gesetzlichkeitsprinzip beinhaltet bei ihm aber zugleich die Aussage, dass eine strafrechtliche Verurteilung auch auf gewohnheitsrechtlicher Grundlage erfolgen kann[109] – ein mit Art. 103 Abs. 2 GG nicht zu vereinbarender Standpunkt. Zu den deutschen Strafrechtsprinzipien bestehen in den einzelnen Ausprägungen des Grundsatzes nullum crimen, nulla poena sine lege daher nur mehr oder minder große Schnittmengen[110].

---

[108] *EuGH* Slg. 1981, 1931, 1942 (*Gondrand Frères*); *EuGH* Slg. 1996, I-6609, 6636 f. Rn. 24 f. (*Strafverfahren gegen X*); vgl. ferner *O'Reilly* Journal of European Criminal Law, Volume 2•2007, 23, 26 f. und 29; Der EuGH fordert darüber hinaus, dass eine zur Auslegung nationaler Strafbestimmungen herangezogene Richtlinie ihrerseits hinreichend bestimmt sein muss, *Hecker* Europäisches Strafrecht, § 10 Rn. 54.

[109] Vgl. *Dannecker* in LK zum StGB, § 1 Rn. 7.

[110] *Dannecker* in LK zum StGB, § 1 Rn. 33 ff., insb. 37 und 49; Dass gerade die Rechtsprechung des EuGH zum Bestimmtheitsgrundsatz weniger strikt ist als die dt. Rechtsprechung, zeigt das Urteil *EuGH* Slg. 1986, 795 ff. (*Röser*). Dort ging es um die Auslegung der Verordnung (EWG) Nr. 337/79 des Rates vom 5. Februar 1979 über die gemeinsame Marktorganisation für Wein, ABl. L 54 vom 5.3.1979, S. 1. Herrn Röser wurde vorgeworfen, gegen § 67 Abs. 1 Nr. 1 WeinG a. F. verstoßen zu haben, wonach es verboten war, vorsätzlich entgegen der VO Nr. 337/79 ein Erzeugnis herzustellen. Konkret durfte die Erhöhung des natürlichen Alkoholgehalts bei der Verarbeitung von Traubenmost zu für die Gewinnung von Tafelwein geeignetem Wein nur einmal durchgeführt werden, und zwar in derjenigen Weinbauzone, in der die verwendeten Weintrauben geerntet wurden. Herr Röser importierte Traubenmost aus Italien und stellte daraus Federweißen her. Dazu reicherte er den Traubenmost mit Traubenmostkonzentrat an und erhöhte dadurch dessen Alkoholgehalt. Der Angeklagte machte geltend, dass die VO nicht auf Vor- und Zwischenprodukte anwendbar sei, sondern nur, wenn die Verarbeitung auf die Erzeugung von für die Gewinnung von Tafelwein geeignetem Wein gerichtet sei. Federweißer gehöre nicht dazu. Das AG Würzburg sprach den Angeklagten frei, weil aus der Bestimmung nicht klar hervorginge, ob sie nur für die Gewinnung von Wein gelte oder auch für die Herstellung eines Erzeugnisses, das in Form eines Zwischenproduktes bestimmungsgemäß an den Verbraucher abgegeben werde. Das BayObLG hielt dieses Verständnis für möglich, legte den Sachverhalt aber dem EuGH vor. Dort erklärte die Kommission, dass der Wortlaut der Bestimmung Zwischenprodukte nicht erfasse. Eine solche Auslegung scheitere am strafrechtlichen Bestimmtheitsgebot. Der EuGH hingegen anerkannte zwar die Uneindeutigkeit des Wortlauts der Vorschrift, stellte aber fest, dass eine vergleichende Untersuchung der verschiedenen, insb. der insoweit eindeutigen englischen, französischen und italienischen, Sprachfassungen ergeben habe, dass die Vorschrift dahin zu verstehen sei, dass sie eine Erhöhung des natürlichen Alkoholgehalts ausschließlich bei

Zu folgen ist der Ansicht Danneckers und anderer in ihrer Absolutheit allerdings nicht. Richtig ist zwar, dass europäisches Unionsrecht stets autonom auszulegen ist[111] und nationales Recht grundsätzlich nur deshalb aufgrund von unionsrechtlich anerkannten Grundsätzen wie des Grundsatzes der Rechtssicherheit oder des Bestimmtheitsgrundsatzes Unionsrecht „begrenzen" kann, weil und soweit das Unionsrecht selbst die Berücksichtigung dieser Grundsätze anordnet[112]. Daher haben deutsche Gerichte die unionsrechtskonforme Auslegung in den Kanon der Auslegungsmethoden aufgenommen[113]. Es wird dabei allerdings übersehen, dass der EuGH hinsichtlich der unionsrechtskonformen Auslegung nur verlangt, dass die nationalen Gerichte diese im Rahmen des ihnen zustehenden Interpretationsspielraumes vornehmen[114]. Nationale Vorgaben bleiben also schon nach der insoweit eindeutigen Rechtsprechung des EuGH zu beachten. In der Rechtssache Pupino formulierte der EuGH: „Mit anderen Worten darf der Grundsatz konformer Auslegung nicht zu einer Auslegung contra legem des nationalen Rechts führen."[115] Konsequenterweise hat der EuGH den eindeutigen Wortlaut einer nationalen Norm als Grenze der unionsrechtskonformen Auslegung anerkannt[116]. Mithin ist das Spannungsverhältnis zwischen mitgliedsstaatlichen (verfassungsrechtlichen) Vorgaben einerseits und der Pflicht zur unionsrechtskonformen Auslegung

---

der Verarbeitung der dort genannten Erzeugnisse zu für die Gewinnung von Tafelwein geeignetem Wein zulasse. Eine Erhöhung bei der Verarbeitung von Traubenmost sei dagegen nicht zulässig, wenn dieser nicht zur Verarbeitung zu für die Gewinnung von Tafelwein geeignetem Wein, sondern nur als Federweißer bestimmt ist. Dies entspräche dem Sinn und Zweck der Regelung, die eine strenge Anreicherungspraxis bezwecke. Die VO sei daher so auszulegen, dass sich die strenge Anreicherungsregelung auch auf solche Zwischenstadien der Weinproduktion erstreckte, bei denen bereits das bloße Zwischenprodukt an den Endverbraucher ausgeliefert werde, *EuGH* Slg. 1986, 795, 807 f. Rn. 22 ff. Der EuGH meinte ferner, dass die Auslegung von Gemeinschaftsrecht nicht davon abhängen könnte, in welcher Art von Verfahren man sich bewege. Die Auslegung in einem Strafverfahren könne sich von der Auslegung in einem sonstigen Verfahren nicht unterscheiden, *EuGH* Slg. 1986, 795, 806 Rn. 15.

[111] *EuGH* Slg. 1982, 1035, 1049 Rn. 11 f. (*Levin*); *EuGH* Slg. 1986, 2121, 2144 Rn. 16 (*Lawrie-Blum*).

[112] *Ehlers/Eggert* JZ 2008, 585, 589.

[113] *BGH*St 37, 333, 336 (*Pyrolyse*); v. *Heintschel-Heinegg* in v. *Heintschel-Heinegg* Beck'scher Online-Kommentar zum StGB, § 1 Rn. 22.

[114] *EuGH* Slg. 2005, I-5285, 5329 Rn. 47 (*Pupino*); *EuGH* Slg. 1984, 1891, 1909 (*von Colson und Kamann*); *EuGH* Slg. 1984, 1921, 1942 f. (*Harz*); ferner *Hecker* Europäisches Strafrecht, § 10 Rn. 27 und. 35.

[115] *EuGH* Slg. 2005, I-5285, 5329 Rn. 47 (*Pupino*).

[116] Vgl. *EuGH* Slg. 1984, 1891, 1909 (*von Colson und Kamann*); *EuGH* Slg. 1984, 1921, 1942 f. (*Harz*); Auch der BGH hat bereits mehrfach eine „richtlinienkonforme Auslegung" einer nationalen Norm aufgrund ihres „klaren" Gesetzeswortlautes abgelehnt, *BGH* WM 2004, 21, 23; *BGH* WM 2003, 2184, 2185 f.; vgl. ferner *BGHZ* 179, 27, 33 f. (Rn. 19 f.).

andererseits aufzulösen – jedoch nicht einseitig zu Lasten nationaler Bestimmungen.

Vielmehr ist zu bestimmen, ob und inwieweit das jeweilige nationale Recht auslegungsfähig ist oder nicht. Nur in eben diesem Umfang kann die unionsrechtskonforme Auslegung stattfinden[117]. Am Beispiel des verfassungsrechtlich verankerten Bestimmtheitsgrundsatzes in seiner Ausprägung als Vorhersehbarkeit von Strafbarkeit und Strafe lässt sich verdeutlichen, dass diese Vorgehensweise im Fall der Fremdrechtsanwendung auch nicht dazu führt, dass eine europarechtliche Regelung im Ergebnis an nationalem Verfassungsrecht gemessen wird. Denn gerade im Fall des Rückgriffs auf außerstrafrechtliche Regelungen des englischen Gesellschaftsrechts in deutschen Straftatbeständen wird der nationale verfassungsrechtliche Maßstab nicht herangezogen, um eine europarechtliche Norm selbst auf ihre Vorhersehbarkeit von Strafbarkeit und Strafe zu untersuchen, sondern um die im nationalen deutschen Strafrecht begründete Verzahnung englischen Gesellschaftsrechts mit einer deutschen Strafnorm zu überprüfen[118].

Somit kann im Ergebnis kein Zweifel daran bestehen, dass die spezifisch strafrechtlichen Grenzen, die sich aus dem (deutschen) Bestimmtheitsgrundsatz, dem (deutschen) Rückwirkungs- und dem (deutschen) Analogieverbot ergeben, zu beachten sind[119]. Während demnach eine die Strafbarkeit begrenzende unionsrechtskonforme Auslegung keinen verfassungsrechtlichen Bedenken begegnet[120], darf der Grundsatz der unionsrechtskonformen Auslegung deutscher Strafrechtsnormen nicht strafbarkeitsbegründend oder strafbarkeitserweiternd wirken[121]. Die unionsrechtskonforme Auslegung soll das nationale Strafrecht verwirklichen, nicht außer Kraft setzen. Lässt eine Norm keinen hinreichenden Raum für eine

---

[117] Vgl. *Hassemer/Kargel* in NK zum StGB, § 1 Rn. 111.
[118] Vgl. *Schröder* NStZ 2006, 669, 673; vgl. *Heise* Europäisches Gemeinschaftsrecht und nationales Strafrecht, S. 109 (Fußnote 343).
[119] *Heise* Europäisches Gemeinschaftsrecht und nationales Strafrecht, S. 106 ff., 123 ff. und 150; *Hecker* Europäisches Strafrecht, § 10 Rn. 27 und 34 ff.; *Hugger* NStZ 1993, 421, 423 f.; vgl. *Götz* NJW 1992, 1849, 1854.
[120] *Dannecker* in *Wabnitz/Janovsky* Handbuch des Wirtschafts- und Steuerstrafrechts, 2. Kap. Rn. 122; vgl. *Beisse* BB 1990, 2007, 2012.
[121] EuGH EuZW 2005, 369, 371 Rn. 74 (*Berlusconi*); *v. Heintschel-Heinegg* in *v. Heintschel-Heinegg* Beck'scher Online-Kommentar zum StGB, § 1 Rn. 23; *Gärditz/Gusy* GA 2006, 225, 234; Das schließt nicht aus, dass eine unionsrechtskonforme Auslegung indirekt belastende Wirkung für den Einzelnen haben kann, vgl. *EuGH* Slg. 1987, 3969, 3985 ff. (*Kolpinghuis Nijmegen BV*), wenn im Lichte des Unionsrechts ein Begriff des nationalen Rechts strenger zu interpretieren ist, *Weigend* in LK zum StGB, Einleitung Rn. 87 (Fußnote 245).

unionsrechtskonforme Auslegung, verlangt der Vorrang des Unionsrechts, dass sich dieses im Kollisionsfalle durchsetzt und zur Unanwendbarkeit des nationalen Rechts führt. Es ist dann Aufgabe des nationalen Gesetzgebers, den verbleibenden Normwiderspruch zu beseitigen[122].

B. Die Reichweite der Niederlassungsfreiheit ins Strafrecht

Nachdem festgestellt wurde, dass und wie das nationale Strafrecht durch europarechtliche Vorgaben beeinflusst wird, sind mit Blick auf die Strafbarkeit des *directors* einer Scheinauslandslimited der Anwendungsbereich und der Inhalt der Niederlassungsfreiheit im Detail zu klären (dazu unter I.). Denn die Niederlassungsfreiheit ist – wie bereits im 2. Kapitel erörtert – entscheidend für die Beantwortung der Frage, welches Gesellschaftsstatut (*lex societatis*), also welches für die Innen- und Außenbeziehungen einer Gesellschaft maßgebliche Recht[123], zur Anwendung gelangt. Und dass dies bei der Vielzahl der gesellschaftsrechtsakzessorisch ausgestalteten Straftatbestände im Bereich des deutschen Wirtschaftsstrafrechts maßgeblich für die Strafbarkeit von Entscheidungsträgern in Unternehmen ist, muss an dieser Stelle nicht nochmals betont werden. Unter II. wird sodann erörtert, ob die Nichtanwendung des Gründungsstatuts und die Nichtbeachtung der Rechtslage im Gründungsstaat die Niederlassungsfreiheit beeinträchtigt. Schließlich sind Fallkonstellationen denkbar, in denen im Einzelfall eine Begrenzung des Anwendungsbereichs der Niederlassungsfreiheit oder eine Rechtfertigung von Beschränkungen denkbar ist. Dies wird unter III. erörtert.

I. Anwendbarkeit und Inhalt der Niederlassungsfreiheit

1. Systematische Einordnung der Niederlassungsfreiheit

Gemäß Art. 3 Abs. 3 EUV n. F. ist es Aufgabe der EU, durch die Errichtung eines gemeinsamen Marktes eine nachhaltige Entwicklung Europas auf der Grundlage eines ausgewogenen Wirtschaftswachstums und von Preisstabilität zu bewirken. Dieser gemeinsame Markt, der Binnenmarkt, umfasst nach Art. 26 Abs. 2 AEUV

---

[122] *Ehlers/Eggert* JZ 2008, 585, 586; *Gellermann* in Rengeling/Middeke/Gellermann Handbuch des Rechtsschutzes in der EU, § 33 Rn. 49.
[123] Siehe bereits *BGHZ* 25, 134, 144: Das Gesellschaftsstatut „bestimmt, unter welchen Voraussetzungen die juristische Person entsteht, lebt und vergeht."

einen Raum ohne Binnengrenzen, in dem der freie Verkehr von Waren, Personen, Dienstleistungen und Kapital gewährleistet ist. Die Pfeiler des Binnenmarktes sind daher die so genannten vier Grundfreiheiten des AEUV: die Warenverkehrsfreiheit, die Freizügigkeit von Personen, die Dienstleistungsfreiheit und die Kapitalverkehrsfreiheit[124].

Nach der Systematik des AEUV ist die in Art. 49 ff. geregelte Niederlassungsfreiheit ein Teil derjenigen primärrechtlichen Vorschriften, die sich mit der Freizügigkeit von Personen befassen. Während für die unselbständig Beschäftigten die Freizügigkeit in Art. 45 Abs. 1 AEUV gewährleistet ist, regeln die Art. 49 ff. AEUV die unternehmerische Niederlassungsfreiheit, das heißt die Freizügigkeit der Selbständigen wie Freiberufler, Handwerker und sonstige Gewerbetreibende[125].

2. Personeller Anwendungsbereich

Art. 49 ff. AEUV regeln zunächst die Niederlassungsfreiheit natürlicher Personen. Art. 54 Abs. 1 AEUV stellt allerdings klar, dass die Niederlassungsfreiheit auch auf Gesellschaften im Sinne des Art. 54 Abs. 2 AEUV Anwendung findet, soweit diese nach dem Recht eines Mitgliedsstaates gegründet sind und ihren satzungsmäßigen Sitz, ihre Hauptverwaltung oder ihre Hauptniederlassung innerhalb der Union haben. Zu diesen Gesellschaften zählen expressis verbis auch juristische Personen. Die Scheinauslandslimited als nach englischem Recht gegründete juristische Person erfüllt somit alle Voraussetzungen, um vom personellen Anwendungsbereich der Niederlassungsfreiheit erfasst zu sein[126].

---

[124] Vgl. *Herdegen* Europarecht, S. 253.
[125] *Bröhmer* in *Calliess/Ruffert* EUV/EGV, Art. 43 Rn. 1; Die Art. 45 ff. AEUV werden durch Art. 21 AEUV ergänzt. Danach besitzen grds. alle Unionsbürger das Freizügigkeitsrecht, auch wenn sie nicht in den wirtschaftlichen Produktionsprozess eingebunden sind, vgl. *Bröhmer* in *Calliess/Ruffert* EUV/EGV, Art. 43 Rn. 1; Eine nähere Regelung dazu findet sich in Richtlinie 2004/38/EG des Europäischen Parlaments und des Rates v. 29. April 2004, ABl. 2004 Nr. L 158, S. 77, umgesetzt durch das Gesetz über die allgemeine Freizügigkeit von Unionsbürgern, BGBl. I 2004, S. 1950, 1986.
[126] Ausführlich dazu *Zessel* Durchgriffshaftung, S. 169 ff.

3. Sachlicher Anwendungsbereich

In den sachlichen Anwendungsbereich der Niederlassungsfreiheit fällt einerseits die Gründung und Führung einer Zweigniederlassung in einem anderen Mitgliedsstaat (sekundäre Niederlassungsfreiheit[127]), was sich unmittelbar aus Art. 49 Abs. 1 Satz 2 AEUV ergibt. Im Besonderen ist aber auch die Frage erfasst, unter welchen rechtlichen Bedingungen eine solche Zweigniederlassung existieren kann. Dies lässt sich exemplarisch der Entscheidung Sevic entnehmen, in der der EuGH ausführt, dass „alle Maßnahmen, die den Zugang zu einem anderen Mitgliedsstaat als dem Sitzmitgliedsstaat und die Ausübung einer wirtschaftlichen Tätigkeit in jenem Staat dadurch ermöglichen oder auch nur erleichtern, dass sie die tatsächliche Teilnahme der betroffenen Wirtschaftsbeteiligten am Wirtschaftsleben des letztgenannten Mitgliedsstaates unter denselben Bedingungen gestatten, die für die inländischen Wirtschaftsbeteiligten gelten", in den Anwendungsbereich der Niederlassungsfreiheit fallen[128].

Wie bei den anderen Grundfreiheiten finden die Vorschriften zur Niederlassungsfreiheit natürlich nur dann Anwendung, wenn ein unionsbezogener Sachverhalt in Rede steht[129]. Das dazu erforderliche grenzüberschreitende Merkmal[130] liegt für die Scheinauslandslimited in ihrem englischen *registered office* und *domicile* einerseits und ihrem tatsächlichen Verwaltungssitz in Deutschland andererseits. Es handelt sich um einen Fall der sekundären Niederlassungsfreiheit[131]. Dass darüber hinaus für die Anwendbarkeit der Niederlassungsfreiheit auf Auslandsgesellschaften bisweilen das Vorliegen eines so genannten *genuine link*, also einer sinnvollen Anknüpfung zwischen normierendem Staat und normiertem Sachverhalt, gefordert wird[132], überzeugt zumindest hinsichtlich Scheinauslandslimiteds und vergleichbaren EU-Gesellschaften nicht. Konkret würde das *genuine*

---

[127] *Bieber/Epiney/Haag* Die EU, S. 334; *Bröhmer* in *Calliess/Ruffert* EUV/EGV, Art. 43 EGV Rn. 9 und 18 f.
[128] *EuGH* RIW 2006, 140, 141 Rn. 18 (*Sevic Systems AG*).
[129] *EuGH* Slg. 1995 I-301, 316 Rn. 9 ff. (*Jean-Louis Aubertin* u. a.); *EuGH* Slg. 1995 I-3981, 3989 Rn. 11 ff. (*van Buynder*); Schlag in Schwarze EU-Kommentar, Art. 43 EGV Rn. 42 ff.; zur Warenverkehrsfreiheit *EuGH* Slg. 1982, 4575, 4586 Rn. 9 (*Oosthoek's Uitgeversmaatschappij BV*); zur Dienstleistungsfreiheit *EuGH* Slg. 2002 I-6279, 6317 f. Rn. 28 (*Mary Carpenter*); zur Kapitalverkehrsfreiheit *Herdegen* Europarecht, S. 304.
[130] *Schäfer* Studienbuch Europarecht, S. 191 f.
[131] Vgl. *Haratsch/Koenig/Pechstein* Europarecht, S. 403 f.
[132] Vgl. *Bleckmann* Europarecht, Rn. 1619; vgl. *Ebenroth/Auer* RIW 1992, 998, 1009 f.; ausführlich dazu und i. E. ablehnend *Bungert* ZVglRWiss 93 (1994), 117, 151 ff.; vgl. *Bungert* EWS 1993, 315, 319.

link-Kriterium eine tatsächliche und dauerhafte Verbindung der Scheinauslandslimited mit der Wirtschaft ihres Herkunftsstaates England erfordern. Ein solches Erfordernis aber wäre mit den Vorgaben der Niederlassungsfreiheit schlicht unvereinbar. Es würde nämlich dazu führen, dass einer Scheinauslandslimited im Ergebnis die Anerkennung in Deutschland versagt würde. Dies aber hielte den Vorgaben der EuGH-Rechtsprechung nicht stand, nach der eine solche Verbindung zum Herkunftsstaat gerade nicht erforderlich ist[133]. Relevanz kann das Kriterium damit höchstens für Gesellschaften besitzen, die ihren Tätigkeitsbereich außerhalb der Europäischen Union haben[134].

4. Inhalt der Niederlassungsfreiheit

a. Inländergleichbehandlung

Inhaltlich umfasst die Niederlassungsfreiheit zunächst das Verbot offener und versteckter Diskriminierung, welches es verbietet, Ausländer im Vergleich zu Inländern zu benachteiligen (Grundsatz der Inländergleichbehandlung[135]). Eine Maßnahme hat in diesem Sinne diskriminierenden Charakter, wenn auf eine gleichartige Situation unterschiedliche Vorschriften angewendet werden oder umgekehrt dieselbe Vorschrift auf unterschiedliche Situationen[136], ohne dass für die Gleich- oder Ungleichbehandlung ein objektiver Rechtfertigungsgrund besteht[137]. Da offene Diskriminierungen ausdrücklich an das Merkmal der fremden Staatsangehörigkeit anknüpfen[138], läge eine derartige Diskriminierung im Bereich des Strafrechts nur dann vor, wenn für den *director* oder die Limited schon vom Gesetzeswortlaut her strengere strafrechtliche Regelungen gelten würden als für inländische Geschäftsleiter und Gesellschaften. Daher darf eine Strafnorm bei-

---

[133] Siehe auch *Neumann* Das *genuine link*-Kriterium, S. 131 f.; ferner *Zessel* Durchgriffshaftung, S. 172 f.
[134] Selbst für sie gilt, dass sie spätestens mit dem Gründungsakt innerhalb eines Mitgliedsstaates der EU bzw. durch das Innehaben ihres satzungsmäßigen Sitzes oder ihrer Hauptverwaltung oder Hauptniederlassung in der Union hinreichend mit dieser verbunden sind, *Bröhmer* in *Calliess/Ruffert* EUV/EGV, Art. 48 EGV Rn. 7; vgl. *Jung* in *Schwarze* EU-Kommentar, Art. 48 EGV Rn. 8 ff.; zum *genuine link* ausführlich *Neumann* Das *genuine link*-Kriterium, insb. S. 84 f., 131 f. und 213.
[135] *Herdegen* Europarecht, S. 292; *Bröhmer* in *Calliess/Ruffert* EUV/EGV, Art. 43 EGV Rn. 22; *Craig/de Búrca* EU Law, S. 801 f.
[136] *EuGH* Slg. 1995, I-2493, 2515 Rn. 17 (*Wielockx*).
[137] *EuGH* Slg. 1980, 3005, 3019 Rn. 7 (*Hochstrass*).
[138] *Haratsch/Koenig/Pechstein* Europarecht, S. 415.

spielsweise nicht danach differenzieren, ob eine Gesellschaft ihren Satzungssitz oder ihren tatsächlichen Verwaltungssitz im In- oder Ausland hat[139]. Versteckte Diskriminierungen hingegen knüpfen nicht ausdrücklich an das Merkmal der Staatsangehörigkeit an, sind aber derart ausgestaltet, dass sie regelmäßig von Ausländern nicht erfüllt werden können[140].

b. Allgemeines Beschränkungsverbot
Daneben enthält Art. 49 AEUV ein allgemeines Beschränkungsverbot[141], nach welchem auch solche Regelungen verboten sind, die zwar unterschiedslos auf in- und ausländische Kapitalgesellschaften angewandt werden, denen aber gleichwohl beschränkende Wirkung zukommt[142]. Nach Ansicht des EuGH sind „als derartige Beschränkungen (...) alle Maßnahmen anzusehen, die die Ausübung dieser Freiheiten unterbinden, behindern oder weniger attraktiv machen"[143]. Beschränkend könnte mithin schon allein die Nichtanwendung des Gründungsstatuts auf eine Scheinauslandslimited (im Rahmen eines Straftatbestandes) durch den Zuzugsstaat sein[144]. Somit wäre die Anwendung von zum Beispiel aus dem Recht der GmbH bekannten Regelungen zur Finanzverfassung oder zu den Treuepflichten auf die Limited und ihren *director* eine Beeinträchtigung der Niederlassungsfreiheit, obwohl es sich bei beiden Gesellschaften um Gesellschaften mit beschränk-

---

[139] Vgl. *EuGH* Slg. 1996, I-2691, 2723 ff. Rn. 8 ff. (*Kommission/Italien*); vgl. *EuGH* Slg. 1999, I-4899, 4911 Rn. 15 (*Kommission/Belgien*).
[140] *Haratsch/Koenig/Pechstein* Europarecht, S. 416.
[141] Vgl. *EuGH* NJW 2006, 3195, 3196 (*innoventif Limited*); *Bieber/Epiney/Haag* Die EU, S. 335; *Borchardt* Die rechtlichen Grundlagen der EU, S. 351 und 385 f.
[142] *Schlag* in Schwarze EU-Kommentar, Art. 43 EGV Rn. 45 f.; Das allgemeine Beschränkungsverbot hat der EuGH i. R. d. Warenverkehrsfreiheit entwickelt. Danach sind unter einer Maßnahme gleicher Wirkung i. S. d. Art. 28 EGV (nun Art. 34 A EUV) alle staatlichen Maßnahmen zu verstehen, die geeignet sind, unmittelbar oder mittelbar, tatsächlich oder potentiell den Handelsverkehr zwischen den Mitgliedsstaaten zu behindern, *EuGH* Slg. 1974, 837, 852 Rn. 5 (*Dassonville*).
[143] *EuGH* Slg. 2002, I-6515, 6553 Rn. 38 m. w. N. (*Deutsche Paracelsus Schulen*).
[144] Ferner kann eine beeinträchtigende Maßnahme hinsichtlich der Ausübung der Niederlassungsfreiheit per se in einer strafrechtlichen Sanktionierung eines bestimmten Verhaltens liegen. Dass Strafnormen typischerweise auf Sachverhalte Anwendung finden, die in der Vergangenheit liegen, ändert daran nichts. Abzustellen ist insoweit auf die vorgelagerte Strafandrohung. Jeder Straftatbestand normiert unerwünschtes Verhalten und gibt dem Normadressaten in jeder Situation ex ante einen Verhaltensmaßstab an die Hand. Allein dieser Umstand kann beeinträchtigenden Charakter haben, *Hoffmann* in Sandrock/Wetzler Deutsches Gesellschaftsrecht im Wettbewerb, S. 245 f.

ter Haftung handelt. Aber auch die bloße Nichtbeachtung der Rechtslage im Gründungsstaat könnte eine unzulässige Beschränkung darstellen (dazu unter II.).

II. Nichtanwendung des Gründungsstatuts und Nichtbeachtung der Rechtslage im Gründungsstaat als Beeinträchtigung der Niederlassungsfreiheit

1. Traditionelle Behandlung ausländischer Gesellschaften in Deutschland

Die in Deutschland lange Zeit auch für Scheinauslandsgesellschaften aus der EU vertretene Sitztheorie führte bei ihnen zur Anwendung deutschen Gesellschaftsrechts. Verlegten diese Gesellschaften nach ihrer Gründung ihren tatsächlichen Verwaltungssitz über die Grenze hinweg nach Deutschland, so wurden sie nicht nur nicht ihrem jeweiligen Gründungsstatut gemäß behandelt, sondern sie wurden zunächst einmal sogar grundsätzlich als nicht existent behandelt[145]. Denn sie hatten nicht die nach deutschem Recht erforderlichen Gründungsvoraussetzungen einer Gesellschaft erfüllt. Möglich war allenfalls eine Umqualifizierung der jeweiligen Gesellschaft[146], nach der sie – abhängig davon, ob ein Handelsgewerbe betrieben wurde oder nicht – als OHG oder GbR behandelt wurde. Damit verbunden war aber stets die volle persönliche Haftung der Gesellschafter[147]. Schon daraus lässt sich die Nachteiligkeit dieser Behandlung für *directors* erkennen.

2. Rechtsprechungsentwicklung des EuGH

Der EuGH wurde im Rahmen von Vorabentscheidungsverfahren mehrfach durch nationale Gerichte angerufen, die Auslegung der Niederlassungsfreiheit mit Blick auf grenzüberschreitende (Verwaltungs-)Sitzverlegungen von Gesellschaften zu konkretisieren. Nachfolgend sind die vier wichtigsten daraus hervorgegangenen Urteile dargestellt.

---

[145] *BGHZ* 97, 269, 271 f.; *OLG München* NJW-RR 1995, 703, 704.
[146] Diesen Weg schlug der 2. Zivilsenat des BGH ein. Er anerkannte eine nach dem Recht der Kanalinsel Jersey als *company limited* gegründete Kapitalgesellschaft zwar nicht als juristische Person, wohl aber als Personengesellschaft, *BGH* NJW 2002, 3539, 3539 f. Der BGH traf diese Entscheidung allerdings nicht mit Blick auf die Niederlassungsfreiheit, sondern wegen der ansonsten unangemessenen Folgen der Sitztheorie, *Goette* DStR 2005, 197, 197.
[147] Bereits die somit begründeten Haftungsrisiken führen dazu, dass dieser Lösungsansatz des BGH mit der Niederlassungsfreiheit nach Art. 49 und 54 AEUV entsprechend der vom EuGH vorgenommenen Auslegung unvereinbar ist, *Thorn* in *Palandt* BGB, Anh zu Art. 12 EGBGB Rn. 6.

a. Das Urteil Daily Mail vom 27. September 1988

Im Fall Daily Mail[148] scheiterte eine englische Investmentholdinggesellschaft mit dem Versuch, ihren tatsächlichen Verwaltungssitz (*residence*) in die Niederlande zu verlegen[149].

Die Gesellschaft stritt mit dem britischen Finanzministerium um die Frage, ob sie für die von ihr beabsichtigte Verwaltungssitzverlegung von England in die Niederlande eine Zustimmung des Finanzministeriums benötigte. Zwar erlaubt das englische Gesellschaftsrecht einer nach englischem Recht gegründeten Gesellschaft, welche im Vereinigten Königreich ihr *registered office* hat, ihren tatsächlichen Verwaltungssitz (*residence*) außerhalb des Vereinigten Königreichs einzurichten, ohne ihre Rechtspersönlichkeit oder ihre Eigenschaft als Gesellschaft englischen Rechts zu verlieren. Das zu jener Zeit geltende britische Einkommens- und Körperschaftssteuergesetz allerdings sah ein Zustimmungserfordernis für eine solche Sitzverlegung vor[150].

Auch der EuGH hielt das Zustimmungserfordernis für zulässig und entschied, dass „die Art. 52 und 58 EWG-Vertrag den Gesellschaften nationalen Rechts kein Recht [gewähren], den Sitz ihrer Geschäftsleitung unter Bewahrung ihrer Eigenschaft als Gesellschaften des Mitgliedsstaats ihrer Gründung in einen anderen Mitgliedsstaat zu verlegen"[151].

---

[148] *EuGH* Slg. 1988, 5483 ff. (*Daily Mail*).
[149] Es handelt sich somit um einen sog. Wegzugsfall, *Horn* NJW 2004, 893, 895; Mit einer ähnlichen Konstellation hatte der EuGH in der Rechtssache Cartesio zu tun, wenngleich es sich bei Cartesio um eine Personengesellschaft handelt und Ungarn als Wegzugsstaat der Sitztheorie folgt, *Weng* EWS 2008, 264, 265; Während Generalanwalt Maduro sich in seinen Schlussanträgen gegen eine unterschiedliche Behandlung von Wegzugs- und Zuzugsfällen aussprach, vgl. *Grohmann/Gruschinske* EuZW 2008, 463, 464, hat der EuGH seine Rechtsprechung im Fall Daily Mail bestätigt. Er entschied, dass Mitgliedsstaaten es einer nach nationalem Recht gegründeten Gesellschaft verwehren können, ihren Sitz in einen anderen Mitgliedsstaat zu verlegen und dabei ihre Eigenschaft als Gesellschaft des nationalen Rechts des Mitgliedsstaates, nach dessen Recht sie gegründet wurde, beizubehalten, *EuGH* DStR 2009, 121, 126 f. (*Cartesio*); Damit ist die Ansicht jener, die das Urteil Daily Mail durch die Entscheidung *EuGH* Slg. 2004, I-2409 (*Hughes de Lasteyrie du Saillant*), als überholt ansahen, widerlegt. Dort hatte das Gericht festgestellt, dass die Besteuerung von latenten Wertsteigerungen allein aus Gründen des Wegzugs nicht mit der Niederlassungsfreiheit vereinbar sei. Der Fall betraf den Wegzug einer natürlichen Person, zum Ganzen *Frenzel* EWS 2008, 130, 133 f.
[150] Sec. 482 (1) (a) Income and Corporation Taxes Act 1970; Deren wortgleiche Nachfolgeregelung in sec. 765 (1) (a) Income and Corporation Taxes Act 1988 wurde aufgehoben durch sec. 105 (6) Finance Act 1988; dazu *Ebenroth/Eyles* DB 1989, 363, 369.
[151] *EuGH* Slg. 1988, I-5483, 5512 Rn. 24 (*Daily Mail*); Laut EuGH folge ein solches Recht auch nicht aus der Richtlinie 73/148/EWG des Rates vom 21.05.1973 zur Aufhebung der Reise- und Aufenthaltsbeschränkung für Staatsangehörige der Mitgliedsstaaten. Diese Richtlinie betreffe

Diese Entscheidung räumte dem nationalen Kollisions- und Sachrecht in grundsätzlich allen gesellschaftsrechtlichen Regelungsbereichen Vorrang ein[152]. Der EuGH vertrat sogar die Ansicht, dass das internationale Gesellschaftsrecht gar nicht in den Anwendungsbereich der Niederlassungsfreiheit fiele, vielmehr völkerrechtlichen Verträgen vorbehalten sei[153]. Das war eine Bestärkung all jener, welche die Vereinbarkeit der Sitztheorie mit der Niederlassungsfreiheit (damals noch Art. 52 und 58 EWG-Vertrag) bejahten[154]. Hinsichtlich der strafrechtlichen Verantwortlichkeit des *directors* bestanden somit weiterhin keinerlei Besonderheiten, da eine Limited bei Auseinanderfallen von Satzungssitz und tatsächlichem Verwaltungssitz mangels Rechts- und Parteifähigkeit in Deutschland nicht als Limited unternehmerisch tätig werden konnte. Die Gesellschaft und ihre Vertreter handelten vielmehr in den Formen deutschen Gesellschaftsrechts, so dass eine unmittelbare oder mittelbare Anknüpfung strafrechtlicher Normen an gesellschaftsrechtliche Regelungen unproblematisch war.

b. Das Urteil Centros vom 9. März 1999
Das Urteil Centros[155] hatte die sekundäre Niederlassungsfreiheit zum Inhalt.

Das in Dänemark ansässige dänische Ehepaar Bryde ließ im Mai 1992 in England und Wales die *private limited company Centros* eintragen. Als *registered office* war die Adresse eines Freundes in England angegeben. Zum *director* wurde Frau Bryde bestellt, die daraufhin im Sommer 1992 bei der dänischen Zentralverwaltung für Handel und Gesellschaften (*Erhvervsog Selskabsstyrelsen*) die Eintragung einer Zweigniederlassung von Centros in Dänemark beantragte. Bis zu diesem Zeitpunkt hatte die Gesellschaft in England keinerlei Geschäftstätigkeit entfaltet. Auch zu einer Einzahlung des Gesellschaftskapitals in Höhe von 100 Pfund war es nicht gekommen[156]. Das Ehepaar Bryde beabsichtigte vielmehr, dass

---

nach Titel und Text allein natürliche Personen und könne somit nicht analog auf juristische Personen angewandt werden, *EuGH* Slg. 1988, 5483, 5513 Rn. 27 ff. (*Daily Mail*).
[152] *Ebenroth/Eyles* DB 1989, 363, 372; *Großfeld/Luttermann* JZ 1989, 386, 386 f.; *BayObLG* RIW 1998, 966, 967.
[153] Vgl. *EuGH* Slg. 1988, 5483, 5510 und 5512 Rn. 14 und 21 ff. (*Daily Mail*); *Volb* Die Limited, S. 28.
[154] Siehe dazu *Ebenroth/Auer* GmbHR 1994, 16, 19 f.
[155] *EuGH* Slg. 1999, I-1459 (*Centros*).
[156] Dies allerdings war nach englischem Gesellschaftsrecht für Gesellschaften mit beschränkter Haftung auch nicht notwendig.

Centros zukünftig ganz oder jedenfalls ganz überwiegend in Dänemark geschäftlich tätig werden sollte.

Die dänische Behörde lehnte die Eintragung der Zweigniederlassung ab. Sie begründete dies damit, dass es sich dabei allein um den Versuch einer Umgehung nationalen dänischen Rechts handele. Darüber hinaus erfordere der Schutz der öffentlichen und privaten Gläubiger sowie der Vertragspartner die Ablehnung der Eintragung. Auch solle der betrügerische Bankrott bekämpft werden. Im Übrigen handele es sich um eine rein innerdänische Angelegenheit, so dass Art. 52 EWG-Vertrag (heute Art. 49 AEUV) schon deshalb unanwendbar sei.

Der EuGH stellte die Unvereinbarkeit der Ablehnung mit der Niederlassungsfreiheit fest. Er bejahte die Anwendbarkeit europäischen Rechts[157] und bestätigte ausdrücklich seine bereits in der Entscheidung *Segers*[158] verdeutlichte Ansicht, dass es für die Anwendbarkeit der Niederlassungsfreiheit ohne Belang sei, wenn eine Gesellschaft in einem Mitgliedstaat nur errichtet werde, um sodann in einem anderen Mitgliedstaat eine Niederlassung zu gründen, in welcher die Geschäftstätigkeit im Wesentlichen oder gar ausschließlich ausgeübt werden solle[159], die Zweigniederlassung also faktisch die Hauptniederlassung sei, die allein zum Zweck der Umgehung der Gründungsanforderungen des Niederlassungsstaates in einem anderen Mitgliedstaat inkorporiert wurde[160]. Die Niederlassungsfreiheit ziele gerade darauf ab, den nach dem Recht eines Mitgliedstaates errichteten Gesellschaften, die ihren satzungsmäßigen Sitz, ihre Hauptverwaltung oder ihre Hauptniederlassung innerhalb der Gemeinschaft haben, zu erlauben, mittels einer Agentur, Zweigniederlassung oder Tochtergesellschaft in anderen Mitgliedstaaten tätig zu werden. Eine missbräuchliche Ausnutzung der Niederlassungsfreiheit liege darin nicht[161]. Nur wenn ein missbräuchliches oder betrügerisches Verhalten vorliege, könnten sich die Betroffenen nicht auf das Gemeinschaftsrecht berufen[162].

---

[157] *EuGH* Slg. 1999, I-1459, 1490 Rn. 17 (*Centros*).
[158] *EuGH* Slg. 1986, 2375, 2385 ff. Rn. 7 ff. (*Segers*).
[159] *EuGH* Slg. 1999, I-1459, 1490 Rn. 17 (*Centros*).
[160] *Zimmer* NJW 2003, 3585, 3585; Ausführlich zu unterschiedlichen Deutungen hinsichtlich des Urteils *Zimmer* ZHR 164 (2000), 23, 27 ff.
[161] *EuGH* Slg. 1999 I-1459, 1493 Rn. 26 f. (*Centros*).
[162] *EuGH* Slg. 1999 I-1459, 1493 Rn. 25 (*Centros*); Ein solches Verhalten wird beispielsweise angenommen, wenn das Tätigwerden in der Rechtsform der Limited der Umgehung einer deutschen Gewerbeuntersagung dient, *BGH* NJW 2007, 2328, 2329 f.; *OLG Dresden* ZIP 2006, 1097, 1097 f.; *Thorn* in *Palandt* BGB, Anh zu Art. 12 EGBGB Rn. 8.

Der EuGH verwendet in der Entscheidung Centros einen weiten Beschränkungsbegriff. Danach hat jede nationale Maßnahme, die die Ausübung der durch den AEUV garantierten Grundfreiheiten behindern oder weniger attraktiv machen kann, beschränkenden Charakter[163]. Und ist eine solche Beschränkung einmal festgestellt, kommt eine Rechtfertigung grundsätzlich nur unter Beachtung des strengen, so genannten Vier-Konditionen-Tests in Frage. Danach muss die fragliche Regelung durch zwingende Gründe des Allgemeininteresses gerechtfertigt sein, in nicht diskriminierender Weise angewandt werden, zur Erreichung des verfolgten Ziels geeignet sein und nicht über das hinausgehen, was zur Erreichung des Ziels erforderlich ist[164]. Im konkreten Fall lehnte der EuGH eine Rechtfertigung ab. Hinsichtlich des von der dänischen Behörde vorgetragenen Schutzes von Gläubigern verwies er zum einen auf das aus dänischer Sicht rechtmäßige Alternativverhalten, dass Centros zugleich auch eine Geschäftstätigkeit in England hätte entfalten können – denn dann wäre die Eintragung auch nach dänischem Recht erfolgt. Zum anderen seien die Gläubiger hinreichend durch die Firmierung der Gesellschaft als „Limited" geschützt. Daraus ergebe sich nämlich deutlich, dass dänische Kapitalschutzvorschriften nicht gelten.

c. Das Urteil Überseering vom 5. November 2002

Im Fall Überseering[165] ging es um die Anerkennung der Rechts- und Parteifähigkeit einer ausländischen Gesellschaft in Deutschland.

Die als *Besloten Vennootschap*[166] im August 1990 in das Handelsregister von Amsterdam und Haarlem eingetragene Kapitalgesellschaft Überseering war eine nach niederländischem Recht wirksam gegründete Gesellschaft. Im Oktober 1990 erwarb diese ein Grundstück in der Bundesrepublik Deutschland und nutzte es zu gewerblichen Zwecken. Im Jahre 1992 beauftragte die Überseering BV eine andere Gesellschaft mit der Sanierung des Grundstücks und verklagte diese im Jahre 1996 wegen angeblich mangelhafter Leistung. Zwischenzeitlich, im Jahre 1994, hatten zwei im Gebiet der Bundesrepublik Deutschland wohnhafte deutsche

---

[163] *EuGH* Slg.1999 I-1459, 1495 Rn. 34 (*Centros*); Diesen Ansatz verfolgte das Gericht bereits in *EuGH* Slg. 1993 I-1663, 1697 Rn. 32 (*Kraus*) und *EuGH* Slg. 1995 I-4165, 4197 f. Rn. 37 (*Gebhard*).
[164] Dazu eingehend 3. Kapitel B. III. 4. b.
[165] *EuGH* Slg. 2002, I-9919 (*Überseering*).
[166] Nachfolgend BV. Es handelt sich um die niederländische Variante der GmbH.

Staatsangehörige sämtliche Gesellschaftsanteile an der Überseering BV erworben und verwalteten die Gesellschaft seitdem von Deutschland aus. Ihr eingetragener Sitz blieb in den Niederlanden. Dass die Übertragung aller Gesellschaftsanteile an in Deutschland wohnende deutsche Staatsangehörige keinen Einfluss auf die rechtliche Existenz der Gesellschaft nach niederländischem Recht hatte, stand außer Zweifel.

Gemäß der bis dato in Deutschland auch auf EU-Gesellschaften angewandten Sitztheorie waren mit der Abtretung aller Gesellschaftsanteile an deutsche Staatsbürger sowie der Führung und Verwaltung der Geschäfte vom Gebiet der Bundesrepublik Deutschland aus alle Kriterien erfüllt, nach denen die Überseering BV ihren tatsächlichen Verwaltungssitz nach Deutschland verlegt hatte. Daher versagte das angerufene Gericht der Überseering BV die Rechts- und damit auch die Parteifähigkeit im Sinne des § 50 Abs. 1 ZPO.

Auf Vorlage des VII. Zivilsenats des BGH entschied der EuGH, dass es gegen die im EGV (nun AEUV) garantierte Niederlassungsfreiheit verstoße, wenn einer in einem Mitgliedsstaat wirksam gegründeten Gesellschaft in einem anderen Mitgliedsstaat diejenige Rechts- und Parteifähigkeit abgesprochen werde, die ihr nach dem Recht des Gründungsstaates zustehe. Geboten sei vielmehr eine Beurteilung nach dem Gründungsrecht[167].

Weiterhin offen blieb zu jener Zeit, ob und, wenn ja, unter welchen Voraussetzungen und inwieweit es den Mitgliedsstaaten möglich war, auch gegenüber zugezogenen ausländischen Gesellschaften eigenes nationales Recht anzuwenden. Dies insbesondere dann, wenn die Anwendung des eigenen Rechts mit einem Eingriff in das Gründungsrecht verbunden war (so genannte Überlagerung des Gesellschaftsstatuts oder Sonderanknüpfung). Der EuGH hat in der Entscheidung Überseering insoweit nur wiederholt festgestellt, dass es denkbar sei, dass „zwingende Gründe des Gemeinwohls, wie der Schutz der Interessen der Gläubiger, der

---

[167] *EuGH* Slg. 2002, I-9919, 9964 ff. Rn. 56, 59, 76, 82 und 94 (*Überseering*); Die Auswirkungen des Urteils waren umstritten. Einige nahmen an, dass hinsichtlich der Frage der Rechts- und Parteifähigkeit die Anwendung der Gründungstheorie nicht erforderlich wäre. Der Niederlassungsfreiheit könne unter Beibehaltung der Sitztheorie entsprochen werden, *Kindler* in MünchKomm zum BGB – IntWirtschaftsR, IntGesR Rn. 95 und 109; *Großerichter* DStR 2003, 159, 166; Nach a. A. habe der EuGH in bestimmten Sachverhaltskonstellationen das Recht des Gründungsstaates für maßgeblich erklärt, *Leible/Hoffmann* RIW 2002, 925, 927 ff.; *Eidenmüller* ZIP 2002, 2233, 2238 f. und 2244 („Insoweit erzwingen die Art. 43, 48 EGV die Gründungstheorie (...)."); *Behrens* IPRax 2003, 193, 202 f.; *Knapp* DNotZ 2003, 85, 91 f.; nicht eindeutig *Koch* JuS 2004, 755, 756.

Minderheitsgesellschafter, der Arbeitnehmer oder auch des Fiskus unter bestimmten Umständen und unter Beachtung bestimmter Voraussetzungen Beschränkungen der Niederlassungsfreiheit rechtfertigen können"[168]. Zu beachten ist in diesem Zusammenhang, dass das Strafrecht als solches nicht zu den zwingenden Gründen des Gemeinwohls zählt. Zwar dient es dem Schutz der vorgenannten zwingenden Gründe des Gemeinwohls, ist aber nicht selbst Schutzgegenstand.

d. Das Urteil Inspire Art vom 30. September 2003

Das Urteil Inspire Art[169] betrifft den Versuch der Niederlande, abstrakten Missbrauchsgefahren durch Scheinauslandsgesellschaften durch die Anwendung nationaler Sonderregelungen vorzubeugen.

Die Gesellschaft Inspire Art Ltd. wurde im Jahre 2000 nach englischem Recht gegründet. Sitz der Gesellschaft war Folkestone, Gründer und alleiniger Gesellschafter ein niederländischer Staatsbürger, der in den Niederlanden wohnte. Im August 2000 nahm die Gesellschaft ihre Geschäfte auf. Dies geschah ausschließlich über eine Zweigniederlassung in Amsterdam.

Bereits im Jahre 1997 hatten die Niederlande mit dem *Wet op de formeel buitenlandse vennootschappen*, nachfolgend WFBV, ein Gesetz für formal ausländische Gesellschaften geschaffen. Dieses Gesetz statuierte unter anderem eine Handelsregistereintragung als „formal ausländische Gesellschaft", gewisse Pflichtangaben auf Schriftstücken der Gesellschaft, eine mindestens der BV entsprechende Mindestkapitalausstattung und bestimmte Buchführungspflichten. Die Nichtbeachtung dieser Vorgaben führte zur persönlichen Haftung der Geschäftsführer.

Auf Vorlage des Kantongerichts Amsterdam[170] stellte der EuGH erneut fest, dass die Gründe, aus denen eine Gesellschaft in einem bestimmten Mitgliedsstaat errichtet wird – sieht man vom Fall des Betrugs ab –, für die Anwendung der Vorschriften über die Niederlassungsfreiheit irrelevant seien[171]. Eine missbräuchliche Ausnutzung der Niederlassungsfreiheit müsse konkret nachgewiesen werden[172].

---

[168] *EuGH* Slg. 2002, I-9919, 9974 Rn. 92 (*Überseering*).
[169] *EuGH* Slg. 2003, I-10155 (*Inspire Art*).
[170] Dies geschah in einem Rechtsstreit zwischen der Industrie- und Handelskammer Amsterdam und der Gesellschaft Inspire Art Ltd.
[171] *EuGH* Slg. 2003, I-10155, 10223 Rn. 95 (*Inspire Art*).
[172] *EuGH* Slg. 2003, I-10155, 10226 Rn. 105 (*Inspire Art*).

Ferner verstießen nach Ansicht des EuGH[173] die durch das WFBV angeordneten Offenlegungspflichten bereits gegen die insoweit abschließende Elfte Zweigniederlassungsrichtlinie[174]. Und diejenigen Regelungen des WFBV, welche die Errichtung einer Zweigniederlassung von Voraussetzungen abhängig machten, die im innerstaatlichen Recht für die Gründung von niederländischen Gesellschaften hinsichtlich des Mindestkapitals und der Haftung bestünden, seien als Behinderung der Niederlassungsfreiheit anzusehen. Denn es genüge nicht, dass ein Zuzugsstaat allein die Rechts- und Parteifähigkeit der aus einem anderen Mitgliedstaat zuziehenden Gesellschaft anerkenne. Er müsse vielmehr auch darauf verzichten, dieser Gesellschaft irgendwelche rechtlichen Erschwernisse aufzuerlegen, so sie denn nicht im Einzelfall gerechtfertigt seien[175]. Eine Rechtfertigung jedoch konnte das Gericht nicht erkennen. Insbesondere lehnte es eine solche gemäß Art. 46 Abs. 1 EGV (nun Art. 52 Abs. 1 AEUV) ab, da insoweit bereits die von der niederländischen Regierung vorgebrachten Gründe der Bekämpfung der missbräuchlichen Ausnutzung der Niederlassungsfreiheit, des Gläubigerschutzes und der Erhaltung der Lauterbarkeit des Handelsverkehrs irrelevant seien[176]. Art. 46 Abs. 1 EGV (nun Art. 52 Abs. 1 AEUV) könne Beschränkungen nur aus Gründen der öffentlichen Ordnung, Sicherheit oder Gesundheit rechtfertigen. Aber auch eine Rechtfertigung aus zwingenden Gründen des Allgemeininteresses anhand des in den Urteilen Kraus[177], Gebhard[178] und Centros[179] entwickelten Vier-Konditionen-Tests verneinte das Gericht. Insbesondere die Vorschriften über das Mindestkapital seien nicht erforderlich, da potentielle Gläubiger durch die Firmie-

---

[173] *EuGH* Slg. 2003, I-10155, 10213 ff. Rn. 55 ff., 69 und 72 (*Inspire Art*).
[174] Elfte Richtlinie 89/666/EWG des Rates vom 21. Dezember 1989 über die Offenlegung von Zweigniederlassungen, die in einem Mitgliedstaat von Gesellschaften bestimmter Rechtsformen errichtet wurden, die dem Recht eines anderen Staates unterliegen, ABl. EG 1989 L 395, S. 36; In Deutschland ist § 325a HGB eine Umsetzungsnorm dieser Richtlinie. Nach ihr haben bestimmte dem Recht eines Mitgliedstaates unterliegende Gesellschaften in dem jeweiligen Mitgliedstaat gewisse Angaben und Unterlagen z. B. zu den Punkten Firma, Rechtsform und Personalien der zur Vertretung der Gesellschaft befugten Personen offen zu legen. Für Gesellschaften aus Drittstaaten gelten besondere Regelungen, *Zimmer* NJW 2003, 3585, 3585 f., die nach Ansicht des EuGH für die betroffenen Gesellschaften abschließend sind, *EuGH* Slg. 2003, I-10155, 10217 Rn. 70 (*Inspire Art*).
[175] *Horn* NJW 2004, 893, 895.
[176] *EuGH* Slg. 2003, I-10155, 10233 Rn. 131 (*Inspire Art*).
[177] *EuGH* Slg. 1993, I-1663, 1697 Rn. 32 (*Kraus*).
[178] *EuGH* Slg. 1995, I-4165, 4197 f. Rn. 37 (*Gebhard*).
[179] *EuGH* Slg. 1999, I-1459 (*Centros*).

rung der Gesellschaft als „Limited" ausreichend geschützt seien. Folglich seien auch die daran anknüpfenden Haftungsfolgen unzulässig[180].

3. Bedeutung der EuGH-Rechtsprechung und deren Rezeption durch den BGH für das Strafrecht

a. Zwingende Anwendung des Gründungsstatuts

Aus den Entscheidungen des EuGH folgt, dass eine Gesellschaft aus einem Mitgliedsstaat der EU, in welchem die Gründungstheorie gilt, unter Wahrung ihrer Rechtsform und Identität ihren tatsächlichen Verwaltungssitz in einen anderen Mitgliedsstaat der EU verlegen kann, auch wenn der jeweilige Zuzugsstaat der Sitztheorie folgt. Voraussetzung ist nur, dass das Recht des Gründungsstaates diese Sitzverlegung gestattet[181]. Der Zuzugsstaat hat die zuziehende Gesellschaft unter diesen Umständen grundsätzlich vollumfänglich nach dem Gesellschaftsrecht des Gründungsstaates zu behandeln[182]. Kommt er dieser Pflicht nicht nach, muss von einer Beschränkung der Niederlassungsfreiheit ausgegangen werden. Insoweit ist zu beachten, dass nicht nur Belastungen der zuziehenden Gesellschaft selbst, sondern auch solche der für sie handelnden Personen und Gesellschafter wie Haftungsregelungen oder Pflichtenauferlegungen als Beschränkung der Niederlassung anzusehen sind[183].

Dieser Rechtsprechung hat sich der BGH mittlerweile angeschlossen[184]. Nach seiner Ansicht richtet sich das materielle Recht einer Limited, also das Personal- oder Gesellschaftsstatut, nach englischem Recht. Dies bestimme, wie die Limited „entsteht, lebt und vergeht"[185]. Eine in England gegründete Limited, die ihren tatsächlichen Verwaltungssitz nach Deutschland verlegt, nimmt als englische Limited am Rechts- und Wirtschaftsverkehr in Deutschland teil[186]. Entsprechend der

---

[180] *EuGH* Slg. 2003, I-10155, 10233 ff. Rn. 133 ff. (*Inspire Art*).
[181] Vgl. *EuGH* Slg. 2003, I-10155, 10225 Rn. 101 (*Inspire Art*); *Bank* Die britische LLP, S. 44; Durch das MoMiG ist es nun auch deutschen GmbHs und AGs gestattet, ihren tatsächlichen Verwaltungssitz außerhalb der Bundesrepublik Deutschland zu nehmen, siehe dazu Fußnote 65.
[182] *Rönnau* ZGR 2006, 832, 834.
[183] So bereits *EuGH* Slg. 1986, 2375, 2387 ff. Rn. 15 und 19 (*Segers*); *Worm* Die Strafbarkeit eines directors, S. 22 f.
[184] *BGHZ* 154, 185, 188 f.; *BGH* NZG 2004, 1001, 1001.
[185] Vgl. *BGHZ* 25, 134, 144; ferner *BGHZ* 43, 51, 55 f.; *Brinkmeier/Mielke* Die Limited (Ltd.), S. 23.
[186] *Just* Die englische Limited in der Praxis, Rn. 21.

Gründungstheorie sind daher bei grenzüberschreitenden Sitzverlegungen gesellschaftsrechtlich einzuordnende Regelungen dem Recht des Gründungsstaates zu entnehmen[187].

Eindeutig ist vor diesem Hintergrund, dass die Anwendung des Gründungsrechts nicht auf bestimmte gesellschaftsrechtliche Teilbereiche (zum Beispiel Gründung und Rechtsfähigkeit der Gesellschaft) beschränkt ist[188]. Denn dann müsste die zuziehende Gesellschaft nicht nur die gesellschaftsrechtlichen Erfordernisse des Gründungsstaates erfüllen, sondern zusätzlich auch die gesellschaftsrechtlichen Regelungen des Zuzugsstaates beachten. Dass dies eine grenzüberschreitende Verlegung des tatsächlichen Verwaltungssitzes erschweren oder weniger attraktiv machen würde, bedarf keiner weiteren Ausführung[189]. Die Gewährleistung der Niederlassungsfreiheit erschöpft sich also nicht in dem von Art. 49 Abs. 2 AEUV normierten Grundsatz der Inländergleichbehandlung, sondern verbietet auch formal diskriminierungsfreie Regelungen, die die Verwirklichung der Niederlassungsfreiheit bedrohen[190].

Aus der EuGH-Rechtsprechung aber ergibt sich ferner, dass eine Beeinträchtigung der Niederlassungsfreiheit auch dann vorläge, wenn sich das englische Gründungsstatut nicht bei allen gesellschaftsrechtlichen Fragestellungen unabhängig vom jeweiligen rechtlichen Zusammenhang durchsetzen würde[191]. Art. 49 ff. AEUV beinhalten, dass eine Gesellschaft das Recht hat, nach ihrem jeweiligen Gründungsstatut zu leben. Sie bleibt stets ein Geschöpf ihrer jeweiligen Rechtsordnung (*creature of law*). Eine nach englischem Recht gegründete Limited mit tatsächlichem Verwaltungssitz in Deutschland würde durch die Anwendung deutschen Gesellschaftsrechts derart verändert, dass man nicht mehr von einer englischen Gesellschaft sprechen könnte[192]. Die Limited wäre faktisch vernichtet[193]. Das gilt nicht nur unabhängig davon, ob es sich im konkreten Fall um Auslandsgesellschaften, Scheinauslandsgesellschaften oder Umgehungsgründungen han-

---

[187] *Bank* Die britische LLP, S. 345.
[188] *Zessel* Durchgriffshaftung, S. 166.
[189] Vgl. *EuGH* Slg. 2002, I-305, 364 f. und 368 Rn. 25 und 32 (*Kommission/Italien*); vgl. ferner Schlussanträge von *Generalanwalt Alber* in *EuGH* Slg. 2002, I-305, 330 Rn. 82 f. (*Kommission/Italien*).
[190] *Herdegen* Europarecht, S. 292 f.
[191] *Bittmann/Gruber* GmbHR 2008, 867, 868; vgl. *Cranshaw* jurisPR-InsR 2/2007 Anm. 1, C. 3.; *Thorn* in *Palandt* BGB, Anh. zu Art. 12 EGBGB Rn. 7 a. E. und 10 ff.
[192] *Triebel/v. Hase/Melerski* Die Limited, S. 142 ff. sprechen von einem „Bastard".
[193] Vgl. *Ebenroth/Bippus* NJW 1988, 2137, 2142.

delt[194]. Vielmehr macht es auch keinen Unterschied, in welchem Regelungskontext das Recht, nach dem Gründungsstatut behandelt zu werden, versagt wird. Deutlich ergibt sich dies aus der Aussage des EuGH, dass alle nationalen Maßnahmen, „die die Ausübung der durch den EGV garantierten Grundfreiheiten behindern oder weniger attraktiv machen"[195], unzulässig sind, sofern sie nicht ausnahmsweise gerechtfertigt sind. Eine Differenzierung danach, zu welchem Rechtsgebiet eine beeinträchtigende Maßnahme gehört, erfolgt ersichtlich nicht. Für das deutsche Strafrecht heißt das, dass jede Strafnorm mit direktem oder indirektem gesellschaftsrechtlichem Bezug auf die gesellschaftsrechtlichen Regelungen des englischen Gründungsrechts zurückgreifen muss, wenn die Strafbarkeit des *directors* in Rede steht[196]. Geschieht dies nicht, liegt allein darin eine Beeinträchtigung der Niederlassungsfreiheit[197]. Das trifft selbst dann zu, wenn das Gesellschaftsrecht des Zuzugsstaates mit dem Gesellschaftsrecht des Gründungsstaates identisch ist[198]. Denn eine (rechtfertigungsbedürftige) Beeinträchtigung der Niederlassungsfreiheit liegt nach der insoweit klaren Rechtsprechung des EuGH immer dann vor, wenn eine Scheinauslandsgesellschaft nicht ihrem Gründungsstatut gemäß behandelt wird[199].

---

[194] *Triebel/v. Hase/Melerski* Die Limited, S. 142 ff.; vgl. *EuGH* Slg. 1999, I-1459, 1493 f. Rn. 26 ff., insb. 29 (*Centros*); vgl. *EuGH* Slg. 2002, I-9919, 9965 ff. Rn. 59, 76 und 80 f. (*Überseering*); vgl. *EuGH* Slg. 2003, I-10155, 10235 Rn. 138 f. (*Inspire Art*); *EuGH* Slg. 1986, 2375, 2388 Rn. 16 (*Segers*).
[195] *EuGH* Slg. 1999, I-1459, 1495 Rn. 34 (*Centros*).
[196] *Worm* Die Strafbarkeit eines directors, S. 33; vgl. *AG Stuttgart* wistra 2008, 226, 229; *Schumann* wistra 2008, 229, 230; *Hoffmann* in *Sandrock/Wetzler* Deutsches Gesellschaftsrecht im Wettbewerb, S. 246 f. und 252; *Spindler/Berner* RIW 2004, 7, 10.
[197] *Triebel/v. Hase/Melerski* Die Limited, S. 142 ff.
[198] Zu widersprechen ist daher *Altmeppen* in MünchKomm zum AktG, Europ. Niederlassungsfreiheit, 4. Kapitel Rn. 16, der eine Beschränkung der Niederlassungsfreiheit ablehnt, wenn sich im Recht des Gründungsstaates eine dem deutschen (Gesellschafts-)Recht vergleichbare oder strengere Regelung findet. Er nimmt eine Beschränkung der Niederlassungsfreiheit durch die Anwendbarkeit deutschen – auch durch deutsches Gesellschaftsrecht determinierten – Strafrechts nur dann an, wenn das deutsche Strafrecht für ein bestimmtes Verhalten andere oder strengere Sanktionen vorsähe als das englische Recht.
[199] Wenn allerdings Gründungs- und Zuzugsstaat tatsächlich identische Regelungen treffen, die Limited und der *director* folglich im Ergebnis nach beiden Rechtsordnungen absolut gleich behandelt werden, so entpuppt sich die Diskussion an dieser Stelle als Scheinproblem. Die strafrechtliche Verantwortlichkeit des *directors* würde letztlich nur auf unterschiedlichen „Hausnummern" beruhen.

b. Zwingende Beachtung der Rechtslage im Gründungsstaat

Eine Beeinträchtigung der unionsrechtlich gewährleisteten Niederlassungsfreiheit läge darüber hinaus vor, wenn das deutsche Strafrecht bestimmte nach englischem Gesellschaftsrecht erlaubte Verhaltensweisen des *directors* unter Strafe stellen würde oder auch in England strafbewehrte Verhaltensweisen mit strengeren Rechtsfolgen versehen würde, als sie den *director* im Herkunftsstaat träfen. Diesem Ergebnis kann vor allem nicht entgegnet werden, dass die jeweiligen deutschen Strafnormen durch Rückgriff auf englisches Gesellschaftsrecht ausgefüllt würden. Denn es bliebe dabei, dass die jeweilige (schärfere) Strafandrohung geeignet wäre, Personen zu veranlassen, von der Niederlassungsfreiheit keinen Gebrauch zu machen. Der nationale Strafanspruch behinderte auf diese Weise die grenzüberschreitende Verlegung des tatsächlichen Verwaltungssitzes einer in England wirksam gegründeten Limited nach Deutschland, indem er sie „weniger attraktiv" macht, und stört so die Niederlassungsfreiheit innerhalb des europäischen Binnenmarktes. Eine solche Strafbewehrung müsste europarechtlich gerechtfertigt werden[200].

Bei Straftatbeständen mit gesellschaftsrechtlichem Bezug ist daher stets ein Vergleich zwischen der Rechtslage des Gründungsstaates und derjenigen des Zuzugsstaates erforderlich. Nur wenn die durch englisches Gesellschaftsrecht ausgefüllte deutsche Strafnorm eine gleich schwere oder mildere Rechtsfolge als die (hypothetische) Anwendung englischen Strafrechts hervorbringt, liegt eine Beeinträchtigung der Niederlassungsfreiheit nicht vor. Worm spricht insoweit von einem „Strengevergleich"[201], bei dem insbesondere die Strafbarkeitsvoraussetzungen und der Strafrahmen der in Rede stehenden deutschen und englischen Normen zu untersuchen sind[202].

Hinsichtlich des Vergleichs der Sanktionsdrohungen im Gründungs- und Zuzugsstaat ist jede Maßnahme des Zuzugsstaates als Einzelregelung zu sehen und als solche am Recht des Gründungsstaates zu messen. Es ist also nicht danach zu fragen, ob eine bestimmte nationale Regelung durch die Gesamtheit aller Normen des Gründungsstaates gleichsam aufgewogen wird. Vielmehr ist zu fragen, ob das

---

[200] Vgl. *Hoffmann* in *Sandrock/Wetzler* Deutsches Gesellschaftsrecht im Wettbewerb der Rechtsordnungen, S. 246 f.
[201] *Worm* Die Strafbarkeit eines directors, S. 125 f.
[202] *Worm* Die Strafbarkeit eines directors, S. 136.

Recht des Gründungsstaates eine entsprechende konkrete Einzelregelung besitzt, quasi ein Pendant. Nur wenn Letzteres der Fall ist, scheidet eine Beschränkung der Niederlassungsfreiheit aus[203]. Richtig ist zwar, dass dabei die Eigenarten der unterschiedlichen Rechtsordnungen zu berücksichtigen sind, also insbesondere nicht identische systematische Verortungen verlangt werden können[204]. Richtig ist aber auch, dass eine bloß oberflächliche Globalprüfung zu unterbleiben hat, bei der lediglich abstrakt alle möglichen Rechtsfolgen einer bestimmten Verhaltensweise nach dem Recht der beiden Länder geprüft werden. Ein solches Abstellen auf die Gesamtheit aller Normen mag im Rahmen einer Rechtfertigung bedeutsam sein, eine Beschränkung der Niederlassungsfreiheit verhindern kann es nicht.

III. Begrenzung der Niederlassungsfreiheit und Rechtfertigung von Beschränkungen

Nicht immer kann ohne Weiteres von der uneingeschränkten Geltung der Wirkungen der Niederlassungsfreiheit auf einen bestimmten Sachverhalt ausgegangen werden. Nicht nur in der Literatur werden Ausnahmen diskutiert, sondern selbst der EuGH erkennt Fallkonstellationen an, in denen zumindest das individuelle Berufen auf die Niederlassungsfreiheit ausgeschlossen ist. Ferner können Beeinträchtigungen der Niederlassungsfreiheit im konkreten Einzelfall gerechtfertigt sein. Mit diesen Fragestellungen befasst sich der nachfolgende Abschnitt.

1. Die kollisionsrechtliche Qualifikation einer Norm

a. Hintergrund

Vielfach werden die praktischen Ergebnisse der Gründungstheorie kritisiert. Vor allem im Bereich des Gläubigerschutzes wird argumentiert, dass die Anwendung deutschen Rechts zu einem höheren Schutzniveau für Gesellschaftsgläubiger führen würde. Dieser Ansatz findet sich im Besonderen, wenn es darum geht, den

---

[203] Vgl. *BGH* GmbHR 2007, 593, 593; *Buchmann* Die Insolvenz der englischen Limited in Deutschland, S. 112 f.; vgl. ferner *Worm* Die Strafbarkeit eines directors, S. 136 ff. Dort auch zu der Frage, ob der Strafrahmen konkret nach den Umständen des jeweiligen Einzelfalls zu beurteilen ist oder abstrakt. Für die abstrakte Betrachtung spricht insbesondere der Umstand, dass die Niederlassungsfreiheit vor allem durch die jeweilige Strafewartung hinsichtlich eines bestimmten Verhaltens beeinträchtigt werden kann. Diese Erwartung liegt naturgemäß vor der Tatbegehung. Eine konkrete Strafrahmenzumessung ist zu dieser Zeit noch gar nicht möglich.
[204] *Worm* Die Strafbarkeit eines directors, S. 126.

Gläubigerschutz hinsichtlich eines sich in der Krise befindlichen Unternehmens sicherzustellen[205]. Gerade im Zusammenhang mit Scheinauslandsgesellschaften wird daher verschiedentlich vorgeschlagen, an der kollisionsrechtlichen Qualifikation[206] einzelner Rechtsinstrumente anzusetzen, um auf diesem Wege zu einer Anwendung nationaler Rechtsvorschriften zu gelangen. Auf diese Weise ist es möglich, (formaliter) das Gesellschaftsstatut dem ausländischen Gründungsrecht zu unterstellen. Praktisch aber würde im Wege der kollisionsrechtlichen Qualifikation das gesellschaftsrechtliche Herkunftslandprinzip zumindest teilweise abgewehrt. Denn in einem zweiten Schritt werden vor allem Haftungsfragen nahezu vollständig aus dem Gesellschaftsrecht ausgelagert und in andere Rechtsgebiete verschoben. Bei gläubigerschützenden Bestimmungen liegt insbesondere eine delikts- oder insolvenzrechtliche Qualifikation nahe[207], weil in eben diesen Rechtsgebieten das ausländische Gründungsstatut regelmäßig nicht gilt. Vielmehr sind über die kollisionsrechtlichen Rechtsanwendungsbefehle in Art. 40 Abs. 1 EGBGB, Art. 4 Rom II-VO sowie Art. 3 und 4 EuInsVO die nationalen deutschen Regelungen auf Scheinauslandsgesellschaften anwendbar.

Eine derartige Vorgehensweise bliebe auch für die strafrechtliche Inpflichtnahme eines *directors* nicht ohne Folgen. Denn soweit Straftatbestände an außerstrafrechtliche Regelungen anknüpfen, käme eine Beeinträchtigung der Niederlassungsfreiheit möglicherweise schon dann nicht in Betracht, wenn es sich bei diesen Regelungen um insolvenz-oder deliktsrechtliche Vorschriften handelte.

b. Maßstab der Qualifikation

Die rechtliche Qualifikation einer Regelung richtet sich nach den Bestimmungen des nationalen Kollisionsrechts der Mitgliedsstaaten. Dabei umschreiben die deutschen Kollisionsnormen ihren Anwendungsbereich regelmäßig mit Begriffen, die dem deutschen materiellen Recht entnommen sind[208]. Erst die Auslegung dieser Begriffe entscheidet über die Reichweite und Abgrenzung der verschiedenen Kol-

---

[205] *Fischer* ZIP 2004, 1477, 1477 ff.; *Horn* NJW 2004, 893, 899.
[206] Verstanden als die Bestimmung der Rechtsnatur einer Regelung, *Sonnenberger* in MünchKomm zum BGB – IPR, Einl. IPR Rn. 494.
[207] Vgl. *Weller* ZGR 2006, 461, 461; vgl. 8. Kapitel B. I. 4. b. bb. (Existenzvernichtungshaftung).
[208] Eine Identität der kollisionsrechtlichen Begriffe mit denen des materiellen Rechts bedeutet das nicht, *Sonnenberger* in MünchKomm zum BGB – IPR, Einl. IPR Rn. 509.

lisionsnormen[209]. Nach ganz überwiegender Ansicht wird die Auslegung dieser Begriffe wiederum grundsätzlich der lex fori entnommen, also derjenigen Rechtsordnung, die die jeweilige Kollisionsnormen aufgestellt hat[210]. Geht es aber um die Einordnung ausländischer Sachnormen, sind diese zusätzlich aus der Perspektive des ausländischen Rechts zu würdigen und mit deutschen Rechtsinstituten zu vergleichen[211]. Steht also die Qualifikation eines englischen Rechtsinstituts in Rede, bei dem eine gesellschaftsrechtliche Einordnung nahe liegt, muss das englische Gesellschaftsstatut gegen das jeweils in Rede stehende deutsche Sachstatut abgegrenzt werden[212]. Erforderlich ist somit ein Funktionenvergleich der Normen und eine daran sich anschließende gleiche kollisionsrechtliche Behandlung[213].

c. Bewertung

Der Versuch, über eine kollisionsrechtliche Qualifikation zur Anwendung deutschen Rechts zu kommen, wird bisweilen als beliebiges „Hakenschlagen" kritisiert, welches aus „puren Zweckmäßigkeitserwägungen" heraus unternommen werde[214]. Darüber hinaus sei es dem stets veränderlichen Willen nationaler Gesetzgeber überlassen, die Einordnung einer Norm als beispielsweise gesellschafts-, delikts- oder insolvenzrechtlich durch eine entsprechende Verortung in den jeweils relevanten Gesetzen zu beeinflussen.

Eine pauschale Verurteilung dieser Vorgehensweise überzeugt jedoch nicht. Ob eine Einordnung als gesellschaftsrechtlich, deliktsrechtlich oder insolvenzrechtlich in Frage kommt, ist allein mit Blick auf die jeweils in Rede stehende Regelung zu beantworten[215]. Dem Vorwurf des „Hakenschlagens" muss also stets im konkreten Einzelfall begegnet werden. Beispielhaft sei an dieser Stelle die kollisionsrechtliche Qualifikation der Insolvenzantragspflicht genannt. Dort wird mit guten Gründen sowohl eine gesellschaftsrechtliche, als auch eine insolvenzrecht-

---

[209] *Thorn* in *Palandt* BGB, Einl v Art. 3 EGBGB Rn. 27.
[210] *BGHZ* 29, 137, 139; *OLG Hamm* NJW 1970, 390, 390; *Kropholler* IPR, S. 121; *Thorn* in *Palandt* BGB, Einl v Art. 3 EGBGB Rn. 27; *Sonnenberger* in MünchKomm zum BGB – IPR, Einl. IPR Rn. 508; a. A. *Wolff* IPR, S. 54 ff.
[211] *BGHZ* 29, 137, 139; *Thorn* in *Palandt* BGB, Einl v Art. 3 EGBGB Rn. 27.
[212] *Lenhard* RIW 2007, 348, 354.
[213] Vgl. *Sonnenberger* in MünchKomm zum BGB – IPR, Einl. IPR Rn. 513.
[214] *Altmeppen* NJW 2005, 1911, 1913; *Schmidt* ZHR 168 (2004), 493, 496 ff.; vgl. *Jestädt* Niederlassungsfreiheit und Gesellschaftskollisionsrecht, S. 198 ff.
[215] Vgl. *Buchmann* Die Insolvenz der englischen Limited in Deutschland, S. 111 f.

liche Einordnung vertreten[216]. Wird am Ende der Auseinandersetzung eine Entscheidung getroffen, kann von beliebigem „Hakenschlagen" keine Rede sein. Erfolgt eine Qualifikation aufgrund fundierter Sachargumente, insbesondere einer funktionell-teleologischen Auslegung der zu betrachtenden Regelung, ist gegen eine „kollisionsrechtliche Lösung" nichts einzuwenden. Dies zumal, da im Rahmen einer jeden Qualifikation auch zu erörtern ist, ob die gesetzliche Verortung einer Regelung bloß einer historischen Zufälligkeit entspringt, Ausfluss einer bewussten gesetzgeberischen Entscheidung ist oder tatsächlich nur von der Überlegung getrieben ist, die Niederlassungsfreiheit zu umgehen[217]. Der anerkannte Grundsatz der Methodenlehre, dass der bloße Zuordnungswille nicht in der Lage ist, zwingende Rechtsvorschriften zu überspielen[218], wird damit beachtet. Nur eine Qualifikation um der Qualifikation willen ist abzulehnen, denn es überzeugt nicht, ein an sich anwendbares ausländisches gesellschaftsrechtliches Rechtsinstitut allein ergebnisorientiert um- und damit auch als zur sachgerechten Lösung eines Sachverhalts untauglich abzuqualifizieren. Genauso wenig kann ein deutsches Rechtsinstitut in ein anderes Rechtsgebiet verschoben werden, nur um es gegenüber einer Limited kollisionsrechtlich zur Anwendung zu bringen.

d. Rechtsfolgen einer nicht gesellschaftsrechtlichen Qualifikation

Der Streit um die kollisionsrechtliche Qualifikation relativiert sich jedoch ohnehin, wenn man die Rechtsfolgen einer nicht gesellschaftsrechtlichen Qualifikation betrachtet. Zunächst einmal bedeutet die Qualifikation eines deutschen Rechtsinstituts als nicht gesellschaftsrechtlich, dass seine Anwendbarkeit nicht von vornherein – sieht man einmal von der Möglichkeit der Sonderanknüpfung ab – an der Anwendbarkeit des englischen Gesellschaftsstatuts scheitert. Denn für nicht gesellschaftsrechtliche Regelungen greift dieses gerade nicht. Vielmehr ist grundsätzlich von der Anwendbarkeit auch auf die Limited auszugehen[219]. Andererseits bedeutet die Qualifikation eines Rechtsinstituts als nicht gesellschaftsrechtlich nicht, dass eine Beurteilung anhand der Niederlassungsfreiheit ausscheidet. Viel-

---

[216] Siehe dazu 8. Kapitel A. II. 1.
[217] Vgl. *Römermann* GmbHR 2007, 595, 595.
[218] Vgl. *Pawlowski* Methodenlehre für Juristen, Rn. 317 f.
[219] *Stirtz* Der Gläubigerschutz bei der englischen Limited, S. 16 f.

mehr ist die Vereinbarkeit mit der Niederlassungsfreiheit gleichwohl zu prüfen[220]. Eine eventuelle Beschränkung bedürfte der Rechtfertigung[221]. Dies überzeugt schon deshalb, da es entscheidend darauf ankommt, welche tatsächlichen Auswirkungen von einer Norm auf die Niederlassungsfreiheit ausgehen, nicht welchem Rechtsbereich sie angehört[222]. Und auch der EuGH scheint diese Auffassung zu vertreten[223]. Er verfolgt einen sachrechtlichen Ansatz und prüft ohne Rücksicht auf die kollisionsrechtliche Einordnung einer Norm deren Vereinbarkeit mit der Niederlassungsfreiheit[224].

2. Die Bedeutung der Eintragung der Limited in das Handelsregister

Teilweise wird die Anwendbarkeit der Niederlassungsfreiheit und damit die Anwendbarkeit englischen Gründungsrechts auf eine Scheinauslandslimited verneint, wenn es nicht zu einer Eintragung im deutschen Handelsregister als Zweigniederlassung kommt[225]. Damit bliebe es bei gesellschaftsrechtsakzessorischen Straftatbeständen bei der Anwendung deutschen Gesellschaftsrechts.

Die Errichtung einer Zweigniederlassung in Deutschland zieht die Pflicht zur Anmeldung im deutschen Handelsregister nach sich[226]. Dabei gilt für das inländische Registerverfahren deutsches Recht und enthalten vor allem die §§ 13d, e und g HGB Bestimmungen darüber, was zum deutschen Handelsregister für die Ein-

---

[220] So auch *Schinköth* Grenzüberschreitende Sitzverlegung von Kapitalgesellschaften, 75 ff.; *Kiethe* RIW 2005, 649, 654; *Rehberg* JZ 2005, 849, 852; *Spindler/Berner* RIW 2004, 7, 9 f.; ablehnend *Kindler* in MünchKomm zum BGB – IntWirtschaftsR, IntGesR Rn. 416.
[221] *Jestädt* Niederlassungsfreiheit und Gesellschaftskollisionsrecht, S. 198.
[222] *Hoffmann* in *Sandrock/Wetzler* Deutsches Gesellschaftsrecht im Wettbewerb, S. 246.
[223] Vgl. *EuGH* Slg. 1999, I-8453, 8512 f. Rn. 31 (*Arblade*). Dort führt das Gericht aus, dass die praktischen Ergebnisse der Anwendung von Rechtsinstituten, die aus der Perspektive der lex fori zu den international zwingenden Bestimmungen im Sinne der Lehre von der Sonderanknüpfung gerechnet werden, mit den Grundfreiheiten vereinbar sein müssen; dazu *Jayme/Kohler* IPrax 2000, 454, 455.
[224] *Jestädt* Niederlassungsfreiheit und Gesellschaftskollisionsrecht, S. 201; *Röpke* Gläubigerschutzregime, S. 84; Ob die kollisionsrechtliche Qualifikation Einfluss auf den Prüfungsmaßstab im Rahmen der Rechtfertigung von Beeinträchtigungen hat, ist umstritten. So wird teilweise vertreten, dass gesellschaftsrechtlich zu qualifizierende Regelungen einen höheren Beschränkungsgrad aufwiesen, sonstige Regelungen hingegen einen geringeren Belastungsgrad. Bei letzteren werde die Erforderlichkeit vermutet, *Buchmann* Die Insolvenz der englischen Limited in Deutschland, S. 215; a. A. *Jestädt* Niederlassungsfreiheit und Gesellschaftskollisionsrecht, S. 201.
[225] Vgl. *Kindler* in MünchKomm zum BGB – IntWirtschaftsR, IntGesR Rn. 528 ff.; vgl. *Leible/Hoffmann* RIW 2005, 544, 544 f.
[226] *VG Darmstadt* MittBayNot 2007, 149, 151.

tragung einer Zweigniederlassung einer ausländischen Gesellschaft angemeldet werden muss[227].

Eine gesetzliche Definition für den Begriff der Zweigniederlassung gibt es nicht. Jedoch erfordert ihr Vorliegen nach allgemeiner Auffassung die Existenz einer von der Hauptniederlassung räumlich getrennten, organisatorisch verselbständigten Betriebsstätte, welche zwar wirtschaftlich, aber nicht rechtlich verselbständigt ist[228]. Die Hauptniederlassung hingegen ist der Ort, an dem sich der tatsächliche Verwaltungssitz befindet[229]. Daran gemessen liegt bei Scheinauslandsgesellschaften keine Zweigniederlassung, sondern eine Hauptniederlassung vor. Registerrechtlich aber kommt dem Begriff der Hauptniederlassung keinerlei eigenständige Bedeutung zu. Vielmehr kommt es registerrechtlich zu einer Gleichsetzung von Hauptniederlassung und Satzungssitz. Alle anderen Niederlassungen sind als Zweigniederlassungen einzutragen[230]. Da die Limited in Deutschland keinen Satzungssitz haben kann, muss sie registerrechtlich als Zweigniederlassung eingetragen werden[231].

Gleichwohl darf es für die Anwendbarkeit der Niederlassungsfreiheit auf die Scheinauslandslimited keine Rolle spielen, wenn es nicht zu einer Eintragung im deutschen Handelsregister als Zweigniederlassung kommt[232]. Die Eintragung hat nämlich allein deklaratorische Bedeutung[233]. Sie ist keine Entstehungs- oder Zugangsvoraussetzung, sondern hat lediglich die Bedeutung einer Ordnungsvorschrift[234]. Die Nichteintragung der Zweigniederlassung zieht als einzige Sanktion gemäß § 14 HGB die Festsetzung eines Zwangsgeldes nach sich[235]. Einfluss dar-

---

[227] *BGH* DStR 2007, 1356, 1356 f.; *OLG Zweibrücken* Beschluss v. 28.02.2008 – 3 W 36/08; *Eidenmüller/Rehberg* NJW 2008, 28, 28.

[228] *Pentz* in *Ebenroth/Boujong/Joost/Strohn* HGB, § 13 Rn. 20 ff.; Der Begriff der Zweigniederlassung ist kaum umstritten. Das deutsche Recht entspricht weitgehend der Begriffsbestimmung des EuGH zur EuGVVO, *Altmeppen* in MünchKomm zum AktG, Europ. Niederlassungsfreiheit, 3. Kapitel Rn. 9; *Brinkmeier/Mielke* Die Limited (Ltd.), S. 129; vgl. ferner Elfte Richtlinie 89/666/EWG des Rates vom 21. Dezember 1989 über die Offenlegung von Zweigniederlassungen, die in einem Mitgliedstaat von Gesellschaften bestimmter Rechtsformen errichtet wurden, die dem Recht eines anderen Staates unterliegen, ABl. EG 1989 L 395, S. 36.

[229] *Hopt* in *Baumbach/Hopt* HGB, § 13 Rn. 1.

[230] *Hopt* in *Baumbach/Hopt* HGB, § 13d Rn. 1.

[231] Der EuGH hat die Anwendbarkeit von Vorschriften über Zweigniederlassungen auf faktische Hauptniederlassungen bejaht, vgl. *EuGH* Slg. 2003 I-10155, 10224 Rn. 97 (*Inspire Art*).

[232] *Goette* ZIP 2006, 541, 544.

[233] *OLG München* GmbHR 2005, 1302, 1302; *KG Berlin* GmbHR 2004, 116, 117.

[234] *VG Darmstadt* MittBayNot 2007, 149, 151.

[235] *Eidenmüller* NJW 2005, 1618, 1619.

auf, welches Gesellschaftsrecht auf eine Scheinauslandslimited anwendbar ist, hat die Eintragung nicht. Die Nichtbeachtung registerrechtlicher Pflichten hat daher auch keinen Einfluss auf die strafrechtliche Verantwortlichkeit eines *directors* einer Scheinauslandslimited.

3. Entsprechende Anwendbarkeit der Keck-Rechtsprechung oder Geltung der rule of remoteness?

Gemäß der Rechtsprechung des EuGH kann grundsätzlich jede Anwendung nationalen Rechts eine Beeinträchtigung der Niederlassungsfreiheit bedeuten. Es wäre demnach denkbar, dass sämtliche mitgliedsstaatlichen Vorschriften einem Rechtfertigungszwang unterlägen, soweit sie für ein Tätigwerden einer Zweigniederlassung auch nur irgendeine Relevanz besäßen[236]. So könnte der *director* zum Beispiel beim Vorwurf eines Verkehrsdelikts eine Beeinträchtigung der Niederlassungsfreiheit geltend machen, indem er behauptet, die Strafbewehrung würde es erschweren, in Deutschland eine Zweigniederlassung zu errichten und zu leiten. Schließlich drohe ihm ständig die Gefahr, (wieder) nach den entsprechenden Regelungen zur Verantwortung gezogen zu werden.

Vor diesem Hintergrund liegt es nahe, den Schutzbereich der Niederlassungsfreiheit einzugrenzen. Nicht abschließend geklärt ist dabei allerdings die Frage, ob die vom EuGH im Rahmen der Warenverkehrsfreiheit, Art. 28 ff. AEUV, entwickelte Keck-Rechtsprechung auf die Niederlassungsfreiheit übertragen werden kann und inwieweit dies Auswirkungen auf die strafrechtliche Verantwortlichkeit des *directors* einer Scheinauslandslimited hätte.

a. Inhalt und Bedeutung der Keck-Rechtsprechung

Nach der Keck-Rechtsprechung sind nationale Bestimmungen, die rechtlich wie tatsächlich den Absatz der inländischen Erzeugnisse und der Erzeugnisse aus anderen Mitgliedsstaaten in der gleichen Weise berühren und lediglich als bloße Verkaufs- und Absatzmodalitäten wirken, nicht als Maßnahmen gleicher Wirkung wie mengenmäßige Einfuhrbeschränkungen im Sinne von Art. 34 AEUV einzu-

---

[236] *Randelzhofer/Forsthoff* in *Grabitz/Hilf* Das Recht der EU, vor Art. 39-55 Rn. 91; *Worm* Die Strafbarkeit eines directors, S. 37.

stufen[237]. Sie fallen im Wege einer Bereichsausnahme aus dem Schutzbereich der Warenverkehrsfreiheit heraus, da sie nach Ansicht des EuGH nicht geeignet sind, den Marktzugang für ausländische Produkte zu erschweren[238]. Überträgt man dies auf die Niederlassungsfreiheit, könnten „inländische Betriebsmodalitäten"[239] aus dem Anwendungsbereich der Art. 49 und 54 AEUV herausfallen. Sollten deutsche Straftatbestände ihrerseits als „inländische Betriebsmodalitäten" einzustufen sein, würde ihre Anwendung auf *directors* ebenfalls nicht in den Anwendungsbereich der Niederlassungsfreiheit gelangen, so dass eine Ausfüllung der Strafnormen durch englisches Gesellschaftsrecht unterbleiben könnte. Andererseits könnte aber auch eine Differenzierung zwischen gesellschaftsrechtsakzessorischen und sonstigen Straftatbeständen angezeigt sein.

b. Ansichten in Literatur und Rechtsprechung
Nach einer Ansicht soll die Keck-Rechtsprechung bei der Niederlassungsfreiheit sinngemäß gelten[240]. Denn auch dort gebe es Normen, die von ihrer ganzen Tendenz her nicht darauf abzielten, Regelungen der Niederlassungsfreiheit darzustellen. Rechtlich wie faktisch neutral wirkende Vorschriften oder an allgemeine, jedermann treffende Pflichten anknüpfende Normen des allgemeinen Verkehrsrechts oder tätigkeitsbezogene Regelungen seien nicht als Beschränkungen der Niederlassungsfreiheit aufzufassen, sie lägen außerhalb des Schutzbereiches. Dazu sollen insbesondere solche Bestimmungen zählen, die erst nach erfolgter Niederlassung ansetzen, also nicht den Marktzutritt als solchen behindern[241]. Diese

---

[237] *EuGH* Slg. 1993, I-6097, 6131 Rn. 16 (*Keck*); Regelungen, die sich auf die Produkte selbst beziehen (Bezeichnung, Form, Abmessung, Zusammensetzung, Etikettierung), fallen unter die Niederlassungsfreiheit, auch wenn sie unterschiedslos gelten, *EuGH* Slg. 1993, I-6097, 6131 Rn. 15 (*Keck*).
[238] *EuGH* Slg. 1993, I-6097, 6131 Rn. 17 (*Keck*).
[239] *Jestädt* Niederlassungsfreiheit und Gesellschaftskollisionsrecht, S. 204.
[240] *Herdegen* Europarecht, S. 265 f.; *Eidenmüller* JZ 2004, 24, 26 f.; vgl. *Spindler/Berner* RIW 2004, 7, 11; vgl. *Kindler* NJW 1999, 1993, 2000; *Worm* Die Strafbarkeit eines directors, S. 37 ff.
[241] *VG Darmstadt* MittBayNot 2007, 149, 150, nach dem die Pflichtmitgliedschaft in einer IHK keine Beschränkung der Niederlassungsfreiheit sei. Da es sich nicht um eine Voraussetzung, sondern eine Folge der Ausübung der niedergelassenen Tätigkeit handele, stelle sie sich lediglich als Ausübungsmodalität dar. Die Beitragspflicht sei so gering, dass damit keine Erschwerung der Niederlassungsfreiheit verbunden sei. Jedenfalls sei die Maßnahme gerechtfertigt; ferner *Haratsch/Koenig/Pechstein* Europarecht, S. 419; *Eidenmüller* NJW 2005, 1618, 1618; *Kindler* in MünchKomm zum BGB – IntWirtschaftsR, IntGesR Rn. 418: Es greift nur das allgemeine Diskriminierungsverbot des Art. 12 EGV.

Ansicht argumentiert, dass derjenige, der sich an einem bestimmten Ort niederlasse, die dort geltenden Rahmenbedingungen kenne, diese also freiwillig in Kauf nähme[242]. Berner/Klöhn differenzieren in Anlehnung an die Unterscheidung zwischen produkt- und vertriebsbezogenen Regelungen im Rahmen der Warenverkehrsfreiheit zwischen Regelungen, die die Identität der Gesellschaft betreffen und sonstigen Regelungen. Nur Erstere griffen in das von der Rechtsordnung des Gründungsstaates vorgegebene Regelungswerk ein und seien als grundsätzlich unzulässige Marktzugangsbeschränkungen einzuordnen[243].

Andere lehnen eine Übertragung der Keck-Rechtsprechung auf die Niederlassungsfreiheit ab[244]. Die Niederlassungsfreiheit diene nicht allein dem Marktzugang, sondern der wirtschaftlichen Tätigkeit insgesamt. Jede marktsteuernde Maßnahme sei daher rechtfertigungsbedürftig. Das dürfe nicht durch die Schaffung einer Bereichsausnahme unterlaufen werden[245]. Buchmann[246] begründet seine Ablehnung mit dem Hinweis, dass eine hinreichend klare Definition einer Bereichsausnahme wie sie hinsichtlich der Warenverkehrsfreiheit (noch) möglich sei, bei der Niederlassungsfreiheit nicht in Betracht komme[247]. So seien die von der Keck-Rechtsprechung zugelassenen vertriebsbezogenen Beschränkungen gegenüber produktbezogenen Beschränkungen leichter abgrenzbar als tätigkeitsbezogene Regelungen gegenüber korporativ wirkenden Regelungen. Vorzugswürdig sei daher eine Abwägung entsprechend dem Verhältnismäßigkeitsgrundsatz auf der Rechtfertigungsebene. Statt im Wege einer Bereichsausnahme den Grundsatz in dubio pro libertate zu relativieren, könne einem im Einzelfall zu weitem Tatbestand durch eine Prüfung im Rahmen der Rechtfertigung Rechnung getragen wer-

---

[242] *Eidenmüller* NJW 2005, 1618, 1618; vgl. Schlussanträge *Generalanwalt Mischo* in *EuGH* Slg. 1999, I-2835, 2848 Rn. 58 (*Pfeiffer*): „Es wäre nämlich unerträglich, wenn die Mitgliedstaaten nationale Rechtsvorschriften aller Art, wie etwa höhere Gesellschaftssteuer- oder Mehrwertsteuersätze als in anderen Ländern (...), als 'zwingendes Erfordernis' rechtfertigen müßten, sofern ein Wirtschaftsteilnehmer geltend macht, dass die Niederlassungsfreiheit durch diese Vorschrift weniger attraktiv werde.".
[243] *Berner/Klöhn* ZIP 2007, 106, 112: Wenn eine Regelung nicht auch gegenüber nat. Personen Geltung beansprucht, sei das ein Indiz dafür, dass die Regelung der Identitätssphäre zuzurechnen sei.
[244] *Müller-Graff* in *Streinz* EUV/EGV, Art. 43 EGV Rn. 62.
[245] *Tietje* in *Ehlers* Europäische Grundrechte und Grundfreiheiten, § 10 Rn. 54; *Jestädt* Niederlassungsfreiheit und Gesellschaftskollisionsrecht, S. 204.
[246] *Buchmann* Die Insolvenz der englischen Limited in Deutschland, S. 103 f.
[247] Dazu auch Schlussanträge *Generalanwalt Maduro* in *EuGH* Slg. 2006, I-8135, 8146 Rn. 31 ff. (*Alfa Vita*); *Craig/de Búrca* EU Law, S. 692 und 694 f.

den. Mit anderen Worten erfolge eine Übertragung der Keck-Rechtsprechung der Systematik nach nicht. Der Sache nach aber finde sie statt: Im Wege der Verhältnismäßigkeitsprüfung könnten korporative Wirkungen gegenüber tätigkeitsbezogenen abgewogen werden.

Die Rechtsprechung des EuGH ist bislang nicht eindeutig. Obschon insgesamt eine Tendenz zur „Konvergenz der Grundfreiheiten" festzustellen ist[248], ist das Gericht hinsichtlich der Übertragung der Keck-Rechtsprechung auf andere Grundfreiheiten eher zurückhaltend[249]. So hat der EuGH im Urteil Semeraro Casa Uno[250] entschieden, dass Ladenschlusszeiten, welche für alle im Inland tätigen Wirtschaftsteilnehmer unterschiedslos gelten, nicht gegen die Niederlassungsfreiheit verstoßen. Daraus wird teilweise abgeleitet, dass das Gericht eine Parallele zur Warenverkehrsfreiheit zieht, bei der es Ladenöffnungszeiten als Verkaufsmodalität aus ihrem Anwendungsbereich herausfallen ließ[251]. Der EuGH hat jenes jedoch nicht mit der Keck-Rechtsprechung begründet, sondern damit, dass die beschränkende Wirkung der Ladenschlusszeiten „zu ungewiss und zu mittelbar" sei[252].

---

[248] In *EuGH* Slg. 1995, I-4165, 4197 f. Rn. 37 (*Gebhard*) weist das Gericht auf eine Vereinheitlichung der Grundsätze der Grundfreiheiten hin; *Forsthoff* in *Hirte/Bücker* Grenzüberschreitende Gesellschaften, § 2 Rn. 38; *Haratsch/Koenig/Pechstein* Europarecht, S. 338; Mittlerweile ist hinsichtlich aller Grundfreiheiten anerkannt, dass sie nicht allein reine Diskriminierungsverbote darstellen. Um die praktische Wirksamkeit (*effet utile*) des AEUV sicherzustellen, wurden alle Grundfreiheiten zu Beschränkungsverboten weiterentwickelt. Auf Rechtfertigungsebene anerkennt der EuGH bei allen vier Grundfreiheiten eine Rechtfertigung aufgrund zwingender Erfordernisse des Allgemeininteresses, *Herdegen* Europarecht, S: 254 f.; *Buchmann* Die Insolvenz der englischen Limited in Deutschland, S. 95 f.
[249] *Kingreen* in *Calliess/Ruffert* EUV/EGV, Art. 28-30 EGV Rn. 50; Eine Übertragung hat der EuGH hinsichtlich der Arbeitnehmerfreizügigkeit zunächst abgelehnt in *EuGH* Slg. 1995, I-4921, 5070 f. Rn. 102 f. (*Bosman*); In *EuGH* Slg. 2000, I-493, 523 Rn. 23 (*Graf*) aber hat das Gericht betont, dass nicht diskriminierende Maßnahmen nur dann von Art. 39 EGV erfasst seien, wenn sie „den Zugang der Arbeitnehmer zum Arbeitsmarkt beeinflussen"; kritisch zur Übertragung der Keck-Rechtsprechung hinsichtlich der Dienstleistungsfreiheit *EuGH* Slg. 1995, I-1141, 1177 f. Rn. 36 ff. (*Alpine Investments*) und für den Bereich der Kapitalverkehrsfreiheit *EuGH* Slg. 2003, I-4641, 4662 f. Rn. 45 ff. (*Kommission/Vereinigtes Königreich*); kritisch auch *Kieninger* ZEuP 2004, 685, 691; *Schillig* IPrax 2005, 208, 210 f. (insb. Fußnote 40).
[250] *EuGH* Slg. 1996, I-2975, 3009 Rn. 32 (*Semeraro Casa Uno*).
[251] *Buchmann* Die Insolvenz der englischen Limited in Deutschland, S. 101.
[252] *Haratsch/Koenig/Pechstein* Europarecht, S. 418.

c. Stellungnahme

Bedeutsam für die Beantwortung der Frage der Begrenzung des Schutzbereichs der Niederlassungsfreiheit hinsichtlich der Strafbarkeit des *directors* einer Scheinauslandslimited ist die Trennung zwischen einerseits strafrechtlichen Normen, die keinerlei unmittelbaren oder mittelbaren Bezug zu gesellschaftsrechtlichen Regelungen haben, und andererseits strafrechtlichen Normen, die einen solchen Bezug besitzen[253].

Soweit eine strafrechtliche Norm keinerlei Bezug zu gesellschaftsrechtlichen Regelungen aufweist, ist sie aus dem Anwendungsbereich der Niederlassungsfreiheit herauszunehmen[254]. Eine beschränkende Wirkung könnte sie nämlich nur dann entfalten, wenn sie in dem Sinne diskriminierend wirkte, dass durch sie eine gesellschaftsrechtliche Tätigkeit in Deutschland versperrt würde oder jedenfalls stärker behindert würde, als dies für deutsche Gesellschaften der Fall ist[255]. Es ist aber kaum vorstellbar, dass die Verlegung des tatsächlichen Verwaltungssitzes einer Limited nach Deutschland deshalb unterbleibt, weil beispielsweise der die Limited führende *director* im Falle eines Verkehrsverstoßes nach deutschem Recht strafrechtlich zur Verantwortung gezogen werden kann[256]. Der *director* ist von einer strafrechtlichen Verantwortlichkeit für ein Straßenverkehrsdelikt rechtlich wie tatsächlich genauso betroffen wie der Geschäftsführer einer GmbH, auf den insofern dieselben Strafnormen unterschiedslos angewendet werden[257]. Man könnte diese Straftatbestände mit den verkaufsbezogenen Beschränkungen im Sinne der Keck-Rechtsprechung vergleichen. Vorzugswürdig ist allerdings eine entsprechende Heranziehung derjenigen Rechtsprechung des EuGH, die in den

---

[253] Vgl. *Radtke* GmbHR 2008, 729, 733; *Worm* Die Strafbarkeit eines directors, S. 44 f.
[254] *Worm* Die Strafbarkeit eines directors, S. 45; *Hoffmann* in *Sandrock/Wetzler* Deutsches Gesellschaftsrecht im Wettbewerb, S. 247; Das heißt nicht, dass in der konkreten Art und Weise der Anwendung eines Straftatbestandes nicht gleichwohl eine Beeinträchtigung der Niederlassungsfreiheit liegen könnte, vgl. *Bank* Die britische LLP, S. 355. Würden etwa deutsche Strafverfolgungsbehörden einen bestimmten Straftatbestand ausschließlich auf Geschäftsleiter ausländischer Gesellschaften anwenden, um diese von einer Tätigkeit in Deutschland abzuschrecken, würde darin eine Beschränkung der Niederlassungsfreiheit liegen. Beschränkende Wirkung aber hätte nicht die zugrunde liegende Strafnorm, sondern allein das missbräuchliche behördliche Verhalten.
[255] Vgl. *EuGH* Slg. 1993, I-6097, 6131 Rn. 17 (*Keck*).
[256] Vgl. *EuGH* Slg. 1999 I-3845, 3879 f. Rn. 11 (*ED Srl/Italo Fenocchio*); Vgl. *Eidenmüller* JZ 2004, 24, 27, der die Tätigkeit einer Auslandsgesellschaft im Inland beschränkt sieht, wenn der *director* wegen Trunkenheit am Steuer mit einem Fahrverbot belegt wird, diesen Fall jedoch i. E. der europarechtlichen Rechtfertigungsnotwendigkeit nicht unterstellen will.
[257] Vgl. *EuGH* Slg. 1993, I-6097, 6131 Rn. 16 (*Keck*).

der Keck-Entscheidung nachfolgenden Urteilen das entscheidende Element für das Vorliegen einer Beschränkung der Warenverkehrsfreiheit in der Erschwernis des Marktzugangs sieht[258]. Darin klingt nämlich die aus dem englischen Recht bekannte so genannte *rule of remoteness* an, nach der auf Marktteilnehmer unterschiedslos anwendbare Regelungen dann vom Anwendungsbereich des Art. 34 AEUV ausgenommen sind, wenn die beschränkende Wirkung der in Rede stehenden Maßnahme auf die Warenverkehrsfreiheit so ungewiss und indirekt ist, dass sie nicht als geeignet erachtet werden kann, den Warenverkehr zwischen den Staaten zu behindern[259]. Diese Formel wird vom EuGH auch bei den anderen Grundfreiheiten angewendet[260]. Konkret prüft er, ob eine nationale Regelung die beabsichtigte Tätigkeit im Wettbewerb gegenüber einheimischen Marktteilnehmern benachteiligt, so dass der Niederlassungswillige von der Aufnahme dieser Tätigkeit abgehalten wird[261]. Vor diesem Hintergrund ist festzuhalten, dass eine nicht gesellschaftsrechtliche, nicht diskriminierende, den Marktzugang nicht oder kaum messbar hindernde nationale Regelung als „*too uncertain and remote*" eingestuft werden kann, um überhaupt in den Anwendungsbereich der Niederlassungsfreiheit zu fallen[262]. Eine Rechtfertigung der Maßnahme ist dann nicht erforderlich[263].

Soweit ein Straftatbestand jedoch einen gesellschaftsrechtlichen Bezug aufweist, kommt die Anwendung der *rule of remoteness* nicht in Betracht. In diesem Fall steht nämlich nicht nur das jedermann treffende Strafrecht als allgemeines Verkehrsrecht in Rede, sondern vielmehr das die jeweilige unternehmerische Tätigkeit regelnde Gesellschaftsstatut. Insoweit bleibt es bei dem Befund, dass die zusätzliche Anwendung eines anderen Gesellschaftsstatuts, nämlich desjenigen Deutschlands als Zuzugsstaat, eine erhebliche Erschwerung einer Sitzverlegung darstellen würde. Denn ob es um eine „reine" Anwendung des Gesellschaftsrechts

---

[258] *EuGH* Slg. 2004, I-8961, 8988 Rn. 11 f. (*Caixa Bank France*); *EuGH* Slg. 2000, I-151, 171 Rn. 29 (*TK-Heimdienst*); *EuGH* Slg. 2001, I-1795, 1824 Rn. 21 (*Gourmet International Products*); vgl. *Borchardt* Die rechtlichen Grundlagen der EU, S. 385 f.
[259] *Bank* Die britische LLP, S. 350 ff.; *Albin/Valentin* EWS 2007, 533, 537.
[260] Nachweise bei *Schroeder* in Streinz EUV/EGV, Art. 28 EGV Rn. 70 (Fußnote 221); *Albin/Valentin* EWS 2007, 533, 537.
[261] *Borchardt* Die rechtlichen Grundlagen der EU, S. 386; Ferner *Reich* EuZW 2008, 485, 486, der auf die inzwischen „flexible" Herangehensweise des EuGH hinweist und dessen Abstellen auf das zentrale Merkmal des Marktzugangs.
[262] Wer die Anwendbarkeit der Keck-Rechtsprechung bejaht, wird regelmäßig zu gleichen Ergebnissen kommen, vgl. *Barnard* 26 ELRev 2001, 35, 52; *Craig/de Búrca* EU Law, S. 690 ff.
[263] *Röpke* Gläubigerschutzregime, S. 80 ff.

geht oder um eine Anwendung des Gesellschaftsrechts im Rahmen eines anderen Rechtsgebiets, kann insoweit keinen Unterschied machen. Im Sinne der *rule of remoteness* kommt dem anwendbaren Gesellschaftsrecht im Rahmen eines gesellschaftsrechtsakzessorischen Straftatbestandes nicht nur indirekte und ungewisse, sondern entscheidende Bedeutung zu. Da gerade das Gesellschaftsrecht das Entstehen, Leben und Vergehen der Limited wesentlich prägt, hat es größten Einfluss auf die strafrechtliche Verantwortlichkeit des *directors*[264]. Dies zeigt sich deutlich unter anderem beim Untreuetatbestand nach § 266 StGB, bei dem es etwa auf die gesellschaftsrechtlich determinierte Pflichtenstellung des *directors* ankommt[265].

4. Rechtfertigung von Beschränkungen der Niederlassungsfreiheit
Wurde das Vorliegen einer Beschränkung der Niederlassungsfreiheit festgestellt, kann diese gleichwohl gerechtfertigt sein.

a. Rechtfertigung nach Art. 52 Abs. 1 AEUV
Gemäß Art. 52 Abs. 1 AEUV kann die Niederlassungsfreiheit durch Rechts- und Verwaltungsvorschriften eingeschränkt werden, welche zwar eine Sonderregelung für Ausländer vorsehen, aber aus Gründen der öffentlichen Ordnung, Sicherheit oder Gesundheit gerechtfertigt sind. Dieser *ordre-public*-Vorbehalt gestattet es den Mitgliedsstaaten, gegenüber Gesellschaften[266] anderer Mitgliedsstaaten diskriminierende beziehungsweise beschränkende Maßnahmen zu ergreifen. Es handelt sich dabei nach Ansicht des EuGH allerdings um eine eng auszulegende Ausnahmevorschrift[267], die im letzten Schritt auch stets die Anwendung des Grundsatzes der Verhältnismäßigkeit verlangt[268].

Wichtig für die strafrechtliche Verantwortlichkeit des *directors* ist, dass der in Art. 52 Abs. 1 AEUV nicht erwähnte Gläubigerschutz nach ständiger Rechtspre-

---

[264] In der Terminologie der Keck-Rechtsprechung würde es sich beim anwendbaren Gesellschaftsstatut um eine produktbezogene Regelung handeln, wenn diese als in erster Linie an die Merkmale und Eigenschaften des konkreten Erzeugnisses anknüpfende Regelungen verstanden werden, dazu Borchardt Die rechtlichen Grundlagen der EU, S. 332.
[265] Siehe dazu 8. Kapitel B. I. 3. a. bb. bbb. und B. I. 3. b. bb.
[266] Art. 52 Abs. 1 i. V. m. Art. 54 a EUV.
[267] *EuGH* Slg. 1999, I-11, 30 Rn. 23 (*Calfa*); vgl. *EuGH* Slg. 1975, 297, 307 Rn. 6 (*Bonsignore*); Bröhmer in *Calliess/Ruffert* EUV/EGV, Art. 46 EGV Rn. 1.
[268] *EuGH* Slg. 2005, I-11203, 11231 Rn. 39 (*Nadin*); vgl. *EuGH* Slg. 2000, I-1335, 1361 Rn. 17 (*Scientology*).

chung des EuGH auch nicht unter die Begriffe öffentliche Ordnung oder Sicherheit fällt[269]. Dies ist insbesondere vor dem Hintergrund strafbewehrter Verhaltenspflichten des *directors* einer in der Krise befindlichen Limited relevant. Der Gläubigerschutz kann nicht herangezogen werden, um gemäß Art. 52 Abs. 1 AEUV eine Anwendung deutscher gesellschaftsrechtlicher Regelungen zu begründen, deren Verstoß wiederum strafrechtliche Konsequenzen nach sich ziehen kann. Zu denken ist an den existenzvernichtenden Eingriff[270]. Diese Rechtsfigur wurde aus Gründen des Gläubigerschutzes entwickelt. Für eine Anwendung im Rahmen des Art. 52 Abs. 1 AEUV taugt sie daher nicht.

b. Rechtfertigung aufgrund zwingender Gründe des Allgemeininteresses

Gemäß der Rechtsprechung des EuGH sind nationale Maßnahmen, welche die Ausübung der durch den AEUV garantierten Grundfreiheiten behindern oder weniger attraktiv machen können, dann zulässig, wenn sie aus zwingenden Gründen des Allgemeininteresses gerechtfertigt sind[271]. Der EuGH hat damit einen ungeschriebenen Rechtfertigungsgrund geschaffen[272]. Dieser geht zurück auf die Entscheidung Cassis de Dijon[273] und wurde durch das Gericht in der Entscheidung Gebhard[274] auf die Niederlassungsfreiheit übertragen.

Konkret ist eine nationale Maßnahme dann gerechtfertigt, wenn sie (i) nicht in diskriminierender Art und Weise angewendet wird[275], (ii) zwingenden Gründen des Allgemeininteresses entspricht (dazu unter aa.), (iii) für die Erfüllung eines legitimen Zwecks geeignet ist[276] und (iv) nicht über das hinausgeht, was zur Zweckerreichung erforderlich ist (dazu unter bb.)[277].

---

[269] *EuGH* Slg. 1999, I-1459, 1494 f. Rn. 32 und 34 (*Centros*); Dasselbe gilt für den Schutzzweck der Lauterkeit des Handelsverkehrs, *EuGH* DB 2003, 377, 380 (Schlussanträge *Generalanwalt Alber* zu *Inspire Art*).
[270] Siehe dazu 8. Kapitel B. I. 4. b.
[271] *EuGH* Slg. 2007, I-1891, 1953 Rn. 45 (*Placanica u.a.*).
[272] Ist eine Maßnahme nach Art. 52 Abs. 1 AEUV gerechtfertigt, ist ein Rückgriff auf den Vier-Konditionen-Test unnötig, *Schinköth* Grenzüberschreitende Sitzverlegung von Kapitalgesellschaften, S. 80.
[273] *EuGH* Slg. 1979, 649, 662 Rn. 8 (*Cassis de Dijon*).
[274] *EuGH* Slg. 1995, I-4165, 4197 f. Rn. 37 (*Gebhard*).
[275] Die Maßnahme muss unterschiedslos für in- und ausländische Kapitalgesellschaften und ihre Angestellten und Organe gelten.
[276] Damit scheiden jedenfalls Maßnahmen aus, die völlig untauglich zur Erreichung des verfolgten Ziels sind oder – unter Umständen – bei denen ein inkonsequentes Vorgehen vorliegt, siehe zu Letzterem *EuGH* Slg. 2003, I-13031, 13099 Rn. 67 und 69 (*Gambelli*); *Noll-Ehlers* EuZW

aa. Zwingende Gründe des Allgemeininteresses

Zwingende Gründe des Allgemeininteresses sind primärrechtlich weder definiert noch begrenzt[278]. Daher besitzen die Mitgliedsstaaten einen gewissen Spielraum, um Schutzanliegen zu definieren[279]. Als zwingende Gründe des Allgemeininteresses speziell im Kontext der Niederlassungsfreiheit hat der EuGH unter anderem den Schutz der Gesellschaftsgläubiger[280], der Minderheitsgesellschafter, der Arbeitnehmer[281] und des Fiskus sowie die Erhaltung der Lauterkeit des Handelsverkehrs[282] anerkannt. Sie können eine Beschränkung der Niederlassungsfreiheit rechtfertigen[283].

Sollte aber die Anwendung einer Regelung des deutschen Gesellschaftsrechts auf die englische Limited und ihren *director* gerechtfertigt sein, folgt daraus gleichwohl nicht automatisch, dass auch eine an die jeweilige gesellschaftsrechtliche Norm anknüpfende strafrechtliche Bewehrung keinen Verstoß gegen die Niederlassungsfreiheit bedeutet. Die strafrechtliche Verantwortlichkeit ist vielmehr als eigenständige Beschränkung der Niederlassungsfreiheit zu rechtfertigen. Insoweit ist jedoch auch das vom jeweiligen Straftatbestand geschützte Rechtsgut in Betracht zu ziehen, was bisweilen Probleme aufwirft. Geschütztes Rechtsgut beispielsweise der Untreue, § 266 StGB, ist allein das individuelle Vermögen des Treugebers, nicht aber das Befriedigungsinteresse der Gesellschaftsgläubiger oder das allgemeine Vertrauen in die Funktionsfähigkeit der Wirtschaftsordnung als solches[284]. Führt man sich dies vor Augen, scheint eine Anwendung des Untreuetatbestandes konkretisiert durch deutsches Gesellschaftsrecht zum Schutz der Gesellschaftsgläubiger kaum vorstellbar. Zwar könnte der Gläubigerschutz als

---

2008, 522, 522 ff.; Ansonsten verlangt der EuGH eine spezifische Eignung der Maßnahme, das verfolgte Ziel tatsächlich erreichen zu können. Zwar hat der Mitgliedsstaat einen gewissen Prognosespielraum, doch legt der EuGH den einzelnen Mitgliedsstaaten gewisse Darlegungslasten auf, *Buchmann* Die Insolvenz der englischen Limited in Deutschland, S. 105.

[277] *EuGH* Slg. 1999, I-1459, 1495 Rn. 34 (*Centros*); ebenfalls unter Berufung auf *EuGH* Slg. 1993, I-1663, 1697 Rn. 32 (*Kraus*) und *EuGH* Slg. 1995, I-4165, 4197 f. Rn. 37 (*Gebhard*).

[278] Eine kurze Übersicht der seit der Entscheidung Cassis de Dijon durch den EuGH entwickelten Kasuistik findet sich bei *Oppermann/Classen/Nettesheim* Europarecht, S. 429 f.

[279] BGH DStR 2007, 1356, 1358.

[280] *EuGH* Slg. 1999, I-1459, 1495 f. Rn. 35 ff. (*Centros*); *EuGH* Slg. 2003, I-10155, 10234 Rn. 135 (*Inspire Art*).

[281] *EuGH* Slg. 2002, I-9919, 9974 Rn. 92 (*Überseering*).

[282] *EuGH* Slg. 2003, I-10155, 10235 Rn. 140 (*Inspire Art*).

[283] *EuGH* Slg. 2002, I-9919, 9974 Rn. 92 (*Überseering*).

[284] *Lenckner/Perron* in *Schönke/Schröder* StGB, § 266 Rn. 1; *Fischer* StGB, § 266 Rn. 2.

zwingender Grund des Allgemeininteresses eine strafrechtliche Bewehrung theoretisch rechtfertigen, der in Rede stehende Untreuetatbestand berücksichtigt diesen zwingenden Grund des Allgemeininteresses vom Normzweck her aber gerade nicht[285]. Gleichwohl ist damit nicht abschließend über die Sache entschieden. Man muss nur die Rechtsprechung des BGH zur Bedeutung des Einverständnisses der Gesellschafter einer GmbH in die jeweils fragliche Vermögensverschiebung betrachten. Der BGH anerkennt zwar auch insoweit allein das Vermögen als geschütztes Rechtsgut des § 266 StGB[286], so dass das Einverständnis der Gesellschafter den Untreuetatbestand stets entfallen lassen müsste. Das soll nach Ansicht des Gerichts jedoch nicht gelten, wenn unter Verstoß gegen gesellschaftsrechtliche Vorgaben die wirtschaftliche Existenz der Gesellschaft gefährdet wird, indem ihr Stammkapital beeinträchtigt wird, es zur Überschuldung der Gesellschaft kommt oder ihre Liquidität aufs Spiel gesetzt wird[287]. Im Interesse der Gesellschaftsgläubiger billigt der BGH der Gesellschaft eine Art Bestandsschutz zu. Klarer ist die Situation bei den Insolvenzstraftaten im engeren Sinne gemäß §§ 283 ff. StGB. Geschütztes Rechtsgut ist dort zumindest auch der Schutz der etwaigen Insolvenzmasse vor unwirtschaftlicher Verringerung, Verheimlichung und ungerechter Verteilung zum Nachteil der Gläubigerschaft[288]. Da der EuGH den Schutz der Gesellschaftsgläubiger[289] als einen der zwingenden Gründe des Allgemeininteresses anerkennt, ist eine Rechtfertigung einer möglicherweise die Niederlassungsfreiheit beschränkenden strafrechtlichen Verantwortlichkeit des *directors* nach §§ 283 ff. StGB denkbar.

bb. Erforderlichkeit

Eine nationale Maßnahme darf nicht über das hinausgehen, was zur Erreichung des Zieles erforderlich ist[290]. Die Erforderlichkeit einer strafrechtlichen Inpflichtnahme des *directors* wäre daher nur dann gegeben, wenn der durch die Maßnah-

---

[285] *Dierlamm* in MünchKomm zum StGB, § 266 Rn. 1.
[286] *BGH* NJW 2000, 154, 155.
[287] *BGH*St 35, 333, 337; *Dierlamm* in MünchKomm zum StGB, § 266 Rn. 134; Zahlreiche Stimmen in der Literatur halten diese Einschränkung mit dem dahinter liegenden Ziel des Gläubigerschutzes für unvereinbar mit dem Schutzzweck des § 266 StGB, vgl. *Dierlamm* in MünchKomm zum StGB, § 266 Rn. 135.
[288] *Fischer* StGB, Vor § 283 Rn. 3; siehe ferner 8. Kapitel B. II. 1.
[289] *EuGH* Slg. 1999, I-1459, 1495 f. Rn. 35 ff. (*Centros*); *EuGH* Slg. 2003, I-10155, 10234 Rn. 135 (*Inspire Art*).
[290] *EuGH* Slg. 1995, I-4165, 4197 f. Rn. 37 (*Gebhard*).

me intendierte Schutz nicht durch einen milderen Eingriff in die Grundfreiheiten sichergestellt werden kann. Zwar kommt dem Mitgliedsstaat insoweit eine gewisse Einschätzungsprärogative zu[291], doch nimmt der EuGH die Erforderlichkeit einer die Niederlassungsfreiheit beschränkenden Maßnahme erst dann an, wenn alternative Instrumente milderer Art zur Zweckerreichung völlig verfehlt sind[292]. Ein gleich wirksames alternatives Instrument verlangt der EuGH gerade nicht.

Als alternative Instrumente sieht der EuGH insbesondere Maßnahmen des Gründungsstaates an (dazu unter aaa.). Ferner kommt dem Schutzbedürfnis der Marktteilnehmer maßgebliche Bedeutung im Rahmen der Erforderlichkeitsprüfung zu. Insoweit hat der EuGH das so genannte Informationsmodell entwickelt (dazu unter bbb.). Schließlich erfolgt im Rahmen der Prüfung der Erforderlichkeit eine Abwägung, die den Nutzen der Maßnahme für die Allgemeinheit den Einschränkungen der berührten Interessen der Unionsbürger gegenüberstellt[293]. Im deutschen Recht ist diese Abwägung als letzter Schritt im Rahmen der Prüfung der Verhältnismäßigkeit einer Maßnahme unter dem Begriff der Angemessenheitsprüfung bekannt. Auch wenn der EuGH diese Terminologie nicht übernommen hat, so nimmt doch auch er der Sache nach eine solche Prüfung vor (dazu unter ccc.).

aaa. Schutzmaßnahmen durch das Gründungsrecht

Nach ganz überwiegender Ansicht ist im Rahmen der Erforderlichkeitsprüfung das Recht des Gründungsstaates heranzuziehen[294]. An ihm muss sich die jeweils in Rede stehende nationale Maßnahme des Zuzugsstaates messen lassen. Der Grund liegt in der Systematik der Grundfreiheiten, die der Verwirklichung des Binnenmarktes dienen. Aus dessen Perspektive ist es nämlich irrelevant, welcher

---

[291] *EuGH* Slg. 1999, I-7289, 7316 Rn. 37 (*Zenatti*); *EuGH* EuZW 2005, 216, 219 Rn. 53 (*EU-Wood-trading*).
[292] *Eidenmüller/Rehm* ZGR 2004, 159, 173; *Paefgen* ZIP 2004, 2253, 2257; a. A. *Jans* LIEI 2000/3, 239, 247 und 250.
[293] *Kingreen* in *Calliess/Ruffert* EUV/EGV, Art. 28-30 EGV Rn. 98.
[294] Nach Ansicht des EuGH fehlt es an der Erforderlichkeit einer nationalen Maßnahme, soweit dem Allgemeininteresse bereits durch die Vorschriften des Herkunftsstaates Rechnung getragen wird, *EuGH* Slg. 2003, I-13031, 13100 Rn. 73 (*Gambelli*); *EuGH* Slg. 1991, I-4221, 4244 Rn. 15 (*Säger*); vgl. *Eidenmüller* in *Eidenmüller* Ausländische Kapitalgesellschaften im deutschen Recht, § 3 Rn. 43 ff., insb. 60; a. A. *Borges* ZIP 2004, 733, 741 f.; kritisch *Ulmer* NJW 2004, 1201, 1208 f.

Rechtsordnung ein milderes Mittel zu entnehmen ist[295]. Da die Niederlassungsfreiheit verlangt, eine ausländische Gesellschaft im Inland „in der Rechtsform anzuerkennen, in der sie gegründet wurde"[296], müssen auch die Schutzmechanismen des Gründungsstaates, und zwar inklusive der strafrechtlichen Bewehrungen, berücksichtigt werden[297]. Wenn zwischen Maßnahmen des Gründungsstaates und dem nationalen Recht des Zuzugsstaates kein qualitativer Unterschied besteht, ist eine nationale Regelung regelmäßig nicht erforderlich. Es mangelt dann an einem Schutzgefälle zwischen den verschiedenen Rechtsordnungen, welches eine nationale Maßnahme rechtfertigen könnte[298].

Diese Prüfung ist nicht zu verwechseln mit dem Umstand, dass unter bestimmten Voraussetzungen schon eine Beeinträchtigung der Niederlassungsfreiheit durch eine strafrechtliche Bewehrung nicht vorliegt, wenn der Zuzugsstaat eine identische strafrechtliche Regelung besitzt wie der Gründungsstaat[299]. Denn anders als bei dieser vorgelagerten Frage, ist auf der Ebene der Rechtfertigung die jeweils in Rede stehende nationale Maßnahme nicht im Wege einer synopsenartigen Gegenüberstellung mit den Regelungen des Gründungsstaates zu vergleichen, um sodann gegebenenfalls eine Norm des Zuzugsstaates als nicht erforderlich zu verwerfen[300]. Vielmehr hat eine Gesamtschau der nationalen Regelungen des Gründungsstaates zu erfolgen. Einer Maßnahme des Zuzugsstaates kann daher die Erforderlichkeit fehlen, wenn das Recht des Gründungsstaates in seiner Gesamtheit ein gleichwertiges Schutzniveau gewährleistet, wobei es grundsätzlich keine Rolle spielt, auf welche Weise dieses Schutzniveau erreicht wird[301]. So ist es unter Umständen sogar möglich, in einer zivilrechtlichen Haftung ein gegenüber einer

---

[295] *Berner/Klöhn* ZIP 2007, 106, 112 f.
[296] BGH ZIP 2005, 1869, 1869; *BGH* ZIP 2005, 805, 805.
[297] Vgl. Kingreen in *Calliess/Ruffert* EUV/EGV, Art. 28-30 EGV Rn. 96; Für diese Ansicht spricht das Herkunftslandprinzip, welches die Entscheidungen des EuGH prägt. Danach dürfen Marktteilnehmer im grenzüberschreitenden Verkehr grundsätzlich nach den Regeln ihres Herkunftslandes handeln. Umgekehrt ist es dem jeweiligen Sitzstaat nur begrenzt erlaubt, Schutzinstrumente nach eigenem Ermessen auszuwählen, um bestimmten Anliegen und Interessen gerecht zu werden, vgl. *EuGH* Slg. 1986, 3755, 3802 ff. Rn. 27 ff. und 34 ff. (*Versicherungsaufsichtsgesellschaft*); vgl. *EuGH* Slg. 1996, I-2691, 2725 Rn. 17 (*Kommission/Italien*); Buchmann Die Insolvenz der englischen Limited in Deutschland, S. 107.
[298] *Goette* ZIP 2006, 541, 543.
[299] Siehe 3. Kapitel B. II. 3. b.
[300] Vgl. *EuGH* Slg. 2002, I-6515, 6555 Rn. 46 f. (*Deutsche Paracelsus Schulen*).
[301] Kingreen in *Calliess/Ruffert* EUV/EGV, Art. 28-30 EGV Rn. 96.

strafrechtlichen Sanktion milderes Mittel zu sehen[302]. Dies insbesondere vor dem Hintergrund, dass der EuGH das Vorliegen eines milderen Mittels bereits dann annimmt, wenn das angestrebte Ziel auf mildere Art jedenfalls teilweise erreicht wird. Ein milderes gleich geeignetes Mittel wird mithin nicht verlangt[303]. Aus seiner Sicht folgerichtig lehnt der EuGH die Erforderlichkeit nationaler Maßnahmen daher bisweilen ab, auch wenn die gründungsstaatlichen Maßnahmen ein nur geringeres Schutzniveau als im Zuzugsstaat realisieren[304].

Obwohl also das Recht des Zuzugsstaates in seiner Gesamtheit zunächst einmal das konkrete Schutzniveau vorgibt, an dem das Recht des Herkunftsstaates gemessen werden muss[305], kann trotz des Vorliegens eines Schutzgefälles zwischen dem Recht des Herkunftsstaates und dem des Zuzugsstaates nicht automatisch die Erforderlichkeit einer nationalen Maßnahme bejaht werden. Die Erforderlichkeit nationaler Regelungen ist nach der Rechtsprechung des EuGH vielmehr erst dann gegeben, wenn das Gründungsrecht völlig unzureichende Schutzmechanismen bereithält oder die bestehenden Mechanismen nicht effektiv durchsetzbar sind[306].

Umstritten ist, ob die Prüfung der Erforderlichkeit einer nationalen Regelung abstrakt[307] oder im Rahmen einer Einzelfallbetrachtung[308] zu erfolgen hat. Bei einer abstrakten Prüfung müssten die Gerichte eine rechtsvergleichende Analyse sämtlicher Regelungen des Rechts des Gründungsstaates vornehmen und den Schutzstandard losgelöst vom Einzelfall als ausreichend oder ungenügend einstufen. Für eine Einzelfallbetrachtung sprechen nach einer Ansicht in der Literatur Gerechtigkeitserwägungen. Bei einer abstrakten Betrachtung könne nämlich schwerlich der Punkt bestimmt werden, ab dem eine Vielzahl von Schutzlücken die Aussage zulasse, das Recht des Herkunftsstaates biete insgesamt keinen ausreichenden (zum Beispiel Gläubiger-)Schutz. Der Punkt, ab dem Quantität in

---

[302] Vgl. *EuGH* DB 2003, 377, 381 (Schlussanträge des *Generalanwaltes Alber* zu *Inspire Art*).
[303] *Buchmann* Die Insolvenz der englischen Limited in Deutschland, S. 107.
[304] Vgl. *EuGH* Slg. 2003, I-10155, 10234 Rn. 135 (*Inspire Art*); *Eidenmüller/Rehm* ZGR 2004, 159, 173.
[305] *Kingreen* in *Calliess/Ruffert* EUV/EGV, Art. 28-30 EGV Rn. 96.
[306] *Goette* ZIP 2006, 541, 543; Anerkannt ist ferner, dass von Auslandsgesellschaften vorgenommene freiwillige Schutzmaßnahmen die Erforderlichkeit nationaler Maßnahmen entfallen lassen können, *Buchmann* Die Insolvenz der englischen Limited in Deutschland, S. 107; *Eidenmüller* in *Eidenmüller* Ausländische Kapitalgesellschaften im deutschen Recht, § 3 Rn. 69.
[307] So *Eidenmüller* in *Eidenmüller* Ausländische Kapitalgesellschaften im deutschen Recht, § 3 Rn. 48 ff., insb. 60; *Fleischer* in *Lutter* Europäische Auslandsgesellschaften in Deutschland, S. 105 ff.
[308] Vgl. *Sandrock* in *Sandrock/Wetzler* Deutsches Gesellschaftsrecht im Wettbewerb, S. 37 f.

Qualität umschlage, sei nicht bestimmbar[309]. Diese Argumentation ist nicht von der Hand zu weisen. Zu bedenken ist jedoch, dass es auch bei einer einzelfallbezogenen Gegenüberstellung bestimmter Regelungen – etwa eine strafrechtliche Sanktionierung mit einer zivilrechtlichen Haftung – allein von einer subjektiven Wertung abhängt, ob man eine Vergleichbarkeit im Schutzniveau bejahen möchte oder nicht. Zieht man der abstrakten Betrachtung die konkrete vor, wird letztlich nur eine Wertung gegen eine andere ausgetauscht. Außerdem darf nicht übersehen werden, dass zum Beispiel das Gläubigerschutzrecht eines Mitgliedsstaates ein „bewegliches System" ist, welches sich aus ganz verschiedenen Komponenten zusammensetzt und erst auf diese Weise ein komplettes Bild ergibt. Zudem ist nicht ersichtlich, dass der EuGH in den Kategorien einer abstrakten oder einzelfallbezogenen Prüfung denkt. Er umgeht diese Problematik, indem er auf unionsrechtliche Modellvorstellungen und Wertungsmaßstäbe abstellt[310]. Vor diesem Hintergrund verblasst die Bedeutung der Auseinandersetzung über eine abstrakte oder einzelfallbezogene Betrachtung.

bbb. Informationsmodell des EuGH

Nach Ansicht des EuGH ist es dem nationalen Gesetzgeber auch dann nicht gestattet, die Grundfreiheiten beschränkende Regelungen zu erlassen, wenn dem verfolgten Schutzinteresse durch Aufklärung genügt werden kann[311]. Eine Informationsregel sei einer inhaltlich zwingenden Gestaltung im Grundsatz vorzuziehen[312]. Ob ein Mitgliedsstaat gesellschaftsrechtliche Regelungen beispielsweise zum Mindesthaftkapital vorschreiben kann oder nicht, diskutiert der EuGH nicht anhand der konkreten Schutzniveaus im Gründungs- und Zuzugsstaat. Vielmehr führt er gänzlich unabhängig davon in der Rechtssache Inspire Art aus, dass es potentiellen Gläubigern erkennbar sei, dass eine ausländische Gesellschaft anderen Mindestkapitalvorschriften unterliege als einheimische Gesellschaften[313]. Ist also die Bereitstellung von Informationen ausreichend, um einen hinreichenden Schutz der Marktteilnehmer und ein effektives Funktionieren des Marktes zu be-

---

[309] Vgl. *Worm* Die Strafbarkeit eines directors, S. 216.
[310] Zum Ganzen *Fleischer* in *Lutter* Europäische Auslandsgesellschaften in Deutschland, S. 107 ff.
[311] *EuGH* Slg. 1979, 649, 664 Rn. 13 (*Cassis de Dijon*).
[312] *Grohmann* EWS 2007, 540, 543.
[313] *EuGH* Slg. 2003, I-10155, 10234 Rn. 135 (*Inspire Art*).

wirken, sind mitgliedsstaatliche, aber auch europäische inhaltlich zwingende Regelungen unverhältnismäßig[314].

Dem mündigen Bürger wird vom EuGH zugemutet, seine Interessen selbst zu schützen. Ein solcher Selbstschutz sei dabei schon dann möglich, wenn der Betroffene über die Information verfüge, dass es sich bei einer Gesellschaft um eine englische Limited handele[315].

ccc. Angemessenheitsprüfung

Im Rahmen der Angemessenheitsprüfung untersucht der EuGH, ob die Beeinträchtigung einer Grundfreiheit in einem angemessenen Verhältnis zum mit einer nationalen Maßnahme verfolgten Zweck steht[316]. Dabei nimmt er eine Abwägung zwischen der Schwere der Beeinträchtigung europäischen Rechts und dem Schutzgewinn für das durch eine nationale Maßnahme zu schützende Rechtsgut vor. In diese Abwägung bezieht er insbesondere wertende Aspekte ein, namentlich die abstrakte Bedeutung des betroffenen Schutzgutes, die Intensität der konkreten Bedrohung und die Besonderheiten des Einzelfalles[317]. Vor allem aber be-

---

[314] *Grohmann* EWS 2007, 540, 543. Primäre Informationsquelle für Gläubiger und Anleger ist die Registerpublizität. Sie ist durch die Erste gesellschaftsrechtliche Richtlinie 68/151/EWG des Rates vom 9.3.1968 zur Koordinierung der Schutzbestimmungen, die in den Mitgliedsstaaten den Gesellschaften im Sinne des Art. 58 Abs. 2 des Vertrages im Interesse der Gesellschafter sowie Dritter vorgeschrieben sind, um diese Bestimmungen gleichwertig zu gestalten, ABl. EG 1968 L 65, S. 8 (Publizitätsrichtlinie), und die Elfte Richtlinie 89/666/EWG des Rates vom 21. Dezember 1989 über die Offenlegung von Zweigniederlassungen, die in einem Mitgliedsstaat von Gesellschaften bestimmter Rechtsformen errichtet wurden, die dem Recht eines anderen Mitgliedsstaates unterliegen, ABl. EG L 395 vom 30. Dezember 1989, S. 36 ff. (Zweigniederlassungsrichtlinie), in den Mitgliedsstaaten der EU harmonisiert. Offenzulegen sind die zentralen rechtlichen Verhältnisse der Organisation und ihrer Zweigniederlassungen wie die Gesellschaftsverfassung und die organschaftliche Vertretung. Ferner ist die Rechnungslegung bis zu einem gewissen Grade offenzulegen. Siehe dazu und zu Einzelheiten hinsichtlich konkreter Kapitalmaßnahmen wie Kapitalerhöhung oder -herabsetzung sowie zur Kontrolle und Prüfung der Informationen *Grohmann* EWS 2007, 540, 544 f.
[315] Zu den Schwächen des Informationsmodells *Kindler* in MünchKomm zum BGB – IntWirtschaftsR, IntGesR Rn. 364 f. und 429; *Spindler/Berner* RIW 2003, 949, 954. Während es den Parteien eines Vertrags noch möglich ist, sich ihren Vertragspartner auszusuchen und gegebenenfalls entsprechende Sicherungsmaßnahmen zu ergreifen, ist dies einem deliktischen Gläubiger häufig nicht möglich. Hier versagt der Selbstschutzgedanke des Informationsmodells.
[316] *Kingreen* in *Calliess/Ruffert* EUV/EGV, Art. 28-30 EGV Rn. 98.
[317] *Schroeder* in *Streinz* EUV/EGV, Art. 30 EGV Rn. 55; Wenn z. B. das ausländische Recht keinerlei Gläubigerschutz für vergleichbare Sachverhalte kennt, ist eine Einschränkung der Niederlassungsfreiheit durch eine Sonderanknüpfung an inländische Rechtsinstitute in der Regel gerechtfertigt. Es geht dann nämlich um die Frage, ob der Gläubiger überhaupt Schutz erhält oder völlig schutzlos bleibt, *Fröhlich/Strasser* ZIP 2006, 1182, 1184; *Kuntz* NZI 2005, 424, 432.

rücksichtigt der EuGH die hinter einem zwingenden Grund des Allgemeininteresses stehenden Unionsgrundrechte[318].

c. Rechtfertigung im Falle des Missbrauchs und Betrugs
In verschiedenen Urteilen[319] hat der EuGH ausgeführt, dass ein missbräuchliches oder betrügerisches Berufen auf Unionsrecht nicht gestattet sei[320]. Diese Rechtsprechung wird man im Kontext der Niederlassungsfreiheit so zu verstehen haben, dass in derartigen Fällen die gesellschaftsrechtlichen Regelungen des Niederlassungsstaates zur Anwendung kommen können[321].

Nicht restlos geklärt ist allerdings die Frage, aus welcher Perspektive das Vorliegen eines rechtsmissbräuchlichen oder betrügerischen Berufens auf die Niederlassungsfreiheit zu beurteilen ist – der nationalen oder der europäischen Perspektive. In der Literatur wird teilweise auf Letzteres abgestellt[322]. Der EuGH allerdings hat unter anderem in den Urteilen Kefalas[323] und Diamantis[324] entschieden, dass nationale Gerichte innerstaatliche Rechtsvorschriften anzuwenden hätten, um zu beurteilen, ob ein sich aus dem Unionsrecht ergebendes Recht betrügerisch oder missbräuchlich ausgeübt wird[325]. Dabei müssten sie jedoch beachten, dass die Anwendung innerstaatlichen Rechts nicht die volle Wirksamkeit und einheitliche Anwendung des Unionsrechts in den Mitgliedsstaaten beeinträchtigt. Insbesondere dürften sie bei der Beurteilung der Ausübung eines sich aus einer Uni-

---

[318] *EuGH* Slg. 1991, I-2925, 2964 Rn. 43 (*ERT*); *EuGH* Slg. 1997, I-3689, 3717 Rn. 24 (*Familiapress*); vgl. *Schroeder* in *Streinz* EUV/EGV, Art. 30 EGV Rn. 56.
[319] *EuGH* Slg. 2003, I-10155, 10235 Rn. 139 (*Inspire Art*); *EuGH* Slg. 1999 I-1459, 1492 und 1496 Rn. 24 und 38 (*Centros*). Danach können die Mitgliedstaaten alle geeigneten Maßnahmen treffen, um Betrügereien zu verhindern oder zu verfolgen. Dies gilt gegenüber der Gesellschaft wie auch gegenüber den Gesellschaftern, wenn diese sich mittels der Errichtung der Gesellschaft ihren Verpflichtungen gegenüber inländischen Gläubigern entziehen möchten.
[320] Unklar ist die dog. Einordnung. Es könnte sich um einen Ausschluss des tatbestandlichen Anwendungsbereichs der Grundfreiheiten handeln oder um einen Rechtfertigungsgrund für die Anwendung einer nationalen (Sonder-)Regelung, *Hoffmann* in *Sandrock/Wetzler* Deutsches Gesellschaftsrecht im Wettbewerb, S. 234 f.
[321] *Horn* NJW 2004, 893, 899.
[322] *Kuntz* NZI 2005, 424, 431; *Ulmer* NJW 2004, 1201, 1203.
[323] *EuGH* Slg. 1998, I-2843, 2869 Rn. 21 (*Kefalas*).
[324] *EuGH* Slg. 2000, I-1705, 1737 Rn. 44 (*Diamantis*).
[325] Siehe ferner die Schlussanträge von Generalanwalt *Geelhoed* in *EuGH* C-237/02 Rn. 16 ff. (*Freiburger Kommunalbauten GmbH*), wonach es Sache des mitgliedstaatlichen Gerichts sei, die Missbräuchlichkeit einer AGB-Klausel i. S. v. Art. 3 Abs. 1 der Richtlinie 93/13/EWG des Rates vom 5. April 1993 über missbräuchliche Klauseln in Verbraucherverträgen (EG-Klauselrichtlinie) nach innerstaatlichem Recht festzustellen.

onsbestimmung ergebenden Rechts nicht die Tragweite dieser Bestimmung verändern oder die mit ihr verfolgten Zwecke vereiteln[326]. Faktisch besteht also eine gewisse Gemengelage aus unionsrechtlichen und mitgliedsstaatlichen Maßstäben[327].

Weitgehend offen ist ferner, welche Sachverhaltskonstellationen überhaupt als missbräuchliches oder betrügerisches Berufen auf die Niederlassungsfreiheit in Betracht kommen[328]. Unzweifelhaft ist nur, dass zumindest nicht bereits in jeder „gesellschaftsbezogenen" Begehung einer Straftat durch einen *director* einer Scheinauslandslimited eine missbräuchliche oder betrügerische Ausnutzung der Niederlassungsfreiheit gesehen werden kann. Das wäre mit der Rechtsprechung des EuGH nicht zu vereinbaren. Dieser hat vielmehr klargestellt, dass unter diese Fallgruppe nur eng begrenzte Ausnahmefälle einzuordnen sind. Zu denken sei an den konkreten Einsatz einer Scheinauslandsgesellschaft zu betrügerischen Zwecken[329]. Dabei scheint der EuGH diese Konstellation wohl am ehesten in einer Situation anzunehmen, in der die eigenen Staatsangehörigen des Zuzugsstaates die Möglichkeiten des ausländischen Gesellschaftsrechts zweckorientiert nutzen, um für Fälle der beabsichtigten oder in Kauf genommenen Strafbarkeit nach inländischem Recht eine (vermeintlich) günstigere Ausgangslage durch die Ausgestaltung des Gründungsrechts zu haben[330]. Ausdrücklich klargestellt hat der EuGH zumindest, dass die bewusste Umgehung der Gründungsvorschriften des Zuzugsstaates durch die Nutzung von Scheinauslandslimiteds als solches keinen Fall des missbräuchlichen oder betrügerischen Ausnutzens der Niederlassungsfreiheit darstellt[331]. Dem kann nur gefolgt werden, denn Ziel der Niederlassungsfreiheit ist es, unternehmerisch tätige Marktteilnehmer in die Lage zu versetzen, durch die Wahl ihres Standortes und der organisatorischen Struktur ihrer Gesellschaft größtmögliche Freiheit bei der eigenen Positionierung auf dem Markt zu haben und sich den (veränderlichen) Marktbedingungen anzupassen.

---

[326] *EuGH* Slg. 1998, I-2843, 2869 Rn. 22 (*Kefalas*).
[327] *Kindler* NZG 2003, 1086, 1089.
[328] Dazu *Fleischer* in *Lutter* Europäische Auslandsgesellschaften in Deutschland, S. 100 ff.
[329] Vgl. *EuGH* Slg. 1999 I-1459, 1492 f. und 1496 Rn. 24 f. und 38 (*Centros*); vgl. *EuGH* Slg. 2003, I-10155, 10234 Rn. 136 (*Inspire Art*); vgl. *Schlösser* wistra 2006, 81, 85.
[330] *Hoffmann* in *Sandrock/Wetzler* Deutsches Gesellschaftsrecht im Wettbewerb, S. 262.
[331] *EuGH* Slg. 1999 I-1459, 1493 f. Rn. 26 ff. (*Centros*); *EuGH* Slg. 2003, I-10155, 10235 Rn. 138 f. (*Inspire Art*); *EuGH* Slg. 2002, I-9919 Rn. 59, 76, 80 f. (*Überseering*).

Vor diesem Hintergrund ist der Missbrauchs- und Betrugseinwand zur Rechtfertigung generell-abstrakter nationaler Maßnahmen nur von begrenztem Interesse. Er wird sich vielmehr auf Lebenssachverhalte beschränken, in denen im konkreten Einzelfall ein missbräuchliches oder betrügerisches Berufen auf die Niederlassungsfreiheit nachgewiesen werden kann[332]. Insoweit eröffnet das Institut des Rechtsmissbrauchs der Rechtsprechung durchaus eine effektive Möglichkeit, gegen unerwünschtes Verhalten von *directors* von Scheinauslandsgesellschaften vorzugehen[333]. So diskutiert der BGH eine betrügerische Inanspruchnahme der Niederlassungsfreiheit bei der Umgehung einer im Inland gegen den *director* bestehenden Gewerbeuntersagung[334]. Die beantragte Eintragung einer Zweigniederlassung kann in solchen Fällen verweigert werden[335].

---

[332] *Ulmer* NJW 2004, 1201, 1203 f.
[333] *Kindler* NZG 2003, 1086, 1089 f.
[334] *BGH* DStR 2007, 1356, 1357 (letztlich allerdings offengelassen).
[335] *OLG Dresden* ZIP 2006, 1097, 1097 f.; vgl. *Thorn* in *Palandt* BGB, Anh zu Art. 12 EGBGB Rn. 8; *Eidenmüller/Rehberg* NJW 2008, 28, 30.

4. Kapitel   Fremdrechtsanwendung im deutschen Strafrecht

Dass es im Rahmen strafrechtlicher Sachverhalte zur Anwendung ausländischen Rechts (Fremdrechtsanwendung[336]) kommen kann, ist im Grundsatz anerkannt[337]. Daher erscheint es zunächst unproblematisch, bei deutschen Straftatbeständen, die an gesellschaftsrechtliche Regelungen anknüpfen, auf englisches Gründungsrecht zurückzugreifen, wenn es um die Strafbarkeit des *directors* einer Scheinauslandslimited geht. Das englische Gründungsrecht müsste nur in die jeweiligen Straftatbestände implementiert werden, wobei es für die praktische Umsetzung ohne Belang wäre, an welche Tatbestandsmerkmale im Einzelnen angeknüpft würde[338]. Konkret bieten sich für eine derartige Implementierung vor allem normative Tatbestandsmerkmale an, da ihnen im Vergleich zu anderen Tatbestandsmerkmalen verhältnismäßig einfach ein neuer Bedeutungsinhalt gegeben werden kann. Aber auch bei Blankettstraftatbeständen könnten englische gesellschaftsrechtliche Regelungen als Ausfüllungsnormen herangezogen werden.

Es stellt sich allerdings die Frage, ob die auf diese Art und Weise ausgefüllten Strafrechtsnormen noch mit zwingenden Erfordernissen deutschen Verfassungsrechts zu vereinbaren sind, ob also eine Strafbarkeit nach deutschem Recht am Ende nicht bereits deshalb entfällt, weil die entsprechend dem Gründungsstatut ausgefüllten Straftatbestände die so erkaufte Europarechtskonformität mit einem Verstoß gegen deutsches Verfassungsrecht bezahlen. Verfassungsrechtliche Probleme bestehen bei der Fremdrechtsanwendung insbesondere mit dem Bestimmtheitsgebot (dazu unter A.) und dem Rechtsstaatsprinzip (dazu unter B.).

Jede Fremdrechtsanwendung erfordert darüber hinaus die Beachtung des Geltungs- und Anwendungsbereichs des vorgelagerten ausländischen Rechts (dazu unter C.). Ferner muss geklärt werden, ob deutsche Gerichte zur Fortbildung

---

[336] Unter Fremdrechtsanwendung ist die Anwendung ausländischen Rechts durch nationale Gerichte oder Behörden zu verstehen. Dazu kann es kommen, wenn eine Kollisionsnorm den jeweils in Rede stehenden Sachverhalt ausländischem Recht unterstellt, vgl. *Sonnenberger* in MünchKomm zum BGB – IPR, Einl. IPR Rn. 629, oder europarechtliche Vorgaben die Anwendung ausländischen Rechts erfordern, siehe 3. Kapitel B. II. 3. a. Denkbar ist auch, die Anwendung ausländischen Rechts im Rahmen der Rechtswahlfreiheit im internationalen Vertragsrecht zu vereinbaren, Art. 3 Abs. 1 Satz 1 Rom I-VO; *Rühl* RabelsZ Band 71 (2007), 559, 561 ff.; zur Rechtswahlfreiheit im außervertraglichen Schuldrecht siehe Art. 14 Abs. 1 Rom II-VO.
[337] Vgl. *Langkeit* WiB 1995, 524, 525.
[338] Vgl. *Hecker* Strafbare Produktwerbung, S. 288 ff.

englischen Gesellschaftsrechts berechtigt sind, um im Einzelfall sachgerechte Lösungen zu finden (dazu unter D.).

A. Bestimmtheitsgebot

Das Bestimmtheitsgebot ist eine Ausformung des Gesetzlichkeitsprinzips und als solches verfassungsrechtlich in Art. 103 Abs. 2 GG, wörtlich wiederholt in § 1 StGB, verankert[339]: „Eine Tat kann nur bestraft werden, wenn die Strafbarkeit gesetzlich bestimmt war, bevor die Tat begangen wurde."[340] Das Bestimmtheitsgebot hat verschiedene Ausprägungen. Einmal verlangt es, dass im Bereich des Strafrechts allein der demokratisch legitimierte Gesetzgeber abstrakt-generell über Strafbarkeit und Strafe entscheidet (Parlamentsvorbehalt). Darüber hinaus formuliert es Anforderungen an die Vorhersehbarkeit von Strafbarkeit und Strafe[341].

Der Parlamentsvorbehalt zwingt zur Auseinandersetzung darüber, ob es verfassungsrechtlich überhaupt zulässig ist, wenn deutsche Strafgesetze englisches Gesellschaftsrecht in Bezug nehmen. Denn es ist die deutsche Legislative, die verfassungsrechtlich verpflichtet ist, die Grenzen der Strafbarkeit und die Rechtsfolgen einer Tat zu bestimmen. Der deutsche Gesetzgeber muss über die das wesentliche Unrecht einer Tat mitprägenden Aspekte selbst entscheiden. Ob diesem Erfordernis genüge getan ist, wenn beispielsweise im Rahmen der Untreue, § 266 StGB, die Sorgfaltspflichten und die Pflichtwidrigkeit des Verhaltens des *directors* unter anderem durch den englischen CA 2006 und durch Vorgaben des richterrechtlichen *common law* konkretisiert werden, erscheint fraglich, würden doch die außerstrafrechtlichen Maßstäbe durch den Gesetzgeber oder gar den richterlichen Rechtsanwender des Gründungsstaates festgelegt (dazu unter I.). Verfassungsrechtliche Bedenken hinsichtlich der Vorhersehbarkeit von Strafbarkeit und Strafe für einen *director* ruft der Umstand hervor, dass es durch die europarechtlich erzwungene Inbezugnahme englischen Gesellschaftsrechts durch deutsche

---

[339] *Schmitz* in MünchKomm zum StGB, § 1 Rn. 39 ff.
[340] Feuerbach hatte das Anfang des 19. Jahrhunderts auf die Formel nullum crimen, nulla poena sine lege gebracht, *Dannecker* in FS für *Otto*, S. 25, 25; Auch wenn der Grundsatz nulla poena sine lege nicht wörtlich von Art. 103 Abs. 2 GG erfasst ist, ist er ihm doch nach ganz herrschender Meinung immanent, BVerfGE 25, 269, 285 ff. Einfachgesetzlich ist der Grundsatz in § 2 Abs. 1 StGB enthalten, welcher wiederum mit § 1 StGB zusammenzulesen ist.
[341] *Fischer* StGB, § 1 Rn. 2 ff. (dort auch zum ebenfalls im Bestimmtheitsgebot enthaltenen Analogie- und Rückwirkungsverbot).

Straftatbestände zu einer Verknüpfung zweier autonomer Rechtsordnungen kommt – der englischen und der deutschen – und dies die Rechtsfindung für den Normadressaten in nicht unerheblicher Weise verkompliziert (dazu unter II.).

I. Parlamentsvorbehalt

Aus Art. 103 Abs. 2 GG in Verbindung mit Art. 104 Abs. 1 GG folgt, dass im Bereich des Strafrechts allein der nationale Gesetzgeber (Demokratieprinzip) durch Schaffung abstrakt-genereller Normen (Parlamentsvorbehalt) über die Strafbarkeit und die Rechtsfolgen einer Tat entscheiden darf[342]. Er darf diese Entscheidung nicht einer anderen staatlichen Stelle, schon gar nicht einem anderen Staat überlassen[343]. Die rechtsstaatliche Gesetzesbindung[344] wird zu einem strengen Parlamentsvorbehalt verschärft[345].

In Rechtsprechung und Literatur wird hinsichtlich der Vereinbarkeit der Fremdrechtsanwendung mit den Erfordernissen des Parlamentsvorbehalts zwischen Blankettstraftatbeständen und normativen Tatbestandsmerkmalen differenziert (zur Abgrenzung unter 1.). Denn obwohl es sich in beiden Fällen um Inzidentfragen handelt[346], betrachtet die herrschende Meinung den Begriff des Blankettgesetzes im Rahmen des Art. 103 Abs. 2 GG als verfassungsrechtliche Kategorie (dazu unter 2.)[347], während bei normativen Tatbestandsmerkmalen eine Tatbestandsausfüllung durch außergesetzliche und außerstrafrechtliche Normen ohne Weiteres hingenommen wird (dazu unter 3.)[348].

---

[342] *BVerfGE* 75, 329, 341; *BVerfG* NJW 2003, 1030, 1030; *Schmahl* in *Schmidt-Bleibtreu/Hofmann/Hopfauf* GG, Art. 103 Rn. 26.
[343] *BVerfGE* 105, 135, 153; *Mosiek* StV 2008, 94, 98.
[344] Zu dieser „rechtsstaatlichen Dimension" des Bestimmtheitsgebots *Dannecker* in LK zum StGB, § 1 Rn. 179 f.
[345] *BVerfGE* 71, 108, 114; *BVerfGE* 95, 96, 131; *Schmahl* in *Schmidt-Bleibtreu/Hofmann/Hopfauf* GG, Art. 103 Rn. 26.
[346] *Cornils* Die Fremdrechtsanwendung im Strafrecht, S. 85; *Liebelt* GA 1994, 20, 23.
[347] *Dannecker* in LK zum StGB, § 1 Rn. 148; *Tiedemann* Wirtschaftsstrafrecht AT, S. 63.
[348] So werden etwa „die guten Sitten" im Rahmen des § 228 StGB durch die allgemeine Moral konkretisiert, *Tiedemann* Wirtschaftsstrafrecht AT, S. 63; kritisch zu dieser Differenzierung etwa *Mankowski/Bock* ZStW 120 (2008), 704, 721 f.

1. Abgrenzung von Blankettstraftatbeständen und normativen Tatbestandsmerkmalen

Unter einem Blankettstrafgesetz wird ein Strafgesetz verstanden, bei dem die Beschreibung des Straftatbestandes ganz oder teilweise durch die Verweisung auf eine Ergänzung im selben Gesetz (Binnenverweisung) oder durch eine Verweisung auf eine andere – auch zukünftige – Norm, welche gerade nicht von derselben rechtsetzenden Instanz erlassen wurde (Außenverweisung)[349], erfolgt. Setzen einzelne Tatbestandsmerkmale eines Straftatbestandes hingegen außerstrafrechtliche Rechtsbegriffe und Rechtsregeln voraus, liegt kein Blankettstrafgesetz vor. Es handelt sich dann vielmehr um normative Tatbestandsmerkmale, die durch Recht und Gesetz begründet werden. Die Bezeichnung als normatives Tatbestandsmerkmal soll an dieser Stelle im Sinne von wertausfüllungsbedürftig verstanden werden. Es bedarf zur Anwendung des Gesetzes also noch eines ergänzenden Werturteils des Richters[350].

Im Einzelfall gestaltet sich die Abgrenzung zwischen Blankettstrafgesetzen und normativen Tatbestandsmerkmalen schwierig. Vorgeschlagen werden verschiedene Unterscheidungskriterien. So wird von manchen formal darauf abgestellt, ob der Straftatbestand ausdrücklich oder nur stillschweigend auf andere Normen und Akte verweist. Nur im ersten Fall soll ein Blankettstrafgesetz vorliegen[351]. Diese Form der Abgrenzung aber ist rein zufällig, da der Gesetzgeber sich nicht stets an das Kriterium der ausdrücklichen Benennung der Ausfüllungsnorm

---

[349] *Dannecker* in LK zum StGB, § 1 Rn. 148.
[350] *Mezger* in FS für *Traeger*, S. 225; Von den normativen werden die deskriptiven Tatbestandsmerkmale unterschieden. Bei Letzteren handelt es sich um Begriffe, zu deren Feststellung eine schlichte Seinskenntnis genügt, *Lenckner* JuS 1968, 249, 250. Sie beschreiben Gegenstände der realen Welt wie „Fahrrad" in § 248b StGB, *Walter* in LK zum StGB, Vor § 13 Rn. 42. Mittlerweile aber ist es anerkannt, dass selbst „rein deskriptive Begriffe" nicht ohne Wertung auskommen, weil auch sie stets mehr oder weniger unbestimmt sind, *Eser* in Schönke/Schröder StGB, § 1 Rn. 19. Da auch sie stets zugleich normativ im o. g. Sinne sind, kommt einer Unterscheidung im Hinblick auf die verfassungsrechtliche Problematik des Bestimmtheitsgebotes kein besonderes Gewicht zu. Der Sache nach ist die Problematik bei normativen und deskriptiven Tatbestandsmerkmalen gleichgelagert, tritt nur bei normativen Tatbestandsmerkmalen graduell stärker hervor als bei deskriptiven. Ein prinzipieller Unterschied besteht nicht, *Eser* in Schönke/Schröder StGB, § 1 Rn. 19; Verschärft stellt sich die Situation bei Generalklauseln und „Maßfiguren" dar, deren Charakteristikum in der großen Allgemeinheit besteht, mit der sie einen Sachverhalt zu erfassen versuchen, vgl. *Lenckner* JuS 1968, 249, 250. Dazu 4. Kapitel A. I. 3. und A. II. 2.
[351] Vgl. *BVerfGE* 37, 201, 208 f.; dazu *Tiedemann/Otto* ZStW 107 (1995) S. 597, 641 f.

hält[352]. Andere stellen darauf ab, ob der Straftatbestand als Unrechtsvertypung inhaltlich „offen" oder „geschlossen" ist[353]. Letztlich aber ist die Beantwortung dieser Frage stets eine Wertungsfrage, so dass nur eine Wertung durch eine andere ersetzt wird. Wieder andere fragen danach, wo der eigentliche Normbefehl räumlich loziert ist[354]. Aber auch diese Herangehensweise überzeugt nicht, da die Verortung häufig beliebig erfolgt[355]. Vorzugswürdig ist, die Abgrenzung danach vorzunehmen, ob der jeweilige Straftatbestand ein Schutzobjekt selbst bezeichnet oder nicht. Wird im Rahmen eines Straftatbestandes ein Schutzobjekt bezeichnet (z. B. eine fremde, bewegliche Sache im Sinne des § 242 StGB), handelt es sich bei dem bezeichnenden Merkmal (bei § 242 StGB also die „Fremdheit" der Sache) um ein normatives Tatbestandsmerkmal. Der Straftatbestand will dann nämlich das jeweilige außerstrafrechtliche Schutzobjekt als solches schützen, ohne es strafrechtlich „aufzuladen"[356]. Nur in diesen Fällen handelt es sich um eine vollständige Strafnorm, die nicht lediglich eine Strafdrohung ausspricht, sondern auch den Verbotsinhalt umfasst[357].

2. Verfassungsrechtliche Anforderungen an Blankettstraftatbestände

Das BVerfG geht von einem materiellen Gesetzesbegriff im Rahmen des Art. 103 Abs. 2 GG aus[358]. Daher ist anerkannt, dass es verfassungsrechtlich zulässig ist, wenn Blankettstrafgesetze beispielsweise auf Rechtsverordnungen im Sinne von Art. 80 Abs. 1 Satz 2 GG verweisen, soweit das strafbare Verhalten und die Art und das Maß der Strafe bereits durch die Blankettstrafgesetze hinreichend deutlich bestimmt sind und den Rechtsverordnungen allein spezifizierende Wirkung zukommt[359]. Das soll entsprechend gelten, wenn ein deutsches Strafblankett unmittelbar geltendes Unionsrecht in Bezug nimmt, welches sich in gleicher Weise an

---

[352] *Tiedemann* Wirtschaftsstrafrecht AT, S. 62 f.
[353] Vgl. *BVerfG*E 78, 205, 213.
[354] Vgl. *Puppe* GA 1990, 145, 163, die dieses Kriterium selbst aber ablehnt.
[355] *Tiedemann* Wirtschaftsstrafrecht AT, S. 63.
[356] *Tiedemann* Wirtschaftsstrafrecht AT, S. 66 f.
[357] *Heise* Europäisches Gemeinschaftsrecht und nationales Strafrecht, S. 108.
[358] Vgl. *BVerfG* NStZ 1990, 394, 394 f.
[359] *BVerfG*E 75, 329, 342; *BGH*St 42, 219, 221; *Niehaus* wistra 2004, 206, 210 f.

die Bürgerinnen und Bürger wendet wie Rechtsverordnungen, die auf Art. 80 Abs. 1 Satz 2 GG beruhen[360].

Vor diesem Hintergrund ist unstreitig, dass es verfassungsrechtlich zulässig ist, wenn deutsche Strafblankette schon von ihrem Wortlaut her ausdrücklich auf ausländische Regelungen Bezug nehmen. Ein solches Blankett ist unter anderem § 38 Abs. 2 WpHG. Diese Vorschrift enthält eine gesetzlich angeordnete Fremdrechtsanwendung, nach der den von der Blankettnorm des § 38 Abs. 1 WpHG in Bezug genommenen Verboten des Insiderhandels und der Kurs- und Marktpreismanipulation nach §§ 14 und 20a WpHG „entsprechende ausländische Verbote" gleichgestellt sind. Ein anderes Beispiel findet sich in § 34 Abs. 4 AWG[361]. Andererseits ist eine Fremdrechtsanwendung sicher dann ausgeschlossen, wenn ein Strafblankett allein auf deutsches Recht verweist[362]. Ein anderes Ergebnis würde in diesen Fällen eine strafrechtlich unzulässige Analogie bedeuten. Liegt aber weder in die eine noch in die andere Richtung eine derart klare Inbezugnahme vor, so kann es allein auf die Auslegung der jeweiligen Strafnorm ankommen. Der Schutzzweck der Strafnorm muss die Fremdrechtsanwendung umfassen[363].

Zurückzuweisen ist hingegen jene Auffassung, die bei Blankettstraftatbeständen eine Ausfüllung durch ausländische Normen – außer bei expliziter Anordnung – generell ablehnt[364]. Sie argumentiert zwar, dass sich die Strafbarkeit allein aus deutschen Gesetzen ergeben müsse, da bei Blankettnormen der jeweilige Straftatbestand aus zwei Komponenten bestünde – dem Blankett und der Ausfüllungsnorm[365]. Diese Begründung basiert aber letztlich auf einer überholten Rechtslage und einer dazu ergangenen Entscheidung des BGH, in der dieser judizierte, dass eine Blankettnorm nur durch eine dem deutschen Recht entnommene Regelung ergänzt werden könne[366]. Diese Entscheidung erging jedoch zu einer Zeit, als das

---

[360] *BGH*St 42, 219, 221; *Tiedemann* in FS für *Roxin*, 1401, 1404; *Ambos* Internationales Strafrecht, § 11 Rn. 28; *Niehaus* wistra 2004, 206, 210 f.; vgl. *BVerfG*E 26, 338, 367.
[361] Dazu *BGH*St 41, 127, 127 ff.; Vgl. ferner *AG Lörrach* NStZ 1985, 221, 221 mit Hinweis auf § 184 Abs. 1 Nr. 9 StGB.
[362] *OLG Frankfurt* NJW 1965, 508, 508; *Vogel* in *Volk* Münchener AnwaltsHandbuch, § 14 Rn. 25; *Werle/Jeßberger* in LK zum StGB, Vor § 3 Rn. 334; Beispielhaft lässt sich § 401 Abs. 1 Nr. 2 AktG a. F. anführen, der allein auf die Verletzung der Antragspflicht nach §§ 92 Abs. 2 a. F., 268 Abs. 2 Satz 1 AktG verwies, nicht aber auf eine nach ausländischem Recht bestehende Antragspflicht.
[363] *Vogel* in *Volk* Münchener AnwaltsHandbuch, § 14 Rn. 26.
[364] *BGH*St 21, 277, 279; vgl. *Walter* JuS 2006, 870, 870.
[365] So das *AG Lörrach* NStZ 1985, 221, 221; ferner *AG Lörrach* NStZ 1989, 182.
[366] *BGH*St 21, 277, 279.

deutsche Strafrecht noch nicht zum Territorialitätsprinzip als Grundnorm des deutschen internationalen Strafrechts und der Deutung von § 7 Abs. 2 Nr. 1 StGB als Ausprägung (auch) des Grundsatzes der stellvertretenden Strafrechtspflege[367] zurückgekehrt war[368]. Richtig ist vielmehr, dass außerstrafrechtliche Ausfüllungsnormen ausländischen Rechtsordnungen auch bei nicht expliziten Inbezugnahmen entnommen werden können[369].

Dem Parlamentsvorbehalt wird bei der Inbezugnahme englischer gesellschaftsrechtlicher Regelungen durch deutsche Blankettstraftatbestände mithin genügt, wenn der deutsche Gesetzgeber die wesentlichen Voraussetzungen der Strafbarkeit selbst hinreichend genau bestimmt, dem englischen Normgeber allein die Spezifizierung des jeweiligen Straftatbestandes überlässt, sowie die Anwendung englischen Rechts in seinen Regelungswillen aufgenommen hat.

Diese Kriterien können am Beispiel des § 266 StGB nachvollzogen werden[370], von dem Mosiek sagt, dass ein Verstoß gegen den Parlamentsvorbehalt vorliegen würde, wenn im Wege der Fremdrechtsanwendung die Verletzung ausländischen Gesellschaftsrechts durch die Anwendung des deutschen Untreuetatbestandes strafrechtlich sanktioniert würde, da der deutsche Gesetzgeber über die das wesentliche Unrecht mitprägenden Aspekte nicht selbst entschieden habe[371]. Dem kann allerdings nicht gefolgt werden[372]. Geschütztes Rechtsgut der Untreue ist das Vermögen des Treugebers und ihr Unrechtskern die Verletzung einer für beide

---

[367] *Lackner/Kühl* StGB, § 7 Rn. 1; *Hoyer* in SK-StGB, § 7 Rn. 1 ff.; *Eser* in *Schönke/Schröder* StGB, § 7 Rn. 1.

[368] *Kondring* WM 1998, 1369, 1369; erläuternd *Liebelt* NStZ 1989, 182, 182: Über § 7 Abs. 2 Nr. 1 StGB soll sichergestellt werden, dass ein Deutscher trotz des in Art. 16 Abs. 2 Satz 1 GG niedergelegten Auslieferungsverbots für deutsche Staatsangehörige auch wegen einer Auslandstat bestraft werden kann, die er durch einen Verstoß gegen am ausländischen Tatort geltende Ge- oder Verbote begangen hat. Die Entscheidung *BGH*St 21, 277, 277 ff. erging zu einer Zeit, als noch auf der Grundlage der GeltungsbereichsVO aus dem Jahre 1940 von einer universellen Bewertungsfunktion des deutschen Strafrechts ausgegangen wurde; Mittlerweile ermöglicht § 80 IRG als Konkretisierung des in Art. 16 Abs. 2 GG enthaltenen Gesetzesvorbehalts die Auslieferung deutscher Staatsangehöriger an andere Mitgliedsstaaten der EU, *Böse* NStZ 2008, 636, 638. Diese Neuregelung basiert auf dem am 02.08.2006 in Kraft getretenen (2.) Europäischen Haftbefehlsgesetz vom 20.07.2006, siehe BGBl. I 2006 Nr. 36 vom 25.7.2006.

[369] *Mankowski/Bock* ZStW 120 (2008), 704, 715 ff.; *Liebelt* NStZ 1989, 182, 182.

[370] Auch wenn umstritten ist, ob es sich um eine Blankettnorm oder nicht vielmehr um einen normativen Straftatbestand handelt, besteht zumindest kein Zweifel daran, dass die Untreue ein „blankettartig weit" gefasster Straftatbestand ist; zum Streitstand ausführlich *Rönnau* ZStW 119 (2007), 887, 903 ff.

[371] *Mosiek* StV 2008, 94, 98 f.

[372] So auch *Worm* Die Strafbarkeit eines directors, S. 113 ff.

Tatbestandsvarianten des § 266 StGB identischen Pflicht zur fremdnützigen Vermögensbetreuung[373]. Mit diesen Festlegungen hat der deutsche Gesetzgeber die ersten wesentlichen Grundentscheidungen hinsichtlich des Straftatbestandes selbst gefällt[374]. Aber auch die weiteren wesentlichen Voraussetzungen der Strafbarkeit hat er hinreichend genau bestimmt. Der Untreuetatbestand will das geschützte Rechtsgut Vermögen möglichst umfassend gegen Angriffe „von innen" schützen. Soweit bisweilen kritisiert wird, der Gesetzgeber habe, zumindest was den Treubruchstatbestand anbelangt, dabei nicht einmal eine Tathandlungsbeschreibung normiert[375], geht es in Wirklichkeit nicht um die Frage des Parlamentsvorbehalts, sondern um die Frage der Vorhersehbarkeit von Strafbarkeit und Strafe. Indem der deutsche Gesetzgeber den Tatbestand der Untreue bewusst weit gefasst hat, hat er auch dessen Ausfüllung durch ein sich änderndes (!) Gesellschaftsrecht als Grundlage für die Begründung einer Vermögensbetreuungspflicht sowie als Maßstab für deren Verletzung in seinen gesetzgeberischen Willen einbezogen[376]. In diesem Zusammenhang ist insbesondere zu bedenken, dass die Pflichtwidrigkeit im Rahmen der Untreue sogar bei einem rein innerdeutschen Sachverhalt stets auch durch privatautonom vorgegebene Gestaltungen der Parteien des jeweiligen Rechtsverhältnisses determiniert ist, und dass insoweit keinerlei Bedenken hinsichtlich des Parlamentsvorbehaltes vorgebracht werden[377]. Wer das bei der Maßgeblichkeit englischen Gesellschaftsrechts anders sieht, misst einen vergleichbaren Sachverhalt mit zweierlei Maß, denn in beiden Fällen ist jeweils nicht der deutsche Gesetzgeber tätig geworden. Entscheidend für die Vereinbarkeit der Fremdrechtsanwendung im Rahmen des Untreuetatbestandes ist damit letztlich die Frage, ob der deutsche Gesetzgeber die Inbezugnahme englischen Gesellschaftsrechts in seinen Regelungswillen aufgenommen hat oder nur die Inbezugnahme deutschen Gesellschaftsrechts.

Rechtsprechung und herrschende Lehre sind bis vor nicht allzu langer Zeit hinsichtlich des auf Scheinauslandsgesellschaften anwendbaren Gesellschaftsstatuts

---

[373] *Fischer* StGB, § 266 Rn. 6.
[374] *Radtke* GmbHR 2008, 729, 735 f.
[375] Siehe dazu die Nachweise bei *Fischer* StGB, § 266 Rn. 5.
[376] Zum Parlamentsvorbehalt bei dynamischen Verweisungen *Mankowski/Bock* ZStW 120 (2008), 704, 717 f.
[377] *Radtke* GmbHR 2008, 729, 735.

der Sitztheorie gefolgt[378]. Das spricht nicht dafür, von der Aufnahme englischen Gesellschaftsrechts zur Ausfüllung deutscher Strafnormen in den Regelungswillen des deutschen Gesetzgebers auszugehen. Auch der Hinweis, dass die grundlegende Entscheidung für die Kriminalisierung eines bestimmten Verhaltens bei Inbezugnahme ausländischer Normen beim deutschen Gesetzgeber verbleibt, führt nicht weiter. Denn er beantwortet nicht die Frage, ob eben diese Inbezugnahme gewollt ist. Im Ergebnis aber ist bei der Inbezugnahme englischen Gesellschaftsrechts durch deutsche Straftatbestände wie § 266 StGB ein Verstoß gegen Art. 103 Abs. 2 GG in seiner Ausprägung als Parlamentsvorbehalt nicht gegeben. Die Begründung liegt im Europarecht. Das Recht der EU bildet eine eigenständige Rechtsordnung. Durch die partielle Übertragung ihrer Hoheitsrechte auf die EU haben sich die Mitgliedsstaaten ihrer eigenen hoheitlichen Befugnisse derart entäußert, dass das auf Grundlage dieser Befugnisse unionsrechtlich gesetzte Recht im Hoheitsgebiet eines jeden Mitgliedsstaates anzuerkennen ist[379]. Die Integrationsermächtigung des Art. 23 Abs. 1 GG öffnet die Rechtsordnung der Bundesrepublik Deutschland und bewirkt, dass der ausschließliche Herrschaftsanspruch der Bundesrepublik für ihren Hoheitsbereich zurückgenommen und der unmittelbaren Geltung und Anwendbarkeit eines Rechts aus anderer Quelle innerhalb dieses Hoheitsbereichs Raum gegeben wird[380]. Zwar bewirkt der in den Zustimmungsgesetzen zu den Gründungsverträgen der heutigen Union und ihren Ergänzungen enthaltene Rechtsanwendungsbefehl nur die innerstaatliche Geltung des primären und sekundären Unionsrechts in der durch den EuGH vorgenommenen Auslegung im Hoheitsgebiet der Bundesrepublik Deutschland[381]. Mittlerweile ist allerdings anerkannt, dass es sich jedenfalls bei den Grundfreiheiten des AEUV um unmittelbar anwendbares Recht handelt, zu dessen Anwendung es keines weiteren nationalen Durchführungsaktes bedarf[382]. Diese unmittelbare Wirkung aber bliebe im Ergebnis unvollkommen, wenn nicht auch ihre Konsequenzen mit in diesen Rechtsanwendungsbefehl einbezogen würden. Die von der Niederlassungsfreiheit

---

[378] Siehe 2. Kapitel B. III.
[379] Siehe 3. Kapitel A. I.; *Gellermann* in *Rengeling/Middeke/Gellermann* Handbuch des Rechtsschutzes in der EU, § 33 Rn. 10.
[380] So *BVerfGE* 37, 271, 280 (*Solange I*); *BVerfGE* 73, 339, 374 (*Solange II*).
[381] *Gellermann* in *Rengeling/Middeke/Gellermann* Handbuch des Rechtsschutzes in der EU, § 33 Rn. 11.
[382] *Streinz* Europarecht, S. 137 f. und 322; vgl. *Hatje* in *Schwarze* EU-Kommentar, Art. 10 EGV Rn. 17 f.

geforderte Geltung des Gründungsstatuts für Scheinauslandslimiteds bewirkt also insoweit zugleich eine unmittelbare Wirkung englischen Gesellschaftsrechts im Hoheitsgebiet der Bundesrepublik Deutschland[383]. Wenn deutsche Gerichte eine strafrechtliche Verurteilung auch aufgrund englischen Gesellschaftsrechts vornehmen, steht dem der Parlamentsvorbehalt demnach nicht entgegen[384]. Denn das unter Beachtung des Art. 24 Abs. 1 GG a. F. (nunmehr Art. 23 Abs. 1 GG) ergangene deutsche Zustimmungsgesetz zum EWG-Vertrag hat den innerstaatlichen Rechtsanwendungsbefehl für diese Verurteilungsgrundlage erteilt[385, 386].

Vor diesem Hintergrund sind auch dynamische Verweisungen auf ausländisches Gesellschaftsrecht unter dem Gesichtspunkt des Parlamentsvorbehalts als verfassungsrechtlich zulässig anzusehen, soweit es sich beim Fremdrecht nur um eine Spezifizierung der Blankettnorm handelt[387]. Beispielhaft kann insoweit auf § 170b StGB a. F. verwiesen werden. Danach machte sich strafbar, wer sich einer „gesetzlichen Unterhaltspflicht" entzog. Das BVerfGE hatte keine Probleme damit, auch ausländische Unterhaltsvorschriften als Grundlage einer solchen Unterhaltspflicht heranzuziehen[388].

---

[383] Vgl. *BGH* NStZ 2008, 399, 400 f.: „Die supranationale Rechtsordnung der Europäischen Gemeinschaften fußt auf der Zuweisung von Souveränitätsrechten und damit einhergehend auf der Beschränkung von Souveränitätsrechten ihrer Mitgliedsstaaten. Dies schließt ein, dass Behörden und Gerichte eines Mitgliedsstaates auf Grund Gemeinschaftsrechts an Entscheidungen aus einem anderen Mitgliedsstaat (...) gebunden sein können, selbst wenn diese Entscheidungen nicht der Rechtsordnung der Gemeinschaften entsprechen sollten."; Ferner *Gellermann* in *Rengeling/Middeke/Gellermann* Handbuch des Rechtsschutzes in der EU, § 33 Rn. 54 mit dem Hinweis, dass nicht nur primär- und sekundärrechtliche Regelungen des Unionsrechts unmittelbar anwendbar sein können, sondern auch von der Union abgeschlossene völkerrechtliche Vereinbarungen.

[384] *Radtke* GmbHR 2008, 729, 736.

[385] Vgl. *BVerfG* NJW 1983, 1258, 1259; vgl. *Schmidt-Aßmann* in *Maunz-Dürig* GG, Art. 103 Rn. 246 f.; kritisch *Rönnau*, ZGR 2005, 832, 856 f. (Fußnote 119): Hinweis auf Kompetenzübertragung auf Europa „zu dünn".

[386] Diese Legitimationsgrundlage bewirkt ebenso, dass eine weitere Besonderheit bei Blankettstraftatbeständen, nämlich dass, wenn ein nationaler Blankettstraftatbestand durch eine ausländische Rechtsnorm ausgefüllt wird, der ausfüllende Rechtsakt durch das zuständige Organ im Bundesgesetzblatt oder im Bundesanzeiger veröffentlicht werden muss, vgl. *Eser* in *Schönke/Schröder* StGB, Vorbem § 1 Rn. 26, eingeschränkt werden muss. Ansonsten hinge es vom nationalen Gesetzgeber ab, ob englisches Gesellschaftsrecht zur Anwendung käme oder nicht.

[387] Vgl. *Schmitz* in MünchKomm zum StGB, § 1 Rn. 51.

[388] *Schumann* ZIP 2007, 1189, 1195; Ferner *Lenckner* in *Schönke/Schröder* StGB, § 170 Rn. 2 zu § 170 Abs. 1 StGB, der den Wortlaut des § 170b StGB a. F. unverändert übernimmt.

3. Verfassungsrechtliche Anforderungen an normative Tatbestandsmerkmale

Hinsichtlich normativer Tatbestandsmerkmale wird die Fremdrechtsanwendung mit Blick auf den Parlamentsvorbehalt (soweit ersichtlich) nicht ernsthaft problematisiert[389]. Man begnügt sich mit dem Hinweis, dass sich die Anforderungen des Art. 103 Abs. 2 GG allein an Strafrechtsnormen richteten. Nur sie müssten gesetzlich geregelt sein (Parlamentsvorbehalt) und das erforderliche Maß an Bestimmtheit aufweisen (Vorhersehbarkeit)[390]. Die durch die normativen Tatbestandsmerkmale inkorporierten außerstrafrechtlichen Rechtsinstitute würden durch die tatbestandliche Inbezugnahme jedoch nicht „verstrafrechtlicht"[391]. Bei ihnen handele es sich vielmehr um so genannte Tatumstände, die zur Umschreibung des jeweiligen gesetzlichen Tatbestandes herangezogen würden und für die die Garantiefunktion des Art. 103 Abs. 2 GG nicht gelten würde[392].

Dem ist grundsätzlich zuzustimmen. Bei normativen Tatbestandsmerkmalen geht es um die Feststellung des wirklichen Lebenssachverhalts, der Gegenstand der strafrechtlichen Beurteilung ist. Dieser Lebenssachverhalt muss konsequenterweise auch in ausländischen Rechtsnormen bestehen können[393]. So geht die ganz überwiegende Ansicht zu Recht davon aus, dass sich beispielsweise die Fremdheit einer Sache im Rahmen des Diebstahlstatbestandes, § 242 StGB, nach zivilrechtlichen Vorschriften anderer Länder bestimmen kann[394], und dass die im Rahmen des § 172 StGB[395] unter Umständen relevante Frage, ob der Täter bereits

---

[389] Vgl. *Mosiek* StV 2008, 94, 98.
[390] *Dannecker* in LK zum StGB, § 1 Rn. 149; dazu *Appel* Verfassung und Strafe, S. 127 ff.; Das BVerfG hat klargestellt, dass bei jeder Verweisung auf außerstrafrechtliche Normen zunächst die jeweilige Verweisungsnorm selbst klar sein muss und dass darüber hinaus der Normadressat den Regelungsinhalt der in Bezug genommene Norm verstehen können und ihr eine konkrete Verhaltensanweisung entnehmen können muss, *BVerfGE* 48, 48, 56 ff.
[391] *Tiedemann* Wirtschaftsstrafrecht AT, S. 66 f. Entsprechendes gilt für das Analogieverbot. Knüpft das Strafrecht an Begriffsbildungen anderer Rechtsgebiete an, so verhält es sich akzessorisch und akzeptiert auch praeter legem entwickelte Rechtsinstitute; Ferner *Roxin* Strafrecht AT (Band I), S. 157, die das Beispiel des Sicherungseigentums nennt, welches im Zivilrecht entwickelt wurde, aber auch dem Schutz der §§ 242 ff., 246, 249 ff. und 303 StGB unterfällt.
[392] *BVerfGE* 78, 205, 213; *Tiedemann* Wirtschaftsstrafrecht AT, S. 63; Zur unterschiedlichen Behandlung von Blankettstrafgesetzen und normativen Tatbestandsmerkmalen im Rahmen der Irrtumslehre *Tiedemann* Wirtschaftsstrafrecht AT, S. 121 ff.
[393] Vgl. *Dannecker* in LK zum StGB, § 1 Rn. 149.
[394] *Eser* in Schönke/Schröder StGB, Vorbem §§ 3-7 Rn. 23; *Vogel* in *Volk* Münchener Anwalts-Handbuch, § 14 Rn. 26.
[395] Hinsichtlich § 172 StGB ist allerdings strittig, ob die zivilrechtliche Vorfrage normatives Tatbestandsmerkmal ist oder es sich nicht vielmehr um eine Blankettnorm handelt.

eine wirksame Ehe im Ausland geschlossen hat, nach der Rechtsordnung des jeweiligen ausländischen Staates zu beantworten ist[396].

Diskutiert wird allenfalls über die Bestimmung derjenigen Rechtsordnung, welcher die jeweiligen Rechtsnormen zu entnehmen sind. Die ganz überwiegende Ansicht in Rechtsprechung[397] und Literatur[398] nimmt etwa an, dass hinsichtlich Verweisungen in das Zivilrecht das IPR maßgeblich sei. Nach ihm entscheide sich, welche Zivilrechtsordnung für die Beantwortung einer zivilrechtlichen Vorfrage heranzuziehen sei[399]. Bezieht sich ein normatives Tatbestandsmerkmal hingegen auf ein anderes Rechtsgebiet, ist nach überwiegender Ansicht das jeweilige Tatortrecht maßgeblich[400]. Dies wird etwa bei verwaltungsrechtlichen Vorfragen[401] aus einem ungeschriebenen Grundsatz des internationalen Verwaltungsrechts gefolgert, nämlich der Respektierung fremder Hoheitsgewalt[402, 403]. Aber jedenfalls bezüglich der strafrechtlichen Verantwortlichkeit des *directors* besteht kein Zweifel, dass Straftatbestände, soweit sie gesellschaftsrechtliche Normen in Bezug nehmen, auf englische gesellschaftsrechtliche Normen verweisen. Dies ist zwingende Folge der Niederlassungsfreiheit in der Auslegung, die sie durch den EuGH erfährt. Denn in seiner Rechtsprechung hat das Gericht deutlich gemacht, dass eine Scheinauslandsgesellschaft unabhängig von der jeweils zugrunde lie-

---

[396] Vgl. *Mankowski/Bock* ZStW 120 (2008), 704, 753; *StA München I* NStZ 1996, 436 (zu § 171 StGB a. F.); *Fischer* StGB, § 172 Rn. 4; *Liebelt* NStZ 1993, 544, 545 (zu § 171 StGB a. F.); *LG Hamburg* NStZ 1990, 280, 281 (zu § 171 StGB a. F.).

[397] Vgl. *LG Hamburg* NStZ 1990, 280, 281; ferner *OLG Schleswig* NJW 1989, 3105, 3105 f.; ebenso *OLG Hamm* MDR 1982, 1040.

[398] *Cornils* Die Fremdrechtsanwendung im Strafrecht, S. 85 ff. und 98 f.; *Walter* JuS 2006, 870, 870; *Nowakowski* JZ 1971, 633, 634 f.

[399] Damit wird überwiegend eine kollisionsrechtliche Lösung außerstrafrechtlicher Vorfragen befürwortet. Und dies, obwohl dem Strafrecht kollisionsrechtliche Regelungen methodisch eher fremd sind.

[400] *Lemke* in NK zum StGB, Vor §§ 3-7 Rn. 36; *Walter* JuS 2006, 870, 870; vgl. auch *OLG Karlsruhe* NStZ 1985, 317.

[401] Verwaltungsakzessorisch ausgestaltet sind u. a. die Umweltstraftaten gemäß §§ 324a Abs. 1, 325 Abs. 1 und 2 sowie 325a Abs. 1 und 2 StGB.

[402] *Cornils* Die Fremdrechtsanwendung im Strafrecht, S. 99; *Lemke* in NK zum StGB, Vor §§ 3-7 Rn. 38; a. A. *Günther-Nicolay* Umweltstraftaten mit Auslandsbezug, S. 315 ff.; *Vogel* in *Volk* Münchener AnwaltsHandbuch, § 14 Rn. 23: Gegen eine verwaltungsrechtliche Fremdrechtsanwendung spreche das tradierte Dogma, dass nationale Gerichte und Behörden allein nationales öffentliches Recht anwenden dürfen, nie aber ausländisches.

[403] Nicht zu verwechseln ist die Respektierung fremder Hoheitsgewalt als Grundsatz des internationalen Verwaltungsrechts mit dem völkerrechtlichen Nichteinmischungsgebot. Letzteres gründet auf der Staatssouveränität und verlangt für den Bereich des Strafrechts bei der Anwendung inländischer Strafgewalt auf einen Auslandssachverhalt das Vorliegen eines legitimierenden (z. B. personalen oder territorialen) Anknüpfungspunktes, siehe dazu 9. Kapitel B. I.

genden Sachverhaltskonstellation nach ihrem jeweiligen Gründungsstatut zu behandeln ist. Ob es sich um eine originär gesellschaftsrechtliche Auseinandersetzung handelt oder „nur" um eine gesellschaftsrechtliche Vorfrage im Rahmen der Bestimmung der strafrechtlichen Verantwortlichkeit eines *directors*, spielt für die Festlegung des anzuwendenden Gesellschaftsrechts keine Rolle[404].

Bedenklich scheint die Nichtausdehnung der Garantiefunktion des Art. 103 Abs. 2 GG auf die die normativen Tatbestandsmerkmale ausfüllenden Regelungen und Umstände allerdings mit Blick auf die im Wirtschaftsrecht verschiedentlich auftretenden so genannten Maßfiguren wie den „ordentlichen Geschäftsmann" oder den „sorgfältigen Geschäftsführer". Bei Maßfiguren handelt es sich nämlich um eine extreme Form normativ unbestimmter Tatbestandsmerkmale[405]. Aufgrund der extremen Weite dieser Klauseln bestehen Parallelen zu den Blankettstrafgesetzen, so dass sich für den Bereich des Strafrechts im Ergebnis doch das Problem des Bestimmtheitsgebotes im Sinne des Art. 103 Abs. 2 GG stellt. Bei genauerem Hinsehen allerdings betrifft dies das Bestimmtheitsgebot nur in seiner Garantiefunktion zur Sicherstellung der Vorhersehbarkeit von Strafbarkeit und Strafe (dazu unter II.). Soweit der Parlamentsvorbehalt in Rede steht, verbleibt es bei der Unanwendbarkeit des Art. 103 Abs. 2 GG auf die Maßfiguren. Denn ob extrem unbestimmt oder nicht, bei der Feststellung, wie sich ein „ordentlicher Geschäftsmann" oder ein „sorgfältiger Geschäftsführer" in einer bestimmten Situation verhalten hätte, geht es allein um die Feststellung eines (fiktiven) Lebenssachverhalts, der Gegenstand der strafrechtlichen Beurteilung ist. Zur Bestimmung der an diese Maßfiguren geknüpften Pflichten muss daher nicht zwingend auf die Verkehrssitten der Bundesrepublik Deutschland abgestellt werden. Geht es um die Strafbarkeit eines *directors*, können und müssen auch englische Verkehrssitten, Anschauungen und Wertvorstellungen den Maßstab bilden[406].

---

[404] Siehe dazu 3. Kapitel B. II. 3. a.
[405] *Tiedemann* Wirtschaftsstrafrecht AT, S. 67; Kritisch zum Konzept der Maßfiguren *Bosch* Organisationsverschulden in Unternehmen, S. 395 ff.
[406] Vgl. zur Pflicht von Vorstandsmitgliedern einer AG zur Berücksichtigung ausländischen Rechts im Rahmen von § 93 AktG *Spindler* in MünchKomm zum AktG, § 93 Rn. 78 f.

II. Vorhersehbarkeit von Strafbarkeit und Strafe

Das Bestimmtheitsgebot verlangt vom Gesetzgeber, dass die Voraussetzungen der Strafbarkeit und die jeweils angedrohte Strafe so genau umschrieben sind, dass der Einzelne die Möglichkeit hat, sein Verhalten auf die Rechtslage einzurichten und die Tragweite und den Anwendungsbereich eines Straftatbestandes – zumindest im Wege der Auslegung – zu erkennen[407]. Der Einzelne muss wissen können, was strafrechtlich verboten ist, um in der Lage zu sein, seine Strafbarkeit zu vermeiden[408], und er muss wissen können, welche Strafen ihm für den Fall eines Verstoßes drohen[409]. Genau dieses Maß an Vorhersehbarkeit sieht beispielsweise Rönnau bei der Heranziehung ausländischen Rechts, insbesondere bei der Untreuestrafbarkeit eines *directors*, kaum mehr gegeben[410]. Einem verständigen Bürger sei im Regelfall nicht vorhersehbar, was genau unter Androhung von Strafe verboten sei, wenn die Rechtspflichten aus einem anderen Rechtssystem stammten, zumal wenn es sich dabei um ein Rechtssystem handele, das nicht kodifiziertes Richterrecht als Rechtsquelle kenne.

Die Anforderungen an die Vorhersehbarkeit von Strafbarkeit und Strafe dürfen allerdings nicht überspannt werden. Ohne allgemeine, normative und der Deutung durch den Richter bedürfender Begriffe wäre der Gesetzgeber nicht in der Lage, die unterschiedlichsten Lebenssachverhalte zu erfassen[411]. Gegen die Verwendung von Generalklauseln oder unbestimmten, wertausfüllungsbedürftigen Begriffen bestehen im Strafrecht jedenfalls dann keine Bedenken, wenn, so das BVerfG, "sich mit Hilfe der üblichen Auslegungsmethoden (…) oder aufgrund einer gefestigten Rechtsprechung eine zuverlässige Grundlage für die Auslegung und Anwendung einer Norm gewinnen lässt, so dass der Einzelne die Möglichkeit hat, den durch die Strafnorm geschützten Wert sowie das Verbot bestimmter Verhaltensweisen zu erkennen und die staatliche Reaktion vorauszusehen"[412]. In Einzelfällen kann es durchaus zweifelhaft sein, ob ein Verhalten noch oder schon unter

---

[407] *BVerfG* NJW 2007, 1666, 1666; *Schmahl* in *Schmidt-Bleibtreu/Hofmann/Hopfauf* GG, Art. 103 Rn. 32; *Fischer* StGB, § 1 Rn. 5.
[408] *BVerfGE* 75, 329, 340 f.; *BVerfGE* 57, 250, 262; *BVerfGE* 25, 269, 285.
[409] *BVerfG* NJW 2007, 1193, 1193; *Schmidt-Aßmann* in *Maunz-Dürig* GG, Art. 103 Rn. 197.
[410] Vgl. *Rönnau* ZGR 2005, 832, 855 f.; siehe hinsichtlich der Untreue aber das 8. Kapitel B. I. 2.
[411] *BVerfGE* 11, 234, 237; *Ransiek* in *Ulmer/Habersack/Winter* GmbHG Band III, Vor § 82 Rn. 38.
[412] *BVerfGE* 45, 363, 371 f.; Kritisch dazu *Schmitz* in MünchKomm zum StGB, § 1 Rn. 45, wenn ein Straftatbestand mehrere unbestimmte Rechtsbegriffe enthält.

einen Straftatbestand fällt oder nicht. Maßgeblich aber ist, ob im Regelfall der Normadressat erkennen kann, ob sein Verhalten strafbar ist[413].

Welches Maß an Vorhersehbarkeit konkret zu verlangen ist, hängt im Übrigen davon ab, ob man es mit Blankettstrafgesetzen zu tun hat (dazu unter 1.) oder mit Straftatbeständen, die normative Tatbestandsmerkmale enthalten (dazu unter 2.). Ferner ist zu beachten, dass es sich bei *directors* um Personen handelt, die von Haus aus eine besondere Nähe zum englischen Gesellschaftsrecht besitzen (dazu unter 3.).

1. Besonderheiten bei Blankettstrafgesetzen

Besonderheiten ergeben sich bei Blankettstrafgesetzen. Bei ihnen gilt das Bestimmtheitsgebot sowohl für das Strafblankett, als auch für die ausfüllenden Vorschriften (Gesetze, Rechtsverordnungen, Verwaltungsakte)[414], da sich erst aus ihrem Zusammenspiel der gesetzliche Tatbestand ergibt[415]. Der Normadressat muss grundsätzlich ohne spezielle Kenntnisse die in Bezug genommenen Rechtssätze und deren Inhalt erfassen können. Darüber hinaus müssen Blankett- und Ausfüllungsnorm zusammengenommen („summativ") die Bestimmtheitsanforderungen des Art. 103 Abs. 2 GG erfüllen[416].

Verweist der deutsche Gesetzgeber zur Ausfüllung von Blankettstraftatbeständen auf nicht deutsche Rechtsakte, gelten zumindest im Grundsatz zunächst einmal die gleichen Maßstäbe wie bei innerstaatlichen Verweisungen[417]. Auch englischen gesellschaftsrechtlichen Regelungen ist daher ein gewisses Maß an Auslegungsbedürftigkeit zuzugestehen. Denn genauso wie es hinsichtlich deskriptiver Tatbestandsmerkmale anerkannt ist, dass sie „unscharfe Ränder" aufweisen können[418] – also ein mehr oder minder klarer Begriffskern von einem weniger eindeutigen Begriffshof umgeben ist[419] – so kann auch bei in Bezug genommenen Verweisungsobjekten ein Mehr nicht verlangt werden. Denn für den Normadressaten

---

[413] *BVerfG* NJW 1998, 2589, 2590; *v. Heintschel-Heinegg* in *v. Heintschel-Heinegg* Beck'scher Online-Kommentar zum StGB, § 1 Rn. 9.
[414] *Schmitz* in MünchKomm zum StGB, § 1 Rn. 49.
[415] Vgl. *BVerfGE* 37, 201, 208 f.; *Schmitz* in MünchKomm zum StGB, § 1 Rn. 49.
[416] *Schmidt-Aßmann* in *Maunz-Dürig* GG, Art. 103 GG Rn. 208.
[417] *Nolte* in *v. Mangoldt/Klein/Starck* GG, Art. 103 Rn. 154a; *Schmitz* in MünchKomm zum StGB, § 1 Rn. 21 und 51; a. A. *Satzger* Die Europäisierung des Strafrechts, S. 251 ff. und 260 ff.
[418] *Larenz* Methodenlehre der Rechtswissenschaft, S. 183 und 223; *Larenz* NJW 1965, 1, 1.
[419] *Heck* Begriffsbildung und Interessenjurisprudenz, S. 52 und 60.

ist insofern weniger die Regelungstechnik entscheidend, als vielmehr die Erkennbarkeit im Einzelfall. Soweit englisches Gesellschaftsrecht unbestimmt oder in seinem materiellen Gehalt ernsthaft umstritten ist, ist die daran anknüpfende Strafbarkeit nach deutschem Recht auf den hinreichend bestimmten Kern zu reduzieren[420].

Durch die Inbezugnahme englischen Gesellschaftsrechts kommt es allerdings aufgrund der Verknüpfung von englischer und deutscher Rechtsordnung zu einer Verkomplizierung der Rechtsfindung für den Normadressaten. Dies geschieht in doppelter Weise. Erstens verkompliziert sich schon das bloße Auffinden von Rechtsvorschriften. Zweitens aber wird dem Normadressaten abverlangt, die zusammengesetzte Norm hinsichtlich der Blankettnorm „deutschrechtlich" auszulegen, hinsichtlich des Verweisungsobjekts jedoch „englischrechtlich"[421]. Denn wegen der Akzessorietät der Blankettnorm hinsichtlich des Verweisungsobjektes hat der deutsche Rechtsanwender bei der Subsumtion unter die zusammengesetzte Vollvorschrift zu beachten, dass das Verweisungsobjekt zugleich die durch die Strafvorschrift bewehrte Primärnorm ist, das deutsche Strafrecht somit eine englische gesellschaftsrechtliche Verhaltensnorm strafbewehrt. Da die inkorporierte Norm trotz ihrer Inkorporation somit materiell betrachtet eine englische Norm bleibt, hat auch ihr Verständnis und ihre Auslegung anhand eines „englischen Maßstabes" zu erfolgen[422]. Eine andere Sichtweise würde einen Verstoß gegen den Grundsatz vom Vorrang des Unionsrechts und die Pflicht zur unionsrechtskonformen Auslegung bedeuten[423].

2. Besonderheiten bei normativen Tatbestandsmerkmalen

Im Verhältnis zu deskriptiven Tatbestandsmerkmalen zeichnen sich normative Tatbestandsmerkmale durch einen erhöhten Grad an Wertausfüllungsbedürftigkeit aus. Dies gilt in noch größerem Maße für generalklauselartige Ermächtigungen.

---

[420] Vgl. *Nolte* in *v. Mangoldt/Klein/Starck* GG, Art. 103 Rn. 154a; vgl. *Kreß* JZ 2003, 911, 915.
[421] *Satzger* Die Europäisierung des Strafrechts, S. 232 f.; vgl. *Hecker* Europäisches Strafrecht, § 7 Rn. 80.
[422] Vgl. *Ambos* Internationales Strafrecht, § 11 Rn. 26 ff; zur Problematik der Blankettstrafgesetzgebung mit EG-Bezug, *Satzger* Internationales und Europäisches Strafrecht, § 8 Rn. 69 ff.
[423] Das führt allerdings nicht dazu, dass deutsche verfassungsrechtliche Vorgaben unbeachtlich wären. Indem die englische Verhaltensnorm in eine deutsche Blankettnorm inkorporiert wird, wird sie zugleich (jedenfalls formal) Teil des deutschen Rechts. Als solche ist sie dann am deutschen Verfassungsrecht zu messen, *Böse* Strafen und Sanktionen, S. 436.

Gleichwohl ist die Verwendung derartiger Tatbestandsmerkmale auch dann nicht von vornherein verfassungswidrig, wenn in einem Tatbestand gleich mehrere solcher auslegungsbedürftiger Tatbestandsmerkmale enthalten sind[424]. Zu beachten ist nämlich, dass die durch die normativen Tatbestandsmerkmale begrifflich einbezogenen außerstrafrechtlichen Normen und Rechtsinstitute selbst nicht unter das strafrechtliche Bestimmtheitsgebot gelangen[425]. Die Vorgaben des Art. 103 Abs. 2 GG richten sich insofern allein an die Strafrechtsnorm selbst. Sie allein muss für die hinreichende Vorhersehbarkeit von Strafbarkeit und Strafe sorgen[426].

Besonderheiten ergeben sich allerdings hinsichtlich der bereits erwähnten Maßfiguren wie den „ordentlichen Geschäftsmann" oder den „sorgfältigen Geschäftsführer". Zwar handelt es sich bei Maßfiguren um normative Tatbestandsmerkmale, für die die Garantiefunktion des Art. 103 Abs. 2 GG an sich nicht gilt. Aufgrund ihrer extremen Weite stellt sich bei ihnen jedoch das Problem der Vorhersehbarkeit von Strafbarkeit und Strafe[427]. Konkret geht es bei der Strafbarkeit eines *directors* um die Bestimmung der durch englische Verkehrssitten, Anschauungen und Wertvorstellungen konkretisierten Pflichten, die die jeweilige Maßfigur dem *director* abverlangt.

Im Zivilrecht wird für die Konkretisierung der Maßfiguren ganz überwiegend auf die jeweiligen ausländischen Sitten und Anschauungen abgestellt. Eine „Eindeutschung" wird abgelehnt[428]. Im Strafrecht ist diese Sichtweise umstritten. So vertritt Vogel die Ansicht, dass es zu einer „Doppelbewertung" oder „Meistbegünstigung" kommen müsse[429]. Nur ein Verhalten, das sowohl nach den Sitten und Anschauungen der Bundesrepublik Deutschland als auch Englands verkehrswidrig sei, könne eine Strafbarkeit nach deutschem Recht begründen. Nur so werde der Bestimmtheitsgrundsatz gewahrt und die Vorhersehbarkeit von Strafbarkeit und Strafe für den Normadressaten sichergestellt. Es ist nach dieser Ansicht ein allseits eindeutiger Verstoß gegen die Verkehrspflichten und -maßstäbe zu ver-

---

[424] *BVerfG* NJW 1993, 1457, 1458; *Schmitz* in MünchKomm zum StGB, § 1 Rn. 42 f.
[425] *BVerfGE* 78, 205, 213; *Rudolphi* in SK-StGB, § 2 Rn. 8c f.; *Samson* wistra 1983, 235, 237; siehe dazu auch schon unter I. 3.
[426] *Mosiek* StV 2008, 94, 97; Bei der Verwendung normativer Tatbestandsmerkmale muss der Gesetzgeber allerdings Begriffe wählen, die für den Laien in seinem Sinngehalt verstehbar sind, *Schmitz* in MünchKomm zum StGB, § 1 Rn. 43.
[427] *Tiedemann* Wirtschaftsstrafrecht AT, S. 67 f.
[428] *Sonnenberger* in MünchKomm zum BGB – IPR, Einl. IPR Rn. 664.
[429] *Vogel* in *Volk* Münchener AnwaltsHandbuch, § 14 Rn. 27.

langen. Das überzeugt allerdings nicht. Der Bestimmtheitsgrundsatz kann gewahrt und die Vorhersehbarkeit von Strafbarkeit und Strafe sichergestellt werden, auch wenn die Maßfiguren allein nach englischem Verständnis konkretisiert werden. Entweder ist die Konkretisierung nach englischem Verständnis hinreichend bestimmt und vorhersehbar oder sie ist es nicht. Ist sie es, bedarf es keiner doppelten Absicherung des Normadressaten. Ist sie es nicht, scheitert die Strafbarkeit schon daran, und es bedarf wiederum keiner „Doppelbewertung" oder „Meistbegünstigung".

3. Englisches Gesellschaftsrecht als Expertenstrafrecht

Die Anforderungen an die Bestimmtheit einer Strafnorm hängen auch davon ab, an welchen Kreis von Adressaten sich die Norm richtet[430]. Dabei ist zweierlei zu beachten: Erstens verlangt das Bestimmtheitsgebot, dass zwar jeder Einzelne wissen können muss, was strafrechtlich verboten ist, um in der Lage zu sein, seine Strafbarkeit zu vermeiden. Jedoch ist schon insoweit nicht auf den jeweils konkret Betroffenen abzustellen, sondern auf den „verständigen Betroffenen". Ob dieser „verständige Betroffene" die Strafbarkeit seines Verhaltens erkennen kann, ist Ergebnis eines Rechtsfindungsaktes[431]. Zu fragen ist insoweit, ob dem Normunterworfenen der Rechtsfindungsaufwand zumutbar ist[432]. Zweitens findet eine weitere Begrenzung der Bestimmtheitsanforderungen statt, indem in bestimmten Bereichen auf einen täterspezifischen Verständnishorizont abgestellt wird. In diesem Zusammenhang wird gelegentlich von Expertenstrafrecht gesprochen, mithin von Strafnormen, die sich nur an bestimmte Bevölkerungsgruppen richten, an die ein höheres Maß an Verständigkeit zu stellen ist[433]. Als Beispiel wird häufig das Wein- und Lebensmittelstrafrecht angeführt[434]. Aber auch das Disziplinarrecht der Beamten und das Standesrecht der Rechtsanwälte gehören hierher[435].

Bei einem *director* könnte es sich um einen Experten für das auf die Scheinauslandslimited anwendbare, deutsche Strafnormen ausfüllende englische Ge-

---

[430] *BVerfGE* 48, 48, 57; *BVerfGE* 75, 329, 343 und 345.
[431] *Satzger* Internationales und Europäisches Strafrecht, § 8 Rn. 75.
[432] *Ambos* Internationales Strafrecht, § 11 Rn. 27.
[433] *BVerfGE* 48, 48, 57; *BVerfGE* 75, 329, 343 und 345.; *Satzger* Internationales und Europäisches Strafrecht, § 8 Rn. 75.
[434] *Satzger* JuS 2004, 943, 944.
[435] *BVerfGE* 26, 186, 203 f.

sellschaftsrecht handeln. In der Literatur wird das Expertenstrafrecht bisweilen auf das Nebenstrafrecht beschränkt[436], da sich das Strafrecht im Kern an die Allgemeinheit richte. Entscheidend aber kann diese Differenzierung nicht sein. Maßgeblich ist allein, ob dem im konkreten Fall angesprochenen Adressatenkreis die Rechtsauffindung zumutbar ist oder nicht. Den *directors* englischer Limiteds werden umfangreiche Informationen zu den rechtlichen Grundlagen ihres Tätigwerdens durch das *Companies House* zur Verfügung gestellt. Und der Umstand, dass englisches Gesellschaftsrecht auch auf Scheinauslandslimiteds anwendbar ist, ist ja gerade der entscheidende Grund, der für den sprunghaften Anstieg dieser Gesellschaftsform in Deutschland gesorgt hat. Es ist daher davon auszugehen, dass der „verständige *director*" einer Scheinauslandslimited hinreichend über die in Bezug genommenen englischen gesellschaftsrechtlichen Regelungen und deren Anwendbarkeit informiert ist. Für dieses Ergebnis spricht auch die Rechtsprechung des BVerfG, durch die die Regeln des Expertenstrafrechts auf die Pflichten von Kaufleuten nach dem HGB und der Konkursordnung übertragen wurden[437]. Vor dem Hintergrund der Europäisierung des Wirtschaftsrechts muss der Grundsatz gelten, dass derjenige, der sich im Wirtschaftsleben betätigt, sich über das geltende Recht zu informieren hat[438]. Insofern gilt für den *director* nichts anderes als für den Geschäftsführer einer GmbH. So wie sich Letzterer bewusst dafür entscheidet, das Recht der GmbH zur Grundlage und zum Maßstab seines Verhaltens zu machen und sich entsprechend informieren muss, entscheidet sich der *director* bewusst für das Recht der Limited als Grundlage und Maßstab seiner Tätigkeit und unterliegt entsprechenden Informationspflichten[439].

B. Rechtsstaatsprinzip

Das Rechtsstaatsprinzip, Art. 20 Abs. 3 GG, normiert die Bindung der Rechtsprechung an Gesetz und Recht. Dies beinhaltet die Verpflichtung der staatlichen Gewalt, die jeweiligen Gesetze effektiv anzuwenden und umzusetzen. Gerade die Anwendung deutscher Strafrechtsnormen unter Ausfüllung durch ausländisches Gesellschaftsrecht wirft allerdings praktische Durchführungsprobleme auf. Allein

---

[436] Vgl. *Satzger* JuS 2004, 943, 944; vgl. *Mansdörfer* Jura 2004, 297, 305.
[437] *BVerfGE* 48, 48, 57 ff.
[438] Vgl. *OLG Schleswig* DStR 2010, 564; *Schröder* NStZ 2006, 669, 673.
[439] *Radke* GmbHR 2008, 729, 735.

hinsichtlich EU-Scheinauslandsgesellschaften müssen Staatsanwaltschaften und Gerichte Kenntnisse in 27 mitgliedstaatlichen Rechtsordnungen haben. Darüber hinaus müssen sie wissen, wie das Recht in den jeweiligen Mitgliedsstaaten tatsächlich „gelebt" wird[440]. Die reine Kenntnis des geschriebenen Rechts genügt nicht. Teilweise wird vertreten, dass es unrealistisch sei, dies zu verlangen[441]. In der Anwendung ausländischen Rechts durch deutsche Gerichte hat Oehler daher einst einen Verstoß gegen das Rechtsstaatsprinzip gesehen. In der Fremdrechtsanwendung lägen „unübersehbare Ungerechtigkeiten, Ungereimtheiten und auch Härten"[442]. Andere meinen, diese Einschätzung müsse erst recht für die Anwendung ausländischen Gesellschaftsrechts gelten, wenn dies im Zentrum eines strafrechtlichen Vorwurfs stünde[443].

Trotz der unbestreitbar existenten Probleme, die eine Fremdrechtsanwendung mit sich bringt, liegt ein Verstoß gegen das Rechtsstaatsprinzip nicht vor. Die vorgebrachten Argumente für eine Rechtsstaatswidrigkeit basieren auf einer Generalisierung der Problematik. Richtig ist vielmehr, dass im Einzelfall immer die Möglichkeit besteht, die Rechtslage und das gelebte Recht eines anderen Mitgliedsstaates zu erfassen. Dabei stehen jedem Gericht und jeder Staatsanwaltschaft vielfältige Möglichkeiten offen, sich die erforderlichen Kenntnisse anzueignen. Es können Informationen durch Sachverständigengutachten eingeholt oder von Behörden, Botschaften, Konsulaten, Universitäten und Max-Planck-Instituten erlangt werden. Von der Erkennbarkeit ausländischen Rechts, der Beherrschbarkeit ausländischer Rechtsordnungen und der Perspektive des konkreten Einzelfalles geht zudem nicht nur allgemein die deutsche Rechtsordnung aus[444], vielmehr enthält das Strafrecht selbst Regelungen, die diese Sichtweise bestätigen. So ist die Rechtslage am ausländischen Tatort entscheidend für die Geltung deutschen

---

[440] *Mankowski/Bock* ZStW 120 (2008), 704, 731; zum *law in action* siehe *Rheinstein* Einführung in die Rechtsvergleichung, S. 7; *Kiethe* RIW 2007, 361, 364: Im Rahmen des § 293 ZPO beziehen sich die Ermittlungspflichten des Gerichts „nicht nur auf die Bestimmungen des ausländischen Gesetzesrechts selbst, sondern auch auf deren Auslegung und Anwendung."
[441] *Mosiek* StV 2008, 94, 99; *Altmeppen* NJW 2004, 97, 98: „Es bedarf keiner näheren Erläuterung, dass das der bare Unsinn ist!"
[442] *Oehler* Internationales Strafrecht, Rn. 744 f.
[443] *Schlösser* wistra 2006, 81, 87.
[444] Siehe dazu Art. 14 Abs. 2 und 3, Art. 17 Abs. 1 EGBGB, Art. 3 Abs. 1 Satz 1 Rom I-VO sowie Art. 14 Abs. 1 Rom II-VO.

Strafrechts gemäß § 7 Abs. 2 StGB[445] und in § 370 Abs. 6 AO hat sich der Gesetzgeber ausdrücklich für die Anwendung von Fremdrecht im Rahmen des Unrechtstatbestandes der Steuerhinterziehung entschieden. In die gleiche Richtung weist ferner die jüngste Entwicklung zum strafrechtlichen Amtsträgerbegriff. Das geplante Strafrechtsänderungsgesetz[446] enthält mit § 335a Abs. 1 Nr. 2 lit. a Entwurfsfassung eine Regelung, die für die Anwendung der §§ 332 und 334 StGB vorsieht, einem sonstigen Amtsträger im Sinne von § 11 Abs. 1 Nr. 2 lit. c StGB einen „Bediensteten eines ausländischen Staates" sowie eine „Person" gleichzustellen, die „beauftragt ist, öffentliche Aufgaben für einen ausländischen Staat wahrzunehmen". Die Gesetzesbegründung enthält keine eigenständige Definition, wer genau zu dem Personenkreis zählt, für den diese Gleichstellung gilt. Verwiesen wird insoweit vielmehr auf das Strafrechtsübereinkommen des Europarates über Korruption[447], welches seinerseits in Art. 1 lit. a ausdrücklich auf das innerstaatliche Recht desjenigen Landes verweist, in dem die betreffende Person die jeweilige Aufgabe wahrnimmt. Ob jemand Bediensteter eines ausländischen Staates oder beauftragt ist, öffentliche Aufgaben für einen ausländischen Staat wahrzunehmen, bestimmt sich damit nach dem jeweiligen Recht des ausländischen Staates[448]. Ferner ist speziell hinsichtlich der Anwendung ausländischen Gesellschaftsrechts eine weitere durch das Strafrechtsänderungsgesetz geplante Neuerung zu berücksichtigen. Zukünftig soll im Rahmen des Tatbestandes der Bestechlichkeit und der Bestechung im geschäftlichen Verkehr nach § 299 StGB auch derjenige Angestellte oder Beauftragte eines Unternehmens strafbar sein, der im geschäftlichen Verkehr einen Vorteil für sich oder einen Dritten als Gegenleistung dafür fordert, sich versprechen lässt oder annimmt, dass er bei dem Bezug von Waren oder Dienstleistungen seine Pflichten gegenüber dem Unternehmen ver-

---

[445] Jedoch wird auch bei 7 Abs. 2 StGB die praktische Undurchführbarkeit der Tatortstrafbarkeit diskutiert, *Schmitz* in FS für *Grünwald*, S. 619, 632 ff.; *Mosiek* StV 2008, 94, 98; vgl. ferner *Oehler* Internationales Strafrecht, Rn. 744 f. und 151a ff.
[446] BT-Drs. 16/6558. Der Gesetzentwurf vom 04.10.2007 wurde bis zum Ende der Legislaturperiode im Jahre 2009 allerdings nicht verabschiedet.
[447] Vgl. dazu BT-Drs. 16/6558, S. 16.
[448] Zu der Auseinandersetzung, ob der Amtsträgerbegriff im Sinne von Art. 2 § 1 Nr. 2 Buchstabe a IntBestG nach dem Recht des Staates zu bestimmen ist, in dem der Betreffende tätig ist, oder in entsprechender Anwendung der Merkmale des deutschen Amtsträgerbegriffs in § 11 Abs. 1 Nr. 2 StGB oder anhand einer autonomen Begriffsbestimmung aufgrund des dem IntBestG zugrunde liegenden OECD-Abkommens, siehe *BGH*, Urteil v. 29.08.2008 – 2 Str. 587/07 (S. 29 f. des Umdrucks).

letzt. Entsprechendes soll für den Bestechenden gelten. Ob ein Verhalten gegenüber dem eigenen Unternehmen jedoch eine Pflichtverletzung darstellt oder nicht, kann nur durch einen Rückgriff auf das jeweilige ausländische Arbeits- und Gesellschaftsrecht beurteilt werden[449].

Darüber hinaus ist ein Blick ins Zivilrecht hilfreich. Denn dort ist es für Richter Alltag, ausländisches Recht anzuwenden[450]. So ist völlig unstreitig, dass Auseinandersetzungen über schuldrechtliche Verträge vor deutschen Gerichten nicht immer nach deutschem Recht entschieden werden. Dies schon deshalb, weil sich nicht in jedem Fall der deutsche Vertragspartner mit seiner Forderung gegenüber dem ausländischen Vertragspartner durchsetzen kann, deutsches Recht gemäß Art. 3 Abs. 1 Satz 1 Rom I-VO zur lex contractus zu wählen. Aber auch auf dem Gebiet des Erb- und Familienrechts kommt es regelmäßig zur Anwendung ausländischen Rechts[451]. Beispielsweise können Ehegatten für die allgemeinen Wirkungen der Ehe – und aufgrund von Art. 17 Abs. 1 EGBGB auch für die Scheidung und ihre Folgen – nach Art. 14 Abs. 2 EGBGB die Anwendbarkeit des gemeinsamen Heimatrechts der Ehegatten vereinbaren. Hinsichtlich der Ermittlung und Anwendung des ausländischen Rechts gilt im deutschen Zivilprozessrecht im Ergebnis der Amtsermittlungsgrundsatz[452]. Ausländische Normen werden als Rechtssätze behandelt, nicht als Tatsachen[453]. Das Gericht hat daher die Möglichkeit einer Beweiserhebung, kann aber auch jede andere Erkenntnisquelle nutzen, § 293 Abs. 2 ZPO. Anerkannte Formen der Kenntniserlangung sind die eigene Ermittlung durch Literatur und kompetente Personen (Kollegen, Wissenschaftler und Praktiker), das formlose Ersuchen um Vorlage von Akten und Erteilung von Auskünften

---

[449] *Mosiek* StV 2008, 94, 96.
[450] BHG NJW-RR 2002, 1359, 1360: Der Tatrichter hat das für seine Entscheidung maßgebliche ausländische Recht nach § 293 ZPO von Amts wegen zu ermitteln. Zu ermitteln und anzuwenden ist jedoch nicht nur das Gesetzesrecht, sondern das Recht, wie es der Richter des betreffenden Landes auslegt und anwendet. Die Ermittlungspflicht umfasst also die ausländische Rechtspraxis, wie sie in der Rechtsprechung der Gerichte des betreffenden Landes zum Ausdruck kommt. In welcher Weise der Richter sich die notwendigen Kenntnisse verschafft, liegt in seinem pflichtgemäßen Ermessen.
[451] OLG Zweibrücken Urt. v. 24.4.2007 - 5 UF 74/05. In diesem Urteil wurde einer Iranerin das ihr nach iranischem Recht zustehende Brautgeld zugebilligt; vgl. auch *Sandrock* BB 2004, 897, 900.
[452] BGH NJW 2003, 2685, 2686; *Rühl* RabelsZ 71 (2007), 559, 568; *Trautmann* ZEuP 2006, 283, 296.
[453] *Prütting* in MünchKomm zur ZPO, § 293 Rn. 1; Dogmatisch betrachtet greift der Grundsatz iura novit curia jedoch nicht, *Goette* ZIP 2006, 541, 544 f.

von Behörden (zum Beispiel Auslandsvertretungen und Ministerien), aber auch die Beauftragung von Sachverständigen zur Erstellung von Gutachten. Darüber hinaus können die Parteien zum Erkenntnisgewinn beitragen[454]. Steht das Recht eines Staates in Rede, das dem Londoner Rechtsauskunftsübereinkommen vom 7. Juni 1968[455] beigetreten ist, kann auch ein Auskunftsersuchen nach den Bestimmungen dieses Übereinkommens in Verbindung mit dem deutschen Ausführungsgesetz[456] gestellt werden[457].

Im Ergebnis ist daher Schlösser zuzustimmen, der die Auffassung vertritt, dass ein Verstoß gegen das Rechtsstaatsprinzip jedenfalls dann vermieden werden kann, wenn alle Verfahrensbeteiligten, also Richter, Staatsanwälte und Verteidiger, hinreichend für die Problematik der Fremdrechtsanwendung sensibilisiert sind[458].

C. Geltungs- und Anwendungsbereich ausländischen Rechts

Die Inbezugnahme ausländischer Vorschriften erfordert für jede einzelne in Bezug genommene Norm eine Auseinandersetzung mit ihrem individuellen Geltungs-[459] und Anwendungsbereich[460]. Schließlich könnte es sein, dass die jeweilige englische Regelung selbst gar nicht auf Auslandssachverhalte angewendet werden will oder zumindest nicht von ausländischen Rechtsanwendern angewendet werden soll.

---

[454] *Rühl* RabelsZ 71 (2007), 559, 569 ff.
[455] Vgl. das Zustimmungsgesetz, BGBl. II 1974, S. 937 ff., die Bekanntmachung über das Inkrafttreten, BGBl. II 1975, S. 300, sowie das Zusatzprotokoll vom 15.3.1978, BGBl. II 1987, S. 58 ff. und 593 (Bekanntmachung über das Inkrafttreten) betreffend die Erstreckung auf das Strafrecht; dazu auch *Geimer* NJW 1987, 2131, 2131 f.
[456] BGBl. I 1974, S. 1433 f.
[457] *Geimer* in Zöller ZPO, § 293 Rn. 22; Das Vereinigte Königreich hat das Londoner Rechtsauskunftsübereinkommen v. 7.6.1968 ratifiziert (*European Convention on Information on Foreign Law 1968*), bislang aber kein Umsetzungsgesetz erlassen, sondern nur die zuständige Stelle (*Legal Executive Branch of the Foreign and Commonwealth Office*) benannt, *Trautmann* ZEuP 2006, 283, 302.
[458] *Schlösser* wistra 2006, 81, 87.
[459] Der Geltungsbereich einer Norm ist das Gebiet, in dem Gerichte und Behörden an sie gebunden sind, d. h. die Norm anwenden und durchsetzen, *Vogel* in *Assmann/Schneider* WpHG, § 20a Rn. 47.
[460] Der Anwendungsbereich einer Norm ist das räumliche Gebiet der Sachverhalte, auf welche die Norm anwendbar ist. Dieses Gebiet kann auf das Inland beschränkt sein, aber auch grenzüberschreitende Sachverhalte erfassen, *Vogel* in *Assmann/Schneider* WpHG, § 20a Rn. 48.

Der Geltungs- und Anwendungsbereich einer ausländischen Regelung wird regelmäßig anhand seines Verhältnisses zum (im 7. Kapitel A. näher untersuchten) nationalen Strafanwendungsrecht gemäß §§ 3 ff. StGB thematisiert. So wird bisweilen vertreten, dass es auf den Geltungs- und Anwendungsbereich der in Bezug genommenen Normen nicht ankäme. Entscheidend sei allein, ob im konkreten Fall das Strafrecht nach deutschem Strafanwendungsrecht anwendbar sei. Daher sei etwa im Rahmen der Verbotstatbestände des § 14 WpHG deren verwaltungsrechtliche Natur und das insoweit geltende öffentlich-rechtliche Territorialitätsprinzip unbeachtlich. Denn § 14 WpHG sei Ausfüllungsnorm des Straftatbestandes § 38 Abs. 1 WpHG und insoweit materielles, den §§ 3 ff. StGB unterliegendes, Strafrecht[461]. Dieser Ansicht kann nicht gefolgt werden. Ein Straftatbestand kann den Geltungs- und Anwendungsbereich einer außerstrafrechtlichen Norm nicht erweitern[462] Das Strafrecht dient insoweit allein als Sanktionierung für die Nichteinhaltung eines verwaltungsrechtlichen Verbotes. Es sichert auf diese Weise die Durchsetzung des Verwaltungsrechts (einschließlich der räumlichen Geltung) und nimmt daher bloß eine unselbständige Hilfsfunktion wahr[463]. Umgekehrt kann es auch nicht allein auf den Geltungs- und Anwendungsbereich der in Bezug genommenen Norm ankommen[464], da dies auf eine Erweiterung der §§ 3 ff. StGB hinausliefe, was mit dem strafrechtlichen Gesetzlichkeitsprinzip nicht zu vereinbaren wäre[465]. Überzeugend ist daher eine kumulative Prüfung des deutschen Strafanwendungsrechts gemäß §§ 3 ff. StGB einerseits sowie des Geltungs- und Anwendungsbereichs der jeweils in Bezug genommenen Norm andererseits. Ein Verhalten ist nur dann nach deutschem Recht strafbar, wenn deutsches Strafrecht gemäß §§ 3 ff. StGB anwendbar ist und der in Rede stehende Sachverhalt in den Geltungs- und Anwendungsbereich der in Bezug genommenen (ausländischen) Norm fällt[466].

Bei englischem Gesellschaftsrecht kommt es auch unter Beachtung des Geltungs- und Anwendungsbereichs der Regelungen zu keinen Einschränkungen der

---

[461] Vgl. *Peltzer* ZIP 1994, 746, 750.
[462] Ganz herrschende Meinung, *Vogel* in Volk Münchener AnwaltsHandbuch, § 14 Rn. 20 f.; *Vogel* in *Assmann/Schneider* WpHG, § 38 Rn. 63; *Kondring* WM 1998, 1369, 1371.
[463] *Kondring* WM 1998, 1369, 1370 f.
[464] Ein Beispiel zu dieser Fallkonstellation findet sich bei *Tiedemann* Wirtschaftsstrafrecht AT, S. 153 (Kartellordnungswidrigkeitenrecht); vgl. auch bei *Kondring* WM 1998, 1369, 1370.
[465] *Vogel* in Volk Münchener AnwaltsHandbuch, § 14 Rn. 21.
[466] Vgl. *BGH* NJW 2004, 1674, 1674 f.; *Vogel* in Volk Münchener AnwaltsHandbuch, § 14 Rn. 22.

Strafbarkeit eines *directors* in Deutschland. Vor allem hinsichtlich des Anwendungsbereichs gilt, dass das englische Gesellschaftsrecht gerade dadurch gekennzeichnet ist, dass es auch auf Sachverhalte angewendet werden will, die sich außerhalb der Grenzen Englands abspielen. Der Wille zur weltweiten Anwendbarkeit englischen Gesellschaftsrechts auf in England gegründete Gesellschaften findet sich historisch zum ersten Mal im 18. Jahrhundert. Als zu jener Zeit die nach heimischem Recht gegründeten englischen Handelsgesellschaften teilweise ihre tatsächlichen Verwaltungssitze nach Übersee verlegten, wollte der englische Staat sie gleichwohl unter heimischer Rechtsherrschaft belassen. Aus dieser Zielsetzung hat sich letztlich in England die Gründungstheorie entwickelt[467], nach der allein das *domicile* Anknüpfungspunkt für die Beantwortung der Frage ist, welches Gesellschaftsstatut auf eine Gesellschaft Anwendung findet[468], die *residence* hingegen insoweit bedeutungslos ist[469]. Die Gebundenheit deutscher Gerichte und Behörden zur Anwendung und Durchsetzung des englischen Gesellschaftsrechts, also die Erstreckung des Geltungsbereichs der Normen nach Deutschland, folgt aus der Niederlassungsfreiheit.

D. Fortbildung englischen Gesellschaftsrechts durch deutsche Gerichte
Die strafrechtliche Bedeutung der gesellschaftsrechtlichen Rechtsfortbildung zeigt sich anschaulich im Falle der durch den BGH kreierten (und im 8. Kapitel B. I. 4. b. näher erörterten) Existenzvernichtungshaftung. Durch sie hatte der BGH zunächst nur ein zivilrechtliches Haftungskonzept für die Gesellschafter einer GmbH entwickelt, die ihre Gesellschaft durch missbräuchliche und kompensationslose Eingriffe in das Gesellschaftsvermögen in die Insolvenz führen oder eine solche vertiefen. Nachfolgend aber hat diese Rechtsprechung auch im Strafrecht ihre Spuren hinterlassen. So hält der BGH im Rahmen der Untreue, § 266 StGB, eine Zustimmung aller Gesellschafter dann für unbeachtlich – und daher auch nicht tatbestandsausschließend – wenn eine vermögensrelevante Disposition ih-

---

[467] *Neumann* Das *genuine link*-Kriterium, S. 45.
[468] *Bank of Ethiopia v National Bank of Egypt* (1937) Ch 513; *Rajak* EWS 2005, 539, 544.
[469] Vgl. *Triebel/v. Hase/Melerski* Die Limited, S. 20 f.

rerseits oder des Geschäftsführers das Stammkapital oder die wirtschaftliche Existenz der Gesellschaft bedroht[470].

Grund für die Notwendigkeit einer Rechtsfortbildung ist die Lückenhaftigkeit bestehender Regelungen oder das gänzlichen Fehlen von Regelungen in einem bestimmten Bereich. Dies gilt sowohl für das deutsche als auch für das englische Recht. Da nun deutsche Gerichte verpflichtet sind, im Fall von Scheinauslandslimiteds englisches Gesellschaftsrecht anzuwenden, ist es nicht ausgeschlossen, dass auch sie in die Situation kommen, eine Regelungslücke des englischen Gesellschaftsrechts im Wege der Rechtsfortbildung schließen zu müssen[471]. Denn obwohl mit dem CA 2006 mittlerweile ein umfangreiches Gesetzeswerk existiert, kann auch dies nicht den Anspruch erheben, alle denkmöglichen gesellschaftsrechtlichen Sachverhaltskonstellationen zu erfassen und somit eine Rechtsfortbildung überflüssig zu machen.

Gerade bei Scheinauslandsgesellschaften wird es noch aus einem anderen Grund immer wieder zu Rechtsfortbildungen durch deutsche Gerichte kommen (müssen). Es ist nämlich schlichtweg unvorstellbar, dass beim europarechtlich erzwungenen Ineinandergreifen verschiedener Rechtsmaterien (Strafrecht und Gesellschaftsrecht) zweier verschiedener Rechtsordnungen (Deutschland und England) keinerlei Wertungswidersprüche auftauchen, die nicht durch Rechtsfortbildung aufgelöst werden müssten. Diese Annahme basiert auf dem Umstand, dass es sich auch in anderen legislativ nicht harmonisierten Rechtsgebieten als zwingend erforderlich erwiesen hat, im Einzelfall auf richterliche Rechtsfortbildungen zurückzugreifen[472].

Ob eine solche Rechtsfortbildung jedoch zulässig ist, bedarf sowohl aus der Sicht des deutschen (dazu unter I.) und englischen (dazu unter II.) als auch des europäischen Rechts (dazu unter III.) der Klärung.

---

[470] *Fischer* StGB, § 266 Rn. 93 ff.; Vergleichbares gilt für die Schaffung der sog. Rechtsprechungsregeln zum Eigenkapitalersatz durch den BGH, siehe *Schmidt* JZ 2009, 10, 12, und 8. Kapitel B. I. 4. c.
[471] Siehe ausführlich zur Rechtsfortbildung im Recht der GmbH *Schmidt* JZ 2009, 10, 12 und 15 ff.
[472] Vorwiegend besteht beim Aufeinandertreffen unterschiedlicher Rechtssysteme im Einzelfall das Erfordernis der Harmonisierung der in Rede stehenden Sachnormen, nur ausnahmsweise auch von Verfahrensnormen, *OLG Köln* FamRZ 1995, 1200, 1201; Ferner *Heiderhoff* IPRax 2007, 118, 118 f. mit Verweis auf eine Entscheidung des OLG Stuttgart, in der eine dem deutschen Prozessrecht unbekannte „Rückkehraufforderung" des türkischen Ehescheidungsrechts ersetzt wurde.

I. Zulässigkeit nach deutschem Recht

Die Zulässigkeit der richterlichen Rechtsfortbildung ist allgemein anerkannt[473]. Ihre Notwendigkeit ergibt sich aus der offenen Formulierung der anzuwendenden Normen, der eingeschränkten Reaktionsmöglichkeit des Gesetzgebers und dem steten Wandel des Normumfeldes[474]. Dem BVerfG ist daher zuzustimmen, wenn es die Rechtsfortbildung durch die Judikative als „geradezu unentbehrlich" im modernen Rechtsstaat charakterisiert[475].

Vor diesem Hintergrund ist die Zulässigkeit der in Einzelfällen zweifellos erforderlichen Einpassung englischen Gesellschaftsrechts im Wege der Rechtsfortbildung durch deutsche Gerichte zu bejahen. Erstens sind deutsche Richter schon unionsrechtlich verpflichtet, englisches Gesellschaftsrecht so anzuwenden, wie es auch ein Richter in England anwenden würde[476] und umfasst diese Pflicht notwendigerweise die Klärung des Inhalts des Gründungsstatuts nach den Grundsätzen des englischen Rechts und dessen Rechtsfindungsmethoden[477]. Zu Letzteren gehört insbesondere das *case law*, das wiederum genuin die Befugnis zu seiner Setzung beziehungsweise Weiterentwicklung enthält, zu der jeder Richter berufen ist[478]. Das muss auch für deutsche Richter gelten. Zweitens spricht ein Vergleich mit ähnlich gelagerten Fällen in anderen Rechtsgebieten für die Zulässigkeit der Rechtsfortbildung von englischem Gesellschaftsrecht durch deutsche Gerichte. Diese Methode ist nämlich anerkannt beispielsweise bei der Anwendung ausländischen, häufig türkischen Familienrechts durch deutsche Gerichte[479].

---

[473] *BVerfGE* 34, 269, 287 f.; *BVerfGE* 88, 145, 166 f.; zu den Grenzen der zulässigen Rechtsfortbildung *Vogenauer* Die Auslegung von Gesetzen, Band I, S. 148 ff.
[474] *Herresthal* Rechtsfortbildung im europarechtlichen Bezugsrahmen, S. 289.
[475] *BVerfGE* 69, 188, 203.
[476] *Schall* DStR 2006, 1229, 1231; vgl. allgemein *Samtleben* NJW 1992, 3057, 3060; ferner *Leible/Domröse* in *Riesenhuber* Europäische Methodenlehre, § 9 Rn. 53 f.; Dies folgt aus dem Grundsatz der Gemeinschaftstreue gemäß Art. 10 EGV, der die Judikative verpflichtet, die praktische Wirksamkeit des Gemeinschaftsrechts nicht zu gefährden, sondern für seine volle Wirksamkeit Sorge zu tragen, *Herresthal* Rechtsfortbildung im europarechtlichen Bezugsrahmen, S. 70 und 173.
[477] Zu diesen eingehend *Vogenauer* Die Auslegung von Gesetzen, Band II, S. 669 ff.
[478] *Schall* DStR 2006, 1229, 1231.
[479] *OLG Hamm* NJW-RR 1993, 1155, 1155: In seinem Urteil gewährte das Gericht einer türkischen Ehefrau gegenüber ihrem türkischen Ehemann einen nach dem anwendbaren türkischen Recht nicht bekannten Auskunftsanspruch, um in einem zweiten Schritt einen Trennungsunterhaltsanspruch durchzusetzen. Diese Form der Rechtsfortbildung war notwendig, um Unstimmigkeiten zwischen den unterschiedlichen Prozessordnungen zu schließen.

Gegen die Zulässigkeit der Fortbildung englischen Gesellschaftsrechts spricht auch weder das völkerrechtliche Gebot der Nichteinmischung noch eine mögliche ablehnende Bewertung der Rechtsfortbildung in potentiell gleichgelagerten zukünftigen Fällen durch englische Gerichte. Denn bei der Rechtsfortbildung durch deutsche Gerichte geht es allein um die Anwendung von Recht in Deutschland. Die Rechtsfortbildung erlangt keine Bindungswirkung für englische Gerichte[480]. Außerdem besteht durch die europarechtliche Pflicht deutscher Gerichte zur Anwendung englischen Gesellschaftsrechts ein legitimer Anknüpfungspunkt für die Rechtsfortbildung. Es geht gerade nicht um einen willkürlichen Einbruch in die englische Staatensouveränität.

Schließlich kann auch aus dem Rechtsstaatsprinzip, Art. 20 Abs. 3 GG, nicht per se ein Einwand gegen die Rechtsfortbildung abgeleitet werden. Zwar besagt dieses, dass die Grenzen judikativer Rechtsfortbildung überschritten sind, wenn sie sich in Wahrheit als Rechtssetzung darstellt, sich die Rechtsprechung demnach als Quasi-Gesetzgeber geriert[481] und ist ferner richtig, dass durch englische Gerichte fortgebildetes Recht den Status verbindlichen Rechts besitzt. Doch ist insofern zu beachten, dass diese Art der Rechtssetzung dem *case law* immanent ist[482].

II. Zulässigkeit nach englischem Recht

Im englischen Rechtssystem des *common law* bildet die richterliche Rechtsfortbildung ein zentrales Element, das für alle Rechtsbereiche gilt und nur verhältnismäßig geringen Schranken unterliegt[483]. Daher überrascht es nicht, dass auch im englischen Recht gesellschaftsrechtliche Rechtsfortbildungen möglich sind, die strafrechtliche Konsequenzen nach sich ziehen. So wurde etwa die Rechtsfigur des *constructive trust* entwickelt, nach der gilt: „*A fiduciary who uses his position of trust to acquire a benefit for himself holds that benefit on constructive trust for*

---

[480] Dazu unter II.
[481] *BVerfGE* 96, 375, 394; *BVerfG* NJW 2000, 3635, 3636.
[482] Dass die Rechtsfortbildung durch deutsche Gerichte in England keine Bindungswirkung entfaltet, kann hingegen kaum als Argument angeführt werden, da es insoweit auf den konkreten Fall in Deutschland ankommt. Und dort ist die Rechtsfortbildung im konkreten Fall sehr wohl verbindlich.
[483] In welchem Maße englische Richter im Rahmen der Rechtsfortbildung Restriktionen unterliegen, hängt allerdings davon ab, ob sich in dem jeweiligen Rechtsbereich gesetzliche Regelungen finden oder nicht. Denn natürlich darf die Rechtsfortbildung auch in England nicht gegen *statutory law* verstoßen. Siehe dazu *Kühne* GA 2005, 195, 202.

his beneficiary."[484] Strafrechtlich relevant ist dies unter anderem in Konstellationen, in denen ein *director* Geschäftschancen der Gesellschaft für sich nutzt, anstatt sie für die Limited auszuschöpfen. Während nämlich eine Geschäftschance als solche nicht Gegenstand des Straftatbestandes des *theft* sein kann, ist an dem durch das Nutzen der Geschäftschance erlangten Profit *theft* sehr wohl möglich, da der *director* diesen Profit aufgrund der Rechtsfigur des *constructive trust* gerade nicht für sich selbst, sondern für die Limited hält[485]. Behält der *director* also den Profit, kann der Straftatbestand des Diebstahls erfüllt sein.

Wird englisches Gesellschaftsrecht durch deutsche Gerichte fortgebildet, steht dem englisches Recht nicht entgegen. Durch eine solche Rechtsfortbildung kommt es nämlich nicht zu einer Bindung englischer Gerichte. Aufgrund der Mitgliedschaft des Vereinigten Königreichs in der EU sind englische Gerichte zwar selbstverständlich dazu verpflichtet, die Rechtsprechung des EuGH zu beachten. Vergleichbares gilt aber nicht für die Rechtsprechung der Gerichte der Mitgliedsstaaten der EU. Rechtstatsächlich werden deren Entscheidungen nicht einmal besonders häufig als Erkenntnisquelle herangezogen[486]. Dies zeigt sich etwa in einem Zitat von Lord Bingham in Fairchild v Glenhaven Funeral Services Ltd[487]: „*Development of the law in this country cannot of course depend on a head count of decisions and codes in other countries around the world, often against a background of different rules and traditions. The law must be developed coherently, in accordance with principles, so as to serve, even-handedly, the ends of justice. If, however, a decision is given in this country which offends one's basic sense of justice, and if consideration of international sources suggests that a different and more acceptable decision would be given in most other jurisdictions, whatever their legal tradition, this must promt anxious review of the decision in question.*" Englische Gerichte können ohnehin abweichende Entscheidungen treffen, was zugleich ein (inzidentes) *overruling* des durch deutsche Gerichte geschaffenen

---

[484] *Goff/Jones* The Law of Restitution, S. 713.
[485] Siehe 6. Kapitel A. I. 1. b.; *Simester/Sullivan* Criminal Law, S. 444 f., die insoweit auch sec. 5 (1) Theft Act 1968 heranziehen.
[486] *Schiemann* EuR 2003, 17, 17 ff.; Anders verhält es sich allerdings, wenn internationale Konventionen in Rede stehen, denen Großbritannien beigetreten ist. Insoweit greifen englische Gerichte regelmäßig auf Gerichtsentscheidungen anderer Vertragsstaaten zurück. Dazu *Schiemann* EuR 2003, 17, 22 f., der u. a. auf den Fall *Raiffeisen Zentralbank Österreich AG v Five Start Trading LLC and others* (2001) QB 825 verweist, in welchem der Court of Appeal gleich auf zwei Entscheidungen des BGH Bezug nimmt.
[487] (2002) UKHL 22, zitiert nach *Schiemann* EuR 2003, 17, 30 f.

case law bedeutet[488]. Denn mit der neuen Entscheidung ändert sich das für deutsche Gerichte maßgebliche englische Recht.

III. Vereinbarkeit mit der Niederlassungsfreiheit
Eine Rechtsfortbildung, die tatsächlich auf dem Boden des englischen Gesellschaftsrechts stattfindet, bedeutet keinen Eingriff in die Niederlassungsfreiheit, da sie noch und gerade als englisches Gründungsrecht gilt. Sie verwirklicht vielmehr die Niederlassungsfreiheit. Erst wenn sich die Rechtsfortbildung zu weit vom Gründungsstatut entfernt, wird man sie am Vier-Konditionen-Test zu messen haben. Unklar ist insofern allerdings die Grenzziehung zwischen noch unbedenklicher Rechtsfortbildung und schon rechtfertigungsbedürftiger Beeinträchtigung des Gründungsstatuts. Letztlich werden Gerichte diese Frage nicht nur anhand der Grundzüge der Limited selbst, sondern anhand des gesamten englischen Gesellschaftsrechts zu untersuchen haben. Erst vor diesem Hintergrund kann beurteilt werden, wann eine Regelung soweit vom bisherigen Regelwerk abweicht, dass von einer bloß unwesentlichen richterlichen Rechtsschöpfung nicht mehr gesprochen werden kann. Wann dieser Punkt überschritten ist, wird stets im Einzelfall zu entscheiden sein. Entscheidend an dieser Stelle ist allein der Umstand, dass es deutschen Gerichten jedenfalls erlaubt ist, bei der Anwendung des ausländischen Gesellschaftsstatuts die mangelnde Harmonisierung zum heimischen Recht zu berücksichtigen, vorhandene Lücken zu schließen und das ausländische Gesellschaftsrecht im Wege der Rechtsfortbildung anzupassen[489].

---

[488] *Schall* DStR 2006, 1229, 1231 (Fußnote 30).
[489] *Triebel/v. Hase/Melerski* Die Limited in Deutschland, S. 144 f.; ferner *v. Hase* BB 2006, 2141, 2143.

5. Kapitel Englische Gesellschaftsformen und Grundzüge der Limited

Bislang ist deutlich geworden, dass das materielle deutsche Strafrecht in nicht unerheblichem Umfang auf Regelungen des englischen Gesellschaftsrechts zurückgreifen muss, soweit es um die Strafbarkeit des *directors* einer Scheinauslandslimited geht. Nachfolgend wird daher ein kurzer Überblick über die englischen Gesellschaftsformen gegeben (dazu unter A.), gefolgt von einer Darstellung der wesentlichen Grundzüge der Limited (dazu unter B.)[490].

Die Einordnung der Limited in das englische Gesellschaftsrechtssystem ist für die strafrechtliche Verantwortlichkeit des *directors* insofern relevant, als dies einen Vergleich mit den aus dem deutschen Recht bekannten Gesellschaftsformen ermöglicht. Erst ein solcher Vergleich gestattet es beispielsweise im Rahmen der Rechtfertigung einer nationalen Sonderanknüpfung, die Rechtslage im Gründungs- und Zuzugsstaat in Beziehung zu setzen. Denn insoweit bilden das deutsche und das englische Gesellschaftsrecht jeweils eigene Maßstäbe, die gegeneinander abzugleichen sind[491]. Maßstabsbildend wirkt das jeweilige nationale Gesellschaftsrecht, indem es etwa durch die Normierung von Mindestkapitalregelungen oder Ausschüttungssperren ein bestimmtes Gläubigerschutzniveau festschreibt.

Die Bedeutung der Grundzüge der Limited für die strafrechtliche Verantwortlichkeit des *directors* erschließt sich auf den ersten Blick. Aus ihnen leitet sich maßgeblich die Rechts- und Pflichtenstellung des *directors* im Verhältnis zur Limited und gegenüber Dritten ab. Das ist insbesondere bei all jenen Straftatbeständen entscheidend, die eine besondere Rechts- und Pflichtenstellung des Täters

---

[490] Englisches Gesellschaftsrecht ist (wie auch englisches Strafrecht, *Och* Der strafrechtliche Schutz, S. 52) verhältnismäßig stark durch Gesetzesrecht bestimmt. Das ist nicht selbstverständlich, da das englische Recht dem Rechtskreis des *common law* angehört, welches im Kern auf einem über Jahre hinweg fortentwickelten richterlichen Fallrecht (*case law*) beruht und bei dem Gesetzesrecht (*statute law*) traditionell eine untergeordnete Rolle spielt, *Graf v. Bernstorff* Einführung in das englische Recht, S. 9 f. Da die kontinentaleuropäische Kodifikationsbewegung des 19. Jahrhunderts an England weitgehend vorbeigegangen ist und auch gegenwärtige Bestrebungen in diese Richtung meist scheitern (im Bereich des Strafrechts zum Beispiel der *Draft Criminal Code*, dazu *Och* Der strafrechtliche Schutz, S. 53; ferner *Law Commission* No 177 (1989) – A Criminal Code for England and Wales), werden häufig nur punktuelle Regelungen getroffen oder wird Richterrecht in Gesetzesform gegossen, *Redmond/Shears* General Principles of English Law, S. 29.

[491] Siehe dazu 3. Kapitel B. III. 4. b. bb. aaa.

gegenüber dem Opfer verlangen, wie dies bei der Untreue, § 266 StGB, der Fall ist.

A. Englische Gesellschaftsformen

Das englische Gesellschaftsrecht kennt im Wesentlichen vier Formen, in denen unternehmerische Betätigung stattfindet. Es gibt Alleinunternehmer (*single* oder *sole trader*), Personengesellschaften (*partnerships*), Kapitalgesellschaften (*companies*[492]) und Organisationsformen für bestimmte Geschäftszweige[493].

Die reinen (*ordinary*) *partnerships* sind vergleichbar mit der deutschen OHG. Sie basieren auf dem Partnership Act 1890 sowie dem *common law* und werden durch einfachen Vertrag gegründet. Daneben gibt es mit der deutschen KG vergleichbare *limited partnerships*. Sie unterliegen grundsätzlich denselben Regeln wie die (*ordinary*) *partnerships*, beruhen darüber hinaus allerdings auf dem Limited Partnership Act 1907 und verlangen neben dem Abschluss eines Vertrages eine Registrierung[494]. Sowohl *partnerships* als auch *limited partnerships* werden durch ihre Gesellschafter geleitet. Da keine dieser Formen der *partnership* rechtsfähig ist[495], haften die Gesellschafter für eingegangene Verbindlichkeiten, bei der *limited partnership* allerdings beschränkt auf ihre Gesellschaftseinlage, soweit es sich um *limited partners* handelt[496].

Bei den *companies* lassen sich grundsätzlich drei Gesellschaftstypen unterscheiden: Es gibt gemäß sec. 3 (1) CA 2006 die *company limited by shares* mit einer auf die Gesellschaftereinlage begrenzten Haftung und die *company limited by guarantee*, bei der die Gesellschafter nur im Falle der Liquidation die bei der Gründung versprochene Einlage leisten müssen, sowie nach sec. 3 (4) CA 2006 die *unlimited company*, bei der die Gesellschafter unbegrenzt haften[497]. Praxis-

---

[492] Umgangssprachlich wird der Begriff *company* sowohl für *companies* als auch für *partnerships* verwendet. Rechtlich aber muss zwischen Kapital- und Personengesellschaften differenziert werden, *Davies* Gower and Davies' Principles of Modern Company Law, S. 4.
[493] Zum Beispiel *unincorporated associations* und *trusts*, *Farrar/Hannigan* Farrar's Company Law, S. 5 f.; Diese Organisationsformen unterliegen zum Teil bestimmten Beschränkungen im Anwendungsfeld, vgl. *Güthoff* Gesellschaftsrecht in Großbritannien, S. 1.
[494] *Schnittker/Bank* Die LLP in der Praxis, S. 5 f.; *Volb* Die Limited, S. 23.
[495] Anders bei der *limited liabiliy partnership*, einer Mischform aus *partnership* und *limited company*, siehe *Mayson/French/Ryan* Company Law, S. 8; *Schnittker/Bank* Die LLP in der Praxis, S. 1 f. und 8 f.; *Just* Die englische Limited in der Praxis, Rn. 7.
[496] *Mayson/French/Ryan* Company Law, S. 7 f.; *Volb* Die Limited, S. 24.
[497] Dazu und zur weiteren Differenzierung *Mayson/French/Ryan* Company Law, S. 47 ff.

relevant ist insbesondere die *company limited by shares*. Sie macht den Hauptteil der insgesamt nahezu 2 Millionen *companies* in Großbritannien aus[498] und existiert in den Varianten der *public* und *private company*. Dabei ist gemäß sec. 4 (1) CA 2006 eine *private limited company* eine solche, die keine *public limited company* ist. Eine *limited company* mit *share capital* wiederum ist stets dann eine *public company*, wenn ihr Inkorporationszertifikat sie als solche ausweist, sec. 4 (2) und (3) CA 2006. Während die *public company limited by shares* häufig als Gegenstück zur deutschen AG gesehen wird[499], wird die *private company limited by shares* regelmäßig mit der deutschen GmbH verglichen[500]. Gleichwohl werden, anders als im deutschen Recht, die verschiedenen Gesellschaftstypen nicht als unterschiedliche Gesellschaftsarten verstanden, sondern als Ausprägungen ein und derselben Kapitalgesellschaft.

B. Englische Limited

I. Ursprung und rechtliche Grundlagen[501]

Die erste Form der Inkorporierung von Personenverbänden in England fand im Wege eines königlichen Verleihungsaktes (*Royal Charta*) statt. Dies geschah im Mittelalter und diente der Errichtung und des Schutzes sozialer Einrichtungen wie *colleges* und Universitäten. Später, in der Elisabethanischen Zeit, wurde die *Royal Charta* vorwiegend dazu verwendet, Handelsinteressen zu sichern und geschäftliche Aktivitäten zu regulieren[502]. Durch den Verleihungsakt wurden eigenständige Rechtspersönlichkeiten geschaffen, die Träger von Rechten und Pflichten waren. Da es die Krone jedoch als *dubious* ansah, ordinäre Handelsgesellschaften mit der Würde einer *Royal Charter* auszustatten, kamen nur die wenigsten Wirtschaftsteilnehmer in den Genuss dieser Form der Inkorporation[503].

---

[498] Entsprechende Statistiken sind abrufbar unter 'http://www.companies-house.gov.uk.'
[499] *Brinkmeier/Mielke* Die Limited (Ltd.), S. 23.
[500] *Rönnau* ZGR 2005, 832, 835 f.; *Ebert/Levedag* GmbHR 2003, 1337, 1339; Eine Gegenüberstellung von Limited und GmbH findet sich bei *Baas-Holler* Geschäftsführerpflichten im englischen und deutschen GmbH-Recht, S. 26 ff.; zu Unterschieden ferner *Müller* BB 2006, 837, 837 ff.; *Happ/Holler* DStR 2004, 730, 731 ff.
[501] Ausführlich *Otte* Das Kapitalschutzsystem der englischen private limited company, S. 7 ff.; *Buchmann* Die Insolvenz der englischen Limited in Deutschland, S. 36 ff.
[502] *Farrar/Hannigan* Farrar's Company Law, S. 16.
[503] *Mayson/French/Ryan* Company Law, S. 5 f.; *Davies* Gower and Davies' Principles of Modern Company Law, S. 21 f.

Dennoch entstanden so im 16. Jahrhundert mit der *regulated company* und der *joint stock company* die ersten Kapitalgesellschaften. Die *regulated company* war eine lose Verbindung von Händlern und Kaufleuten, die hinsichtlich einzelner Handelsprojekte mit ihrem jeweils eigenen Kapital auf eigene Rechnung handelten[504]. Bei der *joint stock company* wurden die Händler auf Basis eines gemeinschaftlichen Gesellschaftsvermögens tätig. Es kam zur Trennung von Kapitalgebern und Geschäftsführung. Die Gesellschaft stützte sich daher auf eine reine Kapitalbeteiligung[505]. Alle Beteiligten leisteten einen Beitrag zum Handelsgut, welches am Ende einer Handelsreise verkauft wurde. Der erzielte Gewinn wurde anteilig an die Beteiligten ausgekehrt. Mit heutigen Kapitalgesellschaften hatten solchermaßen inkorporierte Gesellschaften gemein, dass das Eigentum der Gesellschaft unter der Kontrolle von Direktoren stand und die Existenz der Gesellschaft dem Kontinuitätsprinzip unterlag[506]. Da es sich ferner um eigenständige Rechtspersönlichkeiten handeln konnte, wenn ihnen dieses Privileg durch Gesetz oder *Royal Charta* verliehen wurde[507], hafteten ihre Mitglieder in diesen Fällen auch nicht mehr für die Verbindlichkeiten der Gesellschaft[508].

Die erste moderne[509] gesetzliche Regelung zum Kapitalgesellschaftsrecht erfolgte mit Erlass des Joint Stock Companies Act 1844. Mit ihm wurde sowohl ein Recht auf Inkorporierung als auch ein einfaches Gründungsverfahren eingeführt. Darüber hinaus wurde die Gesellschaft mit der Fähigkeit ausgestattet, Rechtshandlungen im eigenen Namen vorzunehmen. Gesellschaften, die nach dem Joint Stock Companies Act 1844 inkorporiert wurden, waren haftungsrechtlich allerdings *unlimited companies*[510]. Es verblieb bei der persönlichen Haftung der Gesellschafter für die Verbindlichkeiten ihrer Gesellschaft[511]. Dies änderte sich

---

[504] *Farrar/Hannigan* Farrar's Company Law, S. 17, sprechen davon, dass das *guild system* auf den Überseehandel übertragen wurde. Jeder Händler habe mit seinen eigenen Waren gehandelt, dies aber als Mitglied der „Gesellschaft".
[505] *Hilpert* Englische Ltd. und deutsche GmbH, S. 36.
[506] *Buchmann* Die Insolvenz der englischen Limited in Deutschland, S. 36 f.
[507] *Hilpert* Englische Ltd. und deutsche GmbH, S. 36.
[508] *Morse* Charlesworth's Company Law, S. 4 f.; Beispiele für diese Gesellschaftsform sind die berühmte East India Company und die Hudson's Bay Company.
[509] Auch schon zuvor waren Gesetze zum Gesellschaftsrecht erlassen worden. Es handelt sich dabei aber eher um Gesetze zur Bewältigung von Auswüchsen, so insbesondere der Bubble Act 1720, *Farrar/Hannigan* Farrar's Company Law, S. 17 ff.
[510] *Farrar/Hannigan* Farrar's Company Law, S. 20; Es handelte sich insoweit um einen Rückschritt gegenüber den Regelungen des *common law*, *Morse* Charlesworth's Company Law, S. 6.
[511] *Höfling* Das englische internationale Gesellschaftsrecht, S. 95.

durch den Limited Liability Act 1855. Doch galt die Haftungsbegrenzung nur für solche Gesellschaften, die mindestens 25 Mitglieder hatten. Zwar wurde diese Zahl kurze Zeit später durch den Joint Stock Companies Act 1856 auf sieben reduziert[512], doch wurde das Erfordernis einer gewissen Mindestmitgliederzahl nicht vollständig abgeschafft. Vor diesem Hintergrund entwickelte die englische Rechtspraxis die Limited.

Unter Federführung von Sir Francis Palmer schuf die Kautelarpraxis in der zweiten Hälfte des 19. Jahrhunderts mit der Limited eine Organisationsform, welche den Vorzug der beschränkten Haftung mit dem Merkmal eines engen geschlossenen Gesellschafterkreises verband. Höchstrichterliche Anerkennung fand die Limited im Jahre 1897 in der Entscheidung Salomon v. Salomon & Co. Ltd.[513]. In ihr wurde die Überlegung niedergelegt, dass eine *private company* eine von ihren Mitgliedern unabhängige Einheit ist, mithin eine eigene Rechtspersönlichkeit hat[514], und die daraus folgende Haftungsbegrenzung unabhängig von der Zahl der teilhabenden Mitglieder ist[515]. Im Companies Act 1907 wurde die Limited in bilanzrechtlichem Zusammenhang vom englischen Gesetzgeber näher definiert und anhand verschiedener Kriterien von der *public company* abgegrenzt[516].

In den folgenden Jahrzehnten wurden zahlreiche Companies Acts erlassen. Sie enthalten Regelungen zum Minderheitenschutz und zur Bilanzierung[517], zu Informationsrechten für Anteilseigner, Kreditgeber und die Öffentlichkeit[518] sowie zur Disqualifizierung von Personen zur Führung von Gesellschaften[519]. Eine Konsolidierung und zugleich Modifizierung wurde schließlich im Companies Act 1985[520] vorgenommen[521]. Der jüngste gesetzgeberische Akt ist der Companies Act

---

[512] *Davies* Gower and Davies' Principles of Modern Company Law, S. 5.
[513] (1897) AC 22; Zuvor war bereits der Companies Act 1862 erlassen worden, der die *company limited by guarantee* und die *unlimited company* einführte, *Farrar/Hannigan* Farrar's Company Law, S. 21.
[514] *Schröder/Schneider* GmbHR 2005, 1288, 1289.
[515] *Davies* Gower and Davies' Principles of Modern Company Law, S. 5.
[516] *Otte* Das Kapitalschutzsystem der englischen private limited company, S. 10.
[517] CA 1929 (Aufgehoben durch sec. 459 (1) CA 1948 in Verbindung mit Part I Seventeenth Schedule CA 1948).
[518] CA 1948.
[519] CA 1976.
[520] Dieser wurde seinerseits modifiziert durch den CA 1989. Wenn der CA 2006 voll in Kraft getreten ist, bleiben nur noch diejenigen Regelungen der CA 1985/1989 bestehen, die über das eigentliche Gesellschaftsrecht hinausgehen, *Grohmann/Gruschinske* Der Konzern 2007, 797, 797 (Fußnote 2).
[521] *Buchmann* Die Insolvenz der englischen Limited in Deutschland, S. 39.

2006[522]. Mit ihm hat das englische Parlament das wohl längste Gesetz seiner Geschichte verabschiedet. Zu einem abgeschlossenen Sondergesetz für die Limited entsprechend dem deutschen GmbHG ist es aber nicht gekommen. Bis heute sind die *private* und die *public company* in ihren jeweiligen Erscheinungsformen bei allen rechtstatsächlichen Unterschieden als Ausprägungen einer einheitlichen Kapitalgesellschaftsform unter dem gemeinsamen Dach der verschiedenen Companies Acts geregelt[523].

Neben den Companies Acts existieren zahlreiche andere Gesetze, die jeweils bestimmte Teilbereiche unternehmerischen Handelns regeln. Dazu zählen die Insolvency Acts 1985 und 1986, der Company Directors Disqualification Act 1986 und der Financial Services Act 1986. Ferner ist das *case law* trotz der vielfältigen Aktivitäten des englischen Gesetzgebers auf dem Gebiet des Gesellschaftsrechts von großer Bedeutung[524].

II. Grundzüge der Limited und ihre Bedeutung für die Strafbarkeit des directors

Im Rahmen der Darstellung der Grundzüge der Limited werden immer wieder Vergleiche zur GmbH und zur AG angestellt und sonstige Regelungen des deutschen Gesellschaftsrechts herangezogen. Dies geschieht, insbesondere soweit es die GmbH betrifft, aufgrund der sachlichen Nähe dieser drei Gesellschaften zueinander.

1. Gründung[525]

a. Strafrechtliche Bedeutung der wirksamen Gründung

Die wirksame Gründung der Limited ist für die strafrechtliche Verantwortlichkeit des *directors* außerordentlich wichtig. Denn erst wenn sie abgeschlossen ist, greifen die für die Limited geltenden gesellschaftsrechtlichen Regelungen. Eine wie

---

[522] Der CA 2006 erhielt am 08.11.2006 den *Royal Assent*. Damit war das Gesetzgebungsverfahren nach englischem Recht abgeschlossen. Der CA 2006 trat allerdings nur schrittweise in Kraft, vollständig erst am 01.10.2009. Unter 'http://www.opsi.gov.uk/acts/acts2006/ukpga_20060046_en_1' ist der Gesetzestext im Internet abrufbar (Stand Juli 2010).
[523] *Fleischer* DStR 2000, 1015, 1016.
[524] *Graf v. Bernstorff* Einführung in das englische Recht, S. 217 f. (insb. Fußnote 21); *Just* Die englische Limited in der Praxis, Rn. 15 ff.
[525] Möglich ist auch der Kauf einer Vorratsgesellschaft (*shelf company*), *Buchmann* Die Insolvenz der englischen Limited in Deutschland, S. 42.

auch immer geartete Vor-Limited, vergleichbar der im deutschen Recht bekannten Vor-GmbH, kennt das englische Recht nicht[526, 527].

Deutlich wird die Bedeutung der Differenzierung zwischen diesen zwei Gründungsphasen, wenn die strafrechtliche Verantwortlichkeit des Geschäftsführers einer Vor-GmbH betrachtet wird. Da die Vor-GmbH mit der späteren GmbH quasi identisch ist[528], finden bereits im Gründungsstadium[529] auf die Vor-GmbH und ihren Geschäftsführer sämtliche Regelungen des GmbH-Rechts Anwendung, soweit diese nicht gerade die Eintragung oder Rechtsfähigkeit der juristischen Person voraussetzen[530]. Das gilt grundsätzlich auch für alle sonstigen, nicht gesellschaftsrechtlichen Regelungen, die auf die GmbH angewendet werden. Aus diesem Grunde ist die Eintragung der GmbH für die strafrechtliche Verantwortlichkeit des Geschäftsführers in Bereichen, in denen es auf seine Rechts- und Pflichtenstellung ankommt, nicht zwangsläufig von zentraler Bedeutung[531]. Gleichwohl existieren trotz großer Übereinstimmungen der auf die GmbH und ihre Vorgesellschaft anwendbaren Regelungen Unterschiede bei der strafrechtlichen Verantwortlichkeit des Geschäftsführers. So ergibt sich etwa eine Untreuestrafbarkeit zu Lasten der Vor-GmbH nicht ohne Weiteres. Geschädigter im Sinne von § 266 StGB kann nur ein mit dem Täter nicht identischer Träger fremden Vermögens sein. Zwar ist die Vor-GmbH Zuordnungsobjekt einer (weitgehend) verselbständigten Vermögensmasse und kann selbständig am Wirtschaftsverkehr teilnehmen. Die herrschende Meinung nimmt eine Untreuestrafbarkeit zu ihren Lasten gleichwohl nur dann an, wenn durch die Tat gleichzeitig das Vermögen der Gesellschafter oder des Alleingesellschafters berührt wird[532]. Begründet wird dies mit dem Umstand, dass das „Gesellschaftsvermögen" vor der Eintragung in das Handelsregister rechtlich noch nicht der Gesellschaft zugeordnet sei. Es bestehe bei einer

---

[526] *Brinkmeier/Mielke* Die Limited (Ltd.), S. 24; vgl. auch *Morse* Charlesworth's Company Law, S. 86; *Baas-Holler* Geschäftsführerpflichten im englischen und deutschen GmbH-Recht, S. 60.
[527] Zu den zivil- und insolvenzrechtlichen Folgen einer (Zwangs-)Auflösung einer Limited durch englische Behörden siehe *LG Duisburg* NZG 2007, 637, 637 ff.; *Hirte* NJW 2008, 964, 965; Mit Löschung der Limited im englischen Gesellschaftsregister des *Companies House* endet die Existenz der Gesellschaft, *OLG Nürnberg* NJW-Spezial 2008, 49.
[528] Vgl. *BGHZ* 80, 129, 138; strittig, vgl. *Stirtz* Der Gläubigerschutz bei der englischen Limited, S. 20: Organisationsform eigener Art (sui generis).
[529] Vgl. §§ 7 und 8 GmbHG.
[530] Vgl. *BGHZ* 134, 333, 336.
[531] Vgl. *Kohlmann* Die strafrechtliche Verantwortlichkeit des GmbH-Geschäftsführers, S. 4 f.
[532] *BGH* wistra 1992, 24, 25.

Mehrpersonengesellschaft vielmehr Gesamthandsvermögen[533] und bei einer Einmanngesellschaft Sondervermögen[534]. Auf den ersten Blick mag das nach einer dogmatischen Feinheit aussehen[535]. Das ändert sich allerdings, wenn die Bedeutung des (möglicherweise) tatbestandsausschließenden Einverständnisses der Gesellschafter zur jeweils in Rede stehenden Handlung oder Unterlassung des Geschäftsführers berücksichtigt wird. Denn während der BGH bei einer eingetragenen GmbH das Einverständnis der Gesellschafter in bestimmten Fällen wie der Beeinträchtigung des Stammkapitals oder existenzgefährdenden Eingriffen für unbeachtlich hält[536], kommen derartige Beschränkungen innerhalb der Gründungsphase der GmbH nicht in Betracht, da das Vermögen in diesem Zeitraum rechtlich noch nicht der Gesellschaft zugeordnet ist[537]. Darüber hinaus gibt es Straftatbestände, die bereits ihrem Wortlaut nach eine Tatbegehung vor oder nach Eintragung der GmbH verlangen. So kann die Gründungstäuschung gemäß § 82 Abs. 1 Nr. 1 GmbHG nur vor der Eintragung der GmbH begangen werden, die Kapitalerhöhungs- und -herabsetzungstäuschung gemäß § 82 Abs. 1 Nr. 3 und Abs. 2 Nr. 1 GmbHG erst danach. Nicht zuletzt ist mit Blick auf das strafrechtliche Analogieverbot zu berücksichtigen, dass Straftatbestände, die sich in Gesetzen über Gesellschaften mit beschränkter Haftung befinden und an die Geschäftsleitereigenschaft einer Person anknüpfen, nicht auch auf Geschäftsleiter einer Vorgesellschaft anwendbar sind[538]. Da etwa § 84 GmbHG lediglich die Verletzung der Verlustanzeigepflicht bei einer GmbH erfasst, würde eine Ausdehnung auf eine Vor-GmbH eine strafrechtlich unzulässige Analogie bedeuten[539].

Hat daher bereits die Entstehung der GmbH als solche, § 13 GmbHG, für die strafrechtliche Verantwortlichkeit des Geschäftsführers Bedeutung, so kommt der Eintragung der Limited als Zäsur innerhalb des Entstehungsprozesses der Gesell-

---

[533] *BGH*Z 80, 129, 135; *BGH* wistra 1992, 24, 25.
[534] *Hueck/Fastrich* in *Baumbach/Hueck* GmbHG, § 11 Rn. 41 f.; *BGH* wistra 1992, 24, 25.
[535] Vgl. *Kohlmann* Die strafrechtliche Verantwortlichkeit des GmbH-Geschäftsführers, S. 4.
[536] Siehe dazu 8. Kapitel B. I. 4. a.
[537] Vgl. *BGH*St 3, 23, 25; *Kohlmann* Die strafrechtliche Verantwortlichkeit des GmbH-Geschäftsführers, S. 32 und 111 f.
[538] *Richter* in FS für Tiedemann, S. 1023, 1029 f.
[539] Vgl. *Kohlmann* Die strafrechtliche Verantwortlichkeit des GmbH-Geschäftsführers, S. 5; ferner *Tiedemann* GmbH-Strafrecht, Vor §§ 82 ff. Rn. 31, der dies mit Blick auf § 15a InsO sowie § 84 Abs. 1 Nr. 2 a. F. ausführt; zur Unanwendbarkeit der Norm auf Scheinauslandsgesellschaften *Richter* in FS für Tiedemann, S. 1023, 1032; ferner *Müller-Gugenberger* in FS für Tiedemann, S. 1003, 1021.

schaft für die strafrechtliche Verantwortlichkeit des *directors* eine noch gesteigerte Bedeutung zu. Dass es im Fall der Limited eine entsprechende Vor-Gesellschaft, die bereits wesentliche gesellschaftsrechtliche Wirkungen vorwegnimmt, nicht gibt, wirkt sich an unterschiedlichen Stellen aus. So unter anderem bei der Frage, welche Rechte und Pflichten die handelnden Personen treffen und wem gegenüber diese bestehen. Eng damit verbunden – und von Interesse bei Eigentums- und Vermögensdelikten wie §§ 242 und 266 StGB – ist die Frage, wem das Eigentum beziehungsweise Vermögen, dessen Verletzung in Rede steht, zuzuordnen ist – der Gesellschaft oder den Gesellschaftern. Ferner beeinflusst die wirksame Entstehung der Limited das Rechtsverhältnis zwischen den für sie auftretenden Personen und Dritten. Erst nach ihrer wirksamen Entstehung als juristische Person ist die Limited primäres Zuordnungsobjekt für das Bestehen von Sorgfaltspflichten gegenüber Dritten[540]. Die zuvor bestehenden persönlichen Rechtsbeziehungen der Führungspersonen zu Dritten treten demgegenüber in den Hintergrund[541]. Dies betrifft die Diskussion, ob der *director* diesen Dritten gegenüber Untreue verüben kann, denn schließlich kommt es insoweit entscheidend darauf an, ob der *director* diesen gegenüber vermögensbetreuungspflichtig ist.

b. Der Gründungsvorgang als solcher

Die Gründung der Limited erfolgt beim *Companies House* in Cardiff[542]. Die für die Gründung erforderlichen Dokumente sind secs. 9 ff. CA 2006 zu entnehmen. Einzureichen sind insbesondere das *memorandum of association*, der Antrag auf Registrierung, verschiedene Anmeldeformblätter und eine Gesetzmäßigkeitserklärung (*statement of compliance*). Wenn der *registrar* überzeugt ist, dass diese Voraussetzungen erfüllt sind, wird er die Registrierung der Gesellschaft vornehmen, sec. 14 CA 2006, und eine Urkunde über die Registrierung ausstellen, sec. 15 (1) CA 2006. Die Urkunde muss gemäß sec. 15 (2) (b) CA 2006 das Datum der Inkorporation benennen. Dieses ist zugleich das Gründungsdatum der Gesellschaft, sec. 16 (1) CA 2006[543]. Mit der Ausstellung der Registrierungsurkunde und der

---

[540] Vgl. *Cassidy v Ministry of Health* (1951) 2 KB 343.
[541] Vgl. *Bank* Die britische LLP, S. 112.
[542] *Companies House* Cardiff, Crown Way, Maindy, Cardiff, CF 14 3UZ, zu finden im Internet unter 'www.companieshouse.gov.uk'.
[543] *Brinkmeier/Mielke* Die Limited (Ltd.), S. 24.

Übergabe der Gründungsbescheinigung an den Antragssteller ist die Gesellschaft als solche, das heißt als juristische Person, entstanden[544]. Sie ist Trägerin von Rechten und Pflichten, sec. 16 (3) CA 2006[545]. Diese Rechtsfolgen treten ein mit dem ersten Augenblick des Tages, den die Registrierungsurkunde angibt[546]. Weitere Formalitäten seitens des *registrars* sind nicht erforderlich. Ebenso wenig, dass die Gesellschaft ihrerseits eine geschäftliche Tätigkeit aufnimmt, sich die Gesellschafter zumindest treffen oder der Inkorporierung zustimmen müssten[547].

2. Gesellschaftsvertrag

a. Strafrechtliche Bedeutung des Gesellschaftsvertrages

Die strafrechtliche Verantwortlichkeit des *directors* ist ebenfalls abhängig von der Ausgestaltung des Gesellschaftsvertrages (*constitution*), denn in ihm sind wesentliche Befugnisse des *directors* im Innen- und Außenverhältnis der Gesellschaft geregelt. Lange Zeit galt im englischen Gesellschaftsrecht zum Beispiel die so genannte ultra-vires-Lehre, nach der die Gesellschaft nur solche Geschäfte tätigen durfte, die von ihrem Geschäftszweck gedeckt waren. Entsprechend beschränkt waren die Befugnisse des *directors*. Mit ihrer Überwindung[548] hat jede Limited

---

[544] Vgl. *OFD Hannover* 28.2.2007 S 2700 - 2 - StO 242, BeckVerw 103896 (Quelle: Beck-Online); *Volb* Die Limited, S. 24; *Brinkmeier/Mielke* Die Limited (Ltd.), S. 24; *Davies* Gower and Davies' Principles of Modern Comany Law, S. 94 f.; *Müller* DB 2006, 824, 824.
[545] Siehe auch *Lawlor* NZI 2005, 432, 433.
[546] *Jubilee Cotton Mills Ltd v Lewis* (1924) AC 958; Durch die Ausstellung der Registrierungsurkunde werden Fehler, die bei der Gründung aufgetreten oder in den Gründungsdokumenten enthalten sind, geheilt, *Brinkmeier/Mielke* Die Limited (Ltd.), S. 24; *Rehm* in *Eidenmüller* Ausländische Kapitalgesellschaften im deutschen Recht, § 10 Rn. 24; *Davies* Gower and Davies' Principles of Modern Comany Law, S. 95 ff. (dort auch zu den ganz wenigen Ausnahmen, unter denen die Eintragung beseitigt werden kann). Eine „fehlerhafte Limited", vergleichbar der in Deutschland bekannten „fehlerhaften Gesellschaft", dazu *Hopt* in *Baumbach/Hopt* HGB, § 105 Rn. 75 ff. sowie *Sprau* in *Palandt* BGB, § 705 Rn. 17 ff., gibt es faktisch nicht, *Baas-Holler* Geschäftsführerpflichten im englischen und deutschen GmbH-Recht, S. 63. Die strafrechtliche Relevanz, ob eine Gesellschaft „fehlerhaft" ist oder nicht, hält sich allerdings ohnehin sehr in Grenzen, da Rechtsfolge der „Fehlerhaftigkeit" grundsätzlich nur die Vernichtbarkeit der Gesellschaft für die Zukunft ist, die Gesellschaft ansonsten aber im Innen- und Außenverhältnis grundsätzlich voll wirksam ist. Allenfalls im Rahmen von § 14 StGB wird diskutiert, ob ein Geschäftsführer einer „fehlerhaften" GmbH unter § 14 Abs. 1 Nr. 1 StGB oder unter § 14 Abs. 2 Nr. 1 StGB zu subsumieren ist, vgl. *Schünemann* in LK zum StGB, § 14 Rn. 44, und zum Ganzen *Kohlmann* Die strafrechtliche Verantwortlichkeit des GmbH-Geschäftsführers, S. 5 (dort auf S. 5 ff. auch zur strafrechtlichen Irrelevanz der „fehlerhaften" Bestellung eines Geschäftsführers einer ansonsten fehlerfreien GmbH).
[547] Zum Ganzen *Mayson/French/Ryan* Company Law, S. 44.
[548] Siehe sec. 31 (1) CA 2006; Zur faktischen Abschaffung der ultra-vires-Lehre *Morse* Charlesworth's Company Law, S. 62 ff.

nun zwar grundsätzlich einen unbeschränkten (*unrestricted*) Unternehmenszweck[549], was zur Folge hat, dass auch *directors* in eben diesem Umfang ihre Befugnisse nach innen und außen ausüben dürfen. Doch kann der Unternehmenszweck und damit[550] auch der zulässige[551] Aktionsradius von *directors* durch die *articles of association* eingeschränkt werden, sec. 31 (1) CA 2006. Die *articles of association* enthalten darüber hinaus regelmäßig Bestimmungen über die Gewinnverwendung, die Ausgabe oder Übertragung von Gesellschaftsanteilen und Vergütungsregelungen. Beachtet der *director* diese Vorgaben nicht, drohen ihm neben zivilrechtlichen auch strafrechtliche Konsequenzen.

b. Bestandteile des Gesellschaftsvertrages

Durch den Erlass des CA 2006 wurde die traditionelle Zweiteilung des Gesellschaftsvertrages der Limited in das *memorandum of association* und die *articles of association* aufgehoben. Zwar haben auch weiterhin beide Elemente ihren Platz im rechtlichen Rahmen der Limited, doch besitzt das *memorandum of association* nur noch die Funktion eines Gründungsdokumentes. Gemäß sec. 8 (1) CA 2006 enthält es die Erklärung, dass die Beteiligten den Wunsch haben, eine Gesellschaft zu gründen und Mitglied der Gesellschaft werden zu wollen, sowie, im Falle einer Gesellschaft mit *share capital*, wenigstens einen Gesellschaftsanteil zu erwerben. Damit ist das *memorandum* zu einem historischen Dokument heruntergestuft worden[552]. Einmal errichtet, ist es für die Zukunft nicht mehr änderbar. Die fortlaufende Entwicklung der Gesellschaft wird von ihm nicht wesentlich beeinflusst. Entscheidende Bedeutung kommt insofern den *articles of association* zu. Sie bilden den Kern der *constitution* der Gesellschaft[553], regeln insbesondere ihre internen Verhältnisse und können durch Gesellschafterbeschluss verändert werden[554]. Vor Erlass des CA 2006 orientierten sich die *articles of association* regelmäßig an der gemäß sec. 8 (1) CA 1985 herausgegebenen Mustersatzung

---

[549] Sec. 39 (1) CA 2006; *Davies/Rickford* ECFR 2008, 48, 58.
[550] Vgl. *Brinkmeier/Mielke* Die Limited (Ltd.), S. 28.
[551] Vgl. *Baas-Holler* Geschäftsführerpflichten im englischen und deutschen GmbH-Recht, S. 134.
[552] *Davies/Rickford* ECFR 2008, 48, 55; *Torwegge* GmbHR 2007, 195, 195; Bei Gesellschaften, die noch unter der Geltung des CA 1985 errichtet worden sind, werden diejenigen Regelungen im *memorandum of association*, die nicht die Gründung betreffen, künftig als Regelungen der *articles of association* behandelt.
[553] *Korts* Die Limited, S. 22; Dass die *articles* nur Teil der *company's constitution* sind, folgt aus secs. 17 und 29 CA 2006.
[554] Secs. 21 (1) und 283 CA 2006; *Davies/Rickford* ECFR 2008, 48, 55.

Table A. Bisweilen wurde diese sogar komplett übernommen[555]. Nach der neuen Rechtslage wird es neben dem bisherigen Table A eine Mustersatzung geben, die speziell auf die Bedürfnisse einer Limited zugeschnitten ist[556].

3. Organisationsstruktur
a. Strafrechtliche Bedeutung der Organisationsstruktur

Auch die Organisationsstruktur einer Gesellschaft ist in vielfacher Weise für die strafrechtliche Verantwortlichkeit der Beteiligten wichtig. Da das deutsche Strafrecht im Grundsatz auf individuelles Fehlverhalten ausgerichtet ist, dreht sich beispielsweise die strafrechtliche Täterlehre im Kern um die Frage, von welcher Person „man sagen kann, sie habe die tatbestandsmäßige Handlung vorgenommen"[557]. Weil es aber im Rahmen eines Verbandes regelmäßig nicht allein um die Betrachtung isolierter Handlungen, also Tatbeiträge Einzelner geht, sondern um die Einbeziehung von Tatbeiträgen Dritter, kann diese Frage nur beantwortet werden, wenn die durch das Vorhandensein verschiedener Organe[558] und die organinterne Aufgabenzuordnung vorgegebene Arbeitsteilung innerhalb einer Organisation berücksichtigt wird.

So hat die Art der Arbeitsteilung nicht nur Einfluss auf die Beurteilung, unter welchen Voraussetzungen von einem Zusammenwirken aller Beteiligten im Sinne einer mittäterschaftlichen Tatbegehung gemäß § 25 Abs. 2 StGB gesprochen werden kann. Vielmehr determiniert sie unmittelbar, welche Aufgaben den verschiedenen Beteiligten jeweils konkret zufallen und damit auch, welche spezifischen Regeln und Verhaltensweisen sie dabei zu beachten haben. Dementsprechend unterscheiden sich die Aufsichtspflichten der Mitglieder eines Aufsichtsrates einer AG gegenüber den Mitgliedern des Vorstandes deutlich von den Aufsichtspflichten der Vorstandsmitglieder gegenüber nachgeordneten Mitarbeitern der Gesellschaft. Ferner wird der Sorgfaltsmaßstab, der an das Verhalten eines Beteiligten angelegt wird, wesentlich von seiner Stellung im Organgefüge einer Gesellschaft

---

[555] *Just* Die englische Limited in der Praxis, Rn. 78.
[556] Eine Mischung aus Table A und der neuen Mustersatzung ist ebenfalls möglich. Auch bereits bestehenden Gesellschaften ist es erlaubt, die neue Mustersatzung ganz oder teilweise zu übernehmen.
[557] *Stratenwerth/Kuhlen* Strafrecht AT I, S. 263.
[558] Tatsächlich kennt das englische Recht den Begriff des Organs nicht. An dieser Stelle wird er aber der Einfachheit halber verwendet.

beeinflusst. Es hängen die jeweiligen Pflichten unter anderem davon ab, wie bedeutsam die Aufgaben sind, die einem Geschäftsleitungsmitglied übertragen worden sind. Überwiegend wird zum Beispiel angenommen, dass mit dem Amt des Vorstandsvorsitzenden einer AG erhöhte Anforderungen an seine Überwachungs- und Kontrollpflichten einhergehen[559]. Auch wird diskutiert, ob ein Vorstandsmitglied gesteigerte Überwachungspflichten treffen, wenn es um die Überwachung „sachnaher" Ressorts geht[560]. Schließlich kennt das deutsche Strafrecht Delikte mit nur einem begrenzten Täterkreis. Bei diesen Sonderdelikten kann einzig derjenige Täter sein, der eine qualifizierte (Pflichten-)Stellung einnimmt. Ob eine solche tatsächlich vorliegt, hängt maßgeblich auch von der konkreten Organisationsstruktur innerhalb einer Gesellschaft ab.

b. Organe[561] und Organstruktur
aa. Gesellschafterversammlung

Als echte Kapitalgesellschaft verfügt die Limited über eine körperschaftliche Struktur, die sich in der Trennung von Mitgliedschaft und Geschäftsleitung ausdrückt[562]. Oberstes Organ der Willensbildung ist die Gesellschafterversammlung (*general meeting*)[563], die durch die Verabschiedung von Gesellschafterbeschlüssen handelt[564]. Tatsächlich geleitet wird die Limited durch die Gesellschafterversammlung aber nicht. Vielmehr obliegt das Tagesgeschäft den *directors*, hinsichtlich der die Gesellschafter (*members*) darauf beschränkt sind, sie zu berufen oder abzuberufen. Konkrete Geschäftsführungsmaßnahmen können sie daher nicht

---

[559] *Richter* in *Semler/Peltzer* Arbeitshandbuch für Vorstandsmitglieder, § 4 Rn. 102; *Bezzenberger* ZGR 1996, 661, 672; a. A. *Fleischer* NZG 2003, 449, 455; *Habersack* WM 2005, 2360, 2362.
[560] Bejahend *VG Frankfurt* WM 2004, 2157, 2161; ablehnend *Dreher* AG 2006, 213, 216; *Wolf* VersR 2005, 1042, 1045 f.
[561] Das Erfordernis, einen *company secretary* zu haben, ist mit Erlass des CA 2006 für *private companies* entfallen, sec. 270 (1) CA 2007. Wird gleichwohl einer berufen, übt er vornehmlich rein verwaltende Aufgaben aus. So ist er für die Protokollführung und die Überwachung von Formalitäten bei Gesellschafterversammlungen und Sitzungen des *board of directors* verantwortlich, *Brinkmeier/Mielke* Die Limited (Ltd.), S. 46; *Volb* Die Limited, S. 60 f.; Praxishinweis zu *OLG Dresden* – Beschluss vom 21.05.2007, NJW-Spezial 2008, 48, 49.
[562] *Triebel/Otte/Kimpel* BB 2005, 1233, 1240 f.; Dies schließt das parallele Innehaben verschiedener Funktionen nicht aus, *Korts* Die Limited, S. 24.
[563] *Güthoff* Gesellschaftsrecht in Großbritannien, S. 35.
[564] *Just* Die englische Limited in der Praxis, Rn. 97 und 112.

treffen⁵⁶⁵, dahingehende Weisungsrechte stehen ihnen nicht zu⁵⁶⁶. Mit Blick auf ihre Rechte und Pflichten sind die Gesellschafter der Limited daher eher den Aktionären einer deutschen AG, denn den Gesellschaftern einer GmbH vergleichbar⁵⁶⁷. So besitzen die *members* das Recht auf Teilnahme an Gesellschafterversammlungen und diesbezügliche Stimmrechte⁵⁶⁸. Entschieden wird dort über Kapitalerhöhungen oder -herabsetzungen, die Gewinnverwendung oder Liquidation der Gesellschaft sowie die Wahl der Abschlussprüfer. Darüber hinaus haben die Gesellschafter Dividendenrechte und das Recht auf Beteiligung am Vermögen der Gesellschaft in der Liquidation⁵⁶⁹.

bb. Directors

Jede Limited muss gemäß sec. 154 (1) CA 2006 mindestens einen *director* haben⁵⁷⁰. Sind mehrere vorhanden, wird vom *board of directors* gesprochen⁵⁷¹.

aaa. Geschäftsführung und Vertretungsmacht

Geleitet im Innen- und Außenverhältnis wird die Limited von einem oder mehreren *directors*. Sie sind zur Geschäftsführung und Vertretung berechtigt und ver-

---

⁵⁶⁵ Siehe *Mayson/French/Ryan* Company Law, S. 444 ff., dazu und zu den Ausnahmen, die sich aus dem Umstand ergeben, dass die Befugnisse der *directors* natürlich nur im Rahmen der *articles* bestehen. In diesen können zum Beispiel so genannte *reserve powers* zu Gunsten der Gesellschafter vorgesehen sein, die es ihnen erlauben, den *directors* konkrete Anweisungen im Einzelfall zu erteilen.
⁵⁶⁶ *Howard Smith Ltd v Ampol Petroleum Ltd* (1974) AC 821; *Mayson/French/Ryan* Company Law, S. 444.
⁵⁶⁷ *Brinkmeier/Mielke* Die Limited (Ltd.), S. 46 f.
⁵⁶⁸ Im Einzelfall können in den *articles of association* abweichende Regelungen getroffen werden, *Brinkmeier/Mielke* Die Limited (Ltd.), S. 47.
⁵⁶⁹ *Davies* Gower and Davies' Principles of Modern Company Law, S. 285 ff.; *Mayson/French/Ryan* Company Law, S. 699 ff.; *Baas-Holler* Geschäftsführerpflichten im englischen und deutschen GmbH-Recht, S. 79.
⁵⁷⁰ Eine GmbH muss gemäß § 6 Abs. 1 GmbHG einen oder mehrere Geschäftsführer haben.
⁵⁷¹ Beide Begriffe finden im deutschen Kapitalgesellschaftsrecht keine unmittelbare Entsprechung, und zwar insbesondere nicht im Recht der GmbH und AG. Zwar hat die AG gemäß §§ 76 ff. AktG einen Vorstand (*management board*), doch ist dieser in dem zwingend zweigliedrig ausgestalteten deutschen System neben dem Aufsichtsrat (*supervisory board*) als Kontroll- und Beratungsgremium, §§ 95 ff. AktG, mit deutlich weniger Kompetenzen ausgestattet als das *board of directors*. Und auch der *director* unterscheidet sich vom Geschäftsführer einer GmbH und dem Vorstandsmitglied einer AG. Der Geschäftsführer ist als Organ der GmbH schon nicht Mitglied eines *board* im juristischen Sinne. Ein Vorstandsmitglied ist zwar im Vorstand einer AG tätig. Doch wird dieser und somit auch jedes einzelne Vorstandsmitglied von einem anderen Organ, dem Aufsichtsrat, beraten und überwacht.

pflichtet[572]. Soweit die konkrete Ausgestaltung der Geschäftsführungsbefugnis und Vertretungsmacht für die strafrechtliche Verantwortlichkeit eines Geschäftsleiters entscheidend ist, wie im Fall der Untreue nach § 266 StGB, ist eine genaue Bestimmung des Umfangs seiner Befugnisse im Innen- und Außenverhältnis unerlässlich. Insofern kommt den Festlegungen innerhalb der *articles of association* besondere Bedeutung zu[573], da der Umfang der Geschäftsführungsbefugnis und Vertretungsmacht der *directors* gesetzlich nicht geregelt ist[574]. Gerade aufgrund dieser autonomen Gestaltungsmacht muss eine genauere Darstellung an dieser Stelle entfallen. Sie hat stets unter Beachtung der jeweiligen satzungsrechtlichen Regelungen zu erfolgen[575]. Mit Blick auf die Rechtsprechung des EuGH zur Niederlassungsfreiheit ist allerdings zu beachten, dass es sich bei den Bestimmungen zur Geschäftsführungsbefugnis und organschaftlichen Vertretungsmacht um Fragen des Gesellschaftsstatuts handelt[576], die somit nach englischem Gründungsrecht zu behandeln sind[577].

bbb. Directors' general duties
Vielfach knüpft die strafrechtliche Verantwortlichkeit des Führungspersonals in Unternehmen an deren gesellschaftsrechtliche Pflichtenstellung an. So hat ein Vorstandsmitglied einer AG nach § 93 Abs. 1 AktG dafür zu sorgen, dass sich Vorstandskollegen und nachgeordnete Unternehmensangehörige gesetzestreu verhalten[578] und treffen entsprechende Pflichten den Geschäftsführer einer GmbH gemäß § 43 Abs. 1 GmbHG. Die Pflichtenstellung eines Geschäftsleiters bringt aber auch sonst besondere Verantwortlichkeiten mit sich – vor allem gegenüber

---

[572] Vgl. *Mayson/French/Ryan* Company Law, S. 444 ff.; Eine strenge dogmatische Trennung zwischen Innen- und Außenverhältnis kennt das englische Recht nicht, *Bank* Die britische LLP, S. 94 f.
[573] *Volb* Die Limited, S. 51 f.
[574] *Mayson/French/Ryan* Company Law, S. 445 f.; *Morse* Charlesworth's Company Law, S. 281; Die Vertretungsbefugnis des Geschäftsführers einer GmbH ist grundsätzlich unbeschränkt. Ihre Geschäftsführungsbefugnis hingegen kann durch Gesellschaftsvertrag oder Beschluss der Gesellschafter beschränkt werden. Beschränkungen wirken gemäß § 37 Abs. 2 GmbHG allerdings grundsätzlich nur der Gesellschaft gegenüber.
[575] In der Praxis werden beide Kompetenzen regelmäßig umfassend auf die *directors* übertragen, *Rehm* in *Eidenmüller* Ausländische Kapitalgesellschaften im deutschen Recht, § 10 Rn. 57.
[576] *Brinkmeier/Mielke* Die Limited (Ltd.), S. 39; OLG Dresden NJW-Spezial 2008, 48, 48.
[577] *Baas-Holler* Geschäftsführerpflichten im englischen und deutschen GmbH-Recht, S. 18.
[578] *Fleischer* in *Fleischer* Handbuch des Vorstandsrechts, § 8 Rn. 1 und 3 f.; *Landwehrmann* in NK zum Aktienrecht, § 93 AktG Rn. 75.

dem Vermögen der Gesellschaft. So hat er unberechtigte Angriffe Dritter gegen das Vermögen der Gesellschaft abzuwehren[579] und dafür zu sorgen, dass der Gesellschaft keine Rechtsverluste durch schlichtes Nichtstun entstehen[580]. Wird er dem nicht gerecht, kommt eine Strafbarkeit unter anderem nach § 266 StGB in Betracht.

Im Grundsatz nicht anders verhält es sich beim *director*. Auch seine[581] Pflichten ergeben sich aus seinem besonderen Verhältnis zur Gesellschaft. Obgleich er nicht Organ der Limited ist, da dem englischen Recht dieser Begriff fremd ist, handelt er doch für diese. Der *director* ist zum einen nach außen Vertreter der Gesellschaft, für die er auftritt (*agent*). Er handelt andererseits im Innenverhältnis als Treuhänder (*trustee*), indem er das Vermögen der Gesellschaft kontrolliert und seine Befugnisse im Gesellschaftsinteresse ausübt. Ferner ist er berufsmäßiger Berater (*professional advisor*) durch die Ausübung seiner Dienste. Aus all diesen Teilaspekten erwachsen dem *director* Pflichten, die er der Gesellschaft gegenüber auszuüben hat[582].

Die Pflichten des *directors* werden grob[583] unterschieden in Treuepflichten (*fiduciary duties*[584]) und Sorgfaltspflichten (*duty of care and skill*). Die Treuepflichten verlangen vom *director to act in good faith and bona fide in the interests of the company*, wohingegen die Sorgfaltspflichten vom *director* fordern, bei der Ausübung seiner Befugnisse die ihm obliegende Sorgfalt und Gewissenhaftigkeit

---

[579] Vgl. *Brandenburgisches OLG* Urt. v. 21.02.2001 – 7 U 99/97; vgl. ferner *BGH* Urt. v. 23.04.1954 – 5 StR 102/54. In diesem Urteil qualifizierte der BGH das pflichtwidrige Nichteinschreiten des Geschäftsführers gegen eine unbefugte Aufrechnung seitens eines Gläubigers als missbräuchliche Unterlassung im Sinne des § 266 StGB.
[580] Vgl. *Schünemann* in LK zum StGB, § 266 Rn. 72.
[581] Auch im englischen Recht ist die Figur des faktischen Geschäftsführers (*shadow director*) bekannt. Ihn treffen grds. dieselben Pflichten wie den ordnungsgemäß bestellten *director*. Siehe dazu *Brinkmeier/Mielke* Die Limited (Ltd.), S. 42 f.
[582] *Re Lands Allotment Co* (1884) 1 Ch 616; *Just* Die englische Limited in der Praxis, Rn. 156.
[583] Eine strenge dogmatische Einordnung der verschiedenen Pflichten wird als aussichtslos betrachtet, *Shepherd* The Law of Fiduciaries, S. 347 f.: „*Nowhere are the fiduciary principles applied in a more difficult or complex context than the modern corporation - any attempt to build tidy little theoretical cubbyholes in the corporate context is doomed to failure.*"; in *Re City Equitable Fire Insurance Co Ltd* (1925) Ch 407 kam das Gericht zum Schluß, dass es unmöglich sei, die Pflichten eines *directors* generalisierend zu umschreiben. Einzig einzelne Leitsätze könnten angegeben werden.
[584] Ein fiduziarisches Rechtsverhältnis besteht nach den Regeln des *common law* zur Stellvertretung jedenfalls immer dann, wenn ein Vertreter (*agent*) für seinen Geschäftsherrn (*principal*) handelt, *White v Jones* (1995) 2 AC 207, 271; ferner *Bank* Die britische LLP, S. 80 f.

zu beachten[585]. Bis zum Erlass des CA 2006 fanden sich diese Pflichten und ihre Konkretisierungen vorwiegend im *case law* und nur sehr vereinzelt in den verschiedenen *Companies Acts* und sonstigen Gesetzen (*statutory duties*)[586]. Nun sind in den secs. 170 ff. CA 2006 die *general duties* eines *directors* aufgeführt. Sie gehen mit der gesellschaftsrechtlichen Stellung des *directors* einher und sind Teil des Gründungsstatuts. Im Einzelnen handelt es sich um folgende Pflichten: Der *director* muss gemäß den Vorgaben des Gesellschaftsvertrages handeln und darf die ihm eingeräumte Geschäftsführungsbefugnis und Vertretungsmacht nur zu den Zwecken nutzen, zu denen sie übertragen wurden (*duty to act within powers*, sec. 171 CA 2006). Er ist verpflichtet, den Erfolg der Gesellschaft im Interesse der Gesellschafter zu fördern (*duty to promote the success of the company*, sec. 172 CA 2006) und muss unabhängig (*duty to exercise independent judgment*, sec. 173 CA 2006) und mit entsprechender Sorgfalt handeln (*duty to exercise reasonable care, skill and diligence*, sec. 174 CA 2006). Er muss Interessenkonflikte vermeiden (*duty to avoid conflicts of interest*, sec. 175 CA 2006) und darf keine Vorteile von Dritten annehmen (*duty not to accept benefits from third parties*, sec. 176 CA 2006). Darüber hinaus muss er jedes direkte oder indirekte persönliche Interesse an einem Geschäft mit der Gesellschaft im Voraus gegenüber den anderen *directors* anzeigen (*duty to declare interest in proposed transaction or arrangement*, sec. 177 CA 2006).

Nicht vergessen werden darf allerdings, dass die Tätigkeit eines *directors* nicht nur auf seiner gesellschaftsrechtlichen Bestellung beruht, sondern auch auf seinem schuldrechtlichen Anstellungsvertrag[587], und dass sich die Bestimmungen dieses Anstellungsvertrages auf seine Pflichtenstellung auswirken können. So kann zwar keine Befreiung von gesetzlich angeordneten Sorgfaltspflichten statuiert werden, doch kann der Anstellungsvertrag den anwendbaren Sorgfaltsmaßstab determinieren[588]. Außerdem können nicht nur in den *articles* sondern auch im Anstellungsvertrag organschaftliche Verhaltenspflichten präzisiert oder ergänzt werden (in-

---

[585] *Just* Die englische Limited in der Praxis, Rn. 157.
[586] *Davies/Rickford* ECFR 2008, 48, 61 f.; Zu den sonstigen Gesetzen gehören u. a. der Insolvency Act 1986, der Company Directors Disqualification Act 1986, der Financial Services Act 1986 und der Enterprise Act 2002.
[587] *Brinkmeier/Mielke* Die Limited (Ltd.), S. 40 f.
[588] *Brinkmeier/Mielke* Die Limited (Ltd.), S. 41.

terne Pflichtenbindung)⁵⁸⁹. Zu beachten ist in diesem Zusammenhang, dass der Anstellungsvertrag selbst nicht dem Gesellschaftsstatut zugehört, sondern vielmehr dem Vertragsstatut und damit letztlich dem deutschen internationalen Privatrecht unterliegt. Da Letzteres die Rechtswahlfreiheit nach Art. 3 Abs. 1 Satz 1 Rom I-VO einschließt, ist hinsichtlich des Anstellungsvertrages sowohl die Anwendbarkeit deutschen als auch englischen Rechts denkbar⁵⁹⁰.

Hat ein *director* gegen seine *general duties* verstoßen, kann das zivil- und strafrechtliche Folgen nach sich ziehen. Zivilrechtlich⁵⁹¹ kann es zur Anfechtbarkeit von durch den *director* abgeschlossenen Verträgen kommen. Er selbst mag zur Herausgabe von etwaig erlangtem *property*⁵⁹² oder zur Zahlung von Schadensersatz⁵⁹³ verpflichtet sein. Andererseits kann ein Gericht zur Überzeugung kommen, dass der *director honestly* und *reasonably* gehandelt hat und ihn gemäß sec. 1157 CA 2006 von seiner zivilrechtlichen Haftung befreien. Entsprechend verhält es sich im Strafrecht. Denkbar ist unter anderem eine Strafbarkeit wegen *theft* hinsichtlich *property*, welches der *director* unter Bruch seiner *general duties* erlangt hat. Eine solche Strafbarkeit nach englischem Recht scheidet jedoch aus, wenn das Verhalten nicht als *dishonest* einzustufen ist⁵⁹⁴.

4. Finanzverfassung

a. Strafrechtliche Bedeutung der Finanzverfassung
Die bisweilen beabsichtigte Anwendung deutschen Gesellschaftsrechts auf die Limited und ihren *director* wird zum Teil damit begründet, dass das englische Gründungsrecht Gesellschaftsgläubigern nur unzureichenden Schutz gewähre. Würde das englische Recht tatsächlich kein hinreichendes Schutzniveau für die Gesellschaftsgläubiger gewährleisten, bestände insoweit eine Schutzlücke, die eventuell im Wege der Anwendung deutscher gesellschaftsrechtlicher Regelungen

---

⁵⁸⁹ Vgl. *Grohmann/Gruschinske* Der Konzern 2007, 797, 799; vgl. *Fleischer* in *Fleischer* Handbuch des Vorstandsrechts, § 7 Rn. 29.
⁵⁹⁰ Ausführlicher dazu *Volb* Die Limited, S. 50 f.
⁵⁹¹ Gemäß sec. 178 (1) CA 2006 entsprechen die zivilrechtlichen Folgen nach Inkrafttreten des CA 2006 denjenigen, die bei Verletzung der entsprechenden Pflichten nach *common law* oder *equitable principle* bestanden.
⁵⁹² *JJ Harrison (Properties) Ltd v Harrison* (2002) 1 BCLC 162, 174 f.
⁵⁹³ *Regentcrest plc v Cohen* (2001) 2 BCLC 80, 113 ff.
⁵⁹⁴ Siehe dazu 6. Kapitel A. I.

geschlossen werden könnte. Diese Sonderanknüpfung könnte dann nämlich erforderlich und somit im Ergebnis mit der Niederlassungsfreiheit vereinbar sein. Die Finanzverfassung der Limited ist dabei natürlich zuvorderst relevant für zivilrechtliche Fragestellungen im Bereich der Haftung für Verbindlichkeiten der Gesellschaft. Mitunter aber schlagen Fragen der Kapital- und Haftungsverfassung auf das Strafrecht durch. So kann zum Beispiel in einer unzulässigen Kapitalausschüttung eine Untreuehandlung liegen. Nachfolgend finden sich daher Ausführungen zur Finanzverfassung der Limited[595].

b. Zentrale Elemente der Finanzverfassung
aa. Kapitalaufbringung

Klassisches Merkmal einer jeden Kapitalgesellschaft ist der Umstand, dass den Gläubigern im Haftungs- oder Krisenfall grundsätzlich allein das Gesellschaftsvermögen haftet. So verhält es sich auch bei der Limited[596]. Ein grundlegender Unterschied zur GmbH besteht allerdings darin, dass bei der Limited kein gesetzlich vorgeschriebenes Mindestkapital besteht, ein (potentieller) Gläubiger sich daher nicht auf ein solches verlassen kann und es vielmehr an ihm selbst ist, sich über die Limited zu informieren und gegebenenfalls vertraglich abzusichern[597]. Grundlage dieser Herangehensweise ist ein umfangreiches System von Publizitätsvorschriften im englischen Recht. Die Publizität von Unternehmensdaten ist die entscheidende Säule des englischen Gläubigerschutzsystems[598].

Daran hat sich durch den CA 2006 nichts geändert[599]. Die Gründer einer Limited besitzen bei der Festsetzung des *share capital* höchste Gestaltungsfreiheit[600]. Zwingend ist allein die Bestimmung des *nominal value of a share* (Nominalbetrag eines Anteils), sec. 542 (1) CA 2006. Hingegen muss das sich aus allen Anteilen ergebende *authorised share capital* (Nominalkapital) bei der Gründung nicht voll-

---

[595] Ausführlich zur Kapital- und Haftungsverfassung *Zessel* Durchgriffshaftung, S. 219 ff.
[596] Bei der Limited folgt dies jedoch nicht automatisch aus der eigenen Rechtspersönlichkeit der Gesellschaft, sondern muss gemäß sec. 3 (1) CA 2006 durch die Gesellschafter in der *constitution* festgeschrieben werden, *Baas-Holler* Geschäftsführerpflichten im englischen und deutschen GmbH-Recht, S. 46.
[597] *Zimmer/Naendrup* ZGR 2007, 789, 792.
[598] *Zimmer/Naendrup* ZGR 2007, 789, 793, *Baas-Holler* Geschäftsführerpflichten im englischen und deutschen GmbH-Recht, S. 47.
[599] *Röpke* Gläubigerschutzregime, S. 102.
[600] Vgl. zum alten Recht *Shearman* GmbHR 1992, 149, 150 f.; *Schumann* DB 2004, 743, 743.

ständig gezeichnet und ausgegeben werden[601]. Es bezeichnet lediglich den Maximalbetrag des Gesellschaftsvermögens, bis zu dem Anteile ausgegeben werden können[602]. Erst die Summe der von den Gesellschaftern tatsächlich übernommenen Einlageverpflichtungen, also des von der Gesellschaft tatsächlich begebenen Nominalkapitals, bildet das *issued share capital*[603], welches als Haftungsmasse im Haftungs- oder Krisenfall zur Verfügung steht. Da nach sec. 542 (3) CA 2006 der Nominalbetrag eines Anteils in der kleinsten Einheit einer beliebigen Währung bestehen kann, zum Beispiel 0,01 Pfund oder 0,01 Euro[604], jeder Gesellschafter gemäß sec. 8 (1) (b) CA 2006 nur einen Geschäftsanteil übernehmen muss und eine Limited gemäß sec. 7 (1) CA 2006 als Einpersonengesellschaft gegründet werden kann, kann das *issued share capital* einer Limited theoretisch mit nur einem *pence* beziffert werden[605]. Im Gegensatz dazu muss gemäß § 5 Abs. 1 GmbHG das Mindeststammkapital einer GmbH EUR 25.000 betragen[606].

Auch die Einlagenerbringung unterscheidet sich bei Limited und GmbH. Nach englischem Gesellschaftsrecht müssen die Gesellschafter die Einlagen für übernommene Anteile weder zu einem bestimmten Zeitpunkt, noch zu einem bestimmten Anteil zwingend erbringen. Vielmehr besteht bei Gründung der Limited kein Mindesteinzahlungsgebot[607] und unterliegt die Fälligkeit der Einlagenleistungen der Privatautonomie der Gesellschafter[608]. Hingegen bestimmt § 7 Abs. 2 GmbHG, dass die Anmeldung zur Eintragung der GmbH in das Handelsregister erst erfolgen darf, wenn jeder Gesellschafter mindestens 25 Prozent seiner Einlage geleistet hat und insgesamt mindestens die Hälfte der Mindeststammeinlage (zu-

---

[601] *Just* Die englische Limited in der Praxis, Rn. 209; Es muss bei der Gründung auch nicht angegeben werden, vgl. sec. 10 CA 2006; *Thole* Der Konzern 2008, 402, 403.
[602] *Stirtz* Der Gläubigerschutz bei der englischen Limited, S. 56.
[603] *Mayson/French/Ryan* Company Law, S. 155.
[604] Vgl. *Lawlor* NZI 2005, 432, 433; vgl. *Ebert/Levedag* GmbHR 2003, 1337, 1343.
[605] In der Praxis verlangt der *registrar* bei Eintragung wenigstens die Ausgabe eines Anteils von mindestens einem Pfund, *Otte* Das Kapitalschutzsystem der englischen private limited company, S. 31.
[606] Daran hat sich auch durch das MoMiG nichts geändert. Allerdings existiert mit der Unternehmergesellschaft nach § 5a GmbHG nun eine Einstiegsvariante der GmbH, die ohne ein bestimmtes Mindestkapital errichtet werden kann. Aus § 5 Abs. 2 GmbHG folgt, dass ein Mindeststammkapital von einem Euro erforderlich ist, *Kindler* NJW 2008, 3249, 3249; *Westermann* DZWIR 2008, 485, 487.
[607] *Röpke* Gläubigerschutzregime, S. 102; *Thole* Der Konzern 2008, 402, 403.
[608] *Pennington* Corporate Insolvency Law, S. 187; *Fleischer* DStR 2000, 1015, 1016.

züglich gegebenenfalls vereinbarter Sacheinlagen) im Sinne des § 5 Abs. 1 GmbHG geleistet wurde[609].

Darüber hinaus ist es nach englischem Recht vergleichsweise einfach, anstatt Geld zum Beispiel Dienstleistungen (wie die Tätigkeit als *director*), den Erlass einer Verbindlichkeit, Land oder sonstige Vermögenswerte als Kapitaleinlage zu leisten, sec. 582 CA 2006. Erforderlich ist dazu bloß eine vertragliche Abrede[610]. Die Bewertung dieser sonstigen vermögenswerten Leistungen übernimmt – von Fällen extremer Falschbewertung einmal abgesehen – die Gesellschaft selbst. Es ist daher folgerichtig, dass bei der Gründung einer Limited dem Antrag auf Eintragung gemäß secs. 9 (4) (a) und 10 CA 2006 nur eine Erklärung über das Kapital (*capital statement*) beigefügt sein muss, welche bei jeder zukünftigen Änderung des Kapitals zu aktualisieren ist, eine Art Sachgründungsbericht jedoch nicht nötig ist. Anders bei der GmbH: Zwar ist es den Gesellschaftern auch nach dem Recht der GmbH gestattet, an Stelle einer Bareinlage eine Sacheinlage zu erbringen. Doch bedarf es dazu eines Sachgründungsberichts und muss die Sacheinlage bei Gründung vollständig geleistet sein[611]. Wenn ferner eine Sacheinlage zum Zeitpunkt der Anmeldung der Gesellschaft zur Eintragung im Handelsregister nicht den Betrag der dafür übernommenen Stammeinlage erreicht, hat der Gesellschafter gemäß § 9 GmbHG in Höhe des Fehlbetrages eine Einlage in Geld zu entrichten (Differenzhaftung). Außerdem müssen die geleisteten Stammeinlagen der Gesellschaft im Zeitpunkt der Eintragung im Handelsregister (noch) frei zur Verfügung stehen.

bb. Kapitalerhaltung

Auch hinsichtlich der Kapitalerhaltungsvorschriften unterscheiden sich Limited und GmbH deutlich.

Gemäß § 30 Abs. 1 Satz 1 GmbHG darf das zur Erhaltung des Stammkapitals erforderliche Vermögen der GmbH nicht an die Gesellschafter ausgezahlt werden.

---

[609] *Tillmann/Mohr* GmbH-Geschäftsführer, S. 164; Hingegen besteht bei der Unternehmergesellschaft gemäß § 5a Abs. 2 GmbHG die Pflicht zur vollständigen Kapitalaufbringung in bar; zum Ganzen *Westermann* DZWIR 2008, 485, 487 f.

[610] *Mayson/French/Ryan* Company Law, S. 162 und 173.

[611] Der durch das MoMiG neu eingefügte § 9c Abs. 1 Satz 2 GmbHG beschränkt bei Sacheinlagen die Werthaltigkeitskontrolle durch die Registergerichte allerdings auf die Prüfung, ob eine „nicht unwesentliche" Überbewertung (§ 38 Abs. 2 Satz 2 AktG) vorliegt, *Kindler* NJW 2008, 3249, 3251.

Geschieht dies dennoch, hat die Gesellschaft gemäß § 31 Abs. 1 GmbHG einen Rückzahlungsanspruch[612]. § 33 GmbHG sieht Einschränkungen hinsichtlich des Rückerwerbs und der Inpfandnahme eigener Anteile vor. Gemäß § 43a GmbHG darf einem Geschäftsführer ein Kredit nicht aus dem zur Erhaltung des Stammkapitals erforderlichen Vermögen der Gesellschaft gewährt werden. Und schließlich erlauben § 58 (ordentliche Kapitalherabsetzung) und §§ 58a ff. GmbHG (vereinfachte Kapitalherabsetzung) Kapitalherabsetzungen nur unter strengen Voraussetzungen.

Obwohl die Limited kein bestimmtes Mindestkapital kennt, greifen gleichwohl Regelungen zur Kapitalerhaltung hinsichtlich des Kapitals, welches tatsächlich in der Gesellschaft vorhanden ist. Gläubigerschützende Wirkung entfalten sie demnach faktisch nur dann, wenn die Limited über mehr als das oben beschriebene Kapitalminimum verfügt. Das englische Recht geht dabei vom Prinzip der Kapitalerhaltung (*doctrine of capital maintenance*) aus, nach dem außer in vorgeschriebenen Fällen kein Kapital zum Nachteil der Gesellschaftsgläubiger abgeschöpft werden darf[613]. Das englische Kapitalgesellschaftsrecht enthält daher insbesondere Regelungen zur Zulässigkeit von Kapitalausschüttungen. Insoweit wird unterschieden zwischen Gewinnausschüttungen durch Dividendenzahlungen (*dividend distributions*) und sonstigen Kapitalmaßnahmen wie Kapitalherabsetzungen (*reduction of capital*), der Erwerb eigener Aktien (*repurchase of shares*) und die finanzielle Unterstützung des Aktienerwerbs durch Dritte (*financial assistance by a company for the acquisition of its own shares*)[614]. Gewinnausschüttungen durch Dividendenzahlungen darf ein Geschäftsleiter nur hinsichtlich solcher Gewinne vornehmen, die tatsächlich erwirtschaftet wurden und nach Abzug aller realisierten Verluste übrig bleiben[615]. Insofern ist das englische Recht strenger als die Regelungen bei der GmbH, bei der eine Kapitalausschüttung (zum Beispiel durch das Auflösen von Rücklagen) solange möglich ist, wie das Stammkapital

---

[612] Vor Inkrafttreten des MoMiG statuierten §§ 32a und 32b GmbHG sowie die ergänzend dazu entwickelten Grundsätze der Rechtsprechung, dass der Gesellschaft in der Krise durch Gesellschafter zugeführte Gesellschafterleistungen als eigenkapitalersetzend behandelt werden.
[613] *Baas-Holler* Geschäftsführerpflichten im englischen und deutschen GmbH-Recht, S. 71; *Morse* Charlesworth's Company Law, S. 149.
[614] *Röpke* Gläubigerschutzregime, S. 103; *Micheler* ZGR 2004, 324, 339; Insoweit hat sich durch das Inkrafttreten des CA 2006 nichts geändert, *Jungmann* ZGR 2006, 638, 652 ff.
[615] Siehe dazu auch 8. Kapitel B. I. 4. a.

der Gesellschaft nicht beeinträchtigt wird[616]. Aber auch die Entnahme einmal eingebrachten Kapitals durch sonstige Kapitalmaßnahmen ist nach englischem Recht nicht ohne Weiteres möglich[617]. Verallgemeinernd kann gesagt werden, dass sonstige Kapitalmaßnahmen nur dann zulässig sind, soweit Gläubiger dadurch nicht beeinträchtigt werden. Dabei können Kapitalherabsetzungen verfahrenstechnisch entweder durch ein auch schon vor Einführung des CA 2006 bestehendes gerichtliches Genehmigungsverfahren bewirkt werden oder aber durch eine Erklärung über die Liquidität der Gesellschaft (*solvency statement*)[618]. Hinsichtlich der finanziellen Unterstützung des Aktienerwerbs durch Dritte, secs. 678 ff. CA 2006, und des Erwerbs eigener Aktien, secs. 690 ff. CA 2006, soll der Hinweis genügen, dass auch diese durch ein *solvency statement* erreicht werden können.

Verstößt ein *director* gegen die vorgenannten Kapitalerhaltungsvorschriften, liegt darin eine Verletzung seiner *fiduciary duties*. Dass neben zivilrechtlichen Rückgewähr- und Schadensersatzansprüchen eine strafrechtliche Verantwortlichkeit im Raume steht, wird im 8. Kapitel B. I. 4. a. und b. an den Beispielen der verdeckten Gewinnausschüttung und des existenzgefährdenden Eingriffs diskutiert.[bis hier union]

---

[616] *Altmeppen* in *Roth/Altmeppen* GmbHG, § 30 Rn. 9; *Baas-Holler* Geschäftsführerpflichten im englischen und deutschen GmbH-Recht, S. 72; Natürlich darf auch das *issued share capital* unter keinen Umständen an die Gesellschafter ausgeschüttet werden, *Zessel* Durchgriffshaftung, S. 226.

[617] *Micheler* ZGR 2004, 324, 327 ff.

[618] Secs. 641 ff. CA 2006; *Grohmann/Gruschinske* Der Konzern 2007, 797, 798; *Röpke* Gläubigerschutzregime, S. 103 f.; Beim *solvency statement* muss ferner binnen 15 Tagen eine Anzeige an das Register erfolgen, verbunden mit einer aktuellen Erklärung über das Kapital, sec. 644 (1) (b) CA 2006; Ein bewusst falsch abgegebenes *solvency statement* stellt eine Straftat dar, sec. 643 (4) und (5) CA 2006.

6. Kapitel Die (außer-)strafrechtliche Verantwortlichkeit des directors nach englischem Recht am Beispiel des Vermögensschutzrechts

Die Relevanz der Rechtslage hinsichtlich der strafrechtlichen Verantwortlichkeit des *directors* im Gründungsstaat der Scheinauslandslimited ergibt sich ganz wesentlich aus dem Umstand, dass eine Beeinträchtigung der Niederlassungsfreiheit durch die Anwendung deutschen Strafrechts auf den *director* ausscheiden kann, wenn das englische Strafrecht für ein bestimmtes Verhalten des *directors* eine mindestens gleichschwere Sanktion vorsieht. Denn in einem solchen Fall wäre die deutsche Strafdrohung nicht geeignet, Personen von der Ausübung der Niederlassungsfreiheit in Form einer Verwaltungssitzverlegung der Limited abzuhalten[619].

Soweit eine deutsche Strafnorm ohne gesellschaftsrechtlichen Einschlag in Rede steht, ist diese zwar bereits entsprechend der *rule of remoteness* aus dem Anwendungsbereich der Niederlassungsfreiheit auszuscheiden[620]. Geht es hingegen um Straftatbestände mit direktem oder indirektem gesellschaftsrechtlichem Bezug, so verlangt die Niederlassungsfreiheit aber eben nicht nur die Anwendung englischen Gesellschaftsrechts im Rahmen deutscher Strafvorschriften. Vielmehr kann es auch in diesen Fällen zu einer (rechtfertigungsbedürftigen) Beeinträchtigung der Niederlassungsfreiheit kommen. Dann nämlich, wenn die konkrete Anwendung der deutschen Strafnorm eine gegenüber der vergleichbaren englischen Strafnorm strengere Rechtsfolge hervorbringt. Gegebenenfalls kennt das englische Recht für den in Rede stehenden Lebenssachverhalt nicht einmal eine strafrechtliche Sanktion. Erforderlich wäre auch in einem solchen Fall eine europarechtliche Rechtfertigung[621]. Führt die durch englisches Gesellschaftsrecht ausgefüllte deutsche Strafnorm hingegen zu einer gleichen oder weniger belastenden Rechtsfolge wie die (hypothetische) Anwendung englischen Strafrechts, so liegt eine Beeinträchtigung der Niederlassungsfreiheit nicht vor.

Das Recht des Gründungsstaates ist zudem auf der Ebene der Rechtfertigung beachtlich. Denn soll die Niederlassungsfreiheit beeinträchtigendes deutsches Recht zur Anwendung kommen, ist nach ganz überwiegender Ansicht im Rahmen

---

[619] Die Rechtslage im Gründungsstaat ist auch vor dem Hintergrund der Gefahr der doppelten Strafverfolgung zu erörtern, siehe dazu das 9. Kapitel.
[620] Siehe dazu 3. Kapitel B. III. 3.
[621] Vgl. *Hoffmann* in *Sandrock/Wetzler* Deutsches Gesellschaftsrecht im Wettbewerb, S. 246 f.

der Erforderlichkeitsprüfung das Recht des Gründungsstaates als Vergleichsmaßstab heranzuziehen[622].

Die englische Rechtslage kann hier allerdings nicht umfassend, sondern nur für einen kleinen Teilbereich im Überblick wiedergegeben werden. Da eine der wesentlichen Ursachen der klassischen Wirtschaftskriminalität das Erlangen eines (eigenen) wirtschaftlichen Vorteils ist[623], spielt sich auch das strafrechtlich relevante Verhalten von in Unternehmen verantwortlichen Personen häufig im vermögensrelevanten Bereich ab[624]: ein Geschäftsleiter lenkt Gelder des Unternehmens in private Taschen, nutzt Geschäftschancen nicht für das Unternehmen, sondern nimmt sie für sich selbst wahr, wälzt eigene Aufwendungen auf das Unternehmen ab. All diese Fallkonstellationen werden im deutschen Kernstrafrecht insbesondere durch die Straftatbestände Diebstahl, § 242 StGB, Unterschlagung, § 246 StGB, Betrug, § 263 StGB, und Untreue, § 266 StGB, erfasst. Sie decken einen Großteil derjenigen Eigentums- und Vermögensdelikte im StGB ab, die von straffällig gewordenen Führungspersonen in Unternehmen begangen werden. Nur für sie soll nachfolgend aufgezeigt werden, inwieweit eine vergleichbare strafrechtliche Verantwortlichkeit für *directors* nach englischem Recht besteht[625].

Zunächst wird dabei untersucht, ob die vorgenannten deutschen Straftatbestände im englischen Strafrecht eine Entsprechung finden oder ob und, wenn ja, inwieweit das englische Strafrecht bereits abstrakt Strafbarkeitslücken gegenüber dem deutschen Recht aufweist (dazu unter A.). In einem zweiten Schritt wird zudem auf sonstige Schutzmechanismen des englischen Rechts im Bereich des Vermögensschutzes eingegangen und untersucht, ob diese im englischen Recht möglicherweise bestehende Strafbarkeitslücken ausgleichen (dazu unter B.).

---

[622] Siehe dazu 3. Kapitel B. III. 4. b. bb. aaa.
[623] *PwC* Wirtschaftskriminalität 2007, S. 39 f. Daneben ist mangelndes Unrechtsbewusstsein eine weitere entscheidende persönliche Ursache.
[624] Vgl. *PwC* Wirtschaftskriminalität 2007, S. 3.
[625] Weitere Formen der Wirtschaftskriminalität wie Korruption und Produktpiraterie kämen in Frage. Dies würde den Umfang der Arbeit jedoch sprengen. Gleiches gilt für Eigentums- und Vermögensdelikte, die durch Gewalt oder Drohung begangen werden, wie Raub, § 249 StGB (*Robbery*, sec. 8 Theft Act 1968), und Erpressung, § 253 StGB (*Blackmail*, sec. 21 Theft Act 1968). Ohnehin steht insbesondere der Raub nicht im Zentrum der durch Führungspersonen eines Unternehmens begangenen Kriminalität. Ferner werden die – nach deutschem Recht – so genannten Perpetuierungsdelikte hier nicht behandelt. Die primäre Vermögensschädigung ist bei ihnen nämlich bereits durch andere Delikte erfolgt.

Die Bedeutung der unter B. erörterten außerstrafrechtlichen Verantwortlichkeit des *directors* erschließt sich aus dem Umstand, dass am EuGH möglicherweise die Auffassung Platz greift, dass zum Beispiel eine zivilrechtliche persönliche (Durchgriffs-)Haftung des Täters in bestimmten Situationen als abschreckender und daher effektiver und sogar schwerwiegender anzusehen ist, als eine den jeweiligen Sachverhalt erfassende Strafnorm. Es geht mithin um die Bedeutung der Rechtslage im Gründungsstaat innerhalb der Rechtfertigung einer Beeinträchtigung der Niederlassungsfreiheit. Konkret sind im Rahmen der Verhältnismäßigkeitsprüfung nämlich sämtliche Schutzmaßnahmen des Gründungsstaates heranzuziehen, um die Erforderlichkeit einer nationalen Regelung des Zuzugsstaates zu überprüfen. Wenn das Gründungsrecht Schutzmechanismen vorhält, die (insgesamt) zu einem vergleichbaren Schutzniveau führen, wie es die zu überprüfende nationale Regelung des Zuzugsstaates bewirkt, kann daran die Erforderlichkeit der nationalen Regelung scheitern. Strafrechtliche Sanktionen des Zuzugsstaates könnten also bereits dann zurückzutreten haben, wenn das Gründungsrecht zum Beispiel eine zivilrechtliche Haftung für ein bestimmtes Verhalten statuiert[626]. In jedem Fall müsste in einer solchen Sachverhaltskonstellation eine Rechtfertigung für die Anwendung einer nationalen Strafnorm vorgenommen werden. Diese wäre aber schwerer zu begründen[627].

A. Strafrechtlicher Vermögensschutz

Der strafrechtliche Vermögensschutz wird in England insbesondere durch die Tatbestände *theft* (dazu unter I.), der ein Äquivalent zu deutschen Eigentums- und Vermögensdelikten bildet (dazu unter II.), und *fraud* (dazu unter III.) gewährleistet.

---

[626] Zum Ganzen 3. Kapitel B. II. 5. b. bb. aaa.
[627] *Hoffmann* in *Sandrock/Wetzler* Deutsches Gesellschaftsrecht im Wettbewerb, S. 253 f. und 260 f.

I. Theft als Kernelement englischen Vermögensstrafrechts[628]

Zentraler Straftatbestand des englischen Vermögensschutzrechts ist der *theft*, geregelt in sec. 1 (1) und (2) Theft Act 1968: „(1) *A person is guilty of theft if he dishonestly appropriates property belonging to another with the intention of permanently depriving the other of it; and "thief" and "steal" shall be construed accordingly. (2) It is immaterial whether the appropriation is made with a view to gain, or is made for the thief's own benefit.*" Die Höchststrafe beträgt gemäß sec. 7 Theft Act 1968[629] sieben Jahre Gefängnis[630].

Um es vorwegzunehmen: Der *theft* deckt bis auf wenige Ausnahmen sämtliche Sachverhaltskonstellationen ab, die nach deutschem Strafrecht in die Anwendungsbereiche der Straftatbestände Diebstahl, Unterschlagung, Untreue und Betrug fallen[631]. Daher existieren im englischen Recht abgesehen vom *fraud* auch keine unmittelbar den deutschen Straftatbeständen entsprechende Normen. Soweit sich im englischen Recht neben dem *theft* weitere Straftatbestände in diesem Bereich finden, dienen sie der Ergänzung des *theft*, schließen ihn tatbestandlich aber nicht aus[632].

---

[628] Einen Überblick über die Delikte zum Schutz des *property* geben *Clarkson/Keating* Criminal Law, S. 793 ff.; Im englischen Strafrecht wird bei den *property offences* überwiegend nach dem Kriterium der Bereicherungsabsicht differenziert: *theft and related offences* umfassen Delikte mit Bereicherungsabsicht (vgl. jedoch 6. Kapitel A. I. 2. c.), *offences of damage to property* beinhalten reine Vermögensschädigungsdelikte. Letzteren wird nicht nachgegangen. Sie stehen nicht im Zentrum der klassischen Wirtschaftskriminalität. Zu ihnen gehören Delikte wie *destroying or damaging property of another*, sec. 1 (1) Criminal Damage Act 1971 (einfache Sachbeschädigung), *destroying or damaging property with intent to endanger life*, sec. 1 (2) Criminal Damage Act 1971 (gefährliche Sachbeschädigung), *arson*, sec. 1 (3) Criminal Damage Act 1971 (Brandstiftung), *racially-aggravated criminal damage*, sec. 30 (1) Crime and Disorder Act 1998 (besonders schwere Sachbeschädigung im Falle rassistischer Motivation). Ferner fallen *possession offences* wie sec. 3 Criminal Damage Act 1971, der den bloßen Besitz von zur Sachbeschädigung tauglichen Materials unter Strafe stellt, und das Sonderdelikt *unauthorised modification of computer material*, sec. 3 Computer Misuse Act 1990 (Datenveränderung und Computersabotage) in diesen Bereich.

[629] Dies berücksichtigt die Änderung durch sec. 26 (1) CJA 1991.

[630] Beim *theft* handelt es sich gemäß sec. 24 Police and Criminal Evidence Act 1984 um ein *arrestable offence*, das heißt gemessen an der deutschen Unterscheidung zwischen Vergehen und Verbrechen um ein Verbrechen. Prozessual liegt ein *indictable offence* vor, welches in einem Geschworenenprozess vor dem Crown Court verhandelt wird, *Och* Der strafrechtliche Schutz, S. 58 ff. und 92 f.

[631] *Och* Der strafrechtliche Schutz, S. 218 und 259 ff.; vgl. *Smith* The Law of Theft, S. 1.

[632] Vgl. *Och* Der strafrechtliche Schutz, S. 92.

1. Objektiver Tatbestand des theft

Der objektive Tatbestand (*actus reus*) des *theft* erfordert die Aneignung (*appropriation*) eines tauglichen Tatobjektes (*property*), welches eine bestimmte rechtliche Beschaffenheit aufweisen muss (*belonging to another*).

a. Aneignung (appropriation)

Unter Aneignung ist gemäß sec. 3 Theft Act 1968 zu verstehen: „*(1) Any assumption by a person of the rights of an owner amounts to an appropriation, and this includes, where he has come by the property (innocently or not) without stealing it, any later assumption of a right to it by keeping or dealing with it as owner. (2) Where property, or a right or interest in property is or purports to be transferred for value to a person acting in good faith, no later assumption by him of rights which he believed himself to be acquiring shall, by reason of any defect in the transferor's title, amount to theft of the property.*"

Die Aneignung im Tatbestand des *theft* ist dem *tort* der *conversion*, der zivilrechtlich unerlaubten Handlung der „widerrechtlichen Aneignung", nachempfunden[633], wonach grundsätzlich jede vorsätzliche und ungerechtfertigte Beeinträchtigung des Besitzes oder einer Nutzungsmöglichkeit einer fremden Sache eine *conversion* darstellt. Irrelevant ist insoweit, ob die Beeinträchtigung durch Wegnahme oder Vorenthaltung des Besitzes, Ge- oder Verbrauch der Sache geschieht[634]. Dieselben Grundsätze gelten für die Aneignung im Rahmen des *theft*[635]. Zudem hat das House of Lords in der Entscheidung Gomez klargestellt, dass der Täter sich nicht alle Eigentümerrechte anmaßen müsse. Es reiche bereits die Anmaßung jeglichen, im Sinne eines einzigen solchen Rechts[636]. Ebenfalls in Gomez entschied das Gericht, dass der *theft* keine Begehung gegen den Willen des Opfers erfordere, das heißt sogar ein explizit geäußertes Einverständnis des Opfers unbeachtlich sei. Da es sich bei diesem Urteil nach englischem Recht um eine *binding precedent*, also geltendes Recht, handelt[637], ist für die Vollendung

---

[633] *Och* Der strafrechtliche Schutz, S. 70.
[634] *Allen* Textbook on Criminal Law, S. 440; vgl. ferner *Smith/Hogan* Criminal Law, S. 734.
[635] *Och* Der strafrechtliche Schutz, S. 71 (Fußnote 310).
[636] *English/Card* Police Law, S. 1016; *A. T. H. Smith* Property Offences, S. 148 f.
[637] *Och* Der strafrechtliche Schutz, S. 73; Der Fall Gomez hätte auch unter den Tatbestand des *obtaining property by deception*, sec. 15 Theft Act 1968 a. F., subsumiert werden können.

des objektiven Tatbestandes des *theft* somit jede Handlung, die mit dem Willen der Anmaßung eines fremden Eigentümer- oder Vermögensrechts begangen wird, ausreichend[638]. Die (vielfach kritisierte[639]) Weite dieser Definition erfasst damit einerseits Sachverhaltskonstellationen, die nach deutschem Verständnis als bloße Vorbereitungshandlungen oder als Versuch[640] charakterisiert werden würden, und setzt andererseits für die Vollendung des *theft* nicht einmal einen Schadenseintritt beim Opfer voraus[641].

Unzweifelhaft ist auch, dass eine *appropriation* durch den *director* zum Nachteil der Limited möglich ist, obwohl er es ist, der die Limited leitet und dessen Wille ihr zugerechnet wird. Denn zu einer Zurechnung kommt es nur, wenn der *director* seine Rechtsmacht nutzt, um im Interesse der Limited mit ihrem *property* umzugehen. Keine Zurechnung findet statt, wenn er sie für eigene Zwecke verwendet[642].

An dieser Stelle soll mit dem Territorialitätsgrundsatz eine erst später (im 9. Kapitel B. II.) ausführlicher behandelte Besonderheit des englischen Strafrechts angesprochen werden. Teilweise wird vertreten, dass aufgrund des Territorialitätsgrundsatzes eine strafrechtliche Verfolgung vor englischen Gerichten unter dem Gesichtspunkt des *theft* nur dann in Betracht komme, wenn die *appropriation* in England oder Wales stattgefunden habe[643]. Aber selbst wenn das stimmen sollte, was nicht der Fall ist, könnte dieser Umstand nicht dazu führen, dass ein *direc-*

Nach Inkrafttreten des Fraud Act 2006 käme sowohl eine Strafbarkeit wegen *theft* als auch wegen *fraud* in Betracht, *Allen* Textbook on Criminal Law, S. 442.

[638] *Smith/Hogan* Criminal Law, S. 741: „*Anyone doing anything whatever to property belonging to another, with or without his consent, appropriates it; (...).*"; *Smith* The Law of Theft, S. 12.

[639] Vor allem die Entscheidung Gomez hat Kritik hervorgerufen. Sie wird u. a. damit begründet, dass eine derart weite Auslegung des Tatbestandes in weiten Bereichen faktisch einer Abschaffung des Versuchs gleichkomme, *Reed/Seago* Criminal Law, S. 406. Ferner erfasse der so verstandene *theft* Bereiche, die den Täuschungsdelikten vorbehalten waren, *A. T. H. Smith* Property Offences, S. 141; vgl. *Smith/Hogan* Criminal Law, S. 741 ff.; *Dine* Criminal Law in the Company Context, S. 129 ff.

[640] *Och* Der strafrechtliche Schutz, S. 72.

[641] *Chan Man-sin v A-G of Hong Kong* (1998) 1 All ER 1; *Smith* The Law of Theft, S. 37; Ob dies auch für den Fall des Sachdiebstahls gilt, ist höchstrichterlich nicht entschieden, *Och* Der strafrechtliche Schutz, S. 74.

[642] *Allen* Textbook on Criminal Law, S. 452; *Smith* The Law of Theft, S. 44; vgl. *A-G for Hong Kong v Nai-keung* (1987) 86 Cr App R 174.

[643] *Sullivan/Warbrick* (1994) Crim LR, 650; Ferner *Och* Der strafrechtliche Schutz, S. 70, der zu Unrecht meint, dass der diesen Zustand ändernde Criminal Justice Act 1993 nicht in Kraft getreten sei. Richtig ist vielmehr, dass der Criminal Justice Act 1993 am 27.07.1993 den *Royal Assent* erhielt; siehe auch *Allen* Textbook on Criminal Law, S. 306.

tor eine Beeinträchtigung der Niederlassungsfreiheit durch die Anwendung deutschen Strafrechts auf ein bestimmtes Verhalten in Deutschland, das in England unter den Straftatbestand des *theft* fiele, mit dem Argument begründen könnte, dass er für eben dieses Verhalten aufgrund des Territorialitätsgrundsatzes nicht vor einem englischen Gericht wegen *theft* verfolgt werden könnte. Denn der Vergleich der strafrechtlichen Verantwortlichkeit des *directors* nach dem Recht des Gründungsstaates und dem Recht des Zuzugsstaates kann nicht vom jeweiligen Strafanwendungsrecht abhängen. Insofern geht es nämlich ausschließlich um die Verfolgbarkeit einer Tat vor den Gerichten des jeweiligen Landes, nicht aber um die Verwirklichung des Straftatbestandes selbst. Letzterer ist nach dem Recht beider Länder erfüllt. Würde die strafrechtliche Verfolgbarkeit bestimmter nach dem Recht sowohl des Gründungs- als auch des Zuzugsstaates tatbestandsmäßiger Verhaltensweisen als Kriterium für die Entscheidung über den tatsächlichen Verwaltungssitz einer Gesellschaft herangezogen, so läge darin ein im Sinne der Rechtsprechung des EuGH missbräuchliches Verhalten, welches ein Berufen auf die Niederlassungsfreiheit ausschließen würde[644].

b. Taugliches Tatobjekt (property)

Was als taugliches Tatobjekt in Betracht kommt, lässt sich sec. 4 (1) Theft Act 1968 entnehmen: „*Property includes money and all other property, real or personal, including things in action and other intangible property.*"

Gemäß dieser Definition sind grundsätzlich alle irgendwie vermögenswerten Gegenstände taugliches Tatobjekt im Rahmen des *theft*[645]. Es existiert sogar der Forderungsdiebstahl[646] und der Diebstahl sonstiger nicht körperlicher Gegenstände[647]. Nicht unter den Begriff des *property* fallen jedoch *confidential information*

---

[644] Siehe dazu 3. Kapitel B. III. 4. c.; vgl. *EuGH* Slg. 2003, I-10155, 10235 Rn. 139 (*Inspire Art*); vgl. *EuGH* Slg. 1999 I-1459, 1492 und 1496 Rn. 24 und 38 (*Centros*).
[645] *Griew* The Theft Acts, S. 14.
[646] *Griew* The Theft Acts, S. 14; *Reed/Seago* Criminal Law, S. 413.
[647] *A-G of Hong Kong v Chan Nai-Keung* (1987) 1 WLR 1339; Eine Definition für nicht körperliche Gegenstände enthält *Torkington v Magee* (1902) 2 KB 427: „*A 'thing in action' is a personal right of property which can only be claimed or enforced by legal action and not by taking physical possession.*" Dazu gehören Rechte aus einem Trust oder Vertrag, *copyrights* oder *trade marks*; Nach sec. 30 Patents Act 1977 gehören auch Patente zum '*other intangible property*' und können daher gestohlen werden; zum Ganzen *Allen* Textbook on Criminal Law, S. 424 ff.; *English/Card* Police Law, S. 1018.

und *trade secrets* als solche[648]. An ihnen kann kein Diebstahl begangen werden[649]. Anders aber hinsichtlich des Profits, den der *director* erzielt, wenn er solche Informationen für eigene Zwecke verwendet oder Geschäftschancen persönlich nutzt, die an sich der Limited zustehen. Unstreitig sind in solchen Fällen nicht nur zivilrechtliche Ansprüche gegen den *director* möglich[650], auch eine Strafbarkeit wegen *theft* kommt in Betracht[651]. Konstruktiv wird dies über die Figur des *constructive trust* erreicht: *„A fiduciary who uses his position of trust to acquire a benefit for himself holds that benefit on constructive trust for his beneficiary."*[652] Gegenstand des *theft* ist in diesem Fall also nicht die Information oder die Geschäftschance selbst, sondern der aus ihr gezogene Profit[653].

c. Rechtliche Beschaffenheit des Tatobjekts (belonging to another)

Gemäß sec. 5 (1) Theft Act 1968 muss der Vermögensgegenstand eine bestimmte rechtliche Beschaffenheit aufweisen, damit an ihm *theft* verübt werden kann[654]: *„Property shall be regarded as belonging to any person having possession or con-*

---

[648] *Oxford v Moss* (1978) 68 Cr App Rep 183. Spezielle Straftatbestände finden sich insoweit nur teilweise im Computer Misuse Act 1990. Darüber hinaus kommen zivilrechtliche Maßnahmen in Frage, *Dine* Criminal Law in the Company Context, S. 136; *Smith/Hogan* Criminal Law, S. 756; Zur Kritik an diesem Zustand und für die Anwendung des *theft A. T. H. Smith* Property Offences, S. 25; *Allen* Textbook on Criminal Law, S. 425 f.

[649] Weitere gesetzlich geregelte Ausnahmen finden sich in sec. 4 (2) bis (4) Theft Act 1968. Danach ist der Diebstahl von Land, wild wachsenden Pflanzen und wilden Tieren grundsätzlich nicht möglich, wenn nicht eine der ebenfalls dort festgeschriebenen Gegenausnahmen greift. Gemäß sec. 4 (2) (a) Theft Act 1968 *a trustee or personal representative or one authorised to sell or dispose of land belonging to another can steal land or anything forming part of it by dealing with it in breach of the confidence reposed in him.* Damit kommt für *directors* der Diebstahl von Land in Frage, *Daniels v Daniels* (1978) Ch 406; *Simester/Sullivan* Criminal Law, S. 431 (Fußnote 45); vgl. *Smith* The Law of Theft, S. 58; Ferner greifen Sonderdelikte, die u. a. im Night Poaching Act 1828, im Game Act 1831, im Deer Act 1991 und im Wildlife and Countryside Act 1981 enthalten sind.

[650] *Industrial Development Consultants Ltd v Cooley* (1972) 1 WLR 443; *Regal (Hastings) Ltd v Gulliver* (1942) 1 All ER 378, (1967) 2 AC 134, ein Fall, in welchem die Limited selbst sogar unfähig war, die Geschäftschance zu nutzen.

[651] *Attorney-General v Guardian Newspapers (No. 2)* (1990) 1 AC 109; *Diamond v Oreamuno* (1969) 301 NYS 2d 78.

[652] *Goff/Jones* The Law of Restitution, S. 713.

[653] *Simester/Sullivan* Criminal Law, S. 444 f., die insoweit auch sec. 5 (1) Theft Act 1968 heranziehen; Siehe *Dine* Criminal Law in the Company Context, S. 139, die dafür plädiert, Informationen als *property* zu begreifen.

[654] *Och* Der strafrechtliche Schutz, S. 78.

trol of it, or having in it any proprietary right or interest (not being an equitable interest arising only from an agreement to transfer or grant an interest)."

Zwischen *possession* und *control* wird im englischen Recht nicht differenziert. Entscheidend ist, dass eine Person objektiv eine gewisse Einwirkungsmöglichkeit auf den Gegenstand und subjektiv Besitzwillen hat[655]. Da dies unabhängig von der Eigentumslage gilt, kann *theft* auch durch den Eigentümer selbst verwirklicht werden, wenn dieser dadurch ein irgendwie geartetes Recht eines Dritten beeinträchtigt[656]. Auch die Zustimmung des Eigentümers ist in entsprechenden Fällen unbeachtlich. Gleiches gilt für die Rechtmäßigkeit der Einwirkungslage: Geschützt ist ein Gegenstand unabhängig davon, ob er rechtmäßig oder unrechtmäßig erlangt wurde[657]. Daher kann sich die Selbsthilfe des Eigentümers gegen einen Dieb als Diebstahl darstellen[658].

Unter *proprietary right or interest* wird jedes noch so geringe rechtlich geschützte Interesse gleich welcher Art verstanden. Ein Gegenstand ist somit schon dann taugliches Diebstahlsobjekt, wenn irgendwer ein wie auch immer geartetes Recht oder Interesse daran hat[659].

Da die Limited als juristische Person ein eigenständiges Rechtssubjekt ist, hat sie ihr eigenes *property* und kann diesbezüglich Opfer eines *theft* werden. Das gilt ausdrücklich auch dann, wenn es sich um einen Diebstahl handelt, der von einem *director* begangen wird, der gleichzeitig alleiniger Gesellschafter ist[660]. Dass die Gesellschafterstellung kei-

---

[655] *Smith/Hogan* Criminal Law, S. 762.
[656] *Griew* The Theft Acts, S. 25 f.; *Reed/Seago* Criminal Law, S. 417.
[657] *Allen* Textbook on Criminal Law, S. 429; *Och* Der strafrechtliche Schutz, S. 79.
[658] *A. T. H. Smith* Property Offences, S. 95; *Och* Der strafrechtliche Schutz, S. 79.
[659] *Smith/Hogan* Criminal Law, S. 765.
[660] *Attorney-General's Reference (No. 2 of 1982)* (1984) QB 624; Der Court of Appeal hat dies in einem obiter dictum bestätigt und ausgeführt, dass das Handeln aller Gesellschafter und Geschäftsführer einer Gesellschaft dann nicht zugerechnet werden kann, wenn es illegal und unredlich ist, *Allen* Textbook on Criminal Law, S. 452; ferner *McHugh and Tringham* (1988) 88 Cr App R 385; *R v Philippou* (1989) 89 Cr App Rep 290; ferner *Lord Browne-Wilkinson* in *Directors of Public Prosecutions v Gomez* (1993) AC 442, 496: „*Where a company is accused of a crime the acts and intentions of those who are the directing minds and will of the company are to be attributed to the company. That is not the law where the charge is that those who are the directing minds and will have themselves committed a crime against the company.*"; Anders wurde dieselbe Konstellation in dem australischen Fall *R v Roffel* (1985) VR 511 gelöst. Dieses Urteil wurde aber vom House of Lords ausdrücklich als falsch bezeichnet. Richtig sei vielmehr die Sichtweise in *Attorney-General's Reference (No. 2 of 1982)* und in *R v Philippou*, siehe *Directors of Public Prosecutions v Gomez* (1993) AC 442, 496 f.; *Mayson/French/Ryan* Company Law, S. 626.

nen Einfluss auf eine Strafbarkeit wegen *theft* hat, liegt also daran, dass die Limited als solche eine von ihren Gesellschaftern getrennte Rechtspersönlichkeit ist[661].

2. Subjektiver Tatbestand des *theft*

Der subjektive Tatbestand (*mens rea*) des *theft* erfordert, dass der Täter unredlich (*dishonestly*) und in der Absicht handelt, den Eigentümer/Besitzer dauerhaft zu enteignen (*permanently depriving the other of it*), wobei es unbeachtlich ist, ob der Täter mit Bereicherungsabsicht handelt oder sonst irgendeinen Vorteil aus seinem Verhalten ziehen will (*immaterial whether the appropriation is made with a view to gain*).

Da der objektive Tatbestand durch die Weite des Tatbestandsmerkmals *appropriation* mittlerweile so gut wie jedes Erlangen von *property* umfasst, kommt dem subjektiven Tatbestand, insbesondere dem Merkmal *dishonesty*, entscheidende Bedeutung bei der Prüfung zu, ob eine Person wegen *theft* bestraft werden kann oder nicht[662].

a. Unredlichkeit (dishonesty)

Das Merkmal *dishonesty* ist in sec. 2 Theft Act 1968 in der Weise näher erläutert, dass bestimmte Fälle gerade keine *dishonesty* darstellen: „*A person's appropriation of property belonging to another is not to be regarded as dishonest (a) if he appropriates the property in the belief that he has in law the right to deprive the other of it, on behalf of himself or a third person; or (b) if he appropriates the property in the belief that he would have had the other's consent if the other knew of the appropriation and the circumstances of it; or (c) (except where the property came to him as a trustee or personal representative) if he appropriates the property in the belief that the person to whom the property belongs cannot be discovered by taking reasonable steps.*"

Die englische Rechtsprechung ist bei der Annahme von *dishonesty* einerseits täterfreundlich. So akzeptiert sie bisweilen die Annahme des Täters, einen Anspruch auf den weggenommenen Gegenstand zu haben, auch dann, wenn diese Annahme aus Sicht eines objektiven Dritten völlig unbegründet, gar abwegig

---

[661] *Smith* The Law of Theft, S. 44.
[662] *Allen* Textbook on Criminal Law, S. 460.

ist[663]. Entsprechendes gilt, wenn der Täter von der Zustimmung des Eigentümers ausgeht[664] oder den eigentlich Berechtigten für unauffindbar hält[665].

Wenn aber andererseits keiner der in sec. 2 Theft Act 1968 genannten Fälle vorliegt, ist die Entscheidung, ob ein Täter unredlich gehandelt hat oder nicht, anhand des so genannten Ghosh-Tests zu entscheiden. Nach diesem liegt ein unredliches Handeln des Täters vor, wenn sein Verhalten nach den durchschnittlichen Moralvorstellungen aller billig und gerecht Denkenden unredlich war und sich der Täter bewusst war, dass sein Handeln nach diesem Maßstab als unredlich gelten würde[666].

Der Ghosh-Test seinerseits baut auf dem Fall Feely[667] auf, in dem entschieden wurde, dass das Erlangen des *property* dergestalt sein müsse, dass dem Täter vernünftigerweise „*moral obloquy*" zugemessen werden könne. Die Beeinträchtigung von *property* kann damit letztlich nur dann *theft* sein, wenn aufgrund einer moralischen Wertung dem Täter *blame* vorgeworfen werden kann[668].

Trotz ihrer immensen Bedeutung gibt es keine klarere Definition für *dishonesty* als den hochgradig unsicheren Ghosh-Test. Sogar ein zivilrechtlich zulässiges und wirksames Handeln kann strafrechtlich als *theft* erfasst werden[669]. Hinsichtlich des *directors* bedeutet das, dass auch die Einhaltung aller gesellschaftsrechtlichen Regelungen und Pflichten nicht verhindern kann, dass sein Verhalten im Einzelfall als *dishonest* angesehen wird. Voraussagen darüber, was das Gericht im konkreten Einzelfall als *dishonest* einordnen wird, lassen sich bisweilen kaum treffen[670]. Das liegt insbesondere an dem Umstand, dass regelmäßig eine Jury[671] darüber entscheidet, was *dishonest* ist und was nicht und insoweit jedes einzelne Jurymitglied verpflichtet ist, den jeweils eigenen moralischen Standard anzuwenden[672]. Das gilt selbst dann, wenn der Täter davon überzeugt ist, dass er nicht *dishonest* gehandelt

---

[663] *Smith/Hogan* Criminal Law, S. 780.
[664] *Flynn* (1970) Crim LR 118.
[665] *Och* Der strafrechtliche Schutz, S. 84.
[666] *R v Ghosh* (1982) 2 All ER 689; *English/Card* Police Law, S. 1026 f.
[667] *R v Feely* (1973) 1 QB 530, 530 und 532.
[668] *Clarkson/Keating* Criminal Law, S. 846.
[669] *Turner* (No. 2) (1971) 55 Cr App R. 336; *Gilks* (1972) 56 Cr App R 734; Für einen Gleichlauf von allgemeinen Vorschriften und Strafrecht plädiert *Williams* (1977) Crim LR 127 ff. und 205 ff.
[670] *Ashworth* Principles of Criminal Law, S. 381 ff.; zur Kritik *Elliott* (1982) Crim LR 395, 399; *Halpin* (1996) Crim LR 283, 287.
[671] Der Ghosh-Test findet aber auch dann Anwendung, wenn der *theft* vor einem *magistrates' court* verhandelt wird, *English/Card* Police Law, S. 1027.
[672] *Clarkson/Keating* Criminal Law, S. 849.

habe, weil er sich entsprechend den Standards seines Verkehrskreises verhalten habe[673].

In einer zunehmend heterogenen Gesellschaft wird Rechtssicherheit daher letztlich allein dadurch erreicht, dass im Laufe der Zeit durch höchstrichterliche Vorgaben ein Rahmen entsteht, in den sich auch neue Fallkonstellationen einordnen lassen[674]. Insoweit ähnelt das subjektive Tatbestandsmerkmal *dishonesty* dem objektiven Tatbestandsmerkmal der Pflichtwidrigkeit im Rahmen der Untreue gemäß § 266 StGB. § 266 StGB gibt nämlich über den Inhalt der Vermögensbetreuungspflicht keine näheren Auskünfte. Dieser wird vielmehr aus außerstrafrechtlichen Pflichten abgeleitet. Erst recht aber enthält der Tatbestand keinen Hinweis darauf, welche Qualität ein Verhalten haben muss, um im strafrechtlichen Sinne als Verletzung der jeweiligen Pflicht zu erscheinen[675]. In der Praxis haben sich daher zahlreiche Fallgruppen entwickelt, anhand derer die Pflichtwidrigkeit der Tathandlung beurteilt wird (zum Beispiel Risikogeschäfte und eigenmächtige Mittelverwendung mit Untergruppen wie „schwarze Kassen" und „Sponsoring"[676]).

b. Enteignungsabsicht (intention permanently to deprive)

Die Bedeutung des Merkmals *intention permanently to deprive* wird in sec. 6 Theft Act 1968 näher dargelegt[677]: *"(1) A person appropriating property belonging to another without meaning the other to lose the thing itself is nevertheless to be regarded as having the intention of permanently depriving the other of it if his intention is to treat the thing as his own to dispose of regardless of the other's rights; and a borrowing or lending of it may amount to so treating it if, but only if, the borrowing or lending is for a period and in circumstances making it equivalent to an outright taking or disposal. (2) Without prejudice to the generality of subsection (1) above, where a person, having possession or control (lawfully or not) of property belonging to another, parts with the property under a condition as to its return which he may not be able to perform, this (if done for purposes of*

---

[673] *Clarkson/Keating* Criminal Law, S. 849; Vgl. ferner *Gilks* (1972) 56 Cr App R 734, ein Fall, in dem argumentiert wurde, Buchmacher seien *"a race apart"*.
[674] *Allen* Textbook on Criminal Law, S. 463.
[675] *Kubiciel* NStZ 2005, 353, 354.
[676] *Fischer* StGB, § 266 Rn. 63 ff. und 74 ff.
[677] Zum Ganzen *Allen* Textbook on Criminal Law, S. 455 ff.

his own and without the other's authority) amounts to treating the property as his own to dispose of regardless of the other's rights."

Obwohl in der englischen Literatur umstritten ist, was genau mit dieser Regelung im Einzelnen gemeint ist[678], kann im Grundsatz festgehalten werden, dass auch der englische Tatbestand *theft* die Zueignungskomponente in ein Enteignungs- und ein Aneignungselement trennt und beides voraussetzt. Konsequenterweise würde daher eine reine Enteignung nur zu einer Sachbeschädigung führen[679], andererseits eine reine Aneignung, also die Absicht, mit der Sache wie ein Eigentümer zu verfahren, ebenfalls nicht ausreichen, um den Tatbestand zu verwirklichen[680]. Insoweit ist allerdings sec. 1 (2) Theft Act 1968 zu beachten (dazu unter c.).

c. Keine Bereicherungs- oder Zueignungsabsicht erforderlich
Nach sec. 1 (2) Theft Act 1968 kommt es für die Verwirklichung des *theft* nicht darauf an, ob der Täter mit Bereicherungsabsicht handelt oder überhaupt einen Vorteil aus der Tat ziehen will. Der ohnehin weite Anwendungsbereich des *theft* wird durch diese Regelung noch weiter ausgedehnt, so dass im Ergebnis zum Beispiel auch reine Sachbeschädigungen dem *theft* unterfallen[681].

II. Theft als Äquivalent zu deutschen Eigentums- und Vermögensdelikten
Welche tatbestandliche Weite der *theft* besitzt und welche Spanne an Fallkonstellationen er abdeckt, zeigt ein Blick in die englische Rechtsgeschichte. Historisch betrachtet gab es vor der Einführung des *theft* unter anderem die Straftatbestände *embezzlement*, *larceny* und *fraudulent conversion*. Danach machte sich eine Per-

---

[678] *Griew* The Theft Acts, S. 61; *Smith/Hogan* Criminal Law, S. 788 ff.
[679] *Och* Der strafrechtliche Schutz, S. 87.
[680] *Smith/Hogan* Criminal Law, S. 792; siehe auch *English/Card* Police Law, S. 1027 f.; In diesem Zusammenhang ist die Behandlung des furtum usus umstritten. Teilweise wird der Tatbestand des *theft* verneint, da das Tatbestandsmerkmal *permanently* nicht erfüllt sei. Die Zueignungsabsicht liege nicht vor, wenn der Täter beabsichtige, die Sache zurückzugeben, *Griew* The Theft Acts, S. 59; *Smith/Hogan* Criminal Law, S. 792; a. A. *Ashworth* Principles of Criminal Law, S. 393; *Williams* (1981) Crim LR 129, 129 ff.; Zur unbefugten Gebrauchsanmaßung nach deutschem Recht *Fischer* StGB, § 242 Rn. 38 ff.
[681] *Smith/Hogan* Criminal Law, S. 778 f.; Das Nebeneinander von Diebstahl und Sachbeschädigung aber wird – wie überhaupt Überschneidungen verschiedener Straftatbestände – im englischen Recht als unproblematisch angesehen, *Och* Der strafrechtliche Schutz, S. 92.

son wegen *embezzlement* strafbar, wenn sie zum Beispiel Gelder, die sie zur Weiterreichung an ihren Arbeitgeber erhielt, nicht ablieferte, sondern sich selbst einverleibte. Wegen *larceny* wurde dieselbe Person bestraft, wenn sie das Geld zunächst an den Arbeitgeber weiterreichte, sich aber danach an diesem vergriff. Schließlich konnte jemand wegen *fraudulent conversion* bestraft werden, wenn ihm das Eigentum einer anderen Person besonders anvertraut war oder ihm Eigentum übertragen wurde, um mit diesem im Auftrag und Interesse eines anderen in einer bestimmten Weise zu verfahren, er das Eigentum sodann jedoch zu eigenen Zwecken nutzte[682]. Die Abgrenzung der einzelnen Tatbestände war höchst kompliziert. Eindeutig aber ist, dass alle drei Straftatbestände im *theft* aufgegangen sind[683], alle genannten Verhaltensweisen also dem *theft* unterfallen.

1. Diebstahl, § 242 StGB

Im Vergleich zum Diebstahl gemäß § 242 StGB stellt der *theft* geringere Anforderungen an die Verwirklichung sowohl des objektiven als auch des subjektiven Tatbestandes und erfasst daher die von jenem abgedeckten Fallkonstellationen. Dies betrifft hinsichtlich des objektiven Tatbestandes das Tatobjekt und die Tathandlung, was nach den bereits im 6. Kapitel A. I. 1. erfolgten Ausführungen nachfolgend allerdings nur anhand weniger Beispiele verdeutlicht werden soll[684]: Taugliches Tatobjekt im Rahmen von § 242 StGB ist eine fremde, bewegliche Sache. Obwohl der strafrechtliche Begriff der Sache gegenüber § 90 BGB selbständig ist, teilt er mit diesem doch zumindest das Erfordernis der Körperlichkeit eines Gegenstandes[685]. Demgegenüber ist nach sec. 4 (1) Theft Act 1968 grundsätzlich jeder irgendwie vermögenswerte Gegenstand taugliches Tatobjekt im Rahmen des *theft*[686]. Ferner verlangt § 242 StGB als Tathandlung eines vollendeten Diebstahls die Wegnahme einer fremden beweglichen Sache, verstanden als Bruch fremden und Begründung neuen, nicht notwendigerweise tätereigenen Gewahrsams[687]. Hingegen genügt für die Vollendung des objektiven Tatbestandes

---

[682] Zum Ganzen *Smith* The Law of Theft, S. 6 f.
[683] *Clarkson/Keating* Criminal Law, S. 803.
[684] Eine weitaus umfangreichere rechtsvergleichende Darstellung findet sich bei *Och* Der strafrechtliche Schutz, S. 222 ff.
[685] *Fischer* StGB, § 242 Rn. 3.
[686] *Och* Der strafrechtliche Schutz, S. 223.
[687] *Fischer* StGB, § 242 Rn. 10.

des *theft* jede Handlung, die mit dem Willen der Anmaßung eines fremden Eigentümer- oder Vermögensrechts begangen wird[688]. Und während die Versuchsstrafbarkeit nach § 22 StGB das unmittelbare Ansetzen zu einer Wegnahme erfordert, dehnt das englische Recht die Strafbarkeit wegen *theft* aufgrund der Entscheidung Gomez in den Bereich bloßer Vorbereitungshandlungen hinein aus. Hinsichtlich des subjektiven Tatbestandes fällt beim *theft* im Vergleich zum deutschen Recht auf, dass der *theft* aufgrund der Regelung in sec. 1 (2) Theft Act 1968 im Ergebnis kein Aneignungselement enthält[689]. Hingegen erfordert § 242 StGB zumindest die Absicht einer vorübergehenden Aneignung, so dass die reine Zerstörung einer Sache tatbestandlich nicht erfasst ist[690].

2. Unterschlagung, § 246 StGB

In Deutschland beinhaltet der Diebstahl nach § 242 StGB das Tatbestandsmerkmal der Wegnahme. Befindet sich das Tatobjekt bereits im Gewahrsam des Täters, scheidet eine Strafbarkeit wegen Diebstahls daher aus[691]. In diesem Bereich verhindert der Tatbestand der Unterschlagung, § 246 StGB, die Entstehung von Strafbarkeitslücken. Er verlangt keine Wegnahme, sondern allein die Zueignung der Sache, wofür nach Ansicht von Rechtsprechung und herrschender Meinung ausreicht, dass der Täter seinen Zueignungswillen durch eine nach außen erkennbare Handlung betätigt[692].

Der *theft* erfordert ebenfalls allein die bloße Zueignung (*appropriation*) des Tatobjekts. Einer Wegnahme bedarf es nicht. Daher erfasst er auch Tatobjekte, die sich bereits im Gewahrsam des Täters befinden[693]. Ausdrücklich wird dies durch sec. 3 (1) Theft Act 1968 klargestellt. Nicht einmal die Manifestation eines Zueignungswillens ist erforderlich. Ein Unterschlagungsdelikt im Sinne des § 246 StGB ist somit im englischen Recht überflüssig[694]. Sachverhaltskonstellationen,

---

[688] *Smith/Hogan* Criminal Law, S. 741; *Smith* The Law of Theft, S. 12.
[689] Siehe dazu 6. Kapitel A. I. 2. c.
[690] Zur Zueignungsabsicht *Fischer* StGB, § 242 Rn. 32 ff.
[691] Zu den verschiedenen Gewahrsamsstufen (Mitgewahrsam, über- und untergeordneter Gewahrsam) *Fischer* StGB, § 242 Rn. 14 f.
[692] *Fischer* StGB, § 246 Rn. 6.
[693] Zur *appropriation by those already in possession* siehe *English/Card* Police Law, S. 1017; Auch ein bloßes Unterlassen kann eine *appropriation* sein, so dass in der Nichtherausgabe eines Gegenstandes an den Eigentümer *theft* liegen kann, *Herring* Criminal Law, S. 522; Zur Wegnahme ausführlich auch *Hagel* Diebstahl im englischen Recht, S. 24 ff.
[694] *Och* Der strafrechtliche Schutz, S. 258.

die nach deutschem Recht als Unterschlagung einzuordnen sind, sind vom *theft* vollständig erfasst[695].

3. Untreue, § 266 StGB

Auch ein gesonderter Untreuetatbestand findet sich im englischen Recht nicht[696]. Vielmehr zeigt die Ausnahmeregelung des sec. 4 (2) (a) Theft Act 1968[697], dass zahlreiche Sachverhaltskonstellationen, die nach deutschem Recht in den Anwendungsbereich des § 266 StGB fallen, im englischen Recht einen Unterfall des *theft* bilden[698]. So kann nach sec. 4 (2) (a) Theft Act 1968 *theft* ausnahmsweise auch hinsichtlich von Grundstücken begangen werden, wenn zum Beispiel ein *trustee* (wie es der *director* im Verhältnis zu seiner Limited ist) eine Veräußerung entgegen den ihm obliegenden Pflichten vornimmt. Eine solche Veräußerung unter Verstoß gegen die Pflichtenbindung im Innenverhältnis könnte nach deutschem Recht als Untreue eingeordnet werden.

Natürlich gilt auch für die strafrechtliche Verantwortlichkeit von *directors* nach englischem Recht, dass nicht jede Verletzung von Treuepflichten per se strafbar ist[699]. Insoweit besteht keine Besonderheit gegenüber dem deutschen Recht. Dass allerdings diejenigen Verhaltensweisen des *directors*, die nach deutschem Recht dem Anwendungsbereich der Untreue, § 266 StGB, zuzuordnen sind, im englischen Recht dem *theft* unterfallen, folgt aus dessen tatbestandlicher Weite, die sich unter anderem in dem Verzicht auf eine bestimmte Tathandlung (insbesondere der Wegnahme) zeigt, aber auch darin, dass unkörperliches Vermögen durch den *theft* geschützt ist[700]. Dementsprechend wurde im Fall Kohn ein leitender Angestellter einer Limited wegen *theft* verurteilt, weil er zu Lasten eines Kontos der Limited Schecks ausstellte und die so erlangten Gelder für private

---

[695] *Och* Der strafrechtliche Schutz, S. 222 (Fußnote 1065).
[696] *Schünemann* in LK zum StGB, § 266 Rn. 193.
[697] „A person cannot steal land, or things forming part of land and severed from it by him or by his directions, except in the following cases, that it to say (a) when he is a trustee or personal representative, or is authorised by power of attorney, or as liquidator of a company, or otherwise, to sell or dispose of land belonging to another, and he appropriates the land or anything forming part of it by dealing with it in breach of the confidence reposed in him; or (...).“; siehe auch Fußnote 649.
[698] *Och* Der strafrechtliche Schutz, S. 259; *Worm* Die Strafbarkeit eines directors, S. 181 ff. und insb. 186.
[699] *Schünemann* in LK zum StGB, § 266 Rn. 193.
[700] *Schünemann* in LK zum StGB, § 266 Rn. 193.

Zwecke missbrauchte⁷⁰¹. In einem anderen Fall wurde ein *director* wegen *theft* verurteilt, weil er unmittelbar mit Mitteln der Limited private Rechnungen bezahlt hatte⁷⁰². Ein weiteres Beispiel sind Sachverhaltskonstellationen, die nach deutschem Recht in die Fallgruppe der Geschäftschancenlehre einzuordnen sind: Nach englischem Recht wird der durch Ausnutzung einer der Gesellschaft zustehenden Geschäftschance erlangte Profit über das Rechtsinstitut des *constructive trust* zum Gegenstand des *theft* gemacht⁷⁰³.

An dieser Stelle darf der Hinweis nicht fehlen, dass die Strafbarkeit eines *directors* wegen *theft* auch bei einvernehmlicher Zustimmung aller Gesellschafter (*-directors*) nicht zwingend entfällt. Denn ist die Zustimmung der Gesellschafter (*-directors*) *dishonest*, ist sie unbeachtlich⁷⁰⁴. Dieser Test ist strenger als jener im Rahmen des § 266 StGB, ob die Zustimmung aller Gesellschafter eine Strafbarkeit der Geschäftsleiter einer Gesellschaft entfallen lässt.

Schließlich hindert der Umstand, dass im Rahmen von § 266 StGB eine Bereicherungsabsicht verzichtbar ist⁷⁰⁵, eine Subsumtion des jeweiligen Verhaltens unter den Tatbestand des *theft* nicht, da gemäß sec. 1 (2) Theft Act 1968 eine solche auch für den *theft* nicht erforderlich ist.

III. Fraud als zentrales Täuschungsdelikt im englischen Strafrecht

Mit sec. 1 (1) Fraud Act 2006 hat der englische Gesetzgeber den Straftatbestand des *fraud* geschaffen, der gemäß sec. 1 (3) (b) Fraud Act 2006 mit Gefängnisstrafe von bis zu 10 Jahren oder Geldstrafen (oder beidem) bestraft werden kann: „*(1) A person is guilty of fraud if he is in breach of any of the sections listed in subsection (2) (which provide for different ways of committing the offence). (2) These sections are (a) section 2 (fraud by false representation), (b) section 3 (fraud by failing to disclose information), and (c) section 4 (fraud by abuse of position).*"⁷⁰⁶

---

⁷⁰¹ *Kohn* (1979) 69 Cr App R 395; *Simester/Sullivan* Criminal Law, S. 428; *English/Card* Police Law, S. 1018.
⁷⁰² *Attorney-General's Reference* (*No. 2 of 1982*) (1984) QB 624; *Elliott* (1991) Crim LR 732, 733; Vgl. ferner *Hilton* (1997) 2 Cr App R 445, ein Fall, in dem ein *officer* einer *charity* deren Gelder auf fremde Konten überwies und somit seine Schulden beglich.
⁷⁰³ Siehe dazu 6. Kapitel A. I. 1. b.
⁷⁰⁴ Siehe dazu 6. Kapitel A. I. 1. a.
⁷⁰⁵ Siehe zum subjektiven Tatbestand *Fischer* StGB, § 266 Rn. 171 ff.
⁷⁰⁶ Sec. 2 (1) Fraud Act 2006 hat folgenden Wortlaut: „*A person is in breach of this section if he (a) dishonestly makes a false representation, and (b) intends, by making the representation (i) to make a gain for himself or another, or (ii) to cause loss to another or to expose another to a*

Für die Strafbarkeit eines *directors* ist diese Neuerung insbesondere mit Blick auf sec. 4 Fraud Act 2006 von Interesse, der lautet: „*(1) A person is in breach of this section if he (a) occupies a position in which he is expected to safeguard, or not to act against, the financial interests of another person, (b) dishonestly abuses that position, and (c) intends, by means of the abuse of that position (i) to make a gain for himself or another, or (ii) to cause loss to another or to expose another to a risk of loss. (2) A person may be regarded as having abused his position even though his conduct consisted of an omission rather than an act.*" Die Law Commission hat im Rahmen ihrer Arbeit zum Fraud Act 2006 ausdrücklich darauf hingewiesen, dass gerade das Verhältnis eines *directors* zu seiner *company* in den Anwendungsbereich dieser Vorschrift fällt[707]. Und die Weite des Tatbestandes lässt im Ergebnis jedes Verhalten des *directors*, das gegen das Vermögen seiner Limited gerichtet ist, diesem Straftatbestand unterfallen[708]. So liegt zum Beispiel eine Strafbarkeit nach sec. 1 in Verbindung mit sec. 4 Fraud Act 2006 vor, wenn der *director* einen Vertrag nicht abschließt, um einen Konkurrenten zum Zuge kommen zu lassen oder er eine Geschäftschance der Limited zu seinen eigenen Gunsten nutzt oder der *director* eines Softwareunternehmens Software kopiert, um sie sodann privat gewinnbringend zu veräußern[709].

---

risk of loss."; Sec. 3 Fraud Act 2006 lautet: „*A person is in breach of this section if he (a) dishonestly fails to disclose to another person information which he is under legal duty to disclose, and (b) intends, by failing to disclose the information (i) to make a gain for himself or another, or (ii) to cause loss to another or to expose another to a risk of loss.*"

[707] *Home Office* Fraud Law Reform – Consultations on Proposals for Legislation, 2004, p. 10, The Proposals no. 23 und 24; ferner *Allen* Textbook on Criminal Law, S. 496.

[708] Fraglich ist daher das Verhältnis zum *theft*. Aufgrund der enormen Weite des Anwendungsbereichs des *theft* war schon bislang eine schlüssige Abgrenzung zwischen *theft* und den *offences involving deception* kaum möglich. So vertritt das House of Lords die Ansicht, dass regelmäßig dann, wenn eine Person einen Profit durch Täuschung erlangt, er diesen auch durch *theft* erlangt. Im Ergebnis hat der Täter somit häufig zwei Straftatbestände erfüllt, *English/Card* Police Law, S. 1016 ff.; *Ashworth* Principles of Criminal Law, S. 370; kritisch dazu *Clarkson/Keating* Criminal Law, S. 819 f.; *Shute/Horder* MLR 1993 (56), 548, 549 ff.; Welcher Straftatbestand zur Anklage kommt, hängt entscheidend von der Anklagebehörde ab. Abzuwarten bleibt, ob der *fraud* nach seiner tatbestandlichen Ausweitung im Verhältnis zum *theft* an Bedeutung zunehmen wird. Teilweise wird dies vermutet. Argumentiert wird vor allem mit den nun vermeintlich geringeren Anforderungen an die Beweisseite, vgl. *Allen* Textbook on Criminal Law, S. 485; Auch *English/Card* Police Law, S. 1017 f., halten eine Anklage wegen *fraud* für „*more appropriate*", wenn sowohl *theft* als auch *fraud* tatbestandlich erfüllt sind. Entscheidend wird letztlich der jeweilige Einzelfall sein.

[709] Vgl. insoweit *Worm* Die Strafbarkeit eines directors, S. 186 ff., die zu dem Ergebnis kommt, dass der Anwendungsbereich von sec. 4 Fraud Act 2006 etwas weiter ist als der des § 266 StGB.

Über den für jeden *director* relevanten Sonderfall des gegen das Vermögen seiner Limited gerichteten *fraud* nach sec. 4 Fraud Act 2006 hinaus, hat das Inkrafttreten des Fraud Act 2006 auch sonst zu einer Ausweitung der Strafbarkeit im Bereich der Täuschungsdelikte geführt. Bis zum Inkrafttreten der Neuregelung waren die wesentlichen Täuschungsdelikte (*offences involving deception*[710]) des englischen Rechts in den Theft Acts 1968 und 1978 als Formen des *theft* verortet[711], denen als kennzeichnendes Tatbestandsmerkmal die Mitwirkung des Tatopfers gemeinsam war[712]. Schon nach jener Rechtslage bestanden im Bereich der Täuschungsdelikte kaum Strafbarkeitslücken im Vergleich zum deutschen Recht. Denn obwohl im europäischen Vergleich der deutsche Betrugstatbestand als sehr weit gilt[713], griffen in Teilen die *offences involving deception* sogar noch weiter aus als das deutsche Recht. So war es beispielsweise für das Tatbestandsmerkmal *deception* ausreichend, wenn der Täter eine generell geeignete Täuschungshandlung vornahm, auch wenn sich der Getäuschte gar keine Gedanken über bestimmte Tatsachen machte[714]. Während nach deutschem Recht im Fall dieser so genannten ignorantia facti kein Irrtum vorliegt[715], war eine solche Sachverhaltskonstellation in England schon damals tatbestandsmäßig[716]. Tatsächlich nämlich verzichteten die englischen Täuschungsdelikte auf die Erfordernisse Irrtum und Vermögensverfügung[717]. Ferner ist der Begriff des Vermögensschadens weiter gefasst

---

[710] Es waren dies die Tatbestände *obtaining property by deception* (sec. 15 Theft Act 1968), *obtaining a money transfer by deception* (sec. 15A Theft Act 1968), *obtaining a pecuniary advantage by deception* (sec. 16 Theft Act 1968), *obtaining services by deception* (sec. 1 Theft Act 1978), *evasion of liability by deception* (sec. 2 Theft Act 1978) und *procuring the execution of a valuable security* (sec. 20 (2) Theft Act 1968), siehe dazu Och Der strafrechtliche Schutz, S. 112 ff.

[711] Durch sec. 14 (1) Fraud Act 2006 in Verbindung mit sec. 1 Schedule 1 wurden diese Vorschriften aufgehoben. Der Fraud Act 2006 ist gemäß sec. 15 (1) Fraud Act 2006 in Verbindung mit The Fraud Act (Commencement) Order 2006 vom 29.11.2006 am 15.01.2007 vollständig in Kraft getreten. Für Taten, die vor diesem Zeitpunkt (teilweise) begangen wurden, behalten die alten Vorschriften gemäß sec. 14 (2) Fraud Act 2006 in Verbindung mit sec. 3 Schedule 2 aber weiterhin ihre Gültigkeit, *Allen* Textbook on Criminal Law, S. 477. Unverändert erhalten blieb in seinem begrenzten Anwendungsbereich das *cheating the public revenue*, ein Delikt aus dem *common law*, vgl. *Smith/Hogan* Criminal Law, S. 892 ff.; Neu geschaffen hat der Fraud Act 2006 den Straftatbestand des *obtaining services dishonestly*, sec. 11 Fraud Act 2006.

[712] *Och* Der strafrechtliche Schutz, S. 273.
[713] *Tiedemann* in FS für *Otto*, S. 1055, 1057.
[714] *Metropolitan Police Comr v Charles* (1976) 3 All ER 112; *R v Lambie* (1981) 2 All ER 776.
[715] *Cramer/Perron* in Schönke/Schröder StGB, § 263 Rn. 37 und 44; *Wessels/Hillenkamp* StrafR BT Teil 2, S. 265 f.
[716] *Och* Der strafrechtliche Schutz, S. 231.
[717] *Tiedemann* in FS für *Otto*, S. 1055, 1056.

als im deutschen Recht, da der zugrundeliegende Vermögensbegriff umfassender ist. Es wird grundsätzlich ein uneingeschränkter wirtschaftlicher Vermögensbegriff vertreten, so dass eine normative Schadensbeschränkung nicht stattfindet[718]. An all dem hat sich durch den Fraud Act 2006 nichts geändert. Im Gegenteil. Soweit nach altem Recht Strafbarkeitslücken bestanden, sind diese durch den Fraud Act 2006 weitgehend geschlossen worden. Während die ehemaligen *offences involving deception* mehrheitlich noch das so genannte *transfer principle* beinhalteten, verzichtet der *fraud* auf dieses Erfordernis. Nach dem *transfer principle* war der Tatbestand nur dann erfüllt, wenn durch die Täuschung ein Vermögenswert, welcher zuvor dem Opfer zustand, auf den Täter oder einen Dritten überging. Fälle, in denen ein Vermögenswert erst durch die Täuschung beziehungsweise die Reaktion des Opfers entsteht, waren somit nicht erfasst[719]. Nach deutschem Recht unterfallen diese Konstellationen jedoch dem Tatbestand des Betruges. § 263 StGB verlangt keinen Transfer eines bestimmten Vermögenswertes, sondern lässt jeden Vermögensschaden beim Geschädigten genügen, so er denn auf der Vermögensverfügung beruht[720]. Darüber hinaus wird der Begriff des *property* im Fraud Act 2006 noch weiter verstanden als ohnehin bereits beim *theft*, da die in sec. 4 Theft Act 1968 enthaltenen Einschränkungen nicht in den Fraud Act 2006 übernommen wurden. Während also zum Beispiel Land grundsätzlich nicht gestohlen

---

[718] *Och* Der strafrechtliche Schutz, S. 231; *Tiedemann* in FS für *Otto*, S. 1055, 1056: Das englische Recht verzichtet auf einen Vermögensschaden.

[719] Vgl. *R v Preddy* (1996) 2 Cr App R 524. In diesem Fall war eine Verurteilung gemäß sec. 15 Theft Act 1968 (*obtaining property by a deception*) nicht möglich, obwohl der Angeklagte durch Täuschung einen Geldtransfer zwischen dem Bankkonto des Opfers und seinem eigenen Bankkonto bei demselben Kreditinstitut bewirkte. Begründet wurde dies mit der besonderen Beziehung der Bank zu ihren Kunden. Bankkonten seien als Schuld der Bank gegenüber dem Kunden oder umgekehrt anzusehen. In dem Moment, in dem der "*transfer*" stattfand, reduzierte sich die Verbindlichkeit der Bank gegenüber dem einen Kunden, während eine Verbindlichkeit gegenüber dem anderen Kunden in derselben Höhe neu entstand. Der Angeklagte hatte daher etwas erhalten, was zuvor niemals dem Opfer gehörte; Zu beachten ist allerdings, dass auch nach altem Recht die Strafbarkeitslücken gering waren, da der englische Gesetzgeber sukzessive mit der Einführung von Sonderdelikten wie secs. 15A und 20 (2) Theft Act 1968 sowie sec. 1 Theft Act 1978 reagierte, *Och* Der strafrechtliche Schutz, S. 261.

[720] *Fischer* StGB, § 263 Rn. 88; Erforderlich ist allerdings, dass der Vermögensvorteil derart erstrebt wird, dass er unmittelbar zu Lasten des geschädigten Vermögens geht, der Vorteil also die Kehrseite des Schadens bildet („Stoffgleichheit"), was aber wiederum gerade nicht heißt, dass das eine das genaue Gegenstück des anderen sein muss, vgl. dazu *Wessels/Hillenkamp* StrafR BT Teil 2, S. 299 f.

werden kann, kann es Gegenstand einer betrügerischen Handlung sein und als *fraud* bestraft werden[721].

Gemeinsam ist allen Alternativen des *fraud*, dass der Täter *dishonestly* handeln muss. Insoweit kann auf die Ausführungen zum *theft* verwiesen werden, da *dishonesty* auch im Rahmen des Fraud Act 2006 anhand des Ghosh-Tests bestimmt wird[722]. Ferner muss der Täter stets die Absicht haben, einen Profit (*gain*) für sich oder einen anderen zu erzielen oder einen Verlust oder jedenfalls das Risiko eines Verlustes bei einem anderen zu verursachen[723]. Dass er oder ein Dritter irgendeinen Profit tatsächlich erlangt, ist hingegen nicht erforderlich. Es genügt bereits ein bestimmtes Verhalten des Täters verbunden mit den subjektiven Elementen des Vorsatzes und der *dishonesty*. Damit sind nach neuem Recht Verhaltensweisen erfasst, die nach altem Recht nicht einmal in den Bereich des Versuchs fielen[724].

B. Weitere Schutzmechanismen des englischen Rechts

Geht es im Rahmen der Rechtfertigung einer nationalen Maßnahme um den Vergleich der jeweiligen Schutzniveaus, die Herkunfts- und Zuzugsstaat in einem bestimmten Bereich bieten, sind insoweit jeweils sämtliche Rechtsinstitute der beiden Länder heranzuziehen. Erst aus der Gesamtschau aller Regelungen wird das Schutzniveau eines Landes deutlich.

Das englische Recht enthält im Bereich des Gläubigerschutzes neben den klassischen Straftatbeständen *theft* und *fraud* insbesondere[725] die (teilweise strafbewehrten) Rechtsinstitute *fraudulent* und *wrongful trading*, die einen Haftungsdurchgriff auf den *director* ermöglichen (dazu unter I. und II.). Ein scharfes Schwert ist ferner die Möglichkeit, gegen jemanden eine *disqualification order* auszusprechen, die dazu führt, dass diese Person sich für eine bestimmte Zeit nicht mehr als *director* oder sonst direkt oder indirekt an der Gründung oder dem Management einer Gesellschaft beteiligen darf (dazu unter III.). Entscheidend

---

[721] *Farrell/Yeo/Ladenburg* Blackstone's Guide To The Fraud Act 2006, S. 18; Da ansonsten *property* wie im Theft Act 1968 verstanden wird, werden geheime Informationen und Geschäftsgeheimnisse auch vom Fraud Act 2006 nicht geschützt, *Farrell/Yeo/Ladenburg* Blackstone's Guide to the Fraud Act 2006, S. 18 und 102.
[722] *Farrell/Yeo/Ladenburg* Blackstone's Guide To The Fraud Act 2006, S. 14 f.
[723] *Farrell/Yeo/Ladenburg* Blackstone's Guide To The Fraud Act 2006, S. 17.
[724] *Allen* Textbook on Criminal Law, S. 486.
[725] Zu gläubigerschützenden Regelungen im Zivilrecht, die einen Haftungsdurchgriff (*lifting the corporate veil*) auf den *director* ermöglichen *Zessel* Durchgriffshaftung, S. 236 ff.

kommt es aber darauf an, ob diese Regelungen auch auf *directors* von Scheinauslandslimiteds in Deutschland angewendet werden können (dazu unter IV.)

I. Fraudulent trading, sec. 213 IA 1986

Der Haftungstatbestand *fraudulent trading* ist in sec. 213 IA 1986 geregelt[726]. Er knüpft an die betrügerische Fortführung des Unternehmens in der Krise an und ist funktionell in etwa vergleichbar mit der deliktischen Haftung nach § 826 BGB beziehungsweise § 823 Abs. 2 BGB in Verbindung mit § 263 StGB[727].

Der Tatbestand erfordert die Fortführung der Geschäfte der Limited in der Krise mit der Absicht einer Täuschung der Gläubiger der Gesellschaft oder einer anderen Person oder aber zu einem sonstigen betrügerischen Zweck[728]. Darüber hinaus ist die Abwicklung der Gesellschaft (*winding up*) erforderlich[729]. Mögliche Rechtsfolgen des *fraudulent trading* sind nicht nur die Ersatzpflicht des Handelnden (*contributions*[730]) und seine Disqualifizierung als *director* einer Limited, secs. 2 und 10 CDDA 1986, sondern auch dessen Strafbarkeit. Gemäß sec. 993 CA 2006 kann die wissentliche Beteiligung an einem betrügerischen Verhalten strafrechtlich verfolgt und mit einer Geld- und/oder Freiheitsstrafe von bis zu zehn Jahren bestraft werden[731].

Im Rahmen der Bewertung des durch englische Rechtsinstitute gewährleisteten Gläubigerschutzniveaus ist allerdings zu beachten, dass sec. 213 IA 1986 praktisch wenig Anwendung findet, was vornehmlich an den strengen Anforderungen liegt, die an den subjektiven Tatbestand gestellt werden. Konkret wird nämlich der Nachweis einer Betrugsabsicht gegenüber Gesellschaftsgläubigern oder sonstigen Dritten verlangt. Die Rechtsprechung formuliert dies wie folgt: „*Actual dishonesty involving, according to current notions of fair trading among commercial*

---

[726] Ausführlich *Zessel* Durchgriffshaftung, S. 238 ff.
[727] *Habersack/Verse* ZHR 168 (2004), 174, 177 f.; *Höfling* Das englische Internationale Gesellschaftsrecht, S. 223 f.; *Fraudulent trading* liegt z. B. vor, wenn der Geschäftsführer im Zeitpunkt eines Geschäftsabschlusses weiß, dass die Gesellschaft die Gegenleistung nicht wird erbringen können, *Schröder/Schneider* GmbHR 2005, 1288, 1290.
[728] Zu den Tatbestandsvoraussetzungen im Einzelnen *Mayson/French/Ryan* Company Law, S. 675 ff.; *Goode* Principles of Corporate Insolvency Law, S. 456 ff.; *Pennington* Corporate Insolvency Law, S. 259 ff.; *Fletcher* The Law of Insolvency, Rn. 27.014 ff.
[729] Dies muss nicht insolvenzbedingt sein, sondern kann freiwillig erfolgen (*voluntary winding up*), *Otte* Das Kapitalschutzsystem der englischen private limited company, S. 125 (Fußnote 533).
[730] Sec. 213 (2) IA 1986.
[731] *Mayson/French/Ryan* Company Law, S. 675 f.

men, real moral blame."⁷³² Die Gerichte gestehen den Geschäftsleitern dabei jedoch regelmäßig die Hoffnung auf einen günstigen Ausgang der Krise zu. Nach der so genannten *sunshine doctrine* scheidet eine Betrugsabsicht aus, wenn der *director* ungeachtet aller finanziellen Schwierigkeiten glaubte, „die Wolken verschwänden und die Sonne komme wieder zum Vorschein"⁷³³. Diese Herangehensweise führt dazu, dass auch ein Handeln in der tiefsten Insolvenz nicht unbedingt zu einer Haftung oder gar Strafbarkeit führt⁷³⁴.

II. Wrongful trading, sec. 214 IA 1986

Aufgrund der hohen Anforderungen an den subjektiven Tatbestand des *fraudulent trading* hat der englische Gesetzgeber den Tatbestand des *wrongful trading*, sec. 214 IA 1986, geschaffen⁷³⁵. Bei ihm handelt es sich um eine reine Haftungsnorm. Gerichte können den *director* zur Leistung von *contributions* in das Vermögen der Gesellschaft verurteilen⁷³⁶. Eine strafrechtliche Bewehrung ist mit ihm nicht verbunden⁷³⁷.

Nach sec. 214 IA 1986 haftet der *director*, wenn er erkannt hat oder aber hätte erkennen können, dass keine vernünftigen Aussichten bestehen, die insolvenzbedingte Liquidation der Gesellschaft (*insolvent liquidation*) zu vermeiden, und er nicht alle von einem vernünftigen *director* zu erwartenden Schritte eingeleitet hat, um den Schaden der Gläubiger zu minimieren⁷³⁸. Voraussetzung der Haftung ist also, dass die Gesellschaft tatsächlich in Liquidation gegangen ist. Ist sie das, obliegt dem *director* die Beweislast dafür, dass er seit Eintritt der Unternehmenskrise jeden möglichen Schritt unternommen hat, um den Schaden für die Gesellschaftsgläubiger möglichst gering zu halten⁷³⁹. Darüber hinaus erfordert der subjektive Tatbestand allein, dass der Geschäftsleiter die Unvermeidbarkeit der In-

---

⁷³² *Re Patrick and Lyon Ltd* (1933) Ch 786, 790 f.
⁷³³ So formuliert (unveröffentlicht) in *Re White & Osmond (Parkstone) Ltd.* (Ch D 30 June 1960) und zitiert in *R v Grantham* (1984) 3 All ER 166, 170.
⁷³⁴ *Mayson/French/Ryan* Company Law, S. 678.
⁷³⁵ Ausführlich *Zessel* Durchgriffshaftung, S. 241 ff.
⁷³⁶ Daneben kann ein *wrongful trading* auch zur Disqualifizierung des *directors* gemäß sec. 10 CDDA 1986 führen.
⁷³⁷ Vgl. *Dine* Criminal Law in the Company Context, S. 218 ff.
⁷³⁸ *Otte* Das Kapitalschutzsystem der englischen private limited company, S. 126.
⁷³⁹ *Goode* Principles of Corporate Insolvency Law, S. 470.

solvenz vorhergesehen hatte oder hätte vorhersehen können, sec. 214 (2) (b) IA 1986[740].

III. Disqualification of directors

Der CDDA 1986 ermöglicht es, gegen *directors* eine *disqualification order* auszusprechen, deren Folge ein umfassendes, auf die Dauer von mindestens 2 bis höchstens 15 Jahren ausgelegtes Verbot ist, sich als *director* oder sonst direkt oder indirekt an der Gründung oder dem Management einer Gesellschaft zu beteiligen. Anknüpfungspunkt für eine solche *disqualification order* sind bestimmte für die Allgemeinheit gefährliche wirtschaftliche Verhaltensweisen.

Die überwiegende Anzahl aller gegen *directors* verhängten Disqualifikationen gründet sich auf sec. 6 CDDA 1986 wegen Ungeeignetheit (*unfitness*), wobei insbesondere ein Fehlverhalten im Zusammenhang mit Insolvenzen geahndet wird. Das betrifft Verstöße gegen Buchführungs- und Publizitätsvorschriften, Insolvenzverschleppungen oder eine ungenügende Kapitalausstattung der Gesellschaft[741]. Bei der Prüfung, ob ein *director* zur Führung einer Gesellschaft ungeeignet ist, prüfen die Gerichte, ob er einen allgemeinen Standard an kaufmännischer Moral (*common standard of commercial morality*) eingehalten oder verletzt hat. Dies erfolgt im Rahmen einer Gesamtschau verschiedener Faktoren. Berücksichtigt wird dabei, ob der *director* Treuepflichtverletzungen begangen, Vertragspflichten missachtet oder eine Insolvenz zu verantworten hat[742]. Ferner finden sich spezielle Gründe für eine *disqualification order*. So ist in sec. 2 CDDA 1986 die Verurteilung wegen Straftaten im Zusammenhang mit der Leitung einer Ge-

---

[740] Welche Anforderungen an den *director* im konkreten Einzelfall zu stellen sind, hat das Gesetz der Rechtsprechung überlassen. In sec. 214 (4) IA 1986 sind nur allgemeine Fähigkeiten eines Geschäftsleiters in der Stellung eines *directors* formuliert – verbunden mit dem Hinweis, dass ein persönliches Sonderwissen zu berücksichtigen ist. Besondere Berücksichtigung findet der jeweilige Zuschnitt des in Rede stehenden Unternehmens. Von Geschäftsleitern, die ein großes Unternehmen mit weitverzweigten und bisweilen risikoreichen Geschäftsbereichen führen, verlangen die Gerichte erhöhten Sachverstand und gesteigerte Sorgfalt, *Fleischer* DStR 2000, 1015, 1018. Aber auch Geschäftsleiter kleinerer Unternehmen müssen gewisse Mindeststandards erfüllen. So kann sich kein Geschäftsleiter darauf berufen, er habe von der bedrohlichen Finanzlage der Limited nichts gewusst, wenn dieses Unwissen darauf beruht, dass Unternehmensbilanzen zu spät erstellt wurden. Allerdings findet auch im Rahmen des *wrongful trading* die *sunshine doctrine* Anwendung, *Mayson/French/Ryan* Company Law, S. 681.
[741] Vgl. *Rönnau* ZGR 2005, 832, 841.
[742] Zum Ganzen *Just* Die englische Limited in der Praxis, Rn. 187 ff.

sellschaft genannt und in sec. 10 CDDA 1986 die Beteiligung an einem *fraudulent* oder *wrongful trading*.

In der englischen Rechtspraxis wird der *disqualification order* eine ganz erhebliche Bedeutung für den Gläubigerschutz zugemessen. Zwar hat sie nur Wirkung für die Zukunft, doch besitzt sie eine enorm abschreckende Wirkung[743]. Bei Zuwiderhandlungen droht dem Handelnden gemäß sec. 13 CDDA 1986 nämlich eine Freiheitsstrafe von bis zu zwei Jahren und/oder eine Geldstrafe. Darüber hinaus haftet er gemäß sec. 15 CDDA 1986 persönlich für entstandene Verbindlichkeiten.

IV. Anwendbarkeit der Regelungen auf directors von Scheinauslandslimiteds

Um innerhalb der Prüfung der Rechtfertigung die Erforderlichkeit der Anwendung einer deutschen Norm ausschließen zu können, müssen die alternativen englischen Rechtsinstitute die Konstellation der Scheinauslandslimited überhaupt erfassen. Dies aber ist bei keinem der Rechtsinstitute unbestritten.

1. Fraudulent und wrongful trading

Zum Teil wird vertreten, dass es sich bei secs. 213 und 214 IA 1986 um insolvenzrechtliche Regelungen handele[744], was in Deutschland zur Unanwendbarkeit auf Scheinauslandslimiteds führen würde, da das Insolvenzrecht gemäß Art. 3 und 4 EuInsVO an den Mittelpunkt der hauptsächlichen Interessen des Schuldners anknüpft[745] und somit deutsches Insolvenzrecht zur Anwendung kommt. Argumentiert wird sowohl mit der gesetzlichen Verortung der Normen im IA 1986[746], als auch mit dem Umstand, dass es sich bei secs. 213 und 214 IA 1986 um auf das Insolvenzverfahren beschränkte Rechtsbehelfe des Liquidators handele[747].

Nach überzeugender Ansicht handelt es sich bei secs. 213 und 214 IA 1986 jedoch um zumindest auch gesellschaftsrechtliche Regelungen, die auf eine in Deutschland tätige Scheinauslandslimited anwendbar sind[748]. Für die gesell-

---

[743] *Zessel* Durchgriffshaftung, S. 290; vgl. *Just* Die englische Limited in der Praxis, Rn. 190.
[744] *Fröhlich/Strasser* ZIP 2006, 1182, 1183; *Lawlor* NZI 2005, 432, 434.
[745] *Weller* IPRax 2003, 207, 209.
[746] Siehe dazu *Lawlor* NZI 2005, 432, 434; *Redeker* Haftung für wrongful trading, S. 245 f.
[747] Vgl. *Hirt* ECFR 2004, 71, 87; vgl. *Redeker* Haftung für wrongful trading, S. 246 f.
[748] *Westermann* DZWIR 2008, 485, 495; *Römermann* Private Limited Company in Deutschland, S. 228 f.; *AG Bad Segeberg* DZWiR 2005, 436, 438: „Denkbar erscheint zudem ein Anspruch un-

schaftsrechtliche Qualifikation spricht, dass der Maßstab der Qualifikation unter Beachtung der Perspektive englischen Rechts deutschem Recht zu entnehmen ist, da es um die Anwendung der beiden Rechtsinstitute im Rahmen der deutschen Rechtsordnung geht[749]. Vor diesem Hintergrund schwindet die Bedeutung der gesetzlichen Verortung im IA 1986[750], zumal zu beachten ist, dass die Sanktionierung betrügerischer Machenschaften im Zusammenhang mit der Liquidation einer Gesellschaft bis zur Gesellschaftsrechts- und Insolvenzrechtsreform 1985/1986 in den *Companies Acts* verortet war und kürzlich eine Aufnahme entsprechender Verhaltenspflichten in den Katalog der *directors' duties* im CA 2006 diskutiert wurde[751]. Wichtig ist vielmehr, dass secs. 213 und 214 IA 1986 allgemeine „Organ"pflichten für den *director* begründen, die im Falle der Verletzung sanktioniert werden, und es dabei im Kern um die Organisationsverfassung der Limited geht[752]. Außerdem beziehen sich secs. 213 und 214 IA 1986 nicht – wie die Insolvenzantragspflicht im deutschen Recht – in erster Linie auf das Insolvenzverfahren. Die tatsächliche Liquidation ist zwar Tatbestandsmerkmal der Haftungstatbestände. In deren Zentrum steht jedoch das gesellschaftsrechtlich determinierte Verhalten des *directors* gegenüber und im Interesse der Gesellschaft sowie den Gesellschaftsgläubigern. Dies lässt sich unter anderem daran erkennen, dass die Stellung des Insolvenzantrags den *director* nicht zwingend von einer Haftung entlastet. Im Gesellschafts-, aber auch im Gläubigerinteresse kann im Einzelfall ein Weiterwirtschaften zwingend erforderlich sein[753]. Außerdem sind die Haftungstatbestände im Kontext des Haftungsdurchgriffs *lifting the corporate veil* zu sehen, was dogmatisch ebenfalls für eine gesellschaftsrechtliche Zuordnung spricht[754].

---

ter Anwendung englischen Rechts, etwa aus dem o. g. Instrument des Wrongful bzw. Fraudulent Trading."; ebenso *Bittmann/Gruber* GmbHR 2008, 867, 872; Dort auch zur Geltendmachung der zivilrechtlichen Ansprüche durch den deutschen Insolvenzverwalter oder – im Falle der Masselosigkeit – durch die Gläubiger der Limited; Vgl. ferner *Riegger* ZGR 2004, 510, 527, die die Verpflichtung, ein *wrongful trading* zu unterlassen, dem englischen Gesellschaftsrecht zuordnet; vgl. auch *Müller* DB 2006, 824, 829.

[749] Siehe 3. Kapitel B. III. 1. b; vgl. ferner *Hirte/Mock* ZIP 2005, 474, 475.
[750] *Zessel* Durchgriffshaftung, S. 245; vgl. *Kropholler* IPR, S. 121 ff.
[751] *Hilpert* Englische Ltd. und deutsche GmbH, S. 236 und 253.
[752] *Zessel* Durchgriffshaftung, S. 245.
[753] *Schall* ZIP 2005, 965, 970; vgl. *Hilpert* Englische Ltd. und deutsche GmbH, S. 264.
[754] So *Buchmann* Die Insolvenz der englischen Limited in Deutschland, S. 60, der selbst die Einordnung offen lässt.

Soweit allerdings der Haftungstatbestand des *fraudulent trading* als mögliche Rechtsfolge die Strafbarkeit des *directors* vorsieht, ist zu beachten, dass deutsche Gerichte allein deutsches Strafrecht anwenden[755], eine Verurteilung auf der Grundlage ausländischen Strafrechts also nicht erfolgen kann[756].

2. Disqualification of directors

Eine *disqualification order* bietet wirksamen Schutz vor unseriösen Gesellschaften und Geschäftsleitern, die ein für die Allgemeinheit gefährliches wirtschaftliches Verhalten an den Tag legen. Offen ist derzeit, ob englische Gerichte von dieser Möglichkeit auch bei Scheinauslandslimiteds Gebrauch machen werden und ob deutsche Gerichte in der Lage sind, eine *disqualification order* auszusprechen oder jedenfalls die daran anknüpfenden Sanktionen zu verhängen.

Weitgehende Einigkeit besteht jedenfalls darüber, dass der Anwendungsbereich des CDDA 1986 sich gemäß sec. 22 (2) lit. b) CDDA 1986 auf Limiteds mit tatsächlichem Verwaltungssitz in Deutschland erstreckt. Umstritten ist allerdings die territoriale Reichweite einer Ausschlussanordnung durch englische Gerichte. Die straf- und zivilrechtlichen Sanktionen gemäß secs. 13 und 15 CDDA 1986 können bei einer Scheinauslandslimited nur eintreten, wenn auch Verstöße gegen das Berufsverbot auf deutschem Boden von der *disqualification order* erfasst sind[757]. Für einen solch weiten Anwendungsbereich spricht, dass es kein völkerrechtliches Verbot gibt, welches einem Staat die Erstreckung seiner Rechtssetzungsakte auf in fremdem Territorium verwirklichte Sachverhalte untersagt. Es wäre schlicht nicht nachvollziehbar, wenn englische Gerichte das Berufsverbot und seine Rechtsfolgen nicht beschließen könnten. Schließlich hat die Limited ihren statuarischen Satzungssitz in England[758]. Für die Erstreckung spricht außerdem die insoweit (!) gesellschaftsrechtliche Qualifikation des CDDA 1986. Diese ist zwar nicht unbestritten, doch spricht dafür der Regelungszweck des CDDA

---

[755] *Satzger* Internationales und Europäisches Strafrecht, § 3 Rn. 4; vgl. *Schönke/Schröder* StGB, Vorbem §§ 3-7 Rn. 60; *Ambos* Internationales Strafrecht, § 1 Rn. 5.
[756] Siehe 9. Kapitel A.; *Schmidt-Aßmann* in *Maunz-Dürig* GG, Art. 103 Rn. 252; vgl. *Schlösser* wistra 2006, 81, 88.
[757] Für eine extraterritoriale Wirkung *Höfling* DB 1999, 1206, 1208; *Re Seagull Manufacturing Co. Ltd. (No. 2)* [1994] Ch 91.
[758] *Zessel* Durchgriffshaftung, S. 300 f.; vgl. *Schall* ZIP 2005, 965, 972 (insb. Fußnote 124) und 975.

1986, der im Schutz der Allgemeinheit durch Verhaltenssteuerung und Entwicklung von Verhaltensstandards von *directors* liegt. Der CDDA 1986 zielt auf die Durchsetzung von Pflichten und Obliegenheiten der *directors* als Geschäftsleiter der Gesellschaft. Betroffen ist demnach die Organisation der Limited und damit ein Bereich des Gesellschaftsstatuts[759]. Entscheidend ist also die mit der Rechtsfolge Berufsverbot verbundene gesellschaftsrechtliche Frage, wer Geschäftsleiter einer Gesellschaft sein darf und wer nicht und wie sich bestimmte Verhaltensweisen auf die Vertretungsordnung auswirken[760]. Ob eine *disqualification order* darüber hinaus geeignet ist, der betroffenen Person jede Ausübung einer Geschäftsleiterposition in Deutschland zu untersagen – also auch hinsichtlich deutscher oder sonstiger nicht englischer Gesellschaften – kann an dieser Stelle offen bleiben[761]. Denn selbst wenn der *director* trotz *disqualification order* eine deutsche Gesellschaft führen könnte, würde dies nur wenig am Abschreckungspotential des Ausschlusses ändern, da die an sich gewollte Gesellschaftsform Limited dem *director* versperrt wäre und hinsichtlich der deutschen Gesellschaftsformen alle Schutzmechanismen der Bundesrepublik Deutschland griffen[762].

Gemäß secs. 7 und 8 CDDA 1986 kann das gerichtliche Ausschlussverfahren allerdings grundsätzlich nur durch den Secretary of State eingeleitet werden, indem dieser einen Antrag auf Einleitung eines gerichtlichen Ausschlussverfahrens stellt[763]. Deutsche Behörden können dies nicht, da die Antragsstellung als solche verwaltungsrechtlichen Charakter hat und deutsche Behörden nur deutsches öffentliches Recht anwenden. Da das Verfahren und die Gewerbeuntersagung aber auch im Übrigen öffentlich-rechtlichen Charakter haben, können englische Be-

---

[759] *Zessel* Durchgriffshaftung, S. 299; Für eine öffentlich-rechtliche Qualifikation *BGH* DStR 2007, 1356, 1358; Ferner *Lanzius* ZinsO 2004, 296, 299, da Mittelpunkt des CDDA 1986 die Anordnung des Berufsverbotes, also einer hoheitlichen Maßnahme, sei; Das überzeugt nicht, da die Qualifikation nur anhand der Rechtsfolge des Sachrechts vorgenommen wird; Für eine insolvenzrechtliche Qualifikation spricht sich *Wilhelmi* GmbHR 2006, 13, 18, aus. Das ist aber schon deshalb abzulehnen, da eine *disqualification order* längst nicht in allen Fällen die Insolvenz der Gesellschaft voraussetzt.
[760] *Eidenmüller/Rehberg* NJW 2008, 28, 29.
[761] Dagegen *Ebert/Levedag* GmbHR 2003, 1337, 1342; Sie argumentieren mit dem sog. formellen Territorialitätsprinzip, welches den Erlass staatlicher Hoheitsakte auf fremdem Territorium untersage; ferner *Baas-Holler* Geschäftsführerpflichten im englischen und deutschen GmbH-Recht, S. 108 f.
[762] Zur Zulässigkeit der Verweigerung der Eintragung einer Limited in das Handelsregister wegen eines im Inland gegen den *director* bestehenden Gewerbeverbotes siehe *BGH* DStR 2007, 1356, 1356 ff.
[763] *Just* Die englische Limited in der Praxis, Rn. 190.

hörden ebenso wenig bei deutschen Gerichten Anträge auf Einleitung eines Ausschlussverfahrens stellen[764]. Möglich ist insoweit nur eine Anregung von Seiten deutscher Behörden und Gerichte an englische Behörden und Gerichte, ein inländisches Fehlverhalten zur Grundlage einer *disqualification order* im Herkunftsstaat zu machen[765]. Aufgrund der (partiell) gesellschaftsrechtlichen Qualifikation dürfen deutsche Gerichte jedoch zumindest die zivilrechtlichen Sanktionen gemäß sec. 15 CDDA 1986 bei Verstößen gegen das Berufsverbot verhängen[766]. Strafrechtliche Maßnahmen gemäß sec. 13 CDDA 1986 können sie dagegen nicht ergreifen[767].

---

[764] *BGH* DStR 2007, 1356, 1358; *Lanzius* ZInsO 2004, 296, 299: Die Anordnung eines Tätigkeitsverbotes kann nur durch ein englisches Gericht erfolgen; vgl. ferner *Eidenmüller/Rehberg* NJW 2008, 28, 31; a. A. *Zessel* Durchgriffshaftung, S. 299.
[765] Zu prüfen wäre dann im Einzelfall, ob eine solche Maßnahme im Rahmen der Rechtfertigung einer nationalen Maßnahme ein milderes Mittel wäre. In *BGH* DStR 2007, 1356, 1358, hat das Gericht dies – allerdings nur im Vergleich mit einer nationalen Versagung der Eintragung einer Zweigniederlassung – verneint, da im Falle einer *disqualification order* durch ein englisches Gericht der *director* nicht nur im Inland, sondern auch noch im Gründungsstaat „inhabil" wäre und dies zur Handlungsunfähigkeit der gesamten Gesellschaft und nicht nur der Zweigniederlassung führen könnte.
[766] *Zessel* Durchgriffshaftung, S. 301; *Jestädt* Niederlassungsfreiheit und Gesellschaftskollisionsrecht, S. 214 f.
[767] Siehe dazu 9. Kapitel A.

7. Kapitel Strafbarkeit des directors nach deutschem Recht – Fragestellungen im Bereich des Strafrechts Allgemeiner Teil

Bislang wurde die in dieser Arbeit im Zentrum stehende Frage nach der Bedeutung der Niederlassungsfreiheit für die strafrechtliche Verantwortlichkeit des *directors* einer Scheinauslandslimited nach deutschem Recht entweder losgelöst von einzelnen Vorschriften des StGB oder anhand bestimmter Tatbestände des Besonderen Teils des StGB erörtert. Auswirkungen dieser Bedeutung zeigen sich allerdings ebenso auf der Ebene des Strafrechts Allgemeiner Teil. Daneben sind beim Strafrecht Allgemeiner Teil hinsichtlich der Strafbarkeit des *directors* solche Aspekte zu erörtern, die allenfalls am Rande etwas mit dem Einfluss des Unionsrechts auf das materielle Strafrecht zu tun haben, vielmehr auch bei sonstigen Auslandssachverhalten eine Rolle spielen. In diesem Kapitel soll auf beides eingegangen werden. Nur so kann es (ansatzweise) gelingen, sich all denjenigen Fragestellungen zu nähern, die im Zusammenhang mit der Strafbarkeit von *directors* immer wieder auftreten werden.

Systematisch können diese Fragestellungen den insgesamt vier Voraussetzungen zugeordnet werden, die stets erfüllt sein müssen, um eine Strafbarkeit nach deutschem Recht bejahen zu können. Bei diesen Voraussetzungen handelt es sich um die Anwendbarkeit deutschen Strafrechts (dazu unter A.), den Schutzbereich[768] der jeweils in Rede stehenden Strafnorm (dazu unter B.), deren tatbestandliche Erfüllung (der aufgrund der starken Einzelfallorientierung im 8. Kapitel ein eigenständiger Abschnitt gewidmet ist) und die Vereinbarkeit des gefundenen Ergebnisses mit höherrangigem Recht (dazu unter C.).

---

[768] Die Prüfungsreihenfolge bzgl. des Strafanwendungsrechts und der Schutzbereichsbestimmung ist strittig. Vorzugswürdig ist die vorrangige Prüfung der §§ 3 ff. StGB, da es sich bei der Schutzbereichsbestimmung um eine Frage der Auslegung handelt und damit bereits um eine Anwendung des Straftatbestandes. I. Ü. liegt bei Nichtanwendbarkeit dt. Strafrechts ein Prozesshindernis vor, so dass die Schutzbereichsbestimmung überflüssig wird, *Satzger* Internationales und Europäisches Strafrecht, § 3 Rn. 9; *Hoyer* in SK-StGB, Vor § 3 StGB Rn. 31; *Wessels/Beulke* Strafrecht AT, S. 19 f.; a. A. *Eser* in Schönke/Schröder StGB, Vorbem §§ 3-7 Rn. 13; *Walter* JuS 2006, 870, 870.

A. Das Strafanwendungsrecht gemäß §§ 3 ff. StGB

Bei Straftaten des *directors* zu Lasten der Limited ergibt sich schon aus dem Umstand, dass es sich bei dem Opfer um eine englische Gesellschaft handelt, ein internationaler Bezug, der die Frage nach der Anwendbarkeit der deutschen Strafgewalt aufwirft. Die Antwort ist in den §§ 3 ff. StGB verortet, die als innerstaatliches Rechtsanwendungsrecht Auskunft darüber geben, ob ein bestimmter Sachverhalt, der hinsichtlich des Tatorts, des Täters oder des Verletzten internationale Bezüge aufweist, in räumlicher und persönlicher Hinsicht der deutschen Strafgewalt unterliegt[769, 770].

I. Ausgangslage

Als Hauptprinzip des deutschen Rechtsanwendungsrechts normiert § 3 StGB das Territorialitätsprinzip, nach dem deutsches Strafrecht für alle Taten gilt, die im Inland begangen werden, unabhängig davon, ob der Täter und/oder das Opfer Deutscher oder Ausländer ist[771]. Ob im konkreten Fall eine solche Inlandstat vorliegt, richtet sich nach § 9 StGB. Danach gilt für die Bestimmung des Begehungsortes der Tat das so genannte Ubiquitätsprinzip, nach dem sowohl auf den Handlungs- als auch auf den Erfolgsort sowie bei Teilnehmern auch auf den Ort der Haupttat abzustellen ist.

II. Unproblematische Fallkonstellationen

Als unproblematisch stellen sich damit all jene Fälle dar, in denen das (potentiell) strafbewehrte Verhalten des *directors* im Gebiet der Bundesrepublik Deutschland stattfindet. Anknüpfungspunkt der deutschen Strafgewalt ist dann bereits der Handlungsort, verstanden gemäß § 9 Abs. 1 StGB als der Ort, an dem der Täter gehandelt hat oder im Falle des Unterlassens hätte handeln müssen. Abzustellen ist insofern allein auf den Ort, an dem der Täter sich bei Begehung der Tat befin-

---

[769] *Fischer* StGB, Vor §§ 3-7 Rn. 1; *Vogel* in *Volk* Münchener AnwaltsHandbuch, § 14 Rn. 5 f.; *Werle/Jeßberger* JuS 2001, 35, 36; §§ 3 ff. StGB treffen keine Aussage darüber, in welchem Verhältnis das dt. zum engl. Strafrecht steht, vgl. *Eser* in *Schönke/Schröder* StGB, Vorbem §§ 3-7 Rn. 1; *Ambos* Internationales Strafrecht, § 1 Rn. 2; siehe dazu 9. Kapitel B. I.

[770] Über Art. 1 EGStGB gelten die §§ 3 ff. StGB auch für das Nebenstrafrecht. Zudem enthalten einzelne Gesetze Sonderregelungen, die den Geltungs- und Anwendungsbereich des deutschen Strafrechts weiter ausdehnen, z. B. §§ 370 Abs. 7 und 374 Abs. 4 AO, § 3 IntBestG sowie § 35 AWG.

[771] *Werle/Jeßberger* JuS 2001, 35, 37 f.; *Fischer* StGB, § 3 Rn. 1.

det oder hätte befinden müssen[772]. Da der tatsächliche Verwaltungssitz der Scheinauslandslimited bei der hier untersuchten Konstellation in der Bundesrepublik Deutschland liegt, dürfte der ganz überwiegende Teil der Straftaten zu Lasten der Gesellschaft bereits aufgrund des Handlungsortes der deutschen Strafgewalt unterfallen. Dies gilt insbesondere deshalb, weil bereits ein im Inland begangenes „Teilverhalten" ausreicht, um dadurch die Tat in jeder Hinsicht zu einer Inlandstat im Sinne des § 3 StGB zu machen[773]. Erfasst sind somit zum Beispiel Fälle, in denen der *director* den ihm zur Verfügung gestellten Dienstwagen unberechtigterweise für Privatfahrten von seinem niedersächsischen Wohnort zum Einkaufen in die Niederlande einsetzt oder Unternehmensmitarbeiter am tatsächlichen Verwaltungssitz anweist, an seinem Zweitwohnsitz jenseits der Grenze den Gartenteich zu reinigen.

III. Sonstige Fallkonstellationen

Probleme bereitet die Bejahung einer Inlandstat, wenn das in Rede stehende Verhalten des *directors* ausschließlich im Ausland stattfindet. Zu denken ist an den *director*, der im Anschluss an eine Geschäftsreise nach Südafrika vor Ort einige Urlaubstage verbringt und diese durch mitgebrachte Barmittel der Gesellschaft finanziert, oder an den *director*, der sich auf einer Geschäftsreise nach Rumänien der Gewogenheit eines örtlichen Geschäftsmannes[774] versichert, indem er ihm eine „kleine Spende" vom deutschen Konto der Limited zukommen lässt. In derartigen Fällen hat der *director* nicht in der Bundesrepublik Deutschland gehandelt und es kann eine Inlandstat im Sinne des § 3 StGB nur noch dann vorliegen, wenn zumindest der Erfolgsort im Inland liegt.

---

[772] *Fischer* StGB, § 9 Rn. 3; vgl. *Satzger* Internationales und Europäisches Strafrecht, § 5 Rn. 12 ff.; vgl. *Kropholler* IPR, S. 522 (deliktischer Handlungsort).

[773] *Werle/Jeßberger* in LK zum StGB, § 9 Rn. 55.

[774] Handelte es sich um einen ausländischen Amtsträger, wären Art. 2 § 2 EuBestG und Art. 2 § 3 IntBestG zu berücksichtigen, die beide die Anwendbarkeit des deutschen Strafrechts erweitern; Durch das geplante Strafrechtsänderungsgesetz, Bundestags-Drs. 16/6558, sollten diese Regelungen in das StGB integriert werden. Der Gesetzentwurf wurde bis zum Ende der Legislaturperiode im Jahre 2009 jedoch nicht verabschiedet.

1. Erfolgsort bei Eigentums- und Vermögensdelikten

Der Erfolgsort ist gemäß § 9 Abs. 1 StGB der Ort, an dem der zum Tatbestand gehörende Erfolg eintritt oder nach der Vorstellung des Täters eintreten sollte. Ausgehend davon wird hinsichtlich der verschiedenen Straftatbestände differenziert.

Beim Diebstahl, § 242 StGB, besteht der Erfolg der Tat in der Wegnahme der Sache[775].

Irrelevant hingegen ist, an welchem Ort der Vermögensvorteil schließlich tatsächlich eintritt[776]. Die Wegnahme durch den *director* muss somit in Deutschland erfolgen, um einen inländischen Erfolgsort zu begründen.

Bei der Unterschlagung, § 246 StGB, liegt der Erfolg in der Zueignung einer fremden beweglichen Sache. Da zur Vollendung des Straftatbestandes ein Verhalten erforderlich ist, in welchem sich der Zueignungswille manifestiert[777], ist auch der Erfolgsort an eben diesem Ort begründet. Da andererseits bloße Auswirkungen der Tat, die für die Verwirklichung des Tatbestandes unerheblich sind, nicht tatortbegründend sind, liegt zum Beispiel kein Erfolgsort im Sinne des § 9 StGB in Deutschland, wenn der *director* die geschuldete Rückgabe einer unterschlagenen Sache in Deutschland unterlässt, so denn die Zueignung bereits im Ausland stattgefunden hat[778].

Hinsichtlich des Betrugs, § 263 StGB, stellt der BGH auf den Ort ab, an dem der Betrogene verfügt[779] oder getäuscht wird[780]. Erfolgsort ist ferner der Ort des Schadenseintritts, da dieser beim Betrug zum Tatbestand der Rechtsverletzung gehört[781]. Diese Mehrzahl von Anknüpfungspunkten ergibt sich daraus, dass die Erfolgsortdefinition des § 9 StGB insgesamt eher weit verstanden wird, so dass im Ergebnis sämtliche im Gesetz beschriebenen Umstände erfasst sind, die den Unwertgehalt der Tat ausmachen[782]. Unmaßgeblich ist hingegen, an welchem Ort der Vermögensvorteil letztlich eintritt[783]. Begeht der *director* somit im Ausland einen Betrug, wird die Tat nicht etwa deshalb zur Inlandstat, weil er oder ein Dritter den

---

[775] Vgl. *Werle/Jeßberger* in LK zum StGB, § 9 Rn. 38.
[776] Vgl. *Werle/Jeßberger* in LK zum StGB, § 9 Rn. 39.
[777] *BGH*St 34, 309, 312.
[778] Vgl. *AG Bremen* NStZ-RR 2005, 87, 87; vgl. *Werle/Jeßberger* in LK zum StGB, § 9 Rn. 22.
[779] *BGH*Z 132, 105, 111; *Hoyer* in SK-StGB, § 9 Rn. 6; ferner *Kegel/Schurig* IPR, S. 731.
[780] BGH NJW 1964, 2012; *BGH*Z 124, 237, 245; *Hoyer* in SK-StGB, § 9 Rn. 6.
[781] *OLG Köln* Urteil vom 26.05.2008 - 5 U 238/07, BeckRS 2008 18586; *Hoyer* in SK-StGB, § 9 Rn. 6.
[782] *Ambos/Ruegenberg* in MünchKomm zum StGB, § 9 Rn 21.
[783] *Werle/Jeßberger* in LK zum StGB, § 9 Rn. 39; *Lackner/Kühl* StGB, § 9 Rn. 2.

Vermögensvorteil erst in Deutschland tatsächlich erlangt. Fraglich ist nur, wie der Ort des Schadenseintritts konkret bestimmt wird. Dieses Problem teilt sich der Betrug mit der Untreue, § 266 StGB, da bei ihr der Tatererfolg in dem durch die Untreuehandlung bewirkten Vermögensnachteil besteht. Da auch dort mit Erfolg im Sinne des § 9 StGB nicht jede Auswirkung der Tat gemeint ist, sondern nur solche Tatfolgen, die für die Verwirklichung des Tatbestandes erheblich sind[784], ist vom Untreuetatbestand nur derjenige Vermögensnachteil erfasst, den der Täter demjenigen zufügt, dessen Vermögensinteressen er zu betreuen hat. Der Erfolgsort der Untreue liegt mithin dort, wo sich der Vermögensschaden des Treugebers manifestiert[785]. Da der *director* den Gesellschaftern der Limited keine Vermögensbetreuungspflicht schuldet[786], ist jedenfalls an deren Wohnort kein Erfolgsort im Sinne des § 9 StGB begründet[787]. Entscheidend ist vielmehr, an welchem Ort sich der Vermögensschaden der Limited realisiert, denn ihr gegenüber ist der *director* vermögensbetreuungspflichtig[788]. Aber gerade diese Bestimmung ist beim Vorliegen einer Scheinauslandsgesellschaft fraglich. Der Vermögensschaden könnte in England, dem Ort des Satzungssitzes, aber auch in Deutschland, dem Land des tatsächlichen Verwaltungssitzes, eintreten (dazu unter 2.). Besonderheiten sind zudem bei ausländischen Tochtergesellschaften zu beachten (dazu unter 3.).

2. Erfolgsort bei Schädigung einer (Zweig-)Niederlassung
Es gilt der Grundsatz, dass der Erfolgsort dort liegt, wo der unmittelbare Vermögensschaden eintritt[789]. Liegt dieser Ort aber jeweils dort, wo sich ein Vermögensstück befindet? Oder befindet er sich am Sitz des Vermögensinhabers (res ossibus haerent)? Und wenn eine Anknüpfung an den Sitz erfolgt, ist damit allein der Satzungssitz oder aber (auch) der tatsächliche Verwaltungssitz gemeint?

Die jeweilige Lage eines Vermögensstücks könnte als Anknüpfungspunkt des Erfolgsortes wegen ihrer Zufälligkeit ausscheiden. Dies wird zumindest von Seiten der zivilrechtlichen Literatur zur Bestimmung des Erfolgsortes im Rahmen

---

[784] *BGH* NJW 2006, 1984, 1984; *Fischer* StGB, § 9 Rn. 4; vgl. ferner *BGH* NStZ-RR 2007, 16, 17.
[785] *BGH* NJW 2006, 1984, 1984 f.
[786] Siehe dazu ausführlich 8. Kapitel B. I. 1. b. bb. aaa.
[787] *v. Heintschel-Heinegg* in *v. Heintschel-Heinegg* Beck'scher Online-Kommentar zum StGB, § 9 Rn. 10.1; vgl. *Fischer* StGB, § 9 Rn. 4.
[788] Siehe dazu ausführlich 8. Kapitel B. I. 1. b. aa.
[789] Vgl. *BGH* WM 1989, 1047, 1049.

von Art. 40 Abs. 1 EGBGB vertreten. Zur Vermeidung einer Aufsplitterung auf verschiedene Lageorte des Vermögens solle vielmehr an den Ort der Vermögenszentrale angeknüpft werden, also an den Wohn- und Geschäftssitz[790]. Vorzugswürdig ist es allerdings, als Erfolgsort sowohl den jeweiligen Belegenheitsort des Vermögens als auch den Ort der Vermögenszentrale heranzuziehen[791]. Die Belegenheit des Vermögens ist nämlich genauso zufällig wie die Belegenheit der Sache bei einem Diebstahl. Es gibt keinen Grund, den Täter bei den Vermögensdelikten Untreue und Betrug besser zu behandeln als im Rahmen des § 242 StGB.

Maßgeblich könnte demnach der Satzungssitz der Limited in England sein[792], denn als juristische Person des Privatrechts ist sie Rechtssubjekt und als solches Trägerin von Rechten und Pflichten[793]. Daran ändert auch eine Zweigniederlassung im Inland nichts. Vielmehr bleibt die Limited nicht nur Trägerin ihrer vermögensrechtlichen Rechte und Pflichten[794], sondern gehören zu eben diesen auch die Vermögensrechte und -pflichten der Zweigniederlassung[795]. Denn die Zweigniederlassung ihrerseits ist kein eigenständiges Zuordnungsobjekt von Rechten und Pflichten[796]. Und doch folgt wiederum daraus nicht, dass ein Vermögensschaden nur am Satzungssitz der Limited eintreten kann. Vorzugswürdig ist, dass bei einer beruflichen oder gewerblichen Tätigkeit des Geschädigten auch auf jede Niederlassung abgestellt werden kann. So hat die Rechtsprechung entschieden, dass im Falle betrügerischen Handelns neben dem Staat, in welchem sich der Satzungssitz des Unternehmens befindet, auch der Staat als Erfolgsort in Betracht

---

[790] *v. Hoffmann* in *Staudinger* BGB, Art. 40 EGBGB Rn. 282; a. A. *Thorn* in *Palandt* BGB, Art. 40 EGBGB Rn. 5 (Lageort); Als Anknüpfungspunkte kommt natürlich ferner in Betracht der Ort der vermögensschädigenden Verfügung, *Beitzke* Rec des Cours 1965 II, 67, 90.

[791] Vgl. *Kreuzer* in MünchKomm zum BGB – IPR (1998), Art. 38 Rn. 54a.

[792] Vgl. *OLG Frankfurt* NJW 1989, 675, 675 f.: Bei Untreue gegenüber einer Gesellschaft realisiert sich der Vermögensschaden am Sitz der Gesellschaft.

[793] 5. Kapitel B. II. 1. b.; Dass ausländische Organisationen selbständige Vermögensträger sein können, ist unstreitig, siehe *Nelles* Untreue, S. 159 und 166 f.; vgl. *BGH*St 8, 149, 149 f.

[794] Vgl. *BGHZ* 9, 34, 42 f.; *BGHZ* 53, 383, 385 ff.; vgl. *Lüderitz* in *Soergel* BGB Band 10, Art. 10 Anh Rn. 33.

[795] Vgl. *Lüderitz* in *Soergel* BGB Band 10, Art. 10 Anh Rn. 54; Eine teilweise Verselbständigung findet sich allerdings bei Niederlassungen von Banken und Versicherungen im Inland, § 53 Abs. 2 Nr. 1 KWG, §§ 106 Abs. 2 und 110a Abs. 2 VAG; Jedoch erlangen sie keine eigene Rechtspersönlichkeit, sondern werden nur hinsichtlich bestimmter Rechtsverhältnisse wie juristische Personen behandelt, *Lüderitz* in *Soergel* BGB Band 10, Art. 10 Anh Rn. 33; Denkbar ist aber, dass eine Zweigniederlassung nach dem Recht ihres eigenen Staates rechtsfähig ist, *OLG Köln* WM 1961, 183, 184 f.

[796] *Wachter* MDR 2004, 611, 611; *Heinz* Die englische Limited, § 18 Rn. 5.

kommt, in welchem sich eine Repräsentanz des Unternehmens befindet. Das gilt insbesondere dann, wenn sich eine Straftat unmittelbar nur gegen diese richtet und nur mittelbar gegen das Gesamtunternehmen. Dieser Gedanke muss bei einer Scheinauslandslimited aufgegriffen werden. Dass es sich bei ihr registerrechtlich nur um eine Zweigniederlassung handelt, kann also keine Bedeutung haben. Denn bei ihr bildet die Zweigniederlassung faktisch die Hauptniederlassung und den wahren Mittelpunkt unternehmerischen Handelns. Genau dort muss sich auch der Vermögensschaden realisieren[797]. Eine Schädigung des Vermögens der Limited tritt somit in Deutschland ein[798]. Auch dort wird ein Erfolgsort gemäß § 9 StGB begründet.

3. Besonderheiten bei Schädigungen ausländischer Tochtergesellschaften

Im Rahmen eines Konzerns könnte die in Deutschland tätige Scheinauslandslimited das Mutterunternehmen darstellen, deren verschiedene Tochtergesellschaften im Ausland angesiedelt und tätig sind. Nimmt nun der *director* des Mutterunternehmens außerhalb Deutschlands (potentiell) strafbare Handlungen zum Nachteil einer Tochtergesellschaft vor, kann das zu Vermögensschäden beim Mutterunternehmen in Deutschland führen. Grund kann sein, dass die Konzernmutter für Verluste ihrer Tochtergesellschaften einzustehen hat oder schlicht ein Wertverlust ihrer Beteiligung eintritt. In diesen Fallkonstellationen kommt eine Anwendung deutschen Strafrechts unter zwei Aspekten in Betracht.

Die durch die Schädigung einer Tochtergesellschaft bei der in der Bundesrepublik Deutschland tätigen Muttergesellschaft bewirkte mittelbare Schädigung könnte im Rahmen von Vermögensdelikten einen inländischen Erfolgsort im Sinne vom § 9 StGB begründen. Jedoch gilt auch insoweit, dass Vermögensschäden für das Mutterunternehmen nur dann einen Erfolgsort gemäß § 9 StGB begründen, wenn es sich dabei um einen tatbestandlichen Vermögensschaden handelt[799]. Daher begeht der *director* einer Limited, der ein ausländisches Tochterunternehmen schädigt, auch dann nicht automatisch eine Inlandstat, wenn die Muttergesell-

---

[797] Das wird bestätigt durch den Umstand, dass bereits jede „normale" Zweigniederlassung für ihre organisatorische Selbständigkeit regelmäßig eine eigene Konto- und Buchführung voraussetzt, *Volb* Die Limited, S. 31. Das gilt erst recht bei der hier untersuchten Scheinauslandslimited.
[798] *Radtke* GmbHR 2008, 729, 732.
[799] *Eser* in *Schönke/Schröder* StGB, § 9 Rn. 6.

schaft sämtliche Anteile hält[800]. Wenn § 9 Abs. 1 Alt. 3 StGB von dem „zum Tatbestand gehörenden Erfolg" spricht, wird nämlich klar, dass damit eine auf den Tatbestand bezogene Eingrenzung verbunden ist[801]. Taterfolg ist nur der (im weiteren Sinne) zum gesetzlichen Tatbestand des Delikts gehörende Erfolg[802]. Bloß faktische Auswirkungen und solche, die für die Verwirklichung des Tatbestandes nicht mehr von Bedeutung sind, sind nicht tatortbegründend[803]. Insbesondere ist der Ort, an dem die endgültigen Schadensfolgen eintreten, nicht tatortbegründend.

Die Anwendbarkeit deutschen Strafrechts wird auch nicht gemäß § 7 Abs. 1 StGB erreicht. Denn dann müsste es sich bei der Limited um einen Deutschen im Sinne dieser Norm handeln, mithin um eine deutsche Muttergesellschaft. Jedoch handelt es sich trotz der Tatsache, dass die Limited (fast) nicht in England tätig wird, um eine englische Gesellschaft. Bisweilen wird zwar diskutiert, Ausländer aus Mitgliedsstaaten der EU den Deutschen im Sinne des § 7 Abs. 1 StGB gleichzustellen. Diese Diskussion muss hier allerdings nicht vertieft werden, da nach überzeugender Ansicht eine Anwendung des § 7 Abs. 1 StGB auf juristische Personen überhaupt ausscheidet[804]. Für diese Sichtweise spricht nicht nur die Entstehungsgeschichte der Norm[805], sondern auch deren Wortlaut[806].

---

[800] Vgl. *Vogel* in *Volk* Münchener AnwaltsHandbuch, § 14 Rn. 55; vgl. *Fischer* StGB, § 9 Rn. 4; vgl. *OLG Frankfurt* wistra 1989, 112, 113; Anders *OLG Koblenz* wistra 1984, 79, 80, wonach bei wirtschaftlicher Betrachtungsweise mit der Schädigung des Tochterunternehmens im Ausland auch eine Schädigung der in Deutschland ansässigen Muttergesellschaft verknüpft sei.
[801] *Satzger* NStZ 1998, 112, 113.
[802] *Fischer* StGB, § 9 Rn. 4.
[803] BGH NJW 2006, 1984, 1984; KG NJW 2006, 3016, 3016 f.; AG Bremen NStZ-RR 2005, 87, 87.
[804] KG StraFo 2006, 337, 338; AG Bremen NStZ-RR 2005, 87, 87; OLG Stuttgart NStZ 2004, 402, 403 f.; *Ambos* in MünchKomm zum StGB, § 7 Rn. 23; a. A. *Eser* in *Schönke/Schröder* StGB, § 7 Rn. 6.
[805] OLG Stuttgart NStZ 2004, 402, 403 f.: Der Gesetzgeber hat den Schutzbereich des § 7 Abs. 1 StGB auf den Anwendungsbereich des Art. 116 Abs. 1 GG beschränkt. „§ 7 I StGB ist Ausfluss des passiven Personalitätsprinzips. Dieses ist erstmals auf Grund der VO 1940 (...) als § 4 II Nr. 2 in das deutsche Strafrecht aufgenommen worden (...). Damals war der Schutz des § 4 II Nr. 2 StGB ausdrücklich auf deutsche Staatsangehörige beschränkt. Der Gesetzgeber hat sich im 2. StrRG, das als Bestandteil des neuen Allgemeinen Teils des StGB am 1.1.1975 in Kraft getreten ist, von dem passiven Personalitätsprinzip nicht trennen wollen (...). Der heutige § 7 I StGB wurde unverändert aus dem Entwurf 1962 - dort § 6 StGB-E62 - übernommen (...). Mit der Übernahme wollte der Gesetzgeber den Schutz der Bundesrepublik für ihre im Ausland sich aufhaltenden Staatsangehörigen gewährleisten (...). Daher stellt das Merkmal ,... gegen einen Deutschen begangen ...' in § 7 I StGB lediglich eine Anpassung des bis dahin geltenden § 4 II Nr. 2 StGB an Art. 116 I GG dar, ohne dass damit eine Ausdehnung des Schutzbereichs auch auf juristische Personen gewollt gewesen wäre."
[806] *Fischer* StGB, § 7 Rn. 4.

IV. Ergebnis

Es bestehen keine Bedenken gegen die Anwendung deutschen Strafrechts auf den *director* einer Scheinauslandslimited. Im Regelfall wird sich das strafrechtlich relevante Verhalten (Handeln oder Unterlassen) im Inland zutragen, so dass bereits § 3 StGB greift. Auf die Nationalität des *directors* kommt es dabei ebenso wenig an wie auf den Umstand, dass es sich bei der Scheinauslandslimited um eine Gesellschaft englischen Rechts handelt.

Die bloße Anwendbarkeit deutschen Strafrechts auf den *director* ist auch kein Verstoß gegen die Niederlassungsfreiheit[807]. Das gilt für jene strafrechtlichen Regelungen, die keinerlei gesellschaftsrechtlichen Bezug haben, weil es sich insoweit um allgemeines Verkehrsrecht handelt und es schon an einer Beeinträchtigung der Niederlassungsfreiheit mangelt[808]. Sofern gesellschaftsrechtlich determiniertes Strafrecht in Rede steht, wird den Erfordernissen der Niederlassungsfreiheit Rechnung getragen, indem die gesellschaftsrechtlichen Regelungen dem englischen Gründungsstatut entnommen werden[809] und die solchermaßen ausgefüllten Straftatbestände auch im Übrigen an der Niederlassungsfreiheit gemessen werden.

B. Der Schutzbereich deutscher Straftatbestände

I. Problemstellung

Bei Taten mit Auslandsbezug können sich Grenzen bei der Anwendbarkeit einzelner Straftatbestände ergeben, wenn sich der Tatbestand auf den Schutz inländischer Rechtsgüter beschränkt. Denn als Rechtsgüter sind grundsätzlich diejenigen Lebensgüter, Sozialwerte und rechtlich anerkannten Interessen des Einzelnen oder der Allgemeinheit zu verstehen, die wegen ihrer besonderen Bedeutung für die deutsche Gesellschaft Rechtsschutz genießen[810]. So bezwecken die Staatsschutz-

---

[807] *Kienle* GmbHR 2007, 696, 697; Andere Fragen tun sich natürlich auf. So z. B., ob bei gesellschaftsrechtlich determinierten Tatbeständen der *director* Normadressat sein kann. Das hat aber mit der reinen Anwendbarkeit deutschen Strafrechts auf den *director* nichts zu tun; vgl. *Schlösser* wistra 2006, 81, 85.

[808] Vgl. *Kienle* in *Wachter/Süß* Handbuch des internationalen GmbH-Rechts, § 3 Rn. 47.

[809] Auch insofern ist der Anwendungsbereich des deutschen Strafrechts eröffnet, da das deutsche Strafrecht ebenfalls rein (blankett-)ausfüllende Normen erfasst, vgl. *OLG Karlsruhe* NStZ 1985, 317; vgl. ferner *Fischer* StGB, Vor §§ 3-7 Rn. 2.

[810] Vgl. *Wessels/Beulke* StrafR AT, S. 2.

delikte gemäß §§ 80 ff. StGB nur den Schutz der Bundesrepublik Deutschland vor Angriffen auf ihre äußere und innere Sicherheit, während ausländische Staaten nicht vor Angriffen auf ihre Souveränität geschützt werden[811], und dient § 113 Abs. 1 StGB nur der Durchsetzung innerstaatlicher Vollstreckungshandlungen, weshalb nur solche Amtsträger geschützt sind, die nach deutschem Recht eine bestimmte hoheitliche Funktion wahrnehmen. Daher macht sich ein *director*, der sich seiner Verhaftung im Ausland durch einen ausländischen Polizeibeamten gewaltsam widersetzt, nicht nach § 113 Abs. 1 StGB strafbar, auch wenn er wegen eines Verstoßes gegen das deutsche Strafrecht auf der Flucht ist.

In der Praxis wird sich der schutzbereichsrelevante Auslandsbezug hinsichtlich der Strafbarkeit eines *directors* jedoch vor allem aus dem Umstand ergeben, dass es sich bei der Scheinauslandslimited trotz ihres tatsächlichen Verwaltungssitzes in der Bundesrepublik Deutschland um eine englische Gesellschaft handelt und nur sie Trägerin von Rechten und Pflichten sowie Zuordnungsobjekt von Eigentum und Vermögen ist. Dieser Umstand wirft zwar keine Fragen hinsichtlich des Schutzbereiches einer Strafnorm auf, solange der *director* eine Straftat zu Lasten Dritter und ohne jeden sonstigen Auslandsbezug begeht. Man denke an den *director*, der einen Straftatbestand aus dem Bereich der Körperverletzungs- und Verkehrsdelikte verwirklicht: Aus Freude über die gut ausgebauten, freien Straßen in der niedersächsischen Provinz verliert der *director* alle Hemmungen und gibt einmal richtig Gas. Resultat der Spritztour sind mehrere verletzte deutsche Schulkinder auf einem Ausflug, die sich nicht mehr rechtzeitig in Sicherheit bringen konnten. Unproblematisch ist der Schutzbereich des deutschen Strafrechts in derartigen Fällen eröffnet, denn es wurden durch das insofern in Rede stehende Verhalten inländische Rechtsgüter[812] gefährdet oder gar verletzt[813]. Nicht mehr ganz so eindeutig ist die Rechtslage aber, wenn der *director* durch sein Verhalten die Rechtsgüter der Limited selbst schädigt, indem er beispielsweise private Rechnungen mit Mitteln der Gesellschaft begleicht oder seinen privaten Bedarf an Büromaterial aus Beständen der Limited deckt. Es stellt sich dann nämlich die (unter II. zu behandelnde) Frage, ob die in Betracht kommenden Straftatbestände wie

---

[811] *Eser* in Schönke/Schröder StGB, Vorbem §§ 3-7 Rn. 16 ff.; *Ambos* in MünchKomm zum StGB, Vor §§ 3-7 Rn. 81.
[812] Bei inländischen Rechtsgütern ist Träger des Rechtsgutes ein Inländer oder die Bundesrepublik Deutschland, *Vogel* in *Volk* Münchener AnwaltsHandbuch, § 14 Rn. 30.
[813] Vgl. *Ambos* Internationales Strafrecht, § 1 Rn. 33.

Untreue, Diebstahl und Unterschlagung auch Rechtsgüter schützen, deren Träger ein Ausländer ist[814]. Dieselbe (und daher ebenfalls unter II. zu behandelnde) Frage stellt sich in sonstigen Fallkonstellationen, in denen der individuell Geschädigte Ausländer ist. So zum Beispiel, wenn der *director* einen ausländischen Geschäftspartner im Zusammenhang mit dem Verkauf eines von der Limited hergestellten Produkts betrügt oder ihn während der Verkaufsverhandlungen bestiehlt. Ein gesondert (unter III.) zu behandelnder schutzbereichsrelevanter Auslandsbezug kann sich bei Straftatbeständen ergeben, bei denen nicht der Schutz individueller Rechtsgüter im Vordergrund steht, sondern – wie bei den bereits genannten §§ 80 ff. und § 113 StGB – der Schutz so genannter Kollektivrechtsgüter.

II. Rechtsgüterschutz zugunsten der Limited und sonstiger Dritter

Begeht der *director* eine Straftat zum Nachteil der Limited, richtet sich die Tat gegen ausländische Rechtsgüter[815]. Denn es ist die Limited als englische juristische Person, die Zuordnungsobjekt von Eigentum und Vermögen ist. Ebenso richtet sich die Tat gegen ausländische Rechtsgüter, wenn der Geschädigte ein sonstiger ausländischer Dritter ist. Die Tat ist für den *director* in beiden Fällen folglich nur dann strafbewehrt, wenn der Schutzbereich des jeweils in Betracht kommenden Straftatbestands auch Rechtsgüter schützt, deren Träger Ausländer ist. Das ist aber grundsätzlich nur dann der Fall, wenn nationale deutsche Interessen und Güter derart berührt werden, dass das Eingreifen des deutschen Strafrechts und des damit verbundenen Rechtsgüterschutzes erforderlich ist.

Bei Sachverhalten mit Auslandsbezug wird ganz überwiegend zwischen Individualrechts- und Kollektivrechtsgütern unterschieden[816]. Zunächst soll auf die Rechtslage bei Individualrechtsgütern eingegangen werden, da die bei der Limited und sonstigen ausländischen Dritten als Geschädigte vornehmlich in Betracht kommenden Rechtsgüter Eigentum und Vermögen zu eben dieser Rechtsgütergruppe gehören, zu denen daneben auch Leben und Gesundheit, Freiheit und Ehre zählen[817]. Hinsichtlich dieser Rechtsgüter differenziert die ganz herrschende Mei-

---

[814] Ist deutsches Strafrecht ausschließlich deshalb nicht anwendbar, weil der Schutzbereich des Tatbestandes nicht berührt ist, so ist der Beschuldigte freizusprechen, *Walter* JuS 2006, 870, 871.
[815] Vgl. *Vogel* in *Volk* Münchener AnwaltsHandbuch, § 14 Rn. 30.
[816] *Mankowski/Bock* ZStW 120 (2008), 704, 746 ff.; vgl. *Walter* JuS 2006, 870, 870.
[817] *Werle/Jeßberger* in LK zum StGB, Vor § 3 Rn. 274.

nung nicht weiter zwischen inländischen und ausländischen Rechtsgutsträgern[818]. Die diese Rechtsgüter schützenden deutschen Straftatbestände wollen nicht etwa die deutsche Hoheitsgewalt oder sonstige (allein) deutsche Rechtsgüter verteidigen, sondern die Rechtsgüter aller Individuen. Individualrechtsgüter sind daher unabhängig von der Staatsangehörigkeit des Rechtsgutsträgers und der Belegenheit des Rechtsgutes schutzwürdig[819] und werden vom Schutzbereich der individualrechtsschützenden Straftatbestände des deutschen Rechts erfasst[820]. Daher ist auch ein ausländisches Unternehmen als Rechtsgutsträger geschützt[821]. Außerdem spielt es keine Rolle, dass der jeweilige Tatbestand möglicherweise nicht ausschließlich, sondern bloß auch Individualrechtsgüter schützt, solange es sich dabei nicht um einen reinen Rechtsreflex handelt[822]. Das gilt ferner unabhängig davon, ob die Rechtsgüter im In- oder Ausland belegen sind. Somit besteht insbesondere hinsichtlich der Eigentums- und Vermögensdelikte des StGB keine Schutzbereichsbeschränkung mit Blick auf die Limited oder sonstige ausländische Dritte[823].

III. Kollektivrechtsgüterschutz

Straftatbestände, die wie §§ 80 ff., § 113, § 145d, §§ 153 ff. und § 258 StGB dem Schutz von Kollektivrechtsgütern wie der Autorität staatlicher Vollstreckungsakte oder der staatlichen Rechtspflege dienen, zielen in der Regel allein auf den Schutz deutscher Güter[824], denn – verallgemeinernd gesagt – es gehört nicht zu den Aufgaben deutscher Staatsgewalt, ausländische Staaten gegen Angriffe auf ihre Staatsgewalt und Souveränität zu schützen[825].

Vom Schutzbereich erfasst sind insofern all diejenigen Verhaltensweisen des *directors*, die sich gegen inländische (deutsche) Kollektivrechtsgüter wenden. Dementsprechend ist eine Falschaussage des *directors* vor einem deutschen Ge-

---

[818] *Werle/Jeßberger* in LK zum StGB, Vor § 3 Rn. 274; *Hecker* Europäisches Strafrecht, § 2 Rn. 6; *Fischer* StGB, Vor §§ 3-7 Rn. 8.
[819] BGHSt 29, 85, 88; BayObLG NJW 1972, 1722, 1722; *Ambos* Internationales Strafrecht, § 1 Rn. 37.
[820] *Eser* in Schönke/Schröder StGB, Vorbem §§ 3-7 Rn. 14 f.; *Walter* JuS 2006, 870, 870.
[821] *Vogel* in *Volk* Münchener AnwaltsHandbuch, § 14 Rn. 31.
[822] *Ambos* Internationales Strafrecht, § 1 Rn. 38.
[823] *Vogel* in *Volk* Münchener AnwaltsHandbuch, § 14 Rn. 31.
[824] *Walter* JuS 2006, 870, 870; *Fischer* StGB, Vor §§ 3-7 Rn. 9.
[825] BGHSt 22, 282, 285; *Hecker* Europäisches Strafrecht, § 2 Rn. 6.

richt genauso vom Schutzbereich der §§ 153 ff. StGB erfasst, wie das Widerstandleisten gegen die Vollstreckungshandlung eines deutschen Amtsträgers vom Schutzbereich des § 113 Abs. 1 StGB erfasst ist. Umgekehrt scheiden entsprechende Verhaltensweisen vor englischen Institutionen und gegenüber ihren Vertretern aus dem Schutzbereich der §§ 153 ff. StGB und § 113 Abs. 1 StGB aus: Lügt der *director* vor einem englischen Gericht oder widersetzt er sich seiner Verhaftung durch die englische Polizei, wird das durch die vorgenannten Straftatbestände nicht erfasst.

Es gibt jedoch einige Besonderheiten zu beachten. So in dem praktisch relevanten Fall der Bestechung ausländischer Amtsträger durch den *director*. Besticht der *director* einen ausländischen Amtsträger, um für die Limited einen Auftrag zu erlangen, so stehen die §§ 331 ff. StGB in Rede, die mit der Lauterbarkeit des öffentlichen Dienstes und dem Vertrauen der Allgemeinheit in diese Lauterbarkeit Kollektivrechtsgüter schützen und damit an sich allein die innerstaatliche (deutsche) Verwaltung. Die Bestechung eines französischen Amtsträgers im Rahmen einer Ausschreibung für ein Straßenverkehrsprojekt müsste damit an sich strafrechtlich ohne Konsequenzen bleiben. Heranzuziehen sind in diesem Zusammenhang allerdings die Sonderregelungen der Art. 2 § 1 EUBestG und Art. 2 § 1 IntBestG. Durch sie wird der durch §§ 331 ff. StGB gewährte Schutz auf ausländische Staatsverwaltungen ausgedehnt und werden diese in den Schutzbereich der §§ 331 ff. StGB einbezogen[826].

C. Kein Verstoß gegen höherrangiges Recht

Eine Verurteilung des *directors* auf Grundlage des StGB oder sonstiger einfachgesetzlicher deutscher Normen darf nicht unter Verstoß gegen höherrangiges Recht, insbesondere Europa- und Verfassungsrecht, erfolgen.

Nachfolgend werden drei Regelungen des Allgemeinen Teils des StGB problematisiert, die regelmäßig im Zusammenhang mit der strafrechtlichen Verantwortlichkeit von Führungspersonen in Unternehmen auftauchen und nicht ohne Weiteres auf den *director* angewendet werden können. Es handelt sich dabei um die Strafbarkeit wegen Unterlassens, § 13 StGB (dazu unter I.), das Handeln für einen anderen, § 14 StGB (dazu unter II.), sowie die Frage, ob sich der *director*

---

[826] Zum Ganzen *Fischer* StGB, § 331 Rn. 1a und 3.

als mittelbarer Täter kraft Organisationsherrschaft gemäß § 25 Abs. 1 Alt. 2 StGB strafbar machen kann (dazu unter III.).

I. Strafbarkeit bei unechten Unterlassungsdelikten, § 13 StGB

Nach deutschem Strafrecht kann sich der Geschäftsleiter eines Unternehmens strafbar machen, wenn er es unterlässt, die Rechtsgüter seines Unternehmens gegen Angriffe Dritter (Außenstehende, aber auch Mitarbeiter) zu verteidigen oder von seinem Unternehmen ausgehende Gefahren für Dritte zu verhindern oder zu beseitigen[827].

Eine Übertragung dieser von Rechtsprechung und Lehre entwickelten Grundsätze auf den *director* erfordert einen gewissen Begründungsaufwand im Einzelfall. Vor allem kann die Strafbarkeit des *directors* wegen eines unechten Unterlassungsdeliktes nicht immer pauschal mit der Anwendbarkeit der *rule of remoteness*, mithin als von der Niederlassungsfreiheit nicht erfasste Bereichsausnahme, begründet werden. Dies kommt aufgrund der (im 3. Kapitel B. III. 3. c. näher dargelegten) Voraussetzungen einer solchen Bereichsausnahme nicht in Betracht, die nämlich das Nichtvorliegen jeden gesellschaftsrechtlichen Bezugs erfordert. Bei unechten Unterlassungsdelikten handelt es sich jedoch um Delikte, bei denen die Pflicht zur Vornahme einer bestimmten Handlung nur diejenige Person trifft, die zu dem gefährdeten Rechtsgut in einer derart engen Beziehung steht, dass die Nichtvornahme der schützenden Handlung einer Rechtsgutsverletzung durch aktives Tun gleichkommt[828]. Die strafrechtliche Gleichsetzung von Unterlassen und Tun setzt voraus, dass der Täter einen zum Tatbestand gehörenden Erfolg nicht abwendet, obwohl er rechtlich dafür einzustehen hat, dass dieser Erfolg nicht eintritt. Der Täter muss Garant für den Nichteintritt des tatbestandlichen Erfolges sein. Die Garantenstellung ist das prägende Merkmal aller unechten Unterlassungsdelikte[829]. Ob diese Art der Beziehung zwischen *director* und Limited oder *director* und Dritten besteht, ist aber im ersten Fall zuvorderst, im zweiten Fall regelmäßig zumindest auch eine gesellschaftsrechtliche Frage, so dass ein Aus-

---

[827] Vgl. *Fischer* StGB, § 13 Rn. 37 f.
[828] *Fischer* StGB, § 13 Rn. 46; *Lackner/Kühl* StGB, § 13 Rn. 16.
[829] Die Darstellung der unechten Unterlassungsdelikte beschränkt sich an dieser Stelle auf die Kernfrage der Rechtspflicht zum Handeln. Denn hier ergeben sich spezifische Fragestellungen hinsichtlich des *directors*. Weitere Einzelheiten wie Kausalitäts- und Zumutbarkeitsfragen werden nicht erörtert.

scheiden des § 13 StGB aus dem Anwendungsbereich der Niederlassungsfreiheit im Sinne einer Bereichsausnahme grundsätzlich nicht in Betracht kommt. Sollte also die strafrechtliche Verantwortlichkeit des *directors* beispielsweise seine Garantenstellung zum Vermögen der Limited erfordern, kann man den Erfordernissen des Europarechts nur dann gerecht werden, wenn die Garantenstellung (auch) anhand englischen Gesellschaftsrechts begründet wird (dazu unter 1.).

Der bloße Bestand einer solchermaßen begründeten Garantenpflicht schließt eine Beeinträchtigung der Niederlassungsfreiheit durch die Strafbarkeit des *directors* wegen eines unechten Unterlassungsdeliktes aber noch nicht aus. Entscheidend für die europarechtliche Zulässigkeit sind die tatsächlichen Auswirkungen, die die Anwendung der Rechtsfigur des Garanten auf den *director* haben. Sollte sich herausstellen, dass das deutsche Strafrecht über den Umweg der unechten Unterlassungsdelikte (gesellschaftsrechtliche) Verhaltensweisen des *directors* erfasst, die nach englischem Recht nicht strafbar wären, läge darin eine rechtfertigungsbedürftige Beeinträchtigung der Niederlassungsfreiheit (dazu unter 2.).

1. Bestehen einer Garantenpflicht des directors nach deutschem Recht

Im deutschen Strafrecht ist die Abgrenzung einzelner Garantenstellungen in Rechtsprechung und Lehre umstritten. Herauskristallisiert hat sich zwar eine grobe funktionelle Zweiteilung[830] in Garantenstellungen zum Schutz konkreter Rechtsgüter (Obhutspflichten des Beschützergaranten[831]) und zur Überwachung von Gefahrenquellen, (Sicherungspflichten des Überwachungsgaranten[832]), faktisch aber werden Fallgruppen gebildet, in die mitunter recht pragmatisch die jeweiligen Lebenssachverhalte eingeordnet werden. Hinsichtlich der strafrechtlichen Verantwortlichkeit eines Geschäftsleiters sind insbesondere dessen Garan-

---

[830] *Lackner/Kühl* StGB, § 13 Rn. 12.
[831] Ein Beschützergarant ist eine Person, der Obhutspflichten für ein bestimmtes Rechtsgut obliegen, für dessen Bestand und Sicherheit sie zu sorgen, *Fischer* StGB, § 13 Rn. 9, und das sie gegen Gefahren aus allen Richtungen zu beschützen hat, *Stree* in *Schönke/Schröder* StGB, § 13 Rn. 9.
[832] Überwachungsgaranten sind Personen, denen aufgrund ihrer Verantwortlichkeit für eine bestimmte Gefahrenquelle Sicherungspflichten gegenüber jedermann obliegen, *Fischer* StGB, § 13 Rn. 9. Sie trifft mithin die Pflicht, fremde Rechtsgüter gegenüber Gefahren zu schützen, die aus einer Gefahrenquelle stammen, für die sie verantwortlich sind, *Stree* in *Schönke/Schröder* StGB, § 13 Rn. 9.

tenpflichten aus seiner Stellung als Prinzipal und als Inhaber der Sachherrschaft über eine gegenständliche Gefahrenquelle, also Sachen und Anlagen relevant.

a. Der director als Beschützergarant

Der Geschäftsleiter einer deutschen Gesellschaft ist aufgrund seiner Organstellung Beschützergarant für das von ihm betreute Vermögen seiner juristischen Person. Ihm obliegt umfassend die Pflicht, ihre Rechtsgüter zu schützen[833]. Dies folgt wesentlich aus dem Umstand, dass eine juristische Person selbst unfähig ist, dies zu besorgen[834]. Zum selben Ergebnis gelangt man auch unter Berücksichtigung englischen Gesellschaftsrechts für den *director*. Zwar handelt es sich bei ihm nicht um ein Organ der Limited, doch ist die Interessenlage vergleichbar. Die Limited als juristische Person vermag ihre Rechtsgüter nicht selbst zu schützen, sondern bedarf dazu der Hilfe des *directors*. Dieser vertritt die Gesellschaft nach außen (*agent*) und handelt im Innenverhältnis als Treuhänder (*trustee*), indem er ihr Vermögen kontrolliert und seine Befugnisse allein im Gesellschaftsinteresse ausübt (*fiduciary duties*). Bestätigung findet diese Sichtweise in der jüngeren englischen Rechtsprechung zum Unterlassen von Geschäftsführungsaktivitäten durch *directors*. Wurde noch in der Entscheidung Re City Equitable Fire Insurance Co Ltd[835] ausgeführt, dass „*A director is not bound to give continuous attention to the affairs of his company.*", gilt mittlerweile, dass „(…) *directors have, both collectively and individually, a continuing duty to acquire and maintain a sufficient knowledge and understanding of the company's business to enable them properly to discharge their duties as directors.*"[836]

---

[833] *Rudolphi* in SK-StGB, § 13 Rn. 54; *Wohlers* in NK zum StGB, § 13 Rn. 40; Zur Garantenstellung im Betrieb auch *Schmid* in *Müller-Gugenberger/Bieneck* Wirtschaftsstrafrecht, § 30 Rn. 90 ff.; Zu beachten ist, dass es Straftatbestände gibt, bei denen bereits die Auslegung einzelner Tatbestandsmerkmale eine Gleichstellung von Handeln und Unterlassen gebietet, ein Unterlassen somit unmittelbar tatbestandsmäßig ist, ohne dass es eines Rückgriffs auf § 13 StGB bedarf. Dies gilt beispielsweise bei § 266 StGB. Wem die Wahrnehmung fremder Vermögensinteressen obliegt, kann diese Pflicht auch durch ein bloßes Unterlassen verletzen, *Stree* in Schönke/Schröder StGB, § 13 Rn. 31; *Lenckner/Perron* in Schönke/Schröder StGB, § 266 Rn. 35.
[834] *Krekeler/Werner* Unternehmer und Strafrecht, S. 8.
[835] (1925) Ch 407, 429.
[836] Re Barings plc (No 5) (1999) 1 BCLC 433, 489 (Chancery Division); vgl. ferner *Re London Citylink Ltd* (2005) EWHC 2875, Rn. 37 ff.

b. Der director als Überwachungsgarant

Die Eröffnung eines Unternehmens beziehungsweise die Herrschaft über ein Unternehmen ruft eine (latente) strafrechtliche Verantwortlichkeit eines jeden Geschäftsleiters hervor[837]. Sowohl vom reinen Betrieb des Unternehmens, als auch von seinen Produkten und Dienstleistungen gehen regelmäßig Gefahren für fremde Rechtsgüter aus. Das umfasst so unterschiedliche Fälle wie einen für Mitarbeiter gefahrvollen Produktionsprozess in einer Fabrik einerseits und den Verkauf von Produkten an Kunden, für die aus Kostengründen billige, aber krebserregende Stoffe verwendet werden, andererseits. Immer trifft den Geschäftsleiter die Pflicht, die „Gefahrenquelle Unternehmen" zu überwachen, denn sie unterfällt seinem Herrschaftsbereich. Er hat dafür Sorge zu tragen, dass keine Gefahren aus ihr nach außen dringen beziehungsweise er muss die aus der Betriebsgefahr entstehenden Gefahren beseitigen[838]. Das gilt auch für den *director*.

Konkret obliegt ihm nach deutschem Recht unter anderem eine Fürsorgepflicht hinsichtlich des Lebens und der Gesundheit der Angestellten der Limited. Sie dürfen bei der Arbeitsausführung nicht verletzt oder gar getötet werden. Diese Pflicht besteht nämlich in erster Linie aufgrund des jeweiligen Arbeitsvertrages und (deutscher) Arbeitsschutzvorschriften[839]. Ein (gegebenenfalls modifizierender) gesellschaftsrechtlicher Einschlag ist insoweit nicht gegeben[840]. Aber auch wenn (zusätzlich) auf den Gedanken der Verantwortlichkeit für eine Gefahrenquelle aufgrund von Sachherrschaft abgestellt wird[841], ergibt sich nichts Anderes. Der *director* als nach englischem Gesellschaftsrecht Geschäftsherr der Limited hat diese Sachherrschaft. Er leitet die Limited nach innen und außen.

Ferner trifft jeden Geschäftsleiter nach deutschem Recht konkret eine Verantwortung Dritten, beispielsweise Verbrauchern gegenüber, die (potentiell) gefähr-

---

[837] *Heine* Die strafrechtliche Verantwortlichkeit von Unternehmen, S. 119.
[838] *Stree* in *Schönke/Schröder* StGB, § 13 Rn. 43.
[839] *Eidam* Unternehmen und Strafe, S. 180 f. (Fußnote 914), mit Hinweis unter anderem auf § 2 MuSchG, § 3 DruckgasVO, § 6 DampfkesselVO, §§ 16 und 17 RöntgenVO sowie § 13 ArbeitsstoffVO; Umstritten ist, ob den Geschäftsherrn die Pflicht trifft, seine Angestellten oder Dritte (beispielsweise Besucher) vor Diebstählen oder anderen Übergriffen zu schützen, dazu *Fischer* StGB, § 13 Rn. 38; ferner Fußnote 852.
[840] Englisches Gesellschaftsrecht ist allerdings bei der Frage zu berücksichtigen, unter welchen Voraussetzungen die Arbeitgebereigenschaft nach deutschem Strafrecht gemäß § 14 StGB auf natürliche Personen wie *directors* übergeleitet wird. Dies wird unter II. erörtert.
[841] *Fischer* StGB, § 13 Rn. 34 und 37.

liche Produkte oder Dienstleistungen des Unternehmens erwerben[842]. Diese im Ergebnis anerkannte Verantwortung ist jedoch nicht nur hinsichtlich ihrer Ausmaße und Grenzen, sondern auch hinsichtlich ihrer Grundlage umstritten[843]. Teilweise wird schlicht auf den Umstand abgestellt, dass eine Geschäftsorganisation eingerichtet werde, deren Zweck es sei, wirtschaftlich effektiver Betätigung nachzugehen[844]. Andere meinen, dass es darum ginge, aus der Eigenart bestimmter Betriebe resultierende besondere Bedrohungspotentiale unter Kontrolle zu halten[845]. Wieder andere nehmen eine Garantenstellung aus der Herrschaft über eine Gefahrenquelle an[846] oder bejahen sie aufgrund vorangegangenen, pflichtwidrigen[847] Verhaltens, durch welches eine Gefahrenlage tatsächlich herbeigeführt werde (Ingerenz)[848]. Eine gesellschaftsrechtliche Fundierung jedenfalls kommt bei allen Begründungsansätzen nur am Rande zum Tragen, denn die strafrechtliche Verantwortlichkeit für betriebliche Gefahrenquellen besteht unabhängig vom rechtlichen Gefüge einer Unternehmung und ihrer Leitungspersonen. Eine Berücksichtigung englischen Gesellschaftsrechts muss daher nur insoweit erfolgen, als dass danach bestimmt wird, wer als Geschäftsleiter in diesem Sinne anzusehen ist.

Darüber hinaus kann ein Geschäftsleiter nach deutschem Recht zur Verhinderung von Straftaten von Unternehmensangehörigen verpflichtet sein (Geschäftsherrenhaftung)[849]. Grundsätzlich gilt zwar das Prinzip der Eigenverantwortlichkeit, nach welchem Erwachsene für ihr Verhalten selbst und allein verantwortlich

---

[842] Vgl. zum Beispiel die Pflicht eines Geschäftsführers des Herstellers eines Produktes zum Rückruf oder zur öffentlichen Warnung, wenn das Produkt Gefahren für den Anwender, Konsumenten oder die Umwelt birgt, *BGHSt* 37, 106, 113 ff. (*Lederspray*).
[843] *Heine* Die strafrechtliche Verantwortlichkeit von Unternehmen, S. 119; *Bottke* wistra 1991, 81, 85 f.
[844] *Vest* SchwZStrR 105 (1988), 288, 300 f. (Fußnote 48); vgl. *Stratenwerth/Kuhlen* StrafR AT I, S. 342 ff.
[845] *Weigend* in LK zum StGB, § 13 Rn. 46 und 53.
[846] *Wohlers* in NK zum StGB, § 13 Rn. 46 ff., insb. 48.
[847] Allgemein zur Qualität des Vorverhaltens *Fischer* StGB, § 13 Rn. 27 ff.; ferner *BGH* NStZ 1998, 83, 84; *BGH* StraFo 2000, 314, 314; Im Unternehmensbereich hat der BGH die rechtliche Missbilligung des Gefährdungserfolges als Begründung einer strafrechtlichen Verantwortlichkeit ausreichen lassen, *BGHSt* 37, 106, 118 f.; *Eidam* Unternehmen und Strafe, S. 187 f.
[848] *Fischer* StGB, § 13 Rn. 39; *Eidam* Unternehmen und Strafe, S. 187; kritisch *Beulke/Bachmann* JuS 1992, 737, 739; *Samson* StV 1991, 182, 184.
[849] *Wohlers* in NK zum StGB, § 13 Rn. 53; *Rogall* ZStW 98 (1986), 573, 613 und 616 ff.; *Lackner/Kühl* StGB, § 13 Rn. 14; *Stree* in Schönke/Schröder StGB, § 13 Rn. 51 f.; a. A. *Weigend* in LK zum StGB, § 13 Rn. 56; Ferner *Rudolphi* in SK-StGB, § 13 Rn. 35a mit dem Hinweis, dass im Bereich der Wirtschaft Vorschriften wie § 357 StGB oder § 41 WStG fehlten.

sind[850]. Anders kann es allerdings sein, wenn der Verantwortliche eine rechtlich anerkannte Autoritätsstellung innehat[851]. Ihn trifft dann unter Umständen die Pflicht, dafür Sorge zu tragen, dass nachgeordnete Unternehmensangehörige bei der Ausübung ihrer Pflichten keine Straftaten begehen[852]. Die Garantenstellung dieser so genannten Geschäftsherren basiert dabei letztlich auf ihrer herausgehobenen Stellung gegenüber den sonstigen Unternehmensangehörigen, welche bei Ausübung der ihnen übertragenen Pflichten den Weisungen der Geschäftsherren unterliegen. Auch verfügen sie regelmäßig über einen überlegenen Informationsstand[853,854]. Das gilt ebenso unter Berücksichtigung englischen Gesellschaftsrechts, aus welchem sich die vorbeschriebene überlegene Stellung des *directors* als Geschäftsherr (neben anderen Regelungen wie dem jeweiligen Arbeitsvertrag) ableiten lässt.

2. Keine Beeinträchtigung der Niederlassungsfreiheit

Die Begründung einer Garantenstellung unter Berücksichtigung englischen Gesellschaftsrechts schließt eine Beeinträchtigung der Niederlassungsfreiheit nicht aus. Eine solche läge nämlich auch dann vor, wenn über die Konstruktion eines unechten Unterlassungsdeliktes eine gesellschaftsrechtlich determinierte Verhaltensweise des *directors* unter Strafe gestellt würde, die nach englischem Recht nicht strafbar wäre. An dieser Stelle soll daher untersucht werden, ob das engli-

---

[850] *Rudolphi* in SK-StGB, § 13 Rn. 32; vgl. *Arzt* JA 1980, 647, 652.
[851] *Rudolphi* in SK-StGB, § 13 Rn. 32; kritisch *Otto/Brammsen* Jura 1985, 592, 598 ff.
[852] *Schünemann* wistra 1982, 41, 45; *Schmid* in *Müller-Gugenberger/Bieneck* Wirtschaftsstrafrecht, § 30 Rn. 96 ff.; Der Umfang der Pflicht ist umstritten, *Wohlers* in NK zum StGB, § 13 Rn. 53; Erforderlich ist aber zumindest, dass der Betriebsangehörige seine berufliche Stellung und den Betrieb zu einer Straftat missbraucht, d. h. eine sog. betriebsbezogene Straftat vorliegt, *Lackner/Kühl* StGB, § 13 Rn. 14. Die in Rede stehende Tat muss unter Ausnutzung der tatsächlichen und rechtlichen Wirkungsmöglichkeiten, die der Betrieb bietet, begangen werden, *Schall* in FS für *Rudolphi*, S. 267, 282. Eine Pflicht zur Abwendung von Straftaten besteht daher grundsätzlich nicht, wenn diese nur gelegentlich einer betrieblichen Tätigkeit begangen werden, *Fischer* StGB, § 13 Rn. 38; Fußnote 839.
[853] *Stree* in Schönke/Schröder StGB, § 13 Rn. 51 f.
[854] Konkreter Anknüpfungspunkt für eine eigene strafrechtliche Verantwortlichkeit des Geschäftsherrn ist in entsprechenden Fällen regelmäßig die Frage, ob er es unterlassen hat, die Begehung der Straftat durch eine sorgfältige Auswahl und Instruktion seiner Untergebenen sowie durch eine ausreichende Kontrolle beziehungsweise Überwachung der in seinem Herrschaftsbereich vorgenommenen Handlungen zu verhindern, vgl. dazu den von § 130 OWiG aufgestellten Pflichtenkatalog, der als Richtschnur dienen kann; ferner *Krekeler/Werner* Unternehmer und Strafrecht, S. 2.

sche Strafrecht Regelungen kennt, die zur Strafbarkeit des *directors* bei Sachverhalten führen, die nach deutschem Recht als unechtes Unterlassen erfasst werden.

Grundsätzlich erfordert der objektive Tatbestand (*actus reus*) im englischen Recht ein bestimmtes positives Tun[855]. Nur ausnahmsweise kann die Strafbarkeit an ein Unterlassen anknüpfen, und zwar dann, wenn eine Pflicht zum Handeln besteht[856]. Wie im deutschen Recht setzt eine Unterlassungsstrafbarkeit damit entweder das Vorliegen eines hier nicht weiter zu erörternden echten Unterlassungsdelikts[857] oder aber das Bestehen einer Garantenstellung voraus[858]. Bei den letztgenannten unechten Unterlassungsdelikten[859] wiederum bestehen zahlreiche Übereinstimmungen zwischen englischem *common law* und deutschem Recht[860]. So verlangt das englische Recht das Vorliegen einer besonderen Pflichtenstellung beim Täter und die Strafbarkeit gründet sich auf die Verletzung einer rechtlichen Handlungspflicht, der so genannten *legal duty to act*[861]. Die Garantenstellung lässt sich dabei im Wesentlichen in zwei Fallgruppen einordnen. Einerseits geht es um Fälle, in welchen der Täter ein besonderes Näheverhältnis zum Opfer hat. Andererseits kann ein gefährdendes Vorverhalten des Täters seine Garantenstellung begründet[862].

Im Fall des pflichtenbegründenden Näheverhältnisses des Täters zum Opfer kann das Vorliegen und der Inhalt der Garantenpflicht jeweils allein mit Blick auf das konkrete Rechtsverhältnis festgestellt werden. So kommen natürliche Näheverhältnisse in Betracht, wie sie sich aus der familiären Beziehung zwischen Eltern und ihren Kindern ergeben[863]. Pflichtenbegründend können aber auch sonsti-

---

[855] *Simester/Sullivan* Criminal Law, S. 60.
[856] *Herring* Criminal Law, S. 87; *Clarkson/Keating* Criminal Law, S. 87 f.; *Jescheck/Weigend* StrafR AT, S. 613; *Jescheck/Goldmann* ZStW 77 (1965), 109, 119 f.
[857] So verlangt sec. 441 (1) CA 2006 die Abgabe eines Jahresabschlusses beim *registrar*. Kommt der *director* dem nicht nach, begeht er gemäß sec. 451 (a) CA 2006 ein *offence*, welches gemäß sec. 451 (4) CA 2006 mit einer Geldstrafe bedroht ist.
[858] *Mansdörfer* Die allgemeine Straftatlehre des common law, S. 35 f.
[859] Tatsächlich wird im englischen Recht begrifflich nicht zwischen echten und unechten Unterlassungsdelikten unterschieden. Ungeachtet dessen wird hier der Begriff des unechten Unterlassungsdelikts im Sinne deutscher Begrifflichkeit verwendet.
[860] *Mansdörfer* Die allgemeine Straftatlehre des common law, S. 36: „Würde die fremde Sprache nicht ständig daran erinnern, könnte man bei der Lektüre englischer oder amerikanischer Literatur streckenweise vergessen, dass man nicht in einem deutschen Lehrbuch liest.".
[861] *Jescheck/Goldmann* ZStW 77 (1965), 109, 120 f.
[862] *Mansdörfer* Die allgemeine Straftatlehre des common law, S. 37.
[863] *Simester/Sullivan* Criminal Law, S. 63 f.; Der Bereich der gegenseitigen Beistandspflichten ist ggü. dem deutschen Recht beschränkt. So entfällt grundsätzlich die *legal duty* der Eltern ggü.

ge Näheverhältnisse wirken, wie solche zwischen Arbeitgeber und Arbeitnehmer oder Arzt und Patient[864]. Für das Bestehen und die Reichweite ist auf die jeweils zugrunde liegende Vertragsabrede abzustellen[865]. In den Fällen, in denen eine *legal duty to act* aufgrund eines Vertrages angenommen wird, kommt es tatsächlich entscheidend nicht auf den Vertrag selbst an, sondern vielmehr auf die Erwartung der anderen, dass der Täter aufgrund seiner Beziehung zum Opfer handeln werde. Der Vertrag wird lediglich als Beweis einer Vermutung für eine solche Erwartung herangezogen[866]. Vor diesem Hintergrund ist aufgrund des Treuepflichtverhältnisses des *directors* zur Limited dessen Garantenstellung der Gesellschaft gegenüber anzunehmen mit der Folge, dass der *director* umfassend zum Schutz ihrer Rechtsgüter verpflichtet ist. Aber auch eine Garantenstellung zu Gunsten der Arbeitnehmer der Limited ist zu bejahen[867].

Für den Bereich der Nichtverhinderung von unternehmensbezogenen Straftaten sind in zahlreichen englischen Gesetzen Vorschriften enthalten, die speziell die strafrechtliche Verantwortlichkeit von Führungspersonen in Unternehmen zum Gegenstand haben (*accessorial liability of officers*). So lautet sec. 20 Trade Description Act 1968[868]: *„Where an offence under this Act which has been committed by a body corporate is proved to have been committed with the consent or connivance of, or to be attributable to any neglect on the part of, any director,*

---

ihren Kindern, wenn diese erwachsen sind, *Shepherd* (1862) 9 Cox CC 123; a. A. *Chattaway* (1922) 17 Cr App Rep 7; Kinder schulden ihren Eltern grundsätzlich keine Beistandspflichten, *Simester/Sullivan* Criminal Law, S. 64; vgl. *Jescheck/Goldmann* ZStW 77 (1965), 109, 139 f.

[864] *Simester/Sullivan* Criminal Law, S. 65 f.; Im Fall *Ruffell* (2003) EWCA Crim 122 genügte die gemeinsame Einnahme von Drogen, die zum Tode eines der Beteiligten führte, zur Begründung eines Näheverhältnisses; Zur *duty to act* aufgrund Gefahrengemeinschaft (gemeinsame Bergtour) *Clarkson/Keating* Criminal Law, S. 91 f.

[865] Zum Ganzen *Mansdörfer* Die allgemeine Straftatlehre des common law, S. 37; *Pittwood* (1902) 19 TLR 37, wo zur Begründung einer Garantenpflicht eines Bahnmitarbeiters, der das Setzen einer Bahnschranke vergessen hatte, infolge dessen es zu einem Unfall kam, auf die Verletzung seiner vertraglichen Pflichten abgestellt wurde. Bisweilen werden diese Fälle als eigene Fallgruppe zusammengefasst, *Simester/Sullivan* Criminal Law, S. 65 f.: *„Another source of specific criminal law duties is civil law obligation."*

[866] *Clarkson/Keating* Criminal Law, S. 92.

[867] Vgl. Fußnote 865.

[868] Der Trade Description Act 1968 verbietet in sec. 1 (1) (a) die *„false trade description"*. Der Trade Descriptions Act 1968 enthält strafrechtliche Sanktionen, wenn im Geschäftsverkehr Waren falsch beschriftet oder bezeichnet wurden. Als Warenkennzeichnung werden unter anderem Angaben über Menge, Größe, Gewicht, Material, Herstellungsverfahren, Eigenschaften und Prüfungen angesehen. Auch falsche oder irreführende Preisangaben und sogar Täuschungen über vom Königshaus verliehene Auszeichnungen werden erfasst.

manager, secretary or other similar officer of the body corporate or any person who was purporting to act in any such capacity, he as well as the body corporate shall be guilty of that offence." Vergleichbare Regelungen finden sich in sec. 18 (1) Theft Act 1968 und sec. 12 (2) Fraud Act 2006[869]. Sie greifen, wenn einer der darin genannten Straftatbestände von einem Mitarbeiter der juristischen Person begangen wurde. Es handelt sich um eine derivative Strafbarkeit von Führungskräften eines Unternehmens (*officers*) für den Fall der Tatbestandsverwirklichung durch einen anderen Unternehmensangestellten[870]. Wenn ein Unternehmensangestellter ein Delikt mit Zustimmung (*consent*) oder Duldung (*connivance*) eines *officers* begangen hat, wird auch dieser als Haupttäter bestraft. Zwar würden für diese Fälle bereits die allgemeinen Vorschriften über eine Beteiligung an fremden Straftaten ausreichen. Die *accessorial liability of officers* aber geht darüber hinaus. Erfasst werden auch Fälle, in denen der *officer* seine Duldung oder Zustimmung zum Delikt des Haupttäters diesem gegenüber gar nicht zum Ausdruck gebracht hat[871]. Und sec. 20 Trade Description Act 1968 reicht sogar noch weiter. Es genügt danach bloße Kenntnis oder auch nur die bloße Vermutung, dass ein Mitarbeiter eine Straftat begeht. Ferner kann sich eine Strafbarkeit ergeben, wenn der *director* eine Aufgabe an andere Personen delegiert, denen er misstrauen sollte oder von denen er wissen müsste, dass sie ihre Aufgaben nicht erfüllen. Beides könnte *negligence* und damit eine Strafbarkeit begründen[872]. Diese Form der Strafbarkeitsbegründung – anknüpfend an die Nichtverhinderung von unternehmensbezogenen Straftaten – erfasst Fallgestaltungen, die nach deutschem Recht der Geschäftsherrenhaftung zugeordnet werden können.

Die Fallgruppe des gefährdenden Vorverhaltens[873] umfasst nur einen Teil der Fälle, die nach deutscher Terminologie unter dem Stichwort Ingerenz abgehandelt

---

[869] Ferner sec. 37 (1) Health and Safety at Work Act 1974 und sec. 53 (1) Betting, Gaming and Lotteries Act 1963; Sec. 18 (1) Theft Act 1968 und sec. 12 (2) Fraud Act 2006 enthalten nicht den Verweis auf „*attributable to any neglect*".
[870] *Och* Der strafrechtliche Schutz, S. 228; Ausführlich dargestellt bei *Griew* The Theft Acts, S. 178.
[871] *Smith/Hogan* Criminal Law, S. 253 f.
[872] *Allen* Textbook on Criminal Law, S. 255.
[873] Vgl. *R v Miller* (1983) 2 AC 161, 176 (per Lord Diplock): „*I see no rational ground for excluding from conduct capable of giving rise to criminal liability, conduct which consists of failing to take measures that lie within one's power to counteract a danger that one has oneself created (...).*"

werden oder in den Bereich der Beherrschung einer Gefahrenquelle fallen[874]. Gleichwohl sind in diesem Bereich die Handlungspflichten nach englischem Recht nur auf den ersten Blick geringer als nach deutschem Recht. So sind zwar beispielsweise nur solche Fälle als Unterlassen erfasst, bei denen die Rechtsgutsverletzung erst nach Bemerken des pflichtwidrigen Vorverhaltens durch den Garanten eintritt oder sich zumindest intensiviert[875]. Hingegen fallen Situationen, bei denen eine Handlung einen bestimmten Zustand herbeiführt, der sodann fortwirkt, unter die so genannte *continuing act doctrine*[876]. Im englischen Recht werden diese Fälle, die in Deutschland unter dem Aspekt der Ingerenz oder der Beherrschung einer Gefahrenquelle gelöst werden, nicht als Unterlassen, sondern als Tun behandelt[877]. Strafbarkeitslücken tun sich daher im Ergebnis nicht auf.

Als Ergebnis kann daher festgehalten werden, dass die Heranziehung der Rechtsfigur des Garanten zur Begründung einer Strafbarkeit des *directors* nach deutschem Recht keine Beeinträchtigung der Niederlassungsfreiheit darstellt. Es handelt sich dabei nicht um einen Umweg, der darauf hinausläuft, (gesellschaftsrechtliche) Verhaltensweisen des *directors* zu erfassen, die nach englischem Recht nicht strafbar wären, sondern nur um eine bestimmte dogmatische Konstruktion. Unabhängig von dieser oder unterschiedlichen Begrifflichkeiten kommt es für die Beurteilung des Vorliegens einer Beeinträchtigung der Niederlassungsfreiheit aber auf die tatsächlichen Wirkungen an, die das jeweilige Recht des Gründungs- und Zuzugsstaates auf den *director* eines Limited hat. Insoweit findet aber auch das englische Recht seine Begründung für die Strafbarkeit von *directors*, wenn auch bisweilen auf anderem Weg.

---

[874] Zur Abgrenzung der dt. Fallgruppen *Stree* in *Schönke/Schröder* StGB, § 13 Rn. 32 ff. und 42 ff.
[875] *Mansdörfer* Die allgemeine Straftatlehre des common law, S. 38.
[876] Im Fall *Fagan v Metropolitan Police Commissioner* (1969) 1 QB 439 fuhr der Täter einem Polizisten (wohl) versehentlich mit seinem Auto auf den Fuss. Obwohl der Polizist mehrfach rief „*Get off my foot.*", blieb der Täter dort zunächst stehen; *Mansdörfer* Die allgemeine Straftatlehre des common law, S. 38 f.
[877] Auf das Vorliegen des Vorsatzes zum Zeitpunkt der Handlung wird verzichtet, *Mansdörfer* Die allgemeine Straftatlehre des common law, S. 38 f. und 85.

II. „Handeln für einen anderen"

1. Die Regelung im deutschen Recht gemäß § 14 StGB
Einige Tatbestände des deutschen Haupt- und Nebenstrafrechts schränken den Kreis der Täter ausdrücklich oder dem Sinn nach durch die Verwendung personenbezogener Merkmale (besondere persönliche Merkmale) ein. Im Rahmen dieser Sonderdelikte werden Statusbegriffe wie „Arbeitgeber", „Halter", „Schuldner" oder „Inhaber eines Betriebes" verwendet[878]. Nur wer in seiner Person das jeweilige Merkmal erfüllt, kann den Straftatbestand verwirklichen.

Diese Einschränkung des Täterkreises ist vor allem dann problematisch, wenn die jeweiligen Statusbegriffe allein durch eine juristische Person erfüllt werden. Denn nach derzeit geltendem deutschen Straf- und Ordnungswidrigkeitenrecht kommen als Täter oder Teilnehmer einer Straftat nur natürliche Personen in Frage[879]. Hinsichtlich einer juristischen Person fehlt es an einer willensgetragenen menschlichen Handlung als Anknüpfungspunkt ihrer Strafbarkeit. Bliebe es bei diesem Ergebnis, könnte in der jeweiligen Situation niemand strafrechtlich zur Verantwortung gezogen werden.

Gemäß § 14 StGB[880] wird allerdings die strafrechtliche Verantwortung der selbst deliktsunfähigen juristischen Person auf deren Organe und Organmitglieder übergeleitet. Sie werden durch § 14 StGB in den Kreis der Normadressaten einbezogen[881]. § 14 StGB erweitert damit den Anwendungsbereich derjenigen Tatbestände, die an personenbezogene Merkmale anknüpfen, indem diese auf Personen erweitert werden, die in einem bestimmten Vertretungs- oder Auftragsverhältnis für den primären Normadressaten handeln[882].

---

[878] *Radtke* in MünchKomm zum StGB, § 14 Rn. 36; *Marxen* in NK zum StGB, § 14 StGB Rn. 27; Zahlreich sind solche Deliktstypen im Bereich des Umweltstrafrechts, §§ 325, 325a, 327 sowie 329 Abs. 1 und 2 StGB, bei denen bisweilen auf den Betreiber einer Anlage abgestellt wird, aber auch auf andere statusfeste Bezeichnungen (Unternehmen als juristische Person oder Betriebsinhaber); *Heine* Die strafrechtliche Verantwortlichkeit von Unternehmen, S. 135 f.
[879] *Eidam* Unternehmen und Strafe, S. 172; *Richter* in FS für Tiedemann, S. 1023, 1029; Es besteht jedoch die Möglichkeit, bei Straftaten oder Ordnungswidrigkeiten, die von Unternehmensmitarbeitern begangen werden, Sanktionen auch gegen das Unternehmen zu verhängen, und zwar Geldbuße (§ 30 OWiG) oder Verfall (§§ 73 Abs. 3 StGB, 29a Abs. 2 OWiG), *Fischer* StGB, § 73 Rn. 29; *Gürtler* in *Göhler* OWiG, § 29a Rn. 20. Das soll nach Ansicht der Rechtsprechung auch für ausländische Unternehmen gelten. Siehe hinsichtlich Geldbuße *OLG Celle* wistra 2002, 230, 230 f. und hinsichtlich Verfall *BayObLG* NStZ 2000, 537, 537 f.
[880] Siehe ebenso § 9 OWiG.
[881] *Große Vorholt* Wirtschaftsstrafrecht, S. 3.
[882] *Lenckner/Perron* in Schönke/Schröder StGB, § 14 Rn. 1.

Im Bereich der krisennahen Straftaten findet § 14 StGB unter anderem im Rahmen von § 266a Abs. 1 bis 3 StGB, der sich an den Arbeitgeber oder diesem gemäß § 266a Abs. 5 gleichgestellte Personen als Normadressaten wendet, und bei § 283 Abs. 1 Nr. 5 StGB, der sich an den Buchführungspflichtigen richtet, Anwendung. Das gleiche gilt für § 288 StGB, an Hand dessen die Wirkungsweise des § 14 StGB verdeutlicht werden soll: Täter des § 288 StGB (Vereiteln der Zwangsvollstreckung) kann an sich nur der Vollstreckungsschuldner selbst sein. Das folgt aus dem Wortlaut der Norm, nach welchem dem Täter („ihm") die Zwangsvollstreckung drohen und er Teile seines Vermögens veräußern oder beiseite schaffen muss. Als Täter ist somit zum Beispiel nicht der Geschäftsführer einer GmbH erfasst, der im Falle einer der GmbH drohenden Zwangsvollstreckung Bestandteile des Gesellschaftsvermögens beiseite schafft, um die Befriedigung von Gesellschaftsgläubigern zu verhindern. Gleichwohl kann ihn eine Strafbarkeit über die Anwendung von § 14 Abs. 1 Nr. 1 StGB treffen, da er vertretungsberechtigtes Organ der GmbH ist[883].

2. Die Anwendbarkeit von § 14 StGB auf den director

Während die Anwendbarkeit des § 14 Abs. 1 Nr. 1 StGB hinsichtlich des Geschäftsführers einer GmbH anerkannt ist, stellt sich die Situation hinsichtlich des *directors* komplizierter dar.

a. § 14 Abs. 1 Nr. 1 StGB

Denkbar wäre, den *director* ebenfalls unter § 14 Abs. 1 Nr. 1 StGB zu subsumieren. Dazu müsste der *director* ein vertretungsberechtigtes Organ einer juristischen Person oder Mitglied eines solchen Organs sein.

Dass es sich bei der Limited nach englischem Recht um eine juristische Person handelt, ist unstreitig[884]. Und auch die Vertretungsberechtigung des *directors* stellt sich als unproblematisch dar. Die Berechtigung zur Vertretung einer juristischen Person ergibt sich aus den für die Organisation des Verbandes jeweils anwendbaren Rechtsregeln[885]. Gemäß sec. 154 (1) CA 2006 muss jede Limited min-

---

[883] Vgl. *Marxen* in NK zum StGB, § 14 Rn. 3.
[884] *Lawlor* NZI 2005, 432, 433; siehe schon 5. Kapitel B. II. 1. b.
[885] *Radke* in MünchKomm zum StGB, § 14 Rn. 73.

destens einen *director* haben, welcher die Geschäfte der Limited führt und sie gerichtlich und außergerichtlich vertritt[886]. Auch dass eine Limited mehrere *directors* haben kann, steht der Anwendung des § 14 Abs. 1 Nr. 1 StGB nicht entgegen, denn dessen Wortlaut berücksichtigt mögliche Zuständigkeitsbeschränkungen aufgrund interner Geschäftsverteilungsregelungen gerade nicht. Vielmehr ist jedes Organmitglied als Normadressat anzusehen[887].

Daraus folgt aber eben noch nicht die Organstellung des *directors*. Im Gegenteil, dem englischen Recht ist der Begriff des Gesellschaftsorgans fremd. Vielmehr handelt es sich bei dem *director* nach englischem Gesellschaftsrecht um einen Beauftragten der Gesellschaft. Er ist ein *agent*, dem die Führung der Limited anvertraut ist (Mandatstheorie)[888]. Gleichwohl wird vertreten, dass der *director* § 14 Abs. 1 Nr. 1 StGB unterfalle[889]. Zum einen werde er im allgemeinen deutschen Sprachgebrauch und in der juristischen Fachliteratur regelmäßig als „Organ" bezeichnet[890]. Ferner gebe § 14 StGB selbst durch seine Überschrift „Handeln für einen anderen" und die Verwendung des Terminus „Vertreter" in Absatz 1 als Oberbegriff Hinweise darauf, dass mehr die Funktion und nicht so sehr die Bezeichnung der handelnden (Vertreter-)Personen im Vordergrund stehe. Die Wortlautgrenze sei daher nicht überschritten. Ferner spreche der Telos des § 14 Abs. 1 Nr. 1 StGB dafür, den *director* als Organ im Sinne dieser Norm anzusehen. Gedanke des § 14 StGB sei es, Strafbarkeitslücken zu schließen, die sich aus dem Auseinanderfallen von Normadressat und handelnder natürlicher Person ergäben. Dazu bewirke er eine Strafausdehnung[891]. Diese Argumentation ist allerdings mit Blick auf das strafrechtliche Analogieverbot gemäß Art. 103 Abs. 2 GG abzulehnen, da der Wortlaut einer Norm die äußere Grenze für die Auslegung einer Strafnorm bildet[892]. § 14 Abs. 1 Nr. 1 StGB verwendet den Begriff „Organ", der als terminus technicus im Gesellschaftsrecht eine klar abgegrenzte Bedeutung

---

[886] Siehe dazu 5. Kapitel B. II. 3. b. bb. aaa.
[887] Eine andere Frage allerdings ist, unter welchen Umständen das intern unzuständige Organmitglied für Vorgänge außerhalb seines eigenen Geschäftsbereichs tatsächlich persönlich strafrechtlich zur Verantwortung gezogen werden kann. Siehe dazu Fußnote 18.
[888] *Just* Die englische Limited in der Praxis, Rn. 156.
[889] *Rönnau* ZGR 2005, 832, 843 f.; *Worm* Die Strafbarkeit eines directors, S. 61 ff.; vgl. auch *Tiedemann* in LK zum StGB, § 283 Rn. 92 und 245.
[890] *Gross/Schork* NZI 2006, 10, 12 und 15.
[891] Zum Ganzen *Worm* Die Strafbarkeit eines directors, S. 62 ff.
[892] BVerfG wistra 2002, 175, 178; *Hassemer/Kargl* in NK zum StGB, § 1 Rn. 77; vgl. *Spindler/Berner* RIW 2004, 7, 15.

besitzt[893]. Es ist nicht ersichtlich, dass er im Rahmen des Strafrechts eine andere Bedeutung haben soll. Insbesondere besteht vor dem Hintergrund der übrigen Regelungsalternativen des § 14 StGB auch kein Bedürfnis für eine autonome strafrechtliche Begriffsbestimmung, um vermeintliche Strafbarkeitslücken zu vermeiden. Die Bestimmung, wer als Organ einer juristischen Person anzusehen ist und wer nicht, ist mithin allein anhand der jeweils für die betroffene Gesellschaft einschlägigen Rechtsvorschriften vorzunehmen. Die Limited jedenfalls besitzt entsprechend englischem Gesellschaftsrecht keine Organe. Dass der *director* möglicherweise ganz ähnliche Funktionen erfüllt, ändert daran nichts.

b. § 14 Abs. 2 Satz 1 Nr. 2, Satz 2 StGB

Der *director* unterfällt aber jedenfalls § 14 Abs. 2 Satz 1 Nr. 2, Satz 2 StGB, der die strafrechtliche Verantwortlichkeit auf gewillkürte Vertreter (Substituten) ausdehnt[894]. Danach sind auch solche Personen strafrechtlich verantwortlich, die auf Leitungsebene eigenverantwortlich die Geschäfte der Gesellschaft führen[895]. Eben diese Eigenverantwortlichkeit besitzt der *director* bei den ihm übertragenen gesellschaftsbezogenen Aufgaben, die an sich der Limited selbst als Inhaberin des Unternehmens obliegen (als Arbeitgeber, Verwalter von Vermögen, Eigentümer bestimmter Einrichtungen oder Teilnehmer am Rechts- und Wirtschaftsverkehr[896]). Die von § 14 Abs. 2 Satz 1 Nr. 2 StGB verlangte ausdrückliche Beauftragung durch den Inhaber des Betriebs erfolgt bei einem *director* durch die Gesellschafter[897].

§ 14 Abs. 2 Satz 1 Nr. 2, Satz 2 StGB setzt allerdings voraus, dass der *director* das jeweils tatbestandsmäßige Verhalten gerade „auf Grund" des ihm erteilten Auftrags vornimmt. Was genau unter diesem Auftragsbezug zu verstehen ist, ist umstritten. Der BGH bejahte einen solchen Bezug bislang in ständiger Rechtsprechung aber zumindest dann, wenn ein Handeln oder garantenpflichtwidriges Un-

---

[893] Vgl. *Schmidt* Gesellschaftsrecht, S. 248 ff.; Vgl. *Altmeppen* in *Roth/Altmeppen* GmbHG, § 35 Rn. 1.
[894] *Rönnau* ZGR 2005, 832, 844 f.
[895] *BGH* MDR 1990, 41, 41.
[896] Vgl. *Fischer* StGB, § 14 Rn. 11.
[897] Vgl. Art. 12 (1) (a) CA 2006; vgl. *Lenckner/Perron* in *Schönke/Schröder* StGB, § 14 Rn. 38; Sollte die ausdrückliche Beauftragung unwirksam sein, greift § 14 Abs. 3 StGB. Ferner kommt eine Anwendung von § 14 Abs. 2 Satz 1 Nr. 1, Satz 2 StGB in Betracht, *Gross/Schork* NZI 2006, 10, 15; *Worm* Die Strafbarkeit eines directors, S. 66 f.

terlassen jedenfalls auch im Interesse des Vertretenen erfolgte oder wenn zwar ein Handeln beziehungsweise Unterlassen ausschließlich im Eigeninteresse geschah, dies aber mit dem Einverständnis des Vertretenen[898]. Da zum Beispiel § 283 StGB nur über § 14 StGB auf den *director* angewendet werden kann, käme eine Strafbarkeit wegen Bankrotthandlungen daher nicht in Betracht, wenn der *director* allein in eigenem Interesse handelte. Es verbliebe in diesen Fällen nur der Rückgriff auf den Straftatbestand der Untreue nach § 266 StGB, der die Anwendung von § 14 StGB nicht verlangt („Untreue als kleines Insolvenzdelikt")[899]. Zwischenzeitlich aber hat der BGH wohl eine Kehrtwende vollzogen. Er hält es hinsichtlich der Zurechnung nunmehr für geboten, darauf abzustellen, ob der Vertreter im Sinne des § 14 StGB im Geschäftskreis des Vertretenen tätig geworden ist[900].

3. Keine Beeinträchtigung der Niederlassungsfreiheit

In der Überwälzung strafrechtlicher Verantwortlichkeit gemäß § 14 StGB auf den *director* könnte eine Beeinträchtigung der Niederlassungsfreiheit liegen. Es ist nämlich möglich, in der Anknüpfung einer persönlichen strafrechtlichen Verantwortlichkeit an eine bestimmte Pflichtenstellung eine nationale Maßnahme zu erblicken, die die Gründung einer Zweigniederlassung in Deutschland oder die

---

[898] *BGH*St 28, 371, 372 ff.; *BGH*St 30, 127, 128 f.; vgl. *Hoyer* SK-StGB, § 14 Rn. 76; *Ratke* in MünchKomm zum StGB, Vor §§ 283 ff. Rn. 55; Kritisch *Lenckner/Perron* in *Schönke/Schröder* StGB, § 14 Rn. 26 mit der Forderung nach einem funktionalen Zusammenhang zwischen Handeln und Aufgaben- bzw. Pflichtenkreis des Vertreters; *Kasiske* wistra 2005, 81, 86; vgl. auch *Labsch* wistra 1985, 1, 4 f.; *Labsch* wistra 1985, 59, 59 ff.

[899] § 14 StGB bedarf es bei Tatbeständen nicht, die materiell zwar ein Handeln für einen anderen betreffen, bei denen der Handelnde aber sowieso Normadressat ist, *BGH*St 31, 118, 122 f.; *Lenckner/Perron* in *Schönke/Schröder* StGB, § 14 Rn. 4; Die strafrechtliche Verantwortlichkeit trifft in diesen Fällen ohne Weiteres alle gewillkürten Vertreter; *Fischer* StGB, § 14 Rn. 17; *Schünemann* in LK zum StGB, § 14 Rn. 41; zu Besonderheiten i. R. von Unterlassungsdelikten *Lenckner/Perron* in *Schönke/Schröder* StGB, § 14 Rn. 6; Bei § 266 StGB ist daher ohne § 14 StGB jeder Normadressat, der in einer in dem Tatbestand beschriebenen Beziehung („Treuepflicht") zum geschädigten Vermögen steht. Etwas anderes gilt nach umstrittener Ansicht nur, wenn die besondere Beziehung des Täters zum geschädigten Vermögen erst durch einen von § 266 StGB nicht erfassten besonderen Status des Vertreters hergestellt wird, *Lenckner/Perron* in *Schönke/Schröder* StGB, § 14 Rn. 5. Als Beispiel diene eine Bank in der Rechtsform einer GmbH. Dieser Bank werden von einem Kunden Gelder zugeführt, um sie sicher anzulegen. Der Geschäftsführer der Bank aber verschleudert das Geld in hochriskanten Spekulationsgeschäften. Vermögensbetreuungspflichtig hinsichtlich des anvertrauten Geldes ist allein die Bank. Nur über die Anwendung von § 14 StGB ist eine strafrechtliche Verantwortlichkeit des Geschäftsführers möglich.

[900] *BGH* ZIP 2009, 959, 961 f.; *Fischer* StGB, § 14 Rn. 5.

Sitzverlegung nach Deutschland im Verhältnis zu England weniger attraktiv macht[901]. Zwar würde das englische Gesellschaftsrecht insofern beachtet, als es für die Subsumtion im Rahmen von § 14 StGB herangezogen würde. Problematisch aber wäre die Verknüpfung der strafrechtlichen Verantwortlichkeit des *directors* mit seiner untrennbar mit der Geschäftsführungs- und Vertretungsbefugnis verbundenen Stellung beziehungsweise Machtposition im Unternehmen. Denn gerade das für § 14 Abs. 2 Satz 1 Nr. 2, Satz 2 StGB entscheidende Geschäftsführungs- und Vertretungsrecht der Limited ist dem Gesellschaftsrecht des Gründungsstaates zuzuordnen[902]. Wenn nun aber nicht das Recht des Gründungsstaates, sondern nur das Recht des Zuzugsstaates eine persönliche strafrechtliche Verantwortlichkeit des Geschäftsleiters einer Limited für bestimmte unternehmensbezogene Straftaten anordnete, wäre darin eine Maßnahme zu sehen, die die Entscheidung über den Ort des tatsächlichen Verwaltungssitzes beeinflusste. Die Zulässigkeit der Überwälzung der strafrechtlichen Verantwortlichkeit gemäß § 14 StGB müsste in diesem Fall gerechtfertigt werden.

Sähe hingegen das Gründungsrecht ebenfalls eine strafrechtliche Verantwortlichkeit des *directors* vor, so käme es für die Anwendbarkeit der inländischen Rechtsnorm im konkreten Einzelfall darauf an, dass diese nicht zu strengeren Ergebnissen führte als eine vergleichbare Norm des Gründungsstaates[903]. Vor diesem Hintergrund ist die englische Rechtslage hinsichtlich der strafrechtlichen Verantwortlichkeit von Geschäftsleitern im Verhältnis zur strafrechtlichen Verantwortlichkeit der Gesellschaft selbst zu untersuchen (dazu unter a.) und gegenüber dem Regelungsgehalt des § 14 StGB zu beurteilen (dazu unter b.).

a. Rechtslage in England

Die strafrechtliche Verantwortlichkeit nach englischem Recht ergibt sich aus dem Vorliegen von *actus reus* und *mens rea* sowie dem Fehlen von *defences*[904]. Innerhalb dieses traditionellen Verbrechensaufbaus gilt der Grundsatz, dass jeder allein

---

[901] *Hoffmann* in *Sandrock/Wetzler* Deutsches Gesellschaftsrecht im Wettbewerb, S. 253.
[902] Vgl. *Schanze/Jüttner* AG 2003, 661, 668; ferner *Hoffmann* in *Sandrock/Wetzler* Deutsches Gesellschaftsrecht im Wettbewerb, S. 253.
[903] *Hoffmann* in *Sandrock/Wetzler* Deutsches Gesellschaftsrecht im Wettbewerb, S. 253; siehe 3. Kapitel B. II. 3. b.
[904] *Mansdörfer* Die allgemeine Straftatlehre des common law, S. 13; vgl. *Lanham* (1976) Crim LR 276, 276; *Smith/Hogan* Criminal Law, S. 42, 269 und 321.

für sein eigenes Verhalten verantwortlich ist[905], und dass dort, wo ein Straftatbestand als objektive Voraussetzung eine bestimmte Täterqualität erfordert[906], nur derjenige Täter sein kann, der diese Bedingung in seiner Person erfüllt[907]. Gleichzeitig gibt es keine dem § 14 StGB vergleichbare allgemeine Regelung zur Organ- und Vertreterhaftung. Andererseits aber zeichnet sich das englische Strafrecht an keiner Stelle durch eine besonders strenge Dogmatik aus[908]. Entscheidend sind vielmehr praktische Erwägungen insbesondere zur öffentlichen Sicherheit, Ordnung und Wohlfahrt[909]. Die strafrechtliche Verantwortlichkeit des Vertreters einer Gesellschaft wird in England daher vorwiegend unter dem Aspekt diskutiert, inwieweit diese für die unmittelbare Strafbarkeit der juristischen Person von Bedeutung ist[910]. In diesem Zusammenhang sind insbesondere die Rechtsinstitute der *vicarious liability*, also die stellvertretende strafrechtliche Verantwortlichkeit der Geschäftsherren für das rechtswidrige Verhalten ihrer Gehilfen im Rahmen der Dienstausführung[911] (dazu unter aa.), der *corporate liability*, das heißt die Haftung juristischer Personen (dazu unter bb.), und der bereits erwähnten *accessorial liability of officers* (dazu unter cc.) zu nennen. Eine individuelle Verantwortlichkeit des *directors* ist damit nicht ausgeschlossen.

aa. Vicarious liability

Im englischen Recht ist die so genannte *vicarious liability* bekannt[912]. Gemeint ist damit, dass bestimmte Delikte auch stellvertretend begangen werden können. Im Strafrecht kommt diese Regel zwar nur ausnahmsweise zur Anwendung[913], jedoch

---

[905] „*It is a point not to be disputed but that in criminal cases the principal is not answerable for the act of the deputy, as he is in civil cases; they must each answer for their own acts, and stand or fall by their own behaviour. [...]; that to affect the superior by the act to the deputy, there must be command of the superior which is not found in this case.*", Raymond CJ in R v Huggins (1730) 2 *Strange* 883, 885; *Allen* Textbook on Criminal Law, S. 244 f.
[906] Es handelt sich dabei um so genannte *circumstances*, die Bestandteil des *actus reus* sind, *Simester/Sullivan* Criminal Law, S. 59.
[907] Ein Beispiel ist *being married* im Tatbestand der Bigamie, *Simester/Sullivan* Criminal Law, S. 59.
[908] Vgl. *Mansdörfer* Die allgemeine Straftatlehre des common law, S. 10.
[909] *Eidam* Industrie-Straf-Rechtsschutzversicherung, § 1 Rn. 1.1.51.
[910] *Radtke* in MünchKomm zum StGB, § 14 Rn. 125.
[911] *Eidam* Straftäter Unternehmen, S. 30.
[912] *Clarkson/Keating* Criminal Law, S. 236.
[913] *Dine* Criminal Law In The Company Context, S. 146; Die *vicarious liability* ist im *law of tort* entwickelt worden und nur dort generelle Regel. Sie besagt, dass ein Arbeitgeber für diejenigen

unabhängig davon, ob der Geschäftsherr eine juristische oder eine natürliche Person ist[914] und unabhängig davon, ob es sich um so genannte *strict liability offences* handelt, also Delikte, die keinen subjektiven Tatbestand erfordern[915], oder Delikte, die Vorsatz oder Fahrlässigkeit verlangen[916].

Bisweilen werden dem Geschäftsherrn (der Limited) gerade im Zusammenhang mit der Erteilung spezieller Erlaubnisse durch Gesetz bestimmte Pflichten auferlegt. Der Geschäftsherr seinerseits überträgt diese Plichten wie zum Beispiel das Nichtverkaufen eines bestimmten Produktes an Jugendliche gemäß sec. 59 (1) Licensing Act 1964 an einen Angestellten. Der Angestellte, der sodann durch sein Verhalten – das Verkaufen des Produktes an Jugendliche – den objektiven Tatbestand der Strafnorm zu verwirklichen scheint, kann strafrechtlich nicht als Täter zur Verantwortung gezogen werden, da ihm die erforderliche Tätereigenschaft fehlt. Er selbst ist nämlich gerade nicht *licensee* im Sinne des Licensing Act 1964. Lizenzinhaber ist allein der Geschäftsherr, die Limited. Um derartige *licensing offences* nicht leer laufen zu lassen, werden dem Geschäftsherrn sowohl die Handlungen (*actus reus*), als auch – über das *delegation principle*[917] – die subjektiven Einstellungen (*mens rea*) des Angestellten (oder Geschäftsleiters) zugerechnet[918]. Somit ist im Ergebnis der Geschäftsherr als Lizenzinhaber strafrechtlich verantwortlich, obwohl nur ein Angestellter gehandelt hat[919]. Der Angestellte seinerseits macht sich allenfalls als Beteiligter (*secondary party*) strafbar, nicht als Täter[920].

Delikte verantwortlich ist, die ein Angestellter im Rahmen der Ausübung seiner Tätigkeit begeht; *Allen* Textbook on Criminal Law, S. 244.

[914] *Mansdörfer* Die allgemeine Straftatlehre des common law, S. 213.
[915] Es genügt, dass ein bestimmtes strafbewehrtes Verhalten willentlich vorgenommen wird, *Herring* Criminal Law, S. 223.
[916] Vgl. *Allen* Textbook on Criminal Law, S. 245 ff.
[917] *Allen* Textbook on Criminal Law, S. 247 ff.
[918] Vgl. *Somerset v Hart* (1884) 12 QB 360; ferner *Allen v Whitehead* (1930) 1 KB 211; *Vane v Yiannopoulos* (1965) AC 486; *Mansdörfer* Die allgemeine Straftatlehre des common law, S. 209 f. und 213; Dort auch zu den drei einschränkenden Voraussetzungen des *delegation principle*: (1) die Plicht muss vollständig delegiert sein, (2) das entsprechende Delikt muss *mens rea* erfordern, (3) der Beauftragte muss im Rahmen seines Auftrages tätig werden.
[919] *Allen* Textbook on Criminal Law, S. 245; *Parkinson* Corporate Power And Responsibility, S. 349.
[920] *Mansdörfer* Die allgemeine Straftatlehre des common law, S. 210; Möglich ist, dass sich ein Straftatbestand sowohl an den Inhaber eines bestimmten Statusbegriffs richtet, als auch ausdrücklich an dessen Angestellte, so dass im Ergebnis beide als Täter bestraft werden können, siehe sec. 169 (1) Licensing Act 1964; *Parkinson* Corporate Power And Responsibility, S. 349.

Darüber hinaus kommt es zur Anwendung der *vicarious liability* durch richterliche Interpretation bestimmter Straftatbestände (*extensive construction*). Denn bei manchen Delikten ist unklar, an wen die normierten Pflichten gerichtet sind. Dabei kann es sich etwa um die Pflicht handeln, keine jugendgefährdenden Schriften oder Videos zu vertreiben. In diesen Fällen nimmt die Rechtsprechung an, dass sich die Pflichten jedenfalls auch an den Geschäftsherrn selbst richten, da er die Kontrolle über das Unternehmen hat. Im Ergebnis können über diese Konstruktion Arbeitnehmer und Geschäftsherr als Mittäter (*joint principal*) strafbar sein[921]. Entsprechendes gilt für das Verhältnis Geschäftsherr – *agent*[922]. Konkret kann also ein Unternehmen *vicariously liable* sein im selben Ausmaß, wie es die handelnde oder unterlassende natürliche Person ist. Diese Art der Verantwortlichkeit ist im Strafrecht allerdings nur auf Delikte anwendbar, die ihrem Wortlaut nach sowohl auf den Angestellten/*agent* als auch auf den Geschäftsherrn anwendbar sind. So kann sowohl von einem Geschäftsherrn als auch von einem Unternehmensangehörigen behauptet werden, dass er Waren „verkauft" oder „geliefert" hätte. Hingegen sind personenbezogene Delikte, die etwa durch Verben wie „fahren" gekennzeichnet sind, nicht geeignet, eine stellvertretende Haftung auszulösen[923].

Festzuhalten ist, dass das Rechtsinstitut *vicarious liability* dazu dient, in bestimmten Fällen die Pflichtverletzung beziehungsweise das Fehlverhalten und – in der Ausformung des *delegation principles* – auch das mentale Element bestimmter Personen dem Geschäftsherrn zuzurechnen. Jedoch wird kein bei einer Person fehlender Statusbegriff „ausgeglichen". Mit anderen Worten wird die Tatbestandsverwirklichung zum Inhaber einer bestimmten Tätereigenschaft gezogen, nicht aber umgekehrt der mangelnde Status einer Person „überspielt". Und auch über die *extensive construction* kann keine täterschaftliche Strafbarkeit für jemanden begründet werden, dem eine bestimmte Tätereigenschaft fehlt. In der Sache

---

[921] *Allen* Textbook on Criminal Law, S. 246; *Mansdörfer* Die allgemeine Straftatlehre des common law, S. 209.
[922] *F. E. Charman Ltd v Clow* (1974) 1 WLR 1384; *Quality Dairies (York) Ltd v Pedley* (1952) 1 KB 275.
[923] *Wells* ZStW 107 (1995), 676, 680.

geht es bei der *vicarious liability* somit darum, eine Korporation[924] für das Fehlverhalten der für sie Handelnden verantwortlich zu machen[925].

bb. Corporate Liability

Die *corporate liability* begründet eine strafrechtliche Verantwortlichkeit des Unternehmens für das Verhalten hochrangiger Mitarbeiter. Im Wege der Fiktion wird ihr Verhalten als Verhalten der juristischen Person angesehen[926]. Dies gilt nach der so genannten Identifikationstheorie[927] allerdings nur, wenn eine Person gehandelt hat, die als „Kopf und Hirn" des Verbandes angesehen werden kann[928]. Welche natürlichen Personen zu diesem Kreis der Entscheidungsträger gehören, wurde in der Entscheidung Tesco v. Nattrass[929] dergestalt präzisiert, dass nur „zentrale Figuren" des Unternehmens, die mit „wirklicher Entscheidungsgewalt" ausgestattet sind, durch ihr Handeln die Haftung des Verbandes auslösen können[930]. Auch wenn im Einzelnen umstritten ist, wer genau unter den Begriff der

---

[924] Oder eine natürliche Person, wenn diese Geschäftsherr ist.
[925] *Wells* ZStW 107 (1995), 676, 680 f.
[926] *Leading case* ist *Tesco Supermarkets Ltd v Nattrass* (1972) AC 153, 170; *Allen* Textbook on Criminal Law, S. 251.
[927] Das englische Recht kennt die strafrechtliche Verantwortlichkeit von juristischen Personen seit Mitte des 19. Jahrhunderts. Allgemeine Anerkennung fand das Prinzip jedoch erst Anfang des 20. Jahrhunderts durch die *identification doctrine*. Diese Theorie wurde durch die Rechtsprechung in zivilrechtlichen Fällen entwickelt und besagt, dass bestimmte Entscheidungsträger innerhalb einer juristischen Person in rechtlicher Hinsicht als mit dieser identisch angesehen werden können.
[928] Hinsichtlich der Art der Delikte, die durch eine juristische Person begangen werden können, bestehen wenig Einschränkungen, *Wells* ZStW 107 (1995), 676, 681. Insbesondere die Beschränkung der Strafbarkeit juristischer Personen nach der „Identifikationstheorie" auf Wirtschaftsstraftaten, hauptsächlich auf Vermögensdelikte, wurde aufgegeben. In der Entscheidung *R v P & O European Ferries (Dover) Ltd* (1991) 93 Cr App R 72, die das Unglück der britischen Kanalfähre "Herold of Free Enterprise" zum Gegenstand hatte, wurde festgestellt, dass ein Unternehmen den Straftatbestand des *manslaughter* erfüllen kann (mittlerweile ist dies gesetzlich bestimmt in sec. 1 Corporate Manslaughter and Corporate Homicide Act 2007). Andererseits gibt es einige Straftatbestände, die ihrer Natur nach nicht durch ein Unternehmen begangen werden können, zum Beispiel Vergewaltigung, Bigamie, Inzest und Meineid (nach anderer Ansicht lässt sich auch das konstruieren, *Dine* Criminal Law In The Company Context, S. 147). Darüber hinaus scheidet eine *corporate liability* aus hinsichtlich Straftatbeständen, die als einzige Strafe Gefängnisstrafe vorsehen. Dies ist bei Mord und Hochverrat der Fall, siehe *R v ICR Haulage Ltd* (1944) KB 551, 554; zum Ganzen *Allen* Textbook on Criminal Law, S. 250.
[929] *Tesco Supermarkets Ltd v Nattrass* (1972) AC 153.
[930] Wenn diese ihre Entscheidungsgewalt an untergeordnete Mitarbeiter delegieren, kann auch deren Handeln zur Strafbarkeit der juristischen Person führen, *Allen* Textbook on Criminal Law, S. 251 f.

hochrangigen Mitarbeiter zu fassen ist, so bestehen keinerlei Zweifel, dass jedenfalls der *director* einer Limited dazugehört[931]. Dessen individuelle Strafbarkeit wird durch die Bestrafung des Verbandes auch nicht ausgeschlossen. Eine § 14 StGB vergleichbare Verlagerung strafrechtlicher Verantwortlichkeit für so genannte Statusdelikte auf Geschäftsleiter ist damit aber ebenfalls nicht verbunden. Vielmehr kann ein Unternehmen nur dann strafrechtlich verantwortlich sein, wenn schon die handelnde Person strafrechtlich verantwortlich ist[932]. Beide werden in einem solchen Fall als Mittäter verurteilt[933].

cc. Accessorial liability of officers

Auch die bereits im Zusammenhang mit der Strafbarkeit wegen Unterlassens angesprochene *accessorial liability of officers* gemäß sec. 18 (1) Theft Act 1968, sec. 12 (2) Fraud Act 2006 sowie ähnlicher Bestimmungen[934] regelt nicht die Konstellation, in der an sich nur die Limited als juristische Person Inhaberin eines bestimmten Status wie „Arbeitgeber" oder „Lizenzinhaber" ist. Die *accessorial liability of officers* greift vielmehr dann, wenn bestimmte Straftatbestände von einem anderen Mitarbeiter der juristischen Person begangen wurden. Es handelt sich um eine derivative Strafbarkeit von Führungskräften eines Unternehmens (*officers*) für den Fall der Tatbestandsverwirklichung durch einen anderen Unternehmensmitarbeiter[935]. Um eine dem § 14 StGB entsprechende Regelung handelt es sich jedenfalls nicht.

b. Ergebnis und Folgerungen

Im englischen Recht findet sich keine dem § 14 StGB entsprechende Vorschrift. Gleichwohl ergibt sich daraus keine Beeinträchtigung der Niederlassungsfreiheit im Falle der Anwendung von § 14 StGB auf den *director*, wenn zwei Voraussetzungen beachtet werden. Erstens ist es unerlässlich, englisches Gesellschaftsrecht zur Subsumtion des *directors* unter § 14 StGB heranzuziehen. Zweitens ist im konkreten Einzelfall zu untersuchen, ob es im englischen Recht Vorschriften gibt,

---

[931] *Tesco Supermarkets Ltd v Nattrass* (1972) AC 153, 171; *Wells* ZStW 107 (1995), 676, 682.
[932] *Allen* Textbook on Criminal Law, S. 253.
[933] *Mansdörfer* Die allgemeine Straftatlehre des common law, S. 212.
[934] Siehe dazu oben 7. Kapital C. I. 2.
[935] *Och* Der strafrechtliche Schutz, S. 228; Ausführlich dargestellt bei *Griew* The Theft Acts, S. 178.

die ebenfalls zu einer Strafbarkeit des *directors* führen würden. Denn unabhängig von der dogmatischen Konstruktion der strafrechtlichen Verantwortlichkeit kommt es für die Beurteilung des Vorliegens einer Beeinträchtigung der Niederlassungsfreiheit auf die tatsächlichen Wirkungen an, die das jeweilige Recht des Gründungs- und Zuzugsstaates auf den *director* eines Limited hat. Wird daher eine Strafbarkeit des *directors* in Deutschland über die Anwendung von § 14 StGB erreicht, liegt darin zumindest solange keine Beeinträchtigung der Niederlassungsfreiheit, wie nach englischem Recht eine ebensolche Strafbarkeit besteht, auch wenn diese nicht erst durch Überwälzung der Strafbarkeit zustande kommt, sondern weil der jeweilige englische Tatbestand von Anfang an weit genug gefasst ist, um den *director* als Normadressaten zu erfassen[936].

III. Mittelbare Täterschaft kraft Organisationsherrschaft, § 25 Abs. 1 Alt. 2 StGB

1. Rechtslage nach deutschem Recht

Nach mittlerweile gefestigter Rechtsprechung geht der BGH davon aus, dass im Bereich wirtschaftlicher Unternehmen im Verhältnis von Vorgesetzten und Untergebenen mittelbare Täterschaft kraft Herrschaft über Organisationsstrukturen, die über bestimmte Rahmenbedingungen regelhafte Abläufe schaffen, in Betracht kommt[937]. In der Entscheidung Nationaler Verteidigungsrat[938] formulierte der BGH: „Es gibt aber Fallgruppen, bei denen trotz eines uneingeschränkt verantwortlich handelnden Tatmittlers der Beitrag des Hintermannes nahezu automatisch zu der von diesem Hintermann erstrebten Tatbestandsverwirklichung führt. Solches kann vorliegen, wenn der Hintermann durch Organisationsstrukturen bestimmte Rahmenbedingungen ausnutzt, innerhalb derer sein Tatbeitrag regelhafte Abläufe auslöst. Derartige Rahmenbedingungen mit regelhaften Abläufen kommen insbesondere bei staatlichen, unternehmerischen oder geschäftsähnlichen Organisationsstrukturen und bei Befehlshierarchien in Betracht. Handelt in einem solchen Fall der Hintermann in Kenntnis dieser Umstände, nutzt er insbesondere

---

[936] Vgl. auch *Worm* Die Strafbarkeit eines directors, S. 68, die eine gesonderte Prüfung des § 14 StGB am Maßstab des Europarechts ablehnt, vielmehr die Frage des Eingriffs in den Schutzbereich der Niederlassungsfreiheit im Zusammenhang mit dem jeweils relevanten Sonderdelikt prüfen will. Erst zusammengenommen bildeten diese eine Einheit.

[937] *BGH* NStZ 2008, 89, 90; *BGH*St 40, 218, 236 f.; *BGH*St 48, 331, 342; *Große Vorholt* Wirtschaftsstrafrecht, S. 7 ff.

[938] *BGH*St 40, 218, 236.

auch die unbedingte Bereitschaft des unmittelbar Handelnden, den Tatbestand zu erfüllen, aus und will der Hintermann den Erfolg als Ergebnis seines eigenen Handelns, ist er Täter in der Form mittelbarer Täterschaft." Und in einem späteren Urteil schreibt das Gericht: „Eine solche mittelbare Täterschaft liegt vor, wenn die Tat durch einen Hintermann gelenkt wird. Dieser Hintermann besitzt Tatherrschaft, wenn er mit den durch die Organisationsstruktur geschaffenen Rahmenbedingungen das deliktische Geschehen maßgeblich beeinflussen kann."[939] Im Ergebnis stellt das Gericht einen Zusammenhang her zwischen gesellschaftsrechtlicher und strafrechtlicher Verantwortung. Zwar hängt das Verhältnis von Vorgesetzten und Untergebenen in erster Linie von vertrags- und arbeitsrechtlichen Vorgaben ab. Doch spielt daneben auch das Gesellschaftsrecht eine Rolle. Denn Täterschaft in Form der Organisationsherrschaft ist ohne Inbezugnahme der die Organisationsherrschaft begründenden gesellschaftsrechtlich geprägten Organisationsstruktur, insbesondere der Aufgaben- und Befugnisverteilung, nicht denkbar[940]. Der entscheidende Grund für die Täterschaft von Entscheidungsträgern in Organisationen ist nach Ansicht von Rechtsprechung und der ihr in Teilen zustimmenden Literatur[941] somit deren Herrschaft über die Organisation.

Konkret hat der BGH zum Beispiel einen faktischen Geschäftsführer einer GmbH wegen Betrugs zum Nachteil von Lieferanten durch Fortführung des Betriebs trotz bereits eingetretener Zahlungsunfähigkeit verurteilt[942]. Somit droht auch dem *director* einer Limited eine Verurteilung als mittelbarer Täter, wenn er als Geschäftsleiter das Unternehmen in der Krise nicht aufgeben will, vielmehr hofft, das Unternehmen durch Verschweigen der Zahlungsunfähigkeit weiter führen zu können. Es stellt sich allerdings die Frage, ob auch das englische Recht vergleichbare Regeln kennt. Denn sollte sich nur nach deutschem Recht eine täterschaftliche Verantwortlichkeit (auch) an die gesellschaftsrechtlichen Strukturen knüpfen, könnte darin eine Beeinträchtigung der Niederlassungsfreiheit liegen.

---

[939] *BGH*St 48, 331, 342.
[940] Vgl. *Rotsch* ZIS 2007, 260, 262 f.
[941] *Schlösser* GA 2007, 161, 164; Die Reichweite der Organisationsherrschaft über die Straftatbegehung innerhalb staatlicher Machtapparate hinaus auf unternehmensbezogene Straftaten in Wirtschaftsunternehmen auszudehnen, ist umstritten; dafür *Ransiek* Unternehmensstrafrecht, S. 46 ff.; ablehnend *Ambos* GA 1998, 226, 239 f.; *Zaczyk* GA 2006, 411, 414; *Rotsch* ZStW 112 (2000), 518, 561; *Fischer* StGB, § 25 Rn. 7 ff. m. w. N.
[942] *BGH* NStZ 1998, 568, 568 f.

2. Rechtslage nach englischem Recht

Der Bereich des Beteiligungsrechts wird in England nahezu vollständig vom *common law* beherrscht[943]. Dabei erfolgt die Abgrenzung zwischen Täterschaft und Teilnahme grundsätzlich nach rein objektiven Gesichtspunkten. Täter (*principle offender*) ist der, der eigenhändig eine Ausführungshandlung vornimmt. Alle anderen Tatbeteiligten sind Teilnehmer (*secondary parties*)[944]. Dieser Grundsatz schließt allerdings nicht aus, dass sich das englische Recht auch der mittelbaren Täterschaft bedient[945]. Handelt jemand durch einen anderen, so kann der Hintermann *principle offender* sein. Erörtert wird diese Form der Täterschaft unter den Stichworten *intervening cause* und *innocent agent doctrine*. Während sich bei der *intervening cause* die dazwischengeschaltete Person auf eine *defence* berufen kann[946], erfasst die *innocent agent doctrine* Sachverhalte, in denen das Werkzeug Wissensdefizite aufweist und vom mittelbaren Täter bewusst zur Begehung der Tat eingesetzt wird[947]. Ein Fall des *principal by the means of an innocent agent* findet sich zum Beispiel in folgender Konstellation: Ein *director* stellt falsche Rechnungen aus und veranlasst unwissende Angestellte, diese auszuzahlen. In dem Moment, in welchem die Konten des Unternehmens belastet werden, hat sich der *director* wegen *theft* schuldig gemacht[948].

Mittelbare Täterschaft wird, soweit ersichtlich, im englischen Recht allerdings nicht erörtert in Fällen, in denen der Vordermann volldeliktisch handelt. Insoweit bleibt es dabei, dass der *master* nur unter dem Gesichtspunkt der Anstiftung strafbar sein kann[949]. Für den Vergleich der Strafbarkeit des *directors* nach deutschem und englischem Recht ist insoweit allerdings sec. 8 Accessories and Abettors Act

---

[943] *Ashworth* ZStW 110 (1998), 461, 461 und 469.
[944] *Allen* Textbook on Criminal Law, S. 215 f.: „*The person who perpetrates the crime is referred to as the principle. A person is the perpetrator if his act is the most immediate cause of the actus reus of the offence; (...) Others, not being principals, who participate in the commission of an offence are referred to as accessories or secondary parties and will be liable to conviction if it is proved that they aided, abetted, counselled or procured the commission of the crime by the principal.*"
[945] *Jescheck/Weigend* Strafrecht AT, S. 662.
[946] Nach deutschem Verständnis wäre die Zwischenperson gerechtfertigt oder entschuldigt, so dass bei Vorliegen der sonstigen Kriterien ein Fall der mittelbaren Täterschaft denkbar wäre. Das englische *common law* aber stellt hier auf die Zurechnungskategorie der rechtlichen Kausalität ab, *Mansdörfer* Die allgemeine Straftatlehre des common law, S. 32 f.
[947] *Smith/Hogan* Criminal Law, S. 79 und 181 f.
[948] Vgl. *R v Stringer and Banks* (1991) Crim LR 639; *Smith/Hogan* Criminal Law, S. 181.
[949] Vgl. *Smith/Hogan* Criminal Law, S. 181; ferner *Allen* Textbook on Criminal Law, S. 215.

1861[950] von Bedeutung: „*Whosoever shall aid, abet, counsel or procure the commission of any indictable offence whether the same be an offence at common law or by virtue of any act passed or to be passed, shall be liable to be tried, indicted and punished as a principle offender.*" Mit anderen Worten werden *secondary parties* bestraft, als hätten sie den Tatbestand selbst verwirklicht[951].

Es lässt sich daher festhalten, dass Sachverhalte, die nach deutschem Recht (möglicherweise) als mittelbare Täterschaft kraft organisatorischen Machtapparates behandelt werden, in England (unter Umständen) allein durch andere Zurechnungskategorien erfasst werden, sich an der Strafbarkeit des *directors* als solche aber nichts ändert. Allein die unterschiedliche dogmatische Verortung der Fallkonstellationen als mittelbare Täterschaft oder Mittäterschaft beziehungsweise Anstiftung kann allerdings keine Beeinträchtigung der Niederlassungsfreiheit bewirken[952].

---

[950] As amended by Criminal Law Act 1977.
[951] *Clarkson/Keating* Criminal Law, S. 544; *Allen* Textbook on Criminal Law, S. 216: „(...) *the consequence of conviction as a principal or an accessory is the same, (...)*."
[952] Auch in der deutschen Diskussion wird immer wieder angeführt, dass die mittelbare Täterschaft kraft organisatorischen Machtapparats sachgerechter als Fall der Mittäterschaft oder Anstiftung erfasst werden könne. In der Tat stellt sich die Frage nach dem Nutzen der Diskussion um die „sachgerechte" Bewertung der zugrunde liegenden Fallkonstellationen. Abgesehen von Unterschieden bei der Versuchsstrafbarkeit (Beschränkung des § 30 StGB auf Verbrechen) und beim Versuchsbeginn, geht es v. a. um das rechtspolitische Signal, „Schreibtischtäter" nicht lediglich als Teilnehmer verurteilen zu können, *Radtke* GA 2006, 350, 351 f.; In *BGH* NStZ 2008, 89, 90 stellt das Gericht allerdings klar, dass die mittelbare Täterschaft Kraft organisatorischen Machtapparates dann in Betracht komme, wenn der räumliche, zeitliche und hierarchische Abstand zwischen der die Befehle verantwortenden Organisationsspitze und den unmittelbar Handelnden gegen arbeitsteilige Mittäterschaft spreche.

8. Kapitel Die Strafbarkeit des directors nach deutschem Recht am Beispiel einzelner Straftatbestände

Im Rahmen dieses Kapitels werden die bislang gefundenen Erkenntnisse zur strafrechtlichen Verantwortlichkeit des *directors* auf die Ebene konkreter Straftatbestände herunter gebrochen. Empirisch betrachtet kommen Wirtschaftsstraftäter etwa zur Hälfte aus den Reihen des geschädigten Unternehmens und gehören zu etwa 20 Prozent dem Topmanagement an[953]. Dabei begehen sie Delikte wie Unterschlagung und Betrug, Falschbilanzierung, Korruption und Geldwäsche[954]. Es gibt keinen Grund, daran zu zweifeln, dass sich dies bei *directors* anders verhalten sollte. Der Umfang dieser Arbeit verbietet es allerdings, die insofern in Betracht kommenden Straftatbestände einzeln zu erörtern. Vielmehr werden die bestehenden *director*-spezifischen Probleme anhand von Fallgruppen näher beleuchtet.

Die erste Fallgruppe umfasst Straftatbestände, bei denen die europa- und verfassungsrechtlichen Grenzen der strafrechtlichen Verantwortlichkeit des *directors* erreicht oder gar überschritten sind. Verdeutlicht wird dies am Beispiel der möglichen Strafbarkeit des *directors* für die Verletzung einer Insolvenzantragspflicht (dazu unter A.). Die zweite Fallgruppe umfasst Delikte, die aufgrund ihrer an außerstrafrechtliche Normen anknüpfenden Tatbestandsmerkmale zwingend die Anwendung englischen Gesellschaftsrechts erfordern. Sie wird anhand der Untreue, § 266 StGB, und der Insolvenzdelikte im engeren Sinne, §§ 283 ff. StGB, abgehandelt (dazu unter B.). Schließlich wird mit dem Vorenthalten von Arbeitsentgelt, § 266a StGB, ein Straftatbestand erörtert, dessen Anwendung auf den *director* aufgrund einer europarechtlichen Rechtfertigung möglich ist (dazu unter C.).

A. Europa- und verfassungsrechtliche Grenzen der Strafbarkeit des directors am Beispiel der strafbewehrten Insolvenzantragspflichtverletzung

I. Verbleibende Relevanz der Problematik nach Inkrafttreten des MoMiG

Vor dem Hintergrund einer unternehmerischen Krise versuchen Geschäftsleiter häufig, den Bestand der Gesellschaft um jeden Preis zu bewahren oder wenigstens

---

[953] *PwC* Wirtschaftskriminalität 2007, S. 39.
[954] Vgl. *PwC* Wirtschaftskriminalität 2007, S. 12.

das Ende der unternehmerischen Tätigkeit hinauszuzögern. Um dies zu verhindern und (potentiellen) Gläubigern eine möglichst große Haftungsmasse zu erhalten, fanden sich bis zum Inkrafttreten des MoMiG[955] im deutschen Recht verschiedene strafbewehrte Insolvenzantragspflichten. So machte sich nach § 84 Abs. 1 Nr. 2 GmbHG a. F. in Verbindung mit § 64 Abs. 1 GmbHG a. F. der Geschäftsführer einer GmbH strafbar, wenn er es unterließ, im Falle der Zahlungsunfähigkeit oder Überschuldung der Gesellschaft ohne schuldhaftes Zögern, spätestens aber innerhalb der 3-Wochen-Frist des § 64 Abs. 1 GmbHG a. F., die Eröffnung eines Insolvenzverfahrens über das Vermögen der Gesellschaft zu beantragen[956]. Vergleichbare Vorschriften galten für Mitglieder des Vorstandes von AGs[957] und Genossenschaften[958] sowie für persönlich haftende Gesellschafter von Kommanditgesellschaften auf Aktien[959].

Dieser Zustand war hinsichtlich der strafrechtlichen Verantwortlichkeit von *directors* unbefriedigend. Denn aufgrund der rechtsformspezifischen Ausgestaltung der Insolvenzantragspflichten nach deutschem Recht war umstritten, ob auch Geschäftsleiter von EU-Auslandsgesellschaften die entsprechenden Straftatbestände erfüllen konnten. Problematisch ist dabei nämlich der Bestimmtheitsgrundsatz gemäß Art. 103 Abs. 2 GG.

Durch das MoMiG hat sich diese verfassungsrechtliche Problematik für alle Fälle, die sich ab dem Tag seines Inkrafttretens am 01.11.2008 ereignen, erledigt[960]. Denn ab diesem Zeitpunkt enthält das deutsche Recht mit § 15a Abs. 1 und 4 InsO eine rechtsformunabhängige Strafbarkeit wegen Insolvenzverschleppung, die auch ausländische juristische Personen erfasst[961]. Andererseits haben

---

[955] BGBl. 2008 Teil I, S. 2026 ff.
[956] §§ 82, 84 und 85 GmbHG sind echte Sonderdelikte, die ausdrücklich den Geschäftsführer mit Strafe bedrohen, *Krekeler/Werner* Unternehmer und Strafrecht, S. 18.
[957] § 401 Abs. 1 Nr. 2 a. F. i. V. m. § 92 Abs. 2 AktG a. F.
[958] § 148 Abs. 1 Nr. 2 a. F. i. V. m. § 99 Abs. 1 GenG a. F.
[959] § 408 i. V. m. § 401 Abs. 1 Nr. 2 a. F. i. V. m. § 92 Abs. 2 AktG a. F.
[960] *Altenhain/Wietz* NZG 2008, 569, 570.
[961] *Bittmann/Gruber* GmbHR 2008, 867, 867; *Ransiek* in *Ulmer/Habersack/Winter* GmbHG, Vor § 82 Rn. 69; vgl. *Tillmann/Mohr* GmbH-Geschäftsführer, S. 210; *Tiedemann* GmbH-Strafrecht, Vor §§ 82 ff. Rn. 65; Auch ist der *director* Normadressat der Regelung, da § 15a Abs. 1 Satz 1 InsO nunmehr alle Mitglieder eines Vertretungsorgans einer juristischen Person erfasst, also keine gesellschaftsspezifische Beschreibung vornimmt, *Bittmann* NStZ 2009, 113, 114. Das gilt, auch wenn der Reformgesetzgeber (etwas unglücklich) den Begriff des Organs verwendet, obwohl andere Rechtsordnungen diesen nicht kennen. Denn der Zweck der Neuregelung besteht gerade darin, auch die Vertreter von Scheinauslandsgesellschaften der strafbewehrten Insolvenzantragspflicht zu unterwerfen, vgl. dazu die amtliche Begründung zum MoMiG, BT-

sich mit dieser Gesetzesänderung längst nicht alle Bedenken hinsichtlich der Strafbarkeit des *directors* verflüchtigt. Erstens führt die bloße Verortung der Insolvenzantragspflicht in § 15a Abs. 1 InsO nicht automatisch zur insolvenzrechtlichen Qualifikation dieser Regelung, so dass auch nach neuem Recht die Strafbarkeit des *directors* wegen Insolvenzverschleppung scheitern könnte, wenn man eine gesellschaftsrechtliche Qualifikation bejahte[962]. Und zweitens bleibt für Altfälle die Problematik der Anwendbarkeit der § 84 Abs. 1 Nr. 2 GmbHG a. F. in Verbindung mit § 64 Abs. 1 GmbHG a. F. auf den *director* bis zum Eintritt der absoluten Verjährung[963] ohnehin weiter aktuell[964]. Denn gemäß § 2 Abs. 1 StGB gilt, dass sich die Strafe und ihre Nebenfolgen nach dem Gesetz bestimmen, das zur Zeit der Tat gilt. Zwar kann dieser Grundsatz gemäß § 2 Abs. 3 StGB durchbrochen werden, nach dem das mildeste Gesetz anzuwenden ist, wenn das bei Beendigung der Tat geltende Gesetz vor der Entscheidung geändert wird. Doch muss auch insoweit geprüft werden, wie sich die Rechtslage für den *director* vor und nach Inkrafttreten des MoMiG darstellt.

Sowohl für Fälle ab Inkrafttreten des MoMiG als auch für Altfälle ist daher zu prüfen, ob der *director* einer Insolvenzantragspflicht im Falle der Krise der Limited unterliegt (dazu unter II.). Für Altfälle stellt sich darüber hinaus die Frage, ob die Insolvenzantragspflicht auch schon nach altem Recht strafbewehrt war. Dies bereitet die bereits genannten verfassungsrechtlichen Schwierigkeiten (dazu unter III.).

II. Insolvenzantragspflicht nach altem und neuem Recht

Das deutsche Recht kannte bislang keine generelle Pflicht[965] zur Beantragung der Insolvenz. Eine solche war grundsätzlich nur für Vertreter deutscher Kapitalge-

---

Drs. 16/6140, S. 55; ferner *Müller-Gugenberger* in FS für Tiedemann, 1003, 1017. Der Organbegriff wird demnach nicht als terminus technicus im Sinne des deutschen Gesellschaftsrechts verstanden.

[962] *Bittmann/Gruber* GmbHR 2008, 867, 867 f.
[963] § 78 Abs. 3 Satz 2 StGB.
[964] Vgl. *BGH* ZIP 2009, 615 ff. zur Anwendung des vor dem MoMiG geltenden Eigenkapitalersatzrechts auf Altfälle; ferner *OLG Köln* ZIP 2009, 315 ff.
[965] Zur Frage, ob dem *director* nach altem Recht ein Insolvenzantragsrecht zusteht, siehe *Gross/Schork* NZI 2006, 10, 13; Die ganz h. M. bejaht ein solches Antragsrecht, vgl. *Mock/Schildt* in Hirte/Bücker Grenzüberschreitende Gesellschaften, § 17 Rn. 63 ff.; *Schmahl* in MünchKomm zur InsO, § 15 Rn. 44.

sellschaften normiert[966]. Sie mussten schon vor Inkrafttreten des MoMiG bei Vorliegen von Zahlungsunfähigkeit oder Überschuldung der jeweiligen juristischen Person einen Insolvenzantrag stellen[967]. Der Grund liegt in den Vermögensinteressen der Gläubiger einer Kapitalgesellschaft, die eine weiterreichende Sicherung erfordern, als in dem Fall, in welchem der Schuldner eine unbeschränkt haftende Person ist[968].

Die (wohl) h. M. hielt auch den *director* schon nach altem Recht für verpflichtet, bei Zahlungsunfähigkeit oder Überschuldung der Scheinauslandslimited unverzüglich Insolvenz anzumelden. Unterschiedlich waren allerdings die Begründungen. Während einige Vertreter der Literatur auf eine entsprechende Anwendung des § 64 Abs. 1 GmbHG a. F. (in Verbindung mit §§ 17 und 19 InsO) abstellten[969], leiteten andere eine solche Antragspflicht aus einer Gesamtanalogie zu § 64 Abs. 1 GmbHG a. F., § 92 Abs. 2 AktG a. F. und § 99 Abs. 1 GenG a. F. ab oder interpretierten diese Vorschriften schlicht rechtsformunabhängig und kamen so zur Anwendung auf im Inland ansässige Kapitalgesellschaften ausländischer Rechtsformen[970]. Wieder andere qualifizierten die Insolvenzantragspflicht insolvenzrechtlich und wendeten sie im Wege der (kollisionsrechtlichen) Substitution auf Geschäftsleiter von EU-Auslandsgesellschaften mit limitierter Haftung an[971].

Vor dem Hintergrund der Rechtsprechung des EuGH zur Niederlassungsfreiheit kann die Pflicht des *directors* zur Insolvenzantragsstellung nach altem Recht nicht allein mit einer Analogie erklärt werden. Vielmehr kann Ausgangspunkt nur ihre kollisionsrechtliche Qualifikation sein. Und nichts Anderes kann für Neufälle gelten, für die die Insolvenzantragspflicht mittlerweile in § 15a Abs. 1 InsO geregelt ist. Erst wenn eine insolvenzrechtliche Qualifikation festgestellt sein sollte (dazu unter 1.), ist das auf die Limited anwendbare Insolvenzrecht zu bestimmen

---

[966] *Schmahl* in MünchKomm zur InsO, § 15 Rn. 91 f.
[967] Siehe § 64 Abs. 1 GmbHG a. F., § 92 Abs. 2 AktG a. F. und § 99 Abs. 1 GenG a. F.
[968] Bei Einzelkaufleuten und Personengesellschaften, die mindestens einen unbeschränkt haftenden Gesellschafter haben, bestand daher grundsätzlich keine Insolvenzantragspflicht. Durch die §§ 130a Abs. 1 Satz 1, 1. Hs. a. F., 161 Abs. 2 und 177a HGB wurde eine Insolvenzantragspflicht aber für solche Personenhandelsgesellschaften statuiert, bei denen kein Gesellschafter eine natürliche Person ist, die haftungsrechtlich also einer Kapitalgesellschaft angenähert sind. War in einem solchen Fall aber ein Gesellschafter einer Personenhandelsgesellschaft eine Gesellschaft, die ihrerseits eine natürliche Person als Gesellschafter besitzt, so bestand die Insolvenzantragspflicht nach § 130a Abs. 1 Satz 1, 2. Hs. HGB a. F. nicht.
[969] *Schinköth* Grenzüberschreitende Sitzverlegung von Kapitalgesellschaften, S. 108 f.
[970] *Zimmer* NJW 2003, 3585, 3589 f.
[971] *Eidenmüller* NJW 2005, 1618, 1620 f.; *Kuntz* NZI 2005, 424, 426 f.

(dazu unter 2.) und die Geltung der EuInsVO gerade auch für die Insolvenzantragspflicht zu diskutieren (dazu unter 3.). Nach dem Ziehen eines Zwischenergebnisses (dazu unter 4.), ist schließlich die Vereinbarkeit der Insolvenzantragspflicht mit der Niederlassungsfreiheit zu untersuchen (dazu unter 5.).

1. Kollisionsrechtliche Qualifikation der Insolvenzantragspflicht
Die Pflicht zur Stellung eines Insolvenzantrages schiede für den *director* sowohl nach altem als auch nach neuem Recht aus, wenn es sich dabei um eine gesellschaftsrechtliche Pflicht handelte. Entsprechend den Vorgaben des EuGH wäre dann nämlich allein englisches Gründungsrecht maßgebend[972]. Das englische Gesellschaftsrecht aber kennt keine Insolvenzantragspflicht des *directors*[973].

Dass die Insolvenzantragspflichten bis zum Inkrafttreten des MoMiG in Deutschland in den gesellschaftsrechtlichen Einzelgesetzen geregelt waren, wurde bisweilen als systematisches Argument für ihre gesellschaftsrechtliche Qualifikation herangezogen[974]. Speziell hinsichtlich der Insolvenzantragspflicht gemäß § 64 Abs. 1 GmbHG a. F. wurde ferner vertreten, dass es sich um eine Organpflicht der Geschäftsführer der GmbH handele, welche – vergleichbar der Einberufungs- und Verlustanzeigepflicht nach § 49 Abs. 3 GmbHG – aus dem Gesellschaftsrecht folge[975]. Dies könne im Umkehrschluss auch dem Umstand entnommen werden, dass Organpflichten nicht Gegenstand der EuInsVO seien[976]. Denn die Reichweite des deutschen Insolvenzrechts lasse sich Art. 4 Abs. 2 EuInsVO entnehmen, welcher einen Katalog derjenigen Vorschriften aufstelle, die generell dem Insolvenz-

---

[972] Vgl. *Heckschen* Private Limited Company, S. 222; Denkbar wäre allenfalls eine Sonderanknüpfung.
[973] *Heckschen* Private Limited Company, S. 221; *Walterscheid* DZWIR 2006, 95, 96; Selbst wenn man die der Haftung des *directors* einer Limited nach secs. 213 f. IA 1986 zugrundeliegende Verpflichtung, ein *fraudulent* und *wrongful trading* zu unterlassen, als Organpflicht ansieht und gesellschaftsrechtlich einordnet, folgt daraus keine Pflicht des *directors* zur Insolvenzantragsstellung. Zu denken wäre allenfalls an eine Grundlage für einen zivilrechtlichen Haftungsanspruch aus § 823 Abs. 2 BGB i. V. m. secs. 213 f. IA 1986 als Schutzgesetz. Strittig ist allerdings, ob ausländische Rechtssätze Schutzgesetze sein können, vgl. dazu *Sandrock* EWS 2005, 529, 535; *Baas-Holler* Geschäftsführerpflichten im englischen und deutschen GmbH-Recht, S. 286 f.
[974] Vgl. *Ulmer* NJW 2004, 1201, 1204.
[975] *Spindler/Berner* RIW 2004, 7, 12; ferner *Sandrock* EWS 2005, 529, 537.
[976] Verordnung (EG) Nr. 1346/2000 des Rates vom 29.05.2000 über Insolvenzverfahren; *Schumann* DB 2004, 743, 746.

recht zuzuordnen seien. Vorschriften zur Insolvenzantragspflicht seien darin nicht enthalten[977].

Zu folgen ist der gesellschaftsrechtlichen Qualifikation dennoch nicht. Vorzugswürdig ist vielmehr eine insolvenzrechtliche Einordnung. Zunächst einmal hat Borges nachgewiesen, dass die ursprüngliche Normierung der Insolvenzantragspflichten in den gesellschaftsrechtlichen Einzelgesetzen nicht Ausdruck einer bewussten, auf rechtssystematischen Erwägungen beruhenden Zuordnung durch den parlamentarischen Gesetzgeber war. Es handelte sich vielmehr um ein Resultat, das der verfassungsrechtlichen Lage Deutschlands geschuldet war[978] und sodann in späteren Folgegesetzen einfach übernommen wurde[979]. Hingegen kann die Neuregelung der rechtsformunabhängigen Insolvenzantragspflicht in § 15a Abs. 1 InsO sehr wohl als bewusste Entscheidung des Gesetzgebers für eine insolvenzrechtliche Regelung gesehen werden[980], wenngleich die gesetzliche Verortung einer Regelung allein die kollisionsrechtliche Einordnung nicht determinieren kann. Ferner spricht gegen eine insolvenzrechtliche Qualifikation nicht, dass die Insolvenzantragspflicht nicht ausdrücklich in Art. 4 Abs. 2 EuInsVO genannt ist, denn der enthält lediglich einen Beispielskatalog („insbesondere") für generell insolvenzrechtliche Regelungen. Hinsichtlich dort nicht aufgelisteter Regelungsgegenstände gelten die allgemeinen Verweise des Art. 4 Abs. 1 und Abs. 2 Satz 1 EuInsVO, die in das Recht des Eröffnungsstaates des Insolvenzverfahrens verweisen. Es ist mithin eine Frage deutschen (Insolvenz-)Rechts, ob die Antragspflichten insolvenzrechtlich einzuordnen sind oder nicht[981]. Darüber hinaus beabsichtigt die EuInsVO ohnehin keine umfassende Regelung aller Einzelheiten des Insolvenzrechts. So soll nach Erwägungsgrund 23 EuInsVO die lex fori concursus zur Anwendung kommen, soweit nicht ein anderes bestimmt ist. Mithin gilt für die Insolvenzantragspflicht ausweislich der EuInsVO das Recht des Staates der Verfahrenseröffnung[982]. Eine Qualifikationsvorentscheidung in die eine oder andere

---

[977] *Spindler/Berner* RIW 2004, 7, 12.
[978] Historisches Vorbild der (vor dem MoMiG in den gesellschaftsrechtlichen Einzelgesetzen geregelten) Insolvenzantragspflicht ist Art. 240 Abs. 3 ADHGB. Die Verortung in diesem Gesetz beruhte auf dem Umstand, dass bei dessen Feststellung im Jahre 1861 keine Bundeskompetenz für das Insolvenzrecht bestand, *Kindler* in *Sonnenberger* Vorschläge und Berichte zur Reform des europäischen und deutschen internationalen Gesellschaftsrechts, S. 506 f. (Fußnote 53).
[979] *Borges* ZIP 2004, 733, 737 ff.; *Vallender* ZGR 2006, 425, 440 f.
[980] *Bittmann/Gruber* GmbHR 2008, 867, 869.
[981] Siehe dazu 3. Kapitel B. III. 1. b; a. A. *Bittmann/Gruber* GmbHR 2008, 867, 869.
[982] *Kuntz* NZI 2005, 424, 426.

Richtung kann ihr aber gerade nicht entnommen werden. Auch dass es sich bei der Antragspflicht um eine organschaftliche Pflicht handelt, kann nicht für die gesellschaftsrechtliche Qualifikation streiten. Denn die Geschäftsleiter einer juristischen Person treffen zahlreiche Handlungspflichten, die eindeutig nicht als gesellschaftsrechtlich einzuordnen sind. Zu denken ist an die steuerlichen Pflichten gemäß § 34 Abs. 1 Satz 1 AO[983] oder – sogar im Insolvenzrecht verortet – die Auskunfts- und Mitwirkungspflichten des Schuldners gemäß §§ 97 ff. und § 101 InsO[984].

Entscheidend kommt es nach alter wie nach neuer Rechtslage auf eine funktionell-teleologische Betrachtung an[985]. Die Insolvenzantragspflicht dient dem Ziel, den Rechtsverkehr vor der Schädigung durch mittellose Gesellschaften zu schützen. Altgläubiger sollen vor einer Verringerung ihrer Insolvenzquote geschützt werden, Neugläubiger vor einem geschäftlichen Kontakt zur insolvenzreifen Gesellschaft[986]. Diesem Ziel dient die Anknüpfung von Sanktionen an die Verletzung der Antragspflicht. Dem Sinn und Zweck nach bezieht sich die Insolvenzantragspflicht auf das Insolvenzverfahren und ist damit kollisionsrechtlich dem Insolvenzrecht zuzuordnen[987]. Für dieses Ergebnis spricht auch die Entscheidung des EuGH in der Sache Gourdain/Nadler[988]. Bei dieser ging es um die der deutschen Insolvenzverschleppungshaftung funktionell entsprechende französische Klage *action en comblement du passif*, die der EuGH dem Insolvenzrecht zuordnete[989]. Wenn der EuGH die Haftung wegen eines Verstoßes gegen die Insolvenzantragspflicht als insolvenzrechtlich einordnet, spricht viel dafür, dass er dies für die zugrunde liegende Insolvenzantragspflicht nicht anders handhaben kann[990]. Schließlich handelt es sich bei der Antragspflicht um einen Teil des Haftungstat-

---

[983] *Kuntz* NZI 2005, 424. 426 f.
[984] *Kindler* in *Sonnenberger* Vorschläge und Berichte zur Reform des europäischen und deutschen internationalen Gesellschaftsrechts, S. 509.
[985] Vgl. *Röhricht* ZIP 2005, 505, 505.
[986] *Eidenmüller* NJW 2005, 1618, 1620.
[987] Vgl. *Bicker* GPR 2006, 127, 129 f.; Antwort der Bundesregierung auf die Kleine Anfrage der Abgeordneten Otto Fricke u. a. vom 16.12.2005, BT-Drs. 16/283, S. 8; Das Bestehen der Antragspflicht zeigt auch einen Unterschied zu den gesellschaftsrechtlich einzuordnenden englischen Haftungstatbeständen *fraudulent* und *wrongful trading* gemäß secs. 213 f. IA 1986.
[988] *EuGH* Slg. 1979, 733, 744 f. Rn. 5 f. (*Gourdain/Nadler*).
[989] Zum Inhalt der französischen Ausfallhaftung *Peifer* GmbHR 2007, 1208, 1211.
[990] *Zerres* DZWIR 2006, 356, 360; ferner *Eidenmüller* in *Eidenmüller* Ausländische Kapitalgesellschaften im deutschen Recht, § 9 Rn. 32; *Bicker* GPR 2006, 127, 129; ablehnend mit Hinweis auf den historischen Kontext der Entscheidung *Berner/Klöhn* ZIP 2007, 106, 109 f.

bestandes[991]. In die gleiche Richtung weist der Umstand, dass die ganz h. M. davon ausgeht, dass das bloße Insolvenzantragsrecht insolvenzrechtlicher Natur ist[992]. Aufgrund der engen Verbindung von Antragsrecht und Antragspflicht liegt auch insofern eine gleichlaufende Qualifikation nahe.

2. Auf die Limited anwendbares Insolvenzrecht

Obwohl es sich bei der Insolvenzantragspflicht um eine insolvenzrechtliche Regelung handelt, kommt ihre Anwendung auf den *director* doch nur dann in Betracht, wenn für die Limited im konkreten Fall deutsches Insolvenzrecht greift. Schon weil bei einer Scheinauslandslimited Satzungs- und tatsächlicher Verwaltungssitz in unterschiedlichen Staaten liegen und es sich bei der Scheinauslandslimited um einen ausländischen Insolvenzschuldner handelt, bedarf die Frage der Klärung, nach welchem Insolvenzrecht im Falle eines Unternehmenszusammenbruchs zu verfahren ist.

Grundnorm des deutschen internationalen Insolvenzrechts ist § 335 InsO. Danach ist bei Eröffnung eines Insolvenzverfahrens im Inland grundsätzlich deutsches Insolvenzrecht anwendbar, bei einer Eröffnung im Ausland grundsätzlich das Insolvenzrecht des jeweiligen ausländischen Staates. Im Verhältnis zu Mitgliedsstaaten der EU[993] sind zwar die Regelungen der EuInsVO vorrangig[994]. Jedoch bestimmt auch Art. 4 Abs. 1 EuInsVO für das Insolvenzverfahren und seine Wirkungen als Grundsatz die lex fori concursus, also das Insolvenzrecht des Staates, in dem das Insolvenzverfahren eröffnet wird.

Nach Art. 3 Abs. 1 Satz 1 EuInsVO sind für die Eröffnung des Insolvenzverfahrens grundsätzlich die Gerichte des Mitgliedsstaates zuständig, in dessen Ge-

---

[991] Vgl. *Müller* NZG 2003, 414, 417.
[992] Siehe *Mock/Schildt* in *Hirte/Bücker* Grenzüberschreitende Gesellschaften, § 17 Rn. 63.
[993] Mit Ausnahme Dänemarks, das sich nicht an der EuInsVO beteiligt, *Gogger* Insolvenzrecht, S. 129.
[994] Seit ihrem Inkrafttreten am 31.05.2002 ist die EuInsVO als unmittelbar geltendes Recht in den Mitgliedsstaaten der EU und im Verhältnis der Mitgliedsstaaten zueinander vorrangig vor den jeweiligen nationalen Regelungen, *Vallender* ZGR 2006, 425, 428. Als sekundäres Gemeinschaftsrecht steht die EuInsVO normhierarchisch unter dem primären Gemeinschaftsrecht. Es ist aber davon auszugehen, dass der Erlass der EuInsVO dieses, insbesondere die Niederlassungsfreiheit, gemeinschaftsrechtskonform ausgestaltet, dazu *Lieder* DZWIR 2005, 399, 404 m. w. N. Dem inländischen Insolvenzrecht ist somit durch die EuInsVO ein *safe harbour* geschaffen worden, *Lieder* DZWIR 2005, 399, 404. Gleichwohl besitzen §§ 335 ff. InsO ihre Berechtigung, denn die EuInsVO ist inhaltlich nicht abschließend. Außerdem regeln sie Fälle, die nicht von der EuInsVO erfasst sind, *Gogger* Insolvenzrecht, S. 129 f.

biet der Schuldner den Mittelpunkt seiner hauptsächlichen Interessen hat[995]. Gemäß Art. 3 Abs. 1 Satz 2 EuInsVO wird vermutet, dass es sich dabei um denjenigen Staat handelt, in dem die Gesellschaft ihren satzungsmäßigen Sitz hat. Das wäre bei dem in dieser Arbeit untersuchten Sachverhalt England. Allerdings wird die Vermutung des Art. 3 Abs. 1 Satz 2 EuInsVO im Falle einer Scheinauslandslimited ebenso regelmäßig widerlegt werden können. So verlangt der EuGH zur Erschütterung der Vermutungswirkung zwar objektive und für Dritte feststellbare Elemente, doch führt er in seiner Rechtsprechung paradigmatisch gerade das Beispiel einer Briefkastenfirma an, die an ihrem satzungsmäßigen Sitz keinerlei Geschäftstätigkeit nachgeht[996]. Bei (fast) ausschließlich in Deutschland tätigen Limiteds sind daher deutsche Gerichte für das Insolvenzverfahren international zuständig und bringen deutsches Insolvenzrecht zur Anwendung[997].

3. Die Insolvenzantragspflicht als Regelung im Sinne des Art. 4 EuInsVO

Trotz ihrer insolvenzrechtlichen Einordnung wird von Teilen der Literatur bestritten, dass die Insolvenzantragspflicht in den Anwendungsbereich des Art. 4 Abs. 1 EuInsVO, mithin die lex fori concursus, fällt. Neben rechtssystematischen und konstruktiven Einwänden wird insbesondere argumentiert, dass Art. 4 EuInsVO sich auf das „Insolvenzverfahren und seine Wirkungen"[998] konzentriere. Die Insolvenzantragspflicht gehöre aber gerade nicht in diesen Regelungsbereich[999]. Das würde bedeuten, dass eine Insolvenzantragspflicht nach deutschem Recht für den

---

[995] Das ist der Ort, an dem er gewöhnlich und für Dritte feststellbar der Verwaltung seiner Interessen nachgeht, vgl. Erwägungsgrund 13 der Verordnung (EG) Nr. 1346/2000 des Rates vom 29.05.2000 über Insolvenzverfahren, ABl. EG 2000 Nr. L 160, S. 1.

[996] *EuGH* Slg. 2006, I-3813, 3868 Rn. 34 f. (*Eurofood IFSC*); ausführlicher zu diesen Kriterien *Hess/Laukemann/Seagon* IPrax 2007, 89, 90 ff.

[997] *Bittmann/Gruber* GmbHR 2008, 867, 869; *AG Hamburg* GmbHR 2003, 957, 958; Deutsches Insolvenzrecht findet auch dann Anwendung, wenn es im konkreten Fall, etwa mangels Masse, nicht zur Eröffnung eines Insolvenzverfahrens kommt. Dies folgt aus der Überlegung, dass die Entscheidung über eine Eröffnung logischerweise erst nach der Antragsstellung erfolgt. Wenn es aber zu dieser Eröffnung nicht hinkommt, muss hilfsweise das Recht des Staates zur Anwendung gelangen, in welchem das Insolvenzverfahren hypothetisch eröffnet worden wäre, *Zerres* DZWIR 2006, 356, 360. Dabei handelt es sich um eine analoge Anwendung von Art. 3 Abs. 1 Satz 2 EuInsVO oder – außerhalb des Anwendungsbereiches der EuInsVO – um eine solche von § 3 Abs. 1 Satz 2 InsO, vgl. auch *Leutner/Langner* GmbHR 2006, 713, 714.

[998] Dazu gehören nach Art. 4 Abs. 2 a bis m EuInsVO u. a. die Definition der Insolvenzmasse, die Befugnisse des Schuldners und des Verwalters sowie die Auswirkungen der Insolvenz auf laufende Verträge; ferner *Heckschen* Private Limited Company, S. 219.

[999] Zum Ganzen *Berner/Klöhn* ZIP 2007, 106, 108 ff.

director nicht bestände. Überzeugend aber ist dieser Standpunkt nicht. Mit der überwiegenden Auffassung in Rechtsprechung[1000] und Literatur[1001] ist die Insolvenzantragspflicht als Teil der lex fori concursus einzuordnen. Der umfassende Verweis des Art. 4 Abs. 1 EuInsVO auf das nationale Insolvenzrecht beabsichtigt, die Einheitlichkeit und Effizienz des Insolvenzstatuts durchzusetzen. Das wäre gefährdet, wenn die Insolvenzantragspflicht gerade nicht Teil der anzuwendenden Insolvenzregelungen wäre[1002]. Auch die Erwägungsgründe zur EuInsVO zeigen, dass von ihr nicht allein prozessuale Bestimmungen erfasst sein sollen, sondern auch materiellrechtliche Vorschriften, namentlich die den Insolvenzschuldnern auferlegten Pflichten[1003].

4. Zwischenergebnis

Als Zwischenergebnis (und vorbehaltlich der unter 5. erfolgenden Erörterungen) kann festgehalten werden, dass schon die Insolvenzantragspflichten gemäß § 64 Abs. 1 GmbHG a. F., § 92 Abs. 2 AktG a. F. und § 99 Abs. 1 GenG a. F. insolvenzrechtlich zu qualifizieren waren und dies erst recht für die Neuregelung in § 15a Abs. 1 InsO gilt, was in Verbindung mit Art. 4 Abs. 2 Satz 1 EuInsVO zur Folge hat, dass eine entsprechende Pflicht auch den *director* einer Limited trifft[1004]. Zwar treffen die Insolvenzantragspflichten nach altem Recht dem Wortlaut der Regelungen nach nur Geschäftsleiter deutscher Kapitalgesellschaften. Aufgrund der vergleichbaren Interessenlage aber ist eine entsprechende Anwendung auf die Limited und ihren *director* angezeigt[1005]. Somit ergibt sich aus der Kombination von insolvenzrechtlicher Qualifikation und entsprechender Anwendung eine Insolvenzantragspflicht für den *director*. Nach neuem Recht kommt es auf eine entsprechende Anwendung der Insolvenzantragspflicht nicht mehr an, da § 15a Abs. 1 InsO rechtsformneutral formuliert ist.

[1000] *LG Kiel* ZIP 2006, 1248, 1249.
[1001] *Walterscheid* DZWIR 2006, 95, 98; *Leutner/Langner* GmbHR 2006, 713, 714; *Wachter* BB 2006, 1463, 1464 ff.; *Heil* Insolvenzantragspflicht und Insolvenzverschleppungshaftung bei der Scheinauslandsgesellschaft in Deutschland, S. 86 f.
[1002] *Zerres* DZWIR 2006, 356, 360.
[1003] Siehe Erwägungsgründe 11, 21 und 26 der Verordnung (EG) Nr. 1346/2000 des Rates vom 29.05.2000 über Insolvenzverfahren, ABl. EG 2000 Nr. L 160, S. 1.
[1004] Vgl. *Riedemann* GmbHR 2004, 345, 348.
[1005] Zur dogmatischen Umsetzung der entsprechenden Anwendbarkeit des § 64 Abs. 1 GmbHG a. F. auf *directors* siehe *Heil* Insolvenzantragspflicht und Insolvenzverschleppungshaftung bei der Scheinauslandsgesellschaft in Deutschland, S. 125 f.

5. Die Insolvenzantragspflicht als Verstoß gegen die Niederlassungsfreiheit

Die kollisionsrechtliche Einordnung der Insolvenzantragspflicht als insolvenzrechtlich kann allein nicht abschließend darüber Auskunft geben, ob nach deutschem Recht der *director* einer Insolvenzantragspflicht unterliegt. Es stellt sich darüber hinaus die Frage, ob in einer solchen Insolvenzantragspflicht möglicherweise ein Verstoß gegen die Niederlassungsfreiheit liegt[1006].

a. Ansichten in Rechtsprechung und Literatur

Nach einem Urteil des LG Kiel ist in der Insolvenzantragspflicht des *directors* einer englischen Scheinauslandslimited keine Beschränkung der Niederlassungsfreiheit zu sehen. Das Gericht begründet dies mit der Feststellung, dass im englischen Recht eine der persönlichen Haftung gemäß § 823 Abs. 2 BGB in Verbindung mit § 64 Abs. 1 GmbHG a. F. entsprechende persönliche Haftung des *directors* über das Rechtsinstitut *wrongful trading* existiere. Kleinere Unterschiede seien insoweit vernachlässigenswert[1007]. Teile der Literatur kommen zum selben Ergebnis, führen als Begründung allerdings die entsprechende Heranziehung der Keck-Rechtsprechung des EuGH ins Feld[1008]. Es bleibe, so ihre Argumentation, bei der uneingeschränkten Anerkennung der Limited als Kapitalgesellschaft, deren Marktzutritt weder rechtlich noch faktisch behindert werde. Regelungsgegenstand sei vielmehr der geordnete Marktaustritt. Bei der Insolvenzantragspflicht handele es sich um eine bloß tätigkeitsbezogene Beschränkung, welche die Limited in keinster Weise stärker treffe als Inlandsgesellschaften[1009]. Wieder andere meinen, dass jedenfalls eine Rechtfertigung nach dem Vier-Konditionen-Test des EuGH gegeben sei[1010]. Im Schutz der Gläubiger und des Rechtsverkehrs lägen

---

[1006] Siehe 3. Kapitel B. III. 1. d.; *Schmidt* ZinsO 2006, 737, 741; vgl. ferner *Eidenmüller* NJW 2005, 1618, 1620 f.

[1007] *LG Kiel* ZIP 2006, 1248, 1249.

[1008] *Heil* Insolvenzantragspflicht und Insolvenzverschleppungshaftung bei der Scheinauslandsgesellschaft in Deutschland, S. 124; vgl. *Zerres* DZWIR 2006, 356, 361; *Eidenmüller* NJW 2005 1618, 1621.

[1009] *Eidenmüller* in *Eidenmüller* Ausländische Kapitalgesellschaften im deutschen Recht, § 9 Rn. 29; *Eidenmüller* NJW 2005, 1618, 1621; *Kindler* in MünchKomm zum BGB – IntWirtschaftsR, IntGesR Rn. 659.

[1010] Vgl. *Borges* ZIP 2004, 733, 740.

zwingende Interessen der Allgemeinheit, zu deren Wahrung die Insolvenzantragspflicht ein geeignetes Mittel sei. Ein milderes Mittel sei nicht zu erkennen[1011].

b. Stellungnahme

aa. Keine vergleichbare Rechtslage in Deutschland und England

Eine Beeinträchtigung der Niederlassungsfreiheit scheidet nicht deshalb aus, weil auch das englische Recht eine Insolvenzantragspflicht kennen würde, denn eine solche Pflicht besteht nicht[1012]. Zwar existieren im englischen Recht die (im 6. Kapitel B. I. und II. näher beschriebenen) Haftungstatbestände *fraudulent* und *wrongful trading* gemäß secs. 213 und 214 IA 1986, deren Rechtsfolge persönliche und unbeschränkte Haftung der *director* durch die rechtzeitige Stellung eines Insolvenzantrages entkommen kann. Doch handelt es sich bei der Insolvenzantragsstellung nur um eine mögliche Maßnahme, um die Haftung zu vermeiden. Verpflichtet ist der *director* dazu gerade nicht. Alternativ kommt eine umfassende Information aller Gläubiger in Betracht oder schlicht die Amtsniederlegung[1013]. Während also § 64 Abs. 1 GmbHG a. F. und § 15a Abs. 1 InsO die Handlungspflicht anordnen, unter bestimmten Bedingungen innerhalb einer bestimmten Zeitspanne einen Insolvenzantrag zu stellen[1014], trifft den *director* eine solche Pflicht nach englischem Recht nicht. Da ferner nach der insoweit eindeutigen Rechtsprechung des EuGH[1015] bereits kleine Unterschiede zwischen den jeweiligen Regelungen des Gründungs- und Zuzugsstaates genügen, um eine Beeinträchtigung der Niederlassungsfreiheit anzunehmen, kann ein angeblicher Gleichlauf zwischen der englischen und deutschen Regelung zur Insolvenzantragsstellung nicht angeführt werden, um eine Beeinträchtigung der Niederlassungsfreiheit zu verneinen[1016].

[1011] Vgl. *Zerres* DZWIR 2006, 356, 362.
[1012] *Heckschen* Private Limited Company, S. 221; *Walterscheid* DZWIR 2006, 95, 96.
[1013] *Heckschen* Private Limited Company, S. 225.
[1014] Das gilt unabhängig davon, dass nach mittlerweile wohl herrschender Ansicht in Rechtsprechung und Literatur auch der Geschäftsführer einer GmbH in der Krise berechtigt ist, mit sofortiger Wirkung sein Amt niederzulegen; siehe dazu *Fichtelmann* GmbHR 2008, 76, 77 f.
[1015] *EuGH* Slg. 2004, I-2409, 2452 Rn. 43 (*Hughes de Lasteyrie du Saillant*); *v. Hase* BB 2006, 2141, 2146.
[1016] Vgl. zu den Unterschieden zwischen deutschem und englischem Recht zur Insolvenzantragsstellung *v. Hase* BB 2006, 2141, 2146.

bb. Kein Anwendungsfall der Keck-Rechtsprechung

Regelungen, die keinen gesellschaftsrechtlichen Bezug aufweisen, sind grundsätzlich aus dem Anwendungsbereich der Niederlassungsfreiheit herauszunehmen. Man kann sie als bloß verkaufsbezogene Beschränkungen im Sinne der Keck-Rechtsprechung ansehen oder sie (wie hier) als in ihrer Wirkung auf die Niederlassungsfreiheit so ungewiss und indirekt einordnen, dass sie nicht als geeignet erachtet werden können, die Entscheidung über eine Niederlassung in den Mitgliedsstaaten der EU zu beeinflussen (*rule of remoteness*)[1017].

Das Abstellen von Teilen der Literatur auf die Keck-Rechtsprechung geht in diesem Zusammenhang indes fehl. Trotz insolvenzrechtlicher Qualifikation der Insolvenzantragspflicht berücksichtigt diese Argumentation nicht ausreichend, dass die Insolvenzantragspflicht – auch wenn sie erst am Ende der Lebensphasen einer Gesellschaft relevant wird – gleichwohl Einfluss ausübt auf vorgelagerte Zeiträume. Als Teil der Pflichtenlage der Leitungsorgane einer Gesellschaft bestimmt die Insolvenzantragspflicht die Identität der Gesellschaft mit, ist also in der Terminologie der Keck-Rechtsprechung „produktbezogen"[1018] oder im Sinne der *rule of remoteness* in ihrer Wirkung auf die Niederlassungsfreiheit nicht zu ungewiss oder indirekt. Denn die Frage hinsichtlich eines Marktaustritts berührt nicht nur die Entscheidung, ob überhaupt der Marktzutritt angestrebt wird, sondern betrifft das Existenzrecht der Gesellschaft schlechthin[1019]. Im Übrigen bewirkt die Insolvenzantragspflicht die Verpflichtung, dass sich die Leitungsorgane fortwährend über den Liquiditätsstatus der Gesellschaft und die zukünftige Geschäftsentwicklung informieren[1020]. Diese Pflicht kommt einer zusätzlichen Buchführungspflicht gleich, hinsichtlich derer der EuGH bereits entschieden hat, dass es sich dabei um eine Beschränkung der Niederlassungsfreiheit handelt[1021].

[1017] Siehe 3. Kapitel B. III. 3. c.; *Hoffmann* in *Sandrock/Wetzler* Deutsches Gesellschaftsrecht im Wettbewerb, S. 247.
[1018] Vgl. *Berner/Klöhn* ZIP 2007, 106, 112.
[1019] Zum letzten Aspekt *Bittmann/Gruber* GmbHR 2008, 867, 870 ff.
[1020] *Berner/Klöhn* ZIP 2007, 106, 112.
[1021] *EuGH* Slg. 1997, I-2471, 2499 f. Rn. 23 ff. (*Futura Participations*).

cc. Rechtfertigung der Beeinträchtigung der Niederlassungsfreiheit

Die Anwendung der Insolvenzantragspflicht auf *directors* ist allerdings vor dem Hintergrund des intendierten Ziels (Schutz des Rechtsverkehrs vor notleidenden Gesellschaften) im Ergebnis gerechtfertigt[1022].

Im Schutz der Alt- und potentiellen Neugläubiger einer Scheinauslandslimited lässt sich ein schutzwürdiges zwingendes Allgemeininteresse erkennen[1023]. Da nach alter und neuer deutscher Rechtslage alle Geschäftsleiter von Kapitalgesellschaften insolvenzantragspflichtig sind, handelt es sich auch um eine nicht diskriminierende Regelung[1024].

Angezweifelt wird allerdings teilweise die Eignung der Insolvenzantragspflicht zum Schutz der (potentiellen) Insolvenzgläubiger[1025]: Im Urteil Centros habe der EuGH ausgeführt, dass die Vorgabe eines Mindestkapitals für Scheinauslandsgesellschaften zum Gläubigerschutz ungeeignet sei, da ausländische Gesellschaften derselben Rechtsform, die aber keine Scheinauslandsgesellschaften seien, ohnehin ohne derartige Vorgaben in jedem Mitgliedsstaat der EU tätig werden dürften. Übertrage man diese Rechtsprechung auf den Fall der Insolvenzantragspflicht, müsse man zu dem Schluss kommen, dass auch die Unterwerfung aller *directors* von Scheinauslandslimiteds unter eben diese Pflicht nicht verhindern könne, dass sonstige insolvente Limiteds in Deutschland ganz legal und ohne entsprechende Insolvenzantragspflicht operierten. Nämlich dann, wenn sie ihren tatsächlichen Verwaltungssitz in England hätten und somit englisches Insolvenzrecht anwendbar wäre, welches eine Insolvenzantragspflicht nicht kenne. Dieser Argumentation ist indessen nicht zuzustimmen und auch der EuGH hat die als Beleg herangezogene Begründung bereits seit der Entscheidung Inspire Art nicht wiederholt, obwohl es auch in nachfolgenden Urteilen um die Rechtfertigung von Mindestkapitalvorschriften ging. Zu Recht, denn bei der Beurteilung der Geeignetheit einer Maßnahme geht es nicht darum, all diejenigen Maßnahmen auszuscheiden, die das als schutzwürdig erkannte Ziel nicht zu hundert Prozent erreichen. Auszuscheiden sind vielmehr nur diejenigen Maßnahmen, die völlig untauglich zur Er-

---

[1022] *Müller* NZG 2003, 414, 417.
[1023] *LG Kiel* ZIP 2006, 1248, 1250; *Wachter* BB 2006, 1463, 1465; *Vallender* ZGR 2006, 425, 441.
[1024] *Bittmann/Gruber* GmbHR 2008, 867, 871.
[1025] *v. Hase* BB 2006, 2141, 2148.

reichung des verfolgten Ziels sind oder bei denen ein inkonsequentes Vorgehen vorliegt[1026].

Erörterungsbedürftig ist ferner die Erforderlichkeit der Insolvenzantragspflicht. Sie wäre nach der Rechtsprechung des EuGH nämlich nicht erforderlich, wenn und soweit dem schutzwürdigen Allgemeininteresse bereits durch die Vorschriften des Herkunftsstaates Rechnung getragen würde[1027]. Da es dabei nicht auf die Identität des Schutzes ankommt, kann der durch den Herkunftsstaat gewährleistete Schutz im Einzelfall hinter dem Schutz des Zuzugsstaates zurückbleiben[1028]. Enthielte daher das englische Recht Regelungen, die auch die Interessen der Gläubiger von Scheinauslandslimiteds in der Nähe der Insolvenz schützten, käme eine Rechtfertigung der Insolvenzantragspflicht nach deutschem Recht nicht in Betracht[1029]. In genau diesem Sinne ist eine Entscheidung des AG Bad Segeberg[1030] zu verstehen, welche die Insolvenzantragspflicht des *directors* einer in Deutschland tätigen Scheinauslandslimited mit Hinweis auf den im englischen Recht durch die Rechtsinstitute *fraudulent* und *wrongful trading*, secs. 213 und 214 IA 1986, gewährleisteten Gläubigerschutz verneint. Richtig ist daran, dass diese Rechtsinstitute aufgrund ihrer gesellschaftsrechtlichen Qualifikation auf Scheinauslandslimiteds anwendbar sind[1031]. In Erinnerung zu rufen ist allerdings, dass der *director* deren Haftungsfolgen nicht nur durch die rechtzeitige Stellung eines Insolvenzantrages, sondern auch schlicht durch Amtsniederlegung entkommen kann[1032]. Damit allein aber wäre dem Interesse (potentieller) Gläubiger nicht gedient. Ferner ist zu beachten, dass beide Rechtsinstitute aufgrund ihrer strengen Anforderungen vor allem hinsichtlich des subjektiven Tatbestandes rechtstatsächlich wenig Anwendung finden und faktisch sogar ein Handeln in der tiefsten Insolvenz zulassen[1033]. Praktisch eine größere Rolle spielt zwar die Haftung von

---

[1026] Vgl. *EuGH* Slg. 2003, I-13031, 13099 Rn. 67 und 69 (*Gambelli*); *Noll-Ehlers* EuZW 2008, 522, 522 ff.

[1027] Vgl. *EuGH* Slg. 2003, I-13031, 13100 Rn. 73 (*Gambelli*); *EuGH* Slg. 1986, 3755, 3756 f., 4. Leitsatz (*Kommission/Deutschland*); *Berner/Klöhn* ZIP 2007, 106, 112 f.

[1028] *EuGH* Slg. 1996 I-2691, 2725 Rn. 17 (*Kommission/Italien*); *Bittmann/Gruber* GmbHR 2008, 867, 872.

[1029] *Berner/Klöhn* ZIP 2007, 106, 113.

[1030] *AG Bad Segeberg* DZWiR 2005, 436, 437.

[1031] 6. Kapitel B. IV. 1.

[1032] *Heckschen* Private Limited Company, S. 225.

[1033] 6. Kapitel B. I. und II.

directors gemäß der so genannten West Mercia-Doktrin[1034], nach der jeder *director* seiner Gesellschaft die Pflicht schuldet, Gläubigerinteressen zu berücksichtigen, wenn sich die Gesellschaft in oder nahe einer Insolvenzlage befindet, und er sich ersatzpflichtig macht, wenn er diese Vorgabe missachtet[1035]. Ein Haftungstatbestand ist allerdings nicht geeignet, einen mit der Insolvenzantragspflicht vergleichbaren Gläubigerschutz zu bewirken. Denn während die Insolvenzantragspflicht erreichen soll, dass Dritte schon gar keine (neuen) Geschäfte mehr mit der insolvenzreifen Limited eingehen, bewirkt ein gegen den *director* gerichteter Schadensersatzanspruch allenfalls, dass ein tatsächlich eingetretener Schaden nachträglich möglicherweise (!) wieder ausgeglichen werden kann. Abgesehen vom jeweils zu betreibenden Aufwand für den Schadensausgleich, hängt der wirtschaftliche Wert eines solchen Anspruchs von der Zahlungsfähigkeit des *directors* ab. Die Insolvenzantragspflicht des *directors* einer Scheinauslandslimited nach deutschem Recht ist daher erforderlich, weil ein vergleichbarer Schutz aufgrund englischer Regelungen nicht besteht[1036]. Erst die Anwendung der deutschen Regelung schließt diese Lücke.

Eine weitere Herausforderung stellt sich im Rahmen der Verhältnismäßigkeit im Zusammenhang mit dem vom EuGH in der Entscheidung Inspire Art entwickelten Informationsmodell[1037]. Mit diesem wird etwa die Unanwendbarkeit inländischer Kapitalschutzvorschriften begründet, indem argumentiert wird, dass (potentielle) Gläubiger bereits an der entsprechenden Bezeichnung der jeweiligen Gesellschaft erkennen könnten, ob sie in- oder ausländischen Kapitalschutzvorschriften unterfiele. Teilweise wird vertreten, dass dieses Begründungsmuster ebenso der Rechtfertigung der Insolvenzantragspflicht entgegen stünde, da für (potentielle) Gläubiger ebenfalls erkennbar sei, dass eine Scheinauslandslimited sogar noch nach Eintritt der Insolvenz weiter operieren könne, solange vernünfti-

---

[1034] *Liquidator of West Mercia Safetywear Ltd v Dodd* (1988) 4 BCC 30; *Bachner* in *Lutter* Das Kapital der Aktiengesellschaft in Europa, S. 550 f.
[1035] *Bachner* in *Lutter* Das Kapital der Aktiengesellschaft in Europa, S. 546; Bei der West Mercia-Doktrin handelt es sich um eine gesellschaftsrechtliche Regelung, die an die Geschäftsleiterpflichten des *directors* anknüpft, *Bachner* in *Lutter* Das Kapital der Aktiengesellschaft in Europa, S. 550; *Base Metal Trading Ltd. v Shamurin* (2005) 1 WLR 1157.
[1036] Vgl. *Eidenmüller* NJW 2005, 1618, 1621; zweifelnd *Bittmann/Gruber* GmbHR 2008, 867, 872.
[1037] Siehe dazu 3. Kapitel B. III. 4. b. bb. bbb.

ge Rettungschancen bestünden[1038]. Aber dieser Einwand verfängt nicht. Bei der Insolvenzantragspflicht geht es darum, sicherzustellen, dass eine insolvenzreife Gesellschaft aus dem Verkehr gezogen wird. Nur wenn (potentielle) Gläubiger über die Insolvenzreife informiert sind, können sie von (neuen) Geschäften mit der Limited absehen. Besteht beim Informationsmodell des EuGH hinsichtlich der Art der Gesellschaft und der damit zusammenhängenden Haftungsverfassung zumindest für bestimmte Gläubiger die Möglichkeit, sich zu informieren, gilt das für den „Krisengrad" einer Gesellschaft gerade nicht. Hier sind die (potentiellen) Gläubiger mangels interner Kenntnisse auf die durch die Limited und ihren *director* aktuell bereitgestellten Informationen angewiesen. Zu eben diesen gehört aber gerade auch die Stellung eines Insolvenzantrages[1039].

6. Ergebnis

Die insolvenzrechtliche Qualifikation der Insolvenzantragspflicht nach altem und neuem Recht führt zur Anwendbarkeit dieser Regelung auf *directors* von Scheinauslandslimiteds. Darin ist kein Verstoß gegen die Niederlassungsfreiheit zu sehen, da sie aus zwingenden Gründen des Allgemeininteresses gerechtfertigt ist.

Zusammen mit der durch § 15a Abs. 1 und 4 InsO eingeführten rechtsformunabhängigen Strafbarkeit wegen Insolvenzantragspflichtverletzung ergibt sich, dass nach neuem Recht auch *directors* wegen Insolvenzverschleppung strafbar sein können. Hinsichtlich verbleibender Altfälle sind nach wie vor die verfassungsrechtlichen Grenzen der Strafbarkeit zu erörtern (dazu unter III.).

III. Verfassungsrechtliche Grenzen der strafrechtlichen Verantwortlichkeit in Altfällen

Unter dem Gesichtspunkt einer möglichen, strafrechtlich jedoch unzulässigen Analogie war und ist für Altfälle die Strafbarkeit des *directors* wegen Verstoßes gegen seine Insolvenzantragspflicht größten Zweifeln ausgesetzt, bezieht sich §

[1038] *v. Hase* BB 2006, 2141, 2148; Auch die grundsätzliche Kritik am Informationssystem, dass deliktische Neugläubiger ungeschützt blieben, ändere daran nichts. Denn auch bei Bejahung der Insolvenzantragspflicht seien deliktische Gläubiger nicht vollumfänglich abgesichert, *Berner/Klöhn* ZIP 2007, 106, 113 f.
[1039] Vgl. *Lieder* DZWIR 2005, 399, 402.

84 Abs. 1 Nr. 2 GmbHG a. F. in Verbindung mit § 64 Abs. 1 GmbHG a. F. dem Wortlaut nach doch allein auf Geschäftsführer[1040].

Gleichwohl wurde argumentiert, die Einbeziehung des *directors* unter § 84 Abs. 1 Nr. 2 GmbHG a. F. sei mit der Rechtsprechung des BVerfG zum Wortlaut als äußerster Grenze der Auslegung im Strafrecht vereinbar[1041]. Mit dem Wortlaut sei nämlich nicht der rechtlich besetzte Wortlaut gemeint, sondern das allgemeinsprachliche Verständnis eines Begriffs. Dieses Verständnis wiederum überschreite die Grenze der Auslegung nicht, wenn der allgemeine Wortsinn die vorgenommene Auslegung noch decke[1042]. Der gesellschaftsrechtliche Geschäftsführer-Begriff sei daher nicht maßgebend. Verwiesen wird in diesem Zusammenhang auf die Rechtsprechung des BGH, die den faktischen Geschäftsführer als Adressaten des § 84 Abs. 1 Nr. 2 GmbH a. F. anerkannt hat[1043]. Entsprechendes müsse für den *director* gelten, da dieser – genauso wie der faktische Geschäftsführer bei der GmbH – eine juristische Person leite. Darüber hinaus werde der *director* nicht nur umgangssprachlich, sondern sogar in Rechtsprechung[1044] und Literatur[1045] regelmäßig als Geschäftsführer der Limited bezeichnet.

Dem ist nicht zuzustimmen. Die Einbeziehung des *directors* unter § 84 Abs. 1 Nr. 2 GmbHG a. F. sprengt den Wortlaut der Norm[1046] und bedeutet eine strafbegründende und somit verfassungsrechtlich (Art. 103 Abs. 2 GG) unzulässige Analogie[1047]. Die vorgebrachten Argumente können nicht verdecken, dass die Strafbarkeit des *directors* nach altem Recht gesetzlich nicht bestimmt ist. Zwar ist grundsätzlich davon auszugehen, dass sich der Wortsinn tatsächlich aus der Sicht der Allgemeinheit der Bürger bestimmt. Wenn aber der Gesetzgeber erkennbar von einem spezifischen, anderen Begriffsverständnis ausgeht, so wird die Grenze der Auslegung überschritten, wenn diesem Begriff ein anderer Bedeutungsinhalt gegeben wird. Dass der deutsche Gesetzgeber bei Erlass von § 84 Abs. 1 Nr. 2 GmbHG a. F. von einem bestimmten deutschen (!) Geschäftsführer-Begriff aus-

---

[1040] Entsprechend verhält es sich mit § 401 Abs. 1 Nr. 2 AktG a. F. und § 148 Abs. 1 Nr. 2 GenG a. F., die sich jeweils auf Mitglieder des Vorstandes (und Liquidatoren) beziehen.
[1041] *Gross/Schork* NZI 2006, 10, 12 f.; vgl. *Hellmann/Beckemper* Wirtschaftsstrafrecht, S. 138.
[1042] Zum möglichen Wortsinn des Gesetzes als Auslegungsgrenze im Bereich des Strafrechts *BVerfGE* 92, 1, 12.
[1043] Vgl. *BGHSt* 21, 101, 103.
[1044] Siehe dazu *BGH* NJW 2005, 1648, 1648 f.
[1045] Siehe dazu *Schumann* DB 2004, 743, 747.
[1046] *Bittmann/Gruber* GmbHR 2008, 867, 867.
[1047] *Mankowski/Bock* ZStW 120 (2008), 704, 753.

ging, kann nicht bezweifelt werden. Auch auf dem Wege der aus dem internationalen Privatrecht bekannten Substitution[1048] lässt sich ein anderes Ergebnis nicht erreichen, trägt sie doch Züge der aus dem nationalen Recht bekannten Analogie[1049], die im Strafrecht gerade verboten ist. Aber selbst wenn man den englischen Begriff *director* mit dem deutschen Begriff Geschäftsführer übersetzt[1050] und ferner davon ausgeht, dass Übersetzungen noch dem möglichen Wortsinn des Gesetzes entsprechen, kann § 84 Abs. 1 Nr. 2 GmbHG a. F. auf den *director* einer Limited keine Anwendung finden. Dies ist Folge der systematischen Stellung der Norm im GmbHG, welches sich allein auf diese Gesellschaftsform und auf das Verhalten eines GmbH-Geschäftsführers bezieht, sich aber nicht auf die Limited und ihren *director* erstreckt[1051]. Zwar wird bisweilen behauptet, auch dieser Gesichtspunkt spreche nicht gegen eine Strafbarkeit des *directors*, da es sich bei der Limited um eine der GmbH entsprechende Gesellschaft handele[1052]. Doch kann das bei den tatsächlich existierenden Unterschieden nicht nachvollzogen werden. Die Ineinssetzung von GmbH und Limited bedeutet vor dem Hintergrund des Gesetzlichkeitsprinzips eine verbotene Analogie, soweit durch sie eine Strafbarkeit des *directors* begründet werden soll[1053].

Ebenso wenig kann sich eine strafrechtliche Verantwortlichkeit aus einer Zusammenschau von § 84 Abs. 1 Nr. 2 GmbHG a. F., § 401 Abs. 1 Nr. 2 AktG a. F. und § 148 Abs. 1 Nr. 2 GenG a. F. ergeben. Auch dies widerspräche Art. 103 Abs. 2 GG. Soweit diesem Ergebnis kriminalpolitische Erwägungen entgegengehalten werden[1054], ist das abzulehnen, denn sie sind nicht geeignet, den Grundsatz nulla poena nullum crimen sine lege außer Kraft zu setzen.

[1048] Dies meint die Ersetzung einer inländischen Rechtserscheinung durch eine ausländische, *Kropholler* IPR, S. 231.
[1049] *Eidenmüller* in *Eidenmüller* Ausländische Kapitalgesellschaften im deutschen Recht, § 9 Rn. 34.
[1050] Siehe jedoch zur Unmaßgeblichkeit der Übersetzung des Wortes *director* als Geschäftsführer *Worm* Die Strafbarkeit eines directors, S. 53: Es handelt sich dabei um ein der Verständlichkeit dienendes Etikett, nicht um einen terminus technicus.
[1051] *Ransiek* in *Ulmer/Habersack/Winter* GmbHG, Vor § 82 Rn. 68; *Worm* Die Strafbarkeit eines directors, S. 52.
[1052] *Gross/Schork* NZI 2006, 10, 12, der allerdings i. E. die Strafbarkeit des *directors* nach § 84 Abs. 1 Nr. 2 GmbHG a. F. ablehnt, da ihn jedenfalls keine Insolvenzantragspflicht nach § 64 Abs. 1 GmbHG a. F. treffe.
[1053] Vgl. *Müller-Gugenberger* in FS für Tiedemann, S. 1003, 1014.
[1054] Vgl. *Otto* in *Hopt/Wiedemann* AktG, Vor § 399 Rn. 9; vgl. *Südbeck* in *Park* Kapitalmarktstrafrecht, § 399 AktG Rn. 11.

IV. Ergebnis

Die Strafbarkeit des *directors* einer Limited wegen Insolvenzverschleppung ist auf Grundlage der vor dem Inkrafttreten des MoMiG geltenden Rechtslage nicht bestimmt im Sinne des Art. 103 Abs. 2 GG und daher ausgeschlossen[1055]. Bei Altfällen vor dem 01.11.2008 bleibt der *director* mithin straffrei. Das folgt aus der vormals rechtsformspezifischen Ausgestaltung der Regelungen zur Insolvenzverschleppung. Voraussetzung der Strafbarkeit war danach die „Geschäftsführereigenschaft" oder „Vorstandsmitgliedschaft" eines Geschäftsleiters. Der *director* einer Limited ist aber kein Geschäftsführer oder Vorstandsmitglied in diesem Sinne. Insbesondere die Auslegung, dass der *director* Geschäftsführer im Sinne des § 84 Abs. 1 Nr. 2 GmbHG a. F. sei, überschreitet den Wortlaut dieser Norm und verstößt somit gegen das strafrechtliche Gesetzlichkeitsprinzip, da der Wortlaut den unübersteigbaren Rahmen für die Auslegung nach dem Regelungssinn einer strafrechtlichen Norm liefert[1056].

Erst durch die Einführung von § 15a Abs. 1 und Abs. 4 InsO ist für alle Fälle, die sich nach dessen Inkrafttreten ereignen, eine Strafbarkeit des *directors* wegen Insolvenzverschleppung möglich.

B. Konkretisierung deutscher Straftatbestände durch englisches Gesellschaftsrecht am Beispiel der Untreue und der Insolvenzstraftaten im engeren Sinne

Ganz zentral wirkt sich der Einfluss der Niederlassungsfreiheit auf die Strafbarkeit des *directors* nach deutschem Recht durch Statuierung der Pflicht zur Konkretisierung deutscher Strafnormen durch englisches Gründungsrecht aus. Dies soll beispielhaft anhand der Untreue (dazu unter I.) und der Insolvenzstraftaten im engeren Sinne (dazu unter II.) verdeutlicht werden.

[1055] *Schlösser* wistra 2006, 81, 84; Siehe zum möglichen Wortsinn des Gesetzes als Auslegungsgrenze im Bereich des Strafrechts *BVerfGE* 92, 1, 12.

[1056] *BVerfG* wistra 2002, 175, 178; Im Falle einer Limited & Co. KG kam auch schon bislang eine Strafbarkeit nach §§ 130a Abs. 1 und 130b Abs. 1 HGB in Betracht, *Kienle* GmbHR 2007, 696, 696; *Werner* in *Wachter/Römermann* Die Limited und andere EU-Gesellschaften im Praxistest, 2006, 41 ff.; Dies liegt an der rechtsformneutralen Formulierung dieser Vorschriften.

I. Untreue

Mit Blick auf die Strafbarkeit des *directors* gemäß jener Strafnormen, deren Tatbestandsmerkmale außerstrafrechtliche, vor allem gesellschaftsrechtliche Normen in Bezug nehmen, bietet sich die Untreue gemäß § 266 StGB für eine stellvertretende Betrachtung aufgrund ihrer Praxisrelevanz besonders an. Ein rein tatsächlicher Befund ergibt nämlich, dass deutsche Strafverfolgungsbehörden verstärkt auf den Tatbestand der Untreue zurückgreifen, um (vermeintliche) Pflichtverletzungen im Bereich des Gesellschaftsrechts durch Organe, Organmitglieder und sonstige Leitungspersonen juristischer Personen mit Mitteln des Strafrechts zu ahnden und auf diese Weise gegen unerwünschte Verhaltensweisen im Bereich des Wirtschaftslebens vorzugehen[1057]. Dazu werden unternehmerische und sonstige Entscheidungen an gesellschaftsrechtlichen Vorgaben gemessen, um sodann aus der gesellschaftsrechtlichen Pflichtwidrigkeit unter Umständen einen Untreuevorwurf ableiten zu können[1058]. Als besonders spektakulär ist in Deutschland das Verfahren Mannesmann/Vodafone[1059] in Erinnerung.

Die Untreue ist noch aus einem weiteren Grund für eine nähere Betrachtung geeignet. Wie bei kaum einem anderen Straftatbestand des deutschen Rechts werden gesellschaftsrechtliche Fragestellungen an den verschiedensten Stellen relevant. Dies kommt bereits bei der Einordnung des *directors* als Normadressat des § 266 StGB zum Tragen (dazu unter 1.), setzt sich fort bei der Diskussion über die Vereinbarkeit des Untreuetatbestandes mit dem Bestimmtheitsgrundsatz (dazu unter 2.) und gilt schließlich im Rahmen des objektiven Tatbestandes sowohl für die Begründung als auch für die Verletzung der Vermögensbetreuungspflicht ebenso wie für die Feststellung der Pflichtwidrigkeit der Tathandlungen (dazu unter 3.)[1060]. Keiner dieser Aspekte kann ohne Rückgriff auf die Vorgaben des Gesellschaftsrechts behandelt werden[1061]. Verdeutlicht wird dies abschließend

---

[1057] *Krekeler/Werner* Unternehmer und Strafrecht, S. 306 f.; *Hoffmann* in *Sandrock/Wetzler* Deutsches Gesellschaftsrecht im Wettbewerb, S. 257.

[1058] *Kubiciel* NStZ 2005, 353, 353; vgl. auch *Bosch/Lange* JZ 2009, 225, 226 f.

[1059] Siehe dazu *LG Düsseldorf* NJW 2004, 3275 ff.; ebenso 1. Kapitel A.

[1060] Zu beachten ist, dass sich die Feststellung der Treuepflicht, die Tathandlung und die Pflichtwidrigkeit zwar systematisch trennen lassen, dass praktisch jedoch die Prüfung dieser Merkmale häufig vermischt wird, *Fischer* StGB, § 266 Rn. 59.

[1061] Dabei ist § 266 StGB keine Blankettnorm, *Gross/Schork* NZI 2006, 10, 15; Dies folge aus dem Umstand, dass sich die tatbestandlichen Voraussetzungen der Strafandrohung nicht allein aus der Inkorporation fremder Norminhalte ergebe, sondern aus dem Zusammenwirken von außerstrafrechtlichen Pflichten und dem Vermögensschutz bezweckenden § 266 StGB, *Kubiciel*

durch eine Darstellung ausgewählter Fallkonstellationen innerhalb des § 266 StGB (dazu unter 4.).

1. Der director als Normadressat des § 266 StGB

a. Tatbestandliche Vorgaben und gesellschaftsrechtlicher Bezug

§ 266 Abs. 1 StGB enthält mit dem Missbrauchs- und dem Treubruchstatbestand zwei Tatbestandsvarianten[1062], die beide das Vorliegen einer Vermögensbetreuungspflicht voraussetzen, welche der Täter vorsätzlich verletzen und dadurch das ihm anvertraute Vermögen schädigen muss[1063]. Die für beide Tatbestandsvarianten identische[1064] Pflicht zur fremdnützigen Vermögensbetreuung macht die Untreue zu einem Sonderdelikt. Täter kann nur derjenige sein, der eine Obhutsstellung gegenüber fremdem Vermögen inne hat[1065].

Der Untreuetatbestand selbst enthält keine Angaben zur Begründung und zum Inhalt der Vermögensbetreuungspflicht. Dies muss daher aus außerstrafrechtlichen Regelungen und Umständen hergeleitet werden[1066]. Damit ist das Tor aufgestoßen für die Anwendung englischer gesellschaftsrechtlicher Regelungen[1067]. Den Täter muss im Innenverhältnis zum Vermögensinhaber die Pflicht treffen, dessen Vermögensinteressen zu betreuen[1068], für fremdes Vermögen einzuste-

---

NStZ 2005, 353, 357; Bisweilen wird jedoch von einer blankettartig weit gefassten Strafnorm gesprochen, *Dierlamm* in MüchKomm zum StGB, § 266 Rn. 229; ebenso *Nelles* Untreue, S. 505, nach der der Relativsatz „Pflicht, fremde Vermögensinteressen zu betreuen" nur das Produkt einer an den Täter gerichteten Norm sei. Diese Norm müsse im Verhältnis zwischen ihm und dem Vermögensinhaber verbindlich regeln, dass er sich um die von diesem definierten Zwecke des Vermögenseinsatzes zu kümmern habe. Der Relativsatz weise also nur auf die Existenz einer entsprechenden Norm hin, gebe aber keinen Aufschluss darüber, um welche Norm es sich handele. § 266 StGB sei insoweit als Blankettnorm ausgestaltet, i. E. aber nur blankettartig, da sich die sonstigen Voraussetzungen für die Begründung der Pflicht auch aus dem Tatbestand des § 266 StGB selbst ergäben. Diese sonstigen Tatbestandsmerkmale enthielten normative Voraussetzungen für die Begründung einer Vermögensbetreuungspflicht.

[1062] So die h. M., *Möhrenschlager* in *Dölling* Handbuch der Korruptionsprävention, 8. Kapitel VIII. Rn. 111; Umstritten ist ihr Verhältnis zueinander. Nach h. M. ist der engere Missbrauchstatbestand ein Spezialfall des Treubruchstatbestandes und vor diesem zu prüfen, *Schünemann* in LK zum StGB, § 266 Rn. 25; Eine umfassende Darstellung der Tatbestandsstruktur und damit verbundener Einzelfragen findet sich bei *Nelles* Untreue, S. 186 ff.
[1063] BGHSt 24, 386, 387; *Fischer* StGB, § 266 Rn. 6; *Samson/Günther* in SK-StGB, § 266 Rn. 3 ff.
[1064] Vgl. *BGH* wistra 2006, 105, 107 (*Kinowelt*); *Fischer* StGB, § 266 Rn. 6.
[1065] *Schünemann* in LK zum StGB, § 266 Rn. 160.
[1066] Vgl. *Kubiciel* NStZ 2005, 353, 354.
[1067] *Radtke* GmbHR 2008, 729, 730 ff.; *Richter* in FS für Tiedemann, S. 1023, 1034.
[1068] *Dierlamm* in MünchKomm zum StGB, § 266 Rn. 30, 34 f. und 142.

hen[1069]. Zur Bestimmung des Vorliegens einer solchermaßen beschriebenen Pflichtenstellung haben Rechtsprechung und Lehre verschiedene Indizien entwickelt[1070]. Insgesamt muss eine Geschäftsbesorgung vorliegen, in deren Rahmen der Täter zu einer fremdnützigen Vermögensfürsorge in einer nicht ganz unbedeutenden Angelegenheit verpflichtet ist[1071]. Als begrenzende Kriterien werden insbesondere der Grad der Selbständigkeit, das Ausmaß der wirtschaftlichen Bewegungsfreiheit und Verantwortlichkeit des Verpflichteten[1072] sowie Dauer, Art und Umfang der Tätigkeit berücksichtigt[1073]. Ferner muss die Vermögensbetreuungspflicht – gemessen am Innenverhältnis – eine wesentliche Pflicht des Täters sein[1074].

Vor dem Hintergrund dieser Voraussetzungen wird klar, dass als klassische Adressaten einer Vermögensbetreuungspflicht vor allem Organmitglieder und Führungskräfte von Gesellschaften in Betracht kommen[1075], deren Verhältnis zur jeweiligen Gesellschaft maßgeblich durch gesellschaftsrechtliche Vorgaben determiniert wird. So steht beim Geschäftsführer einer GmbH außer Zweifel, dass er Normadressat sowohl des Missbrauchs- als auch des Treubruchstatbestandes zum Nachteil der Gesellschaft ist[1076]. Seine Vermögensbetreuungspflicht wird mit seiner gesellschaftsrechtlichen Stellung, konkret seiner herausgehobenen Pflichtenbindung als Organ der Gesellschaft, begründet[1077]. Der Geschäftsführer besitzt nach § 35 Abs. 1 und § 37 Abs. 2 GmbHG die Befugnis, über das Vermögen der Gesellschaft zu verfügen und sie anderen gegenüber zu verpflichten. Ferner obliegt es ihm, nach Maßgabe des § 43 Abs. 1 GmbHG die Vermögensinteressen der

---

[1069] Unzureichend sind bloß allgemeine vertragliche Sorgfalts- und Rücksichtnahmepflichten wie sie beispielsweise aus Kauf- und Mietverträgen bekannt sind.
[1070] *Kindhäuser* in NK zum StGB, § 266 Rn. 32 ff.
[1071] *BGH*St 49, 147, 155; *BGH*St 22, 190, 191 f.; *Lenckner/Perron* in Schönke/Schröder StGB, § 266 Rn. 23a; *Nelles* Untreue, S. 524 ff. und 539 ff.
[1072] *Dierlamm* in MünchKomm zum StGB, § 266 Rn. 35; Dem Merkmal der Selbständigkeit im Umgang mit fremdem Vermögen kommt besondere Bedeutung zu. Der Vermögensinhaber muss dem Vermögensbetreuungspflichtigen sein Vermögen anvertrauen, ihm Herrschaft darüber einräumen und zugleich die fremdnützige Herrschaft von Kontrolle freistellen, *Schünemann* in LK zum StGB, § 266 Rn. 82 ff.
[1073] *BGH*St 13, 315, 317; kritisch *Dierlamm* in MünchKomm zum StGB, § 266 Rn. 52.
[1074] Oft wird insoweit von einer Hauptpflicht gesprochen, die den Täter treffen muss, in Abgrenzung zu einer bloß beiläufigen Nebenpflicht, *Fischer* StGB, § 266 Rn. 36.
[1075] *Große Vorholt* Wirtschaftsstrafrecht, S. 90.
[1076] *Lenckner/Perron* in Schönke/Schröder StGB, § 266 Rn. 25; *Schaal* in Rowedder/Schmidt-Leithoff* GmbHG, Vor §§ 82-85 Rn. 10 f.
[1077] *Krekeler/Werner* Unternehmer und Strafrecht, S. 314.

Gesellschaft wahrzunehmen[1078]. Und auch wenn der *director* kein Organ der Limited ist, können die Gedanken zum GmbH-Geschäftsführer doch sinngemäß herangezogen werden (dazu unter b.). Umfang und Grenzen der Rechte und Pflichten des *directors* im Verhältnis zur Limited ergeben sich im Wesentlichen aus dem zugrundeliegenden Gesellschaftsrechtsverhältnis, konkretisiert insbesondere durch die *articles* und die *directors' duties*[1079]. Klargestellt wird dies durch sec. 171 CA 2006. Dass neben dem gesellschaftsrechtlichen Bestellungsakt regelmäßig auch ein bloß schuldrechtlicher Anstellungsvertrag zwischen *director* und Limited besteht, ändert an der Relevanz des Gesellschaftsrechts nichts, sondern wirkt allenfalls modifizierend auf die gesellschaftsrechtlichen Vorgaben ein. Entsprechend verhält es sich im Verhältnis zu Dritten.

b. Die Vermögensbetreuungspflicht des directors

aa. Gegenüber der Limited

Gemessen an den vorgenannten Kriterien ist der *director* Normadressat des § 266 StGB, wenn es um eine Untreuestrafbarkeit zu Lasten der Limited geht. Aufgrund seiner Selbständigkeit und der ihm im Rahmen der Geschäftsführung und Außenvertretung zustehenden Entscheidungsfreiheit[1080] obliegt ihm gegenüber der Gesellschaft eine qualifizierte Vermögensbetreuungspflicht[1081].

[1078] Auch der Gesellschafter-Geschäftsführer einer Einmann-GmbH kann Täter einer Untreuestrafbarkeit zu Lasten der Gesellschaft sein, denn auch ihm ist das der GmbH zugeordnete Vermögen fremd, *BGH*St 34, 379, 384 f.; *Wagner/Hermann* BB 1999, 608, 612; Da die rein tatsächliche Herrschaft über fremdes Vermögen als ausreichend für die Begründung eines (tatsächlichen) Treueverhältnisses angesehen wird, wenn damit ein schützenswertes Vertrauen in die Wahrnehmung fremder Vermögensinteressen verbunden ist, trifft auch den bloß faktischen GmbH-Geschäftsführer eine untreuerelevante Pflichtenstellung, *Krekeler/Werner* Unternehmer und Strafrecht, S. 314; *BGH* NStZ 1996, 540, 540 f.

[1079] *Baas-Holler* Geschäftsführerpflichten im englischen und deutschen GmbH-Recht, S. 159.

[1080] Siehe dazu 5. Kapitel B. II. 3. b. aa. und bb. aaa.

[1081] Vgl. *Tiedemann* GmbH-Strafrecht, Vor §§ 82 ff. Rn. 66 f.; vgl. ferner *Radtke* GmbHR 2008, 729, 734; *Schumann* wistra 2008, 229, 230; vgl. *Baas-Holler* Geschäftsführerpflichten im englischen und deutschen GmbH-Recht, S. 138 f.; Das gilt grundsätzlich nicht für die Zeit nach Eröffnung des Insolvenzverfahrens. Das ist vergleichbar mit der Situation eines GmbH-Geschäftsführers, dessen Vermögensbetreuungspflicht nach Eröffnung des Insolvenzverfahrens grundsätzlich erlischt, *Fischer* StGB, § 266 Rn. 48. Seit Inkrafttreten der Insolvenzordnung am 01.01.1999 ist der Geschäftsführer jedoch u. U. auch nach Eröffnung des Insolvenzverfahrens vermögensbetreuungspflichtig. Ihm obliegt weiterhin die Wahrung bestimmter Vermögensinteressen, hinsichtlich derer er eine Straftat nach § 266 StGB begehen kann, *Bittmann/Rudolph* wistra 2000, 401, 402 ff.; *Krekeler/Werner* Unternehmer und Strafrecht, S. 315 f.; zur alten

Das Rechtsverhältnis zwischen *director* und Limited ist ihrer Struktur nach wesentlich auf die Fürsorge für das Vermögen der Gesellschaft ausgerichtet. Die Limited als Zuordnungsobjekt von Rechten und Pflichten besitzt ihr eigenes, für den *director* fremdes Vermögen[1082]. Als juristische Person kann sie aber nicht selbst ein auf dieses Vermögen bezogenes Verhalten realisieren, sondern muss sich dazu einer anderen Person, und zwar der des *directors* bedienen. So ist er es, der vermögensrelevante Geschäftsführungsmaßnahmen im Innenverhältnis ergreift und Vertretungshandlungen im Außenverhältnis vornimmt. Berührt werden dadurch aber stets die Vermögensinteressen der Limited.

Sowohl Geschäftsführungsmaßnahmen als auch Vertretungshandlungen des *directors* erfolgen in eigener Verantwortung. Soweit ihm aufgrund der *articles of association* Befugnisse zugestanden sind, besitzt er eine Bewegungsfreiheit, die es ihm erlaubt, zwischen verschiedenen Handlungsalternativen zu wählen. Seine Entscheidungen können dabei grundsätzlich weder durch Beschlüsse der Gesellschafter überstimmt werden[1083], noch unterliegt er deren Weisungsbefugnis[1084]. Sollten die *articles of association* jedoch ausnahmsweise entsprechende Beschränkungen der Handlungsfreiheit auf einzelnen Gebieten oder in bestimmten Situationen enthalten[1085], so steht dies der Selbständigkeit des *directors* gleichwohl nicht entgegen, solange ihm überhaupt ein zur selbständigen Wahrnehmung verbleibender Handlungsspielraum auf einem für die Vermögensfürsorge relevanten Gebiet verbleibt[1086].

bb. Gegenüber Dritten
Ob sich die Vermögensbetreuungspflicht auf fremdes Vermögen bezieht, beurteilt sich allein nach materiellem Recht[1087]. Daher ist denkbar, dass den *director* auf-

---

Rechtslage *BGH* wistra 1998, 105, 105 f.; kritisch *Lenckner/Perron* in *Schönke/Schröder* StGB, § 266 Rn. 34.

[1082] Vgl. *Salomon v Salomon & Co* (1897) AC 22; Dies gilt für alle juristischen Personen. Für den Geschäftsführer einer GmbH folgt dies aus § 13 Abs. 1 GmbHG; *Krekeler/Werner* Unternehmer und Strafrecht, S. 314 u. 328 f.; *Müller-Christmann/Schnauder* JuS 1998, 1080, 1082.

[1083] *Just* Die englische Limited in der Praxis, Rn. 144.

[1084] Siehe dazu 5. Kapitel B. II. 3. b. aa. und bb. aaa.; *Luke* Die U.K. Limited, S. 36.

[1085] *Heinz* Die englische Limited, § 6 Rn. 3 ff.; Den Gesellschaftern steht sonst nur die Abberufung des *directors* als Möglichkeit offen, eine Änderung der Geschäftspolitik herbeizuführen, *Ladiges/Pegel* DStR 2007, 2069, 2070.

[1086] *Dierlamm* in MünchKomm zum StGB, § 266 Rn. 50.

[1087] *Lenckner/Perron* in *Schönke/Schröder* StGB, § 266 Rn. 6.

grund seiner Tätigkeit auch Dritten gegenüber eine Vermögensbetreuungspflicht trifft. Als Dritte kommen dabei insbesondere Gesellschafter, Kreditgeber und Arbeitnehmer in Betracht.

Gemäß sec. 172 (1) CA 2006 ist der *director* verpflichtet, verschiedene (nicht abschließend aufgezählte) Faktoren zu berücksichtigen, wenn er seiner Verpflichtung nachkommt, den Erfolg der Gesellschaft zu befördern. Konkret muss er (a) die wahrscheinlichen Langzeitkonsequenzen seiner Entscheidungen in Rechnung stellen, (b) die Interessen der Arbeitnehmer der Gesellschaft in Betracht ziehen, (c) das Erfordernis, die Beziehungen zu Zulieferern, Kunden und anderen zu stärken, bedenken, (d) die Auswirkungen der Tätigkeiten der Gesellschaft auf die Gemeinschaft und die Umwelt beachten, (e) den Wunsch der Gesellschaft, eine hohe Reputation hinsichtlich des eigenen Geschäftsverhaltens zu bewahren, in seine Entscheidung einbeziehen und (f) das Erfordernis des fairen Umgangs hinsichtlich der Mitglieder der Gesellschaft berücksichtigen.

Die Pflicht zur Berücksichtigung der Interessen Dritter, der so genannten *stakeholder*[1088], ist zumindest auf den ersten Blick ein deutliches Abrücken von der traditionellen Linie des englischen Gesellschaftsrechts, nach welcher der *director* seine Treue- und Sorgfaltspflichten allein der Gesellschaft schuldet. Sowohl unter dem *common law* als auch unter dem CA 1985 ist der Schutz für Gesellschafter und *non-member stakeholder* nur gering ausgeprägt. Ob und inwieweit die Neuregelung in sec. 172 (1) CA 2006 *directors* und vor allem englische Gerichte dazu bewegen wird, die Interessen Dritter zukünftig stärker zu betonen, ist zur Zeit noch offen[1089]. Gleichwohl soll nachfolgend untersucht werden, ob sich aus den Änderungen möglicherweise untreuerelevante Pflichten ihnen gegenüber ergeben können.

[1088] Der *Stakeholder*-Ansatz versucht, Unternehmen in ihrem gesamten sozialökonomischen Kontext zu erfassen und die Bedürfnisse der verschiedenen Anspruchsgruppen in Einklang zu bringen. In Theorie und Praxis hat sich zwar noch keine einheitliche Vorstellung durchgesetzt, wer als *Stakeholder* einzuordnen ist. Als *Stakeholder* gelten jedoch neben den *Shareholdern* (den Eigentümern) regelmäßig die Mitarbeiter und Kunden, die Lieferanten und Kreditgeber, der Staat und die Öffentlichkeit (Parteien, Verbände, Kirchen, Medien etc.), teilweise sogar die Natur, siehe zum Ganzen *de Colle* in *Wieland* Handbuch Wertemanagement, S. 526 f.
[1089] Vgl. *Ladiges/Pegel* DStR 2007, 2069, 2072.

aaa. Gesellschafter

Hinsichtlich des Geschäftsführers einer GmbH ist anerkannt, dass diesen keine Pflicht zur Betreuung der Vermögensinteressen der Gesellschafter trifft[1090]. Er steht mit ihnen in keiner Beziehung, welche die Grundlage einer strafrechtlich geschützten Treuepflicht bilden könnte. Seine organschaftliche Stellung und sein Anstellungsvertrag binden ihn allein an die Gesellschaft und verpflichten ihn zu einem Verhalten allein in ihrem Interesse und in ihren Angelegenheiten[1091]. Gerade die Pflichtenbindung zu Gunsten der Gesellschaft kann dazu führen, dass der Geschäftsführer Maßnahmen ergreifen muss, die im Konflikt mit den Interessen der Gesellschafter stehen[1092]. Keine Vermögensbetreuungspflicht ergibt sich insbesondere unter dem Gesichtspunkt einer Identität des Vermögens der Gesellschaft und dem Vermögen der Gesellschafter. Eine solche gibt es nämlich nicht. Zuzugeben ist zwar, dass das Vermögen der Gesellschaft (auch) auf den Einlagen der Gesellschafter basiert und diese wirtschaftlich als Inhaber der Gesellschaft anzusehen sind. In rechtlicher Hinsicht aber ist zwischen dem Vermögen der Gesellschaft und dem der Gesellschafter zu differenzieren[1093].

Nicht anders verhält es sich bei Anwendung englischen Gesellschaftsrechts für den *director* im Verhältnis zu den Gesellschaftern der Limited. Der *director* schuldet seine *fiduciary duties* – und damit seine Vermögensbetreuungspflicht – ausschließlich der Gesellschaft[1094], nicht den Gesellschaftern[1095]. Daran ändert nichts der Umstand, dass die Interessen der Limited durch die Interessen der Ge-

---

[1090] *BGH* NJW 2006, 1984, 1985; *Fischer* StGB, § 266 Rn. 48.
[1091] *BGH* NJW 2006, 1984, 1985.
[1092] Vgl. *Tiedemann* in *Scholz* GmbHG, Vor §§ 82 ff. Rn. 15; Zu denken ist beispielsweise an die Durchsetzung von Nachschusspflichten gemäß §§ 26 ff. GmbHG oder an Maßnahmen zur Erhaltung des Stammkapitals gemäß §§ 30 ff. GmbHG.
[1093] *BGH* NJW 2006, 1984, 1985; Dies zeigt sich u. a. in der Haftungsprivilegierung der Gesellschafter nach § 13 Abs. 2 GmbHG. Den Gläubigern der GmbH haftet allein das Gesellschaftsvermögen. Gesellschaftsvermögen und Gesellschaftervermögen sind haftungstechnisch voneinander getrennt, vgl. *BGH*St 35, 333, 337; *Ransiek* in FS für Kohlmann, S. 207, 213.
[1094] *Multinational Gas and Petrochemical Co v Multinational Gas and Petrochemical Services Ltd* (1983) Ch 258, 288.
[1095] Leiturteil ist *Percival v Wright* (1902) 2 Ch 421; *Peskin v Anderson* (2000) BCC 1110; *Steffek* GmbHR 2007, 810, 811; Nur ganz ausnahmsweise sind fiduziarische Pflichten des *directors* gegenüber einzelnen Anteilseignern angenommen worden. So ist der *director* einer Zielgesellschaft in einer Übernahmesituation verpflichtet, die Anteilseigner nicht zu täuschen, *Heron International Ltd. v Lord Grade* (1983) BCLC 244. Auch innerhalb eines Familienunternehmens können Treuepflichten des *directors* gegenüber den *shareholders* bestehen, *Platt v Platt* (1999) 2 BCLC 745; zum Ganzen *Arsalidou* The Company Lawyer 2002, 23 (2), S. 61 ff.

sellschafter mitbestimmt werden[1096]. Diese traditionelle Sichtweise des *common law* muss auch unter der Geltung des CA 2006 beibehalten werden. Sec. 172 (1) CA 2006 stellt den Erfolg der Gesellschaft in den Vordergrund. Nur indem der *director* diesen Erfolg befördert, handelt er im Interesse der Gesellschafter. Ferner schreibt sec. 170 (1) CA 2006 ausdrücklich fest, dass der *director* alle Pflichten, die ihn nach secs. 171 bis 177 CA 2006 treffen, allein der Gesellschaft schuldet und keinem sonst[1097]. Insoweit unterscheidet sich die Neukonzeption der *directors' duties* nicht vom klassischen Konzept des *shareholder value*, nach welchem der *director* zwar im Ergebnis im Interesse der *shareholder* handelt, seine Pflichten aber allein der Gesellschaft schuldet[1098]. Auch secs. 260 ff. CA 2006, die das gerichtliche Vorgehen von Gesellschaftern gegen *directors* regeln, sprechen für diese Sicht. Gegenüber den Regeln des *common law* sind durch diese Vorschriften die Möglichkeiten der Gesellschafter, gegen einen *director*, der seinen Pflichten nicht nachkommt, gerichtlich vorgehen zu können, erheblich ausgeweitet worden. Es handelt sich aber auch bei diesen *derivative claims* nur um ein Handeln im Namen der Gesellschaft[1099].

bbb. Kreditgeber

Bereits vor Inkrafttreten des CA 2006 wurde diskutiert, ob ein *director* die Interessen von Kreditgebern[1100] im Rahmen seiner Entscheidungsfindung zu berücksichtigen habe[1101]. Ansatzpunkt der Diskussion war schon damals die Erkenntnis, dass die Interessen der Gesellschaft natürlich auch durch die Interessen der Kreditgeber mitbestimmt werden. Hingegen ging es nicht darum, Kreditgebern bestimmte Rechtspositionen einzuräumen[1102]. Daran hat sich durch das Inkrafttreten des CA 2006 nichts geändert. Durch ihn ist der *director* nun zwar gesetzlich verpflichtet, die Interessen der Kreditgeber insoweit zu berücksichtigen, wie es im

---

[1096] *Farrar/Hannigan* Farrar's Company Law, S. 381 f.
[1097] Blackstone's Guide To The Companies Act 2006, S. 82 (13.11).
[1098] Vgl. *Ladiges/Pegel* DStR 2007, 2069, 2071 f.
[1099] *Ladiges/Pegel* DStR 2007, 2069, 2074.
[1100] Schon die Frage nach der Gläubigerschutzfunktion des § 266 StGB wird heftig diskutiert, *BGH* wistra 2000, 18, 19: „Der Untreuetatbestand dient nach seiner Zielrichtung (…) nicht dem Gläubigerschutz, (…)."; *Nelles* Untreue, S. 263: „Indessen ist schon die Annahme, § 266 StGB habe auch gläubigerschützende Funktion, indiskutabel."
[1101] *Grantham* (1991) JBL, 1 ff.; *Prentice* (1990) 10 OJLS, 265 ff.
[1102] *Farrar/Hannigan* Farrar's Company Law, S. 382 ff.; ferner der neuseeländische Fall *Nicholson v Permakraft (NZ) Ltd* (1985) 1 NZLR 242.

Rahmen der Bewertung der Interessen der Gesellschaft erforderlich ist. Rein tatsächlich aber hat eine derartige Berücksichtigung ohnehin stets stattgefunden, weil ohne sie langfristig nicht im besten Interesse der Gesellschaft gehandelt werden kann[1103].

Die Position der Kreditgeber fließt in die Unternehmensstrategie der Limited ein und wird dort berücksichtigt[1104]. Diese bloß mittelbare Berücksichtigung genügt jedoch nicht, um den *director* ihnen gegenüber vermögensfürsorgepflichtig zu machen[1105]. Vielmehr sind Kreditgeber als Teilnehmer des geschäftlichen Verkehrs bestens in der Lage, ihre Interessen selbst zu schützen[1106]. Auch aus den Gläubigerschutzvorschriften des englischen Kapitalgesellschaftsrechts lässt sich keine Vermögensbetreuungspflicht ableiten. Werden diese Vorschriften verletzt, kann es zu zivilrechtlichen Ersatzansprüchen oder *disqualification orders* gegen den *director* kommen. Damit aber ist dem Gläubigerinteresse Genüge getan[1107]. Einer Vermögensbetreuungspflicht seitens des *directors* bedürfen sie nicht.

Eine Vermögensbetreuungspflicht trifft den *director* auch nicht bei einer herannahenden Insolvenz der Limited. Zwar muss er in einer solchen Situation im Rahmen seiner Geschäftsleitung bereits nach den Regeln des *common law* die Interessen der Gesellschaftsgläubiger angemessen berücksichtigen[1108], doch handelt es sich dabei nicht um eine direkte Verpflichtung den Gesellschaftsgläubigern

---

[1103] *Farrar/Hannagan* Farrar's Company Law, S. 386 f.
[1104] Vgl. *Lembeck* NZG 2003, 956, 959.
[1105] Vgl. Blackstone's Guide To The Companies Act 2006, S. 82 (13.11).
[1106] *Nicholson v Permakraft (NZ) Ltd* (1985) 1 NZLR 242, 250; Durch besondere Abreden können untreuerelevante Pflichten gegenüber einem Kreditgeber begründet werden, *Kuwait Asia Bank EC v National Mutual Life Nominees Ltd* (1990) 3 All ER 404, 421.
[1107] Vgl. *Kutzner* NStZ Jahrestagung 2007, S. 15 ff., insb. 19 f. der Tischvorlage: Das Rechtsgut Vermögen bleibe für seinen Inhaber selbst dann disponibel, wenn dieser das Rechtsgut beeinträchtige. Das Strafrecht berücksichtige diesen Gedanken der grundsätzlich unbeschränkten Dispositionsfreiheit durch die Institute der Einwilligung und des Einverständnisses. Daraus folge, dass den Dispositionsbefugten einer Gesellschaft den Gläubigern gegenüber aus den Kapitalschutzregelungen keine Treuepflichten erwüchsen. Die Gläubigerschutzvorschriften führten nicht zur Fremdnützigkeit des Handelns von Geschäftsführern und Gesellschaftern im Verhältnis zu den Gesellschaftsgläubigern.
[1108] Auch West Mercia-Doktrin genannt nach der Rechtssache *Liquidator of West Mercia Safetywear Ltd v Dodd* (1988) 4 BCC 30; *Lonhro Ltd v Shell Petroleum Co Ltd* (1980) 1 WLR 627, 634 per Lord Diplock; *Colin Gwyer and Associates v London Wharf (Limehouse) Ltd* (2003) 2 BCLC 153; *Baas-Holler* Geschäftsführerpflichten im englischen und deutschen GmbH-Recht, S. 175; vgl. *Burg* GmbHR 2004, 1379, 1381.

gegenüber[1109]. Wäre dies anders, bestände die Gefahr der doppelten Beanspruchung des *directors* wegen desselben Fehlverhaltens. So könnte nicht nur der Insolvenzverwalter für die Gläubiger insgesamt, sondern auch jeder einzelne Gläubiger jeweils für sich im eigenen Namen und aus eigenem Recht gegen den *director* vorgehen. Darüber hinaus würde der Grundsatz des pari passu als tragende Säule des englischen Insolvenzrechts für Kapitalgesellschaften in Frage gestellt. Letztlich widerspräche die Einräumung fiduziarischer Treuepflichten gegenüber einzelnen Gläubigern dem kollektiven Charakter des Liquidationsverfahrens[1110]. Das gilt auch nach Inkrafttreten des CA 2006. Insbesondere begründet der neu eingeführte sec. 172 (3) CA 2006, nach dem eine Pflicht des *directors* besteht, die Gläubigerinteressen mit zu berücksichtigen, sobald er weiß oder hätte wissen müssen, dass die Gesellschaft mit überwiegender Wahrscheinlichkeit künftig nicht in der Lage sein werde, ihre Verbindlichkeiten bei Fälligkeit zu erfüllen[1111], keine Vermögensbetreuungspflicht gegenüber Kreditgebern der Limited[1112]. Denn auch insoweit greift sec. 170 (1) CA 2006, der klarstellt, dass der *director* die Pflichten, die ihn nach secs. 171 ff. CA 2006 treffen, allein der Gesellschaft schuldet und niemandem sonst[1113].

ccc. Arbeitnehmer

Lange Zeit war im *common law* unstreitig, dass *directors* nicht einmal berechtigt waren, die Interessen von Arbeitnehmern zu berücksichtigen[1114]. Später statuierten dann zwar secs. 39, 309 und 719 CA 1985 die Pflicht zur Berücksichtigung

---

[1109] *Bank* Die britische LLP, S. 216; *Yukong Line Ltd of Korea v Rendsburg Investment Corporation of Liberia (No 2)* (1998) BCC 870, 885; vgl. *Colin Gwyer and Associates v London Wharf (Limehouse) Ltd* (2003) 2 BCLC 153; *Hirt* ECFR 2004, 71, 82; *Milman* (2004) JBL 493, 498; a. A. *Winkworth v Edward Baron Development Co Ltd* (1986) 1 WLR 1512, 1516 f.
[1110] Zum Ganzen *Prentice* (1990) OJLS 10, 265, 275 f.; *Bank* Die britische LLP, S. 217.
[1111] Nach sec. 172 (3) CA 2006 gehen der Pflicht aus sec. 172 (1) CA 2006 Gesetzes- und Richterregeln vor, die von den *directors* ein Handeln im Interesse der Gläubiger verlangen. Dies betrifft Verbote wie *wrongful trading* gemäß sec. 214 IA 1986 und die West Mercia-Doktrin, *Steffek* GmbHR 2007, 810, 812.
[1112] Vgl. *Steffek* GmbHR 2007, 810, 811; Auch hinsichtlich des Geschäftsführers einer GmbH ist anerkannt, dass diesen keine Pflicht zur Betreuung der Vermögensinteressen von Kreditgebern trifft. Insbesondere deren Befriedigungsinteresse ist nicht geschützt, BGH NJW 2000, 154, 155; vgl. *Lenckner/Perron* in Schönke/Schröder StGB, § 266 Rn. 25; Siehe auch *OLG Hamm* wistra 2002, 400, 400, nach dem § 266 StGB nur mittelbar auch die Gläubiger schütze.
[1113] Blackstone's Guide To The Companies Act 2006, S. 82 (13.11).
[1114] *Parke v Daily News Ltd* (1962) Ch 927, reversed by sec. 719 CA 1985.

von Arbeitnehmerinteressen[1115], doch konnte diese allenfalls von den Gesellschaftern durchgesetzt werden, nicht von den Arbeitnehmern selbst. Denn auch die Berücksichtigungspflicht war nur der Gesellschaft geschuldet[1116]. Diese Rechtslage bleibt nach Einführung des CA 2006 unverändert, denn wieder gilt die Aussage von sec. 170 (1) CA 2006. Der *director* ist den Arbeitnehmern der Limited gegenüber nicht vermögensbetreuungspflichtig.

cc. Ergebnis

Untreuerelevante Pflichten schuldet der *director* allein der Gesellschaft[1117]. Nur ihr gegenüber übt er eine fremdnützige Vermögensfürsorge aus, nur ihr ist er insoweit verpflichtet[1118]. Dieser Leitgedanke aus dem Urteil Percival v Wright[1119] ist durch sec. 170 (1) CA 2006 zum Gesetzesrecht erhoben worden. Die Vermögensbetreuungspflicht beginnt mit Antritt und erlischt mit Beendigung seiner Stellung als *director*.

2. Vereinbarkeit von Untreuetatbestand und Bestimmtheitsgebot

Bereits an anderer Stelle[1120] wurde darauf hingewiesen, dass der Beachtung des Bestimmtheitsgebots in der Ausprägung der Vorhersehbarkeit von Strafbarkeit und Strafe besondere Aufmerksamkeit gewidmet werden muss, wenn die Strafbarkeit des *directors* an Regelungen anknüpft, die dem englischen Rechtskreis entstammen. Diese Problematik stellt sich im Rahmen des § 266 StGB mit besonderer Schärfe, denn mit Blick auf Art. 103 Abs. 2 GG wird verschiedentlich bereits in Fallkonstellationen ohne jeden Auslandsbezug die Verfassungskonformität des § 266 Abs. 1 StGB in Frage gestellt[1121]. Anknüpfungspunkt der Bedenken ist

---

[1115] *Proctor/Miles* Corporate Governance, S. 4 (Fußnote 11); *Ladiges/Pegel* DStR 2007, 2069, 2070.

[1116] So ausdrücklich sec. 309 (2) CA 1985: *"Accordingly, the duty imposed by this section on the directors is owed by them to the company (and the company alone) and is enforceable in the same way as any other fiduciary duty owed to a company by its directors."*

[1117] Und grundsätzlich kann allein sie diese Pflichten geltend machen, *Foss v Harbottle* (1843) 2 Hare 461; Nur ausnahmsweise ist es den Gesellschaftern selbst möglich, die Pflichten des *director's* durchzusetzen. Dies dann aber im Interesse der Limited, *Farrar/Hannigan* Farrar's Company Law, S. 395.

[1118] *Mayson/French/Ryan* Company Law, S. 458.

[1119] *Percival v Wright* (1902) 2 Ch 421.

[1120] Siehe dazu 4. Kapitel A. II.

[1121] *Lesch* DRiZ 2004, 135, 135; *Dierlamm* in MünchKomm zum StGB, § 266 Rn. 3.

zum einen die Frage nach dem Normadressaten, zum anderen die Frage nach dem Inhalt der Vermögensbetreuungspflicht, ferner das Problem, welche Qualität eine Verhaltensweise besitzen muss, um als strafrechtlich relevante Pflichtverletzung zu erscheinen.

Ausgangspunkt der Erörterung hier ist die Einsicht, dass auch ein hohes Maß an Unbestimmtheit einer Strafvorschrift nicht automatisch die verfassungsrechtliche Legitimation entzieht. Dies gilt umso mehr, da das BVerfG das Bestimmtheitsgebot insgesamt großzügig handhabt[1122]. Eine Strafnorm ist danach auch dann noch hinreichend bestimmt, wenn sie sich in ihrer praktischen Handhabung durch Rechtsprechung und Lehre als ausreichend bestimmbar erweist[1123] und ihr durch verfassungskonforme Auslegung wenigstens ein zweifelsfreier Bedeutungskern entnommen und der Rechtsanwendung zugrunde gelegt werden kann[1124].

Eine Verfassungswidrigkeit des auf *directors* angewandten § 266 StGB kommt daher nicht in Betracht, wenn ihnen ihre Stellung als Normadressat des Untreuetatbestandes erkennbar ist, sie die Maßgeblichkeit des englischen Gründungsrechts im Rahmen der Anwendung der Norm erkennen können und ihnen die durch das englische Gesellschaftsrecht konkret auferlegten Pflichten erkennbar sind.

Da *directors* als Geschäftsleiter von juristischen Personen zum klassischen Adressatenkreis der Untreue zählen, bedarf die Frage der Erkennbarkeit der Stellung als Normadressat keiner weiteren Erörterung[1125]. Einer kurzen Betrachtung sollen aber die beiden letztgenannten Aspekte unterzogen werden (dazu unter a. und b.).

a. Erkennbarkeit der Maßgeblichkeit des Gründungsrechts

Die dem *director* obliegenden und für § 266 StGB maßgeblichen Pflichten bestimmen sich im Wesentlichen nach englischem Gesellschaftsrecht[1126]. *Directors* ist erkennbar, dass im Rahmen des Untreuetatbestandes die Pflichtenstellung nach dem Gesellschaftsrecht des Gründungsstaates herangezogen wird, um daran

---

[1122] *Marxen* in NK zum StGB, § 14 Rn. 7.
[1123] *Eser* in Schönke/Schröder StGB, § 1 Rn. 20.
[1124] *Bieneck* in *Bieneck* Handbuch des Außenwirtschaftsrechts, § 25 Rn. 9.
[1125] Siehe dazu 8. Kapitel B. I. 1.
[1126] *AG Stuttgart* wistra 2008, 226, 229; *Schumann* wistra 2008, 229, 230.

anknüpfend bei Verstößen eine strafbare Verletzung der Vermögensbetreuungspflicht aufzuhängen. Die Maßgeblichkeit des englischen Gesellschaftsrechts ist der entscheidende Grund, dass es zur Entstehung von Scheinauslandslimiteds in Deutschland kommt. Sie werden eingerichtet, gerade weil sie auch in Deutschland nach englischem Recht leben. Sollte jedoch, was kaum vorstellbar scheint, einzelnen *directors* dieser Umstand nicht bewusst sein, ist das kein Grund, an der Erkennbarkeit der Maßgeblichkeit englischen Rechts als solches zu zweifeln. Derartige Einzelfälle können vielmehr über die Anwendung der Irrtumsregeln gelöst werden[1127].

b. Erkennbarkeit des Inhalts der Treue- und Sorgfaltspflichten

Vor Inkrafttreten des CA 2006 fanden sich die so genannten *directors' duties* vorwiegend im *case law* und nur sehr vereinzelt in den verschiedenen CAs und sonstigen Gesetzen[1128]. Es ist unter anderem dieser Zustand gewesen, der dazu geführt hat, dass eine gewisse Anzahl von *directors* tatsächlich keine ausreichende Kenntnis ihrer Pflichten hatte oder diese jedenfalls inhaltlich nicht richtig verstand[1129]. Es war daher erklärtes Ziel der *Company Law Reform*, diesen Missstand durch eine Kodifikation der Pflichten der *directors* zu beseitigen[1130]. In secs. 170 ff. CA 2006 sind daher nun die *general duties*[1131] eines *directors* aufgeführt. Tatsächlich handelt es sich dabei überwiegend um eine Kodifizierung hergebrachter, auf *common* und *equity law* beruhenden Pflichten. Jedoch wurden auch einige Modifizierungen vorgenommen[1132].

[1127] Vgl. *Mankowski/Bock* ZStW 120 (2008), 704, 713.
[1128] Zu diesen Gesetzen gehören der Insolvency Act 1986, der Company Directors Disqualification Act 1986, der Financial Services Act 1986 und der Enterprise Act 2002.
[1129] *Department of Trade and Industry* White Paper (März 2005), S. 20; *Grier* Scots Law Times 2005, 193, 193; vgl. *Lembeck* NZG 2003, 956, 963.
[1130] Versuche, die Pflichten der *directors* in Gesetzesform zu gießen, scheiterten mehrfach, vgl. Companies Bill 1973, cls 52 f., und Companies Bill 1978, cls. 44 ff.; Im Jahre 1993 kündigte das DTI an, eine Arbeitsgruppe hinsichtlich der Pflichten von *directors* einzusetzen. Über die Fertigstellung eines unveröffentlicht gebliebenen *draft reports* kamen diese Bemühungen aber nicht hinaus, vgl. DTI Companies in 1993-94 (1994), S. 2, und DTI Companies in 1994-95 (1995), S. 3; vgl. ferner *Arden* in *Rawlings* Law, Society and Economy, S. 91 ff.
[1131] Die Pflichten aus secs. 171 ff. CA 2006 bilden den Grundstock der *directors' duties*. Ergänzende Pflichten ergeben sich aus speziellen Regelungen, zum Beispiel die Pflicht zur Einreichung eines Jahresabschlusses aus sec. 441 CA 2006.
[1132] Siehe dazu *Baas-Holler* Geschäftsführerpflichten im englischen und deutschen GmbH-Recht, S. 39 ff.; Die *directors' duties* sind – abgesehen von sec. 175 CA 2006 – bereits zum 01.10.2007 in Kraft getreten, *Steffek* GmbHR 2007, 810, 810 f.

Mangelnde Kenntnis einiger *directors* von ihrer Pflichtenstellung ist jedoch kein Argument gegen die Bestimmtheit des Untreuetatbestandes. Denn das Bestimmtheitsgebot verlangt hinsichtlich der Vorhersehbarkeit von Strafbarkeit und Strafe (wie bereits im 4. Kapitel A. II. näher dargelegt) vom Gesetzgeber, die Voraussetzungen der Strafbarkeit und die jeweils angedrohte Strafe so genau zu umschreiben, dass der Einzelne die Möglichkeit hat, sein Verhalten auf die Rechtslage einzurichten und die Tragweite und den Anwendungsbereich eines Straftatbestandes – zumindest im Wege der Auslegung – zu erkennen[1133]. Der Einzelne muss wissen können, was strafrechtlich verboten ist, um in der Lage zu sein, seine Strafbarkeit zu vermeiden[1134]. Ob er sich diese Kenntnis tatsächlich verschafft, ist eine andere Sache. Insoweit ist allerdings zu beachten, dass jeder Geschäftsleiter zumindest verpflichtet ist, sich, soweit dies möglich ist, über die für ihn maßgeblichen gesetzlichen Bestimmungen zu informieren. Man kann insoweit von einer „typischen Berufspflicht" sprechen[1135]. Außerdem geht es vorliegend um das Verhalten von Personen, die aufgrund eigener autonomer Entscheidungen eine ausländische Rechtsordnung zur Grundlage und zum Maßstab ihrer wirtschaftlichen Betätigung machen[1136]. Zieht man diesen Maßstab heran, war die Erkennbarkeit der *directors' duties* auch schon vor Erlass der secs. 170 ff. CA 2006 gegeben[1137], denn entsprechende Informationen waren bereits damals vielfältig, vor allem aber beim *Companies House* in Cardiff erhältlich[1138]. Das selbständige Durchforsten unüberschaubarer Rechtsprechung und Literatur wurde und wird keinem *director* abverlangt. Aus diesem Grunde ist es auch unschädlich, dass bei der Auslegung und Konkretisierung der einzelnen mittlerweile kodifizierten Pflichten gemäß sec. 170 (4) CA 2006 weiterhin auf die Grundsätze des *common law* und die *equitable principles* zurückzugreifen ist. Im Übrigen ist dem englischen Gesetzgeber die Kodifizierung der umfangreichen Pflichten der *directors* gelungen. Secs. 170 ff. CA 2006 sind hinreichend bestimmt, um eine Norm-

---

[1133] *BVerfG* NJW 2007, 1666, 1666; *Schmahl* in Schmidt-Bleibtreu/Hofmann/Hopfauf GG, Art. 103 Rn. 32; *Fischer* StGB, § 1 Rn. 5.
[1134] *BVerfGE* 75, 329, 340 f.; *BVerfGE* 57, 250, 262; *BVerfGE* 25, 269, 285.
[1135] *Schröder* NStZ 2006, 669, 673.
[1136] *Radtke* GmbHR 2008, 729, 734 f.
[1137] Vgl. *Worm* Die Strafbarkeit eines directors, S. 111 ff.
[1138] Das *Companies House* verteilt umfangreiche Broschüren, so dass die Aufklärung der *directors* von Limiteds tatsächlich weit größer ist als von Geschäftsführern einer GmbH, *Rönnau* ZGR 2005, 832, 856.

befolgung zu ermöglichen[1139]. Auch steht es jeder Person in Deutschland frei, sich über die für die Limited maßgeblichen Vorschriften beraten zu lassen[1140]. Gerade die Regelungen zu den *directors' duties* werden in Rechtsprechung, Lehre und Praxis mehr und mehr erörtert[1141].

c. Ergebnis

§ 266 StGB ist auch bei Anwendung auf *directors* von Scheinauslandslimiteds und des damit einhergehenden Rückgriffs auf englisches Gesellschaftsrecht hinreichend bestimmt im Sinne des Art. 103 Abs. 2 GG. Denkbar ist allenfalls, dass einzelne konkrete Ausdeutungen des Untreuetatbestandes den *directors* nicht (mehr) erkennbar sind. Dies führt jedoch nicht zur Verfassungswidrigkeit der Norm insgesamt, sondern allein zur Unanwendbarkeit im konkreten Einzelfall.

3. Gesellschaftsrechtliche Bezüge des objektiven Tatbestands

Der objektive Tatbestand des § 266 StGB lässt sich mit dem BGH wie folgt umschreiben: „Tathandlung der Untreue nach § 266 Abs. 1 StGB ist die im Außenverhältnis wirksame, aber im Verhältnis zum Geschäftsherrn bestimmungswidrige Ausübung der Befugnis zur Vermögensverfügung oder Verpflichtung (Missbrauchstatbestand) oder die Verletzung der sich aus einem Treueverhältnis erge-

---

[1139] *Steffek* GmbHR 2007, 810, 814; Vgl. auch *Baas-Holler* Geschäftsführerpflichten im englischen und deutschen GmbH-Recht, S. 41 und 251, die zwar davon ausgeht, dass das englische Gesellschaftsrecht hinsichtlich der *directors' duties* durch den CA 2006 „zunächst einmal eher noch unübersichtlicher" werden wird, „bis die Umsetzung des Gesetzes auch durch die englische Rechtsprechung erfolgt ist". Letzteres wird nach ihrer Einschätzung aber nicht lange dauern: „Der Companies Act 2006 wird jedoch vor allem einen Beitrag zur Vereinheitlichung und Objektivierung der Pflichten eines *directors* leisten und gerade hier auch kurzfristig Bedeutung erlangen."
[1140] Das ist auch die Sicht der Bundesregierung in ihrer Antwort (BT-Drs. 16/283, S. 5) auf die 12. Frage der Kleinen Anfrage der FDP-Bundestagsfraktion u. a. zu Auswirkungen und Problemen der Limited in Deutschland (BT-Drs. 16/134, S. 3). Auf die Frage, welche Risiken die Bundesregierung für deutsche Unternehmer bei der Gründung einer Limited hinsichtlich der oftmals unzureichenden Kenntnisse über die englischen Rechtsvorschriften sehe, antwortete diese, dass jeder Unternehmer sich sachkundig durch, insbesondere, Rechtsanwälte, Notare und die Industrie- und Handelskammern beraten lassen könne und sollte.
[1141] Siehe allgemein *Steffek* GmbHR 2007, 810 ff.; ebenso *Ladiges/Pegel* DStR 2007, 2069 ff.; Aber auch spezifische Fragestellungen werden erörtert. Vgl. zum Beispiel *Tal* GmbHR 2007, 254 ff. zum Problem des Verbots der Financial Assistance.

benden Vermögensbetreuungspflicht (Treubruchstatbestand); Taterfolg ist die Verursachung eines Vermögensnachteils."[1142]

Auf die Bedeutung des (englischen) Gesellschaftsrechts für die Begründung der in beiden Tatbestandsvarianten erforderlichen Vermögensbetreuungspflicht des Täters soll an dieser Stelle nicht mehr eingegangen werden. Insoweit genügt ein Hinweis auf die vorstehenden Ausführungen in diesem Kapitel[1143]. Der nachfolgende Abschnitt konzentriert sich vielmehr auf die verbleibenden Tatbestandsmerkmale des Missbrauchstatbestandes (dazu unter a.) und des Treubruchstatbestandes (dazu unter b.), soweit jeweils ein gesellschaftsrechtlicher Bezug in Rede steht.

a. Missbrauchstatbestand
aa. Verfügungs- und Verpflichtungsbefugnis für fremdes Vermögen
Der Missbrauchstatbestand, § 266 Abs. 1 Alt. 1 StGB, stellt den Missbrauch einer durch Gesetz, behördlichen Auftrag oder Rechtsgeschäft eingeräumten rechtlichen Befugnis, über fremdes Vermögen zu verfügen oder eine andere natürliche oder juristische Person zu verpflichten, unter Strafe. Verfügungsbefugt ist der Täter, wenn er fremde Vermögensrechte wirksam übertragen, ändern, aufheben oder belasten kann. Verpflichtungsbefugt ist er, wenn er das Vermögen eines anderen wirksam mit Verbindlichkeiten belasten kann.

Die Fremdheit des Gesellschaftsvermögens ergibt sich für den *director* aus der Tatsache, dass die Limited nach englischem Recht eine juristische Person ist, die selbst Zuordnungsobjekt von Rechten und Pflichten ist[1144]. Auch die Frage, welche Personen in Bezug auf das Vermögen der Limited originär verfügungs- und verpflichtungsbefugt sind, beantwortet sich nach dem Gründungsstatut[1145]. Dies bestimmt, wer gesetzlicher Vertreter der Limited ist und welchen Umfang dessen Befugnisse haben[1146]. Grundsätzlich legen die *articles of association* fest, dass

---

[1142] *BGH*St 43, 293, 296; Der entscheidende Unterschied zwischen beiden Tatbestandsvarianten ist, dass der Täter im Falle des Missbrauchstatbestandes den Geschäftsherrn rechtlich wirksam bindet, im Falle des Treubruchstatbestandes hingegen nicht, *Krekeler/Werner* Unternehmer und Strafrecht, S. 308.
[1143] B. I. 1. a.
[1144] 5. Kapitel A. und B. I.
[1145] Vgl. *OLG Frankfurt* OLG Report 2007, 247, 247; *OLG Celle* GmbHR 2005, 1303, 1303; *Rehm* in *Eidenmüller* Ausländische Kapitalgesellschaften im deutschen Recht, § 4 Rn. 39 ff.
[1146] *OLG München* GmbHR 2005, 1302, 1303.

den *directors* sämtliche Befugnisse zur Geschäftsführung und Vertretung zustehen[1147], diese daher die Verfügungs- und Verpflichtungsbefugnis hinsichtlich des Vermögens der Limited besitzen. Nur ausnahmsweise sind gewisse Befugnisse durch Gesetz oder die *articles* den Gesellschaftern zugewiesen[1148].

bb. Missbrauch der Verfügungs- oder Verpflichtungsbefugnis

Der Missbrauch des Täters liegt im Überschreiten einer ihm im Innenverhältnis obliegenden Beschränkung durch das Benutzen einer ihm im Außenverhältnis zu Dritten eingeräumten Befugnis, ein wirksames Verfügungs- oder Verpflichtungsgeschäft vorzunehmen[1149]. Der Täter handelt demnach im Rahmen des rechtlichen Könnens unter Überschreitung des rechtlichen Dürfens[1150].

Dieses Tatbestandsmerkmal ist hinsichtlich der Frage, nach dem Recht welchen Landes es zu konkretisieren ist, differenziert zu betrachten. Hintergrund ist, dass einerseits die Missbrauchshandlung in Form des rechtsgeschäftlichen Handelns als solches im Falle eines Rechtsgeschäfts, an dem eine juristische Person beteiligt ist, Fragen des allgemeinen Zivilrechts und des Vertretungsrechts miteinander vereint, andererseits der Missbrauch erst in der Bestimmungswidrigkeit des Handelns im Verhältnis zum Geschäftsherren liegt[1151]. Letztlich ist die Problematik in der Unterscheidung zwischen Außenverhältnis (dazu unter aaa.) und Innenverhältnis (dazu unter bbb.) begründet.

aaa. Wirksames Verfügungs- oder Verpflichtungsgeschäft

Der Täter muss ein im Außenverhältnis wirksames Verfügungs- oder Verpflichtungsgeschäft tätigen. Dabei kommt es zur Anwendung unterschiedlicher Statuten.

Bei Verfügungsgeschäften gilt im internationalen Sachenrecht der Grundsatz lex rei sitae: Rechte an einer Sache unterliegen dem Recht des Staates, in dem sich die Sache befindet[1152]. Entscheidend für alle dinglichen Rechte und Pflichten,

---

[1147] Im englischen Recht wird dogmatisch nicht zwischen Innen- und Außenvollmacht getrennt, *Bank* Die britische LLP, S. 94 f.
[1148] Zum Ganzen 5. Kapitel B. II. 3. b. aa. und bb. aaa.
[1149] *Brammsen* DB 1989, 1609, 1611.
[1150] *Fischer* StGB, § 266 Rn. 9; *Lenckner/Perron* in *Schönke/Schröder* StGB, § 266 Rn. 17.
[1151] Zu Letzterem *Fischer* StGB, § 266 Rn. 25; *Lenckner/Perron* in *Schönke/Schröder* StGB, § 266 Rn. 18.
[1152] *Thorn* in *Palandt* BGB, Art. 43 EGBGB Rn. 1; Im deutschen Recht ist dieser Grundsatz in Art. 43 Abs. 1 EGBGB niedergelegt. Kommt es zu einer Verbringung einer Sache von einem Staat

den Besitz sowie diesbezügliche Fragen zur Entstehung, Inhalt, Änderung und Übertragung ist mithin das Recht des Lageortes der Sache[1153]. Bei Verpflichtungsgeschäften hingegen ist anerkannt, dass bestimmte Vorschriften über das Zustandekommen und die Wirksamkeit eines Vertrages wie die Voraussetzungen des Vertragsschlusses durch Angebot und Annahme, Dissens, Bedingungen, Willensmängel und deren Folgen zum Vertragsstatut gehören[1154]. Da im internationalen Vertragsrecht der Grundsatz der freien Rechtswahl durch die Parteien greift (Art. 3 Abs. 1 Satz 1 Rom I-VO), kann insoweit sowohl englisches als auch deutsches Recht vereinbart werden.

Besonderheiten sind bezüglich der Voraussetzungen und Rechtsfolgen der „organschaftlichen" Vertretung der Limited zu beachten. Insoweit ist anerkannt, dass sich dieser Regelungsbereich nach den Vorschriften des Gesellschaftsstatuts richtet und von der Reichweite her nicht nur die Entstehung und Beendigung, sondern auch die Auslegung und den Umfang der Vertretungsmacht sowie die Zulässigkeit des Selbstkontrahierens[1155] umfasst[1156]. Die Voraussetzungen, unter denen das Handeln eines *directors* der Limited zugerechnet wird, bestimmen sich daher insoweit[1157] nach englischem Recht[1158]. Entscheidend sind die Regeln der *agency*,

---

in einen anderen Staat, so ist Art. 43 Abs. 2 EGBGB zu beachten, der einen Statutenwechsel normiert.

[1153] *Thorn* in *Palandt* BGB, Art. 43 EGBGB Rn. 1 und 3; *Kegel/Schurig* IPR, S. 138 und 767.

[1154] *Thorn* in *Palandt* BGB, Art. 10 Rom I-VO Rn. 2 und 3.

[1155] Im deutschen Recht statuiert § 181 BGB ein grundsätzliches Verbot von Insichgeschäften. In solchen Fällen scheidet für Geschäftsführer einer GmbH eine Untreuestrafbarkeit nach § 266 Abs. 1 Alt. 1 StGB (Missbrauchstatbestand) aus, da Handlungen, die nicht von seiner Befugnis umfasst sind, zu keinem Auseinanderfallen von „rechtlichem Können" und „rechtlichem Dürfen" führen. In Betracht kommt allerdings eine Untreuestrafbarkeit nach § 266 Abs. 1 Alt. 2 StGB (Treubruchstatbestand). Auch für den *director* ergibt sich unter der Geltung englischen Gesellschaftsrechts ein Strafbarkeitsrisiko. In England ist eine Regelung entsprechend § 181 BGB unbekannt. Ein Verbot des Selbstkontrahierens gibt es nicht, vgl. sec. 175 (3) CA 2006; *OLG Frankfurt* OLG Report 2007, 247, 248; *Heinz* Die englische Limited, § 6 Rn. 3. Es besteht für den *director* lediglich die Pflicht, ein etwaiges Insichgeschäft und dessen Hintergründe den anderen *directors* gegenüber offenzulegen, secs. 177 (1) und 182 (1) CA 2006. Im Innenverhältnis jedoch verbieten die *fiduciary duties* dem *director*, im Fall eines Interessenkonflikts gegen die Interessen der Gesellschaft zu handeln (*non-conflict-rule*), *OLG Frankfurt* OLG Report 2007, 247, 248. Somit kann eine im Außenverhältnis mögliche Handlung im Innenverhältnis unzulässig sein.

[1156] *Brödermann/Wegen* in *Prütting/Wegen/Weinreich* BGB, Vor Artikel 27 ff EGBGB Rn. 25.

[1157] Dazu *Lüderitz* in *Soergel* BGB Band 10, Art. 10 Anh Rn. 26, 34 und 38: Ob das Verhalten einer Leitungsperson einer juristischen Person dieser zugerechnet wird (§§ 31, 278 und 831 BGB), richtet sich nach dem Delikts- und Vertragsstatut. Die Frage der Geschäftsfähigkeit der juristischen Person gehört aber zur Frage nach ihren Organen. Wer sie sind und in welchem

nach denen das Handeln des *directors* im Rechtsverkehr der Limited zugerechnet wird, wenn und soweit der *director* im Rahmen seiner Vertretungsmacht handelt[1159]. Nach englischem Recht wird Vertretungsmacht in Form der tatsächlichen Vollmacht (*actual authority*) im Wege der ausdrücklichen (*express authority*) oder stillschweigenden Bevollmächtigung (*implied authority*) erteilt[1160]. Letztere liegt regelmäßig dann vor, wenn ein Vertreter zur Erledigung von bestimmten Arten von Geschäften bestellt ist (*general agent*). Dann ist nämlich stillschweigend eine Bevollmächtigung zur Vornahme all derjenigen Rechtshandlungen erteilt, die regelmäßig mit der Erfüllung dieser Aufgaben zusammenhängen[1161]. Etwas anderes gilt nur, wenn die in Rede stehende Handlung ausdrücklich von der Vollmacht ausgenommen ist[1162].

Darüber hinaus existiert auch im englischen Recht eine Rechtsscheinsvollmacht. Es ist dies die so genannte *ostensible authority*[1163]. Liegt sie vor[1164], kann sich der Geschäftsherr aufgrund Einwandswirkung (*estoppel*) nicht auf die fehlende Bevollmächtigung berufen[1165]. Diese Form der Befugnis kann allerdings aus zwei Gründen keine Relevanz im Rahmen des Missbrauchstatbestandes erlangen. Einerseits wird die Möglichkeit, aufgrund von Gutglaubensvorschriften über fremdes Vermögen zu verfügen oder kraft Rechtsscheins einen anderen zu verpflichten, ganz überwiegend schon grundsätzlich nicht als ausreichend angesehen,

---

Umfang sie die juristische Person berechtigen und verpflichten können, entscheidet das Gesellschaftsstatut.

[1158] *Bank* Die britische LLP, S. 94.

[1159] *Farrar/Hannigan* Farrar's Company Law, S. 145; *Davies* Gower and Davies' Principles of Modern Company Law, S. 155 f.

[1160] *Mayson/French/Ryan* Company Law, S. 591; ferner *Bowstead/Reynolds* Agency, Rn. 3-010 ff. und 3-018 ff.

[1161] *Freeman & Lockyer v Buckhurst Park Properties (Mangal) Ltd* (1964) 2 QBD 480; *Burt v Claude Cousins Ltd* (1971) 2 All ER 611.

[1162] *Bank* Die britische LLP, S. 95 (Fußnote 380).

[1163] Auch *apparent authority* genannt.

[1164] Unter die Rechtsscheinsvollmacht fallen Fälle, in denen vernünftigerweise angenommen werden kann, dass die handelnde Person in ihrer konkreten Stellung als Vertreter Vollmacht hat, *Watteau v Fenwick* (1893) 1 QB 346; *Mayson/French/Ryan* Company Law, S. 592 ff.; *Bowstead/Reynolds* Agency, Rn. 3-039, ihre tatsächlichen Befugnisse aber aufgrund von Einschränkungen in den *articles* begrenzt sind, vgl. *Just* Die englische Limited in der Praxis, Rn. 144 und 146.

[1165] *Hely-Hutchinson v Brayhead Ltd* (1968) 1 QB 549, 583; *Waugh v Clifford & Sons* (1982) 1 All ER 1095; Dritte können sich allerdings nicht auf den Rechtsschein berufen, wenn sie wissen, dass eine Bevollmächtigung tatsächlich nicht vorliegt, *Bank* Die britische LLP, S. 96.

um eine Befugnis im Sinne des § 266 Abs. 1 Alt. 1 StGB zu bejahen[1166]. Andererseits fällt der Bereich der Rechtsscheinsvollmacht nicht unter das Gesellschaftsstatut. Erst kürzlich hat der BGH klargestellt, dass die Rechtsscheinshaftung nicht gesellschaftsrechtlich zu qualifizieren sei, sondern als Rechtsinstitut eigener Art[1167]. Da die Rechtsscheinshaftung nicht an die Verletzung spezifischer Organpflichten anknüpfe, unterstände sie nicht dem Gesellschaftsstatut. Duldungs- und Anscheinsvollmacht beurteilen sich vielmehr nach dem Recht des Ortes, an dem Vertrauen geweckt, also der Rechtsschein gesetzt wird und er sich auswirkt[1168]. Englisches Rechtsscheinsrecht[1169] kommt bei einem Rechtsgeschäft in Deutschland damit nicht zur Anwendung.

bbb. Missbrauch der Befugnis

Der Missbrauch seiner Befugnis liegt für den *director* in einem Handeln im Rahmen des rechtlichen Könnens unter gleichzeitiger Überschreitung des rechtlichen Dürfens[1170]. Ob eine solche Konstellation vorliegt, ist im konkreten Einzelfall anhand eines Vergleichs von Außenmacht und Innenberechtigung zu klären. Nachdem vorstehend bereits Ausführungen zum Außenrechtsverhältnis gemacht worden sind[1171], beschränken sich die Ausführungen an dieser Stelle auf die Frage, nach welchem Recht sich das Innenverhältnis bemisst und welche Folgerungen dies nach sich zieht.

Ob der *director* durch die wirksame rechtsgeschäftliche Ausübung seiner Befugnisse gegen die sich aus dem Innenverhältnis zwischen ihm und der Limited ergebende Vermögensbetreuungspflicht verstößt, ist grundsätzlich nach englischem Recht zu beantworten, da das Innenverhältnis vorwiegend gesellschaftsrechtlich determiniert ist[1172]. Dies zeigen die Regelungen hinsichtlich der *general*

[1166] *BGHSt* 5, 61, 62 f.; *Fischer* StGB, § 266 Rn. 20; *Wessels/Hillenkamp* StrafR BT Teil 2, S. 381; Umstritten ist dies nur bei einem fingierten Fortbestehen (§§ 168 und 674 BGB) oder einem Fortwirken (§§ 170 ff. BGB) einer ursprünglich wirksam erteilten Vollmacht, *Fischer* StGB, § 266 Rn. 20 m. w. N.
[1167] *BGH* NJW 2007, 1529, 1530; *BGH* GmbHR 2007, 593, 593.
[1168] *BGH* GmbHR 2007, 593, 593; *BGHZ* 43, 21, 27; *Kindler* NJW 2007, 1785, 1786; a. A. *Leible* IPRax 1998, 257, 260 f.
[1169] Als Rechtsscheinsnorm ist auch sec. 40 (1) CA 2006 einzuordnen, nach dem bei Vorliegen bestimmter Voraussetzungen angenommen wird, dass die Vertretungsmacht des *directors* gutgläubigen Dritten gegenüber nicht beschränkt ist.
[1170] *Schmid* in *Müller-Gugenberger/Bieneck* Wirtschaftsstrafrecht, § 31 Rn. 43.
[1171] Siehe unter aaa.
[1172] *Rönnau* ZGR 2005, 832, 853 f.

duties eines *directors* in secs. 170 ff. CA 2006 deutlich[1173]. Insbesondere nach sec. 171 CA 2006 muss der *director* gemäß den Vorgaben des Gesellschaftsvertrages handeln und darf die ihm auf diese Weise eingeräumte Geschäftsführungsbefugnis und Vertretungsmacht nur zu den Zwecken nutzen, zu denen sie übertragen wurden (*duty to act within powers*). Andererseits darf nicht unterschlagen werden, dass das Innenverhältnis regelmäßig auch auf einem schuldrechtlichen Anstellungsvertrag zwischen Limited und *director* beruht und dieser nicht dem Gesellschaftsstatut, sondern dem Vertragsstatut zugehört, was aufgrund der Rechtswahlfreiheit nach Art. 3 Abs. 1 Satz 1 Rom I-VO insoweit zur Anwendung deutschen Rechts führen kann[1174].

Ein Heranziehen von Regelungen des deutschen Gesellschaftsrechts zur Begründung eines Verstoßes des *directors* gegen seine Pflichtenbindung im Innenverhältnis kommt wegen Unvereinbarkeit mit den Vorgaben des EuGH zur Niederlassungsfreiheit – sieht man von der Möglichkeit der Sonderanknüpfung ab – nicht in Betracht. Das gilt auch für solche Vorschriften des deutschen Gesellschaftsrechts, die einen allgemeingültigen Charakter derart besitzen, dass der in ihnen enthaltene Grundgedanke über die konkret angesprochenen Adressaten hinaus auch andere Gesellschaftsformen berührt. So formuliert zwar beispielsweise der Regierungsentwurf zu § 91 Abs. 2 AktG ausdrücklich, dass die Regelung „Ausstrahlungswirkung auf den Pflichtenrahmen der Geschäftsführer auch anderer Gesellschaftsformen" haben soll[1175]. Über eine derartige „Ausstrahlungswirkung" darf es aber nicht zu einer Aushebelung europarechtlicher Vorgaben kommen. Das gleiche gilt für verschiedentlich im deutschen Recht angeführte Maßfiguren wie den ordentlichen Kaufmann und den sorgfältigen Geschäftsführer. Auch sie sind durch englisches Gesellschaftsrecht auszufüllen[1176].

[1173] Siehe dazu 5. Kapitel B. II. 3. b. bb. bbb.
[1174] Siehe dazu 5. Kapitel B. II. 3. b. bb. bbb.; Dort auch zu den Auswirkungen des Anstellungsvertrages auf die Pflichtenbindung des *directors* gegenüber der Limited; ferner *Brinkmeier/Mielke* Die Limited (Ltd.), S. 41; vgl. *Grohmann/Gruschinske* Der Konzern 2007, 797, 799; vgl. *Fleischer* in *Fleischer* Handbuch des Vorstandsrechts, § 7 Rn. 29; ausführlicher *Volb* Die Limited, S. 50 f.
[1175] Begründung des RegE zu § 91 Abs. 2 AktG, BT-Drs. 13/9712, S. 15.
[1176] Siehe 4. Kapitel A. I. 3. und II. 2.

b. Treubruchstatbestand

Der Treubruchstatbestand, § 266 Abs. 1 Alt. 2 StGB, ist gegeben, wenn der Täter die ihm durch Gesetz, behördlichen Auftrag, Rechtsgeschäft oder durch ein Treueverhältnis obliegende Pflicht, fremde Vermögensinteressen wahrzunehmen, verletzt und dadurch einen Vermögensschaden beim Vermögensinhaber herbeiführt.

aa. Vermögensbetreuungspflicht

Der Treubruchstatbestand knüpft an die tatsächliche Einwirkungsmacht des Täters auf das betroffene Vermögen an, wenn diese Einwirkungsmacht auf einem besonderen, schützenswerten Vertrauen in die Wahrnehmung fremder Vermögensinteressen basiert[1177]. Grundlage der Vermögensbetreuungspflicht kann somit neben einer gesetzlichen Regelung, einem behördlichen Auftrag oder einem Rechtsgeschäft auch ein rein tatsächliches Treueverhältnis sein[1178]. Damit werden unter anderem zivilrechtlich unwirksame oder bereits erloschene Betreuungsverhältnisse erfasst[1179]. Entsprechendes gilt bei gesellschaftsrechtlich unwirksamen Bestellungsakten. Für den *director* bedeutet das, dass er auch im Falle einer bloß faktischen Geschäftsführung eine strafrechtlich relevante Vermögensbetreuungspflicht besitzt[1180]. Das gilt ebenfalls für so genannte *shadow directors*, das heißt Personen, die zwar nicht ausdrücklich als *directors* bestellt wurden und dies nach außen auch nicht vorgeben, die aber einen erheblichen faktischen Einfluss auf die Geschäftsführung der Gesellschaft haben[1181]. Auch sie unterliegen den allgemeinen Treuepflichten wie jeder andere *director*[1182].

[1177] *Fischer* StGB, § 266 Rn. 33; *Krekeler/Werner* Unternehmer und Strafrecht, S. 309.
[1178] *Dierlamm* in MünchKomm zum StGB, § 266 Rn. 144.
[1179] *Fischer* StGB, § 266 Rn. 41 ff.
[1180] Vgl. *Baas-Holler* Geschäftsführerpflichten im englischen und deutschen GmbH-Recht, S. 100 f. und 116; Das erfasst sog. de facto *directors*, also solche, die nicht (mehr) wirksam als *director* bestellt sind, aber nach außen handeln, als hätten sie diese Funktion (noch) inne. Zu beachten ist jedoch, dass nach englischem Gesellschaftsrecht ohnehin nahezu alle Fehler beim Bestellungsakt geheilt werden, siehe Fußnote 546.
[1181] Sec. 251 (1) CA 2006 enthält eine Legaldefinition: „*In the Companies Acts "shadow director", in relation to a company, means a person in accordance with whose directions or instructions the directors of the company are accustomed to act.*"
[1182] *Just* Die englische Limited in der Praxis, Rn. 142; *Baas-Holler* Geschäftsführerpflichten im englischen und deutschen GmbH-Recht, S. 101 und 116.

bb. Verletzung der Vermögensbetreuungspflicht

Der Täter verletzt die ihn treffende Vermögensbetreuungspflicht, wenn er die ihm übertragene Geschäftsbesorgung nicht oder nicht ordnungsgemäß ausführt, also beispielsweise gegen eine gesetzlich oder vertraglich vorgegebene Pflicht verstößt[1183]. Entscheidend ist, dass die Verletzung in einem inneren Zusammenhang mit dem übertragenen Pflichtenkreis steht. Es muss sich um die Verletzung einer spezifischen Treuepflicht handeln[1184]. Der Untreuetatbestand knüpft also auch insoweit an außerstrafrechtliches, im Falle der Limited englisches Gesellschaftsrecht an[1185].

4. Ausgewählte Fallkonstellationen im Rahmen des § 266 StGB

Bei allen Unterschieden im Detail besitzen die Limited und ihr *director* eine besondere Nähe zur deutschen GmbH und ihrem Geschäftsführer sowie Gemeinsamkeiten mit der deutschen AG und ihren Vorstandsmitgliedern. Hinsichtlich dieser beiden Gesellschaftsformen haben sich in der strafrechtlichen Praxis einige bedeutsame Fallgruppen im Rahmen der Untreue herauskristallisiert. Im Folgenden wird untersucht, inwieweit sich auch der *director* nach diesen Fallgruppen strafbar machen kann[1186].

a. Verdeckte Gewinnausschüttung

Im deutschen Kapitalgesellschaftsrecht sind verschiedene Regelungen enthalten, die dem Erhalt des Kapitals der Gesellschaften dienen[1187]. Diese Kapitalerhaltungsvorschriften sollen den Schutz des Gesellschaftsvermögens vor opportunistischen Ausschüttungen an die Gesellschafter oder diesen nahestehende Dritte sicherstellen[1188] und bezwecken letztlich insbesondere den Schutz der Gesellschaftsgläubiger.

[1183] *Dierlamm* in MünchKomm zum StGB, § 266 Rn. 151.
[1184] *Dierlamm* in MünchKomm zum StGB, § 266 Rn. 37.
[1185] *Dierlamm* in MünchKomm zum StGB, § 266 Rn. 152 (Fußnote 362).
[1186] Allgemein zur Vergleichbarkeit des deutschen Straftatbestandes der Untreue gemäß § 266 StGB mit den englischen Straftatbeständen *theft* gemäß sec. 1 Theft Act 1968, *fraud* gemäß sec. 4 Fraud Act 2006 und *fraudulent trading* gemäß sec. 993 CA 2006 *Worm* Die Strafbarkeit eines directors, S. 180 ff. und insb. 190.
[1187] Beispielsweise §§ 57, 62 sowie 93 Abs. 2 und 3 Nr. 1 AktG. Ferner §§ 30, 31 sowie 43 Abs. 2 und 3 GmbHG.
[1188] *Mülbert* Der Konzern 2004, 151, 159.

Strafrechtliche Relevanz besitzt in diesem Zusammenhang unter anderem die so genannte verdeckte Gewinnausschüttung. Darunter ist jede vermögenswerte Zuwendung an einen oder mehrere Gesellschafter zu verstehen, die außerhalb eines geregelten Gewinnausschüttungsverfahrens gewährt wird[1189]. Im Aktienrecht findet sich mit § 57 Abs. 3 AktG ein Verbot verdeckter Gewinnausschüttungen[1190]. Hinsichtlich der GmbH folgt aus § 29 in Verbindung mit § 46 Nr. 1 GmbHG, dass nur die Gesamtheit der Gesellschafter über Gewinnausschüttungen entscheiden kann[1191]. Nimmt daher ein Geschäftsführer ohne Zustimmung der (übrigen) Gesellschafter eine Gewinnausschüttung vor, so bedeutet dies einen Kompetenzverstoß und einen Missbrauch seiner Befugnisse im Innenverhältnis[1192]. Sollte eine (verdeckte) Gewinnausschüttung zu einer Beeinträchtigung des Stamm- oder Grundkapitals führen oder eine Existenzgefährdung der Gesellschaft bewirken, so kommt eine strafrechtlich relevante Handlung sogar dann in Betracht, wenn sie mit Einverständnis aller Gesellschafter vorgenommen wurde[1193].

Faktisch vollziehen sich verdeckte Gewinnausschüttungen häufig durch gesondert neben der gesellschaftsrechtlichen Rechtsbeziehung zwischen der Gesellschaft und den Gesellschaftern bestehende schuldrechtliche Rechtsbeziehungen. Strafrechtlich interessant sind dabei diejenigen Vertragsbeziehungen, die einem Drittvergleich nicht standhalten, die zwischen der Gesellschaft und einem beliebigen Dritten also nicht oder jedenfalls nicht so geschlossen worden wären. Werden innerhalb einer solchen Rechtsbeziehung beispielsweise überhöhte Entgelte gezahlt, liegt die tatsächliche Grundlage vielmehr in der gesellschaftsrechtlichen Beziehung der Parteien[1194]. Für den Geschäftsleiter, der eine solche Vertragsbeziehung unterstützt, kommt damit eine Untreuestrafbarkeit in Betracht.

[1189] *Große Vorholt* Wirtschaftsstrafrecht, S. 104.
[1190] Ein Verstoß ist auch bei Zustimmung aller Aktionäre pflichtwidrig, *Fischer* StGB, § 266 Rn. 103.
[1191] Die Gesellschafter können grds. frei über das Vermögen der Gesellschaft verfügen. Nur wenn eine Gewinnausschüttung das Stammkapital beeinträchtigt oder zu einer Existenz- oder Liquiditätsgefährdung der Gesellschaft führen kann, ist ihre Zustimmung unbeachtlich, *BGH* wistra 2008, 379, 380; *BGH* NJW 2000, 154, 155; *Müller-Christmann/Schnauder* JuS 1998, 1081, 1084.
[1192] *Schäfer* GmbHR 1993, 780, 791; vgl. *Lutter/Hommelhoff* GmbHG, § 29 Rn. 23 f.
[1193] *Fischer* StGB, § 266 Rn. 92 ff.
[1194] *BGH* NJW 1996, 589, 589 f.; ferner *BFH* BStBl. II 1986, 481, 482.

Die Niederlassungsfreiheit verbietet die Anwendung deutscher Kapitalerhaltungsvorschriften auf die Limited[1195]. Eine Untreuestrafbarkeit wegen verdeckter Gewinnausschüttung kann sich für den *director* gleichwohl unter Heranziehung englischen Gesellschaftsrechts ergeben, denn auch dort existieren Vorschriften zur Kapitalerhaltung.

Ausgangspunkt des englischen Kapitalschutzsystems ist eine grundsätzlich umfassende Ausschüttungssperre hinsichtlich des gesamten Gesellschaftsvermögens[1196]. Dieser Grundsatz ist hinsichtlich Gewinnausschüttungen gesetzlich geregelt in sec. 830 (1) CA 2006, nach welchem eine Gesellschaft keine Ausschüttungen (*distributions*) an ihre Gesellschafter vornehmen darf außer aus Profiten, die für diesen Zweck bestimmt sind. *Distributions* wiederum sind außerordentlich weit definiert in sec. 829 (1) CA 2006 und umfassen grundsätzlich jede Form der Ausschüttung eines Vermögenswertes des Unternehmens an die Gesellschafter, unabhängig davon, ob dies in bar oder auf sonstige Weise geschieht[1197]. Damit ist auch der so genannte *dressed up return of capital* umfasst, worunter ein Sachverhalt zu verstehen ist, der im deutschen Recht als verdeckte Gewinnausschüttung bezeichnet würde[1198]. Englische Gerichte nehmen einen solchen Sachverhalt in Fällen an, in denen Vermögensgegenstände unter Wert an die Gesellschafter übertragen werden oder entsprechende mittelbare Zuwendungen aus dem Gesellschaftsvermögen an die Gesellschafter oder an ihnen nahestehende Dritte oder an eine andere von einem Gesellschafter kontrollierte Gesellschaft erfolgen[1199]. Kon-

---

[1195] *Westermann* GmbHR 2005, 4, 14 f.; *Eidenmüller* in Eidenmüller Ausländische Kapitalgesellschaften im deutschen Recht, § 4 Rn. 13; *Paefgen* DB 2003, 487, 490; a. A. *Altmeppen* in MünchKomm zum AktG, Europ. Niederlassungsfreiheit, 4. Kapitel Rn. 16 und 29.

[1196] *Otte* Das Kapitalschutzsystem der englischen private limited company, S. 87 f.; Angeknüpft wird dabei im Ergebnis nicht allein an das gezeichnete Kapital (*issued share capital*). Die Ausschüttungssperre bezieht sich vielmehr auf das gesamte Gesellschaftsvermögen; vgl. *Mülbert* Der Konzern 2004, 151, 159 f.; vgl. *Dierksmeier/Scharbert* BB 2006, 1517, 1519; *Thole* Der Konzern 2008, 402, 404.

[1197] Nicht hierher gehören marktgerecht zustande gekommene Zahlungen an Gesellschafter. Bezahlt ein Gesellschafter für den Kauf einer Sache einen Preis, der einem Drittvergleich standhält, handelt es sich nicht um eine *distribution*, die nur aus einem *profit* gezahlt werden dürfte, *Sealy/Worthington* Company Law, S. 422.

[1198] *Otte* Das Kapitalschutzsystem der englischen private limited company, S. 87; *Kienzl* Gläubigerschutz bei zuziehenden EU-Auslandsgesellschaften, S. 43; *Fleischer* in *Lutter* Das Kapital der Aktiengesellschaft in Europa, S. 121 f.; vgl. *Sealy/Worthington* Company Law, S. 422; a. A. *Schall* DStR 2006, 1229, 1232 zur alten Rechtslage nach secs. 263 ff. CA 1985: Das Verbot der verdeckten Gewinnausschüttungen ergebe sich erst aus der Kapitalbindung nach *common law*.

[1199] *Otte* Das Kapitalschutzsystem der englischen private limited company, S. 87 f.

kret kann dies zum Beispiel geschehen durch die Zahlung überhöhter Gehälter[1200], den Verkauf von Sachen unter Verkehrswert[1201] oder die Haftungsübernahme durch eine Gesellschaft im Konzern[1202]. Im Einzelfall fordern englische Gerichte ein krasses Missverhältnis zwischen der Leistung der Gesellschaft und der Gegenleistung des Gesellschafters oder auch ein subjektives Element im Sinne einer Umgehungsabsicht der Gesellschafter[1203].

Eine Gewinnausschüttung ist gemäß sec. 830 (1) CA 2006 nur dann zulässig, wenn es sich um ausschüttungsfähige Gewinne handelt[1204]. Ausschüttungsfähig wiederum sind nach sec. 830 (2) CA 2006 (vereinfacht gesagt) nur die akkumulierten realisierten Gewinne abzüglich der akkumulierten realisierten Verluste[1205]. Die Entscheidung darüber, ob Gewinne an die Gesellschafter ausgeschüttet werden, entscheidet bei einer Limited grundsätzlich gemäß den *articles* der *director*. Die Gesellschafter haben regelmäßig nur die Möglichkeit, den Ausschüttungsbetrag nach unten hin zu ändern. Erhöhen können sie ihn nicht[1206]. Darüber hinaus darf eine Gewinnausschüttung nur auf Basis der letzten geprüften Bilanz ergehen und muss formell festgestellt werden[1207]. Ein heimliches, eben verdecktes Vorgehen ist nicht gestattet[1208].

Eine gesellschaftsrechtliche Pflichtverletzung begeht der *director* folglich dann, wenn er eine Gewinnausschüttung vornimmt, ohne dass ein entsprechender Gewinn erzielt worden ist oder ohne dass eine förmliche Gewinnfeststellung vor-

---

[1200] *Re Halt Garage (1964) Ltd.* (1982) 3 All ER 1016, 1042; *Ridge Securities Ltd v IRC* (1964) 1 All ER 275; *Kienzl* Gläubigerschutz bei zuziehenden EU-Auslandsgesellschaften, S. 43; *Thole* Der Konzern 2008, 402, 404.
[1201] *Aveling Barford Ltd. v Perion Ltd.* (1989) 5 BCC 677, 683; *Thole* Der Konzern 2008, 402, 404.
[1202] *Barclays Bank v British and Commonwealth Holdings Plc* (1996) 1 BCLC 1.
[1203] *Re Halt Garage (1964) Ltd.* (1982) 3 All ER 1016, 1044.
[1204] Dieser Grundsatz gilt seit dem sog. *Flitcroft's Case* aus dem Jahre 1882, *Re Exchange Banking Co., Flitcroft's Case* (1882) 21 Ch D 519, 533 f., und erfasst insbesondere Fälle der verdeckten Gewinnausschüttung, *Fleischer* DStR 2000, 1015, 1016; *Thole* Der Konzern 2008, 402, 404.
[1205] Ausschüttungsfähig sind somit beispielsweise nicht Gewinne aus schwebenden Geschäften oder Buchgewinne aus der bloßen Neubewertung von Wirtschaftsgütern (*unrealised profits*), *Sealy/Worthington* Company Law, S. 416; vgl. *Micheler* ZGR 2004, 324, 329.
[1206] *Sealy/Worthington* Company Law, S. 416 f.
[1207] Das kann aufgrund der für das vergangene Geschäftsjahr, sec. 837 CA 2006, der für die Gründung aufgestellten und fortgeschriebenen Handelsbilanz, sec. 839 CA 2006, oder aufgrund einer speziellen Ausschüttungsbilanz, sec. 838 CA 2006, geschehen, *Thole* Der Konzern 2008, 402, 404.
[1208] Vgl. *Just* Die englische Limited in der Praxis, Rn. 238.

liegt[1209]. Ferner ist eine Gewinnausschüttung nach den Regeln des *common law* stets dann unzulässig, wenn dies die Solvenz der Gesellschaft beeinträchtigen würde[1210]. Solchermaßen unzulässige Ausschüttungen können auch durch die Gesellschafter nicht genehmigt werden[1211].

Werden diese gesellschaftsrechtlichen Regeln herangezogen, ist eine Untreuestrafbarkeit des *directors* wegen eines unzulässigen *dressed up return of capital* auch bei der Anwendung des deutschen Untreuestraftatbestandes gemäß § 266 StGB möglich. Insbesondere kommt es dabei nicht zu einer Strafbarkeit eines Verhaltens, welches nach englischem Recht straflos bliebe. Zwar ziehen unzulässige Kapitalausschüttungen nach englischem Recht nicht automatisch strafrechtliche Konsequenzen nach sich[1212]. Im Gegenteil sehen die Kapitalerhaltungsvorschriften des CA 2006 selbst nur wenige Straftatbestände bei Verstößen vor. So zum Beispiel sec. 680 CA 2006 für Verstöße gegen das Verbot der finanziellen Unterstützung durch die Gesellschaft beim Erwerb von Anteilen der Gesellschaft oder sec. 658 CA 2006 für Verstöße gegen das Verbot des Erwerbs eigener Anteile. Dieser Mangel an spezifischen Straftatbeständen schließt eine strafrechtliche Verantwortlichkeit der *directors* für verdeckte Kapitalausschüttungen im konkreten Fall aber nicht aus. Insbesondere wenn eine verdeckte Kapitalausschüttung bei einer insolventen oder sich auf dem Weg zur Insolvenz befindenden Gesellschaft erfolgt, können Straftatbestände wie *fraudulent trading* (sec. 213 IA 1986), *transactions in fraud of creditors* (sec. 207 IA 1986) oder *transaction at an undervalue* (sec. 238 IA 1986) greifen[1213]. Darüber hinaus können aber auch stets allge-

---

[1209] Vgl. *Otte* Das Kapitalschutzsystem der englischen private limited company, S. 89; Der *director* haftet zivilrechtlich für den durch die fehlerhafte Ausschüttung eingetretenen Schaden, *Schall* DStR 2006, 1229, 1231; Die Haftung folgt aus dem *common law*. Daneben besteht für den begünstigten Gesellschafter eine Rückerstattungspflicht gemäß sec. 847 CA 2006; zum Ganzen *Thole* Der Konzern 2008, 402, 405; *Baas-Holler* Geschäftsführerpflichten im englischen und deutschen GmbH-Recht, S. 167.

[1210] *Micheler* ZGR 2004, 324, 329; Der CA 2006 hat den Übergang zum Solvenztest bei der Gewinnausschüttung nicht vollzogen, vgl. *Jungmann* ZGR 2006, 638, 656 f.; Das hätte die Probleme der verdeckten Gewinnausschüttung aber auch nicht erledigt, da nur derjenige Kapitalverkehr vom Solvenztest abhängig ist, der causa societatis erfolgt. Würde ein *director* den Solvenztest umgehen und einen unrechtmäßigen Kapitaltransfer vornehmen, käme gleichwohl seine Strafbarkeit in Betracht, *Jungmann* ZGR 2006, 638, 672 und 675.

[1211] *Aveling Barford Ltd. v Perion Ltd.* (1989) 5 BCC 677; *Cook v Deeks* (1916) 1 AC 554; *Schall* DStR 2006, 1229, 1235.

[1212] Vgl. *Sealy/Worthington* Company Law, S. 418.

[1213] *Sealy/Worthington* Company Law, S. 255 und 422 f.

meine Straftatbestände wie *theft* und *fraud* zur Anwendung kommen[1214]. Das gilt sowohl, wenn ein *director* verdeckte Kapitalausschüttungen zu seinen eigenen Gunsten vornimmt, als auch dann, wenn er die verdeckte Gewinnausschüttung nicht in seine eigene Tasche wirtschaftet, sondern sie an Dritte auskehrt[1215].

b. *Existenzgefährdender Eingriff*

Für den Geschäftsführer[1216] einer GmbH kommt eine Strafbarkeit wegen Untreue in Betracht, wenn er einen existenzgefährdenden Eingriff vornimmt, das heißt die Existenz der Gesellschaft gefährdet, indem er ihr die für ihren Fortbestand erforderlichen Mittel entzieht[1217]. Ob diese Rechtsprechung auf den *director* übertragbar ist, ist aus verschiedenen Gründen erörterungsbedürftig[1218].

aa. Fehlendes Mindestkapital der Limited

Der Umstand, dass die Limited über kein Mindestkapital verfügt, kann nicht als Argument gegen die Strafbarkeit wegen eines existenzgefährdenden Eingriffs angeführt werden[1219]. Denn auch wenn nach wie vor nicht in allen Einzelheiten feststeht, welche Voraussetzungen die Figur des existenzgefährdenden Eingriffs erfordert[1220], so besteht zumindest kein Zweifel daran, dass die strafbare Vermin-

---

[1214] Vgl. *Jungmann* ZGR 2006, 638, 672 und 677 f.
[1215] Vgl. *Sealy/Worthington* Company Law, S. 422 ff.
[1216] Die zivilrechtliche Existenzvernichtungshaftung wurde vom BGH als Gesellschafterhaftung, nicht als Geschäftsleiterhaftung entwickelt, *BGH* DStR 2001, 1853 ff. (*Bremer Vulkan*). Nach der Rechtsprechung des BGH liegt ein existenzvernichtender Eingriff vor, wenn „der Gesellschafter einer GmbH (...) auf die Zweckbindung des Gesellschaftsvermögens keine Rücksicht nimmt und der Gesellschaft durch offene oder verdeckte Entnahmen ohne angemessenen Ausgleich Vermögenswerte entzieht, die sie zur Erfüllung ihrer Verbindlichkeiten benötigt (...)."; *BGH* DStR 2005, 162, 162; *BGH* DStR 2005, 340, 340; Jedoch wird angenommen, dass sich die Existenzvernichtungshaftung auch auf Geschäftsleiter erstreckt, *Altmeppen* NJW 2004, 97, 101.
[1217] *BGH* wistra 2006, 265, 265; *Fischer* StGB, § 266 Rn. 96 ff.; kritisch dazu *Lenckner/Perron* in Schönke/Schröder StGB, § 266 Rn. 21 ff.; ferner *Fischer* StGB, § 266 Rn. 99 m. w. N.; Vgl. auch *Bittmann* GmbHR 2007, 70, 73 f., der Zahlungen entgegen § 64 Abs. 2 Satz 3 GmbH-Entwurfsfassung (§ 64 Satz 3 GmbHG n. F.) als Grundlage einer Untreuestrafbarkeit sieht.
[1218] Das *AG Stuttgart* wistra 2008, 226, 229 hat eine Untreuestrafbarkeit des *directors* wegen Existenzgefährdung bejaht; zustimmend *Schumann* wistra 2008, 229, 229 ff.; ferner *Kallmeyer* GmbH-Handbuch, I Gesellschaftsrecht, Rn. 109.14.
[1219] Offen gelassen von *Radtke/Hoffmann* GA 2008, 535, 549 f.
[1220] Umstritten ist u. a., ob als kausaler Erfolg des Eingriffs die Existenzvernichtung bejaht werden muss, so vorzugswürdig *Weller* DStR 2007, 116, 119, oder ob der Eintritt der Insolvenzgefahr ausreicht, so *Bitter* WM 2001, 2133, 2141 und *Wiedemann* ZGR 2003, 283, 293. Unstreitig ist, dass ein existenzgefährdender Eingriff dann nicht vorliegt, wenn dem entzogenen Gesell-

derung des Gesellschaftsvermögens nicht auf Eingriffe in das Stamm- oder Grundkapital beschränkt ist[1221]. Da ein existenzgefährdender Eingriff dazu führt, dass die Gesellschaft ihren Verbindlichkeiten nicht mehr nachkommen kann, ist vielmehr auch bei sonstigen Eingriffen eine Strafbarkeit möglich[1222]. Nur so kann das Überlebensinteresse einer jeden (!) Gesellschaft gesichert werden[1223]. Ein solcher Eingriff kann in der Gewährung eines Darlehens an einen Gesellschafter bestehen, wenn der Rückzahlungsanspruch in bilanzieller Hinsicht nicht oder nicht in voller Höhe aktivierbar ist[1224], aber auch in einem Entzug notwendiger Produktionsanlagen[1225] oder von Geschäftschancen, deren Nutzung der Gesellschaft eine günstigere Gestaltung der wirtschaftlichen Lage mit Blick auf die Fähigkeit zur Bedienung ihrer Verbindlichkeiten ermöglicht hätte[1226]. In Betracht kommt ferner die Nichtgeltendmachung eines Anspruchs[1227, 1228].

bb. Kollisionsrechtliche Qualifikation der Existenzvernichtungshaftung
Problematischer ist die kollisionsrechtliche Qualifikation der Existenzvernichtungshaftung, die der Strafbarkeit wegen Existenzgefährdung einer Gesellschaft nach § 266 StGB zugrunde liegt.

---

schaftsvermögen eine entsprechende Kompensation entgegensteht, *Drygala* GmbHR 2003, 729, 733.

[1221] Irrelevant ist auch, ob der Angriff auf das Stamm- oder Grundkapital durch Scheingeschäfte oder Falschbuchungen erfolgt oder gar buchtechnisch ordnungsgemäß ausgewiesen wird, *BGH* NJW 1997, 66, 68 f.

[1222] *Große Vorholt* Wirtschaftsstrafrecht, S. 107.

[1223] Zum Überlebensinteresse der Gesellschaft als Schutzobjekt der Existenzvernichtungshaftung *Radtke/Hoffmann* GA 2008, 535, 548.

[1224] *Kutzner* NStZ Jahrestagung 2007, S. 24 der Tischvorlage.

[1225] *Große Vorholt* Wirtschaftsstrafrecht, S. 108.

[1226] *BGH* GmbHR 2005, 299, 301; *Werner* GmbHR 2007, R69; *Weller* DStR 2007, 116, 118 f.

[1227] *BGH* NJW-RR 2005, 335, 337.

[1228] Ob die Errichtung einer Aschenputtel-Gesellschaft, d. h. einer Gesellschaft, bei der Risiken und Ertragschancen von Anfang an unterschiedlichen Gesellschaften zugeordnet werden, ein Fall der Existenzgefährdung sein kann, ist umstritten; dafür *OLG Düsseldorf* ZIP 2007, 227, 228 f.; dagegen *Osterloh-Konrad* ZHR 172 (2008) 274, 283 f.; Umstritten ist ferner, ob Risikogeschäfte einen Eingriff in Form einer Existenzgefährdung darstellen können; dagegen *Ulmer* JZ 2002, 1049, 1052; dafür *Drygala* GmbHR 2003, 729, 735 f.; Im Rahmen des Zivilrechts nimmt der BGH zumindest nur dann einen existenzvernichtenden Eingriff an, wenn es sich um einen gezielten, betriebsfremden Zwecken dienenden Entzug von Vermögenswerten handelt, die die Gesellschaft zur Bedienung ihrer Verbindlichkeiten benötigt, *BGH* GmbHR 2005, 299, 300; Umstritten war lange Zeit ferner, ob Fälle der materiellen Unterkapitalisierung umfasst sind. Das hat *BGH* NZG 2008, 547, 547 (*GAMMA*) mittlerweile verneint; ebenso *Osterloh-Konrad* ZHR 172 (2008) 274, 283 f. m. w. N.

aaa. Ansichten in der Literatur

Zu einer gesellschaftsrechtlichen Einordnung kam die lange Zeit herrschende Ansicht in der Literatur[1229], die – expressis verbis auf einen Gesellschafter gemünzt – argumentativ vor allem auf die Sonder- beziehungsweise Treueverbindung des Täters zur Gesellschaft abgestellt[1230]. Nach dieser Ansicht käme eine Anwendung auf den *director* einer Limited an sich nicht in Betracht. Anders nur, wenn man den Entzug von Vermögen als missbräuchlich im Sinne der Centros-Rechtsprechung ansehen würde[1231] oder eine Sonderanknüpfung bejahte[1232]. Ersteren Falls wäre der Schutzbereich der Niederlassungsfreiheit schon nicht eröffnet[1233] und es griffe das Recht des Zuzugsstaates, mithin die deutsche Existenzvernichtungshaftung[1234]. Im zweiten Fall wäre die Anwendung deutschen Gesellschaftsrechts zumindest gerechtfertigt. Beides überzeugt jedoch nicht. Nach der Rechtsprechung des EuGH ist nicht einmal die Wahl einer bestimmten ausländischen Gesellschaftsform zur Umgehung strengerer nationaler Haftungsvorschriften geeignet, einen Missbrauch der Niederlassungsfreiheit zu begründen. Somit kann erst recht kein Missbrauch im Sinne dieser Rechtsprechung bei einem (unzulässigen) Kapitalabzug vorliegen, der in keinem Zusammenhang mit der Berufung auf die Niederlassungsfreiheit steht[1235]. Das liefe darauf hinaus, in jedem Verstoß gegen gesellschaftsrechtliche Bestimmungen zum Kapitalerhalt einen Missbrauchsfall anzunehmen. Und auch im Wege der Sonderanknüpfung wäre die Anwendung der Existenzvernichtungshaftung allenfalls dann möglich, wenn das englische Recht keinerlei auf eine Scheinauslandsgesellschaft anwendbare oder völlig untaugliche Gläubigerschutzinstrumente bereithalten würde. Dem aber ist nicht so. Zwar sind die Rechtsinstitute *fraudulent* und *wrongful trading* gemäß secs. 213 und 214 IA 1986 in der Praxis nur beschränkt relevant. Anwendbar und

---

[1229] Vgl. *Goette* DStR 2005, 197, 200; *Schön* ZHR 168 (2004), 268, 291 f.; *Altmeppen* NJW 2004, 97, 101; *Westermann* GmbHR 2005, 4, 15; *Otte* Das Kapitalschutzsystem der englischen private limited company, S. 154.

[1230] *Schmidt* NJW 2001 3577, 3579 f.; Rechtskonstruktiv anders *Wilhelm* NJW 2003, 175, 178, der als Begründungsansatz auf die Haftung der Gesellschafter als Quasi-Geschäftsführer analog § 43 Abs. 3 GmbHG abstellt.

[1231] *Kindler* in MünchKomm zum BGB – IntWirtschaftsR, IntGesR Rn. 412 und 420; dazu 3. Kapitel B. III. 4. c.

[1232] *Eidenmüller* ZIP 2002, 2233, 2242.

[1233] *Forsthoff/Schulz* in *Hirte/Bücker* Grenzüberschreitende Gesellschaften (2005), § 15 Rn. 73.

[1234] *Horn* NJW 2004, 893, 899.

[1235] *Otte* Das Kapitalschutzsystem der englischen private limited company, S. 156; vgl. *Meilicke* GmbHR 2003, 1271, 1272; ferner *Burg* GmbHR 2004, 1379, 1380.

praktisch wichtig ist aber etwa die West Mercia-Doktrin[1236], nach der jeder *director* seiner Gesellschaft die Pflicht schuldet, Gläubigerinteressen zu berücksichtigen, wenn sich die Gesellschaft in oder nahe einer Insolvenzlage befindet, er sonst haftungsrechtlich zur Verantwortung gezogen werden kann[1237]. Bei ihr handelt es sich um eine gesellschaftsrechtliche Regelung, die an die Geschäftsleiterpflichten des *directors* anknüpft[1238]. Insbesondere vom zeitlichen Anwendungsbereich ist sie erheblich weiter als die Rechtsinstitute *fraudulent* und *wrongful trading*. Ein Schadensersatzanspruch der Gesellschaft gegen den *director* kann bereits dann entstehen, wenn dieser durch eine Zahlung oder eine andere Maßnahme die Solvenz der Gesellschaft aufs Spiel setzt. Der Eintritt der Insolvenz ist nicht erforderlich[1239]. Im Übrigen greifen alle sonstigen Kapitalerhaltungsvorschriften des englischen Gesellschaftsrechts wie sie bereits im 5. Kapitel B. II. 4. b. bb. dargestellt worden sind. Vor diesem Hintergrund kann weder von einer missbräuchlichen Berufung auf die Niederlassungsfreiheit durch den *director* noch von der Erforderlichkeit einer Sonderanknüpfung gesprochen werden. Es ist nämlich nicht nötig, dass das englische Recht einen identischen Haftungstatbestand wie den des existenzvernichtenden Eingriffs aufweisen muss[1240]. Allerdings kommt es darauf auch gar nicht an. Eine gesellschaftsrechtliche Qualifikation der Existenzvernichtungshaftung ist nämlich – wie nachfolgend gezeigt werden wird – im Ergebnis nicht gegeben, deutsches Recht vielmehr aufgrund einer nicht gesellschaftsrechtlichen Qualifikation anwendbar.

Würde die Haftung wegen existenzvernichtenden Eingriffs den insolvenzrechtlichen Normen des Art. 4 EuInsVO zugeschlagen, würde der Haftungstatbestand auch bei nach ausländischem Recht gegründeten Gesellschaften greifen und Anknüpfungspunkt einer Strafbarkeit sein können. Für eine insolvenzrechtliche Einordnung plädieren jene, die die Existenzvernichtungshaftung als Insolvenzverur-

---

[1236] *Liquidator of West Mercia Safetywear Ltd v Dodd* (1988) 4 BCC 30; *Bachner* in *Lutter* Das Kapital der Aktiengesellschaft in Europa, S. 546 ff.; Zum Gläubigerschutz durch das Instrument des *lifting the corporate veil* siehe *Davies* Gower and Davies' Principles of Modern Company Law, S. 200 ff.
[1237] *Bachner* in *Lutter* Das Kapital der Aktiengesellschaft in Europa, S. 546; *Thole* Der Konzern 2008, 402, 406.
[1238] *Bachner* in *Lutter* Das Kapital der Aktiengesellschaft in Europa, S. 550; *Base Metal Trading Ltd. v Shamurin* (2005) 1 WLR 1157.
[1239] *Bachner* in *Lutter* Das Kapital der Aktiengesellschaft in Europa, S. 546 ff.
[1240] *Kuntz* NZI 2005, 424, 432; *Baas-Holler* Geschäftsführerpflichten im englischen und deutschen GmbH-Recht, S. 181.

sachungs- beziehungsweise Insolvenzvertiefungshaftung sehen, welche im Gläubigergesamtinteresse zu einer persönlichen Haftung des Verantwortlichen führt[1241]. Die Existenzvernichtungshaftung könne systematisch und funktionell aus einer Gesamtwertung der Liquidations- und Insolvenzvorschriften abgeleitet werden und sei teilweise funktionsäquivalent zu den insolvenzrechtlichen Anfechtungsvorschriften, die dem Insolvenzstatut unterfallen[1242]. Ihr Zweck bestehe nämlich vornehmlich in der Sanktionierung einer „kalten Liquidation"[1243]. Es gehe darum, den zukünftigen Insolvenzgläubigern eine verteilungsfähige Haftungsmasse zur Verwertung zu sichern und eine Umgehung des förmlichen Liquidationsverfahrens zu verhindern. Aber auch die insolvenzrechtliche Qualifikation der Existenzvernichtungshaftung ist abzulehnen, da sie weit über die Wirkungen der Anfechtung hinausgeht. Die Anfechtung führt allein zu einer Erstattung des entzogenen Vermögenswertes. Die Existenzvernichtungshaftung jedoch soll auch beim Gläubiger entstandene Folgeschäden abdecken[1244]. Ferner erfordert der Tatbestand der Existenzvernichtung zwar die Insolvenz der Gesellschaft, aber gerade nicht die Durchführung eines förmlichen Insolvenzverfahrens[1245]. Zudem ist das Verbot, die Insolvenz einer Gesellschaft durch einen existenzvernichtenden Eingriff herbeizuführen oder zu vertiefen, dem Insolvenzverfahren zeitlich vorgelagert und hat die maßgebliche Abgrenzung zwischen „zulässigen Ausschüttungen und unternehmerischen Entscheidungen einerseits und betriebsfremden, existenzvernichtenden Eingriffen andererseits" mit dem Insolvenzverfahren oder seinen Voraussetzungen nichts zu tun[1246].

Eine im Vordringen befindliche Auffassung ordnet die Existenzvernichtungshaftung deliktsrechtlich ein[1247], was gemäß Art. 40 EGBGB beziehungsweise Art. 4 Rom II-VO regelmäßig zur kollisionsrechtlichen Anwendbarkeit auf Scheinauslandsgesellschaften führt. Es finden sich allerdings unterschiedliche Begründungsansätze: Teilweise wird das Bestandsinteresse der Gesellschaft als absolutes

---

[1241] Vgl. *Weller* Europäische Rechtsformwahlfreiheit und Gesellschafterhaftung, S. 266 f.; vgl. *Zimmer* NJW 2003, 3585, 3588 f.; vgl. ferner *Kindler* in FS für Jayme, 2004, S. 409, 417.
[1242] *Weller* IPRax 2003, 207, 210.
[1243] *Goette* DStR 2005, 197, 200 f.; *Lieder* DZWIR 2005, 399, 406.
[1244] *Walterscheid* DZWIR 2006, 95, 99.
[1245] *Otte* Das Kapitalschutzsystem der englischen private limited company, S. 155.
[1246] *Osterloh-Konrad* ZHR 172 (2008) 274, 301.
[1247] *Sandrock* EWS 2005, 529, 536; *Schanze/Jüttner* AG 2003, 661, 669 f.; *Bayer* BB 2003, 2357, 2365.

Recht eingeordnet, was wiederum mit dem Bündel von Haftungserwartungen des Rechtsverkehrs an die Gesellschaft begründet wird[1248]. Andere argumentieren, dass die eine Strafbarkeit begründende Verhaltensweise bei restriktiver Handhabung als Missbrauch im Einzelfall erscheine und damit eine Berufung auf die Niederlassungsfreiheit ausschließe[1249]. Überwiegend aber wird eine Einordnung der Existenzvernichtungshaftung als Fallgruppe des § 826 BGB befürwortet[1250]. Bei der Existenzvernichtungshaftung handele es sich um eine Sanktionierung der Verletzung einer qualifizierten Vermögensbetreuungspflicht.

bbb. Ansicht des BGH und Stellungnahme

Mittlerweile hat sich der BGH der deliktsrechtlichen Qualifikation angeschlossen[1251]. Ausdrücklich formuliert das Gericht: „Der Senat gibt jedoch das bisherige Konzept einer eigenständigen Haftungsfigur, die an den Missbrauch der Rechtsform anknüpft (...), auf. Stattdessen knüpft er die Existenzvernichtungshaftung des Gesellschafters an die missbräuchliche Schädigung des im Gläubigerinteresse zweckgebundenen Gesellschaftsvermögens an und ordnet sie (...) allein in § 826 BGB als eine besondere Fallgruppe der sittenwidrigen vorsätzlichen Schädigung ein."[1252] Und weiter: „Zudem steht die Schutzfunktion der deliktsrechtlichen Norm des § 826 BGB einer Schadensersatzbegrenzung entgegen."[1253] Dieser Neuorientierung ist zuzustimmen. Zwar ist selbstverständlich, dass die reine Her-

---

[1248] *Weller* IPRax 2003, 207, 210; vgl. *Westermann* NZG 2002, 1129, 1135.
[1249] Vgl. *Zimmer* NJW 2003, 3585, 3588 f.
[1250] *Dauner-Lieb* DStR 2006, 2034, 2041; *Haas* Gutachten DJT 2006, E 89 ff.
[1251] BGH Urt. v. 16.07.2007, Az.: II ZR 3/04, S. 7 ff.; Zuvor war der Standpunkt des BGH unklar. Bisweilen wurde vertreten, die Argumentation des BGH mit der Subsidiarität der Existenzvernichtungshaftung ggü. §§ 30 f. GmbHG (*BGHZ* 151, 181, 187) spreche dafür, in der Existenzvernichtungshaftung eine Erweiterung der Kapitalerhaltungsvorschriften zu erblicken und diese ebenfalls dem Gesellschaftsrecht zuzuordnen, *Walterscheid* DZWIR 2006, 95, 99. Andere erkannten eine teleologischen Reduktion des § 13 Abs. 2 GmbHG und sahen darin eine echte Durchgriffshaftung des BGH, *Kuntz* NZI 2005, 424, 430; *Bitter* WM 2004, 2190, 2195 f., die gesellschaftsrechtlich einzuordnen sei, *Eidenmüller* NJW 2005, 1618, 1620; siehe auch *Weller* DStR 2007, 116, 117 f.
[1252] BGH Urt. v. 16.07.2007, Az.: II ZR 3/04, S. 8.
[1253] BGH Urt. v. 16.07.2007, Az.: II ZR 3/04, S. 20; Ferner: „Die Ausgestaltung der Existenzvernichtungshaftung gemäß § 826 BGB als Innenhaftung, die auf der vorrangigen Anknüpfung an die sittenwidrige Schädigung des Vermögens der Gesellschaft beruht, stellt in Ausfüllung ihrer Funktion als Instrument der Schließung einer durch das Kapitalerhaltungsrecht des GmbHG offen gelassenen Schutzlücke die gebotene folgerichtige 'Verlängerung' jenes Schutzsystems der §§ 30, 31 GmbHG auf der Ebene des Deliktsrechts dar.", *BGH* Urt. v. 16.07.2007, Az.: II ZR 3/04, S. 17.

leitung der Existenzvernichtungshaftung aus § 826 BGB allein nicht zur deliktsrechtlichen Qualifikation führt, dass vielmehr eine funktionell-teleologische Betrachtung maßgebend ist[1254]. Das Verbot, vorhandenes Kapital einer Gesellschaft nicht zu plündern, folgt jedoch nicht aus einer rechtsformspezifischen korporativen Beziehung des Gesellschafters zur Gesellschaft, sondern gründet vielmehr in der kaufmännischen Pflicht, der Unternehmung nicht das den Gläubigern zustehende Vermögen zu entziehen. Schaut man sich vor diesem Hintergrund die bislang vom BGH entschiedenen Fälle zur Existenzvernichtung an, so wären sie – soweit ersichtlich – sämtlich über § 826 BGB lösbar gewesen. Der BGH selbst hat regelmäßig eine konkurrierende Haftung aus § 826 BGB in Betracht gezogen[1255]. Wenn aber die deliktische Generalklausel des § 826 BGB ausreichenden Schutz bietet, bleibt für eine (gesellschaftsrechtliche) Rechtsfortbildung kein Raum[1256]. Als solche jedoch war die Existenzvernichtungshaftung entwickelt worden.

ccc. Ergebnis
Die kollisionsrechtliche Einordnung der Existenzvernichtungshaftung ins Deliktsrecht ermöglicht ihre Anwendung auf Scheinauslandslimiteds. Sie kann damit Anknüpfungspunkt einer Strafbarkeit des *directors* gemäß § 266 StGB sein[1257].

cc. Kein Verstoß gegen die Niederlassungsfreiheit
Die dogmatische Verortung der Existenzvernichtungshaftung in § 826 BGB und ihre deliktsrechtliche Einordnung schließt einen Verstoß gegen die Niederlassungsfreiheit nicht aus[1258]. Unabhängig von der deliktsrechtlichen Qualifikation könnte schon in der Anwendung des zugrundeliegenden Haftungstatbestandes, zumindest aber in der strafrechtlichen Sanktionierung ein Verstoß gegen die Niederlassungsfreiheit liegen[1259]. Zu beachten ist nämlich, dass im Rahmen des deliktsrechtlichen § 826 BGB zwar zivilrechtliche Maßstäbe gelten, dass die Vor-

---

[1254] *Osterloh-Konrad* ZHR 172 (2008) 274, 300 f.
[1255] *Dauner-Lieb* DStR 2006, 2034, 2041; *BGH* DStR 2002, 1822, 1822 f. (*KBV*); *BGH* DStR 2004, 2065, 2065 ff. (*Klinik*).
[1256] *Dauner-Lieb* ZGR 2008, 34, 41.
[1257] *Richter* in FS für Tiedemann, S. 1023, 1036 f.
[1258] *Goette* ZInsO 2007, 1177, 1183; *Goette* ZIP 2006, 541, 545; So auch die ganz herrschende Meinung derer, die eine deliktsrechtliche Einordnung befürworten, *Sandrock* EWS 2005, 529, 536.
[1259] Vgl. *Eidenmüller* NJW 2005, 1618, 1620.

schrift als Generalklausel allerdings im Lichte der gesellschaftsrechtlichen Problemstellung und Besonderheiten zu interpretieren ist[1260]. Insbesondere der Umstand, dass der BGH die Existenzvernichtungshaftung als Innenhaftung konstruiert hat, verdeutlicht ihre Nähe zu Modellen einer gesellschaftsrechtlichen Innenhaftung auf der Grundlage einer Sonderbeziehung zwischen Gesellschafter und Gesellschaft[1261]. Folgerichtig begründet der BGH die neue Konstruktion der Existenzvernichtungshaftung als „Verlängerung" des gesellschaftsrechtlichen Kapitalschutzsystems[1262]. Und tatsächlich kann die Bestimmung, wann eine Gesellschaft in den Bereich der Insolvenz gerät, regelmäßig nicht ohne die gesellschaftsrechtlich zu qualifizierenden Regeln über die Kapitalausstattung erfolgen.

Gleichwohl ist die Europarechtskonformität der Anwendung der Existenzvernichtungshaftung auf Scheinauslandsgesellschaften zu bejahen. Denn Tatbestandsvoraussetzung ist der missbräuchliche, zur Insolvenz der Gesellschaft führende oder diese vertiefende kompensationslose Eingriff der Gesellschafter in das der vorrangigen Befriedigung der Gesellschaftsgläubiger dienende Gesellschaftsvermögen[1263]. Maßgeblich ist mit anderen Worten die vorsätzlich sittenwidrige Schädigung der Gesellschaft. Dieser Ansatz ist rechtsformneutral und kann auf die Scheinauslandslimited und ihre Gesellschafter sowie *directors* angewendet werden[1264]. Dass die Frage der sittenwidrigen Schädigung vor dem Hintergrund der jeweils anwendbaren gesellschaftsrechtlichen Regelungen zu klären ist, steht dem nicht entgegen, sondern verlangt allein, insoweit englisches Gesellschaftsrecht heranzuziehen. Diese partielle Heranziehung englischen Gesellschaftsrechts zur Ausfüllung des § 826 BGB macht die Regelung und ihre Fallgruppen nicht zu

---

[1260] *Dauner-Lieb* ZGR 2008, 34, 41; *Radke* GmbHR 2008, 729, 733 f.
[1261] *Dauner-Lieb* ZGR 2008, 34, 42 f.
[1262] *Dauner-Lieb* ZGR 2008, 34, 47; ferner *Hirte* NJW 2008, 964, 968: „Trotz der jetzt deliktsrechtlichen Verankerung der Existenzvernichtungshaftung bleibt deren Ursprung jedoch gesellschaftsrechtlich, nämlich in den Defiziten der §§ 30, 31 GmbHG begründet; Folge ist, dass das Rechtsinstitut bei Auslandsgesellschaften jedenfalls nicht unmittelbar angewandt werden kann."
[1263] Vgl. *BGH* DStR 2007, 1568 (*TRIHOTEL*).
[1264] *Schumann* wistra 2008, 229, 230 f.; Vgl. *Heider* in MünchKomm zum AktG, § 1 Rn. 77 und 85, der die Anwendbarkeit der zum GmbH-Recht entwickelten Existenzvernichtungshaftung auf die AG befürwortet; A. A. *Radke* GmbHR 2008, 729, 733 f., der allerdings i. E. ebenfalls zu einer Strafbarkeit des *directors* kommt, indem er auf die Verletzung von englischen gesellschaftsrechtlichen Regelungen wie *fraudulent* und *wrongful trading*, Treue- und Sorgfaltspflichten sowie Kapitalerhaltungsvorschriften abstellt, um eine Pflichtwidrigkeit i. S. d. § 266 StGB zu begründen.

einer gesellschaftsrechtlichen Norm. Vielmehr ist die Existenzvernichtungshaftung diskriminierungsfrei auf alle Kapitalgesellschaften anzuwenden und dient dabei der Bekämpfung missbräuchlicher Schädigungen dieser Gesellschaften.

Auch die strafrechtliche Sanktionierung des existenzvernichtenden Eingriffs verstößt nicht gegen die Niederlassungsfreiheit. Denn wenn man eine Strafbarkeit gemäß § 266 StGB nur bei Eintritt der Insolvenz als kausalem Erfolg annimmt[1265], so entspricht dies der englischen Rechtslage, nach der eine Strafbarkeit des *directors* einer Limited wegen *theft* in Betracht kommt, wenn er der Gesellschaft Mittel (innerhalb oder außerhalb einer Krise) entzieht und dies zur Insolvenz der Gesellschaft führt[1266]. Entspricht aber die Sanktionierung nach deutschem durch englisches Gründungsrecht konkretisiertem Strafrecht der englischen Rechtslage, scheidet eine Beeinträchtigung der Niederlassungsfreiheit aus.

dd. Ergebnis

Directors können sich wegen existenzgefährdenden Eingriffs nach § 266 StGB strafbar machen.

c. Eigenkapitalersetzende Darlehen

Eine Untreuestrafbarkeit des Geschäftsführers einer GmbH kam vor Inkrafttreten des MoMiG in Betracht, wenn dieser entgegen den zwingenden Regeln der §§ 32a und 32b GmbHG a. F. und den daneben anwendbaren Rechtsprechungsregeln[1267] eine vorzeitige Rückzahlung eines eigenkapitalersetzenden Gesellschafterdarlehens vornahm[1268]. Gesellschafterdarlehen wurden nach ehedem geltendem Recht dann nicht als Fremdkapital angesehen und durften in analoger Anwendung der §§ 30 f. GmbHG somit nicht jederzeit frei und endgültig zurückgezahlt werden, wenn zum Zeitpunkt der ursprünglichen Gewährung ein vernünftiger Kaufmann der Gesellschaft Eigenkapital zugeführt hätte und die Gesellschaft ein Darlehen von Dritten entweder gar nicht oder nur zu ungünstigeren Bedingungen erhalten

---

[1265] Siehe dazu Fußnote 1220.
[1266] *Smith* The Law of Theft, S. 44; *Sullivan* (1983) Crim LR 512, 514 f.; *Sullivan* (1991) Crim LR 929; a. A. *Elliott* (1991) Crim LR 732, 737 f.
[1267] Zum Verhältnis der gesetzlichen Regelung zu den Rechtsprechungsregeln *Huber/Habersack* in *Lutter* Das Kapital der Aktiengesellschaft in Europa, S. 373 ff.; *Bauer* Die GmbH in der Krise, S. 191 f.
[1268] *BGH* NStZ 2009, 153, 154; *BGH* wistra 2008, 379, 380; *Fischer* StGB, § 266 Rn. 97.

hätte, oder wenn der Gesellschafter in einer solchen Situation das Darlehen zumindest „stehen ließ", also ein bestehendes Kündigungsrecht nicht ausübte. Eine Gesellschafterdarlehensrückzahlung kam nur dann in Betracht, wenn die Gesellschaft über einen ausschüttungsfähigen Gewinn verfügte[1269].

Nach neuem Recht entfällt eine Umqualifizierung von als Fremdkapital gegebenen Mitteln in eigenkapitalersetzende Gesellschafterdarlehen. Die §§ 32a und 32b GmbHG a. F. wurden gestrichen und die Rechtsprechungsregeln durch § 30 Abs. 1 Satz 3 GmbHG n. F. aufgehoben. Vielmehr kann der Insolvenzverwalter oder, falls kein Insolvenzverfahren durchgeführt wird, der einzelne Gläubiger im Insolvenzfall die Rückzahlung von Gesellschafterdarlehen fortan nur anfechten, § 135 InsO in Verbindung mit §§ 1 ff. AnfG, und können ferner die aus Gesellschafterdarlehen stammenden Forderungen in der Insolvenz gemäß § 39 Abs. 1 Nr. 5 InsO nur nachrangig geltend gemacht werden (gesetzlicher Rangrücktritt)[1270, 1271]. Aufgrund der rechtsformneutralen Ausgestaltung der Anfechtungsregeln und der Regeln über den gesetzlichen Rangrücktritt gelten diese auch für Auslandsgesellschaften[1272].

[1269] *Huber/Habersack* in *Lutter* Das Kapital der Aktiengesellschaft in Europa, S. 373; *Dierlamm* in MünchKomm zum StGB, § 266 Rn. 139 und 170.

[1270] *Westermann* DZWIR 2008, 485, 494; *Bittmann* NStZ 2009, 113, 117.

[1271] Schon nach altem Recht war mit den §§ 32a und 32b GmbHG i. V. m. §§ 39 Abs. 1 Nr. 5 und 135 InsO eine insolvenzrechtlich einzuordnende „Rückstufung der Gesellschafterdarlehen" festgelegt, *Haas* NZI 2001, 1, 3, die bewirkte, dass im Falle der Insolvenz der Gesellschaft eigenkapitalersetzende Darlehensforderungen im Rang nach allen übrigen Insolvenzforderungen zu befriedigen waren. Abgesichert wurde die Rückstufung durch die Möglichkeit der Anfechtung bereits erfolgter Rückzahlungen eigenkapitalersetzender Darlehen. Der Gesellschafter war dann verpflichtet, die in der Krise der Gesellschaft erhaltenen Zahlungen an die Gesellschaft zurückzugewähren, *Huber/Habersack* in *Lutter* Das Kapital der Aktiengesellschaft in Europa, S. 373; *Lips/Randel/Werwigk* DStR 2008, 2220, 2225.

[1272] AG Hamburg NZI 2009, 131, 132; *Roth* GmbHR 2008, 1184, 1185; Die Regelungen zur Anfechtung bereits erfolgter Rückzahlungen in der Insolvenz der Gesellschaft und zum gesetzlichen Rangrücktritt sind in Übereinstimmung mit Art. 4 Abs. 2 Satz 2 lit. i) und m) EuInsVO als Teil der lex fori concursus auf Scheinauslandsgesellschaften anwendbar, siehe Art. 3 Abs. 1 EuInsVO; ferner *Just* Die englische Limited in der Praxis, Rn. 344; *Ulmer* NJW 2004, 1201, 1207; Aufgrund der nicht gesellschaftsrechtlichen Qualifikation von Anfechtung und Rangrücktritt liegt keine kollisionsrechtliche Beeinträchtigung der Niederlassungsfreiheit vor. Eine Missachtung gründungsstaatlichen Gesellschaftsrechts steht nicht im Raum. Aber auch sonst ist ein Verstoß gegen die Niederlassungsfreiheit nicht erkennbar. Hintergrund der Regelungen ist, dass den Gläubigern von Kapitalgesellschaften allein das Gesellschaftsvermögen haftet, nicht aber das Vermögen der Gesellschafter. Durch Anfechtung und Rangrücktritt wird bewirkt, dass wenigstens das Gesellschaftsvermögen den Gläubigern unverkürzt zur Verfügung steht. Dazu reichen die Bestimmungen über Kapitalaufbringung und Kapitalerhaltung nicht aus. Diese lassen sich durch alternative Finanzierungsformen wie eben Gesellschafterdarlehen umgehen, *Huber/Habersack* in *Lutter* Das Kapital der Aktiengesellschaft in Europa, S. 390. Da

Durch die Beseitigung der §§ 32a und 32b GmbHG a. F. und der korrespondierenden Rechtsprechungsregeln kann eine strafrechtliche Sanktion gemäß § 266 StGB an die Rückzahlung von Gesellschafterdarlehen in der Krise der GmbH nicht mehr geknüpft werden[1273]. Denn die Rückzahlung war bislang nur aufgrund der analogen Anwendung der §§ 30 f. GmbHG und der Qualifikation als eigenkapitalersetzend unzulässig. Da mit § 30 Abs. 1 Satz 3 GmbHG n. F. die Rechtsfigur des eigenkapitalersetzenden Gesellschafterdarlehens aufgegeben wurde, können Tilgungsleistungen auf solche Forderungen keine verbotenen Auszahlungen des zur Erhaltung des Stammkapitals erforderlichen Vermögens im Sinne des § 30 Abs. 1 Satz 1 GmbHG mehr sein[1274].

Die Abschaffung der Rechtsfigur des eigenkapitalersetzenden Gesellschafterdarlehens durch § 30 Abs. 1 Satz 3 GmbHG n. F. bewirkt allerdings nicht, dass eine entsprechende Strafbarkeit auch für den *director* einer Limited zwingend ausscheidet. Eine solche könnte nämlich gleichwohl bestehen, wenn die Rechtsfigur des eigenkapitalersetzenden Gesellschafterdarlehens gesellschaftsrechtlich zu qualifizieren wäre und das englische Gesellschaftsrecht eine solche Rechtsfigur mit eben denjenigen Rechtsfolgen kennen würde, wie sie es im deutschen Recht bis zum Inkrafttreten des MoMiG gab. Gleichwohl soll an dieser Stelle allein auf den zweiten Aspekt eingegangen werden. Denn die Frage der Qualifikation[1275]

---

dies für alle Gesellschaften gilt, bei denen keine natürliche Person unbeschränkt haftet, müssen Anfechtung und Rangrücktritt auch für all diese Gesellschaften gelten, vgl. *Huber/Habersack* in *Lutter* Das Kapital der Aktiengesellschaft in Europa, S. 397; *Huber* in *Lutter* Europäische Auslandsgesellschaften in Deutschland, S. 166 ff.

[1273] *Bittmann* GmbHR 2007, 70, 73; *Bauer* Die GmbH in der Krise, S. 207 ff. und 137. Insbesondere knüpft der Untreuevorwurf nicht an die insolvenzrechtlich zu qualifizierenden Regelungen zur Anfechtung und Rangrückstufung an.

[1274] *Lips/Randel/Werwigk* DStR 2008, 2220, 2225; *Gesmann-Nuissl* WM 2006, 1756, 1761; *Bauer* Die GmbH in der Krise, S. 207 und 137.

[1275] Die (wohl) h. L. bejaht überzeugend eine gesellschaftsrechtliche Qualifikation, *Kallmeyer* DB 2004, 636, 639; *Schmidt* ZHR 168 (2004), 493, 497; *Schmidt* GmbHR 2005, 797, 805. Schon die Feststellung des eigenkapitalersetzenden Charakters eines Darlehens kann nur mit Blick auf die Kapitalausstattung der Gesellschaft vorgenommen werden, *Schumann* DB 2004, 743, 748; *Riedemann* GmbHR 2004, 345, 349. Ferner sind die Regeln zu eigenkapitalersetzenden Darlehen Ausdruck der spezifischen Finanzierungsverantwortung der Gesellschafter, *Müller* NZG 2003, 414, 417. Die Umqualifikation von Fremd- in Eigenkapital erfolgt, um im Ergebnis zu einem Verbot der Rückzahlung von Gesellschafterdarlehen zu gelangen. Eine Darlehensrückzahlung kommt nur dann in Betracht, wenn die Gesellschaft über einen ausschüttungsfähigen Gewinn verfügt. Aufgrund dieser Anknüpfung an die Kapitalausstattung der Gesellschaft handelt es sich dabei um eine gesellschaftsrechtliche Regelung; a. A. *Paulus* ZIP 2002, 729, 734; *Ulmer* NJW 2004, 1201, 1207; vgl. *Kindler* NZG 2003, 1086, 1090: insolvenzrechtliche Qualifikation.

erübrigt sich, da das englische Recht völlig unstreitig keine spezifischen Regelungen zu eigenkapitalersetzenden Gesellschafterdarlehen enthält. Die Rechtsfigur der eigenkapitalersetzenden Darlehen war und ist dem englischen (Gesellschafts-) Recht vielmehr völlig fremd[1276]. Auch das ist letztlich eine Folge der Salomon-Entscheidung[1277], in der die nachträgliche Umqualifizierung von Fremd- in Eigenkapital abgelehnt wurde[1278]. Es existiert im englischen Recht daher insbesondere kein dem alten GmbH-Recht entsprechendes Rückzahlungsverbot[1279]. Eine Strafbarkeit des *directors* wegen vorzeitiger Rückzahlung eines eigenkapitalersetzenden Gesellschafterdarlehens nach § 266 StGB scheidet daher aus.

d. Gewährung von Anerkennungsprämien
aa. Rechtsprechung des BGH
Häufig kommt es beim Ausscheiden von Geschäftsleitern einer Gesellschaft zur Zahlung nicht unerheblicher Beträge an den (zukünftigen) Ex-Geschäftsleiter. Gesprochen wird insoweit von Anerkennungsprämien oder *appreciation awards*. Derartige Zahlungen werden insbesondere ihrer Höhe wegen nicht nur in den Medien begierig aufgegriffen, sondern wecken auch das strafrechtliche Interesse. In der Entscheidung Mannesmann/Vodafone[1280] hat der BGH für die strafrechtliche Behandlung solcher Anerkennungsprämien drei Fallgruppen entwickelt, die es zu unterscheiden gilt. Danach soll eine von Anfang an im Dienstvertrag enthalte-

---

[1276] *Heckschen* Private Limited Company, S. 226; *Wachter* GmbHR 2004, 88, 92; *Schall* ZIP 2005, 965, 971.
[1277] (1897) AC 22.
[1278] *Fleischer* DStR 2000, 1015, 1017.
[1279] *Huber/Habersack* in *Lutter* Das Kapital der Aktiengesellschaft in Europa, S. 385; Auch den insolvenzrechtlichen §§ 39 Abs. 1 Nr. 5 und 135 InsO vergleichbare Regelungen zur Rückstufung von Gesellschafterdarlehen im Insolvenzverfahren und zur Anfechtung erfolgter Rückzahlungen besitzt das englische Recht nicht, *Huber/Habersack* in *Lutter* Das Kapital der Aktiengesellschaft in Europa, S. 385 ff. Dort auch zu sec. 215 (4) IA 1986, der für englische Gerichte eine Befugnis zur Rückstufung von Ansprüchen der Geschäftsleiter gegen die insolvente Gesellschaft begründet, und zu sec. 239 IA 1986, der die Anfechtung sowie die Rückabwicklung von Transaktionen ermöglicht. Die Rückstufung greift nur hinsichtlich solcher Ansprüche gegen die Gesellschaft, die durch *wrongful trading* oder *fraudulent trading* zustande gekommen sind, mithin ein Fehlverhalten der *directors* voraussetzen. Die Anfechtungsregeln wiederum setzen im Gegensatz zum deutschen Recht voraus, dass die Gesellschaft zur Zeit der Leistung insolvent war oder durch die Leistung insolvent wurde und dass der Leistungsempfänger bevorzugt werden sollte.
[1280] *BGH* NJW 2006, 522 ff.; Eine ausführliche Darstellung der historischen Abläufe findet sich bei *Kirsch* Journal of European Criminal Law, Volume 2•2007, S. 9 ff.

ne[1281], an den Geschäftserfolg gebundene nachträgliche Sonderzahlung grundsätzlich zulässig sein. Eine im Dienstvertrag nicht geregelte, nachträglich zuerkannte Sonderzahlung soll dagegen grundsätzlich nur dann gestattet sein, wenn der Gesellschaft als Gegenleistung für die Sonderzahlung ein Vorteil zufließt. Dieser Vorteil kann zum Beispiel in einer für das Unternehmen vorteilhaften Anreizwirkung für sonstige Führungskräfte bestehen. Ist eine nachträgliche Sonderzahlung dagegen weder vertraglich geregelt noch für das Unternehmen nutzbringend, soll sie als treuepflichtwidrige Verschwendung anvertrauten Gesellschaftsvermögens im Sinne des § 266 StGB zu bewerten sein[1282].

Konkret hat der BGH in der Entscheidung Mannesmann/Vodafone den Mitgliedern des Präsidiums[1283] einer AG ins Stammbuch geschrieben, dass sie bei allen Vergütungsentscheidungen im Unternehmensinteresse handeln müssten. Zu den zwingend zu beachtenden gesellschaftsrechtlichen Treuepflichten gehöre das Gebot, alle Handlungen zu unterlassen, die den Eintritt eines Vermögensschadens bei der Gesellschaft sicher zur Folge hätten[1284]. Vor diesem Hintergrund liege eine Pflichtverletzung durch treuwidrige Verschwendung des anvertrauten Gesellschaftsvermögens vor, wenn eine im Dienstvertrag nicht vorgesehene Sonderzahlung für eine geschuldete Leistung gewährt werde, die ausschließlich belohnenden Charakter habe und der Gesellschaft keinen zukunftsbezogenen Nutzen bringe (kompensationslose Anerkennungsprämie)[1285]. Auf das für die Bezüge von Vorstandsmitgliedern im Aktienrecht in § 87 Abs. 1 Satz 1 AktG enthaltene Kriterium der Angemessenheit komme es in diesen Fällen gar nicht mehr an, da derartige kompensationslose Anerkennungsprämien bereits dem Grunde nach unzulässig

---

[1281] Den Vertragsparteien ist es unbenommen, den zwischen ihnen bestehenden Dienstvertrag auch mit Blick auf die bei einem Ausscheiden eines Geschäftsleiters zu zahlenden Beträge abzuändern, vgl. *Dreher* AG 2002, 214, 215; Möglich ist dies allerdings nur durch eine abstrakt-generelle Regelung für die Zukunft. Unzulässig hingegen ist eine Vereinbarung, die sich auf ein in der Vergangenheit liegendes, singuläres Ereignis bezieht. Eine derartige Regelung zum Nachteil der Gesellschaft ist unzulässig, *Brauer* NZG 2004, 502, 507 f.; vgl. auch *BGH* NJW 2006, 522, 524 f.
[1282] Vgl. *BGH* NJW 2006, 522, 523 f.; ferner *Dierlamm* in MünchKomm zum StGB, § 266 Rn. 228.
[1283] Das Präsidium ist ein Ausschuss des Aufsichtsrates im Sinne des § 107 Abs. 3 AktG.
[1284] *BGH* NJW 2006, 522, 523; *Hoffmann-Becking* NZG 2006, 127, 128.
[1285] *BGH* NJW 2006, 522, 524; *Achenbach* NStZ 2006, 614, 617; *Vogel/Hocke* JZ 2006, 568, 569.

seien[1286]. Etwas anderes könne nur gelten, wenn der Vermögensinhaber selbst sein Einverständnis hinsichtlich der Vermögensverwendung erklärt habe[1287].

Der BGH argumentiert implizit mit dem allgemeinen Schädigungsverbot als Ausfluss der jedem Aufsichtsratsmitglied obliegenden Treuepflicht, um eine Untreuestrafbarkeit zu begründen. Eine untreuerelevante Pflichtverletzung liegt somit grundsätzlich immer dann vor, wenn bereits zum Zeitpunkt der Entscheidung sicher feststeht, dass die Ausgabe durch einen Nutzen nicht kompensiert werden kann[1288]. Das ist jedenfalls dann der Fall, wenn sich die Zahlung als reines Geschenk darstellt. Dem stehen erbrachte (gute) Managementleistungen in der Vergangenheit nicht im Wege, denn diese sind bereits durch die vertraglich zugesagten Leistungen abgegolten.

bb. Englisches Recht[1289]

Die Zulässigkeit der Vergütung von *directors* ist eine gesellschaftsrechtliche Frage, die sich nach englischem Gesellschaftsrecht richtet[1290]. Daran ändert nichts die Tatsache, dass sich die Vergütung gemäß englischem Recht sowohl nach den *articles of association* als auch nach dem (gegebenenfalls vorhandenen) Anstellungsvertrag (*service contract*) bestimmt[1291] und es sich bei entsprechenden Zahlungen um nicht gesellschaftsrechtliche Vorgänge handelt[1292]. Denn entscheidend für das Vorliegen einer untreuerelevanten Pflichtwidrigkeit bei der Festsetzung von Zahlungen an *directors* sind nichtsdestoweniger die materiellen Vorgaben des

---

[1286] *BGH* NJW 2006, 522, 524.
[1287] *BGH* NJW 2006, 522, 525: Die Einverständniserklärung müsse bei der AG durch den Alleinaktionär oder die Gesamtheit der Aktionäre erklärt werden, wobei dies nur durch einen wirksamen Beschluss der Hauptversammlung über die Verwendung des Bilanzgewinns geschehen könne; kritisch dazu („aktienrechtlich ungereimt") *Hoffmann-Becking* NZG 2006, 127, 130 f.
[1288] *Hohn* wistra 2006, 161, 162.
[1289] Zur Entwicklung in Frankreich siehe *Berger-Walliser* RIW 2008, 583, 583 ff.
[1290] Vgl. *Brauer* NZG 2004, 502, 505; vgl. ferner *Rönnau/Hohn* NStZ 2004, 113, 115.
[1291] Finden sich dort keine solche Bestimmungen, hat der *director* keinen Anspruch auf Zahlung für erbrachte Leistungen, *Morse* Charlesworth's Company Law, S. 283.
[1292] Zum auf den Anstellungsvertrag anwendbaren Recht siehe 5. Kapitel B. II. 3. b. bb. bbb.; Bei Zahlungen, die durch die *articles of association* geregelt sind, wird differenziert. Sie können vertraglicher, aber auch gesellschaftsrechtlicher Natur sein. Letzteres dann, wenn Zahlungen an die Person des *directors* in seiner Eigenschaft als Gesellschafter geleistet werden. Wenn allerdings ein Gesellschafter gleichzeitig *director* ist und gemäß den *articles of association* Zahlungen an ihn in seiner Eigenschaft als *director* geleistet werden, so sollen diese nicht gesellschaftsrechtliche Zahlungen sein, die allein wegen des *appointment* als *director* erfolgen. Zum Ganzen *Mayson/French/Ryan* Company Law, S. 82 f.; *Re Dale and Plant Ltd* (1889) 43 Ch D 255; *Re New British Iron Co*, ex parte *Beckwith* (1898) 1 Ch 324.

englischen Gesellschaftsrechts[1293]. Primär diese enthalten nämlich Verhaltensvorgaben im Zusammenhang mit der Entscheidung über die Vergütung von *directors*. Deren Relevanz bleibt hinsichtlich des deutschen Strafrechts bestehen auch trotz der Tatsache, dass der BGH in der Entscheidung Mannesmann/Vodafone die Untreuestrafbarkeit unter Heranziehung des nicht nur im Gesellschaftsrecht, sondern auch im allgemeinen Zivilrecht bekannten Schädigungsverbots begründet, aber gerade nicht auf die in § 87 Abs. 1 Satz 1 AktG verortete Angemessenheit der Vergütung von Vorstandsmitgliedern einer AG abstellt. Denn daraus folgt nicht die Anwendung rein zivilrechtlicher deutscher Grundsätze. Vielmehr anerkennt der BGH, dass der im Zivilrecht bekannte Grundsatz, dass derjenige, der fremdes Vermögen zu betreuen hat, ausschließlich und uneingeschränkt im Interesse des Vermögensinhabers handeln muss und anvertrautes Vermögen nicht nutzlos hingeben darf, auch im Aktienrecht gilt, dort aber anhand der gesellschaftsrechtlichen Regelungen konkretisiert werden muss[1294].

Nach englischem Gesellschaftsrecht ist grundsätzlich eine in gutem Glauben festgesetzte Zahlung an den *director* selbst dann nicht zu beanstanden, wenn der Gesellschaft kein gleichwertiger Gegenwert in Form der Diensterbringung zugeflossen ist oder die Zahlung sogar objektiv nicht im Interesse der Gesellschaft ist. Eine Grenze besteht erst dann, wenn die Zahlung derart groß ist, dass sie schlichtweg nicht als Zahlung für Dienste des *directors* angesehen werden kann, sondern also bloßes Geschenk oder verdeckte Rückzahlung geleisteter Einlagen[1295]. Begründet wird dies damit, dass selbst die Gesellschafterversammlung in derartigen Fällen über ihre Kompetenzen hinausgeht[1296]. Das muss erst recht für entsprechende Entscheidungen von *directors* gelten. Darüber hinaus ist es dem *board of directors* nach *common law* nicht gestattet, einem *director* eine Bezahlung zukommen zu lassen für eine Anstrengung, die nicht über das hinausgeht,

---

[1293] Vgl. *Rönnau/Hohn* NStZ 2004, 113, 115.
[1294] Vgl. *BGH* NJW 2006, 522, 524.
[1295] *Morse* Charlesworth's Company Law, S. 284 f.; *Farrar/Hannigan* Farrar's Company Law, S. 339.
[1296] *Re Halt Garage (1964) Ltd* (1982) 3 All ER 1016; *Currencies Direct Ltd v Ellis* (2002) 2 BCLC 482; Darüber hinaus ist es den Gesellschaftern nicht erlaubt, durch einfachen Beschluss die Bezahlung der *directors* zu ändern. Sie müssen zunächst die *articles of association* ändern, *Re George Newman & Co* (1985) 1 Ch 674, 686.

was nicht ohnehin von einem *director* erwartet wird, der zum Schutz und zur Förderung der Interessen der Gesellschaft handelt[1297].

Besonders problematisch sind jedoch auch im englischen Recht Zahlungen, die geleistet werden, wenn ein *director* seine Position verliert. Für verschiedene Fallkonstellationen hat der englische Gesetzgeber Regelungen geschaffen. Geschieht etwa der Positionsverlust durch Kündigung, Rücktritt oder altersbedingten Übertritt in den Ruhestand, so greift sec. 217 CA 2006. Verliert der *director* seine Position im Zusammenhang mit der Veräußerung von Teilen des von der Gesellschaft geführten Unternehmens oder des gesamten Unternehmens, ist sec. 218 CA 2006 einschlägig. Den Fall des Positionsverlustes im Zusammenhang mit der Übernahme von Anteilen an der Gesellschaft durch Dritte regelt sec. 219 CA 2006. Nach diesen Vorschriften ist es grundsätzlich unzulässig, dass eine Limited ihrem *director* in einer der vorgenannten Situationen Zahlungen als Kompensation für das Ausscheiden (*golden handshake*) leistet, wenn diese Zahlungen nicht vorher gegenüber allen Gesellschaftern (auch den stimmrechtslosen[1298]) offengelegt und von der Hauptversammlung beschlossen wurden[1299]. Ferner ist in solchen Fällen eine entsprechende Regelung in den *articles of association* erforderlich. Eine Zahlung für den Verlust der Position kann allerdings dann ohne Beachtung der in secs. 215 ff. CA 2006 geregelten Voraussetzungen erfolgen, wenn bereits der *service contract* zwischen Limited und *director* eine entsprechende Bestimmung enthält[1300]. Sieht dieser beispielsweise eine Zahlung vor für den Fall einer Übernahme, die zur Folge hat, dass der *director* zurücktreten kann oder muss, ist diese Zahlung bei Bedingungseintritt ohne Weiteres vorzunehmen[1301].

Mangelt es an einer der vorgenannten Voraussetzungen, ist die geleistete Zahlung an die Gesellschaft zu erstatten[1302]. Solange hält der zahlungsempfangende *director* das Vermögen gemäß sec. 222 (1) CA 2006 treuhänderisch für die Gesellschaft[1303]. Außerdem kommt sowohl für ihn als auch für den die Zahlung ver-

---

[1297] *Guinness plc v Saunders* (1990) 1 All ER 652.
[1298] Vgl. *Re Duomatic Ltd* (1969) 2 Ch 365.
[1299] *Morse* Charlesworth's Company Law, S. 287 f.; *Farrar/Hannigan* Farrar's Company Law, S. 339 f.
[1300] *Taupo Totara Timber Co Ltd v Rowe* (1978) AC 537.
[1301] *Taupo Totara Timber Co Ltd v Rowe* (1978) AC 537.
[1302] Vgl. *Re George Newman & Co* (1895) 1 Ch 674, 685.
[1303] So u. a. *Morse* Charlesworth's Company Law, S. 288 zu secs. 314 f. CA 1985, die nun durch secs. 215 ff. CA 2006 abgelöst worden sind.

anlassenden *director*[1304] eine Strafbarkeit wegen *theft* hinsichtlich dieser Zahlung in Betracht[1305].

cc. Ergebnis

Der *director* einer Scheinauslandslimited in Deutschland kann sich durch Gewährung einer kompensationslosen Anerkennungsprämie wegen Untreue gemäß § 266 StGB strafbar machen[1306]. Darin liegt keine Verletzung der Niederlassungsfreiheit, wenn die der Strafbarkeit zugrundeliegende gesellschaftsrechtliche Pflichtwidrigkeit der Handlung anhand englischen Gesellschaftsrechts festgestellt wird. Ebenso wenig trifft den *director* damit eine strafrechtliche Verantwortlichkeit, die ihn nicht auch bei Geltung englischen Strafrechts treffen würde.

e. Risikogeschäfte

Jede Teilnahme am wirtschaftlichen Verkehr ist mit Risiken verbunden. Jeder Geschäftsleiter muss Entscheidungen treffen, die sich auf das Vermögen der Gesellschaft auswirken, deren Implikationen aber niemand mit Gewissheit voraussagen kann[1307]. Dabei kann es um den Verleih größerer Geldbeträge an ein anderes, krisengeschütteltes Unternehmen gehen. Es kann sich aber auch um eine Produktlieferung ins Ausland handeln oder eine Unternehmensakquisitionen in Rede stehen, die sorgfältiger Vorbereitung und Planung bedarf. Stellt sich ex post eine dieser Risikoentscheidungen als fehlerhaft heraus, hat das nur in Ausnahmefällen

---

[1304] Siehe zur zivilrechtlichen Verantwortlichkeit sec. 222 (1) (b) CA 2006.
[1305] *Sullivan* (1983) Crim LR 512, 513; vgl. 6. Kapitel A. I. 1. b.
[1306] Vgl. *Tiedemann* GmbH-Strafrecht, Vor §§ 82 ff. Rn. 67.
[1307] Wann genau ein Risikogeschäft vorliegt, wird nicht einheitlich beantwortet. Der BGH sieht ein solches insbesondere dann gegeben, wenn der Täter bewusst und entgegen den Regeln kaufmännischer Sorgfalt eine äußerst gesteigerte Verlustgefahr auf sich nimmt, nur um eine höchst zweifelhafte Gewinnaussicht zu erhalten, *BGH* StV 2004, 424, 424 f.; *BGH* NStZ 1990, 437, 437. Teile der Literatur nehmen ein Risikogeschäft an, wenn die Prognose, ob die in Rede stehende Entscheidung zu einem Gewinn oder einem Verlust führt, mit einem erhöhten Maß an Ungewissheit belastet ist, *Seier* in *Achenbach/Ransiek* Handbuch Wirtschaftsstrafrecht, V 2 Rn. 339; *Lenckner/Perron* in *Schönke/Schröder* StGB, § 266 Rn. 20. Andere meinen, dass die Entscheidung auf einer unvollkommenen Informationsbasis beruhen müsse. Gemeinsam ist diesen Definitionen, dass ein Risikogeschäft für den Geschäftsherrn ein gesteigertes Risiko eines Vermögensverlustes mit sich bringt, *Krekeler/Werner* Unternehmer und Strafrecht, S. 318. Darüber hinaus liegt ein Risikogeschäft vor, wenn die Erfolgsaussichten eines Projekts gering sind und es außer Verhältnis zu den finanziellen Möglichkeiten der Gesellschaft steht, *Drygala* GmbHR 2003, 729, 736; zum Ganzen auch *Hillenkamp* NStZ 1981, 161, 161 ff.

strafrechtliche Relevanz. Insbesondere Untreue gemäß § 266 StGB kann nur dann angenommen werden, wenn dem Täter die Überschreitung des erlaubten, mit unternehmerischem Handeln stets verbundenen Risikos und der Eintritt des tatbestandsmäßigen Erfolgs als Folge seines Verhaltens bereits im Zeitpunkt seiner Entscheidung erkennbar war[1308].

Unter welchen Voraussetzungen sich ein Risikogeschäft als pflichtwidrig im Sinne des Untreuetatbestandes darstellt, kann nicht allgemeingültig festgestellt werden, sondern lässt sich jeweils allein im Rahmen einer Einzelfallentscheidung beantworten. Maßgeblich für einen Untreuevorwurf ist nämlich das der Vermögensbetreuungspflicht zugrundeliegende Rechtsverhältnis[1309]. Ob und, wenn ja, in welchem Maße es einem Entscheidungsträger gestattet ist, Risiken einzugehen, ergibt sich insbesondere aus internen Befugnisvorschriften, Satzungen und Geschäftsordnungen[1310]. Darüber hinaus spielen gesetzliche Vorgaben und die jeweilige wirtschaftliche Lage des Unternehmens eine wichtige Rolle. Wenn der durch Vertrag, Satzung, Gesetz und sonstige äußere Umstände konkretisierte Risikobereich bei einer Entscheidung nicht überschritten ist, verhält sich der Verantwortliche regelmäßig auch dann nicht pflichtwidrig im Sinne des § 266 StGB, wenn das Verhalten nicht mit der geschäftsüblichen Sorgfalt eines ordentlichen Geschäftsmannes zu vereinbaren ist[1311]. Handelt ein Geschäftsleiter jedoch außerhalb der ihm vorgegebenen Grenzen, kann er sich grundsätzlich nicht darauf berufen, dass sein Handeln dem eines ordentlichen und gewissenhaften Kaufmanns entspreche und das Eingehen eines riskanten Geschäfts keine Pflichtwidrigkeit darstelle[1312].

Bis hierher wirft die strafrechtliche Verantwortlichkeit des *directors* keine Besonderheiten auf. Soweit für die Feststellung seines Befugnisumfangs und der Pflichtwidrigkeit seines Verhaltens gesellschaftsrechtliche Bestimmungen heranzuziehen sind, sind diese englischem Gesellschaftsrecht zu entnehmen.

Rechtlich mehr Probleme bereiten jene Fallkonstellationen, in denen eine zu treffende Risikoentscheidung nicht durch eine gesetzliche, vertragliche oder sat-

---

[1308] *BGH* wistra 1985, 190, 190 f.; *Große Vorholt* Wirtschaftsstrafrecht, S. 93.
[1309] *Große Vorholt* Wirtschaftsstrafrecht, S. 94 ff.; *Nelles* Untreue, S. 569.
[1310] *Große Vorholt* Wirtschaftsstrafrecht, S. 95.
[1311] *Schmid* in *Müller-Gugenberger/Bieneck* Wirtschaftsstrafrecht, § 31 Rn. 163; *Krekeler/Werner* Unternehmer und Strafrecht, S. 319.
[1312] *Seier* in *Achenbach/Ransiek* Handbuch Wirtschaftsstrafrecht, V 2 Rn. 345; *Hillenkamp* NStZ 1981, 161, 166.

zungsrechtliche Bestimmung determiniert ist. Zwar ist dann zunächst auf den mutmaßlichen Willen des Geschäftsherrn abzustellen[1313]. Bestehen insoweit jedoch Zweifel, wird überwiegend davon ausgegangen, dass dem Verantwortlichen nur solche Dispositionen erlaubt sind, die der Sorgfalt eines ordentlichen Kaufmanns entsprechen[1314]. Dieser Sorgfaltsmaßstab ergibt sich für den Geschäftsführer einer GmbH aus § 43 Abs. 1 GmbHG und für den Vorstand einer AG aus § 93 Abs. 1 Satz 1 AktG[1315]. Er beinhaltet einerseits, dass ein Geschäftsleiter, der eine Gesellschaft unter eigener Verantwortung führt, bei der Wahl zwischen verschiedenen Möglichkeiten unternehmerischen Handelns einen Ermessensspielraum besitzt. Fest steht aber auch, dass dieses Ermessen nicht schrankenlos gilt. So ist selbstverständlich, dass der Geschäftsleiter einer juristischen Person sich bei seinem Handeln nach dem Interesse der Gesellschaft richten muss, nicht hingegen sich von eigenen Interessen leiten lassen darf, denn der Gesellschaft gegenüber ist er vermögensbetreuungspflichtig. Ferner muss sich der Geschäftsleiter vor jeder Entscheidung eine ausreichende Tatsachengrundlage verschaffen, aufgrund derer er zu einer Bewertung der einzelnen Aspekte und einer Abwägung zwischen Chancen und den damit verbundenen Risiken kommt. Solange er sich bei seinen Entscheidungen in den Grenzen dieses Ermessens hält, kann ihm eine Verletzung der Sorgfaltspflicht eines ordentlichen und gewissenhaften Kaufmanns grundsätzlich nicht vorgeworfen werden.

Bereits im 4. Kapitel A. I. 3. und II. 2. wurde erörtert, dass die Anwendung von Maßfiguren wie die des ordentlichen Kaufmanns auf *directors* verfassungsrechtlich zulässig ist. An selber Stelle wurde ferner dargelegt, dass ihre stets erforderliche Konkretisierung auch anhand ausländischer Sitten und Anschauungen vorzunehmen ist. Das ist gerade bei der Maßfigur des ordentlichen Kaufmanns unproblematisch möglich, denn es handelt sich bei ihr eben nicht um eine spezifisch aktienrechtliche oder GmbH-rechtliche Erscheinung, sondern allein um eine Ausprägung des allgemeinen Verhaltensstandards aus § 276 Abs. 2 BGB und § 347 Abs. 1 HGB, der den jeweiligen gesellschaftsrechtlichen Besonderheiten anzupassen

---

[1313] *Lenckner/Perron* in Schönke/Schröder StGB, § 266 Rn. 20; vgl. *Schünemann* in LK zum StGB, § 266 Rn. 97; ferner *Lackner/Kühl* StGB, § 266 Rn. 7.

[1314] Vgl. *BGH* StV 2004, 424, 424 f.; *Schünemann* in LK zum StGB, § 266 Rn. 97; *Lackner/Kühl* StGB, § 266 Rn. 7.

[1315] *Krekeler/Werner* Unternehmer und Strafrecht, S. 320.

ist[1316]. Maßgeblich ist danach, wie ein pflichtbewusster, selbständig tätiger Geschäftsleiter eines Unternehmens der konkreten Art, der nicht mit eigenen Mitteln wirtschaftet, sondern ähnlich wie ein Treuhänder fremden Vermögensinteressen verpflichtet ist, zu handeln hat[1317]. Die Sorgfaltspflichten eines ordentlichen Kaufmanns sind mit Blick auf den *director* folgerichtig nach den Vorgaben englischen Gesellschaftsrechts zu konkretisieren.

Fraglich ist hingegen, inwieweit bezüglich des *directors* eine weitere Präzisierung des unternehmerischen Entscheidungsspielraums und des Ermessens durch die Anwendung der aus dem US-amerikanischen Recht stammenden Business Judgement Rule möglich ist[1318]. Strafrechtliche Bedeutung hat dies, da ein Verstoß gegen eine Vermögensbetreuungspflicht im Sinne von § 266 StGB nicht vorliegen kann, wenn schon ein Verstoß gegen eine die Vermögensbetreuungspflicht konkretisierende zivilrechtliche Verpflichtung nicht bejaht werden kann. Zuzustimmen ist nämlich der Ansicht, dass das Strafrecht eine Verhaltensweise nicht sanktionieren darf, die zivilrechtlich erlaubt ist[1319]. Ansonsten verlöre das Strafrecht seine Funktion als ultima ratio hinsichtlich der Durchsetzung von Verhaltensnormen[1320].

Gemäß der Business Judgement Rule ist eine unternehmerische Entscheidung eines Geschäftsleiters einer gerichtlichen Überprüfung anhand des (jeweils) normalerweise geltenden Sorgfaltsmaßstabs entzogen. Vielmehr scheidet eine Haftung des Geschäftsleiters einer Gesellschaft schon dann aus, wenn er (i) kein eigenes relevantes Interesse an der Entscheidung hatte, (ii) sich zur Vorbereitung einer Entscheidung hinreichend informiert hatte und (iii) nachvollziehbar nach seiner Überzeugung im besten Interesse des Unternehmens gehandelt hat[1321].

Eine Konkretisierung der Sorgfaltspflichten des ordentlichen Kaufmanns durch die Business Judgement Rule aber ist hinsichtlich des *directors* abzulehnen. Sie ist ein Rechtsinstitut des US-amerikanischen Gesellschaftsrechts und berücksichtigt

---

[1316] *Hüffer* AktG, § 93 Rn. 4; vgl. *Spindler* in MünchKomm zum AktG, § 93 Rn. 26.

[1317] Vgl. *BGHZ* 129, 30, 34; *OLG Düsseldorf* AG 1997, 231, 235; *OLG Hamm* AG 1995, 512, 514; vgl. *Henze* Aktienrecht – HRR, Rn. 478 ff.

[1318] Die Business Judgement Rule wird in den Vereinigten Staaten von Amerika auf die Entscheidung *Percy v Millaudon*, 8 Mart (NSW) 68 (1829) zurückgeführt, *Sieg/Zeidler* in *Hauschka* Corporate Compliance, S. 44.

[1319] *Ransiek* in *Ulmer/Habersack/Winter* GmbHG, Vor § 82 Rn. 35; *Bosch/Lange* JZ 2009, 225, 226.

[1320] *Große Vorholt* Wirtschaftsstrafrecht, S. 101 f.

[1321] *Spindler* in MünchKomm zum AktG, § 93 Rn. 36.

dessen Besonderheiten[1322]. Das englische Gesellschaftsrecht hingegen bekennt sich dogmatisch ausdrücklich nicht zur Business Judgement Rule nach amerikanischem Vorbild[1323], wenn es im Ergebnis auch häufig ganz ähnliche Ergebnisse erreicht – früher allein durch das *common law*, heute vermittelt durch secs. 170 ff. CA 2006[1324]. Unternehmerische Entscheidungen werden von englischen Gerichten nur sehr zurückhaltend überprüft. Das ändert sich erst, wenn sie zu der Überzeugung gelangen, ein *director* hätte sich nicht so verhalten, wie es von einem ehrlichen Geschäftsmann erwartet werden kann[1325]. Wenn *directors* in *good faith* handeln, ist es grundsätzlich allein an ihnen, zu entscheiden, was im besten Interesse der Gesellschaft liegt[1326].

Bei diesem Ergebnis bleibt es auch vor dem Hintergrund der Einführung von § 93 Abs. 1 Satz 2 AktG, nach dem eine Pflichtverletzung nicht vorliegt, wenn ein Vorstandsmitglied eine unternehmerische Entscheidung trifft und dabei angenommen hat, auf der Basis angemessener Informationen zum Wohl der AG zu handeln und dies auch vernünftigerweise annehmen durfte[1327]. Erstens handelt es sich bei dieser Regelung schon nicht um eine genaue Übernahme der Business Judgement Rule aus dem US-amerikanischen Recht, sondern um ihre abwandelnde Einpassung in die Haftungskonzeption des § 93 AktG[1328]. Und zweitens ist es zwar erklärter Wille des Gesetzgebers, die Regelung des § 93 Abs. 1 Satz 2 AktG entgegen ihrer systematischen Verortung im Aktienrecht auch auf das Verhalten von Geschäftsleitern anderer Gesellschaftsformen anzuwenden[1329]. Doch dass dies

---

[1322] Vgl. *Hüffer* AktG, § 93 Rn. 4a; *Spindler* in MünchKomm zum AktG, § 93 Rn. 36: „Die deutsche Rechtsanwendung kann jedoch von dem reichhaltigeren Fallmaterial des US-amerikanischen Rechts profitieren, etwa zur Haftung für risikoreiche Geschäfte (...)."

[1323] *Davies* Gower and Davies' Principles of Modern Company Law, S. 493 f.; *Baas-Holler* Geschäftsführerpflichten im englischen und deutschen GmbH-Recht, S. 137.

[1324] *Steffek* GmbHR 2007, 810, 812.

[1325] *Steffek* GmbHR 2007, 810, 812.

[1326] *Davies* Gower and Davies' Principles of Modern Company Law, S. 512 ff.; Ferner *Schall* DStR 2006, 1229, 1230, der in der Formulierung „The directors must exercise their discretion *bona fide* in what they consider – not what a court may consider – is in the interest of the company." jedoch die „englische Version" der BJR enthalten sieht.

[1327] Eine inhaltliche Überprüfung der Entscheidung findet in diesem Fall also – abgesehen von dem Kriterium „vernünftigerweise" als letzte Schranke bei bösgläubigen und sinnlosen Entscheidungen – nicht statt, *Kuntz* GmbHR 2008, 121, 121.

[1328] *Hüffer* AktG, § 93 Rn. 4a; *Henze* NJW 1998, 3309, 3310 f.; *Paefgen* Unternehmerische Entscheidungen und Rechtsbindung, S. 177 ff.

[1329] Siehe dazu die Regierungsbegründung zum UMAG, BT-Drs. 15/5092, S. 12; Ferner *Hennrichs* ZGR 2006, 563, 584 f. mit dem Hinweis, dass der Grundsatz unternehmerischen Ermessens als allgemeines Prinzip des Unternehmensrechts für alle Unternehmen gilt.

nur unter Berücksichtigung der jeweiligen gesellschaftsrechtlichen Besonderheiten gilt, ist von Rechtsprechung und Literatur sogar für die Auslegung des § 43 Abs. 1 GmbHG hinsichtlich des Sorgfaltsmaßstabs des Geschäftsführers einer GmbH[1330] und für die Auslegung des § 34 GenG hinsichtlich des Sorgfaltsmaßstabs des Vorstands einer Genossenschaft[1331] anerkannt. Der (Sorgfalts-)Maßstab, den § 93 Abs. 1 Satz 2 AktG an die jeweiligen Normadressaten anlegt, ist somit schon bei verschiedenen deutschen Gesellschaftsformen nicht identisch[1332]. Erst recht gilt, dass die Vorgaben des Europarechts nicht durch den Willen des deutschen Gesetzgebers geändert werden können. Der in § 93 Abs. 1 Satz 2 AktG enthaltene Maßstab kann auf *directors* keine Anwendung finden.

Es gilt englisches Gesellschaftsrecht, wenn es um die Frage geht, ob ein Risikogeschäft eines *directors* zu dessen Strafbarkeit nach § 266 StGB führen kann. Vor allem können keine aus dem deutschen oder amerikanischen Recht bekannte Rechtsinstitute wie die Business Judgement Rule herangezogen werden, um das Vorliegen oder Nichtvorliegen der Pflichtwidrigkeit des Handelns des *directors* zu begründen. Dies wäre ein Verstoß gegen die Niederlassungsfreiheit. Ein solcher läge ferner vor, wenn das konkrete Risikogeschäft nach englischem Recht nicht mit Strafe bedroht wäre. Dies muss in jedem Einzelfall geprüft werden. Insoweit ist insbesondere auf sec. 4 Fraud Act 2006 abzustellen, der im Ergebnis nahezu jedes Verhalten des *directors*, das gegen das Vermögen seiner Limited gerichtet ist, erfasst[1333].

f. Geschäftschancenlehre

Macht sich der Geschäftsleiter einer GmbH oder AG die der Gesellschaft zustehenden Erwerbschancen zu Eigen, kommt für ihn eine Untreuestrafbarkeit gemäß § 266 StGB in Betracht. Konkret besagt die in diesem Zusammenhang entwickelte Geschäftschancenlehre, dass ein Geschäftsleiter sich keine der Gesellschaft zustehenden Erwerbschancen zu Eigen machen darf, sondern diese zunächst der Ge-

---

[1330] *Kuntz* GmbHR 2008, 121, 124 ff.; *OLG Oldenburg* ZIP 2006, 2087, 2087; unklar *BGH* NJW 2003, 358, 359.
[1331] *Lang/Weidmüller* GenG, § 34 Rn. 16 ff.
[1332] Dies gilt sogar im Verhältnis der Vorstandsmitglieder einer AG, an die sich die Business Judgement Rule nach § 93 Abs. 1 Satz 2 AktG richtet, zu den Aufsichtsratsmitgliedern derselben AG, auf die die Business Judgement Rule über § 116 Satz 1 AktG anwendbar ist.
[1333] 6. Kapitel A. III.

sellschaft anbieten muss[1334]. Erst wenn die Gesellschaft die Erwerbschancen nicht wahrnehmen will, ist es dem Geschäftsleiter gestattet, sie zu nutzen[1335]. Ferner beinhaltet die Geschäftschancenlehre nach deutschem Verständnis das Element des Wettbewerbsverbots, wonach ein Geschäftsleiter nicht in Wettbewerb zu seiner Gesellschaft treten darf. Anderenfalls bestände nämlich die Gefahr, dass der Geschäftsleiter die im Rahmen seiner Tätigkeit bei der Gesellschaft erlangten Kenntnisse und Einflussmöglichkeiten verwendet, um seine eigenen Geschäfte voranzutreiben und damit im Ergebnis zum Nachteil der Gesellschaft zu handeln[1336].

Hinsichtlich GmbH und AG wird als Grundlage der Geschäftschancenlehre die von den Geschäftsführern und Vorständen der jeweiligen Gesellschaft geschuldete Treuepflicht angesehen. Dabei wird insbesondere auf die in § 43 Abs. 1 GmbHG und § 93 Abs. 1 AktG normierte Pflicht, die Geschäfte der Gesellschaft zu fördern, als Teilaspekt der Treuepflicht zurückgegriffen[1337]. Wettbewerbsverbote sind hingegen verschiedentlich sogar ausdrücklich normiert (zum Beispiel in §§ 88 und 284 AktG sowie § 112 HGB).

Tatsächlich konkretisiert die Geschäftschancenlehre die gesellschaftsrechtlich begründete Treuepflicht eines Geschäftsleiters gegenüber seiner Gesellschaft[1338]. Folgerichtig ist auch das (teilweise gesetzlich normierte) Wettbewerbsverbot eine Ausprägung der gesellschaftsrechtlichen Treuepflicht der Geschäftsleiter[1339]. Bei der Anwendung der Geschäftschancenlehre und des darin enthaltenen Wettbe-

---

[1334] *Sieg/Zeidler* in *Hauschka* Corporate Compliance, S. 69 f.; *Buyer* BB 1993, 2057, 2059 f.; Natürlich gebietet auch die Treuepflicht dem Gesellschafter einer GmbH, die Geschäftschancen der Gesellschaft nicht zu ihrem Nachteil für sich selbst auszunutzen, wenn er von ihnen als Mitglied Kenntnis erlangt hat, sie an ihn in dieser Eigenschaft herangetragen worden sind oder sie für die Gesellschaft eine besondere Bedeutung haben, *Lamann* Untreue im GmbH-Konzern, S. 98; BGH ZIP 1989, 986, 987; *Winter/Seibt* in *Scholz* GmbHG, § 14 Rn. 59; *Lutter/Hommelhoff* GmbHG, § 14 Rn. 22.
[1335] BGH NJW 1986, 584, 585; *Sieg/Zeidler* in *Hauschka* Corporate Compliance, S. 70.
[1336] *Sieg/Zeidler* in *Hauschka* Corporate Compliance, S. 71; vgl. BGHZ 38, 306, 311 ff.
[1337] *Sieg/Zeidler* in *Hauschka* Corporate Compliance, S. 70; Ursprünglich wurde die Geschäftschancenlehre in Anlehnung an die Wettbewerbsverbote entwickelt, BGH WM 1957, 1128, 1129 f.; Hinsichtlich des Aufsichtsrates einer AG wird die Geschäftschancenlehre aus §§ 116 Satz 2 i. V. m. 93 Abs. 1 Satz 2 AktG abgeleitet, *Große Vorholt* Wirtschaftsstrafrecht, S. 119; Adressaten der Geschäftschancenlehre sind aber beispielsweise auch die geschäftsführenden Gesellschafter einer OHG, BGH NJW 1986, 584, 585.
[1338] Vgl. *Plück/Lattwein* Haftungsrisiken für Manager, S. 44; ferner *Hempel/Wiemken* Managerhaftung im Wandel, S. 18; *Sieg/Zeidler* in *Hauschka* Corporate Compliance, S. 70.
[1339] Vgl. *Hopt* in *Baumbach/Hopt* HGB, § 112 Rn. 1.

werbsverbotes auf den *director* ist daher auf englisches Gesellschaftsrecht zurückzugreifen. Nur wenn dies entsprechende Regelungen kennt, können sie zur Ausfüllung des deutschen Untreuetatbestandes herangezogen werden und kann der *director* wegen der Wahrnehmung an sich der Limited zustehender Erwerbschancen nach § 266 StGB strafbar sein.

Im Gegensatz zum deutschen Gesellschaftsrecht ist dem englischen Gesellschaftsrecht ein gesetzliches Wettbewerbsverbot fremd. Ein solches findet sich allerdings regelmäßig in den Satzungen der Gesellschaften oder den Anstellungsverträgen der Geschäftsleiter, kann im Einzelfall aber auch aus den allgemeinen Treuepflichten des *directors* als *trustee* der Gesellschaft resultieren[1340]. Für einen *director* ist es somit nicht zwingend unzulässig, mit der Gesellschaft, bei der er *director* ist, in Konkurrenz zu treten. Es handelt sich nicht eo ipso um einen Pflichtenverstoß[1341]. Aufgrund seiner Treuepflicht ist es aber jedenfalls stets unzulässig, wenn er für seine Eigengeschäfte die Einrichtungen der Gesellschaft nutzt oder deren Betriebs- und Geschäftsgeheimnisse verwendet[1342]. Dazu gehört etwa die Nutzung seines Wissens um die Kunden der Gesellschaft[1343]. Sogar besondere Fähigkeiten, die er im Rahmen seiner Tätigkeit als *director* gesammelt hat, darf er nicht einsetzen[1344]. Zudem hat jeder *director* stets im besten Interesse seiner Gesellschaft zu handeln und dabei insbesondere seine Verpflichtungen gemäß der *no conflict rule* zu beachten[1345].

Streng ist das englische Gesellschaftsrecht ebenso hinsichtlich der englischen Variante der Geschäftschancenlehre, der *corporate opportunity doctrine*. Diese folgt aus der allgemeinen Treuepflicht *to act bona fide in the best interest of the company* und ist ein Unterfall des Konfliktverbotes, der so genannten *no conflict rule*. Das Konfliktverbot verbietet *directors* grundsätzlich den Abschluss von Geschäften, an welchen sie ein unmittelbares oder mittelbares persönliches Interesse haben, insbesondere Geschäfte, in denen sie Geschäftschancen der Limited zum

---

[1340] *Heinz* Die englische Limited, § 6 Rn. 10.
[1341] *Bell v Lever Brothers Ltd* (1932) AC 161, 195; *London and Mashonaland Exploration Co v New Mashonaland Expoloration Co* (1891) WN 165; zum Ganzen *Baas-Holler* Geschäftsführerpflichten im englischen und deutschen GmbH-Recht, S. 214 ff.
[1342] *Bell v Lever Brothers Ltd* (1932) AC 161, 195; *London and Mashonaland Exploration Co v New Mashonaland Expoloration Co* (1891) WN 165.
[1343] *Measures Bros Ltd v Measures* (1910) 2 Ch 248.
[1344] Vgl. *Hivac Ltd v Park Royal Scientific Instruments Ltd* (1946) 1 All ER 350, ein Fall, der sich allerdings auf einen einfachen Angestellten bezieht.
[1345] *Baas-Holler* Geschäftsführerpflichten im englischen und deutschen GmbH-Recht, S. 217.

eigenen Nutzen ausbeuten, wenn die Limited selbst zur Eingehung der entsprechenden Geschäfte in der Lage gewesen wäre[1346]. Die Geschäftschance wird also quasi wie das Eigentum der Gesellschaft behandelt, hinsichtlich dessen der *director* seine *fiduciary duties* einzuhalten hat[1347]. Mittlerweile wurde die *no conflict rule* in sec. 175 CA 2006 umfassend gesetzlich geregelt und findet sich die *corporate opportunity doctrine* in sec. 175 (2) CA 2006[1348, 1349].

Ein Verstoß gegen die *no conflict rule* hat einerseits zivilrechtliche Folgen: Erlangt der *director* einen Profit, indem er eine Geschäftschance ausnutzt, die sonst die Gesellschaft hätte wahrnehmen können, ist er der Gesellschaft gegenüber herausgabepflichtig (*no profit rule*[1350])[1351]. Dies gilt sogar dann, wenn er in gutem Glauben gehandelt hat[1352] und der Gesellschaft nicht einmal ein Schaden entstan-

---

[1346] *Leading case* ist insoweit *Regal (Hastings) Ltd v Gulliver* (1942) 1 All ER 378, (1967) 2 AC 134 (in die offizielle Sammlung wurde das Urteil erst aufgenommen, nachdem es an anderer Stelle ausführlich behandelt wurde); zum Ganzen auch *Schall* DStR 2006, 1229, 1236; ausführlich *Baas-Holler* Geschäftsführerpflichten im englischen und deutschen GmbH-Recht, S. 196 ff. und 228 ff.

[1347] *Baas-Holler* Geschäftsführerpflichten im englischen und deutschen GmbH-Recht, S. 231.

[1348] Sec. 175 (2) CA 2006 stellt klar, dass es irrelevant ist, ob die Gesellschaft die sich bietenden Vorteile tatsächlich nutzen kann. Insofern ändert sich nichts an den strengen Erfordernissen, die das Leiturteil *Regal (Hastings) Ltd v Gulliver* (1942) 1 All ER 378, (1967) 2 AC 134 vorgibt, nach dem es dem *director* sogar dann untersagt ist, eine Geschäftschance wahrzunehmen, wenn die Gesellschaft selbst sie nicht wahrnehmen will, *Lawlor* NZI 2005, 432, 435. Durch sec. 175 (3) CA 2006 wurde jedoch der Sonderfall des Interessenkonflikts im Rahmen eines Geschäfts mit der Gesellschaft vom Anwendungsbereich des sec. 175 CA 2006 ausgenommen und durch sec. 177 CA 2006 für in Aussicht stehende und in sec. 182 CA 2006 für abgeschlossene Geschäfte speziell geregelt. Das entschärft die bisherige Rechtslage. Künftig ist insoweit nur noch eine Mitteilung des Interessenkonflikts erforderlich, siehe auch *Steffek* GmbHR 2007, 810, 813.

[1349] Ein Pflichtenverstoß kann entfallen, wenn die Gesellschafter gemäß sec. 180 (4) CA 2006 oder aber die (sonstigen) *directors* gemäß sec. 175 (4) (b) CA 2006 in das Vorhaben des *directors* einwilligen (wenn nicht die *constitution* die Einwilligung der *directors* ausschließt oder die Einwilligung durch ein Quorum unter Hinzuzählung des konfligierenden *directors* zustande gekommen ist, sec. 175 (5) (6) CA 2006); zu den Voraussetzungen *Baas-Holler* Geschäftsführerpflichten im englischen und deutschen GmbH-Recht, S. 245 ff.

[1350] Entwickelt wurde die *no profit rule* im Fall *Keech v Sandford* (1726) Sel Cas Ch 61; *Farrar/Hannigan* Farrar's Company Law, S. 415.

[1351] *Regal (Hastings) Ltd v Gulliver* (1942) 1 All ER 378, (1967) 2 AC 134; *Cook v Deeks* (1916) 1 AC 554; *Fine Industrial Commodities Ltd v Powling* (1954) 71 RPC 253; Ferner kann das Geschäft durch die Gesellschaft angefochten werden, was zur Rückabwicklung führen kann, *Hely-Hutchinson v. Brayhead Ltd* (1968) 1 QB 549; *Guinness Plc v Saunders* (1990) 2 AC 663.

[1352] Erst recht ist kein betrügerisches Verhalten erforderlich, *Regal (Hastings) Ltd v Gulliver* (1942) 1 All ER 378, (1967) 2 AC 134.

den ist[1353]. Rechtsfolge eines Verstoßes gegen die *no conflict rule* ist darüber hinaus die Annahme eines *constructive trust*.

Daneben kommt eine strafrechtliche Verantwortlichkeit in Betracht, insbesondere gemäß den Tatbeständen *theft* und *fraud*. So kann sich ein *director* wegen *theft* strafbar machen, wenn er für sich oder einen Dritten einen Profit herausschlägt, indem er Informationen oder Betriebs- und Geschäftsgeheimnisse der Limited zu eigenen Zwecken nutzt[1354]. Zwar sind Informationen und Betriebs- und Geschäftsgeheimnisse als solche kein *property* im Sinne des Tatbestandes des *theft*[1355]. Die Strafbarkeit wird aber über die Rechtsfigur *constructive trust* erreicht: „*A fiduciary who uses his position of trust to acquire a benefit for himself holds that benefit on constructive trust for his beneficiary.*"[1356] Dies führt dazu, dass der angesprochene Profit Gegenstand und der *director* Täter eines *theft* sein kann[1357]. *Fraud* hingegen wurde zum Beispiel angenommen in einem Fall, in dem zwei *directors*, die gleichzeitig Gesellschafter waren, in einer Mitgliederversammlung behaupteten, die Gesellschaft habe an einem bestimmten Vertrag kein Interesse, nur um im eigenen Namen den Vertrag abschließen zu können. In diesem Verhalten wurde Betrug zu Lasten der Minderheitsgesellschafter bejaht, denn der Profit aus dem Vertrag stehe der Gesellschaft zu[1358].

Ein Verstoß gegen die Niederlassungsfreiheit liegt daher in der Strafbewehrung der Nutzung der Geschäftschancen der Limited nach deutschem Recht nicht. Eine Strafbarkeit nach § 266 StGB würde keine Rechtsfolge bedeuten, die den *director* nicht auch nach englischem Recht treffen könnte.

II. Insolvenzstraftaten im engeren Sinne

Die in den §§ 283 ff. StGB normierten Insolvenzstraftaten im engeren Sinne enthalten zahlreiche Verhaltensweisen, die der Gesetzgeber im Zusammenhang mit dem Zusammenbruch eines Unternehmens unter Strafe stellt. So darf in der Krise

---

[1353] *Regal (Hastings) Ltd v Gulliver* (1942) 1 All ER 378, 386, (1967) 2 AC 134, 144.
[1354] *Attorney-General v Guardian Newspapers (No. 2)* (1990) 1 AC 109; *Diamond v Oreamuno* (1969) 301 NYS 2d 78.
[1355] Siehe dazu 6. Kapitel A. I. 1. b.
[1356] *Goff/Jones* The Law of Restitution, S. 713.
[1357] *Simester/Sullivan* Criminal Law, S. 444 f., die insoweit auch sec. 5 (1) Theft Act 1968 heranziehen.
[1358] Vgl. *Cook v Deeks* (1916) 1 AC 554; *Morse* Charlesworth's Company Law, S. 314.

eines Unternehmens kein Vermögen beiseite geschafft (§ 283 Abs. 1 Nr. 1 StGB) oder verschleudert (§ 283 Abs. 1 Nr. 8 StGB) werden. Ferner kann das reine Unterlassen oder unordentliche Führen von Handelsbüchern zur Strafbarkeit führen (§§ 283 Abs. 1 Nr. 5 und 283b Abs. 1 Nr. 1 StGB).

Mit Blick auf eine mögliche Strafbarkeit des *directors* ist zu klären, ob der Schutzbereich der §§ 283 ff. StGB Konstellationen erfasst, in denen der Schuldner eine ausländische juristische Person ist, bei der die entsprechenden Tathandlungen gegebenenfalls im Ausland vorgenommen werden (dazu unter 1.), und ob der *director* Normadressat der Vorschriften ist (dazu unter 2.). Darüber hinaus aber enthalten die §§ 283 ff. StGB insbesondere zahlreiche Tatbestandsmerkmale, die möglicherweise eine englisch-rechtliche Ausfüllung erfordern (dazu unter 3.)[1359].

1. Schutzbereich der §§ 283 ff. StGB

§§ 283 ff. StGB dienen dem Schutz der etwaigen Insolvenzmasse vor unwirtschaftlicher Verringerung, Verheimlichung und ungerechter Verteilung zum Nachteil der Gesamtgläubigerschaft oder auch nur eines einzigen Gläubigers[1360]. Bezweckt ist der Schutz der Vermögensinteressen der Gläubiger an einer Befriedigung ihrer geldwerten Ansprüche gegen den Schuldner[1361]. Dem Schuldner ist es daher bei Strafdrohung verboten, ab dem Zeitpunkt der Krise Beeinträchtigungen der Insolvenzmasse herbeizuführen oder diese Krise durch beeinträchtigende, einer ordnungsgemäßen Wirtschaft widersprechende Handlungen überhaupt erst herbeizuführen.

Die Insolvenzstraftaten verfolgen einen möglichst umfassenden Gläubigerschutz. Es kommt daher nicht darauf an, ob es sich bei den betroffenen Gläubigern um inländische oder ausländische Gläubiger handelt[1362]. Ferner beschränkt sich der Schutzbereich der §§ 283 ff. StGB nicht auf „inländische Insolvenzen", das heißt solche, bei denen die objektive Strafbarkeitsbedingung gemäß § 283

[1359] Zur Frage der Vergleichbarkeit der strafrechtlichen Haftungsvorschriften nach deutschem (§§ 283 ff. StGB) und englischem (z. B. sec. 206 IA 1986; secs. 207 ff. IA 1986; secs. 386 f. CA 2006; secs. 388 f. CA 2006; secs. 414 f. CA 2006; sec. 858 CA 2006; sec. 993 CA 2006; sec. 17 Theft Act 1968; sec. 19 Theft Act 1968; sec. 4 Fraud Act 2006) Recht *Worm* Die Strafbarkeit eines directors, S. 140 ff. und 159.
[1360] *Fischer* StGB, Vor § 283 Rn. 3.
[1361] *Radtke* in MünchKomm zum StGB, Vor §§ 283 ff. Rn. 1.
[1362] *Schumann* ZIP 2007, 1189, 1194.

Abs. 6 StGB (in Verbindung mit § 283b Abs. 3 StGB und § 283c Abs. 3 StGB), also Zahlungseinstellung, Eröffnung des Insolvenzverfahrens oder Ablehnung mangels Masse, im Inland eintritt[1363] oder bei denen die Tathandlung (wie das Beiseiteschaffen von Vermögen) im Inland stattfindet. Gleiches gilt, wenn Buchführungspflichten verletzt werden, die allein nach ausländischem Recht zu beachten sind[1364].

Vor diesem Hintergrund muss die Anwendung der §§ 283 ff. StGB auf die Krise der Limited bejaht werden. Da der Gläubigerschutz ebenso gefährdet ist, wenn statt einer deutschen juristischen Person eine Scheinauslandslimited in der Krise in Deutschland tätig ist, sind die Insolvenzstraftaten ihrem Schutzzweck nach auch in solchen Fällen anwendbar[1365].

2. Der director als Normadressat der §§ 283 ff. StGB
a. Die Insolvenzstraftaten als Sonderdelikte

Bei den Insolvenzstraftaten handelt es sich grundsätzlich (in mehrfacher Weise) um Sonderdelikte[1366]. Mit Ausnahme von § 283d StGB kann Täter der §§ 283 ff. StGB nämlich nur derjenige sein, für den die objektive Strafbarkeitsbedingung Zahlungseinstellung, Eröffnung des Insolvenzverfahrens oder Ablehnung mangels Masse gemäß § 283 Abs. 6 StGB[1367] eingetreten ist. Täter der §§ 283 Abs. 1, 4 Nr. 1 und 5 Nr. 1 sowie 283c StGB kann darüber hinaus nur sein, wer sich in einer Krise befindet[1368]. Beides trifft allein auf den Schuldner zu[1369]. Ferner können §§ 283 Abs. 1 Nr. 5 und 7 (in Verbindung mit Abs. 2, 3, 4 und 5) sowie 283b StGB nur von Personen verwirklicht werden, die bestimmte handelsrechtliche Buchführungs- oder Bilanzierungspflichten verletzen. Diese Pflichten werden primär von

---

[1363] *Möhrenschlager* in *Wabnitz/Janovsky* Handbuch des Wirtschafts- und Steuerstrafrechts, 3. Kap. Rn. 10 f.; Zu beachten bleiben allerdings die §§ 3 ff. StGB. Dazu *Worm* Die Strafbarkeit eines directors, S. 89 ff.
[1364] *Vogel* in *Volk* Münchener AnwaltsHandbuch, § 14 Rn. 36; *Schumann* ZIP 2007, 1189, 1194.
[1365] Vgl. *AG Stuttgart* wistra 2008, 226, 226; vgl. *Schumann* ZIP 2007, 1189, 1194.
[1366] *Weyand/Diversy* Insolvenzdelikte, S. 33 f.; *Radtke* in MünchKomm zum StGB, Vor §§ 283 ff. Rn. 23; *Tiedemann* GmbH-Strafrecht, Vor §§ 82 ff. Rn. 25.
[1367] Gegebenenfalls i. V. m. §§ 283b Abs. 3 oder 283c Abs. 3 StGB.
[1368] *Fischer* StGB, Vor § 283 Rn. 20.
[1369] *Weyand/Diversy* Insolvenzdelikte, S. 33; vgl. *Tiedemann* NJW 1977, 777, 779; Die Bestimmung der Schuldnereigenschaft erfolgt nach dem Zivilrecht: Schuldner ist, wer für die Erfüllung einer Verbindlichkeit haftet, *Tiedemann* in LK zum StGB, Vor § 283 Rn. 60.

§§ 238 ff., 242 ff. und 264 ff. HGB bestimmt[1370] und obliegen bereits nach dem Wortlaut der Normen grundsätzlich allein einem Kaufmann[1371].

b. Zurechnung besonderer persönlicher Merkmale gemäß § 14 Abs. 2 Satz 1 Nr. 2, Satz 2 StGB

So wie der Geschäftsführer einer GmbH kein Kaufmann im Sinne des HGB[1372] und kein Schuldner von einer auf das Vermögen der GmbH bezogenen Verbindlichkeit ist, so ist auch der *director* einer Limited nicht Kaufmann im handelsrechtlichen Sinne und ebenso wenig Schuldner von einer auf das Vermögen der Limited bezogenen Verbindlichkeit. Normadressaten der §§ 283 ff. StGB sind die Kapitalgesellschaften als solche.

Die für die Strafbarkeit des *directors* nach §§ 283 ff. StGB erforderliche Überwälzung der Eigenschaften Schuldner und Kaufmann als besondere persönliche Merkmale im Sinne von § 28 StGB erfolgt über § 14 Abs. 2 Satz 1 Nr. 2, Satz 2 StGB[1373]. Hinsichtlich der Überwälzung der Kaufmannseigenschaft der Limited auf den *director* ist als relevante Vorfrage allerdings zu klären, ob eine englische Gesellschaft überhaupt Kaufmann im Sinne des deutschen Handelsrechts sein kann (dazu unter c.).

c. Die Kaufmannseigenschaft der Limited

Soweit §§ 283 ff. StGB das Vorliegen handelsrechtlicher Buchführungs- und Bilanzierungspflichten des Täters erfordern, ergeben sich diese Pflichten primär aus §§ 238 ff., 242 ff. und §§ 264 ff. HGB und richten sich nach dem Wortlaut der Vorschriften an Kaufleute[1374]. Nach welchem Recht die Kaufmannseigenschaft zu

---

[1370] *Weyand/Diversy* Insolvenzdelikte, S. 100 f. und 109.
[1371] *Fischer* StGB, Vor § 283 Rn. 19; *Radtke* in MünchKomm zum StGB, § 283 Rn. 43 und 55; Die Pflichten gemäß § 264 HGB richten sich allerdings direkt an die gesetzlichen Vertreter einer Kapitalgesellschaft, *Wiedmann* in Ebenroth/Boujong/Joost/Strohn HGB, § 264 Rn. 16.
[1372] *Krekeler/Werner* Unternehmer und Strafrecht, S. 18.
[1373] Um Wiederholungen zu vermeiden, sei insoweit auf das 7. Kapitel C. II. verwiesen; a. A. *Schumann* wistra 2008, 229, 230 und *Schumann* ZIP 2007, 1189, 1195, der § 14 Abs. 1 Nr. 1 StGB anwenden will.
[1374] *Weyand/Diversy* Insolvenzdelikte, S. 100 f. und 109; Die Pflichten gemäß § 264 HGB richten sich direkt an die gesetzlichen Vertreter einer Kapitalgesellschaft, *Wiedmann* in Ebenroth/Boujong/Joost/Strohn HGB, § 264 Rn. 16.

bestimmen ist, wird nicht einheitlich beantwortet[1375]. Jedenfalls eine kollisionsrechtliche Qualifikation und damit eine Vorentscheidung zugunsten der einen oder anderen Rechtsordnung erscheint wenig sinnvoll, handelt es sich bei der Kaufmannseigenschaft doch um eine Kategorisierung, die unterschiedlichste Rechtsfolgen auslöst, die wiederum den verschiedensten Rechtsgebieten zugehören. Die Bestimmung der Kaufmannseigenschaft selbst sollte daher einheitlich nach deutschem Recht erfolgen. Erst bei der jeweils konkret mit der Kaufmannseigenschaft verbundenen Pflicht, Obliegenheit oder sonstigen Rechtsfolge ist dann zu fragen, welche kollisionsrechtliche Qualifikation diesbezüglich vorzunehmen ist und welches Recht anzuwenden ist.

Die Kaufmannseigenschaft wird vom HGB grundsätzlich losgelöst von bestimmten Gesellschaftsformen definiert[1376], denn Kaufmann ist nach § 1 Abs. 1 HGB jeder, der ein Handelsgewerbe betreibt. Ferner finden gemäß § 6 Abs. 1 HGB die in Betreff der Kaufleute gegebenen Vorschriften auf Handelsgesellschaften Anwendung. Nur § 6 Abs. 2 HGB bestimmt, dass Kapitalgesellschaften Kauflaute sind unabhängig davon, ob sie ein Handelsgewerbe oder überhaupt ein Gewerbe betreiben, wenn ein Gesetz ohne Rücksicht auf den Gegenstand des Unternehmens diesem die Eigenschaft eines Kaufmanns beilegt[1377].

aa. Keine Kaufmannseigenschaft der Limited gemäß § 6 Abs. 2 HGB
Deutsche Kapitalgesellschaften wie AG und GmbH sind schon aufgrund besonderer gesetzlicher Regelungen (§ 3 Abs. 1 AktG und § 13 Abs. 3 GmbHG) jeweils in Verbindung mit § 6 Abs. 2 HGB Kaufleute[1378]. Eine derartige Regelung findet sich für die Limited nicht. Dafür besteht allerdings auch kein Bedarf, denn die Vorschrift des § 6 Abs. 2 HGB hat keinen erkennbaren eigenständigen Regelungsgehalt. Sie dient bestenfalls als Klarstellung der uneingeschränkten Kauf-

---

[1375] Zum Teil wird auf das Recht der „ausländischen Hauptniederlassung" abgestellt, *Winnefeld* Bilanz-Handbuch, Rn. L 45a; für die Anwendung deutschen Rechts *Hopt* in *Baumbach/Hopt* HGB, § 1 Rn. 55; *Schumann* ZIP 2007, 1189, 1190.
[1376] *Hoffmann* in *Sandrock/Wetzler* Deutsches Gesellschaftsrecht im Wettbewerb, S. 255; Daran ändern rechtsformabhängige Sondervorschriften wie §§ 41 ff. GmbHG und §§ 150 ff. AktG, die §§ 238 ff., 242 ff. und 264 ff. HGB ergänzen, nichts. Denn bei ihnen geht es nicht um die Bestimmung des Adressatenkreises der buchführungs- und bilanzierungspflichtigen Personen, sondern um inhaltliche Regelungen.
[1377] *Hopt* in *Baumbach/Hopt* HGB, § 6 Rn. 3 und 6.
[1378] Vgl. *BGH* NStZ 2005, 106, 107.

mannseigenschaft von so genannten Formkaufleuten[1379]. Die Kaufmannseigenschaft der Limited lässt sich allein über die rechtsformneutrale Regelung in § 6 Abs. 1 HGB begründen (dazu unter bb.).

bb. Die Limited als Kaufmann gemäß § 6 Abs. 1 HGB

Gemäß § 6 Abs. 1 HGB ist das Recht des Kaufmanns des HGB auf Handelsgesellschaften anwendbar. Handelsgesellschaften in diesem Sinne sind Gesellschaften, die auf Grund besonderer Vorschriften als solche in das Handelsregister eingetragen werden[1380]. Auf die Voraussetzungen des § 1 Abs. 2 HGB, also das Vorliegen eines Gewerbes einer bestimmten Größe, kommt es somit nicht mehr an[1381].

Ohne Zweifel sind AG und GmbH Handelsgesellschaften aufgrund Eintragung in das deutsche Handelsregister[1382] und muss dies entsprechend gelten für die Limited als ausländische Kapitalgesellschaft[1383], auch wenn für sie eine deutsche Registereintragung fehlt[1384]. Hinsichtlich ausländischer Gesellschaften sollte die Kaufmannseigenschaft kraft Eintragung nämlich dann bejaht werden, wenn die Gesellschaft in ein ausländisches Register eingetragen ist, welches dem deutschen Handelsregister funktional vergleichbar ist[1385]. Rechtstechnisch lässt sich dies mit den Regeln der Substitution begründen[1386], bei der gefragt wird, ob ein Tatbestandsmerkmal einer inländischen Rechtsnorm, welches nach ausländischem Recht verwirklicht ist, durch eben dieses ersetzt werden kann. Bei der Prüfung der Kaufmannseigenschaft aufgrund Eintragung ist daher zu fragen, ob die Voraussetzung der Eintragung im ausländischen Recht verwirklicht ist. Dies ist bei der Limited der Fall. Sie wird in das englische Handelsregister eingetragen, welches wie

---

[1379] *Kindler* in *Ebenroth/Boujong/Joost/Strohn* HGB, § 6 Rn. 26.
[1380] *Kindler* in *Ebenroth/Boujong/Joost/Strohn* HGB, § 6 Rn. 1.
[1381] *Hopt* in *Baumbach/Hopt* HGB, § 6 Rn. 1; *Roth* in *Koller/Roth/Morck* HGB, § 6 Rn. 2 und 5.
[1382] *Hopt* in *Baumbach/Hopt* HGB, § 6 Rn. 1; *Kindler* in *Ebenroth/Boujong/Joost/Strohn* HGB, § 6 Rn. 2.
[1383] Vgl. *OLG Düsseldorf* NJW-RR 1995, 1184, 1185; ferner *Roth* in *Koller/Roth/Morck* HGB, § 6 Rn. 2; a. A. *Schumann* ZIP 2007, 1189, 1190, der das Vorliegen der §§ 1 bis 4 HGB verlangt.
[1384] Vielmehr besteht eine Pflicht zur Eintragung in das Handelsregister nur hinsichtlich der Zweigniederlassung, siehe dazu 3. Kapitel B. III. 2.
[1385] Vgl. *Kindler* in MünchKomm zum BGB – IntWirtschaftsR, IntGesR Rn. 175.
[1386] *Großfeld* in *Staudinger* IntGesR, Rn. 330.

das deutsche Handelsregister vornehmlich der Publizität und damit dem Verkehrsschutz dient[1387].

Für eine Gleichbehandlung der Limited mit deutschen Kapitalgesellschaften spricht ferner der Vergleich der in Rede stehenden in- und ausländischen Gesellschaftsformen. Wie bereits mehrfach dargelegt, weist die Limited trotz aller Unterschiede im Detail vor allem Überschneidungen mit der deutschen GmbH auf. Eine Ungleichbehandlung hinsichtlich des Rechts der Kaufleute will daher nicht einleuchten. Entscheidend für die Kaufmannseigenschaft der Limited spricht schließlich die Niederlassungsfreiheit gemäß Art. 49 ff. AEUV. Die Limited ist eine nach englischem Recht gegründete Handelsgesellschaft. Daher ist sie in Deutschland als rechtsfähige juristische Person anzuerkennen und Kaufmann gemäß § 6 Abs. 1 HGB[1388]. Die Einordnung als Kaufmann bewirkt für sich genommen auch keinen Nachteil für die Limited. Erst auf der Ebene der konkreten Anwendung einer kaufmannsbezogenen Regelung kann es zu einem solchen kommen. Daher muss dann im Einzelfall untersucht werden, ob die Niederlassungsfreiheit der Limited beeinträchtigt ist[1389].

3. Zentrale Begriffe der §§ 283 ff. StGB – Berücksichtigung englischen Rechts
Die Insolvenzstraftaten enthalten drei zentrale Begriffe, die in unterschiedlicher Kombination in den einzelnen Tatbestandsalternativen der §§ 283 ff. StGB enthalten sind und die bei einer Anwendung auf den *director* zumindest teilweise eine Berücksichtigung englischen Rechts verlangen. Gemeint sind die so genannten Bankrotthandlungen (dazu unter a.), die wirtschaftliche Krise (dazu unter b.) und der Unternehmenszusammenbruch (dazu unter c.).

a. Bankrotthandlungen
Mit Strafe bedroht sind die in § 283 Abs. 1 StGB aufgezählten wirtschaftlich verantwortungslosen Verhaltensweisen seitens des Schuldners. Dazu gehören Ver-

---

[1387] *Hopt* in *Baumbach/Hopt* HGB, § 8 Rn. 1 für das deutsche Handelsregister; *Hannigan* Company Law, S. 8 für das englische Handelsregister.

[1388] Vgl. *OLG Düsseldorf* NJW-RR 1995, 1184, 1185.

[1389] Aus ihrer Eigenschaft als Kaufmann folgt demnach nicht, dass auf die Limited und ihren *director* sämtliche kaufmannsrechtlichen Rechtsnormen des deutschen Rechts anzuwenden sind. Vielmehr sind im Einzelfall insbesondere die kollisionsrechtlichen Einordnungen zu berücksichtigen, vgl. *Schumann* ZIP 2007, 1189, 1189.

mögensverschiebungen oder unwirtschaftliche Geschäfte genauso wie das Unterlassen des Führens von Handelsbüchern oder die mangelhafte Aufstellung von Bilanzen. Schaut man auf die Besonderheiten, die sich bei den einzelnen Bankrotthandlungen ergeben, wenn es um die Strafbarkeit des *directors* geht, muss zwischen den Nicht-Buchführungsdelikten einerseits (dazu unter aa.) und den Buchführungsdelikten andererseits (dazu unter bb.) unterschieden werden. Nur bei Letzteren ist englisches Gesellschaftsrecht zu beachten.

aa. Nicht-Buchführungsdelikte

Behandelt die Literatur die Frage, ob sich der *director* einer Limited nach §§ 283 ff. strafbar machen kann, wird – soweit ersichtlich – einheitlich vertreten, dass sich bei der Anwendbarkeit von § 283 Abs. 1 Nrn. 1 bis 4 und 8, Abs. 2, 3, 4 und 6 sowie § 283a StGB keine Besonderheiten ergäben. Die Straftatbestände richteten sich inhaltlich an jedermann und knüpften weder unmittelbar noch mittelbar an Vorschriften des Gesellschaftsrechts an. Ihre Anwendung auf den *director* einer Limited berühre deren Gründungsstatut nicht[1390]. Dem ist im Ergebnis zuzustimmen, soll jedoch im Hinblick auf die Tathandlungen und das Tatbestandsmerkmal der Wirtschaftswidrigkeit näher begründet werden.

Tathandlungen der Nicht-Buchführungsdelikte sind das Beiseiteschaffen, Verheimlichen, Zerstören, Beschädigen oder Unbrauchbarmachen eines Vermögensbestandteils (Nr. 1), die Vornahme von Spekulationsgeschäften und unwirtschaftlichen Ausgaben (Nr. 2), das Verschleudern von Waren und Wertpapieren (Nr. 3), das Vortäuschen von Rechten Dritter oder das Anerkennen fremder Rechte (Nr. 4) sowie die Verringerung des Vermögens auf andere Weise (Nr. 8). Es handelt sich bei diesen Verhaltensweisen um Realakte und rechtsgeschäftliches Handeln. Beides wird nicht durch englisches Gesellschaftsrecht determiniert[1391]. Verdeutlicht werden kann dies am Beispiel des Verbotes gemäß § 283 Abs. 1 Nr. 2 StGB, keine Verlust- oder Spekulationsgeschäfte einzugehen. Strafbar macht sich danach, wer Geschäfte vornimmt, die von vornherein auf eine Vermögensminderung angelegt sind und am Ende tatsächlich zu einer Vermögenseinbuße führen. Tatbestandsmäßig sind ferner Aktivitäten mit einem besonderen Risiko, die in der Hoffnung abgeschlossen werden, einen größeren als den sonst üblichen Gewinn

---

[1390] Vgl. *Hoffmann* in *Sandrock/Wetzler* Deutsche Gesellschaften im Wettbewerb, S. 254.
[1391] Zum rechtsgeschäftlichen Handeln 8. Kapitel B. I. 3. a. bb. aaa.

zu erzielen, wobei der Ausgang solcher Aktivitäten in der Regel zufallsabhängig ist und in einem erheblichen Verlust bestehen kann[1392]. Auf den ersten Blick drängt sich bei diesen Fallkonstellationen eine Nähe zur Untreuestrafbarkeit nach § 266 StGB auf, in deren Rahmen englisches Gesellschaftsrecht herangezogen werden muss, um die Verletzung der Vermögensbetreuungspflicht des *directors* gegenüber der Limited zu begründen. Eben darum geht es bei § 283 Abs. 1 Nr. 2 StGB aber nicht. Es kommt nicht auf das gesellschaftsrechtlich bestimmte Verhältnis des *directors* zur Limited an, sondern darauf, festzustellen, ob das Verhalten des *directors* als wirtschaftlich unvertretbar einzustufen ist oder nicht. Es geht also um eine rein betriebswirtschaftliche, nicht um eine juristische Bewertung des jeweiligen Lebenssachverhalts.

Der Täter muss bei den Tatbestandsalternativen gemäß § 283 Abs. 1 Nrn. 1 bis 3 und 8 StGB ferner in einer den Anforderungen einer ordnungsgemäßen Wirtschaft (grob) widersprechenden Weise handeln[1393]. Der Begriff der ordnungsgemäßen Wirtschaft erfordert stets eine Entscheidung im Einzelfall[1394], bei der eine ex-ante-Beurteilung der Richtigkeit oder Vertretbarkeit der jeweils in Rede stehenden Maßnahme zu erfolgen hat[1395]. Als Maßstab heranzuziehen sind dabei die handelsrechtlichen Anforderungen ordentlichen kaufmännischen Verhaltens[1396], was als Einfallstor für die Anwendung englischen Gesellschaftsrechts dienen könnte. Bereits an anderer Stelle wurde ausgeführt, dass es sich bei Maßfiguren wie den ordentlichen Kaufmann um normative Tatbestandsmerkmale handelt, deren Konkretisierung (auch) durch englische Verkehrssitten, Anschauungen und Wertvorstellungen erfolgt, um jene Pflichten zu bestimmen, die die jeweilige Maßfigur dem *director* abverlangt[1397]. Zu beachten ist in diesem Zusammenhang allerdings, dass nicht alle kaufmannsbezogenen Vorschriften und Pflichten einer einheitlichen rechtlichen Qualifikation unterliegen. Vielmehr ist bei einer kollisionsrechtlichen Einordnung der jeweilige Regelungszweck zu beachten. Daher gibt

---

[1392] *Weyand/Diversy* Insolvenzdelikte, S. 88 f.
[1393] Das gilt auch für die Tathandlungen des Beiseiteschaffens und Verheimlichens innerhalb von § 283 Abs. 1 Nr. 1 StGB, *BGHSt* 34, 309, 310; *Lackner/Kühl* StGB, § 283 Rn. 10; *Stree/Heine* in Schönke/Schröder StGB, § 283 Rn. 4.
[1394] Vgl. *Beukelmann* in v. *Heintschel-Heinegg* Beck'scher Online-Kommentar zum StGB, § 283 Rn. 39.
[1395] *Lackner/Kühl* StGB, § 283 Rn. 11; *Tiedemann* ZIP 1983, 513, 520; *Tiedemann* in LK zum StGB, Vor § 283 Rn. 106.
[1396] Vgl. *Fischer* StGB, § 283 Rn. 6; *Kindhäuser* in NK zum StGB, § 283 Rn. 28.
[1397] Siehe dazu 4. Kapitel A. I. 3. und II. 2.

es kaufmannsbezogene Pflichten, die den Regeln des Gesellschaftsstatuts unterliegen, aber auch solche, die zum Beispiel dem Vertragsstatut oder den Regeln des öffentlichen Rechts unterfallen[1398]. Für die Ausfüllung des Begriffs des ordentlichen kaufmännischen Verhaltens im Sinne der §§ 283 ff. StGB ist somit entscheidend, welche kaufmännischen Pflichten mit diesem Tatbestandsmerkmal implementiert werden sollen und welchem Zweck gedient werden soll. Um die Bestimmung der gesellschaftsrechtlichen Pflichtenstellung des *directors* geht es in den §§ 283 ff. StGB jedenfalls nicht. Vielmehr wird der Begriff der ordnungsgemäßen Wirtschaft von Literatur und Rechtsprechung herangezogen, um wirtschaftlich sinnvolle Verhaltensweisen aus den Tatbeständen der §§ 283 ff. StGB auszuklammern. Es geht um die Feststellung, ob das durch den *director* getätigte Geschäft betriebswirtschaftlich unvertretbar war und sich dies einem objektiven Betrachter geradezu aufdrängen musste. Dies liegt nahe, wenn der Schuldner ohne jeden Überblick, jede Planung oder jede Kontrolle über seine Gewinn- und Verlustsituation tätig geworden ist[1399]. Maßgeblich ist, dass es um eine Bewertung anhand von Zahlen, Daten und Fakten geht, nicht um eine juristische (gesellschaftsrechtliche) Bewertung. Englisches Gründungsrecht ist daher entbehrlich.

bb. Buchführungsdelikte

Die in § 283 Abs. 1 Nrn. 5 bis 7 StGB[1400] enthaltenen Straftatbestände verweisen auf Pflichten in Bezug auf das Führen von Handelsbüchern und die Erstellung von Bilanzen. Tathandlungen sind unter anderem das Unterlassen des Führens von Handelsbüchern, ihre Zerstörung, aber auch das unübersichtliche Aufstellen von Bilanzen. Täter dieser Delikte kann somit nur sein, wer nach außerstrafrechtlichen Regeln buchführungs- und bilanzierungspflichtig ist. §§ 283 ff. StGB müssen daher auf Buchführungs- und Bilanzierungspflichten verweisen, bei denen die Limited und ihr *director* Adressaten der Regelungen sind und die Grundlage einer strafrechtlichen Verurteilung sein können. In Betracht kommen dabei solche gemäß HGB (dazu unter aaa.), gesonderte Buchführungs- und Bilanzierungspflichten der Zweigniederlassung (dazu unter bbb.), sonstige Buchführungs- und Bilan-

---

[1398] *Schumann* ZIP 2007, 1189, 1189.
[1399] Vgl. *Radtke* in MünchKomm zum StGB, § 283 Rn. 68.
[1400] Ferner § 283 Abs. 2 i. V. m. § 283 Abs. 1 Nrn. 5-7 StGB und § 283b StGB.

zierungspflichten nach deutschem Recht (dazu unter ccc.) sowie Buchführungs- und Bilanzierungspflichten nach englischem Recht (dazu unter ddd.).

aaa. Keine Buchführungs- und Bilanzierungspflichten der Limited gemäß HGB

Eine im Rahmen der §§ 283 ff. StGB unstreitig relevante Buchführungspflicht folgt für Kaufleute aus § 238 Abs. 1 HGB, eine entsprechende Bilanzierungspflicht aus § 242 Abs. 1 HGB.

Dass es sich bei den Buchführungsdelikten grundsätzlich um Sonderdelikte des Kaufmanns handelt[1401], bereitet unter dem Gesichtspunkt des strafrechtlichen Analogieverbots gemäß Art. 103 Abs. 2 GG keine Bedenken, da die Kaufmannseigenschaft vom HGB losgelöst von bestimmten Gesellschaftsformen definiert wird[1402]. Nur soweit §§ 283 ff. StGB auf die Vorschriften der §§ 264 ff. HGB verweisen, kommt eine Strafbarkeit nicht in Betracht. Denn diese Vorschriften beziehen sich ausweislich der Überschrift zum zweiten Abschnitt des 3. Buches des HGB auf Aktiengesellschaften, Kommanditgesellschaften auf Aktien, Gesellschaften mit beschränkter Haftung und bestimmte Personengesellschaften, nicht aber auf eine Limited[1403]. Ansonsten aber ermöglicht die Rechtsformneutralität der Buchführungs- und Bilanzierungspflichten ihre strafrechtliche Inbezugnahme durch §§ 283 ff. StGB und ihre Überwälzung auf den *director* gemäß § 14 Abs. 2 Satz 1 Nr. 2, Satz 2 StGB[1404].

Vor diesem Hintergrund findet sich in Rechtsprechung und Literatur die Auffassung, dass auf die Limited mit tatsächlichem Verwaltungssitz in Deutschland die deutschen Regelungen zur Rechnungslegung, Abschlussprüfung und Publizität anwendbar seien[1405]. Als Begründung wird angeführt, dass eine derartige Limited wie eine deutsche Kapitalgesellschaft am Rechtsverkehr teilnehme und eine Gleichbehandlung im Hinblick auf Buchführungs- und Bilanzierungspflichten deshalb geboten sei. Im Übrigen gebiete der Gläubigerschutz die Anwendung deutschen Rechts.

[1401] Siehe dazu 8. Kapitel B. II. 2. a.
[1402] *Hoffmann* in *Sandrock/Wetzler* Deutsche Gesellschaften im Wettbewerb, S. 255.
[1403] *Worm* Die Strafbarkeit eines directors, S. 69 f.
[1404] Siehe dazu 8. Kapitel B. II. 2. b.
[1405] *AG Stuttgart* wistra 2008, 226 ff. (Gründe bzgl. §§ 238 ff. HGB abgedruckt in BeckRS 2008 03500); *Ebert/Levedag* GmbHR 2003, 1337, 1339; vgl. *Just/Krämer* BC 2006, 29, 32.

Im Ergebnis vermag diese Auffassung jedoch nicht zu überzeugen. Weder bewirkt die Kaufmannseigenschaft der Limited die Anwendbarkeit aller kaufmannsrechtlichen Regeln auf die Gesellschaft und ihren *director*, noch erfordert der Gläubigerschutz die Anwendung deutschen Rechts. Ausgangspunkt zur Bestimmung der anwendbaren Rechnungslegungsvorschriften ist vielmehr die kollisionsrechtliche Qualifikation der Buchführungs- und Bilanzierungspflichten (dazu unter aaaa.), gefolgt von der Berücksichtigung der Zweigniederlassungsrichtlinie (dazu unter bbbb.)[1406].

aaaa. Kollisionsrechtliche Qualifikation

Zum Teil wird eine öffentlich-rechtliche Qualifikation aller Buchführungs- und Bilanzierungsvorschriften angenommen[1407]. Entscheidend für ihre Anwendbarkeit sei daher allein der Ort der kaufmännischen Niederlassung[1408]. Die Limited unterläge somit deutschem Recht. Abgestellt wird insbesondere auf die Funktion der Rechnungslegung, die der Dokumentation und dem Gläubigerschutz durch Selbstkontrolle diene[1409]. Zum Teil wird aber auch die Rechtsformneutralität der Buchführungs- und Bilanzierungsvorschriften gegen eine gesellschaftsrechtliche Qualifikation ins Feld geführt[1410].

Die überwiegende Ansicht vertritt jedoch zu Recht eine gesellschaftsrechtliche Qualifikation der Rechnungslegungspflichten gemäß §§ 238 ff. HGB[1411]. Maßgebend sind somit die Rechnungslegungsbestimmungen des Landes, welches das Gesellschaftsstatut vorgibt[1412]. Der gesellschaftsrechtliche Charakter der Buchführungs- und Bilanzierungspflichten folgt insbesondere daraus, dass die geregelten Problemfelder wie Gläubigerschutz und Unternehmenskontrolle typischerweise dem Gesellschaftsrecht zuzurechnen sind. Darüber hinaus besteht ein enger Zusammenhang zwischen Fragen des Gesellschaftsrechts (Bewertung von Einlagen,

---

[1406] Vgl. *Schumann* ZIP 2007, 1189, 1189.
[1407] *Kindler* in MünchKomm zum BGB – IntWirtschaftsR, IntGesR Rn. 253; *Hüffer* in Staub HGB, § 13b Rn. 15 und § 242 Rn. 2; *Ebert/Levedag* GmbHR 2003, 1337, 1338; *Merkt* in *Baumbach/Hopt* HGB, § 238 Rn. 4; *Richter* in FS für Tiedemann, S. 1023, 1037.
[1408] Vgl. *Kindler* in MünchKomm zum BGB – IntWirtschaftsR, IntGesR Rn. 257.
[1409] *Hüffer* in *Staub* HGB, Vor § 238 Rn. 1.
[1410] *Schumann* ZIP 2007, 1189, 1190.
[1411] *Tiedemann* GmbH-Strafrecht, Vor §§ 82 ff. Rn. 68; *Großfeld* in Staudinger IntGesR, Rn. 362; *Kaligin* DB 1985, 1449, 1454; *Rönnau* ZGR 2005, 831, 845 f.; *Just/Krämer* BC 2006, 29, 29.
[1412] Vgl. *Großfeld* in Staudinger IntGesR, Rn. 362 ff.

Gewinnermittlung und -verteilung, Haftung) und der Rechnungslegung[1413]. Ein weiterer Hinweis ergibt sich aus dem Umstand, dass die rechtsformneutralen §§ 238 ff. HGB ergänzt werden durch spezifische gesellschaftsrechtliche Vorschriften wie §§ 41 ff. GmbHG, §§ 150 ff. AktG und § 33 GenG.

Aus der gesellschaftsrechtlichen Einordnung folgt, dass die in §§ 238 ff. HGB geregelten Buchführungs- und Bilanzierungspflichten die Limited und den *director* nicht treffen, sich ihre Rechnungslegungspflichten vielmehr nach englischem Recht beurteilen[1414]. Die Anwendung deutscher Vorschriften würde eine Beeinträchtigung der Niederlassungsfreiheit bedeuten, die nur dann gerechtfertigt wäre, wenn Gründe des Gläubigerschutzes ihre Anwendung verlangen würden. Das aber ist nicht der Fall. Vielmehr wird der Gläubigerschutz insoweit durch die anwendbaren englischen Rechnungslegungsvorschriften gewährleistet (dazu eingehend unter ddd.)[1415].

bbbb. Zweigniederlassungsrichtlinie

Selbst wer der gesellschaftsrechtlichen Einordnung der Buchführungs- und Bilanzierungspflichten nicht folgt, muss aufgrund von § 325a Abs. 1 Satz 1 HGB zur Anwendung englischer Rechnungslegungsvorschriften gelangen. Danach ist für inländische Zweigniederlassungen (aber auch für faktische Hauptniederlassungen) von EU-Auslandsgesellschaften hinsichtlich der offenzulegenden Rechnungslegungsunterlagen das Recht des Staates maßgebend, in dem die Gesellschaft ihren Gründungssitz hat[1416]. Dass damit im Fall der Limited englisches Recht gemeint ist, wird verdeutlicht durch den Wortlaut von Art. 2 Abs. 1 lit. g) in Verbindung mit Art. 3 der Elften EG-Richtlinie (Zweigniederlassungsrichtlinie)[1417], die § 325a Abs. 1 Satz 1 HGB zugrunde liegt. Danach müssen Gesellschaften aus Mitgliedsstaaten der EU für Zweigniederlassungen lediglich die Unterlagen der Gesell-

---

[1413] *Drouven/Mödl* NZG 2007, 7, 12; *Kußmaul/Ruiner* IStR 2007, 696, 697; *Müller* BB 2006, 837, 842; *Eidenmüller/Rehberg* ZVglRWiss 105 (2006), 427, 432.
[1414] *Tiedemann* GmbH-Strafrecht, Vor §§ 82 ff. Rn. 68; vgl. *Tiedemann* in LK zum StGB, § 283 Rn. 245.
[1415] *Just* Die englische Limited in der Praxis, Rn. 258.
[1416] *Riegger* ZGR 2004, 510, 516.
[1417] Elfte Richtlinie 89/666/EWG des Rates vom 21. Dezember 1989 über die Offenlegung von Zweigniederlassungen, die in einem Mitgliedstaat von Gesellschaften bestimmter Rechtsformen errichtet wurden, die dem Recht eines anderen Mitgliedsstaates unterliegen, ABl. EG L 395 vom 30. Dezember 1989, S. 36 ff.

schaft offen legen, „die nach dem Recht des Mitgliedsstaates, dem die Gesellschaft unterliegt (...) erstellt, geprüft und offengelegt worden sind".

Zwar erfasst der Wortlaut von § 325a Abs. 1 Satz 1 HGB unmittelbar nur die Offenlegung von Rechnungslegungsunterlagen. Darüber hinaus ist der Regelung aber das Verbot zu entnehmen, Zweigniederlassungen mit gesonderten Rechnungslegungsvorschriften zu belegen[1418]. Dies ergibt sich aus der richtlinienkonformen Auslegung anhand der Zweigniederlassungsrichtlinie, die in Art. 1 bestimmt, dass Urkunden und Angaben lediglich in Übereinstimmung mit Art. 3 Zweigniederlassungsrichtlinie offengelegt werden dürfen, wobei dieser die Offenlegungspflicht der ausländischen Rechnungslegung am Sitz der Zweigniederlassung betrifft. Ferner folgt aus der Präambel der Zweigniederlassungsrichtlinie, dass die Zweigniederlassung ausschließlich der Publizitätspflicht gemäß Art. 3 Zweigniederlassungsrichtlinie unterliegt und einzelstaatliche Offenlegungspflichten ihre Berechtigung verloren haben, da sie eine Diskriminierung der Niederlassungsfreiheit bedeuten. Die Zweigniederlassungsrichtlinie ist daher als Höchststandard zu verstehen, von dem nur für solche Staaten abgewichen werden darf, die kein vergleichbares Rechnungslegungsrecht haben. Aufgrund der Harmonisierung der Rechnungslegungsvorschriften innerhalb der EU sind die Anforderungen an Jahresabschlüsse in Deutschland und England allerdings vergleichbar[1419]. Und obwohl eine Harmonisierung hinsichtlich der Buchführungspflichten bislang nicht im selben Maße stattgefunden hat, steht das englische dem deutschen Recht auch insoweit in nichts nach. Die Pflichtenlage nach deutschem und englischem Recht unterscheiden sich nicht gravierend[1420]. Und wenn, dann bewirkt der Umstand, dass der Gläubigerschutz in England vor allem durch strenge Vorgaben im Bereich der Buchführungs- und Bilanzierungspflichten verwirklicht wird, dass die englischen Anforderungen insoweit tendenziell eher höher sind als im deutschen Recht[1421]. Vor diesem Hintergrund eine ergänzende Rechnungslegungspflicht der

---

[1418] Vgl. *Fehrenbacher* in MünchKomm zum HGB, § 325a Rn. 12; vgl. *Adler/Düring/Schmaltz* Rechnungslegung und Prüfung der Unternehmen, § 325a HGB Rn. 21 f.; *Seibert* GmbHR 1992, 738, 739 f.; a. A. *Ballwieser* in MünchKomm zum HGB, § 238 Rn. 13; *Schumann* ZIP 2007, 1189, 1192.
[1419] Siehe dazu insb. Verordnung (EG) Nr. 1606/2002/EG des Europäischen Parlaments und des Rates vom 19. Juli 2002 betreffend die Anwendung internationaler Rechnungslegungsstandards, ABl. L 243, S. 1.
[1420] *Hoffmann* in *Sandrock/Wetzler* Deutsche Gesellschaften im Wettbewerb, S. 256.
[1421] Vgl. *Müller* BB 2006, 837, 842; siehe auch *Eidenmüller/Rehberg* ZVglRWiss 105 (2006), 427, 443: „Sämtliche Europäische Mitgliedsstaaten kennen Vergleichbares."

Scheinauslandslimited nach deutschem Recht zu verlangen, wäre eine europarechtlich unzulässige Doppelbelastung. § 325a Abs. 1 Satz 1 HGB stellt somit klar, dass zwar die Publizität einer ausländischen Gesellschaft im Ausland über das deutsche Handelsregister am tatsächlichen Verwaltungssitz der inländischen Niederlassung ins Inland geholt wird, für den Inhalt der Publizität aber allein das für die jeweilige Gesellschaft maßgebliche Recht gilt[1422].

bbb. Keine gesonderte Buchführungs- und Bilanzierungspflicht der Zweigniederlassung

Auch zusätzliche Buchführungs- und Bilanzierungspflichten der (oder hinsichtlich der) Zweigniederlassung nach deutschem Recht sind europarechtlich unzulässig. Sie sind insbesondere nicht erforderlich und können daher auch nicht im Wege einer Sonderanknüpfung gerechtfertigt werden. Entscheidend ist insofern nämlich, dass die englischen Rechnungslegungspflichten der Limited auch Geschäfte und Vermögensgegenstände einschließen, die der Zweigniederlassung zuzurechnen sind. Es besteht daher allein die Pflicht zur Erstellung und Offenlegung der Rechnungslegungsunterlagen der Hauptniederlassung nach dem für sie geltenden englischen Recht und deren Einreichung zum Handelsregister am Sitz der Zweigniederlassung[1423].

Eine gesonderte Rechnungslegungspflicht der (oder hinsichtlich der) Zweigniederlassung kann auch nicht aus § 325a Abs. 1 Satz 1 HGB hergeleitet werden. Das folgt schon daraus, dass es sich bei dieser Regelung zunächst einmal um eine reine Publizitätsvorschrift handelt[1424]. Aus § 325a Abs. 1 Satz 1 HGB ergibt sich aber, wie bereits ausgeführt, sogar ein Verbot, Zweigniederlassungen mit gesonderten Rechnungslegungsvorschriften zu belegen[1425]. Die in der Literatur[1426] bisweilen vertretene Ansicht von der Buchführungs- und Bilanzierungspflichtigkeit von Zweigniederlassungen gemäß §§ 238 ff. HGB steht daher im klaren Widerspruch zum Unionsrecht und muss abgelehnt werden. Dies findet in den Erwä-

---

[1422] Vgl. *Merkt* in *Baumbach/Hopt* HGB, § 325a Rn. 1.
[1423] *Kienle* GmbHR 2007, 696, 699; *Wachter* in *Wachter/Römermann* Die Limited und andere EU-Gesellschaften im Praxistest, S. 25 und 31.
[1424] Vgl. *Fehrenbacher* in MünchKomm zum HGB, § 325a Rn. 1.
[1425] Vgl. *Seibert* GmbHR 1992, 738, 739.
[1426] *Winkeljohann/Klein* in Beck'scher Bilanzkommentar, § 238 Rn. 37; *Levedag* in *Wachter/Römermann* Die Limited und andere EU-Gesellschaften im Praxistest, S. 66 und 67 f.

gungsgründen der Zweigniederlassungsrichtlinie Bestätigung, in denen es heißt: „Einzelstaatliche Vorschriften, welche die Offenlegung von Unterlagen der Rechnungslegung verlangen, die sich auf die Zweigniederlassung beziehen, haben ihre Berechtigung verloren, nachdem die einzelstaatlichen Vorschriften über die Erstellung, Prüfung und Offenlegung von Unterlagen der Rechnungslegung der Gesellschaft angeglichen worden sind. Deshalb genügt es, die von der Gesellschaft geprüften und offengelegten Rechnungslegungsunterlagen beim Register der Zweigniederlassung offenzulegen."[1427]

ccc. Keine sonstigen Buchführungs- und Bilanzierungspflichten nach deutschem Recht

Denkbar wäre, dass die Limited und den *director* Buchführungs- und Bilanzierungspflichten aus anderen Rechtsgebieten treffen, die als Anknüpfungspunkt für eine Strafbarkeit nach §§ 283 ff. StGB herangezogen werden könnten. Das Gründungsrecht würde dem kollisionsrechtlich nicht entgegenstehen. Es bliebe allein zu prüfen, ob eine Beeinträchtigung der Niederlassungsfreiheit aus sonstigen Gründen in Betracht käme.

Im Rahmen der §§ 283 ff. StGB kommt es aber entsprechend dem Wortlaut der Normen („Handelsbücher", „Unterlagen, zu deren Aufbewahrung ein Kaufmann nach Handelsrecht verpflichtet ist, ...") nicht auf Buchführungs- und Bilanzierungspflichten an, die außerhalb des Handelsrechts liegen. Insbesondere bleiben steuerrechtliche (§§ 140 ff. AO) und gewerberechtliche (zum Beispiel § 10 MaBV) Rechnungslegungspflichten unberücksichtigt[1428].

ddd. Buchführungs- und Bilanzierungspflichten nach englischem Recht
aaaa. Inhalt
Die handelsrechtlichen Buchführungs- und Bilanzierungspflichten nach englischem Gesellschaftsrecht ergeben sich für die Limited vornehmlich aus dem CA

[1427] Elfte Richtlinie 89/666/EWG des Rates vom 21. Dezember 1989 über die Offenlegung von Zweigniederlassungen, die in einem Mitgliedsstaat von Gesellschaften bestimmter Rechtsformen errichtet wurden, die dem Recht eines anderen Staates unterliegen, ABl. EG L 395 vom 30. Dezember 1989, S. 36 ff. (Abs. 10 der Erwägungsgründe).
[1428] *Radtke* in MünchKomm zum StGB, § 283 Rn. 43; *Lackner/Kühl* StGB, § 283 Rn. 16; *Stree/Heine* in Schönke/Schröder StGB, § 283 Rn 29.

2006[1429], und zwar unabhängig davon, ob ihr tatsächlicher Verwaltungssitz in England oder im Ausland liegt[1430]. So besteht gemäß sec. 386 CA 2006 eine laufende Buchführungspflicht, nach der sämtliche Einnahmen und Ausgaben täglich aufgezeichnet und in ein Vermögensverzeichnis eingefügt werden müssen (*original accounting records*)[1431]. Zum Abschluss eines jeden Geschäftsjahres muss ferner gemäß sec. 394 CA 2006 ein Jahresabschluss (*annual account*) aufgestellt werden, der sich in der Regel aus der Bilanz (*balance sheet*), der Gewinn- und Verlustrechnung (*profit and loss account*) mit Anhang (*notes*), dem Geschäftsbericht der *directors* (*directors' report*) und dem Prüfbericht der Wirtschaftsprüfer (*auditors' report*) zusammensetzt[1432]. Neben diesen kodifizierten Vorschriften sind nicht gesetzliche Bestimmungen wie die Grundsätze der allgemeinen Rechnungslegung (*Statements of Standard Accounting Practices*) und Finanzberichterstattung (*Financial Reporting Standards*) zu berücksichtigen[1433]. Und über allem schwebt der mittlerweile in sec. 393 (1) CA 2006 niedergelegte wichtigste Bilanzierungsgrundsatz des englischen Rechts, nach dem die Wiedergabe eines wahren und angemessenen Bildes der wirtschaftlichen Verhältnisse der Gesellschaft zum Ende des Geschäftsjahres (*true and fair view of the affairs of the company*) vorgeschrieben ist[1434].

bbbb. Englische Rechnungslegungspflichten als Grundlage der Strafbarkeit nach §§ 283 ff. StGB

Die vorgenannten Rechnungslegungspflichten hat der *director* am Satzungssitz in England einzuhalten. Damit stellt sich die Frage, ob im Rahmen der §§ 283 ff.

[1429] Mit dem zeitlich versetzten Inkrafttreten des CA 2006 vom 01.01.2007 bis zum 01.10.2009 wurden die Regelungen der CAs 1985, 1989 und 2004 ersetzt, *Kienle* GmbHR 2007, 696, 700; Natürlich müssen auch englische Limiteds unmittelbar anwendbares europäisches Recht wie die Verordnung (EG) Nr. 1606/2002/EG des Europäischen Parlaments und des Rates vom 19. Juli 2002 betreffend die Anwendung internationaler Rechnungslegungsstandards, ABl. 2002 L 243, S. 1, beachten. Dies ist aber im CA 2006 berücksichtigt, *Davies/Rickford* ECFR 2008, 239, 249.

[1430] *Baas-Holler* Geschäftsführerpflichten im englischen und deutschen GmbH-Recht, S. 89.

[1431] *Kußmaul/Ruiner* IStR 2007, 696, 697.

[1432] Sec. 394 CA 2006 i. V. m. secs. 396 (1) und 471 (2) CA 2006; *Just* Die englische Limited in der Praxis, Rn. 262; *Mayson/French/Ryan* Company Law, S. 250 ff.; *Kienle* GmbHR 2007, 696, 700; *Just/Krämer* BC 2006, 29, 30.

[1433] *Just* Die englische Limited in der Praxis, Rn. 266; Diese Grundsätze haben keinen Rechtsnormcharakter, sind aber de facto verbindlich, *Just/Krämer* BC 2006, 29, 30.

[1434] *Davies/Rickford* ECFR 2008, 239, 249; vgl. *Just/Krämer* BC 2006, 29, 30; ferner *per Lord Jauncey of Tullichettle* in *Caparo Industries plc v Dickman* (1990) 2 AC 605, 660.

StGB Verstöße gegen englische Buchführungs- und Bilanzierungspflichten überhaupt relevant sind. Zum Teil wird nämlich vertreten, dass die Insolvenzstraftaten nur durch deutsche Rechnungslegungsvorschriften ausgefüllt werden können[1435], wobei dies insbesondere mit verfassungsrechtlichen Erwägungen, vor allem einem möglichen Verstoß gegen den Parlamentsvorbehalt gemäß Art. 103 Abs. 2 GG begründet wird. Dies hätte zur Folge, dass eine Strafbarkeit des *directors* gemäß §§ 283 ff. StGB nicht in Frage käme, da die Limited den deutschen Buchführungs- und Bilanzierungspflichten nach §§ 238 ff. HGB gerade nicht unterliegt.

Es überzeugt allerdings, ausländisches Rechnungslegungsrecht von §§ 283 ff. StGB umfasst zu sehen[1436]. Die Insolvenzstraftaten sind so zu verstehen, dass sie auf die jeweils anwendbaren Buchführungs- und Bilanzierungspflichten verweisen, mithin auch auf die des englischen Rechts. Eine Übertretung verfassungsrechtlicher Grenzen ist damit nicht verbunden.

Der Wortlaut der §§ 283 ff. StGB enthält keine Beschränkung auf deutsche handelsrechtliche Regelungen. Vielmehr sprechen die Buchführungsdelikte allein davon, dass der Täter gegen handelsrechtlich vorgeschriebene Buchführungs- und Bilanzierungspflichten verstößt. Damit ist der Wortlaut weit genug gefasst, um auch ausländische Pflichten zu erfassen[1437].

Gemäß Art. 103 Abs. 2 GG muss jeder Einzelne wissen können, was strafrechtlich verboten ist, um in der Lage zu sein, seine Strafbarkeit zu vermeiden[1438]. Dabei hängen die Anforderungen an die Bestimmtheit einer Strafnorm, verstanden als Vorhersehbarkeit von Strafbarkeit und Strafe, jedoch insbesondere davon ab, an welchen Kreis von Adressaten sich eine Norm richtet[1439]. Da der *director* hinsichtlich des die §§ 283 ff. StGB ausfüllenden englischen Gesellschafts- und somit auch Rechnungslegungsrechts über einen spezifischen Verständnishorizont verfügt[1440], ist ihm dessen Maßgeblichkeit im Rahmen der Anwendung der Insolvenzstraftaten und dessen Inhalt erkennbar[1441]. Es handelt sich beim *director* insoweit nämlich um einen „Experten", dem die entsprechende Rechtsfindung zu-

---

[1435] *OLG Karlsruhe* NStZ 1985, 317.
[1436] Vgl. *Vogel* in *Volk* Münchener AnwaltsHandbuch, § 14 Rn. 36; *Tiedemann* in LK zum StGB, § 283 Rn. 244.
[1437] *Schumann* ZIP 2007, 1189, 1194.
[1438] Dazu ausführlich 4. Kapitel A. II.
[1439] *BVerfGE* 48, 48, 57; *BVerfGE* 75, 329, 343 und 345.
[1440] Siehe 4. Kapitel A. II. 3.
[1441] *Schumann* ZIP 2007, 1189, 1194.

zumuten ist. Wichtig ist ebenfalls, dass das Rechnungslegungsrecht zu den europaweit am stärksten harmonisierten Regelungsbereichen überhaupt gehört, englisches Rechnungslegungsrecht einem verständigen *director* somit nicht weniger zugänglich ist als entsprechende deutsche Vorschriften[1442].

Als besonders problematisch hinsichtlich der Strafbarkeit des *directors* nach §§ 283 ff. StGB unter Heranziehung englischen Rechts wird der Parlamentsvorbehalt gemäß Art. 103 Abs. 2 in Verbindung mit Art. 104 Abs. 1 GG angesehen[1443]. Er verlangt im Bereich des Strafrechts, dass allein der demokratisch legitimierte Gesetzgeber abstrakt-generell über Strafbarkeit und Strafe entscheidet, und dass diese Entscheidung keinesfalls einem anderen Staat überlassen werden darf[1444].

Wie bereits ausgeführt, wird bei der Vereinbarkeit der Fremdrechtsanwendung mit den Erfordernissen des Parlamentsvorbehalts zwischen Blankettstraftatbeständen und normativen Tatbestandsmerkmalen unterschieden[1445]. Während bei diesen eine Tatbestandsausfüllung durch ausländisches Recht nahezu voraussetzungslos akzeptiert wird, da es bloß um eine Übernahme des Regelungseffekts der ausländischen Normen in das deutsche Strafrecht gehe[1446], werden jene als verfassungsrechtliche Kategorie behandelt in dem Sinne, dass eine strenge Anwendung des Gesetzlichkeitsprinzips nicht nur für die Sanktionsnorm, sondern auch für die Ausfüllungsnorm gilt[1447].

Bei den Buchführungsdelikten handelt es sich um Blankettgesetze[1448]. Die gegenteilige Auffassung, nach der es sich bei der Inbezugnahme der gesetzlichen Pflicht, Handelsbücher zu führen und Bilanzen zu erstellen, um normative Tatbestandsmerkmale handeln soll, überzeugt nicht. Sie führt an, dass die Buchführungsdelikte nicht auf andere Normen verwiesen, sondern bei der Wertung ihrer Tatbestandsmerkmale lediglich andere Normen heranzögen[1449]. Dass aber das

---

[1442] *Worm* Die Strafbarkeit eines directors, S. 81 ff.
[1443] Vgl. *Schumann* ZIP 2007, 1189, 1194 f.
[1444] *BVerfGE* 105, 135, 153; *Mosiek* StV 2008, 94, 98.
[1445] Zum Ganzen 4. Kapitel A. I.
[1446] Vgl. *Rönnau* ZGR 2005, 832, 847 f. mit Hinweis auf die gewohnheitsrechtlich anerkannte Anwendung der lex rei citea (das Recht des Lageortes der Sache) für sachenrechtliche Vorgänge und Verhältnisse; vgl. ferner *Tiedemann* Wirtschaftsstrafrecht AT, S. 63.
[1447] Vgl. *BVerfGE* 23, 265, 269.
[1448] *OLG Karlsruhe* NStZ 1985, 317; *Rönnau* ZGR 2005, 832, 848; vgl. *Sorgenfrei* in *Park* Kapitalmarktstrafrecht, § 283b StGB Rn. 4.
[1449] *Cramer/Sternberg-Lieben* in *Schönke/Schröder* StGB, § 15 Rn. 103; *Liebelt* NStZ 1989, 182, 182.

Kriterium der (fehlenden) ausdrücklichen Benennung der Ausfüllungsnorm aufgrund der Zufälligkeit einer solchen Abgrenzung nicht geeignet ist, zwischen Blankettgesetzen und normativen Tatbestandsmerkmalen zu differenzieren, wurde bereits an anderer Stelle erörtert[1450]. Richtig ist hingegen, dass die §§ 283 ff. StGB durch die Inbezugnahme der handelsrechtlichen Regelungen kein bestimmtes Schutzobjekt (wie eine fremde, bewegliche Sache) bezeichnen, sondern vielmehr handelsrechtliche Pflichten in den jeweiligen Strafrechtstatbestand integrieren, es sich bei den Buchführungs- und Bilanzierungspflichten nach Handelsrecht also um klassische Ausfüllungsnormen handelt[1451].

Angesichts der Einordnung der Buchführungsdelikte als Blankettstraftatbestände vertreten Teile der Rechtsprechung und Literatur, dass eine die §§ 283 ff. StGB ausfüllende Norm ausländischem Recht nicht entnommen werden könne. Es sei nicht erkennbar, dass der Gesetzgeber seinen Gesetzgebungswillen auf ausländische Normen ausgedehnt habe[1452]. Dies überzeugt jedoch nicht. Zunächst einmal hat der deutsche Gesetzgeber bei den Buchführungsdelikten alle Tatbestandsmerkmale selbst beschrieben und alle das wesentliche Unrecht der Tat prägenden Aspekte selbst entschieden[1453]. Insbesondere mit der Festlegung des Interesses der Gläubiger eines krisenbetroffenen Unternehmens an der Befriedigung ihrer geldwerten Ansprüche als primär geschütztem Rechtsgut und den Tathandlungen hat der Gesetzgeber die wesentlichen Grundentscheidungen hinsichtlich der Straftatbestände gefällt. Damit ist die Verbotsmaterie der §§ 283 ff. StGB mehr als nur in ihren Grundzügen vom deutschen Gesetzgeber in einem Parlamentsgesetz umschrieben. Und auch am angeblich fehlenden Gesetzgebungswillen zur Inbezugnahme ausländischen Rechts im Rahmen der §§ 283 ff. StGB mangelt es nicht. Wie im 4. Kapitel A. I. 2. dargelegt, hat der deutsche Gesetzgeber spätestens mit dem Zustimmungsgesetz zum EWG-Vertrag den innerstaatlichen Rechtsanwen-

---

[1450] Siehe dazu 4. Kapitel A. I. 1.
[1451] Im Ergebnis ebenso *Worm* Die Strafbarkeit eines directors, S. 79.
[1452] *OLG Karlsruhe* NStZ 1985, 317; *Rönnau* ZGR 2005, 832, 849 (Fußnote 88): Zwar sei zum 31.05.2002 die EuInsVO geschaffen worden, um grenzüberschreitende Insolvenzen zu koordinieren. Daraus könne allerdings nicht geschlossen werden, der deutsche Gesetzgeber hätte dadurch auch die Heranziehung materieller ausländischer Regelungsvorschriften im Rahmen von §§ 283 ff. StGB in seinen Willen aufgenommen. Denn es sei gerade keine Vereinheitlichung des Insolvenzverfahrensrechts oder gar des materiellen Insolvenzrechts vorgenommen worden. Die Regelungen der EuInsVO stellten vielmehr internationales Insolvenzverfahrensrecht bzw. internationales Insolvenzkollisionsrecht dar.
[1453] *Schumann* ZIP 2007, 1189, 1195; Zu diesem Kriterium *Mosiek* StV 2008, 94, 98 f.

dungsbefehl für die Inbezugnahme ausländischen Gründungsrechts als Verurteilungsgrundlage im Rahmen deutscher Straftatbestände erteilt.

b. Wirtschaftliche Krise

Mit Ausnahme von § 283b StGB erfordert eine Strafbarkeit nach §§ 283 ff. StGB, dass die jeweilige Bankrotthandlung in der Krise begangen wird oder aber eine Krise herbeiführt. Gemäß § 283 Abs. 1 StGB ist eine wirtschaftliche Krise bei Überschuldung, eingetretener oder drohender Zahlungsunfähigkeit gegeben. Hinsichtlich der strafrechtlichen Verantwortlichkeit des *directors* wirft die Feststellung der eingetretenen oder drohenden Zahlungsunfähigkeit keine spezifischen Probleme auf (dazu unter aa.). Anders verhält es sich bei der Feststellung der Überschuldung (dazu unter bb.).

aa. Eingetretene oder drohende Zahlungsunfähigkeit

Dass die Feststellung der eingetretenen oder drohenden Zahlungsunfähigkeit der Gesellschaft bei der Limited keine Spezifika bereithält[1454], liegt an dem Umstand, dass bei der Auslegung der beiden Tatbestandsmerkmale auf die insolvenzrechtlichen Definitionen in §§ 17 und 18 InsO zurückzugreifen ist[1455] und im Einzelfall allein spezifisch strafrechtliche Modifikationen vorgenommen werden müssen[1456]. Die §§ 283 ff. StGB nehmen nämlich bewusst inhaltlich Bezug auf das Insolvenzverfahren. Ein vollständig autonomes strafrechtliches oder sonst abweichendes Begriffsverständnis wäre nicht mit dem Schutzzweck des Insolvenzrechts, der Wahrung der Gläubigerinteressen innerhalb des Insolvenzverfahrens, vereinbar[1457]. Nicht angezeigt ist daher ein Rückgriff auf englisches Gesellschaftsrecht

---

[1454] *Kienle* GmbHR 2007, 696. 698.
[1455] *BGH* wistra 2007, 312; *Natale/Bader* wistra 2008, 413, 414; *Schumann* ZIP 2007, 1189, 1195; Zur Anwendbarkeit dt. Insolvenzrechts auf die Limited 8. Kapitel A. II. 2.
[1456] Zur insolvenzstrafrechtlichen Modifikation hinsichtlich der eingetretenen Zahlungsunfähigkeit *Radtke* in MünchKomm zum StGB, Vor §§ 283 ff. Rn. 75 ff., zu einer solchen hinsichtlich der drohenden Zahlungsunfähigkeit *Radtke* in MünchKomm zum StGB, Vor §§ 283 ff. Rn. 86 ff.
[1457] Vgl. *Radtke* in MünchKomm zum StGB, Vor §§ 283 ff. Rn. 5, nach dem die Übereinstimmung der Zielrichtung der insolvenz- und strafrechtlichen Regelungsbereiche einen insolvenzrechtsakzessorischen Ausgangspunkt bei der Interpretation der Tatbestandsmerkmale erfordert; Das führt zu einer gelockerten Insolvenzrechtsakzessorietät, die eine Modifikation stets, aber auch nur dann zulässt, wenn und soweit ein rein insolvenzrechtliches Begriffsverständnis mit strafrechtlichen Grundsätzen nicht zu vereinbaren ist, vgl. *Stree/Heine* in *Schönke/Schröder* StGB,

zur Bestimmung der Tatbestandsmerkmale eingetretene oder drohende Zahlungsunfähigkeit.

Gemäß § 17 Abs. 2 InsO ist der Schuldner zahlungsunfähig, wenn er nicht in der Lage ist, die fälligen Zahlungsverpflichtungen zu erfüllen. Das ist in der Regel anzunehmen, wenn er seine Zahlungen eingestellt hat. Um die so definierte Zahlungsunfähigkeit zu bestimmen, kann auf eine betriebswirtschaftlich-mathematische Herangehensweise zurückgegriffen werden, bei der zu bestimmten Stichtagen fällige Forderungen mit den liquiden und kurzfristig liquidierbaren Mitteln ins Verhältnis gesetzt werden[1458]. In der Praxis wird aber häufig auch auf wirtschaftskriminalistische Beweisanzeichen zurückgegriffen[1459]. Dazu gehören unter anderem die fehlende Begleichung fälliger Verbindlichkeiten, eine Vielzahl von Mahnungen und Vollstreckungsversuchen, die Überziehung eingeräumter Kreditlinien, Kreditschöpfung mit Scheck- und Wechselreiterei, Veräußerung betriebsnotwendigen Anlagevermögens und Stundungsersuchen gegenüber einer Vielzahl von Gläubigern[1460]. Das Vorliegen (und die Feststellung) der Zahlungsunfähigkeit ist demnach keine gesellschaftsrechtliche Frage. Dasselbe gilt für das Tatbestandsmerkmal der drohenden Zahlungsunfähigkeit. Sie liegt nach der insolvenzrechtlichen Legaldefinition gemäß § 18 Abs. 2 InsO vor, wenn der Schuldner voraussichtlich nicht in der Lage sein wird, die bestehenden Zahlungspflichten im Zeitpunkt der Fälligkeit zu erfüllen. Erforderlich ist mithin eine Prognoseentscheidung darüber, ob der Eintritt der Voraussetzungen einer Zahlungsunfähigkeit wahrscheinlich ist[1461].

bb. Überschuldung

Nach der Legaldefinition in § 19 Abs. 2 Satz 1 InsO liegt Überschuldung vor, wenn das Vermögen des Schuldners die bestehenden Verbindlichkeiten nicht

---

§ 283 Rn. 50a; a. A. *Arens* wistra 2007, 450, 450 ff., der eine eigenständige strafrechtliche Definition befürwortet.

[1458] *Natale/Bader* wistra 2008, 413, 415 f.; Dort auch zu einer „vereinfachten Methode", bei der ausgehend vom Zeitpunkt des Insolvenzantrages die älteste im Zeitpunkt des Antrages offene Forderung ermittelt wird. Wenn diese Forderung nicht ganz unmaßgeblich ist, soll schon mit ihrer Fälligkeit Zahlungsunfähigkeit vorliegen.
[1459] *Tiedemann* GmbH-Strafrecht, Vor §§ 82 ff. Rn. 39.
[1460] BGH wistra 2000, 18, 20 f.; *Weyand/Diversy* Insolvenzdelikte, S. 68 f. mit weiteren Beispielen.
[1461] *Weyand/Diversy* Insolvenzdelikte, S. 70.

mehr deckt, die Passiva also höher sind als die Aktiva[1462]. Ob die derart definierte Überschuldung vorliegt oder nicht, ist anhand eines betriebswirtschaftlichen Maßstabes zu bestimmen[1463]. Insoweit besteht weitgehend Übereinstimmung, dass der Eintritt der Überschuldung allein auf der Grundlage einer eigenständigen Sonderbilanz festgestellt werden kann[1464].

Große Einigkeit besteht auch darin, dass die Wertansätze der Handelsbilanz nur den Ansatzpunkt bilden können für die Bestimmung des jeweils wahren Wertes der einzelnen in die Sonderbilanz aufzunehmenden Bilanzposten[1465]. Denn schließlich geht es allein um die reine Darstellung der Vermögensverhältnisse des in der Krise befindlichen Unternehmens. Trotz dieses klaren Zwecks bringt die Aufstellung einer Sonderbilanz zahlreiche Bewertungsprobleme sowohl auf der Aktiv- als auch auf der Passivseite mit sich. Dem kann an dieser Stelle nicht im Einzelnen nachgegangen werden. Für die Strafbarkeit des *directors* aber ist zu beachten, dass sich die Bewertung einzelner (aktiver und passiver) Bilanzposten nach englischem Gesellschaftsrecht richtet[1466]. Das folgt auf der Aktivseite aus der rechtlichen Einordnung der einzelnen Vermögenswerte, auf der Passivseite aus der rechtlichen Einordnung der einzelnen Verbindlichkeiten und sei an folgendem Beispiel veranschaulicht: Auf der Aktivseite werden jeweils mit ihrem Teilwert alle Vermögenswerte erfasst, die im Falle der augenblicklichen Insolvenzeröffnung selbständig verwertet werden könnten[1467]. Zu diesen Vermögenswerten gehören unter anderem noch ausstehende Einlagen der Gesellschafter. Es liegt auf der Hand, dass die Bestimmung, welche Ansprüche die Gesellschaft ge-

---

[1462] Aufgrund des Gesetzes zur Umsetzung eines Maßnahmenpakets zur Stabilisierung des Finanzmarktes vom 17.10.2008, BGBl. I S. 1982, und des Gesetzes zur Erleichterung der Sanierung von Unternehmen vom 24.09.2009, BGBl. I S. 3151, erfordert vom 18.10.2008 bis zum 31.12.2013 das Vorliegen der Überschuldung gemäß § 19 Abs. 2 Satz 1 InsO zusätzlich eine negative Fortbestehensprognose. Dazu und zu den Folgen dieses Zwischenrechts *Bittmann* ZGR 2009, 930, 971 f.; ferner *Tiedemann* GmbH-Strafrecht, Vor §§ 82 ff. Rn. 42 ff.
[1463] *Pape/Uhlenbruck* Insolvenzrecht, Rn. 307.
[1464] *Radtke* in MünchKomm zum StGB, Vor §§ 283 ff. Rn. 63.
[1465] *Radtke* in MünchKomm zum StGB, Vor §§ 283 ff. Rn. 63.
[1466] *Kienle* GmbHR 2007, 696, 698; zur gesellschaftsrechtlichen Qualifikation der Buchführungs- und Bilanzierungspflichten 8. Kapitel B. II. 3. a. bb. aaa. aaaa.
[1467] *Weyand/Diversy* Insolvenzdelikte, S. 53; Auf der Passivseite werden alle Verbindlichkeiten berücksichtigt, die im Falle der Insolvenz aus der Masse bedient werden müssen, *Weyand/Diversy* Insolvenzdelikte, S. 55.

gen ihre Teilhaber wegen rückständiger Einlagen hat, nach dem jeweils anwendbaren Gesellschaftsrecht zu erfolgen hat[1468].

c. Unternehmenszusammenbruch

Jede Strafbarkeit nach §§ 283 ff. StGB erfordert den Eintritt der in § 283 Abs. 6 StGB normierten objektiven Bedingung der Strafbarkeit[1469], welche in der Zahlungseinstellung des Schuldners[1470], der Eröffnung des Insolvenzverfahrens über das schuldnerische Vermögen oder in der Ablehnung der Verfahrenseröffnung mangels Masse besteht. Wird andererseits eine Krise überwunden, kommt eine Strafbarkeit gemäß §§ 283 ff. StGB nicht in Betracht, auch wenn deren Tatbestandsmerkmale erfüllt sind.

Die Merkmale der objektiven Strafbarkeitsbedingung sind insolvenzrechtlich geprägt[1471]. Das folgt aus der Verwendung der Worte Zahlungseinstellung, Eröffnung des Insolvenzverfahrens und Abweisung des Eröffnungsantrages mangels Masse, aber auch den damit sachlich zusammenhängenden Krisenmerkmalen Überschuldung, Zahlungsunfähigkeit und drohende Zahlungsunfähigkeit. Kommt es vor diesem Hintergrund – was regelmäßig der Fall sein wird – zu einem Insolvenzverfahren nach deutschem Recht, sind keine Besonderheiten hinsichtlich der Limited zu beachten (dazu unter aa.). Anders jedoch, wenn es ausnahmsweise zu einem Insolvenzverfahren nach englischem Recht käme (dazu unter bb.).

aa. Insolvenzverfahren nach deutschem Recht

Eine Zahlungseinstellung ist gegeben, wenn der Schuldner nach außen erkennbar aufhört, seine fälligen Geldschulden gegenüber seinen Gläubigern aufgrund eines tatsächlichen oder angeblich dauernden Mangels an liquiden Mitteln zu beglei-

---

[1468] Vgl. *Kienle* in *Wachter/Süß* Handbuch des internationalen GmbH-Rechts, § 3 Rn. 178.
[1469] Ein Verweis auf § 283 Abs. 6 StGB enthalten §§ 283b Abs. 3 und 283c Abs. 3 StGB. Der Sache nach entspricht auch § 283d Abs. 4 StGB dieser Norm, vgl. *Radtke* in MünchKomm zum StGB, Vor §§ 283 ff. Rn. 91, jedoch muss bei der Schuldnerbegünstigung, § 283d StGB, die objektive Bedingung der Strafbarkeit in der Person eines Dritten eintreten.
[1470] Vom Wortlaut her stellt § 283 Abs. 6 StGB auf den Täter ab. Gemeint ist nach herrschender Ansicht aber der sich in der Krise befindende Schuldner, *Stree/Heine* in Schönke/Schröder StGB, § 283 Rn. 59a, ferner *Radtke* in MünchKomm zum StGB, Vor §§ 283 ff. Rn. 95, so dass die objektive Bedingung der Strafbarkeit über § 14 StGB auch auf den jeweils handelnden Geschäftsleiter einer juristischen Person überwälzbar ist, *Weyand/Diversy* Insolvenzdelikte, S. 36 f. (dort auch zum Streitstand).
[1471] *Radtke* in MünchKomm zum StGB, Vor §§ 283 ff. Rn. 92.

chen[1472]. Erforderlich ist also ein bestimmtes, rein tatsächliches Verhalten in der Außenwelt[1473].

Für das Strafverfahren bindende Wirkung entfaltet der Beschluss über die Eröffnung des Insolvenzverfahrens nach § 27 InsO oder die Ablehnung der Eröffnung mangels Masse nach § 26 InsO. Mit Rechtskraft der insolvenzrechtlichen Entscheidung über die Eröffnung des Insolvenzverfahrens ist mithin auch über den Eintritt der objektiven Bedingung der Strafbarkeit entschieden[1474].

bb. Insolvenzverfahren nach englischem Recht

Gemäß Art. 3 Abs. 1 Satz 1 EuInsVO sind für die Eröffnung des Insolvenzverfahrens grundsätzlich die Gerichte des Mitgliedsstaates zuständig, in dessen Gebiet der Schuldner den Mittelpunkt seiner hauptsächlichen Interessen hat. Zwar wird gemäß Art. 3 Abs. 1 Satz 2 EuInsVO vermutet, dass es sich dabei um denjenigen Staat handelt, in dem die Gesellschaft ihren satzungsmäßigen Sitz hat, was bei dem in dieser Arbeit untersuchten Sachverhalt England wäre. Jedoch wird diese Vermutung bei einer Scheinauslandslimited regelmäßig widerlegt werden können. Ausgeschlossen ist die Anwendung englischen Insolvenzrechts dennoch nicht. Denn sollte es in England zu einer Eröffnung eines Insolvenzverfahrens kommen, ist gemäß Art. 4 Abs. 1 EuInsVO englisches Insolvenzrecht anzuwenden. Und dass dies nicht nur eine hypothetische Fallkonstellation ist, zeigen mehrere in jüngster Zeit in England eröffnete Insolvenzverfahren über das Vermögen von Scheinauslandsgesellschaften[1475].

Sollte es zu einem Insolvenzverfahren nach englischem Recht kommen, steht das einer Strafbarkeit nach §§ 283 ff. StGB aber nicht entgegen. Hinsichtlich der objektiven Bedingung der Strafbarkeit ist vielmehr die EuInsVO zu beachten[1476]. Deren zentraler Inhalt ist die Anerkennung fremder Insolvenzverfahren. Hinsichtlich der objektiven Bedingung der Strafbarkeit kann es so zu einer Bindungswirkung kommen[1477]. Mit Eröffnung des Hauptinsolvenzverfahrens in einem Mit-

---

[1472] Vgl. *Stree/Heine* in *Schönke/Schröder* StGB, § 283 Rn. 60; *Fischer* StGB, Vor § 283 Rn. 13.
[1473] *Fischer* StGB, Vor § 283 Rn. 13.
[1474] *Radtke* in MünchKomm zum StGB, Vor §§ 283 ff. Rn. 101 f.
[1475] Dazu *Thole* ZEuP 2007, 1137, 1141.
[1476] Verordnung (EG) Nr. 1346/2000 des Rates vom 29.05.2000 über Insolvenzverfahren, ABl. EG 2000 Nr. L 160, S. 1.
[1477] *Stree/Heine* in *Schönke/Schröder* StGB, Vorbem §§ 283 ff. Rn. 1b und § 283 Rn. 61.

gliedsstaat entfalten sich nämlich gemäß Art. 17 Abs. 1 EuInsVO grundsätzlich diejenigen Wirkungen, die das Recht des Staates der Verfahrenseröffnung dem Verfahren beimisst, auch in den übrigen Mitgliedstaaten[1478].

C. Rechtfertigung der Anwendung deutschen Strafrechts auf den director am Beispiel des Vorenthaltens von Arbeitsentgelt

Ein weiterer Tatbestand, der häufig in insolvenznahen Situationen verwirklicht wird, ist das Vorenthalten von Arbeitsentgelt, § 266a Abs. 1 und 2 StGB. Durch die Nichtabführung von Sozialversicherungsbeiträgen[1479] soll die Liquidität der Unternehmung erhöht werden[1480]. Daher macht sich nach § 266a Abs. 1 StGB in Verbindung mit § 14 Abs. 1 Nr. 1 StGB der Geschäftsführer einer GmbH strafbar, wenn er Arbeitnehmerbeiträge nicht zur Sozialversicherung abführt, um stattdessen Lieferanten und Banken bei Laune zu halten[1481]. Und nach § 266a Abs. 2 StGB in Verbindung mit § 14 Abs. 1 Nr. 1 StGB macht er sich strafbar, wenn er gegenüber der Einzugsstelle seinen Mitteilungspflichten nicht nachkommt und auf diese Weise das Vorenthalten der Arbeitgeberbeiträge bewirkt[1482, 1483].

[1478] *Ehricke/Ries* JuS 2003, 313, 314; Die Eröffnung eines Partikularinsolvenzverfahrens hat demgegenüber zwar nur territorial begrenzte Wirkungen, doch wird die Eröffnung eines solchen Verfahrens auch in den übrigen Mitgliedstaaten anerkannt, Art. 17 Abs. 2 EuInsVO.

[1479] Dazu gehören in Deutschland Arbeitslosen-, Kranken-, Pflege-, Renten- und Unfallversicherungsbeiträge.

[1480] Vgl. *Krekeler/Werner* Unternehmer und Strafrecht, S. 259; Sozialversicherungsbeiträge werden aber auch häufig dann nicht ordnungsgemäß abgeführt, wenn Arbeitsverhältnisse verschleiert werden sollen, wie beispielsweise in Fällen von Schwarzarbeit.

[1481] Vgl. *Többens* Wirtschaftsstrafrecht, S. 92 ff.

[1482] Vgl. *Többens* Wirtschaftsstrafrecht, S. 94.

[1483] Problematisch war und ist das Verhältnis von § 266a StGB zu § 64 GmbHG: Der Geschäftsleiter darf nach Eintritt der Zahlungsunfähigkeit oder Überschuldung grundsätzlich keinerlei Zahlungen mehr leisten – nur zur Masseerhaltung notwendige Zahlungen sind erlaubt, BGH ZIP 2007, 1501, 1501. Jedoch machte er sich bei Nichtabführung der Arbeitnehmer-Sozialversicherungsbeiträge strafbar. Nun hat der BGH entschieden, dass ein organschaftlicher Vertreter, der bei Insolvenzreife der Gesellschaft den sozial- und steuerrechtlichen Normbefehlen folgt und die Arbeitnehmeranteile zur Sozialversicherung und Lohnsteuer abführt, mit der Sorgfalt eines ordentlichen und gewissenhaften Geschäftsmannes i. S. d. § 64 GmbHG handelt, *Hirte* NJW 2008, 964, 968 f.; Der BGH begründet dies mit der Einheit der Rechtsordnung, BGH ZIP 2007, 1265, 1266; *Bauer* Die GmbH in der Krise, S. 241; Zuvor hatte er noch entschieden, dass unter bestimmten Umständen die Drei-Wochenfrist gemäß § 15a InsO (§ 64 Abs. 1 GmbHG a. F.) als „Rechtfertigungsgrund" für die Nichtabführung dienen und den „absoluten Vorrang" der sozialversicherungsrechtlichen Zahlungspflicht während dieser (!) Zeit durchbrechen konnte, *Bittmann* wistra 2007, 406, 406 f.; *Fischer* StGB, § 266a Rn. 17. Noch offen ist, ob diese Pflichtenkollision im Zeitraum nach Ablauf der Insolvenzantragspflicht trotz mittlerweile eingetretener Rechtsprechungsänderung fortbesteht. Dies bejahen *Hirte* NJW 2008, 964, 969 und *Beck* ZInsO 2007, 1233, 1238.

Für die Strafbarkeit des *directors* gemäß § 266a Abs. 1 und 2 StGB sind entscheidend das für die Beitragsstraftaten maßgebliche Sozialversicherungsrecht (dazu unter I.), seine Tauglichkeit als Täter (dazu unter II.), das Vorliegen sozialversicherungspflichtiger Arbeitsverhältnisse bei der Limited (dazu unter III.) sowie die Vereinbarkeit der Strafbewehrung mit der Niederlassungsfreiheit (dazu unter IV.).

I. Anwendbarkeit deutschen Sozialversicherungsrechts

Bei § 266a StGB handelt es sich um eine sozialrechtsakzessorisch ausgestaltete Strafnorm[1484]. Gegenstand von Beitragsstraftaten gemäß § 266a Abs. 1 und 2 StGB sind fällige Arbeitnehmer- und Arbeitgeberbeiträge, die aufgrund einer versicherungspflichtigen Beschäftigung nach den Vorschriften des SGB geschuldet sind[1485]. Beim Vorenthalten von Arbeitsentgelt geht es nämlich um den Schutz des Interesses der Solidargemeinschaft an der Funktionsfähigkeit der inländischen Sozialversicherung[1486]. Allein sie ist vom Schutzbereich der Norm umfasst.

Voraussetzung für die Strafbarkeit des *directors* ist daher, dass die durch die Limited vermittelten Beschäftigungsverhältnisse dem deutschen Sozialversicherungsrecht unterliegen. Maßgebend für diese Feststellung und die nach materiellem Sozialversicherungsrecht geschuldeten Beiträge ist wiederum grundsätzlich allein das deutsche Sozialversicherungsrecht[1487]. Dass darin keine Beeinträchtigung der Niederlassungsfreiheit liegt, folgt aus der ständigen Rechtsprechung des EuGH, nach welcher es den Mitgliedsstaaten überlassen bleibt, ihre Sozialversicherungspflicht eigenständig zu regeln und ihre sozialen Sicherungssysteme auszugestalten[1488].

[1484] *BGH* NStZ 2008, 399, 400; *BGH* StraFo 2007, 80, 80.
[1485] *BGH* NJW 2007, 233, 234.
[1486] Vgl. *Vogel* in *Volk* Münchener AnwaltsHandbuch, § 14 Rn. 36; *Lackner/Kühl* StGB, § 266a Rn. 1.
[1487] Vgl. *BSG* GmbHR 2008, 1154, 1155; vgl. *Fischer* StGB, § 266a Rn. 9a.
[1488] *EuGH* Slg. 1997, I-3395, 3433 Rn. 27 (*Sodemare SA*); *EuGH* Urteil vom 11.01.2007, C-208/05 (*ITC*), Rn. 39.

II. Der director als tauglicher Täter

Täter des § 266a StGB kann nur der Arbeitgeber oder eine ihm gemäß § 266a Abs. 5 StGB gleichgestellte Person sein. Es handelt sich um ein Sonderdelikt[1489]. Die Arbeitgebereigenschaft wird nicht durch das Strafrecht selbst definiert, sondern bestimmt sich nach den Grundsätzen des deutschen Arbeits- und Sozialversicherungsrechts[1490]. Danach ist Arbeitgeber, wer einen Arbeitnehmer beschäftigt, wobei sich ein Arbeitsverhältnis insbesondere durch die Weisungsgebundenheit des Beschäftigten sowie dessen Eingliederung in den Unternehmensablauf auszeichnet. Auf die zivilrechtliche Wirksamkeit des Arbeitsvertrages kommt es hingegen nicht an[1491]. Sogar ein rein faktisches Arbeitsverhältnis reicht aus[1492]. Dass bei einer Limited solchermaßen definierte Arbeitsverhältnisse bestehen können, muss nicht näher ausgeführt werden[1493]. Ebenso wenig, dass hinsichtlich juristischer Personen auch die für sie verantwortlich Handelnden gemäß § 14 StGB Normadressaten des § 266a StGB sind[1494]. Da das wiederum nicht nur Organe der juristischen Person, sondern auch Beauftragte im Sinne des § 14 Abs. 2 StGB sein können[1495], steht außer Zweifel, dass *directors* als Täter des § 266a StGB in Betracht kommen[1496].

III. Sozialversicherungspflichtige Beschäftigungsverhältnisse innerhalb der Limited

Konkret entsteht die für § 266a Abs. 1 und 2 StGB relevante Beitragszahlungspflicht durch eine sozialversicherungspflichtige Beschäftigung einer Person gegen

---

[1489] Vgl. *Fischer* StGB, § 266a Rn. 3.
[1490] Vgl. *Lenckner/Perron* in Schönke/Schröder StGB, § 266a Rn. 11; *Többens* Wirtschaftsstrafrecht, S. 92; *Rübenstahl* NJW 2007, 3538, 3539.
[1491] *Gribbohm* in LK zum StGB, 266a Rn. 15.
[1492] Vgl. *Fischer* StGB, § 266a Rn. 4.
[1493] *Richter* in FS für Tiedemann, S. 1023, 1040.
[1494] *Fischer* StGB, § 266a Rn. 5.
[1495] Vgl. 7. Kapitel C. II. 2. b.; *Fischer* StGB, § 266a Rn. 6.
[1496] Ausdrücklich *Gross/Schork* NZI 2006, 10, 15; ferner *Hoffmann* in Sandrock/Wetzler Deutsches Gesellschaftsrecht im Wettbewerb, S. 256; Nach Ansicht des BGH kann Arbeitgeber auch ein faktischer GmbH-Geschäftsführer sein, vgl. *BGH* NStZ 2002, 547, 549; *BGH* NJW 2002, 2480, 2482. Das muss für *directors* entsprechend gelten; Diese Rechtsprechung lehnen ab *Lenckner/Perron* in Schönke/Schröder StGB, § 266a Rn. 11; ebenso *KG* NJW-RR 1997, 1126, 1126.

Entgelt, wobei Beschäftigung als nichtselbständige Arbeit, insbesondere in einem Arbeitsverhältnis zu verstehen ist[1497].

1. Sozialversicherungspflichtigkeit der Arbeitnehmer der Limited

Bei Sachverhalten mit Auslandsbezug kommt es darauf an, ob die betroffenen Arbeitnehmer der deutschen Sozialversicherungspflicht unterliegen oder nicht. Denn aufgrund § 2 Abs. 2, § 3 Nr. 1 und § 5 Abs. 1 SGB IV führt nur eine inländische, dort nicht im Voraus zeitlich begrenzte Beschäftigung zur Sozialversicherungspflicht des Arbeitnehmers (Beschäftigungsortprinzip[1498])[1499]. Zusammen mit § 30 SGB I verwirklichen diese Normen das Territorialitätsprinzip in der gesetzlichen Sozialversicherung, demzufolge staatliche Hoheitsgewalt nur innerhalb der räumlichen Grenzen des eigenen Hoheitsbereichs und damit insbesondere auf dem eigenen Staatsgebiet ausgeübt werden kann[1500].

Das Beschäftigungsortprinzip wird konkretisiert durch §§ 9 ff. SGB IV. Maßgeblich ist nach § 9 Abs. 1 SGB IV insbesondere der Ort, an dem die Tätigkeit tatsächlich ausgeübt wird. Das wird bei Arbeitnehmern einer Scheinauslandslimited regelmäßig die Bundesrepublik Deutschland sein. Zwar unterliegen §§ 2 ff. SGB IV gemäß § 6 SGB IV dem Vorbehalt höher- und zwischenstaatlichen Rechts. Doch bestimmt auch die insoweit einschlägige Regelung nach Art. 13 Abs. 1 und 2 lit a) Wanderarbeitnehmerverordnung[1501] für Fälle grenzüberschreitender Beschäftigung in Ländern der EU, dass allein das Recht des Mitgliedsstaates auf einen Arbeitnehmer Anwendung findet, in dessen Gebiet der Arbeitnehmer seine Tätigkeit ausübt. Auf seinen Wohnsitz oder den Sitz des Arbeitgebers kommt es nicht an[1502]. Arbeitnehmer einer Scheinauslandslimited unterliegen somit der deutschen Sozialversicherungspflicht.

[1497] Vgl. *BSG* GmbHR 2008, 1154, 1155.
[1498] *Seewald* in Kasseler Kommentar Sozialversicherungsrecht, § 3 SGB IV Rn. 2.
[1499] Vgl. *BGH* NStZ 2008, 399, 400.
[1500] *Bieresborn* RdA 2008, 165, 165.
[1501] Verordnung (EWG) Nr. 1408/71 des Rates vom 14. Juni 1971 zur Anwendung der Systeme der sozialen Sicherheit auf Arbeitnehmer und deren Familien, die innerhalb der Gemeinschaft zu- und abwandern, ABl. L 149 vom 5. Juli 1971, S. 2.
[1502] Eine Ausnahme bildet Art. 14 Nr. 1 a) VO 1408/71 für Fälle, in denen der Arbeitnehmer voraussichtlich nicht mehr als zwölf Monate entsandt wird.

2. Sozialversicherungspflichtigkeit des directors

Denkbar ist sogar eine Sozialversicherungspflichtigkeit des *directors* selbst, so dass auch die Nichtabführung von Sozialversicherungsbeiträgen hinsichtlich seiner Person zur Strafbarkeit nach § 266a StGB führen kann. Denn nach der Rechtsprechung des BSG gehört zumindest der Geschäftsführer einer GmbH zu den leitenden Angestellten und kann im Einzelfall sozialversicherungspflichtig sein[1503]. Neben der Organeigenschaft des Geschäftsführers ist nämlich auf dessen Anstellungsverhältnis abzustellen. Je nach Ausgestaltung kann hier ein Arbeitgeber-/Arbeitnehmerverhältnis vorliegen[1504].

Für den *director* als Geschäftsleiter einer ausländischen Kapitalgesellschaft kann insoweit nichts anderes gelten als für Geschäftsführer deutscher GmbHs[1505]. Entscheidender Anknüpfungspunkt für die Sozialversicherungspflichtigkeit ist allein die arbeits- und sozialversicherungsrechtlich definierte Nichtselbständigkeit gemäß § 7 SGB IV, wobei in jedem Einzelfall die tatsächliche Einwirkungsmöglichkeit (zum Beispiel aufgrund von Stimmrechtsklauseln, Sperrminoritäten und der Gesellschafterstruktur) auf das Geschehen in der Gesellschaft zu untersuchen ist[1506]. Bei einem *director*, der zugleich herrschender Gesellschafter der Limited ist, wird daher keine sozialversicherungspflichtige Tätigkeit vorliegen. Er leitet dann nämlich tatsächlich das gesamte Unternehmen. Hält ein *director* dagegen weniger als die Hälfte des Kapitals, wird man eher davon ausgehen müssen, dass er im arbeits- und sozialversicherungsrechtlichen Sinne nicht selbständig die Geschicke der Gesellschaft bestimmt, sondern aufgrund seiner niedrigen Beteiligungsquote von dem Mehrheitsgesellschafter abhängig ist[1507]. Dass der *director*

[1503] *BSG* NJW 1961, 1134, 1134 f.; *Heinz* Die englische Limited, § 16 Rn. 106.

[1504] Auch bei Vorstandsmitgliedern einer deutschen AG ist anerkannt, dass sie grundsätzlich abhängig beschäftigt sind, vgl *BSGE* 65, 113, 116 f.; ferner *BSG* Urteil vom 19.6.2001, B 12 KR 44/00 R. Aufgrund spezieller Regelungen sind sie allerdings sozialversicherungsfrei. Siehe z. B. § 1 Satz 4 SGB VI und § 27 Abs. 1 Nr. 5 SGB III hinsichtlich der gesetzlichen Renten- und Arbeitslosenversicherung, *BSG* GmbHR 2008, 1154, 1155 ff.

[1505] Vgl. *BSG* GmbHR 2008, 1154, 1155.

[1506] *Heinz* Die englische Limited, § 16 Rn. 106.

[1507] *Heinz* Die englische Limited, § 16 Rn. 107 f.; Vgl. zum Ganzen auch Punkt 3 der Niederschrift der Besprechung der Spitzenorganisationen der Sozialversicherung über Fragen des gemeinsamen Beitragseinzugs am 22./23.11.2001. Nach Ansicht der Sozialversicherungsträger sollen die für die GmbH geltenden Rechtsgrundsätze analog auf die Limited angewendet werden. So sollen *directors*, die nicht gleichzeitig Gesellschafter der Limited sind, entsprechend den Fremdgeschäftsführern einer GmbH abhängig Beschäftigte der Gesellschaft sein. Liegt eine kapitalmäßige Beteiligung an der Limited vor, komme es auf den konkreten Einzelfall an; ferner *Baas-Holler* Geschäftsführerpflichten im englischen und deutschen GmbH-Recht, S. 104 f.

gesellschaftsrechtlich die Limited in eigener Verantwortung leitet und gegenüber der Belegschaft Arbeitgeberfunktionen ausübt, ändert daran nichts[1508].

Die Sozialversicherungspflichtigkeit des *directors* bedeutet zudem keine unzulässige Beschränkung der Niederlassungsfreiheit der Limited, und zwar auch nicht unter Berücksichtigung der Rechtsprechung des EuGH, dass eine Beschränkung der Grundfreiheiten schon dann anzunehmen sei, wenn eine nationale Maßnahme die Ausübung der Grundfreiheiten behindert oder weniger attraktiv macht. Denn nach ständiger Rechtsprechung des EuGH bleibt es den Mitgliedsstaaten überlassen, die Sozialversicherungspflicht eigenständig zu regeln und ihre sozialen Sicherungssysteme auszugestalten[1509]. Insbesondere die Entscheidung über die Einbeziehung oder Nichteinbeziehung bestimmter Personengruppen in die Sozialversicherungspflicht verbleibt beim nationalen Gesetzgeber[1510], dem mangels unionsrechtlicher Harmonisierungsmaßnahmen ein weiter Gestaltungsspielraum zusteht[1511]. Regelungen und (vermeintliche) Nachteile auf dem Gebiet der sozialen Sicherheit sind daher zulässig, soweit sie in nicht diskriminierender Weise auf in- und ausländische Kapitalgesellschaften angewandt werden[1512].

Die Sozialversicherungspflichtigkeit des *directors* ist angesichts dessen europarechtlich nicht zu beanstanden, weil auch die insoweit vergleichbaren Geschäftsführer von GmbHs dieser Pflicht unterliegen[1513]. Vor allem können sich *directors* nicht darauf berufen, wie Vorstandsmitglieder einer deutschen AG von der Sozialversicherungspflicht freigestellt zu werden. Denn insoweit handelt es sich um eine Ausnahmeregelung im deutschen Sozialversicherungsrecht, der die Erwägung zugrunde liegt, dass Mitglieder des Vorstandes einer AG aufgrund ihrer herausragenden und starken wirtschaftlichen Stellung des Schutzes und der Sicherheit der sozialen Sicherungssysteme nicht bedürfen[1514]. Dass dabei typisie-

---

[1508] *BSG* GmbHR 2008, 1154, 1155; so für Vorstandsmitglieder einer AG *BSG*E 65, 113, 116 f.; vgl. ferner *BSG* Urteil vom 19.6.2001, B 12 KR 44/00 R.

[1509] *EuGH* Slg. 1997, I-3395, 3433 Rn. 27 (*Sodemare SA*); *EuGH* Urteil vom 11.01.2007, C-208/05 (*ITC*), Rn. 39.

[1510] *EuGH* Slg. 1986, 1, 24 f. Rn. 20 f. (*Pinna*).

[1511] *BSG* GmbHR 2008, 1154, 1158; vgl. *EuGH* Slg. 2002, I-2829, 2882 und 2884 f. Rn. 50 f. und 58 (*Hervein*).

[1512] Vgl. hinsichtlich der Niederlassungsfreiheit in Bezug auf Sozialabgaben *EuGH* Slg. 2002, I-2829, 2882 Rn. 50 f. (*Hervein*); vgl. ferner *EuGH* Slg. 1994, I-3453, 3499 Rn. 34 (*Peralta*).

[1513] Vgl. dazu *EuGH* Slg. 1986, 2375, 2387 f. Rn. 15 (*Segers*). Dem Urteil lässt sich entnehmen, dass die Beschäftigten aller Kapitalgesellschaften sozialversicherungstechnisch grundsätzlich gleich zu behandeln sind, *BSG* GmbHR 2008, 1154, 1159.

[1514] *BSG* GmbHR 2008, 1154, 1156.

rend allein auf die Rechtsform abgestellt wird und nicht auf die tatsächlichen Größenverhältnisse einer Gesellschaft, ist europarechtlich nicht zu beanstanden, sondern entspricht gerade der vom europäischen Normgeber selbst vorgegebenen Differenzierung wie sie in zahlreichen sekundärrechtlichen Regelungen zum Ausdruck kommt[1515].

IV. Vereinbarkeit der Strafbewehrung mit der Niederlassungsfreiheit

Auch in der strafrechtlichen Inpflichtnahme eines *directors* wegen Nichtabführung von Sozialversicherungsbeiträgen gemäß § 266a Abs. 1 und 2 StGB liegt keine Beeinträchtigung der Niederlassungsfreiheit. Dies scheint in Rechtsprechung und Literatur einhellige Meinung zu sein[1516]. Unklar ist allerdings die Begründung.

Teilweise wird schlicht ausgeführt, dass ein *director* die Nichtabführung von Sozialversicherungsbeiträgen nicht unter Berufung auf die Niederlassungsfreiheit rechtfertigen könne, auch wenn dem englischen Recht eine entsprechende Regelung unbekannt sei (dazu unter 1. und 2.)[1517]. Zum Teil wird in jedem denkbaren Einzelfall der Verwirklichung des Straftatbestandes ein gleichsam betrügerisches Verhalten gesehen und das Bestreben, sich über das Berufen auf die Niederlassungsfreiheit dessen Anwendungsbereich zu entziehen, als ein missbräuchliches Berufen auf Unionsrecht verstanden. Daher könne eine Strafbarkeit wegen 266a StGB keine unzulässige Beschränkung der Niederlassungsfreiheit sein (dazu unter 3.)[1518]. Vorzugswürdig erscheint allerdings eine Rechtfertigung anhand des Vier-Konditionen-Tests (dazu unter 4.).

[1515] *BSG* GmbHR 2008, 1154, 1159 f.; *Kothe-Heggemann* GmbHR 2008, 1161, 1162 f.; Siehe etwa Art. 1 Abs. 1 Zweite Richtlinie 77/91/EWG des Rates vom 13.12.1976, ABl. 1977 L 26, S. 1 („Kapitalrichtlinie"), und Art. 1 Abs. 1 Dritte Richtlinie 78/855/EWG des Rates vom 9.10.1978, ABl. EG 1978 L 295, S. 36 („Verschmelzungsrichtlinie"), in denen Harmonisierungsakte allein auf die AG und entsprechende Gesellschaftsformen in den anderen Mitgliedsstaaten beschränkt sind.
[1516] Vgl. *AG Stuttgart* wistra 2008, 226, 229; *Heidinger* DNotZ 2005, 97, 103; *Goette* DStR 2005, 197, 199.
[1517] So *Goette* DStR 2005, 197, 199.
[1518] *Hoffmann* in *Sandrock/Wetzler* Deutsches Gesellschaftsrecht im Wettbewerb, S. 256 f.

1. Unanwendbarkeit der rule of remoteness
Gemäß der *rule of remoteness* ist eine nicht gesellschaftsrechtliche, nicht diskriminierende, den Marktzugang nicht oder kaum messbar hindernde nationale Regelung als *too uncertain and remote* einzustufen, um in den Anwendungsbereich der Niederlassungsfreiheit zu fallen[1519]. Eine Rechtfertigung einer solchen Regelung ist nicht erforderlich[1520]. Die Straftatbestände des § 266a Abs. 1 und 2 StGB sind allerdings trotz ihrer sozialrechtsakzessorischen Ausgestaltung nicht ohne jeden gesellschaftsrechtlichen Bezug. So gelingt bereits die Überwälzung der Arbeitgebereigenschaft nur über § 14 StGB. Und auch bei der Frage nach der Sozialversicherungspflichtigkeit des *directors* spielen einzelne gesellschaftsrechtliche Aspekte eine Rolle. Vor diesem Hintergrund sollte von einer Herausnahme des § 266a StGB aus dem Anwendungsbereich der Niederlassungsfreiheit abgesehen werden und die Regelung einer europarechtlichen Rechtfertigung unterzogen werden.

2. Keine vergleichbaren Rechtslagen im Gründungs- und Zuzugsstaat
Eine Beeinträchtigung der Niederlassungsfreiheit könnte ausscheiden, wenn das englische Recht eine vergleichbare strafrechtliche Verantwortlichkeit des *directors* für das Nichtabführen von Sozialversicherungsbeiträgen vorsähe.

Bisweilen wird angenommen, dass in England der Straftatbestand des *theft* gemäß sec. 1 Theft Act 1968 verwirklicht werde, wenn der Arbeitgeber dort fällige Sozialversicherungsbeiträge – aus welchen Gründen auch immer – nicht an das Finanzamt[1521] abführe. Begründet wird dies mit dessen tatbestandlicher Weite, die im objektiven Tatbestand weder eine Wegnahme noch im subjektiven Tatbestand eine Bereicherungsabsicht erfordert[1522]. Andere lehnen dies ab, da der Arbeitgeber sich keinerlei Eigentumsposition anmaße[1523].

[1519] Wer die Anwendbarkeit der Keck-Rechtsprechung bejaht, wird regelmäßig zu gleichen Ergebnissen kommen, *Barnard* (2001) 26 ELRev 35, 52; *Craig/de Búrca* EU Law, S. 690 ff.
[1520] *Röpke* Gläubigerschutzregime, S. 80 ff.
[1521] Bei abhängig Beschäftigten teilen sich Arbeitnehmer und Arbeitgeber die Sozialversicherungsbeiträge. Zahlungstechnisch werden diese direkt an der Quelle abgezogen und an das Finanzamt abgeführt.
[1522] *Och* Der strafrechtliche Schutz, S. 260.
[1523] *Worm* Die Strafbarkeit eines directors, S. 195 f.

Meines Erachtens erscheint es möglich, bei Nichtabführung von Sozialversicherungsbeiträgen den objektiven Tatbestand des *theft* als erfüllt anzusehen. Wie im 6. Kapitel A. I. 1. c. ausgeführt, ist unter *proprietary right or interest* im Sinne von sec. 5 (1) Theft Act 1968 jedes noch so geringe rechtlich geschützte Interesse gleich welcher Art zu verstehen. Ein Gegenstand ist somit schon dann taugliches Diebstahlsobjekt, wenn irgendwer ein wie auch immer geartetes Recht oder Interesse daran hat. Ein solches könnte sowohl für die Sozialversicherungsträger als auch für die einzelnen Arbeitnehmer angenommen werden. Da ferner als Aneignung grundsätzlich jede vorsätzliche und ungerechtfertigte Beeinträchtigung des Besitzes oder einer Nutzungsmöglichkeit eines fremden Gegenstandes anzusehen ist[1524], ist es irrelevant, dass die Beeinträchtigung durch reine Vorenthaltung der Sozialversicherungsbeiträge geschieht. Rechtstatsächlich ist eine Verurteilung von Arbeitgebern und *directors* wegen *theft* durch englische Gerichte beim Vorenthalten von Sozialversicherungsbeiträgen aber nicht festzustellen.

Diskutiert wird ferner eine Vergleichbarkeit des § 266a Abs. 1 StGB mit sec. 4 in Verbindung mit sec. 12 Fraud Act 2006 sowie des § 266a Abs. 2 StGB mit secs. 2 und 3 in Verbindung mit sec. 12 Fraud Act 2006[1525]. So bejaht Worm eine Strafbarkeit des *directors* gemäß sec. 4 in Verbindung mit sec. 12 Fraud Act 2006, wenn dieser Arbeitnehmerbeiträge zurückhält. Er habe eine Position inne, in der erwartet werde, dass er sich zumindest nicht gegen die finanziellen Interessen des Sozialversicherungsträgers verhalte. Das ist allerdings zweifelhaft, denn gemäß sec. 4 (1) (a) Fraud Act 2006 gilt: „*A person is in breach of this section if he (a) occupies a position in which he is expected to safeguard, or not to act against, the financial interests of another person.*" Dem *director* fällt gegenüber dem Sozialversicherungsträger eine solche Position kaum zu. Dies lässt sich nicht zuletzt aus einem Beispielskatalog folgern, der in dem *Consultation Paper* zum Fraud Act 2006 typische Vertrauensverhältnisse auflistet: „*The type of relationships that may give rise to this situation are those between employer and employee, trustee and beneficiary, director and company, professional person and client, agent and principal, and between 2 partners.*"[1526] Erforderlich ist demnach eine wirkliche

---

[1524] Vgl. 6. Kapitel A. I. 1. a.
[1525] *Worm* Die Strafbarkeit eines directors, S. 196 ff.
[1526] *Home Office* Fraud Law Reform – Consultations on Proposals for Legislation, 2004, p. 10, The Proposals no. 24.

Vertrauensposition gegenüber dem Geschädigten, nicht nur ein schuldrechtliches Haftungsverhältnis. Eine solche Vertrauensposition könnte hinsichtlich der Arbeitnehmerbeiträge höchstens gegenüber den Arbeitnehmern selbst bestehen, deren Beitragsanteile der Arbeitgeber bei der Lohnauszahlung abzuziehen und einzubehalten hat. Es muss jedoch abgewartet werden, ob englische Gerichte sec. 4 Fraud Act 2006 tatsächlich heranziehen, wenn ein Vorenthalten von Arbeitnehmerbeiträgen in Rede steht[1527]. Ebenso verhält es sich mit der von Worm[1528] ins Spiel gebrachten strafrechtlichen Verantwortlichkeit von *directors* für das Nichtabführen von Arbeitgeberanteilen an die Sozialversicherung gemäß secs. 2 und 3 in Verbindung mit sec. 12 Fraud Act 2006.

Vor diesem Hintergrund sollte eine mögliche Beeinträchtigung der Niederlassungsfreiheit nicht aufgrund einer vermeintlich vergleichbaren Rechtslage im Gründungs- und Zuzugsstaat abgelehnt werden. Ob eine solche nämlich besteht, ist fraglich[1529]. Das Vorhandensein vergleichbarer Straftatbestände[1530] auf dem Papier kann allein eine Beeinträchtigung der Niederlassungsfreiheit zumindest nicht vermeiden. Entscheidend kommt es darauf an, ob und wie die entsprechenden Normen in der Rechtswirklichkeit Anwendung finden.

3. Keine Rechtfertigung aufgrund Missbrauchs und Betrugs

Der EuGH hat wiederholt festgestellt, dass ein missbräuchliches oder betrügerisches Berufen auf Unionsrecht nicht gestattet ist und in derartigen Fällen die Mitgliedsstaaten alle geeigneten Maßnahmen gegenüber ausländischen Gesellschaf-

---

[1527] Hinsichtlich § 266 Abs. 1 StGB vertritt die h. M., dass das Vermögen der Arbeitnehmer kein geschütztes Rechtsgut sei, *Fischer* StGB, § 266a Rn. 2.
[1528] *Worm* Die Strafbarkeit eines directors, S. 197 f.
[1529] Vgl. *Goette* DStR 2005, 197, 199, der – vor Inkrafttreten des Fraud Act 2006 – zu dem Ergebnis gelangt, dass keine vergleichbare Rechtslage zwischen deutschem und englischem Recht besteht.
[1530] Weitere Regelungen des englischen Rechts werden untersucht von *Worm* Die Strafbarkeit eines directors, S. 193 f. und 199 ff. Danach kommt insbesondere sec. 144 Finance Act 2000 (Steuerhinterziehung) nicht als vergleichbare Regelung in Betracht, da diese sich nur auf die betrügerische Umgehung der Einkommensteuerpflicht beziehe. Secs. 114 f. Social Security Administration Act 1992 schieden aus, da die Nichtabführung des Arbeitgeber- bzw. Arbeitnehmeranteils zur Sozialversicherung dort nur mit Geldstrafe bedroht ist, die Strafandrohung also nicht mit der des § 266a StGB vergleichbar sei. Auch der Straftatbestand des *fraudulent trading* gemäß sec. 993 CA 2006 könne eine Beschränkung der Niederlassungsfreiheit nicht ausschließen.

ten, ihren Gesellschaftern und Leitungspersonen treffen können, um ein entsprechendes Verhalten zu verhindern oder zu verfolgen[1531].

Das Gericht hat aber ebenso mehrfach klargestellt, dass unter diese Fallgruppe nur eng begrenzte Ausnahmefälle einzuordnen sind wie der konkrete Einsatz einer Scheinauslandsgesellschaft zu betrügerischen Zwecken[1532]. Es geht dabei vor allem um Situationen, in denen die eigenen Staatsangehörigen des Zuzugsstaates die Möglichkeiten des ausländischen Gesellschaftsrechts zweckorientiert nutzen, um sich für Fälle der beabsichtigten oder in Kauf genommenen Strafbarkeit nach inländischem Recht eine (vermeintlich) günstigere Ausgangslage durch die Ausgestaltung des Gründungsrechts zu verschaffen[1533]. Wenn nun im Laufe der Geschäftstätigkeit der Limited eine Krisensituation eintritt, in deren Rahmen der *director* Sozialversicherungsbeiträge nicht abführt, wird man das im Regelfall nicht als eine zweckorientierte Nutzung ausländischen Gesellschaftsrechts ansehen können. Dieses Ergebnis drängt sich auf, wenn man es vergleicht mit der Konstellation, dass eine betrügerische Inanspruchnahme der Niederlassungsfreiheit diskutiert wird bei der Gründung einer Limited zur bewussten Umgehung einer im Inland gegen den *director* bestehenden Gewerbeuntersagung[1534]. Der *director* legt es dann gerade darauf an, durch die Wahl der ausländischen Gesellschaftsform Normen und Regelungen des Zuzugsstaates zu umgehen. Solange ihm ein solcher Vorwurf aber nicht zu machen ist, kann ihm nicht der Vorwurf des missbräuchlichen und betrügerischen Berufens auf das Unionsrecht gemacht werden.

4. Rechtfertigung aus zwingenden Gründen des Allgemeininteresses

Die Anwendbarkeit des § 266a Abs. 1 und 2 StGB auf den *director* ist allerdings gemäß dem Vier-Konditionen-Test gerechtfertigt. Es kommt nämlich zu keiner Diskriminierung der Limited und ihres *directors* im Verhältnis zu anderen Gesellschaften und ihren Leitungspersonen (dazu unter a.). Vielmehr entspricht die

---

[1531] Siehe 3. Kapitel B. III. 4. c.; *EuGH* Slg. 2003, I-10155, 10235 Rn. 139 (*Inspire Art*); *EuGH* Slg. 1999 I-1459, 1492 und 1496 Rn. 24 und 38 (*Centros*).
[1532] Vgl. *EuGH* Slg. 1999 I-1459, 1492 f. und 1496 Rn. 24 f. und 38 (*Centros*); vgl. *EuGH* Slg. 2003, I-10155, 10234 Rn. 136 (*Inspire Art*); vgl. *Schlösser* wistra 2006, 81, 85.
[1533] *Hoffmann* in *Sandrock/Wetzler* Deutsches Gesellschaftsrecht im Wettbewerb, S. 262.
[1534] *BGH* DStR 2007, 1356, 1357; *OLG Dresden* ZIP 2006, 1097, 1097 f.; *Thorn* in Palandt BGB, Anh zu Art. 12 EGBGB Rn. 8; *Eidenmüller/Rehberg* NJW 2008, 28, 30.

Strafbarkeit zwingenden Gründen des Allgemeininteresses (dazu unter b.) und ist für die Erfüllung dieses legitimen Zwecks geeignet (dazu unter c.) und erforderlich (dazu unter d.).

a. Nicht diskriminierende Anwendung

Die strafrechtliche Verantwortlichkeit gemäß § 266a Abs. 1 und 2 StGB trifft jeden Arbeitgeber unabhängig davon, in welchem gesellschaftsrechtlichen Mantel er auftritt. Erfasst werden GmbHs und ihre Geschäftsführer genauso wie AGs und Genossenschaften und ihre jeweiligen Vorstandsmitglieder[1535]. Die Regelung wird daher in nicht diskriminierender Art und Weise in dem Sinne angewendet, dass sie unterschiedslos für in- und ausländische Kapitalgesellschaften, ihre Angestellten und Leitungspersonen gilt.

b. Zwingende Gründe des Allgemeininteresses

Die zwingenden Gründe des Allgemeininteresses sind primärrechtlich weder definiert noch begrenzt. Daher besitzen die Mitgliedsstaaten einen eigenständigen Gestaltungsspielraum, um Schutzanliegen zu definieren[1536]. Vor dem Hintergrund, dass der EuGH als zwingenden Grund des Allgemeininteresses speziell im Kontext der Niederlassungsfreiheit bereits den Schutz des Fiskus anerkannt hat[1537] und es nach seiner ständigen Rechtsprechung den Mitgliedsstaaten überlassen bleibt, ihre sozialen Sicherungssysteme auszugestalten[1538], muss auch der Schutz der Sozialversicherung(skassen) als zwingender Grund des Allgemeininteresses anerkannt werden[1539]. Dies gründet auf der zentralen Bedeutung, die die Sozialversicherungssysteme für die ganz überwiegende Mehrheit der Einwohner der Bundesrepublik Deutschland haben. Soweit dieser Grund herangezogen wird, lässt sich dies auch problemlos mit dem von § 266a Abs. 1 und 2 StGB geschützten Rechtsgut – dem Interesse der Solidargemeinschaft an der Sicherstellung des Aufkom-

---

[1535] *Fischer* StGB, § 266a Rn. 5.
[1536] *BGH* DStR 2007, 1356, 1358.
[1537] Siehe 3. Kapitel B. III. 4. b. cc.
[1538] *EuGH* Slg. 1997, I-3395, 3433 Rn. 27 (*Sodemare SA*); *EuGH* Urteil vom 11.01.2007, C-208/05 (*ITC*), Rn. 39.
[1539] *Worm* Die Strafbarkeit eines directors, S. 212 f.

mens der Mittel für die Sozialversicherung – zur Deckung bringen. Ein Wertungswiderspruch liegt nicht vor.

c. Geeignetheit

Die strafrechtliche Bewehrung der Nichtabführung von Sozialversicherungsbeiträgen ist überdies geeignet, den Schutz der Sozialversicherung(skassen) zu bewirken[1540]. Schon die damit verbundene Abschreckung trägt ihren Teil zur Gewährleistung der Rechtstreue der Normadressaten bei. Die Geeignetheit ist aber auch deshalb zu bejahen, da mangels unionsrechtlicher Harmonisierungsmaßnahmen in diesem Bereich den Mitgliedsstaaten ein weiter Gestaltungsspielraum zusteht[1541]. Das umfasst die Auswahl der Schutzinstrumente hinsichtlich der Sicherungssysteme.

d. Erforderlichkeit

Die Strafbarkeit der Nichtabführung von Sozialversicherungsbeiträgen ist schließlich erforderlich im Sinne des Vier-Konditionen-Tests. Eine rein zivilrechtliche Haftung bewirkt nicht in selbem Maße die Sicherstellung der Beitragsabführung an die Sozialversicherung, kann daher den durch § 266a Abs. 1 und 2 StGB intendierten Schutz nicht in gleicher Weise als milderen Eingriff in die Grundfreiheiten sicherstellen. Das ist insbesondere der Fall in Sachverhaltskonstellationen, in denen sich der Arbeitnehmer mit der Beitragsnichtabführung einverstanden erklärt wie dies bei Schwarzarbeit der Fall ist, aber auch in Krisenzeiten der Fall sein kann. Darüber hinaus ist zu beachten, dass jedem Mitgliedstaat auch insoweit eine gewisse Einschätzungsprärogative zusteht[1542].

Als alternative, mildere Instrumente kommen ebenso wenig Maßnahmen des Gründungsstaates in Betracht. Vor allem sind keine Straftatbestände ersichtlich, die die Nichtabführung von Sozialversicherungsbeiträgen an deutsche Sozialversicherungsträger sanktionieren. Erst recht spielt das so genannte Informationsmodell

---

[1540] Vgl. zur Geeignetheit 3. Kapitel B. III. 4. b. (Fußnote 276).
[1541] *BSG* GmbHR 2008, 1154, 1158; vgl. *EuGH* Slg. 2002, I-2829, 2882 und 2884 f. Rn. 50 f. und 58 (*Hervein*).
[1542] Vgl. *EuGH* Slg. 1999, I-7289, 7316 Rn. 37 (*Zenatti*); *EuGH* EuZW 2005, 216, 219 Rn. 53 (*EU-Wood-trading*).

des EuGH[1543] keine Rolle, können sich doch die Sozialversicherungskassen nicht durch Kenntnis von der gesellschaftsrechtlichen Struktur des Arbeitgebers vor der rein tatsächlichen Nichtabführung von Sozialversicherungsbeiträgen oder vor unrichtigen, unvollständigen oder unterlassenen Pflichtmitteilungen schützen. So scheiden insbesondere Schutzmaßnahmen wie die Anordnung von Sicherheitsleistungen seitens der Limited aus, da diese allein an die Rechtsform anknüpften und ihr gegenüber diskriminierend wirkten. Außerdem dient § 266a Abs. 1 und 2 StGB nicht dem Schutz der Marktteilnehmer und dem effektiven Funktionieren des Marktes. Aber eben nur dafür hat der EuGH sein Informationsmodell entwickelt.

Auch die im Rahmen der Prüfung der Erforderlichkeit zwingende Abwägung zwischen dem Nutzen der Strafbewehrung für die Allgemeinheit und der Einschränkung der berührten Interessen der Limited und ihres *directors* fällt zu Gunsten der Anwendbarkeit des § 266a StGB aus. Das liegt an der überragenden Bedeutung, die die Sicherstellung des Aufkommens der Mittel für die Sozialversicherung für große Teile der Bevölkerung hat. Sie muss auch durch eine strafrechtliche Bewehrung solcher Verhaltensweisen gewährleistet werden, die eine Schädigung der Solidargemeinschaft herbeiführen.

[1543] Siehe dazu 3. Kapitel B. III. 4. b. bb. bbb.

9. Kapitel Anwendbarkeit englischen Strafrechts und Gefahr der doppelten Strafverfolgung

Verletzt ein *director* seine Vermögensbetreuungspflicht gegenüber der Limited, betrügt er Kunden der Gesellschaft oder missachtet er seine Rechnungslegungspflichten, so steht neben der strafrechtlichen Verantwortlichkeit nach deutschem Recht auch stets eine strafrechtliche Verantwortlichkeit nach englischen Vorschriften im Raum (dazu unter A. und B.). Insbesondere droht dem *director* eine Doppelverfolgung aufgrund der konkurrierenden Zuständigkeit deutscher und englischer Strafverfolgungsbehörden (dazu unter C.).

A. Keine Anwendung englischen Strafrechts durch deutsche Gerichte

Denkbar wäre, dass in einem immer stärker harmonisierten Europa das jeweils sachnächste Strafrecht zur Anwendung kommt. Bei Scheinauslandsgesellschaften und ihren *directors* könnte auf diese Weise zumindest bei gesellschaftsrechtsbezogenen Straftaten englisches Strafrecht zur Anwendung gelangen, und zwar unabhängig davon, wo der Ort der Aburteilung liegt.

Dieser Gedanke aber ist allenfalls als langfristige Perspektive zu verstehen[1544]. Gegenwärtig entscheidet sich nach den Vorschriften des internationalen Strafrechts, welches Staates Strafrecht auf einen bestimmten Lebenssachverhalt Anwendung findet, der hinsichtlich der Nationalität des Täters oder Opfers oder des ausländischen Tatorts einen grenzüberschreitenden Bezug aufweist[1545]. Zwar findet sich im deutschen Recht keine ausdrückliche Regelung dieser Problematik. Insbesondere normieren §§ 3 ff. StGB lediglich einseitig den Anwendungsbereich des deutschen Strafrechts[1546]. Ihnen liegt jedoch das Prinzip zugrunde, dass deutsche Strafgerichte allein deutsches Strafrecht anwenden[1547]. Auf deutschem Boden kann eine Verurtei-

---

[1544] So *Satzger* Internationales und Europäisches Strafrecht, § 3 Rn. 5.
[1545] *Bothe* in *Graf Vitzthum* Völkerrecht, S. 19.
[1546] Siehe dazu 7. Kapitel A.; Es ist nicht ausgeschlossen, internationales Strafrecht als echtes Kollisionsrecht auszugestalten. Echtes Kollisionsrecht enthielt beispielsweise Art. 5 Abs. 1 Satz 2 schweizStGB (Verbrechen oder Vergehen im Ausland gegen Schweizer), der bei eigener Strafgewalt das ausländische (mildere) Strafrecht für anwendbar erklärte, *Satzger* Internationales und Europäisches Strafrecht, § 3 Rn. 3; Vgl. ferner § 4 Abs. 2 Nr. 3 StGB a. F., wonach ausländisches Recht anwendbar war, wenn es milder war als inländisches Recht, *BGH*St 20, 22, 29; *Dannecker* Das intertemporale Strafrecht, S. 235.
[1547] *Satzger* Internationales und Europäisches Strafrecht, § 3 Rn. 4; vgl. *Eser* in *Schönke/Schröder* StGB, Vorbem §§ 3-7 Rn. 60; *Ambos* Internationales Strafrecht, § 1 Rn. 5.

lung auf der Grundlage ausländischen Strafrechts nicht erfolgen[1548]. Englische Straftatbestände dürfen, auch wenn sie im Gesellschaftsstatut verankert sind, von deutschen Strafverfolgungsbehörden und Gerichten somit nicht angewandt werden[1549]. Das folgt letztlich aus der Tatsache, dass Deutschland ein souveräner Staat ist. Denn nur aufgrund eines deutschen Rechtsanwendungsbefehls durch den parlamentarischen Gesetzgeber könnte ausländisches Strafrecht vor deutschen Gerichten zur Anwendung gelangen und läge in diesem Falle keine Beeinträchtigung der staatlichen Souveränität Deutschlands vor. Im Gegenteil, die Anwendung ausländischen Strafrechts wäre in einem solchen Fall gerade Ausdruck einer souveränen staatlichen Entscheidung[1550]. Aber eben auch nur dann.

B. Anwendung englischen Strafrechts durch englische Gerichte
Spiegelbildlich zu deutschen Gerichten wenden englische Gerichte ausschließlich englisches Strafrecht an[1551].

I. Parallelität der Anwendbarkeit englischen und deutschen Strafrechts
Wie in den vorangegangenen Kapiteln gezeigt, enthält das englische Recht zahlreiche Straftatbestände, die bestimmte Verhaltensweisen des *directors* sanktionieren. Und nur, weil es hinsichtlich dieser Verhaltensweisen gemäß §§ 3 ff. StGB regelmäßig zur Anwendung deutschen Strafrechts kommen wird, ist damit die gleichzeitige Anwendung englischen Strafrechts nicht ausgeschlossen. Es findet nämlich keine Verdrängung der einen durch die andere Rechtsordnung statt[1552]. Dies entspricht auch ganz dem Völkerrecht, nach dem die Kompetenz-Kompetenz zur Regelung des jeweiligen Strafanwendungsrechts den Nationalstaaten zugeschrieben wird, sie dabei nur bestimmte Vorgaben zu beachten haben[1553]. Eine dieser Vorgaben ist das Erfordernis eines „sinnvollen An-

---

[1548] *Schmidt-Aßmann* in *Maunz-Dürig* GG, Art. 103 Rn. 252; *Ransiek* in *Ulmer/Habersack/Winter* GmbHG, Vor § 82 Rn. 69; *Mankowski/Bock* ZStW 120 (2008), 704, 720 f.; *Schlösser* wistra 2006, 81, 88.
[1549] *Kindler* in MünchKomm zum BGB – IntWirtschaftsR, IntGesR Rn. 717; *Weller* IPRax 2003, 207, 209; *Neumann* Das genuine *link*-Kriterium, S. 64; *Horn* NJW 2004, 893, 899.
[1550] Vgl. *Ambos* Internationales Strafrecht, § 1 Rn. 5.
[1551] Vgl. *Graf v. Bernstorff* Einführung in das englische Recht, S. 272.
[1552] *Eser* in *Schönke/Schröder* StGB, Vorbem §§ 3-7 Rn. 60.
[1553] Hinsichtlich der Ausdehnung des eigenen Strafrechts wurde ursprünglich vielfach eine unbeschränkte Autonomie des Staates angenommen. Dies aber lässt sich mit dem völkerrechtlichen Nichteinmischungsgebot nicht vereinbaren, nach dem es Angelegenheiten gibt, die in die ausschließliche Zuständigkeit eines Nationalstaates fallen. Siehe zum Ganzen *Satzger* Internationales und Europäisches Straf-

knüpfungspunktes", eines so genannten „*genuin link*", zwischen normiertem Lebenssachverhalt und normierendem Staat[1554]. Völkerrechtlich anerkannt sind verschiedene Anknüpfungspunkte wie das Territorialitätsprinzip, das die Geltung des Strafrechts auf das Inland beschränkt, das aktive Personalitätsprinzip, bei dem es auf die Staatsangehörigkeit des Täters ankommt, und das passive Personalitätsprinzip, bei dem es um den Schutz der eigenen Staatsbürger oder eines inländischen Rechtsguts geht[1555]. Mithin kann beispielsweise eine Mehrheit von Tatorten dafür sorgen, dass sich sowohl deutsche als auch englische Strafverfolgungsbehörden und Gerichte zur Strafverfolgung nach dem jeweiligen Landesrecht berufen fühlen.

II. Das Territorialitätsprinzip als Kern englischen Strafanwendungsrechts[1556]
Grundsätzlich wird in England ein strenges Territorialitätsprinzip im Hinblick auf eine strafrechtliche Sanktionierung gelebt[1557]. Danach kann niemand für eine Tat verurteilt werden, die außerhalb Englands begangen wurde, wenn nicht gesetzlich ausdrücklich etwas anderes festgeschrieben ist[1558]. Dieser Grundsatz basiert auf der Überlegung[1559], dass der Zweck des Strafrechts darin besteht, „*to maintain the Queen's Peace in her realm*"[1560], und dass gilt: „*All crime is local*" und „*belongs to the country where it is committed*"[1561]. Liegt aber eine Inlandstat vor, so spielt

---

recht, § 4 Rn. 2, der dort unter anderem auf die sog. Lotus-Entscheidung des IGH, PCIJ Series A No. 10 (1927), S. 18 f., verweist.
[1554] Vgl. *Satzger* Internationales und Europäisches Strafrecht, § 4 Rn. 2.
[1555] Vgl. *Fischer* StGB, Vor §§ 3-7 Rn. 3; *Leidenmühler* The European Legal Forum 2002, 253, 253.
[1556] Daneben gibt es zum Beispiel auch das *active personality principle*, welches dem Heimatland gestattet, sein Strafrecht auf die eigenen Staatsangehörigen anzuwenden, unabhängig davon, wo auf der Welt sie einen Straftatbestand verwirklicht haben. Dies ist im englischen Recht allerdings nur für besonders schwere Straftaten verwirklicht. So kann gemäß sec. 9 Offences Against the Person Act 1861 ein britischer Staatsbürger vor einem englischen Gericht für *murder* und *manslaughter* verurteilt werden, egal wo auf der Welt die Taten begangen wurden, *Gobert/Punch* Rethinking Corporate Crime, S. 170.
[1557] *Lyall* An Introduction to British Law, S. 184.
[1558] *Air India v Wiggins* (1980) 2 All ER 593; *Treacy v DPP* (1971) AC 537, 552; *R v Harden* (1963) 1 QB 8; *Allen* Textbook on Criminal Law, S. 304; Besonders restriktiv ist die Ausdehnung des englischen Strafrechts auf Straftaten, die von Ausländern im Ausland begangen werden: Sieht ein Gesetz vor, dass ein Verhalten außerhalb Englands strafbar sein kann, greift, wenn eine andere Intention nicht klar erkennbar ist, die Vermutung, dass dies nur für britische Bürger gelte, *R v Jameson* (1896) 2 QB 425, 430.
[1559] Zum Ganzen *Kirk/Woodcock* Serious Fraud – Investigation And Trial, S. 307.
[1560] *Board of Trade v Owen* (1957) AC 602, 625.
[1561] *MacLeod v A-G for New South Wales* (1891) AC 455, 458.

es keine Rolle, ob die Tat von einem englischen Bürger oder einem Ausländer begangen wird. Englisches Strafrecht ist in beiden Fällen anwendbar[1562].

III. Behandlung grenzüberschreitender Straftaten

Das englische Recht anerkennt die Berechtigung anderer Staaten, ihre Gerichtsbarkeit auf Fälle auszudehnen, in denen im Ausland eine Straftat begangen wird, deren Opfer sich im Inland befindet (objektive Variante des Territorialitätsprinzips), oder in denen eine Tat im Inland begangen wird, das Opfer sich aber im Ausland aufhält (subjektive Variante des Territorialitätsprinzips)[1563]. Hingegen stellt das *common law* selbst traditionell auf den Ort ab, an dem das Delikt begangen wird. Begangen wird es wiederum dort, wo sein letztes konstituierendes Element verwirklicht wird, wobei insoweit zwischen Verhaltensdelikten (*conduct crimes*) und Erfolgsdelikten (*result crimes*) zu unterscheiden ist[1564].

Während ein Verhaltensdelikt schon mit der Vornahme des tatbestandsmäßigen Verhaltens abgeschlossen ist, erfordert ein Erfolgsdelikt noch den Eintritt des im Tatbestand umschriebenen Erfolges[1565]. Die Qualifikation eines bestimmten Straftatbestandes als Erfolgs- oder Verhaltensdelikt geschieht deliktsspezifisch, zieht jedoch gerade mit der Anknüpfung an das letzte konstituierende Element des tatbestandlichen Geschehens bei Tatbeständen mit weit gefasstem Tatbestand Einordnungsschwierigkeiten nach sich. Das gilt insbesondere für den *theft*[1566], dessen actus reus nur die Anmaßung eines fremden Vermögensrechts erfordert und damit so vielgestaltige Fallgruppen wie die Wegnahme fremder Sachen, die Aneignung fremder Forderungen, Unterschlagungen, aber auch Untreue und Betrug erfasst[1567].

Allerdings hat der englische Gesetzgeber dieses Problem erkannt und die englische Jurisdiktion durch Part I des Criminal Justice Act 1993 deutlich ausgeweitet. Danach ist unter anderem hinsichtlich *theft* und *fraud* ein englisches Gericht bereits dann zuständig, wenn ein wesentliches Element des tatbestandlichen Geschehens, also Handlung, Unterlassung oder irgendein Erfolg eines solchen Ver-

---

[1562] *Cox v Army Council* (1963) AC 48, 67; *Mansdörfer* Die allgemeine Straftatlehre des common law, S. 221.
[1563] *Mansdörfer* Die allgemeine Straftatlehre des common law, S. 222.
[1564] *Hirst* Jurisdiction, S. 174; *Mansdörfer* Die allgemeine Straftatlehre des common law, S. 222 f.
[1565] *Mansdörfer* Die allgemeine Straftatlehre des common law, S. 223.
[1566] *Hirst* Jurisdiction, S. 128.
[1567] *Mansdörfer* Die allgemeine Straftatlehre des common law, S. 223.

haltens, in England stattgefunden hat[1568]. Hinsichtlich der in dieser Arbeit besonders interessierenden Straftatbestände *theft* und *fraud* folgt also auch das englische Recht dem völkerrechtlich unstrittigen[1569] Grundsatz, dass es für die Ausübung der eigenen Strafgewalt ausreicht, dass entweder der Ort der Handlung oder Unterlassung oder der Ort, an dem der tatbestandliche Erfolg eintritt, im Inland liegt (zu diesem unter IV.).

IV. Erfolgsort bei Straftaten zu Lasten von Scheinauslandsgesellschaften

Gerade bezüglich *theft* und *fraud* ist bei Straftaten zum Nachteil von Scheinauslandsgesellschaften entscheidend, wo der Erfolg eintritt, wenn der *director* eine Tat zum Nachteil der Limited begeht. Denn die Handlung oder Unterlassung wird regelmäßig außerhalb Englands stattfinden.

Auch insoweit kommt dem Criminal Justice Act 1993 Bedeutung zu. Vor dessen Erlass wurde überwiegend vertreten, dass es sich beim *theft* um ein *conduct crime* handele, bei dem eine Tathandlung zu Lasten einer Gesellschaft außerhalb Englands dazu führte, dass englische Gerichte keine Verurteilung wegen *theft* vornehmen konnten, obwohl das *property* einer Gesellschaft zugeordnet war, die in England ihren Satzungssitz hatte[1570]. Entsprechend konnte *theft* durch den *director* zu Lasten der Limited außerhalb Englands nicht bestraft werden[1571]. Durch die Neuregelung genügt es, wenn das *property* einer Gesellschaft beeinträchtigt wird, die in England satzungsmäßig verhaftet ist[1572]. Der Umstand, dass die Scheinauslandslimited in England registriert ist, führt also dazu, dass der eingetretene Schaden als Schaden der englischen Gesellschaft angesehen wird und dies als Anknüpfungspunkt für die Anwendung englischen Strafrechts herangezogen wird[1573].

[1568] Secs. 1 ff. Criminal Justice Act 1993; *Kirk/Woodcock* Serious Fraud – Investigation And Trial, S. 325 f.; *Allen* Textbook on Criminal Law, S. 306 und 422.

[1569] *Werle/Jeßberger* in LK zum StGB, Vor § 3 Rn. 223; Völkerrechtlich unzureichend für die Ausübung der eigenen Strafgewalt ist es hingegen, wenn im eigenen Hoheitsgebiet nur irgendeine tatsächliche Wirkung eintritt, *Werle/Jeßberger* in LK zum StGB, Vor § 3 Rn. 223.

[1570] *Arlidge/Parry* Arlidge & Parry on Fraud, S. 383 ff.; *Tarling (No. 1) v Government of the Republic of Singapore* (1978) 70 Cr App R 77.

[1571] Vgl. *Arlidge/Parry* Arlidge & Parry on Fraud, S. 383 f.

[1572] Vgl. *Arlidge/Parry* Arlidge & Parry on Fraud, S. 391 ff.

[1573] Vgl. *Gobert/Punch* Rethinking Corporate Crime, S. 169 ff.; Das gilt trotz des Umstandes, dass z. B. beim Erlöschen der Limited anerkannt ist, dass etwaiges Vermögen der Limited unter Umständen auf die englische Krone übergeht soweit es in England belegen ist, Auslandsvermögen von dieser so genannten Legalokkupation aufgrund des Territorialprinzips jedoch nicht erfasst ist, *OLG Nürnberg* NJW-Spezial 2008, 49.

C. Gefahr der doppelten Strafverfolgung

Wie gesehen, ermöglicht das Völkerrecht den Nationalstaaten die Ausdehnung der jeweils eigenen Strafrechtsordnung auf Sachverhalte, die eine „sinnvolle Anknüpfung" zum Inland haben. Dass es vor diesem Hintergrund zur realen Gefahr der doppelten Strafverfolgung kommt, verwundert nicht. Allerdings sind sich zumindest die Mitgliedsstaaten der Europäischen Union dieser Gefahr bewusst und haben neben bereits bestehenden national- oder zwischenstaatlichen Regelungen (dazu unter I. und II.) auch auf europäischer Ebene entsprechende Kollisionsregelungen geschaffen (dazu unter III. und IV.). Bei diesen Regelungen über das Verbot der doppelten Verfolgung wegen derselben Tat muss stets unterschieden werden, ob es sich um ein bloß innerstaatliches Verbot der doppelten Verfolgung durch denselben Staat handelt oder ob die jeweilige Regelung ein zwischenstaatliches Doppelverfolgungsverbot statuiert.

I. Regelungen in Deutschland

In Deutschland ist das Verbot der doppelten Strafverfolgung verfassungsrechtlich in Art. 103 Abs. 3 GG enthalten. Darüber hinaus findet sich ein Doppelverfolgungsverbot in Art. 14 Abs. 7 IPBPR. Beide Vorschriften enthalten aber rein innerstaatliche Doppelverfolgungsverbote[1574] und können den *director* daher nicht vor einer parallelen strafrechtlichen Inanspruchnahme in Deutschland und England schützen.

Die Bundesrepublik hat darüber hinaus mit einzelnen Staaten bilaterale Rechtshilfeverträge geschlossen, in denen zwischenstaatliche Doppelverfolgungsverbote enthalten sind[1575]. Mit England besteht eine solche Regelung allerdings nicht.

Im deutschen Recht bestehen ferner Möglichkeiten, ausländische Strafverfolgungsmaßnahmen prozessual oder im Rahmen der Strafzumessung zu berücksichtigen, wenn ein zwischenstaatliches Doppelverfolgungsverbot nicht besteht. So können deutsche Strafverfolgungsbehörden gemäß § 153c StPO bei Auslands- und Distanzdelikten ausnahmsweise von der Strafverfolgung absehen, wenn es

---

[1574] Siehe *BVerfGE* 75, 1, 24 zu Art. 14 Abs. 7 IPBPR und *Satzger* Internationales und Europäisches Strafrecht, § 3 Rn. 6, zu Art. 103 Abs. 3 GG.

[1575] So zum Beispiel Art. XV des deutsch-österreichischen Ergänzungsvertrages zum Europäischen Übereinkommen über die Rechtshilfe in Strafsachen und die Erleichterung seiner Anwendung, vgl. das Zustimmungsgesetz, BGBl. II 1975, S. 1157 f., und die Bekanntmachung über das Inkrafttreten, BGBl. II 1976, S. 1818.

bereits in einem anderen Staat zu einer Strafverfolgung gekommen ist. Und gemäß § 51 Abs. 3 und 4 StGB ist eine im Ausland bereits vollstreckte Strafe bei der Strafzumessung anzurechnen, wenn der Täter nach einer Verurteilung im Ausland von einem deutschen Gericht noch einmal verurteilt wird. Diese Anrechnungslösung ist verfassungsrechtlich geboten. Sie setzt die Geltung des Verhältnismäßigkeitsprinzips in einfaches Recht um[1576].

II. Regelungen in England

Der Grundsatz ne bis in idem ist im *common law* als allgemeiner Rechtsgrundsatz anerkannt. Eine Person darf nicht wegen desselben Straftatbestandes zweimal angeklagt werden[1577]. Jedoch handelt es sich insofern um ein innerstaatlich geltendes Doppelverfolgungsverbot. Daneben gilt allerdings die Regel, dass eine Person, die in einem anderen Land strafrechtlich verfolgt und freigesprochen wurde, in England nicht wegen desselben Delikts noch einmal angeklagt werden darf[1578].

III. Nicht ratifizierte Verträge auf europäischer Ebene

Auf europäischer Ebene sind in den letzten Jahrzehnten verschiedentlich Anläufe unternommen worden, innerstaatliche und zwischenstaatliche Doppelverfolgungsverbote festzuschreiben.

Zu nennen ist unter anderem das innerstaatliche Doppelverfolgungsverbot gemäß Art. 4 Abs. 1 des 7. Zusatzprotokolls zur EMRK vom 22.11.1984[1579], welches jedoch von der Bundesrepublik Deutschland bislang nicht ratifiziert worden ist[1580]. Das Vereinigte Königreich hat das Zusatzprotokoll nicht einmal unterzeichnet[1581].

[1576] *Lagodny* Europäische Gerichtskompetenz für Strafgewaltskonflikte, S. 33.
[1577] Auch die im Criminal Procedure and Investigation Act 1996 befindlichen Regelungen zum Festhalten Freigesprochener, um sie durch Zeugen und Sachverständige befragen zu können, stellt dazu keine Ausnahme dar, so aber wohl *Daniels* Non Bis in Idem and the International Criminal Court, S. 10.
[1578] *Lyall* An Introduction to British Law, S. 185.
[1579] ETS Nr. 117; *BVerfG* StraFo 2008, 151, 152; In Kraft getreten ist die Regelung am 01.11.1988.
[1580] Ratifikationsstand (Juni 2009) abrufbar unter 'www.conventions.coe.int'; *Vogel/Matt* StV 2007, 206, 208 (Fußnote 32).
[1581] Ratifikationsstand (Juni 2009) abrufbar unter 'www.conventions.coe.int'.

Ein im Verhältnis zwischen den Vertragsstaaten geltendes ne bis in idem enthalten das Europäische Übereinkommen über die internationale Geltung von Strafurteilen vom 28.05.1970[1582] und das Europäische Übereinkommen über die Übertragung der Strafverfolgung vom 15.05.1972[1583]. Das erste Übereinkommen hat die Bundesrepublik Deutschland nicht ratifiziert, das zweite nicht unterzeichnet[1584]. Das Vereinigte Königreich hat keines der Übereinkommen unterzeichnet[1585].

IV. Art. 54 SDÜ als zwischenstaatliches Doppelverfolgungsverbot

Im Rahmen der EU[1586] enthält Art. 54 SDÜ ein zwischenstaatliches Doppelverfolgungsverbot. Als Teil des Schengen-Besitzstandes ist die Regelung in den Rahmen der EU einbezogen und gilt mittlerweile für alle Mitgliedsstaaten[1587]. Gemäß Art. 54 SDÜ darf jemand, der „durch eine Vertragspartei rechtskräftig abgeurteilt worden ist, (...) durch eine andere Vertragspartei wegen derselben Tat nicht verfolgt werden, vorausgesetzt, dass im Fall einer Verurteilung die Sanktion bereits vollstreckt worden ist, gerade vollstreckt wird oder nach dem Recht des Urteilsstaats nicht mehr vollstreckt werden kann."[1588]

[1582] ETS Nr. 70.
[1583] ETS Nr. 73.
[1584] Ratifikationsstand (Juni 2009) abrufbar unter 'www.conventions.coe.int'; BVerfG StraFo 2008, 151, 153.
[1585] Ratifikationsstand (Juni 2009) abrufbar unter 'www.conventions.coe.int'.
[1586] Art. II-110 EurVerf bestimmt, dass niemand wegen einer Straftat, derentwegen er bereits in der Union nach dem Gesetz rechtskräftig verurteilt oder freigesprochen worden ist, in einem Strafverfahren erneut verfolgt oder bestraft werden darf.
[1587] Hugger in Ahlbrecht u. a. Internationales Strafrecht in der Praxis, S. 407 f.; Hecker Europäisches Strafrecht, § 13 Rn. 13; Gemäß Art. 1 a) i) des Ratsbeschlusses v. 29. Mai 2000, ABl. EG vom 1.6.2000 Nr. L 131, S. 43, wendet auch das Vereinigte Königreich diese Bestimmung an; Leidenmühler The European Legal Forum 2002, 253, 254 (Fußnote 12); Ansonsten ist das Vereinigte Königreich dem Schengen-Besitzstand nicht vollständig beigetreten, sondern hat sich für eine punktuelle Beteiligung entschlossen, EuGH Schlussantrag des Generalanwalts Colomer vom 8.4.2008 – C-297/07, BeckRS 2008 70432 Rn. 7.
[1588] Eine sprachlich und inhaltlich weitgehend identische Regelung findet sich in Art. 1 Übereinkommen zwischen den Mitgliedsstaaten der Europäischen Gemeinschaften über das Verbot der doppelten Strafverfolgung vom 25. Mai 1987 (EG-ne bis in idem-Übk), BGBl. II 1998, S. 2227. Da das Übereinkommen nicht von allen Mitgliedsstaaten ratifiziert wurde, ist es bislang nicht in Kraft getreten, Ratifikationsstand (20.12.2008) abrufbar unter 'www.consilium.europa.eu'. Zwar haben mehrere Staaten von der Möglichkeit Gebrauch gemacht, das Übereinkommen untereinander vorläufig anzuwenden, BGBl. II 2002, S. 600. Das Vereinigte Königreich hat sich dieser Vorgehensweise jedoch nicht angeschlossen, Hecker Europäisches Strafrecht, § 13 Rn. 11.

Als besonders problematisch im Rahmen eines europäischen ne bis in idem wird gerade hinsichtlich des auf *common law* basierenden Rechtsraums angesehen, dass die kontinentaleuropäischen Rechtssysteme einen auf Fakten basierenden Tatbegriff verwenden – wie er sich in § 264 StPO findet –, während das englische Recht auf das zugrundeliegende Delikt abstellt, und dass sich diese Problematik auch nicht einfach durch eine Übertragung des kontinentalen Tatbegriffs auf das englische Rechtssystem lösen lasse, da dies eine Änderung von „tiefliegenden Grundlagen" erfordern würde[1589].

Dieser Einwand überzeugt im Zeitablauf allerdings immer weniger. Durch die formelle Übernahme des Schengen-Acquis in den Rechtsrahmen der EU unterliegt er zugleich der Jurisdiktion des EuGH[1590]. Und auch wenn hinsichtlich der einzelnen Voraussetzungen von Art. 54 SDÜ trotz der in der jüngeren Vergangenheit zahlreich ergangenen Urteile des EuGH[1591] noch Klärungsbedarf besteht, so ist zumindest festzustellen, dass die Letztauslegungskompetenz allein bei eben diesem Gericht liegt[1592]. Damit ist sichergestellt, dass es im Laufe der Zeit zu einer Harmonisierung kommen wird, welche der Gefahr doppelter Strafverfolgung eines *directors* in Deutschland und England entgegenwirkt[1593].

[1589] Vgl. *Lagodny* Europäische Gerichtskompetenz für Strafgewaltskonflikte, S. 60; *Schomburg* NJW 2000, 1833, 1834.

[1590] Vgl. Art. 2 Abs. 1 UAbs. 3 Satz 1 Vertrag von Amsterdam zur Änderung des Vertrags über die Europäische Union, der Verträge zur Gründung der Europäischen Gemeinschaften sowie einiger damit zusammenhängender Rechtsakte – Protokolle – Protokoll zum Vertrag über die Europäische Union und zum Vertrag zur Gründung der Europäischen Gemeinschaft – Protokoll zur Einbeziehung des Schengen-Besitzstands in den Rahmen der Europäischen Union, ABl. 1997, C-340, S. 93 (Schengen-Protokoll); *Leidenmühler* The European Legal Forum 2002, 253, 254.

[1591] *EuGH* Slg. 2003, I-1345 ff. (*Gözütok und Brügge*); *EuGH* Slg. 2005, I-2009 ff. (*Miraglia*); *EuGH* Slg. 2006, I-2333 ff. (*Van Esbroeck*); *EuGH* Slg. 2007, I-6619 ff. (*Kraaijenbrink*); *EuGH* Slg. 2007, I-6441 ff. (*Kretzinger*); *EuGH* Slg. 2006, I-9327 ff. (*Van Straaten*); *EuGH* NStZ-RR 2009, 109 f. (*Turansky*).

[1592] *Leidenmühler* The European Legal Forum 2002, 253, 256; Damit soll nicht der Umstand kleingeredet werden, dass Art. 54 SDÜ auch und gerade den einzelnen nationalen Gerichten eine wesentliche Rolle in diesem Bereich zuweist. Da die verschiedenen materiellen und prozessualen Regelungen der Mitgliedsstaaten im Bereich des Strafrechts nicht harmonisiert sind, werden auch die nationalen Gerichte zahlreiche Auslegungsfragen zu bewältigen haben, siehe dazu *EuGH* Schlussantrag *Generalanwalt Colomer* vom 8.4.2008 – C-297/07, BeckRS 2008 70432 Rn. 42 ff.

[1593] Teilweise wird für Fälle grenzüberschreitender Kriminalität gefordert, dass diese allein durch eine europäische Strafverfolgungsbehörde verfolgt werden sollten, um eine doppelte Strafverfolgung zu vermeiden, *Crosby/Houben* Journal of European Criminal Law, Volume 3·2008-9, S. 37, 39.

10. Kapitel Zusammenfassung

Zahlreiche medienwirksame Strafverfahren gegen Unternehmensleiter und Manager in jüngerer Vergangenheit sowie die beachtliche Zunahme von Gründungen von Scheinauslandslimiteds in Deutschland geben Anlass, die strafrechtliche Verantwortlichkeit ihrer *directors* nach deutschem Recht näher zu untersuchen.

Dass es dabei zu Besonderheiten im Vergleich zu Geschäftsführern und Vorständen deutscher GmbHs oder AGs kommt, beruht auf der europarechtlich zwingenden Anwendbarkeit englischen Gründungsrechts auf die Limited und ihren *director*. Dies ist Folge der Rechtsprechung des EuGH zur Niederlassungsfreiheit, nach der Gesellschaften aus einem Mitgliedsstaat der EU, in dem die Gründungstheorie gilt und der die Sitzverlegung gestattet, unter Wahrung ihrer Rechtsform und Identität ihren tatsächlichen Verwaltungssitz in einen anderen Mitgliedsstaat der EU verlegen können, auch wenn der jeweilige Zuzugsstaat an sich auf den tatsächlichen Verwaltungssitz einer Gesellschaft abstellt, um das auf sie anwendbare Gesellschaftsrecht zu bestimmen. Letztlich fußt diese Rechtsprechung auf dem Verständnis der Niederlassungsfreiheit als allgemeines Beschränkungsverbot, nach welchem sämtliche Regelungen verboten sind, die zwar unterschiedslos auf in- und ausländische Kapitalgesellschaften angewandt werden, denen aber gleichwohl beschränkende Wirkung zukommt, was bei Maßnahmen der Fall sein soll, „die die Ausübung dieser Freiheiten unterbinden, behindern oder weniger attraktiv machen".

Vor diesem Hintergrund ist in Deutschland die zuziehende Limited grundsätzlich vollumfänglich nach dem Gesellschaftsrecht Englands zu behandeln. Diese Pflicht beschränkt sich dabei weder auf bestimmte gesellschaftsrechtliche Teilbereiche wie Gründung und Rechtsfähigkeit, noch ist sie vom jeweiligen rechtlichen Zusammenhang abhängig, also davon, ob sich ein rein gesellschaftsrechtlicher Sachverhalt stellt oder eine gesellschaftsrechtliche Vorfrage im Rahmen sonstiger, zum Beispiel strafrechtlicher Sachverhalte vorliegt. Darüber hinaus darf das deutsche Strafrecht keine nach englischem Gesellschaftsrecht erlaubten Verhaltensweisen des *directors* unter Strafe stellen oder auch in England strafbewehrte Verhaltensweisen mit strengeren Rechtsfolgen versehen, als sie den *director* im Herkunftsstaat träfen. Die (schärfere) Strafandrohung wäre nämlich geeignet, Personen zu veranlassen, von der Niederlassungsfreiheit keinen Gebrauch zu machen. Bei Straftatbeständen mit gesellschaftsrechtlichem Bezug ist daher stets ein Vergleich zwischen der Rechtslage Englands und derjenigen Deutschlands erforderlich. Nur wenn die durch englisches Gesellschaftsrecht ausgefüllte deutsche Strafnorm eine gleich schwere oder mildere Rechtsfolge wie die (hypothetische) Anwendung englischen Strafrechts hervorbringt, liegt eine Beeinträchtigung der Niederlassungsfreiheit nicht vor.

Andererseits ist nicht bei allen Lebenssachverhalten ohne Weiteres von der uneingeschränkten Geltung des Gründungsstatuts auszugehen. So ist zum Beispiel bei Regelungen, die den Gläubigerschutz bei in der Krise befindlichen Unternehmen sicherstellen wollen, deren jeweilige kollisionsrechtliche Qualifikation in Rechnung zu stellen. Bei ihnen kann nämlich vor allem eine delikts- oder insolvenzrechtliche Einordnung vorzunehmen sein. Da für diese Rechtsgebiete das ausländische Gründungsstatut nicht gilt, können insofern über die kollisionsrechtlichen Rechtsanwendungsbefehle die nationalen deutschen Regelungen auf Scheinauslandsgesellschaften Anwendung finden. Das ist weder als beliebiges „Hakenschlagen" aus „puren Zweckmäßigkeitserwägungen" heraus zu kritisieren, noch bedeutet es allerdings, dass eine Beurteilung anhand der Niederlassungsfreiheit gänzlich ausscheidet. Denn auch Regelungen aus dem Delikts- und Insolvenzrecht sind an den Grundfreiheiten zu messen. Nur soweit eine strafrechtliche Norm keinerlei Bezug zu gesellschaftsrechtlichen Regelungen aufweist, ist sie grundsätzlich aus dem Anwendungsbereich der Niederlassungsfreiheit herauszunehmen. Eine beschränkende Wirkung könnte sie nämlich nur dann entfalten, wenn sie in dem Sinne diskriminierend wirkte, dass durch sie eine gesellschaftsrechtliche Tätigkeit in Deutschland versperrt würde oder jedenfalls stärker behindert würde, als dies für deutsche Gesellschaften der Fall ist. Dies folgt aus der *rule of remoteness*, die der EuGH heranzieht, um im Rahmen der Grundfreiheiten auf Marktteilnehmer unterschiedslos anwendbare Regelungen dann aus ihrem Anwendungsbereich herauszunehmen, wenn die beschränkende Wirkung der in Rede stehenden Maßnahme auf die jeweilige Grundfreiheit so ungewiss und indirekt ist, dass sie nicht als geeignet erachtet werden kann, sie zu beeinflussen.

Sollte die strafrechtliche Verantwortlichkeit des *directors* nach deutschem Recht im Einzelfall jedoch eine Beschränkung der Niederlassungsfreiheit darstellen, kann diese gerechtfertigt sein. In Betracht kommt dabei insbesondere eine Rechtfertigung aus zwingenden Gründen des Allgemeininteresses, nach der eine nationale Maßnahme dann gerechtfertigt ist, wenn sie nicht in diskriminierender Art und Weise angewendet wird, zwingenden Gründen des Allgemeininteresses entspricht, für die Erfüllung eines legitimen Zwecks geeignet ist und nicht über das hinausgeht, was zur Zweckerreichung erforderlich ist. Als zwingender Grund des Allgemeininteresses speziell im Kontext von Scheinauslandsgesellschaften ist vor allem der Schutz der Gesellschaftsgläubiger anerkannt. Auf der Ebene der Erforderlichkeit hingegen ist besonderes Augenmerk auf die vom Gründungsstaat bereitgehaltenen Schutzinstrumente und das so genannte Informationsmodell des EuGH zu legen, die einer Rechtfertigung entgegenstehen können.

Über die Beachtung europarechtlicher Vorgaben hinaus, darf eine strafrechtliche Haftung des *directors* nicht gegen verfassungsrechtliche Bestimmungen verstoßen, wobei deutsche Strafverfolgungsbehörden und Gerichte sich neben dem Analogieverbot vor allem mit Fragen des Bestimmtheitsgebotes und des Rechtsstaatsprinzips auseinandersetzen müssen. Nach der hier vertretenen Ansicht verstößt die Anwendung englischen Rechts im Rahmen deutscher Straftatbestände aber weder per se gegen den Parlamentsvorbehalt und die Vorhersehbarkeit von Strafbarkeit und Strafe als Ausprägungen des Bestimmtheitsgebotes, noch muss es zu „unübersehbaren Ungerechtigkeiten, Ungereimtheiten und auch Härten" und damit zu einem Verstoß gegen das Rechtsstaatsprinzip kommen, wenn Fremdrecht angewendet wird. Erlaubt ist deutschen Gerichten dabei sogar die bei der Fremdrechtsanwendung möglicherweise erforderliche Fortbildung englischen Gesellschaftsrechts.

Soweit englisches Gesellschaftsrecht als Maßstab des Handelns von *directors* herangezogen wird, bedeutet die wirksame Gründung der Limited die entscheidende Zäsur für die Beurteilung seiner strafrechtlichen Verantwortlichkeit. Denn erst, wenn sie abgeschlossen ist, greifen die für die Limited geltenden gesellschaftsrechtlichen Regelungen. Eine Art Vor-Limited kennt das englische Recht nicht. Maßgeblichen Einfluss auf seine strafrechtliche Verantwortlichkeit haben ab diesem Zeitpunkt die konkrete Ausgestaltung des Gesellschaftsvertrages, da in ihm die wesentlichen Befugnisse des *directors* im Innen- und Außenverhältnis der Gesellschaft geregelt sind, die Organisationsstruktur der Limited, die mit über die Frage entscheidet, welcher Person ein individuelles Fehlverhalten vorgeworfen werden kann, und die Finanzverfassung der Gesellschaft, da sich erst aus ihr zum Beispiel eine untreuerelevante Kapitalausschüttung ableiten lässt.

Wird sodann geprüft, ob eine strafrechtliche Haftung in Deutschland im Verhältnis zum Recht des Gründungsstaates eine Beeinträchtigung der Niederlassungsfreiheit darstellt, ist festzuhalten, dass einerseits der strafrechtliche Eigentums- und Vermögensschutz nach englischem Recht aufgrund der Tatbestände *theft* und *fraud* im Vergleich zum deutschen Recht in großen Teilen zu ähnlichen Ergebnissen führt, soweit es um die strafrechtliche Verantwortlichkeit von Unternehmensleitern geht und Fallkonstellationen in Rede stehen, die als Diebstahl, Untreue, Unterschlagung und Betrug einzuordnen sind, andererseits das englische Recht über sehr wirksame außerstrafrechtliche Zwangsmaßnahmen wie die *directors disqualification* verfügt, um gegen unerwünschtes Verhalten von Unternehmensleitern auch in Deutschland vorzugehen.

Gelangt man auf die Ebene der konkreten Rechtsanwendung nach deutschem Strafrecht, ist hinsichtlich des Allgemeinen Teils festzustellen, dass die Anwendbarkeit deutschen Strafrechts bei Fällen von Scheinauslandslimiteds regelmäßig schon aufgrund des Handlungsortes in Deutschland oder des Erfolgsortes der Schädigung der Limited im Inland gegeben sein wird und auch die Frage des Schutzbereiches der jeweils in Rede stehenden Strafnorm einer Haftung des *directors* kaum im Wege stehen wird, solange typische Straftaten im wirtschaftlichen Bereich betrachtet werden, da gerade bei diesen Individualrechtsgüter betroffen sind, hinsichtlich derer nicht zwischen in- und ausländischen Rechtsgutsträgern differenziert wird. Aber auch soweit Regelungen wie die Strafbarkeit wegen Unterlassens, das Handeln für einen anderen oder die mittelbare Täterschaft kraft Organisationsherrschaft im Raume stehen, wird der *director* sich einer Haftung nicht mit Hinweis auf eine angebliche Beeinträchtigung der Niederlassungsfreiheit entziehen können. Denn selbst wenn das englische Strafrecht entsprechende Regelungen nicht enthält, handelt es sich bei ihnen doch nicht um Umwege, die dazu dienen, (gesellschaftsrechtliche) Verhaltensweisen des *directors* zu erfassen, die nach englischem Recht nicht strafbar wären, sondern nur um dogmatische Konstruktionen, deren Ergebnisse im englischen Recht allein auf andere Weise zustande kommen.

Soweit im Bereich des Besonderen Teils konkrete Straftatbestände in Betracht kommen, können diese grundsätzlich in drei Fallgruppen eingeteilt werden.

Die erste Fallgruppe umfasst Delikte, bei denen die europa- oder verfassungsrechtlichen Grenzen der strafrechtlichen Verantwortlichkeit des *directors* überschritten werden, so dass seine Strafbarkeit entfallen muss. Als wohl prominentestes Beispiel ist hier die Strafbarkeit wegen Verletzung einer Insolvenzantragspflicht zu nennen, die aufgrund Unbestimmtheit im Sinne von Art. 103 Abs. 2 GG für jene Sachverhaltskonstellationen ausscheidet, die noch auf Grundlage der vor dem Inkrafttreten des MoMiG geltenden Rechtslage zu entscheiden sind. Das folgt aus der vormals rechtsformspezifischen Ausgestaltung der Regelungen zur Insolvenzverschleppung, die unter anderem an die „Geschäftsführereigenschaft" eines Geschäftsleiters anknüpfte. Erst durch die Einführung von § 15a InsO ist für alle Fälle, die sich nach dessen Inkrafttreten ereignen, eine Strafbarkeit des *directors* wegen Insolvenzverschleppung möglich.

Die zweite Fallgruppe behandelt Delikte, deren Besonderheit in einer starken Prägung durch außerstrafrechtliche Normen besteht, bei denen es also zur verstärkten Anwendung englischen Gesellschaftsrechts kommen kann und muss, soweit gesellschaftsrechtliche Regelungen in Rede stehen. Beispielhaft gilt das etwa für die Untreue gemäß § 266 StGB. Soweit sie betroffen ist, sind gesellschaftsrechtliche Fragestellungen an den verschiedensten Stellen relevant. Dies betrifft die Einordnung des *directors* als Normadressat der Regelung, setzt sich fort bei der Diskussion über die Vereinbarkeit des § 266 StGB mit dem Bestimmtheitsgrundsatz und gilt schließlich im Rahmen des objektiven Tatbestandes sowohl für die Begründung als auch für die Verletzung der Vermögensbetreuungspflicht ebenso wie für die Feststellung der Pflichtwidrigkeit der Tathandlungen. All dies in Rechnung gestellt, ist es gleichwohl möglich, eine Strafbarkeit des *directors* anzunehmen für Sachverhalte, bei denen auch Geschäftsführer einer GmbH oder Vorstandsmitglieder einer AG einer strafrechtlichen Haftung unterlägen. Dies gilt etwa für verdeckte Gewinnausschüttungen, die im englischen Recht als *dressed up return of capital* bezeichnet werden, für den so genannten existenzgefährdenden Eingriff, soweit man als dessen Voraussetzung den Eintritt der Insolvenz als kausalen Erfolg verlangt, aber auch für die unzulässige Nutzung der der Limited zustehenden Erwerbschancen im Sinne der Geschäftschancenlehre, die im englischen Gesellschaftsrecht als *corporate opportunity doctrine* bekannt ist.

Die letzte Fallgruppe schließlich erfasst Straftatbestände, in denen eine strafrechtliche Verantwortlichkeit erst aufgrund einer europarechtlichen Rechtfertigung bejaht werden kann. Dies betrifft zum Beispiel das Vorenthalten von Arbeitsentgelt gemäß § 266a StGB. Mangels vergleichbarer strafrechtlicher Verantwortlichkeit im englischen Recht, sollte die Strafbarkeit des *directors* allein mit einer Rechtfertigung aus zwingenden Gründen des Allgemeininteresses begründet werden. Die überragende Bedeutung, die der Schutz der Sozialversicherungssysteme für die ganz überwiegende Mehrheit der Einwohner der Bundesrepublik Deutschland hat, erfordert deren Schutz auch vor beeinträchtigenden Verhaltensweisen durch Geschäftsleiter ausländischer Gesellschaften.

Soweit ein strafrechtlich relevantes Verhalten des *directors* in Betracht kommt, droht ihm sogar die Gefahr der doppelten Strafverfolgung in Deutschland und England. Jedoch sind dann die im deutschen Recht bestehenden Möglichkeiten, ausländische Strafverfolgungsmaßnahmen prozessual oder im Rahmen der Strafzumessung zu berücksichtigen, zu beachten. Ferner besteht im Rahmen der EU mit Art. 54 SDÜ ein zwischenstaatliches Doppelverfolgungsverbot.

Literaturverzeichnis

Achenbach, Hans — Aus der 2005/2006 veröffentlichten Rechtsprechung zum Wirtschaftsstrafrecht, NStZ 2006, 614 ff.

Achenbach, Hans/ *Ransiek*, Andreas (Hrsg.) — Handbuch Wirtschaftsstrafrecht, 2. Aufl., 2008.

Adler, Hans/*Düring*, Walther/ *Schmaltz*, Kurt — Rechnungslegung und Prüfung der Unternehmen, Teilband 7, 6. Aufl., 2000.

Ahlbrecht, Heiko/ *Böhm*, Klaus-Michael/ *Esser*, Robert/*Hugger*, Heiner/ *Kirsch*, Stefan/*Rosenthal*, Michael — Internationales Strafrecht in der Praxis, 2008 (zitiert: *Ahlbrecht* u. a.).

Albin, Wolf/*Valentin*, Florian — Dassonville oder doch Keck – zwei anstehende Urteile des EuGH zur Anwendbarkeit des Art. 28 EG auf Verwendungsbeschränkungen, EWS 2007, 533 ff.

Allen, Michael J. — Textbook on Criminal Law, 9. Aufl., 2007.

Altenhain, Karsten/ *Wietz*, Christopher — Die Ausstrahlungswirkung des Referentenentwurfs zum Internationalen Gesellschaftsrecht auf das Wirtschaftstrafrecht, NZG 2008, 569 ff.

Altmeppen, Holger — Schutz vor „europäischen" Kapitalgesellschaften, NJW 2004, 97 ff.

Altmeppen, Holger	Änderung der Kapitalersatz- und Insolvenzverschleppungshaftung aus „deutsch-europäischer" Sicht, NJW 2005, 1911 ff.
Ambos, Kai	Tatherrschaft durch Willensherrschaft kraft organisatorischer Machtapparate, GA 1998, 226 ff.
Ambos, Kai	Internationales Strafrecht, 2. Aufl., 2008.
Appel, Ivo	Verfassung und Strafe, Diss., 1998.
Arden, Mary	Codifying Directors' Duties in *Rawlings*, Richard, Law, Society and Economy: Centenary Essays for the London School of Economics and Political Science 1895-1995, 1997, S. 91 ff. (zitiert: Arden in Rawlings Law, Society and Economy).
Arens, Stephan	Die Bestimmung der Zahlungsunfähigkeit im Strafrecht, wistra 2007, 450 ff.
Arlidge, Anthony/*Parry*, Jacques	Arlidge & Parry on Fraud, 2. Aufl., 1996.
Arsalidou, Demetra	Directors' Fiduciary Duties to Shareholders: The Platt and Peskin cases, The Company Lawyer 2002, 23 (2), S. 61 ff.
Arzt, Gunther	Zur Garantenstellung beim unechten Unterlassungsdelikt (2. Teil), JA 1980, 647 ff.
Ashworth, Andrew	Grunderfordernisse des Allgemeinen Teils für ein europäisches Sanktionenrecht – Landesbericht England, ZStW 110 (1998), 461 ff.

Ashworth, Andrew	Principles of Criminal Law, 5. Aufl., 2006.
Assmann, Heinz-Dieter/ *Schneider*, Uwe H. (Hrsg.)	Wertpapierhandelsgesetz, 5. Aufl., 2009.
Bank, Stephan	Die britische Limited Liability Partnership: Eine attraktive Rechtsform für Freiberufler?, Diss., 2006 (zitiert: Die britische LLP).
Barnard, Catherine	Fitting the Remaining Pieces into the Goods and Persons Jigsaw, 26 ELRev. 2001, 35 ff.
Bateman, Julia	The Treaty of Lisbon: the framework for the future, a UK perspective, Journal of European Criminal Law, Volume 2•2008•Issue 4, S. 27 ff.
Bauer, Joachim	Die GmbH in der Krise, 2. Aufl., 2008.
Baumbach, Adolf/*Hopt*, Klaus J.	Handelsgesetzbuch, 34. Aufl., 2010.
Baumbach, Adolf/*Hueck*, Alfred	GmbH-Gesetz, 19. Aufl., 2010.
Bayer, Walter/*Hoffmann*, Thomas/ *Lieder*, Jan	Ein Jahr MoMiG in der Unternehmenspraxis, GmbHR 2010, 9 ff.
Beck, Rainer	Die Haftung des Geschäftsführers nach § 64 Abs. 2 GmbHG, § 823 Abs. 2 BGB i.V.m. § 64 Abs. 1 GmbHG, ZInsO 2007, 1233 ff.
Beck'scher Bilanz Kommentar	Handels- und Steuerbilanz, §§ 238 bis 339, 342 bis 342e HGB mit EGHGB und IAS/IFRS-Abweichungen, 6. Aufl., 2006 (zitiert: Autor in BeckBilanzKomm).

Behrens, Peter	Das Internationale Gesellschaftsrecht nach dem Überseering-Urteil des EuGH und den Schlussanträgen zu Inspire Art, IPRax 2003, 193 ff.
Beisse, Heinrich	Grundsatzfragen der Auslegung des neuen Bilanzrechts, BB 1990, 2007 ff.
Beitzke, Günther	Les obligations délictuelles en droit international privé, Rec. de Cours 1965 II, Band 115, 67 ff.
Berger-Walliser, Gerlinde	Das Ende der „goldenen Handschläge" in Frankreich?, RIW 2008, 583 ff.
Berner, Olaf/*Klöhn*, Lars	Insolvenzantragspflicht, Qualifikation und Niederlassungsfreiheit, ZIP 2007, 106 ff.
Beulke, Werner/*Bachmann*, Gregor	Die „Lederspray-Entscheidung"- BGHSt 37, 106, JuS 1992, 737 ff.
Bezzenberger, Tilman	Der Vorstandsvorsitzende der Aktiengesellschaft, ZGR 1996, 661 ff.
Bicker, Eike Thomas	Das Durchsetzungsdefizit bei der Haftung wegen *wrongful trading*, GPR 2006, 127 ff.
Bieber, Roland/*Epiney*, Astrid/ *Haag*, Marcel *Bieneck*, Klaus (Hrsg.)	Die Europäische Union, 8. Aufl., 2009. Handbuch des Außenwirtschaftsrechts, 2. Aufl., 2005.
Bieresborn, Dirk	Ausstrahlung deutschen Sozialrechts bei Entsendung in ein ausländisches Tochterunter-

	nehmen am Beispiel einer Limited Partnership nach US-Recht, RdA 2008, 165 ff.
Binding, Karl	Handbuch des Strafrechts, Band I, 1885.
Bitter, Georg	Der Anfang vom Ende des „qualifiziert faktischen GmbH-Konzerns", WM 2001, 2133 ff.
Bitter, Georg	Flurschaden im Gläubigerschutzrecht durch „Centros & Co."?, WM 2004, 2190 ff.
Bittmann, Folker	Beitragsvorenthaltung, Geschäftsführerhaftung und Einheit der Rechtsordnung, wistra 2007, 406 ff.
Bittmann, Folker	Die „limitierte" GmbH aus strafrechtlicher Sicht, GmbHR 2007, 70 ff.
Bittmann, Folker	Strafrechtliche Folgen des MoMiG, NStZ 2009, 113 ff.
Bittmann, Folker	Strafrecht und Gesellschaftsrecht, ZGR 2009, 931 ff.
Bittmann, Folker/*Gruber*, Urs Peter	Limited – Insolvenzantragspflicht gemäß § 15a InsO: Europarechtlich unwirksam?, GmbHR 2008, 867 ff.
Bittmann, Folker/*Rudolph*, Carolin	Untreue des GmbH-Geschäftsführers trotz Anordnung der Insolvenzverwaltung?, wistra 2000, 401 ff.

Blackstone's Guide Series	Blackstone's Guide to the Companies Act 2006, 2007 (zitiert: Blackstone's Guide to the Companies Act 2006).
Bleckmann, Albert	Anmerkung zum Fall „Griechischer Mais", WuR 1991, 285.
Bleckmann, Albert	Europarecht, 6. Aufl., 1997.
Borchardt, Klaus-Dieter	Die rechtlichen Grundlagen der Europäischen Union, 3. Aufl., 2006.
Borges, Georg	Gläubigerschutz bei ausländischen Gesellschaften mit inländischem Sitz, ZIP 2004, 733 ff.
Bosch, Nikolaus	Organisationsverschulden in Unternehmen, Habil., 2002.
Bosch, Nikolaus/ *Lange*, Knut Werner	Unternehmerischer Handlungsspielraum des Vorstandes zwischen zivilrechtlicher Verantwortung und strafrechtlicher Sanktion, JZ 2009, 225 ff.
Böse, Martin	Strafen und Sanktionen im europäischen Gemeinschaftsrecht, 1996 (zitiert: Strafen und Sanktionen).
Böse, Martin	Die Zuständigkeit der Europäischen Gemeinschaft für das Strafrecht – Zugleich Besprechung von EuGH, Urteil vom 13.9.2005, GA 2006, 211 ff.

Böse, Martin	Anmerkung zu BGH, Beschluss vom 15.04.2008 – 4 ARs 22/07, NStZ 2008, 636 ff.
Bottke, Wilfried	Empfiehlt es sich, die strafrechtliche Verantwortlichkeit für Wirtschaftsstraftaten zu verstärken?, wistra 1991, 81 ff.
Bowstead, William/ *Reynolds*, Francis M. B.	Bowstead & Reynolds on Agency, 17. Aufl., 2001 (zitiert: Agency).
Brammsen, Joerg	Strafbare Untreue des Geschäftsführers bei einverständlicher Schmälerung des GmbH-Vermögens?, DB 1989, 1609 ff.
Brauer, Markus	Die aktienrechtliche Beurteilung von „appreciation awards" zu Gunsten des Vorstands, NZG 2004, 502 ff.
Braum, Stefan	Das Prinzip der gegenseitigen Anerkennung – Historische Grundlagen und Perspektiven europäischer Strafrechtsentwicklung, GA 2005, 681 ff.
Brinkmeier, Thomas/ *Mielke*, Reinhard	Die Limited (Ltd.), 2007.
Buchmann, Thomas	Die Insolvenz der englischen Limited in Deutschland, Diss., 2007.
Bungert, Hartwin	Prozeßkostensicherheitsleistung ausländischer Kapitalgesellschaften und die Diskriminierungsverbote des EWG-Vertrages, EWS 1993, 315 ff.

Bungert, Hartwin	Deutsch-amerikanisches internationales Gesellschaftsrecht, ZVglRWiss 93 (1994), 117 ff.
Burg, Michael	Existenzvernichtungsschutz in der Private Limited Company?, GmbHR 2004, 1379 ff.
Buyer, Christoph	Die verdeckte Gewinnausschüttung bei Verletzung des Wettbewerbsverbots durch den Gesellschafter-Geschäftsführer oder den Nur-Gesellschafter einer GmbH, BB 1993, 2057 ff.
Calliess, Christian/ *Ruffert*, Matthias	EUV/EGV, 3. Aufl., 2007.
Clarkson, Christopher M. V./ *Keating*, H. M.	Criminal Law – Texts and Materials, 6. Aufl., 2007 (zitiert: Criminal Law).
Cornils, Karin	Die Fremdrechtsanwendung im Strafrecht, 1978.
Craig, Paul P./*de Búrca*, Gráinne	EU Law, 4. Aufl., 2008.
Cranshaw, Friedrich L.	Insolvenzverschleppungshaftung des directors einer Limited englischen Rechts, jurisPR-InsR 2/2007 Anm. 1.
Crosby, Scott/*Houben* Marcel	The boiler room – the prosecution of multi-jurisdictional crime, Journal of European Criminal Law, Volume 3•2008-9•Issue 1, S. 37 ff.

Daniels, Reynaud N.	Non Bis in Idem and the International Criminal Court, bepress Legal Series 2006, Paper 1365.
Dannecker, Gerhard	Strafrecht in der Europäischen Gemeinschaft, JZ 1996, 869 ff.
Dannecker, Gerhard	Die Entwicklung des Strafrechts unter dem Einfluß des Gemeinschaftsrechts, Jura 1998, 79 ff.
Dannecker, Gerhard	Das intertemporale Strafrecht, Habil., 2003.
Dannecker, Gerhard	Das materielle Strafrecht im Spannungsfeld des Rechts der Europäischen Union (Teil I), Jura 2006, 95 ff.
Dannecker, Gerhard	Das materielle Strafrecht im Spannungsfeld des Rechts der Europäischen Union (Teil II), Jura 2006, 173 ff.
Dannecker, Gerhard	Nullum crimen, nulla poena sine lege und seine Geltung im Allgemeinen Teil des Strafrechts, in Festschrift für Harro Otto zum 70. Geburtstag, 2007, S. 25 ff.
Dauner-Lieb, Barbara	Die Existenzvernichtungshaftung – Schluss der Debatte?, DStR 2006, 2034 ff.
Dauner-Lieb, Barbara	Die Existenzvernichtungshaftung als deliktische Innenhaftung gemäß § 826 BGB, ZGR 2008, 34 ff.

Davies, Paul L.	Gower and Davies' Principles of Modern Company Law, 8. Aufl., 2008.
Davies, Paul/*Rickford*, Jonathan	An Introduction to the New UK Companies Act, ECFR 2008, 48 ff.
de Colle, Simone	Die Systematik des Stakeholder-Managements in Josef Wieland (Hrsg.), Handbuch Wertemanagement, 2004.
de Colle, Simone	An Introduction to the New UK Companies Act: Part II, ECFR 2008, 239 ff.
Dierksmeier, Jochen/ *Scharbert*, Markus	GmbH und englische Ltd. im Wettlauf der Reformen 2006, BB 2006, 1517 ff.
Dine, Janet	Criminal Law in the Company Context, 1995.
Dölling, Dieter	Handbuch der Korruptionsprävention, 2007.
Dreher, Meinrad	Change of control-Klauseln bei Aktiengesellschaften, AG 2002, 214 ff.
Dreher, Meinrad	Überformung des Aktienrechts durch die Rechtsprechung von Straf- und Verwaltungsgerichten?, AG 2006, 213 ff.
Drouven, Ralph/*Mödl*, Robert	US-Gesellschaften mit Hauptverwaltungssitz in Deutschland im deutschen Recht, NZG, 2007, 7 ff.

Drygala, Tim	Abschied vom qualifiziert faktischen Konzern – oder Konzernrecht für alle?, GmbHR 2003, 729 ff.
Ebenroth, Carsten Thomas/ *Auer*, Thomas	Körperschaftsteuersubjektfähigkeit ausländischer Gesellschaften mit inländischem Ort der Geschäftsleitung?, RIW 1992, 998 ff.
Ebenroth, Carsten Thomas/ *Auer*, Thomas	Die Vereinbarkeit der Sitztheorie mit europäischem Recht, GmbHR 1994, 16 ff.
Ebenroth, Carsten Thomas/ *Bippus*, Birgit	Die Anerkennungsproblematik im Internationalen Gesellschaftsrecht – Am Beispiel des Freundschafts-, Handels- und Schiffahrtsvertrages zwischen der Bundesrepublik Deutschland und den Vereinigten Staaten von Amerika vom 29.10.1954, NJW 1988, 2137 ff.
Ebenroth, Carsten Thomas/ *Boujong*, Karlheinz/*Joost*, Detlev/ *Strohn*, Lutz	Handelsgesetzbuch, Band 1, §§ 1-342e, 2. Aufl., 2008.
Ebenroth, Carsten Thomas /*Eyles*, Uwe	Die innereuropäische Verlegung des Gesellschaftssitzes als Ausfluß der Niederlassungsfreiheit? (Teil I), DB 1989, 363 ff.
Ebert, Sabine/*Levedag*, Christian	Die zugezogene „private company limited by shares (Ltd.)" nach dem Recht von England und Walres als Rechtsformalternative für in- und ausländische Investoren in Deutschland, GmbHR 2003, 1337 ff.

Ehlers, Dirk (Hrsg.)	Europäische Grundrechte und Grundfreiheiten, 2. Aufl., 2005 (zitiert: Bearbeiter in Ehlers).
Ehlers, Dirk/*Eggert*, Anke	Zur Zulässigkeit einer zeitlich begrenzten weiteren Anwendung gemeinschaftsrechtswidrigen nationalen Rechts, JZ 2008, 585 ff.
Ehricke, Ulrich	Die richtlinienkonforme und die gemeinschaftsrechtskonforme Auslegung nationalen Rechts, RabelsZ 59 (1995), 598 ff.
Ehricke, Ulrich/*Ries*, Julian	Die neue Europäische Insolvenzverordnung, JuS 2003, 313 ff.
Eidam, Gerd	Industrie-Straf-Rechtsschutzversicherung, 1994.
Eidam, Gerd	Straftäter Unternehmen, 1997.
Eidam, Gerd	Unternehmen und Strafe, 3. Aufl., 2008.
Eidenmüller, Horst	Wettbewerb der Gesellschaftsrechte in Europa, ZIP 2002, 2233 ff.
Eidenmüller, Horst	Mobilität und Restrukturierung von Unternehmen im Binnenmarkt, JZ 2004, 24 ff.
Eidenmüller, Horst (Hrsg.)	Ausländische Kapitalgesellschaften im deutschen Recht, 2004 (zitiert: Bearbeiter in Eidenmüller).

Eidenmüller, Horst	Geschäftsleiter- und Gesellschafterhaftung bei europäischen Auslandsgesellschaften mit tatsächlichem Inlandssitz, NJW 2005, 1618 ff.
Eidenmüller, Horst	Die GmbH im Wettbewerb der Rechtsformen, ZGR 2007, 168 ff.
Eidenmüller, Horst/ *Rehberg*, Markus	Rechnungslegung von Auslandsgesellschaften, ZVglRWiss 105 (2006), 427 ff.
Eidenmüller, Horst/ *Rehberg*, Markus	Umgehung von Gewerbeverboten mittels Auslandsgesellschaften, NJW 2008, 28 ff.
Eidenmüller, Horst/ *Rehm*, Gebhard M.	Niederlassungsfreiheit versus Schutz des inländischen Rechtsverkehrs: Konturen des Europäischen Internationalen Gesellschaftsrechts, ZGR 2004, 159 ff.
Eisele, Jörg	Europäisches Strafrecht – Systematik des Rechtsgüterschutzes durch die Mitgliedstaaten, JA 2000, 991 ff.
Elliott, D. W.	Dishonesty in Theft: A Dispensable Concept, Crim LR 1982, 395 ff.
Elliott, D. W.	Directors' Thefts and Dishonesty, Crim LR 1991, 732 ff.
English, Jack/*Card*, Richard	Police Law, 10. Aufl., 2007.
Farrar, John H./*Hannigan*, Brenda	Farrar's Company Law, 4. Aufl., 1998.
Farrell, Simon/*Yeo*, Nicholas/ *Ladenburg*, Guy	Blackstone's Guide to the Fraud Act 2006, 2007.

Fichtelmann, Helmar	Die Rechtsstellung des Geschäftsführers der GmbH in der Insolvenz der Gesellschaft, GmbHR 2008, 76 ff.
Fischer, Michael	Die Verlagerung des Gläubigerschutzes vom Gesellschafts- in das Insolvenzrecht nach „Inspire Art", ZIP 2004, 1477 ff.
Fischer, Thomas	Strafgesetzbuch, 57. Aufl., 2010.
Fleischer, Holger	Gläubigerschutz in der kleinen Kapitalgesellschaft: Deutsche GmbH versus englische private limited company, DStR 2000, 1015 ff.
Fleischer, Holger	Zum Grundsatz der Gesamtverantwortung im Aktienrecht, NZG 2003, 449 ff.
Fleischer, Holger (Hrsg.)	Handbuch des Vorstandsrechts, 2006 (zitiert: Bearbeiter in Fleischer).
Fletcher, Ian F.	The Law of Insolvency, 3. Aufl., 2002.
Frenzel, Ralf	Regionalgericht Szeged versus OLG München: Verstößt die Ablehnung der Eintragung einer grenzüberschreitenden Sitzverlegung gegen die Niederlassungsfreiheit?, EWS 2008, 130 ff.
Fröhlich, Claus W./ *Strasser*, Christian	Die Limited als Einzelkaufmann mit beschränkter Haftung? Deliktsrechtliche Gegenargumente, ZIP 2006, 1182 ff.
Fromm, Ingo E.	Neue supranationale Strafrechtsordnung zum Schutz der finanziellen Interessen der EG?

	Wird durch den Lissabonner Vertrag eine partielle kriminalstrafrechtliche Rechtssetzungsbefugnis eingeführt?, StraFo 2008, 358 ff.
Gärditz, Klaus Ferdinant/ *Gusy*, Christoph	Zur Wirkung europäischer Rahmenbeschlüsse im innerstaatlichen Recht, GA 2006, 225 ff.
Geiger, Rudolf	Grundgesetz und Völkerrecht, 4. Aufl., 2009.
Geimer, Reinhold	Rechtsauskünfte über ausländisches Recht auch in Strafsachen – Das Zusatzprotokoll vom 15.3.1978 zum Europäischen Übereinkommen betreffend Auskünfte über ausländisches Recht, NJW 1987, 2131 f.
Gesmann-Nuissl, Dagmar	Quo vadis GmbH?, WM 2006, 1756 ff.
Gobert, James/*Punch*, Maurice	Rethinking Corporate Crime, 2003.
Goette, Wulf	Wo steht der BGH nach „Centros" und „Inspire Art"?, DStR 2005, 197 ff.
Goette, Wulf	Zu den Folgen der Anerkennung ausländischer Gesellschaften mit tatsächlichem Sitz im Inland für die Haftung ihrer Gesellschafter und Organe, ZIP 2006, 541 ff.
Goette, Wulf	Aktuelle Rechtsprechung des II. Zivilsenats zum Gesellschafts- und Insolvenzrecht, ZInsO 2007, 1177 ff.
Goff, Robert/*Jones*, Gareth	The Law of Restitution, 7. Aufl., 2006.

Gogger, Martin	Insolvenzrecht, 2. Aufl., 2006.
Göhler, Erich	Zur strafrechtlichen Verantwortlichkeit des Betriebsinhabers für die in seinem Betrieb begangenen Zuwiderhandlungen, in Festschrift für Eduard Dreher zum 70. Geburtstag, 1977, 611 ff.
Göhler, Erich	Ordnungswidrigkeitengesetz, 15. Aufl., 2009.
Goode, Royston Miles	Principles of Corporate Insolvency Law, 2. Aufl., 1997.
Götz, Volkmar	Europäische Gesetzgebung durch Richtlinien – Zusammenwirken von Gemeinschaft und Staat, NJW 1992, 1849 ff.
Grabitz, Eberhard/*Hilf*, Meinhard	Das Recht der Europäischen Union, Band II, EUV/EGV, Stand: November 2008 (zitiert: Bearbeiter in Grabitz/Hilf).
Graf Vitzthum, Wolfgang (Hrsg.)	Völkerrecht, 4. Aufl., 2007 (zitiert: Bearbeiter in Graf Vitzthum Völkerrecht).
Graf von Bernstorff, Christoph	Das Betreiben einer englischen Limited in Deutschland, RIW 2004, 498 ff.
Graf von Bernstorff, Christoph	Einführung in das englische Recht, 3. Aufl., 2006
Grantham, Ross	The Judicial Extension of Directors' Duties to Creditors, JBL 1991, 1 ff.

Grier, Nicholas	The challenges ahead for Company Law, Scots Law Times (News) 2005, 193 ff.
Griew, E. J.	The Theft Acts 1968 and 1978, 7. Aufl., 1995 (zitiert: The Theft Acts).
Grohmann, Uwe	Das Informationsmodell im Europäischen Gesellschaftsrecht, EWS 2007, 540 ff.
Grohmann, Uwe/ *Gruschinske*, Nancy	Der Companies Act 2006: Eine Reform und ihre Auswirkungen – Ein Überblick, Der Konzern 2007, 797 ff.
Grohmann, Uwe/ *Gruschinske*, Nancy	Beschränkungen des Wegzugs von Gesellschaften innerhalb der EU – die Rechtssache Cartesio, EuZW 2008, 463 f.
Gross, Bernd/*Schork*, Alexander T.	Strafbarkeit des directors einer Private Company Limited by Shares wegen verspäteter Insolvenzantragstellung, NZI 2006, 10 ff.
Großerichter, Helge	Ausländische Kapitalgesellschaften im deutschen Rechtsraum: Das deutsche Internationale Gesellschaftsrecht und seine Perspektiven nach der Entscheidung „Überseering", DStR 2003, 159 ff.
Große Vorholt, André	Wirtschaftsstrafrecht, 2. Aufl., 2007.
Großfeld, Bernhard/ *Luttermann*, Claus	Anmerkung, JZ 1989, 386 f.
Günther-Nicolay, Elke	Die Erfassung von Umweltstraftaten mit Auslandsbezug durch das deutsche Umwelt-

	strafrecht gemäß §§ 324 ff. StGB, Diss., 2003 (zitiert: Umweltstraftaten mit Auslandsbezug).
Güthoff, Julia	Gesellschaftsrecht in Großbritannien, 3. Aufl., 2004.
Haas, Ulrich	Der Normzweck des Eigenkapitalersatzrechts, NZI 2001, 1 ff.
Haas, Ulrich	Reform des gesellschaftsrechtlichen Gläubigerschutzes, Gutachten E zum 66. DJT, in Verhandlungen des 66. DJT Stuttgart 2006, Band I, 2006.
Habersack, Mathias	Gesteigerte Überwachungspflichten des Leiters eines „sachnahen" Vorstandsressorts?, WM 2005, 2360 ff.
Habersack, Mathias/*Verse*, Dirk A.	Wrongful Trading – Grundlage einer europäischen Insolvenzverschleppungshaftung, ZHR 168 (2004), 174 ff.
Häberle, Peter	Europäische Rechtskultur, 1994.
Hagel, Karl	Der einfache Diebstahl im englischen und deutschen Recht, 1964 (zitiert: Diebstahl im englischen Recht).
Halpin, A.	The Test for Dishonesty, Crim LR 1996, 283 ff.
Hannigan, Brenda	Company Law, 2003.

Happ, Wilhelm/*Holler*, Lorenz	„Limited" statt GmbH? – Risiken und Kosten werden gern verschwiegen, DStR 2004, 730 ff.
Haratsch, Andreas/*Koenig*, Christian/*Pechstein*, Matthias	Europarecht, 6. Aufl., 2009.
Hauschka, Christoph E.	Corporate Compliance – Handbuch der Haftungsvermeidung im Unternehmen, 2007 (zitiert: Corporate Compliance).
Heck, Philipp	Begriffsbildung und Interessenjurisprudenz, 1932.
Hecker, Bernd	Strafbare Produktwerbung im Lichte des Gemeinschaftsrechts, Habil., 2001 (zitiert: Strafbare Produktwerbung).
Hecker, Bernd	Europäisches Strafrecht als Antwort auf transnationale Kriminalität?, JA 2002, 723 ff.
Hecker, Bernd	Europäisches Strafrecht, 2. Aufl., 2007.
Heckschen, Heribert	Private Limited Company, 2. Aufl., 2007.
Heidel, Thomas (Hrsg.)	NomosKommentar Aktienrecht und Kapitalmarktrecht, 2. Aufl., 2007 (zitiert: Mitarbeiter NK zum Aktienrecht).
Heiderhoff, Bettina	Gerichtliche Aufforderung zur Wiederaufnahme des ehelichen Lebens nach türkischem Recht durch deutsche Gerichte, IPRax 2007, 118 f.

Heidinger, Andreas	Der Kapitalschutz der GmbH auf dem Prüfstand, DNotZ 2005, 97 ff.
Heil, Michael	Insolvenzantragspflicht und Insolvenzverschleppungshaftung bei der Scheinauslandsgesellschaft in Deutschland, Diss., 2008.
Heine, Günter	Die strafrechtliche Verantwortlichkeit von Unternehmen, Habil., 1995.
Heinz, Volker G.	Die englische Limited, 2. Aufl., 2006.
Heise, Friedrich Nicolaus	Europäisches Gemeinschaftsrecht und nationales Strafrecht, Diss., 1998.
Hellmann, Uwe/ *Beckemper*, Katharina	Wirtschaftsstrafrecht, 2. Aufl., 2008.
Hempel, Jan Markus/ *Wiemken*, Florian	Managerhaftung im Wandel – Sarbanes-Oxley und Corporate Governance in Deutschland, 2006.
Hennrichs, Joachim	„Basel II" und das Gesellschaftsrecht, ZGR 2006, 563 ff.
Henze, Hartwig	Prüfungs- und Kontrollaufgaben des Aufsichtsrates in der Aktiengesellschaft – Die Entscheidungspraxis des Bundesgerichtshofes, NJW 1998, 3309 ff.
Henze, Hartwig	Aktienrecht – Höchstrichterliche Rechtsprechung, 5. Aufl., 2002.
Herdegen, Matthias	Europarecht, 10. Aufl., 2008.

Herresthal, Carsten	Rechtsfortbildung im europarechtlichen Bezugsrahmen, Diss., 2006.
Herring, Jonathan	Criminal Law – Text, Cases and Materials, 2. Aufl., 2006 (zitiert: Criminal Law).
Hess, Burkhard/*Laukemann*, Björn/ *Seagon*, Christopher	Europäisches Insolvenzrecht nach Eurofood: Methodische Standortbestimmung und praktische Schlussfolgerungen, IPRax 2007, 89 ff.
Hillenkamp, Thomas	Risikogeschäft und Untreue, NStZ 1981, 161 ff.
Hilpert, Christian	Englische Ltd. und deutsche GmbH, Diss., 2007.
Hirsch, Alexander/*Britain*, Richard	Artfully Inspired – Werden deutsche Gesellschaften englisch?, NZG 2003, 1100 ff.
Hirst, Michael	Jurisdiction over cross-frontier offences, 1981 (zitiert: Jurisdiction).
Hirt, Hans C.	The Wrongful Trading Remedy in UK Law: Classification, Application and Practical Significance, ECFR 2004, 71 ff.
Hirte, Heribert	Die Entwicklung des Unternehmens- und Gesellschaftsrechts in Deutschland im Jahre 2007, NJW 2008, 964 ff.
Hirte, Heribert/ *Bücker*, Thomas (Hrsg.)	Grenzüberschreitende Gesellschaften, 1. Aufl., 2005, und 2. Aufl., 2006 (zitiert: Bearbeiter in Hirte/Bücker).

Hirte, Heribert/*Mock*, Sebastian	Wohin mit der Insolvenzantragspflicht?, ZIP 2005, 474 ff.
Hoffmann-Becking, Michael	Vorstandsvergütung nach Mannesmann, NZG 2006, 127 ff.
Höfling, Barbara	Die Centros-Entscheidung des EuGH – auf dem Weg zu einer Überlagerungstheorie für Europa, DB 1999, 1206 ff.
Höfling, Barbara Sabine	Das englische internationale Gesellschaftsrecht, Diss., 2002.
Hohn, Kristian	Die „äußersten" Grenzen des erlaubten Risikos bei Entscheidungen über die Verwendung von Gesellschaftsvermögen, wistra 2006, 161 ff.
Hopt, Klaus J./ *Wiedemann*, Herbert (Hrsg.)	Großkommentar zum Aktiengesetz, §§ 399-410, 4. Aufl. 1997 (zitiert: Bearbeiter in Hopt/Wiedemann AktG).
Horn, Norbert	Deutsches und europäisches Gesellschaftsrecht und die EuGH-Rechtsprechung zur Niederlassungsfreiheit – Inspire Art, NJW 2004, 893 ff.
Hüffer, Uwe	Aktiengesetz, 9. Aufl., 2010.
Hugger, Heiner	Zur strafbarkeitserweiternden richtlinienkonformen Auslegung deutscher Strafvorschriften, NStZ 1993, 421 ff.

Hugger, Heiner	Strafrechtliche Anweisungen der Europäischen Gemeinschaft, Diss., 2000 (zitiert: Strafrechtliche Anweisungen).
Inglis, Kirstyn	Creeping Community Criminal Competences in Environment Law?, Journal of European Criminal Law Volume 2•2006, S. 9 ff.
Jans, Jan H.	Proportionality Revisited, LIEI 2000/3, 239 ff.
Jarass, Hans D./*Pieroth*, Bodo	Grundgesetz für die Bundesrepublik Deutschland, Kommentar, 10. Aufl., 2009.
Jayme, Erik/*Kohler*, Christian	Europäisches Kollisionsrecht 2000: Interlokales Privatrecht oder universelles Gemeinschaftsrecht?, IPRax 2000, 454 ff.
Jens, Andreas	Der nationale Strafrechtsanwender unter dem Einfluss des Europäischen Gemeinschaftsrechts, Diss., 2006.
Jescheck, Hans-Heinrich/ *Goldmann*, Heinz Gerd	Die Behandlung der unechten Unterlassungsdelikte im deutschen und ausländischen Strafrecht, ZStW 77 (1965), 109 ff.
Jescheck, Hans-Heinrich/ *Weigend*, Thomas	Lehrbuch des Strafrechts – Allgemeiner Teil, 5. Aufl., 1996 (zitiert: Strafrecht AT).
Jestädt, Guido A.	Niederlassungsfreiheit und Gesellschaftskollisionsrecht, Diss., 2005.
Jung, Heike	Konturen und Perspektiven des europäischen Strafrechts, JuS 2000, 417 ff.

Jungmann, Carsten	Solvenztest- versus Kapitalschutzregeln, ZGR 2006, 638 ff.
Just, Clemens	Die englische Limited in der Praxis, 3. Aufl., 2008.
Just, Clemens/*Krämer*, Joachim	Limited: Besonderheiten der Buchführung und Abschlusserstellung – im Unterschied zur Handelsbilanz, BC 2006, 29 ff.
Kaligin, Thomas	Das Internationale Gesellschaftsrecht der Bundesrepublik Deutschland, DB 1985, 1449 ff.
Kallmeyer, Harald	Vor- und Nachteile der englischen Limited im Vergleich zur GmbH oder GmbH & Co. KG, DB 2004, 636 ff.
Kallmeyer, Harald	GmbH-Handbuch, I Gesellschaftsrecht, Stand: November 2007.
Kasiske, Peter	Existenzgefährdende Eingriffe in das GmbH-Vermögen mit Zustimmung der Gesellschafter als Untreue, wistra 2005, 81 ff.
Kasseler Kommentar Sozialversicherungsrecht	Band 1, Stand: Januar 2009 (zitiert: Bearbeiter in Kasseler Kommentar Sozialversicherungsrecht).
Kegel, Gerhard/*Schurig*, Klaus	Internationales Privatrecht, 9. Aufl., 2004.
Kieninger, Eva-Maria	Internationales Gesellschaftsrecht nach "Centros", "Überseering" und "Inspire Art":

	Antworten, Zweifel und offene Fragen, ZEuP 2004, 685 ff.
Kienle, Florian	Zur Strafbarkeit des Geschäftsleiters einer in Deutschland ansässigen Limited englischen Rechts, GmbHR 2007, 696 ff.
Kienzl, Franziska	Gläubigerschutz bei zuziehenden EU-Auslandsgesellschaften – erörtert am Beispiel der englischen private company Limited by shares, Diss., 2008.
Kiethe, Kurt	Abwehrfunktion des nationalen Deliktsrechts im Internationalen Gesellschaftsrecht?, RIW 2005, 649 ff.
Kiethe, Kurt	Haftung von Organen und Arbeitnehmern bei ausländischen Gesellschaften – Haftungsverschärfung durch Tätigkeit im Ausland, RIW 2007, 361 ff.
Kindhäuser, Urs/*Neumann*, Ulfrid/*Paeffgen* Hans-Ullrich	NomosKommentar Strafgesetzbuch, Band 1 (§§ 1-145d) und Band 2 (§§ 146- 358), 2. Aufl., 2005.
Kindler, Peter	Niederlassungsfreiheit für Scheinauslandsgesellschaften? Die „Centros"-Entscheidung des EuGH und das internationale Privatrecht, NJW 1999, 1993 ff.
Kindler, Peter	„Inspire Art" – Aus Luxemburg nichts Neues zum internationalen Gesellschaftsrecht, NZG 2003, 1086 ff.

Kindler, Peter	Die "Aschenputtel"-Limited und andere Fälle der Mehrfachqualifikation im Schnittfeld des internationalen Gesellschafts-, Delikts- und Insolvenzrechts, in Festschrift für Erik Jayme zum 70. Geburtstag, Band I, 2004, 409 ff.
Kindler, Peter	Die Begrenzung der Niederlassungsfreiheit durch das Gesellschaftsstatut, NJW 2007, 1785 ff.
Kindler, Peter	Die Abgrenzung von Gesellschafts- und Insolvenzstatut, in *Sonnenberger*, Hans Jürgen (Hrsg.), Vorschläge und Berichte zur Reform des europäischen und deutschen internationalen Gesellschaftsrechts, 2007, S. 497 ff.
Kindler, Peter	Grundzüge des neuen Kapitalgesellschaftsrechts – Das Gesetz zur Modernisierung des GmbH-Rechts und zur Bekämpfung von Missbräuchen (MoMiG), NJW 2008, 3249 ff.
Kirk, David N./ *Woodcock*, Anthony J. J.	Serious Fraud – Investigation and Trial, 2003.
Kirsch, Stefan	Testing the Limits of Criminal Law: The "Mannesmann Case", Journal of European Criminal Law, Volume 2•2007•Issue 1, S. 9 ff.
Kluth, Winfried (Hrsg.)	Europäische Integration und nationales Verfassungsrecht, 2007 (zitiert: Bearbeiter in Kluth).

Knapp, Andreas	Überseering: Zwingende Anerkennung von ausländischen Gesellschaften, DNotZ 2003, 85 ff.
Koch, Jens	Die europäische Niederlassungsfreiheit als Herausforderung für das deutsche Gesellschaftsrecht, JuS 2004, 755 ff.
Kohlmann, Günter	Die strafrechtliche Verantwortlichkeit des GmbH-Geschäftsführers, 1990.
Koller, Ingo/*Roth*, Wulf-Henning/ *Morck*, Winfried	HGB, 6. Aufl., 2007.
Kondring, Jörg	Zur Anwendung deutschen Insiderstrafrechts auf Sachverhalte mit Auslandsberührung, WM 1998, 1369 ff.
Korts, Petra	Die Limited, 2. Aufl., 2007.
Kothe-Heggemann, Claudia	Der GmbHR-Kommentar zu BSG, Urteil vom 27.02.2008 – B 12 KR 23/06 R, GmbHR 2008, 1161 ff.
Krekeler, Wilhelm/*Werner*, Elke	Unternehmer und Strafrecht, 2006.
Kreß, Claus	Anmerkung, JZ 2003, 911 ff.
Kropholler, Jan	Internationales Privatrecht, 6. Aufl., 2006.
Krupski, Jan A.	Zur Spaltung des auf ausländische Kapitalgesellschaften mit Sitz in Spanien anzuwendenden Rechts, ZVglRWiss 96 (1997), 406 ff.

Kubiciel, Michael	Gesellschaftsrechtliche Pflichtwidrigkeit und Untreuestrafbarkeit, NStZ 2005, 353 ff.
Kubiciel, Michael	Grund und Grenzen strafrechtlicher Anweisungskompetenz der Europäischen Gemeinschaft, NStZ 2007, 136 ff.
Kühne, Hans-Heiner	Europäische Methodenvielfalt und nationale Umsetzung von Entscheidungen Europäischer Gerichte, GA 2005, 195 ff.
Kuntz, Thilo	Die Insolvenz der Limited mit deutschem Verwaltungssitz – EU-Kapitalgesellschaften in Deutschland nach „Inspire Art", NZI 2005, 424 ff.
Kuntz, Thilo	Geltung und Reichweite der Business Judgment Rule in der GmbH, GmbHR 2008, 121 ff.
Kußmaul, Heinz/*Ruiner*, Christoph	Ausgewählte Charakteristika der Limited mit ausschließlicher Geschäftstätigkeit in Deutschland im Licht der aktuellen Gesetzesänderungen, IStR 2007, 696 ff.
Kutzner, Lars	Untreue im Konzern, Vortrag auf der NStZ Jahrestagung 2007, S. 1 ff. (zitiert: *Kutzner* NStZ Jahrestagung 2007, Seitenzahl der Tischvorlage).
Labsch, Karl Heinz	Die Strafbarkeit des GmbH-Geschäftsführers im Konkurs der GmbH, wistra 1985, 1 ff. und 59 ff.

Lackner, Karl/*Kühl*, Kristian	Strafgesetzbuch, 26. Aufl., 2007.
Ladiges, Manuel/*Pegel*, Christian	Neue Pflichten für directors einer limited durch den Companies Act 2006, DStR 2007, 2069 ff.
Lagodny, Otto	Empfiehlt es sich, eine europäische Gerichtskompetenz für Strafgewaltskonflikte vorzusehen? Gutachten im Auftrag des Bundesministeriums der Justiz, Berlin, März 2001 (zitiert: Europäische Gerichtskompetenz für Strafgewaltskonflikte).
Lamann, Matthias	Untreue im GmbH-Konzern, Diss., 2006.
Lang, Johannes/ *Weidmüller*, Ludwig	Genossenschaftsgesetz, 36. Aufl., 2008.
Langkeit, Jochen	BGH: Anwendbarkeit ausländischen Rechts im Rahmen der strafrechtlichen Einziehungsvorschriften, WiB 1995, 524 f.
Lanham, David	*Larsonneur* Revisited, Crim LR 1976, 276 ff.
Lanzius, Tim	Die Directors Disqualification des englischen Rechts – ein Baustein zum Schutz des deutschen Rechtsverkehrs vor Scheinauslandsgesellschaften, ZInsO 2004, 296 ff.
Larenz, Karl	Richterliche Rechtsfortbildung als methodisches Problem, NJW 1965, 1 ff.

Larenz, Karl	Methodenlehre der Rechtswissenschaft, 6. Aufl., 1991.
Lawlor, Daniel G.	Die Anwendbarkeit englischen Gesellschaftsrechts bei Insolvenz einer englischen Limited in Deutschland, NZI 2005, 432 ff.
Leible, Stefan	Vertretung ohne Vertretungsmacht, Genehmigung und Anscheinsvollmacht im IPR, IPRax 1998, 257 ff.
Leible, Stefan/*Hoffmann*, Jochen	„Überseering" und das (vermeintliche) Ende der Sitztheorie, RIW 2002, 925 ff.
Leible, Stefan/*Hoffmann*, Jochen	RIW-Kommentar (zu *BGH* RIW 2005, 542 ff.), RIW 2005, 544 ff.
Leidenmühler, Franz	Zur Übernahme des Schengen-Besitzstandes in den Rahmen der EU am Beispiel des „ne bis in idem"-Grundsatzes, The European Legal Forum 2002, 253 ff.
Leipziger Kommentar zum Strafgesetzbuch	Band 1, Einleitung, §§ 1-31, 12. Aufl., 2007; Band 7, §§ 264-302, 11. Aufl., 2005; Band 9, §§ 263-283d, 12. Aufl., 2009 (zitiert: Bearbeiter in LK zum StGB).
Lembeck, Eva-Désirée	UK Company Law Reform – Ein Überblick, NZG 2003, 956 ff.
Lenckner, Theodor	Wertausfüllungsbedürftige Begriffe im Strafrecht und der Satz „nullum crimen sine lege", JuS 1968, 249 ff.

Lenhard, Anselm	Die Pflicht zur Registrierung von Sicherungsrechten nach englischem Gesellschaftsrecht, RIW 2007, 348 ff.
Lesch, Heiko	Pro & Contra: Tatbestand auf dem Prüfstand: § 266 – Tatbestand ist schlechthin unbestimmt, DRiZ 2004, 135.
Leuering, Dieter	Neue Entwicklungen im internationalen Gesellschaftsrecht, NJW-Spezial 2008, 111 f.
Leutner, Gerd/*Langner,* Olaf	Der GmbHR-Kommentar, GmbHR 2006, 713 ff.
Liebelt, Klaus-Günter	Verletzung der Buchführungspflicht im Ausland – Anmerkung, NStZ 1989, 182 f.
Liebelt, Klaus-Günter	Doppelehe bei nichtiger Eheschließung – Anmerkung, NStZ 1993, 544 f.
Liebelt, Klaus-Günter	Bigamie als Auslandstat eines Ausländers, GA 1994, 20 ff.
Liebscher, Thomas	GmbH-Konzernrecht, 2006.
Lieder, Jan	Die Haftung der Geschäftsführer und Gesellschafter von EU-Auslandsgesellschaften mit tatsächlichem Verwaltungssitz in Deutschland, DZWIR 2005, 399 ff.
Lips, Jörg/*Randel,* Thierry/*Werwigk,* Claudius	Das neue GmbH-Recht – Ein Überblick, DStR 2008, 2220 ff.
Luke, Joachim	Die U.K. Limited, 2. Aufl., 2006.

Lütke, Hans Josef	Die strafrechtliche Bedeutung der Aufgabenverteilung unter GmbH-Geschäftsführern am Beispiel der Insolvenzantragspflicht, wistra 2008, 409 ff.
Lutter, Marcus	Die Auslegung angeglichenen Rechts, JZ 1992, 593 ff.
Lutter, Marcus (Hrsg.)	Europäische Auslandsgesellschaften in Deutschland, 2005.
Lutter, Marcus (Hrsg.)	Das Kapital der Aktiengesellschaft in Europa, ZGR Sonderheft 17, 2006.
Lutter, Marcus/*Hommelhoff*, Peter	GmbH-Gesetz, 16. Aufl., 2004.
Lyall, Francis	An Introduction to British Law, 2. Aufl., 2002.
Mankowski, Peter/*Bock*, Stefanie	Fremdrechtsanwendung im Strafrecht durch Zivilrechtsakzessorietät bei Sachverhalten mit Auslandsbezug für Blanketttatbestände und Tatbestände mit normativem Tatbestandsmerkmal, ZStW 120 (2008), 704 ff.
Mansdörfer, Marco	Einführung in das Europäische Umweltstrafrecht, Jura 2004, 297 ff.
Mansdörfer, Marco	Die allgemeine Straftatlehre des common law, Diss., 2005.
Mansdörfer, Marco	Das europäische Strafrecht nach dem Vertrag von Lissabon – oder: Europäisierung des

	Strafrechts unter nationalstaatlicher Mitverantwortung, HRRS 2010, 11 ff.
Maunz, Theodor/*Dürig*, Günter	Grundgesetz – Kommentar, Band VI, Art. 100-146, 53. Lieferung, 2008.
Maurach, Reinhart/*Zipf*, Heinz	Strafrecht Allgemeiner Teil – Teilband 1: Grundlehren des Strafrechts und Aufbau der Straftat, 8. Aufl., 1992.
Mayson, Stephen/*French*, Derek/ *Ryan*, Christopher *Meilicke*, Wienand	Company Law, 25. Aufl., 2008. Der GmbHR-Kommentar (Errichtung einer Zweigniederlassung einer ausländischen GmbH in einem anderen EU-Mitgliedstaat), GmbHR 2003, 1271 ff.
Meyer, André	Der englische Companies Act 2006 – Stand der Inkraftsetzung, RIW 2007, 645 ff.
Mezger, Edmund	Vom Sinn der strafrechtlichen Tatbestände, in Festschrift für Ludwig Traeger zum 70. Geburtstag, 1926 (Neudruck 1979).
Michalski, Lutz (Hrsg.)	Kommentar zum Gesetz betreffend die Gesellschaften mit beschränkter Haftung (GmbH-Gesetz), 2. Aufl., 2010 (zitiert: Bearbeiter in Michalski GmbHG).
Micheler, Eva	Gläubigerschutz im englischen Gesellschaftsrecht, ZGR 2004, 324 ff.
Milman, David	Strategies for Regulating Managerial Performance in the "Twilight Zone" – Familiar

	Dilemmas: New Considerations, JBL 2004, 493 ff.
Morse, Geoffrey	Charlesworth's Company Law, 17. Aufl., 2005.
Mosiek, Marcus	Fremdrechtsanwendung – quo vadis?, StV 2008, 94 ff.
Mülbert, Peter O.	Zukunft der Kapitalaufbringung/Kapitalerhaltung, Der Konzern 2004, 151 ff.
Müller, Hans-Friedrich	Insolvenz ausländischer Kapitalgesellschaften mit inländischem Verwaltungssitz, NZG 2003, 414 ff.
Müller, Klaus J.	Die Limited in Deutschland: Ein Überblick über das anzuwendende englische Gesellschaftsrecht, DB 2006, 824 ff.
Müller, Klaus J.	Die englische Limited in Deutschland - für welche Unternehmen ist sie tatsächlich geeignet?, BB 2006, 837 ff.
Müller-Christmann, Bernd/ *Schnauder*, Franz	Durchblick: Zum strafrechtlichen Schutz des Gesellschaftsvermögens, JuS 1998, 1080 ff.
Müller-Gugenberger, Christian	Glanz und Elend des GmbH-Strafrechts, in Festschrift für Klaus Tiedemann zum 70. Geburtstag, 2008, 1003 ff.
Müller-Gugenberger, Christian/ *Bieneck*, Klaus (Hrsg.)	Wirtschaftsstrafrecht, 4. Aufl., 2006.

Münchener Kommentar zum Aktiengesetz	Band 1, §§ 1-75, 3. Aufl., 2008; Band 2, §§ 76-117, MitbestG, DrittelbG, 3. Aufl., 2008; Band 9/2, §§ 329-410 AktG, SE-VO, SEBG, Europäische Niederlassungsfreiheit, Die Richtlinien zum Gesellschaftsrecht, 2. Aufl., 2006 (zitiert: Bearbeiter in MünchKomm zum AktG).
Münchener Kommentar zum Bürgerlichen Gesetzbuch	Band 10, Einführungsgesetz zum Bürgerlichen Gesetzbuche (Art. 1-46), Internationales Privatrecht, 4. Aufl., 2006 (zitiert: Bearbeiter in MünchKomm zum BGB – IPR); Band 10, Einführungsgesetz zum Bürgerlichen Gesetzbuche (Art. 1-38), Internationales Privatrecht, 3. Aufl., 1998 (zitiert: Bearbeiter in MünchKomm zum BGB – IPR [1998]); Band 11, Internationales Wirtschaftsrecht, Einführungsgesetz zum BGB (Art. 50-245), 4. Aufl., 2006 (zitiert: Bearbeiter in MünchKomm zum BGB – IntWirtschaftsR, IntGesR).
Münchener Kommentar zum Handelsgesetzbuch	Band 4, §§ 238-342e, 2. Aufl., 2008 (zitiert: Bearbeiter in MünchKomm zum HGB).
Münchener Kommentar zur Insolvenzordnung	Band 1, §§ 1-102, InsVV, 2. Aufl., 2007 (zitiert: Bearbeiter in MünchKomm zur InsO).
Münchener Kommentar zum Strafgesetzbuch	Band I, §§ 1-51, 2003; Band 4, §§ 263-358 StGB, §§ 1-8, 105, 106 JGG, 2006 (zitiert: Bearbeiter in MünchKomm zum StGB).
Münchener Kommentar zur Zivilprozessordnung	Band I, §§ 1-510c, 3. Aufl., 2008 (zitiert: Bearbeiter in MünchKomm zur ZPO).

Natale, Wolfgang/*Bader*, Simone	Der Begriff der Zahlungsunfähigkeit im Strafrecht, wistra 2008, 413 ff.
Nelles, Ursula	Untreue zum Nachteil von Gesellschaften. Zugleich ein Beitrag zur Struktur des Vermögensbegriffs als Beziehungsbegriff, Habil., 1991 (zitiert: Untreue).
Neumann, Barbara	Das *genuine link*-Kriterium – Ein zusätzliches ungeschriebenes Merkmal in Art. XXV Abs. 5, S. 2 des deutsch-(US)amerikanischen Handelsvertrages, Diss., 2006.
Niehaus, Holger	Blankettnormen und Bestimmtheitsgebot vor dem Hintergrund zunehmender europäischer Rechtssetzung, wistra 2004, 206 ff.
Noll-Ehlers, Magnus	Kohärente und systematische Beschränkung der Grundfreiheiten – Ausgehend von der Entwicklung des Gemeinschaftsrechts im Glücksspielbereich, EuZW 2008, 522 ff.
Nowakowski, Friedrich	Anwendung des inländischen Strafrechts und außerstrafrechtliche Rechtssätze, JZ 1971, 633 ff.
Och, Frank	Der strafrechtliche Schutz gegen ungerechtfertigte Vermögensverschiebungen in England und Wales im Vergleich mit dem deutschen Strafrecht, Diss., 2004 (zitiert: Der strafrechtliche Schutz).
Oehler, Dietrich	Internationales Strafrecht, 2. Aufl., 1983.

Oppermann, Thomas/ *Classen*, Claus Dieter/ *Nettesheim*, Martin	Europarecht, 4. Aufl., 2009.
O'Reilly, Patrick	The Exit of the Elephant from the European Arrest Warrant Parlour, Journal of European Criminal Law, Volume 2•2007•Issue 1, S. 23 ff.
Osterloh-Konrad, Christine	Abkehr vom Durchgriff: Die Existenzvernichtungshaftung des GmbH-Gesellschafters nach „Trihotel", ZHR 172 (2008), 274 ff.
Otte, Sabine	Das Kapitalschutzsystem der englischen private limited company im Vergleich zur deutschen GmbH, Diss., 2006 (zitiert: Das Kapitalschutzsystem der englischen private limited company).
Otto, Harro/*Brammsen*, Joerg	Die Grundlagen der strafrechtlichen Haftung des Garanten wegen Unterlassens (II), Jura 1985, 592 ff.
Paefgen, Walter G.	Unternehmerische Entscheidungen und Rechtsbindung der Organe in der AG, 2002.
Paefgen, Walter G.	Auslandsgesellschaften und Durchsetzung deutscher Schutzinteressen nach „Überseering", DB 2003, 487 ff.
Paefgen, Walter G.	Wider die gesellschaftsrechtliche Ausländerphobie, ZIP 2004, 2253 ff.
Palandt, Otto	Bürgerliches Gesetzbuch, 69. Aufl., 2010.

Pape, Gerhard/ *Uhlenbruck*, Wilhelm — Insolvenzrecht, 2002.

Park, Tido (Hrsg.) — NomosKommentar zum Kapitalmarktstrafrecht, 2. Aufl., 2008 (zitiert: Bearbeiter in *Park* Kapitalmarkstrafrecht).

Parkinson, John E. — Corporate Power And Responsibility, 1993.

Paulus, Christoph G. — Änderungen des deutschen Insolvenzrechts durch die Europäische Insolvenzverordnung, ZIP 2002, 729 ff.

Pawlowski, Hans-Martin — Methodenlehre für Juristen, 3. Aufl., 1999.

Peifer, Markus — Finanz- und Haftungsverfassung der SARL – Alternative Rechtsform zu GmbH und Limited?, GmbHR 2007, 1208 ff.

Peltzer, Martin — Die neue Insiderregelung im Entwurf des Zweiten Finanzmarktförderungsgesetzes, ZIP 1994, 746 ff.

Pennington, Robert R. — Pennington's Corporate Insolvency Law, 2. Aufl., 1997.

Plück, Ralf/*Lattwein*, Alois — Haftungsrisiken für Manager, 2004.

Prentice, Dan D. — Creditors' Interests and Directors' Duties, 10 OJLS 1990, 265 ff.

PricewaterhouseCoopers — Wirtschaftskriminalität 2007 – Sicherheitslage der deutschen Wirtschaft (zitiert: *PwC* Wirtschaftskriminalität 2007).

Proctor, Giles/*Miles*, Lilian	Corporate Governance, 2003.
Prütting, Hanns/*Wegen*, Gerhard/ *Weinreich*, Gerd	BGB Kommentar, 4. Aufl., 2009.
Puppe, Ingeborg	Tatirrtum, Rechtsirrtum, Subsumtionsirrtum, GA 1990, 145 ff.
Radke, Henning	Mittelbare Täterschaft kraft Organisationsherrschaft im nationalen und internationalen Strafrecht, GA 2006, 350 ff.
Radtke, Henning	Untreue (§ 266 StGB) zu Lasten von ausländischen Gesellschaften mit faktischem Sitz in Deutschland?, GmbHR 2008, 729 ff.
Radke, Henning/*Hoffmann*, Maike	Gesellschaftsrechtsakzessorietät bei der strafrechtlichen Untreue zu Lasten von Kapitalgesellschaften? – oder: »Trihotel« und die Folgen, GA 2008, 535 ff.
Rajak, Harry	The English Limited Company as an Alternative Legal Form for German Enterprises, EWS 2005, 539 ff.
Ransiek, Andreas	Unternehmensstrafrecht, 1996.
Ransiek, Andreas	Untreue im GmbH-Konzern, in Festschrift für Günter Kohlmann zum 70. Geburtstag, 2003, 207 ff.
Redeker, Rouven	Die Haftung für wrongful trading im englischen Recht, Diss., 2007.

Redmond, Peter William Dawson/ *Shears*, Peter	General Principles of English Law, 7. Aufl., 1993.
Reed, Alan/*Seago*, Peter	Criminal Law, 2. Aufl., 2002.
Rehberg, Markus	Anmerkung, JZ 2005, 849 ff.
Reich, Norbert	„Nutzungsbeschränkungen" als „Verkaufsmodalitäten" oder „Marktzugangssperren"?, EuZW 2008, 485 f.
Rengeling, Hans W./ *Middeke*, Andreas/ *Gellermann*, Martin (Hrsg.)	Handbuch des Rechtsschutzes in der EU, 2. Aufl., 2003.
Rheinstein, Max	Einführung in die Rechtsvergleichung, 2. Aufl., 1987.
Riedemann, Susanne	Das Auseinanderfallen von Gesellschafts- und Insolvenzstatut, GmbHR 2004, 345 ff.
Richter, Hans	»Scheinauslandsgesellschaften« in der deutschen Strafverfolgungspraxis, in Festschrift für Klaus Tiedemann zum 70. Geburtstag, 2008, 1023 ff.
Riegger, Bodo	Centros – Überseering – Inspire Art: Folgen für die Praxis, ZGR 2004, 510 ff.
Riesenhuber, Karl (Hrsg.)	Europäische Methodenlehre, 2006 (zitiert: Bearbeiter in *Riesenhuber*).
Ringe, Wolf-Georg	Die Sitzverlegung der Europäischen Aktiengesellschaft, Diss., 2006.

Rogall, Klaus — Dogmatische und kriminalpolitische Probleme der Aufsichtspflichtverletzung in Betrieben und Unternehmen (§ 130 OWiG), ZStW 98 (1986), 573 ff.

Röhricht, Volker — Insolvenzrechtliche Aspekte im Gesellschaftsrecht, ZIP 2005, 505 ff.

Römermann, Volker — Die Limited in Deutschland – eine Alternative zur GmbH?, NJW 2006, 2065 ff.

Römermann, Volker (Hrsg.) — Private Limited Company in Deutschland, 2006.

Römermann, Volker — Der GmbHR-Kommentar (zu *BGH* GmbHR 2007, 593 ff.), GmbHR 2007, 595 f.

Römermann, Volker/ *Wachter*, Thomas (Hrsg.) — Die Limited und andere EU-Gesellschaften im Praxistest, GmbHR, Sonderheft 2006.

Rönnau, Thomas — Haftung der Direktoren einer in Deutschland ansässigen englischen *Private Company Limited by Shares* nach deutschem Strafrecht – eine erste Annäherung, ZGR 2005, 832 ff.

Rönnau, Thomas — Untreue als Wirtschaftsdelikt, ZStW 119 (2007), 887 ff.

Rönnau, Thomas/*Hohn*, Kristian — Die Festsetzung (zu) hoher Vorstandsvergütungen durch den Aufsichtsrat – ein Fall für den Staatsanwalt?, NStZ 2004, 113 ff.

Röpke, Katarina	Gläubigerschutzregime im europäischen Wettbewerb der Gesellschaftsrechte, Diss., 2007 (zitiert: Gläubigerschutzregime).
Roth, Jürg	Reform des Kapitalersatzrechts durch das MoMiG, GmbHR 2008, 1184 ff.
Roth, Günter H./ *Altmeppen*, Holger	GmbHG, 5. Aufl., 2005.
Rotsch, Thomas	Tatherrschaft kraft Organisationsherrschaft, ZStW 112 (2000), 518 ff.
Rotsch, Thomas	Der ökonomische Täterbegriff, ZIS 2007, 260 ff.
Rowedder, Heinz/ *Schmidt-Leithoff*, Christian	GmbHG, 4. Aufl., 2002.
Roxin, Claus	Strafrecht Allgemeiner Teil, Band I, 4. Aufl., 2006.
Rübenstahl, Markus	Strafbares Vorenthalten von Sozialversicherungsbeiträgen trotz Entsendebescheinigungen aus Nicht-EU-Staaten?, NJW 2007, 3538 ff.
Rudolphi, Hans-Joachim/ *Horn*, Eckhard/ *Günther*, Hans-Ludwig/ *Samson*, Erich	Systematsicher Kommentar zum Strafgesetzbuch, 1 Allgemeiner Teil, §§ 1 – 37 und 2 Besonderer Teil, §§ 201 – 266b (zitiert: Bearbeiter in SK-StGB).
Rühl, Giesela	Die Kosten der Rechtswahlfreiheit: Zur Anwendung ausländischen Rechts durch deut-

	sche Gerichte, RabelsZ, Band 71 (2007), 559 ff.
Samson, Erich	Möglichkeiten einer legislatorischen Bewältigung der Parteispendenproblematik, wistra 1983, 235 ff.
Samson, Erich	Probleme strafrechtlicher Produkthaftung, StV 1991, 182 ff.
Samtleben, Jürgen	Der unfähige Gutachter und die ausländische Rechtspraxis, NJW 1992, 3057 ff.
Sandrock, Otto	Die Konkretisierung der Überlagerungstheorie in einigen zentralen Einzelfragen, in Festschrift für Günther Beitzke zum 70. Geburtstag, 1979, 669 ff.
Sandrock, Otto	Sitzrecht contra Savigny?, BB 2004, 897 ff.
Sandrock, Otto	Niederlassungsfreiheit und Internationales Gesellschaftsrecht, EWS 2005, 529 ff.
Sandrock, Otto/ *Wetzler*, Christoph F. (Hrsg.)	Deutsches Gesellschaftsrecht im Wettbewerb der Rechtsordnungen, 2004 (zitiert: Bearbeiter in *Sandrock/Wetzler* Deutsches Gesellschaftsrecht im Wettbewerb).
Satzger, Helmut	Die Anwendung des deutschen Strafrechts auf grenzüberschreitende Gefährdungsdelikte, NStZ 1998, 112 ff.
Satzger, Helmut	Anmerkung, StV 1999, 132 f.

Satzger, Helmut	Die Europäisierung des Strafrechts, 2001.
Satzger, Helmut	Die Internationalisierung des Strafrechts als Herausforderung für den strafrechtlichen Bestimmtheitsgrundsatz, JuS 2004, 943 ff.
Satzger, Helmut	Internationales und Europäisches Strafrecht, 3. Aufl., 2009.
Schäfer, Carsten	Zur strafrechtlichen Verantwortlichkeit des GmbH-Geschäftsführers (II), GmbHR 1993, 780 ff.
Schäfer, Peter	Studienbuch Europarecht, 3. Aufl., 2006.
Schall, Alexander	Englischer Gläubigerschutz bei der Limited in Deutschland, ZIP 2005, 965 ff.
Schall, Alexander	Anspruchsgrundlagen gegen Direktoren und Gesellschafter einer Limited nach englischem Recht, DStR 2006, 1229 ff.
Schall, Hero	Grund und Grenzen der strafrechtlichen Geschäftsherrenhaftung, in Festschrift für Hans-Joachim Rudolphi zum 70. Geburtstag, 2004, 267 ff.
Schanze, Erich/*Jüttner*, Andreas	Die Entscheidung für Pluralität: Kollisionsrecht und Gesellschaftsrecht nach der EuGH-Entscheidung „Inspire Art", AG 2003, 661 ff.
Schiemann, Konrad	Aktuelle Einflüsse des deutschen Rechts auf die richterliche Fortbildung des englischen Rechts, EuR 2003, 17 ff.

Schillig, Michael	Die ausschließliche internationale Zuständigkeit für gesellschaftsrechtliche Streitigkeiten vor dem Hintergrund der Niederlassungsfreiheit, IPRax 2005, 208 ff.
Schinköth, Jan	Grenzüberschreitende Sitzverlegung von Kapitalgesellschaften, Diss., 2006.
Schlösser, Jan	Die Strafbarkeit des Geschäftsführers einer private company limited by shares in Deutschland, wistra 2006, 81 ff.
Schlösser, Jan	Organisationsherrschaft durch Tun und Unterlassen, GA 2007, 161 ff.
Schmidhäuser, Eberhard	Strafrecht Allgemeiner Teil – Studienbuch, 2. Aufl., 1984.
Schmidt, Holger	Die Private Limited Company in der deutschen Bankpraxis, WM 2007, 2093 ff.
Schmidt, Jessica	Insolvenzantragspflicht und Insolvenzverschleppungshaftung bei der „deutschen" Limited – Das LG Kiel auf dem richtigen Weg?, ZInsO 2006, 737 ff.
Schmidt, Karsten	Gesellschafterhaftung und „Konzernhaftung" bei der GmbH – Bemerkungen zum „Bremer Vulkan"-Urteil des BGH vom 17.9.2001, NJW 2001, 3577 ff.
Schmidt, Karsten	Gesellschaftsrecht, 4. Aufl., 2002.

Schmidt, Karsten	Verlust der Mitte durch "Inspire Art"? – Verwerfungen im Unternehmensrecht durch Schreckreaktionen der Literatur, ZHR 168 (2004), 493 ff.
Schmidt, Karsten	Vom Eigenkapitalersatz in der Krise zur Krise des Eigenkapitalersatzrechts? Betrachtungen zu §§ 32a, b GmbHG, §§ 129a, 172a HGB, §§ 39, 135 InsO, GmbHR 2005, 797 ff.
Schmidt, Karsten	Gesetzgebung und Rechtsfortbildung im Recht der GmbH und der Personengesellschaften, JZ 2009, 10 ff.
Schmidt, Richard/*Sedemund*, Jan	Der ertragsteuerliche Status doppelansässiger Kapitalgesellschaften vor und nach dem „Centros"-Urteil des EuGH, DStR 1999, 2057 ff.
Schmidt-Bleibtreu, Bruno/ *Hofmann*, Hans/ *Hopfauf*, Axel	Grundgesetz, 11. Aufl., 2008.
Schmitz, Roland	§ 7 II Nr. 2 StGB und das Prinzip der stellvertretenden Strafrechtspflege, in Festschrift für Gerald Grünwald zum 70. Geburtstag, 1999, 619 ff.
Schneider, Uwe H.	Die Wahrnehmung öffentlich-rechtlicher Pflichten durch den Geschäftsführer, in Festschrift 100 Jahre GmbH-Gesetz, 1992, 473 ff.
Schnittker, Helder/*Bank*, Stephan	Die LLP in der Praxis, 2008.

Scholz, Franz	Kommentar zum GmbH-Gesetz, I. Band, §§ 1-34, 10. Aufl., 2006; II. Band, §§ 45-87, 9. Aufl., 2002.
Schomburg, Wolfgang	Die Europäisierung des Verbots doppelter Strafverfolgung – Ein Zwischenbericht, NJW 2000, 1833 ff.
Schön, Wolfgang	Zur "Existenzvernichtung" der juristischen Person, ZHR 168 (2004), 268 ff.
Schönke, Adolf/*Schröder*, Horst	Strafgesetzbuch, 27. Aufl., 2006.
Schröder, Christian	Zur Europäisierung der Fahrlässigkeits- und Unterlassungsdelikte, NStZ 2006, 669 ff.
Schröder, Henning/ *Schneider*, Vera Maria	Geschäftsführerhaftung bei einer Private Limited Company mit Verwaltungssitz in Deutschland, GmbHR 2005, 1288 ff.
Schumann, Alexander	Die englische Limited mit Verwaltungssitz in Deutschland: Kapitalaufbringung, Kapitalerhaltung und Haftung bei Insolvenz, DB 2004, 743 ff.
Schumann, Alexander	Die englische Limited mit Verwaltungssitz in Deutschland: Buchführung, Rechnungslegung und Strafbarkeit wegen Bankrotts, ZIP 2007, 1189 ff.
Schumann, Alexander	Anmerkung zu AG Stuttgart, Urteil vom 18.12.2007 – 105 Ls 153 Js 47778/05, wistra 2008, 229 ff.

Schünemann, Bernd	Strafrechtsdogmatische und kriminalpolitische Grundfragen der Unternehmenskriminalität, wistra 1982, 41 ff.
Schwarze, Jürgen (Hrsg.)	EU-Kommentar, 2. Aufl., 2008.
Sealy, Len/*Worthington*, Sarah	Cases and Materials in Company Law, 8. Aufl., 2008 (zitiert: Company Law).
Seibert, Ulrich	Die Umsetzung der Zweigniederlassungs-Richtlinie der EG in deutsches Recht, GmbHR 1992, 738 ff.
Seibert, Ulrich	Die GmbH-Reform (MoMiG): Stand des Verfahrens, Status: Recht 01/2007, 22 f.
Semler, Johannes/*Peltzer*, Martin	Arbeitshandbuch für Vorstandsmitglieder, 2005.
Shearman, Jennifer	Die Gesellschaft mit beschränkter Haftung in England und Wales, GmbHR 1992, 149.
Shepherd, J. C.	The Law of Fiduciaries, 1981.
Shute, S./*Horder*, J.	Thieving and Deceiving: What is the Difference?, MLR 1993 (56), 548 ff.
Simester, Andrew P./ *Sullivan*, G. Robert	Criminal Law Theory and Doctrine, 2. Aufl., 2003 (zitiert: Criminal Law).
Smith, A. T. H.	Property Offences, 1994.
Smith, John C.	The Law of Theft, 8. Aufl., 1997.

Smith, John C./*Hogan*, Brian	Criminal Law, 12. Aufl., 2008.
Soergel, Hans Theodor	Bürgerliches Gesetzbuch mit Einführungsgesetz und Nebengesetzen, Band 10 Einführungsgesetz, 12. Aufl., 1996.
Spindler, Gerald/*Berner*, Olaf	Inspire Art – Der europäische Wettbewerb um das Gesellschaftsrecht ist endgültig eröffnet, RIW 2003, 949 ff.
Spindler, Gerald/*Berner*, Olaf	Der Gläubigerschutz im Gesellschaftsrecht nach Inspire Art, RIW 2004, 7 ff.
Staub, Hermann	HGB Großkommentar, Einleitung, §§ 1-104, 4. Aufl. (Erster Band), 1995, und §§ 238-289, 4. Aufl. (Dritter Band, 1. Teilband), 2002 (zitiert: Bearbeiter in *Staub*).
Staudinger	BGB, EGBGB/IPR, Art. 38-42 EGBGB, 2001, und BGB, EGBGB/IPR, IntGesR, 1998 (zitiert: Bearbeiter in *Staudinger*).
Steffek, Felix	Geschäftsleiterpflichten im englischen Kapitalgesellschaftsrecht – Kodifizierung der directors' duties im Companies Act 2006, GmbHR 2007, 810 ff.
Steiger, Axel	Identitätswahrende Sitzverlegung von Gesellschaften aufgrund bilateraler Staatsverträge?, RIW 1999, 169 ff.
Stirtz, Beate	Der Gläubigerschutz bei der englischen Limited im Vergleich zur GmbH, 2007 (zitiert:

	Der Gläubigerschutz bei der englischen Limited).
Stratenwerth, Günter/ *Kuhlen*, Lothar	Strafrecht Allgemeiner Teil, Teil I, 5. Aufl., 2004.
Streinz, Rudolf (Hrsg.)	EUV/EGV, 2003.
Streinz, Rudolf	Schleichende oder offene Europäisierung des Strafrechts, in Festschrift für Harro Otto zum 70. Geburtstag, 2007, 1029 ff.
Streinz, Rudolf	Europarecht, 8. Aufl., 2008.
Sullivan, G. Robert	Company Controllers, Company Cheques and Theft, Crim LR 1983, 512 ff.
Sullivan, G. Robert	Letters to the Editor (Correspondence), Crim LR 1991, 929.
Sullivan, G. Robert/*Warbrick*, C.	Territoriality, Theft and *Atakpu*, Crim LR 1994, 650.
Tal, Michael	Das Verbot der Financial Assistance im englischen Gesellschaftsrecht, GmbHR 2007, 254 ff.
Thole, Christoph	Das COMI-Prinzip und andere Grundfragen des Europäischen Insolvenzrechts, ZEuP 2007, 1137 ff.
Thole, Christoph	Gesellschafterhaftung in England – Eine Bestandsaufnahme nach dem Companies Act 2006, Der Konzern 2008, 402 ff.

Thomas, Sven	Die Anwendung europäischen materiellen Rechts im Strafverfahren, NJW 1991, 2233 ff.
Tiedemann, Klaus	Grundfragen bei der Anwendung des neuen Konkursstrafrechts, NJW 1977, 777 ff.
Tiedemann, Klaus	Insolvenzstraftaten aus der Sicht der Kreditwirtschaft, ZIP 1983, 513 ff.
Tiedemann, Klaus	Europäisches Gemeinschaftsrecht und Strafrecht, NJW 1993, 23 ff.
Tiedemann, Klaus	EG und EU als Rechtsquellen des Strafrechts, in Festschrift für Claus Roxin zum 70. Geburtstag, 2001, 1401 ff.
Tiedemann, Klaus	Gegenwart und Zukunft des Europäischen Strafrechts, ZStW 116 (2004), 945 ff.
Tiedemann, Klaus	Betrug und Korruption in der europäischen Rechtsangleichung, in Festschrift für Harro Otto zum 70. Geburtstag, 2007, 1055 ff.
Tiedemann, Klaus	Wirtschaftsstrafrecht – Einführung und Allgemeiner Teil, 2. Aufl., 2007 (zitiert: Wirtschaftsstrafrecht AT).
Tiedemann, Klaus	GmbH-Strafrecht – Kommentar, 5. Aufl., 2010.
Tiedemann, Klaus/ *Otto*, Harro	Literaturbericht zum Wirtschaftsstrafrecht Teil III (Steuerstrafrecht), ZStW 107 (1995), 597 ff.

Tillmann, Bert/*Mohr*, Randolf	GmbH-Geschäftsführer, 9. Aufl., 2009.
Többens, Hans W.	Wirtschaftsstrafrecht, 2006.
Torwegge, Christoph	UK Company Companies Act 2006 – (Almost entirely) Enacted!, GmbHR 2007, 195 ff.
Trautmann, Clemens	Ausländisches Recht vor deutschen und englischen Gerichten, ZEuP 2006, 283 ff.
Triebel, Volker/*Otte*, Sabine/ *Kimpel*, Bert	Die englische Limited Liability Partnership in Deutschland: Eine attraktive Rechtsform für deutsche Beratungsgesellschaften?, BB 2005, 1233 ff.
Triebel, Volker/*v. Hase*, Karl/ *Melerski*, Peter	Die Limited in Deutschland, 2006 (zitiert: Die Limited).
Ulmer, Peter	Anmerkung, JZ 2002, 1049 ff.
Ulmer, Peter	Gläubigerschutz bei Scheinauslandsgesellschaften, NJW 2004, 1201 ff.
Ulmer, Peter/*Habersack*, Mathias/ *Winter*, Martin	GmbHG, Band III §§ 53-87, 2008.
Umbach, Dieter C./ *Clemens*, Thomas (Hrsg.)	Grundgesetz, Mitarbeiterkommentar und Handbuch, Art. 1-37, Band I, 2002 (zitiert: Bearbeiter in *Umbach/Clemens* GG).
Vallender, Heinz	Die Insolvenz von Scheinauslandsgesellschaften, ZGR 2006, 425 ff.

Vest, Hans	Die strafrechtliche Garantenpflicht des Geschäftsherrn, SchwZStrR 105 (1988), 288 ff.
Vogel, Joachim/*Hocke*, Peter	Anmerkung, JZ 2006, 568 ff.
Vogel, Joachim/*Matt*, Holger	Gemeinsame Standards für Strafverfahren in der Europäischen Union, StV 2007, 206 ff.
Vogenauer, Stefan	Die Auslegung von Gesetzen in England und auf dem Kontinent, Band I, 2001.
Vogenauer, Stefan	Die Auslegung von Gesetzen in England und auf dem Kontinent, Band II, 2001.
Volb, Helmut	Die Limited, 2007.
Volk, Klaus (Hrsg.)	Münchener AnwaltsHandbuch – Verteidigung in Wirtschafts- und Steuerstrafsachen, 2006 (zitiert: Münchener AnwaltsHandbuch).
v. Hase, Karl	Insolvenzantragspflicht für *directors* einer Limited in Deutschland?, BB 2006, 2141 ff.
v. Heintschel-Heinegg, Bernd	Beck'scher Online-Kommentar zum StGB, 8. Edition, Stand: 01.03.2009.
v. Hoffmann, Bernd/*Thorn*, Karsten	Internationales Privatrecht, 9. Aufl., 2007.
v. Mangoldt, Hermann/ *Klein*, Friedrich/*Starck*, Christian	Kommentar zum Grundgesetz, Band 2, Art. 20-82, und Band 3, Art. 83-146., jeweils 5. Aufl., 2005.
Wabnitz, Heinz-Bernd/ *Janovsky*, Thomas (Hrsg.)	Handbuch des Wirtschafts- und Steuerstrafrechts, 3. Aufl., 2007.

Wachter, Thomas	Handelsregisteranmeldung der inländischen Zweigniederlassung einer englischen Privat Limited Company, MDR 2004, 611 ff.
Wachter, Thomas	Auswirkungen des EuGH-Urteils in Sachen Inspire Art Ltd. auf Beratungspraxis und Gesetzgebung, GmbHR 2004, 88 ff.
Wachter, Thomas	Persönliche Haftung des Gründers einer englischen *private limited company*, BB 2006, 1463 ff.
Wachter, Thomas/*Süß*, Rembert	Handbuch des internationalen GmbH-Rechts, 2006.
Wagner, Klaus-R./ *Hermann*, Nora Anne	Verdeckte Gewinnausschüttung bei der Ein-Personen-GmbH, einmal nicht nur steuerrechtlich, BB 1999, 608 ff.
Walter, Tonio	Einführung in das internationale Strafrecht, JuS 2006, 870 ff.
Walterscheid, Joachim	Die englische Limited im Insolvenzverfahren, DZWIR 2006, 95 ff.
Weller, Marc-Philippe	Scheinauslandsgesellschaften nach Centros, Überseering und Inspire Art: Ein neues Anwendungsfeld für die Existenzvernichtungshaftung, IPRax 2003, 207 ff.
Weller, Marc-Philippe	Europäische Rechtsformwahlfreiheit und Gesellschafterhaftung, Diss., 2004.

Weller, Marc-Philippe	Bericht über die Diskussion, ZGR 2006, 461 ff.
Weller, Marc-Philippe	Solvenztest und Existenzvernichtungshaftung – Zwei grundverschiedene Gläubigerschutzfiguren, DStR 2007, 116 ff.
Wells, Celia	Die strafrechtliche Verantwortlichkeit von Unternehmen in England und Wales – Sich wandelnde Vorstellungen und Gesetzesreform, ZStW 107 (1995), 676 ff.
Weng, Andreas	Die Rechtssache Cartesio – Das Ende Daily Mails?, EWS 2008, 264 ff.
Werle, Gerhard/*Jeßberger*, Florian	Grundfälle zum Strafanwendungsrecht, JuS 2001, 35 ff.
Werner, Rüdiger	Haftung wegen existenzvernichtenden Eingriffs, GmbHR 2007, R69.
Wessels, Johannes/*Beulke*, Werner	Strafrecht Allgemeiner Teil, 38. Aufl., 2008.
Wessels, Johannes/ *Hillenkamp*, Thomas	Strafrecht Besonderer Teil/2, 31. Aufl., 2008.
Westermann, Hans-Peter	Haftungsrisiken eines „beherrschenden" GmbH-Gesellschafters, NZG 2002, 1129 ff.
Westermann, Harm Peter	Die GmbH in der nationalen und internationalen Konkurrenz der Rechtsformen, GmbHR 2005, 4 ff.

Westermann, Harm Peter	Das neue GmbH-Recht (i. d. F. des MoMiG) im Überblick, DZWIR 2008, 485 ff.
Westhoff, André O.	Die Verbreitung der englischen *Limited* mit Verwaltungssitz in Deutschland, GmbHR 2007, 474 ff.
Weyand, Raimund/*Diversy*, Judith	Insolvenzdelikte, 7. Aufl., 2006.
Wiedemann, Herbert	Gesellschaftsrecht, Band I, Grundlagen, 1980.
Wiedemann, Herbert	Reflexionen zur Durchgriffshaftung, ZGR 2003, 283 ff.
Wilhelm, Jan	Zurück zur Durchgriffshaftung – das "KBV"-Urteil des II. Zivilsenats des BGH vom 24.6.2002, NJW 2003, 175 ff.
Wilhelmi, Rüdiger	Das Mindestkapital als Mindestschutz – eine Apologie im Hinblick auf die Diskussion um eine Reform der GmbH angesichts der englischen Limited, GmbHR 2006, 13 ff.
Williams, Glanville	Theft, consent and illegality, Crim LR 1977, 127 ff. und 205 ff.
Williams, Glanville	Temporary Appropriation should be Theft, Crim LR 1981, 129 ff.
Winnefeld, Robert	Bilanz-Handbuch, 4. Aufl., 2006.
Wolf, Martin	Wider eine Misstrauenspflicht im Kollegialorgan „Vorstand", VersR 2005, 1042 ff.

Wolff, Martin	Das Internationale Privatrecht Deutschlands, 3. Aufl., 1954 (zitiert: Wolff IPR).
Worm, Eva-Maria	Die Strafbarkeit eines directors einer englischen Limited nach deutschem Strafrecht, Diss., 2009.
Zaczyk, Rainer	Die »Tatherrschaft kraft organisatorischer Machtapparate« und der BGH, GA 2006, 411 ff.
Zerres, Thomas	Deutsche Insolvenzantragspflicht für die englische Limited mit Inlandssitz, DZWIR 2006, 356 ff.
Zessel, Marco	Durchgriffshaftung gegenüber einer in Deutschland ansässigen Limited?, Diss., 2008 (zitiert: Durchgriffshaftung).
Zimmer, Daniel	Mysterium „Centros", ZHR 164 (2000), 23 ff.
Zimmer, Daniel	Nach „Inspire Art": Grenzenlose Gestaltungsfreiheit für deutsche Unternehmen?, NJW 2003, 3585 ff.
Zimmer, Daniel	Grenzüberschreitende Rechtspersönlichkeit, ZHR (Band 168) 2004, 355 ff.
Zimmer, Daniel/ *Naendrup*, Christoph	For Whom the Bell Tolls – Folgen einer Nichtbeachtung englischer Publizitätsgebote durch in Deutschland aktive Limited Companies, ZGR 2007, 789 ff.

Zimmermann, Frank   Mehr Fragen als Antworten: Die 2. EuGH-Entscheidung zur Strafrechtsharmonisierung mittels EG-Richtlinien (Rs. C-440/05), NStZ 2008, 662 ff.

Zimmermann, Frank   Wann ist der Einsatz von Strafrecht auf europäischer Ebene sinnvoll?, ZRP 2009, 74 ff.

Zöller, Richard   Zivilprozessordnung, 27. Aufl., 2009.

BUCHTIPPS   STUDIEN ZUM WIRTSCHAFTSSTRAFRECHT

○ *Cobet, Hans*
Fehlerhafte Rechnungslegung. Eine strafrechtliche Untersuchung zum neuen Bilanzrecht
Band 1, 1991, 140 S., br., ISBN 3-89085-544-X, 19,43 €

○ *Hamann, Hartmut*
Das Unternehmen als Täter im europäischen Wettbewerbsrecht
Band 2, 1992, 260 S., br., ISBN 3-89085-619-5, 32,72 €

○ *Stöckel, Joachim*
Der strafrechtliche Schutz der Arbeitskraft
Band 3, 1993, 230 S., br., ISBN 3-89085-778-7, 24,54 €

○ *Weerth, Jan de*
Die Bilanzordnungswidrigkeiten nach § 334 HGB unter besonderer Berücksichtigung der europäischen Bezüge
Band 4, 1993, 236 S., br., ISBN 3-89085-881-3, 39,88 €

○ *Grub, Maximilian*
Die insolvenzstrafrechtliche Verantwortlichkeit der Gesellschafter von Personenhandelsgesellschaften
Band 5, 1995, 204 S., br., ISBN 3-8255-0006-3, 39,88 €

○ *Schwinge, Christina*
Strafrechtliche Sanktionen gegenüber Unternehmen im Bereich des Umweltstrafrechts
Band 6, 1996, 300 S., br., ISBN 3-8255-0059-4, 50,11 €

○ *Schünemann, Bernd (Hg.)*
Strafrechtssystem und Betrug
Band 7, 2002, 250 S., br., ISBN 3-8255-0153-1, 27,90 €

○ *Moosmayer, Klaus*
Einfluß der Insolvenzordnung 1999 auf das Insolvenzstrafrecht
Band 8, 1997, 246 S., br., ISBN 3-825-0176-0, 30,88 €

○ *Luipold, Ann*
Die Bedeutung von Anfechtungs-, Widerrufs-, Rücktritts- und Gewährleistungsrechten für das Schadensmerkmal des Betrugstatbestandes
Band 9, 1998, 220 S., br., ISBN 3-8255-0211-2, 40,80 €

○ *Protzen, Peer Daniel G.*
Der Vermögensschaden beim sog. Anstellungsbetrug – unter besonderer Berücksichtigung des Verschweigens ehemaliger Tätigkeit für das MfS
Band 10, 2000, 384 + IV S., br., ISBN 3-8255-0278-3, 40,80 €

○ *Penzlin, Dietmar*
Strafrechtliche Auswirkungen der Insolvenzordnung
Band 11, 2000, 270 S., br., ISBN 3-8255-0292-9, 40,80 €

○ *Berger, Sebastian*
Der Schutz öffentlichen Vermögens durch § 263 StGB. Zur Anwendbarkeit des § 263 StGB ...
Band 12, 2000, 334 S., br., ISBN 3-8255-0307-0, 40,39 €

○ *Martens, Jürgen*
Subventionskriminalität zum Nachteil der Europäischen Gemeinschaften
Eine Untersuchung zu Straftaten nach § 264 StGB ...
Band 13, 2001, 340 S., br., ISBN 3-8255-0319-4, 30,58 €

○ *Stein, Henrike*
Die Regelung von Täterschaft und Teilnahme im europäischen Strafrecht am Beispiel Deutschlands, Frankreichs, Spaniens, Österreichs und Englands
Band 14, 2002, 450 S., ISBN 3-8255-0327-5, 39,80 €

○ *Papakiriakou, Theodoros*
Das griechische Verwaltungsrecht in Kartellsachen. Zugleich ein Beitrag zur Lehre vom Verwaltungs- und Unternehmensstrafrecht
Band 15, 2002, 380 S., br., ISBN 3-8255-0339-3, 38,80 €

---

www.centaurus-verlag.de

BUCHTIPPS — STUDIEN ZUM WIRTSCHAFTSSTRAFRECHT

- **Ludwig, Martin**
Betrug und betrugsähnliche Delikte im spanischen und deutschen Strafrecht
Band 16, 2002, 500 S., br., ISBN 3-8255-0352-6, 45,90 €

- **Papakiriakou, Theodoros**
Das europäischen Unternehmensstrafrecht in Kartellsachen.
Band 17, 2002, 380 S., br., ISBN 3-8255-0359-3, 38,20 €

- **Peter M. Röhm**
Zur Abhängigkeit des Insolvenzstrafrechts von der Insolvenzordnung
Band 18, 2002, 388 Seiten, br., ISBN 3-8255-0373-9, € 31,70

- **Klein, Kerstin**
Das Verhältnis von Eingehungs- und Erfüllungsbetrug
Band 19, 2003, 288 S., br., ISBN 3-8255-0390-9, 31,90 €

- **Maiazza, Robert**
Das Opportunitätsprinzip im Bußgeldverfahren unter besonderer Berücksichtigung des Kartellordnungswidrigkeitesrechts
Band 20, 2003, 318 S., br., ISBN 3-8255-0394-1, 33,90 €

- **Niewerth, Carsten**
Die strafrechtliche Verantwortlichkeit des Wirtschaftsprüfers
Band 21, 2004, 322 S., br., ISBN 3-8255-0452-2, 29,50 €

- **Christian Wagemann**
Die Geschichte des Betrugsstrafrechts in England und den amerikanischen Bundesstaaten
Band 22, 2005, 582 S., br., ISBN 3-8255-0517-0, 34,50 €

- **Bender, Johannes**
Sonderstraftatbestände gegen Submissionsabsprachen. Eine Untersuchung deutscher, französischer, italienischer Vorschriften und deutscher Initiativen
Band 24, 2005, 376 S., br., ISBN 3-8255-0533-2, 30,90 €

- **Knaut, Silke**
Die Europäisierung des Umweltstrafrechts.
Band 23, 2005, 464 S., br., ISBN 3-8255-0532-4, 33,90 €

- **Rodrigo Aldoney Ramirez**
Der strafrechtliche Schutz von Geschäfts- und Betriebsgeheimnissen
Band 28, 2009, 392 S., br., ISBN 3-8255-0705-3, 32,90 €

- **Arnold, Stefan**
Untreue im GmbH- und Aktienkonzern
Band 26, 2006, 290 S., br., ISBN 3-8255-0637-1, 27,90 €

- **Burger, Stefan**
Untreue (§ 266 StGB) durch das Auslösen von Sanktionen zu Lasten von Unternehmen
Band 27, 2007, 350 S., br., ISBN 3-8255-0640-1, 29,90 €

- **Strelczyk, Christoph**
Die Strafbarkeit der Bildung schwarzer Kassen.
Band 29, 2008, 248 S., ISBN 978-3-8255-0709-1, 27,90 €

- **Vergho, Raphael**
Der Maßstab der Verbraucherwartungen im Verbraucherschutzstrafrecht
Band 30, 2009, 380 S., ISBN 978-3-8255-0731-2, 30,00 €

- **Wunderlich, Claudia**
Die Akzessorietät des § 298 StGB zum Gesetz gegen Wettbewerbsbeschränkungen (GWB)
Band 31, 2009, 327 S., ISBN 978-3-8255-0752-7, 28 €

- **Arens, Stephan**
Untreue im Konzern
Band 32, 2010, 333 S., ISBN 978-3-8255-0764-0, 26,90

MIX
Papier aus verantwortungsvollen Quellen
Paper from responsible sources
FSC® C105338

If you have any concerns about our products,
you can contact us on
ProductSafety@springernature.com

In case Publisher is established outside the EU,
the EU authorized representative is:
**Springer Nature Customer Service Center GmbH
Europaplatz 3, 69115 Heidelberg, Germany**

Printed by Libri Plureos GmbH
in Hamburg, Germany